网络空间安全丛书

CISA 信息系统审计师认证 All-in-One
(第 4 版·2019 大纲)

[美] 彼德·H. 格雷戈里(Peter H. Gregory) 著
姚 凯 齐力群 栾 浩 译

清华大学出版社
北 京

北京市版权局著作权合同登记号　图字：01-2021-6669

Peter H. Gregory
CISA Certified Information Systems Auditor All-in-One Exam Guide, Fourth Edition
ISBN: 978-1-260-45880-0

Copyright © 2020 by McGraw-Hill Education.

All Rights reserved. No part of this publication may be reproduced or transmitted in any form or by any means, electronic or mechanical, including without limitation photocopying, recording, taping, or any database, information or retrieval system, without the prior written permission of the publisher.

This authorized Chinese translation edition is jointly published by McGraw-Hill Education and Tsinghua University Press Limited. This edition is authorized for sale in the People's Republic of China only, excluding Hong Kong, Macao SAR and Taiwan.

Copyright © 2022 by McGraw-Hill Education and Tsinghua University Press Limited.

版权所有。未经出版人事先书面许可，对本出版物的任何部分不得以任何方式或途径复制或传播，包括但不限于复印、录制、录音，或通过任何数据库、信息或可检索的系统。

本授权中文简体字翻译版由麦格劳-希尔(亚洲)教育出版公司和清华大学出版社有限公司合作出版。此版本仅限在中华人民共和国境内(不包括中国香港、澳门特别行政区和台湾地区)销售。

版权©2021 由麦格劳-希尔(亚洲)教育出版公司与清华大学出版社有限公司所有。

本书封面贴有 McGraw-Hill 公司防伪标签，无标签者不得销售。
版权所有，侵权必究。举报：010-62782989，beiqinquan@tup.tsinghua.edu.cn

图书在版编目(CIP)数据

　CISA信息系统审计师认证All-in-One：第4版：2019大纲 /(美)彼得•H. 格雷戈里(Peter H. Gregory) 著；姚凯，齐力群，栾浩译. —北京：清华大学出版社，2022.4
　(网络空间安全丛书)
　书名原文：CISA Certified Information Systems Auditor All-in-One Exam Guide, Fourth Edition
　ISBN 978-7-302-59729-2

　Ⅰ. ①C⋯　Ⅱ. ①彼⋯　②姚⋯　③齐⋯　④栾⋯　Ⅲ. ①审计—资格考试—自学参考资料　Ⅳ. ①F239

中国版本图书馆 CIP 数据核字(2022)第 060609 号

责任编辑：王　军
装帧设计：孔祥峰
责任校对：成凤进
责任印制：丛怀宇

出版发行：清华大学出版社
　　　　　网　　址：http://www.tup.com.cn, http://www.wqbook.com
　　　　　地　　址：北京清华大学学研大厦 A 座　　邮　　编：100084
　　　　　社 总 机：010-83470000　　邮　　购：010-62786544
　　　　　投稿与读者服务：010-62776969, c-service@tup.tsinghua.edu.cn
　　　　　质 量 反 馈：010-62772015, zhiliang@tup.tsinghua.edu.cn
印 装 者：小森印刷霸州有限公司
经　　销：全国新华书店
开　　本：170mm×240mm　　印　张：30.75　　字　数：876 千字
版　　次：2022 年 5 月第 1 版　　印　次：2022 年 5 月第 1 次印刷
定　　价：128.00 元

产品编号：089303-01

译者序

近年来,随着云计算、物联网、大数据、移动互联网、5G 等技术的蓬勃发展,基于数字化经济新范式的信息系统建设和运营体系也发生了翻天覆地的变化。信息系统的基础性、全局性和全员性作用日益增强;企业内外网络的边界日益模糊,研发环境和生产环境的联系日趋紧密,信息内容即时交互和分享,这些趋势带来的风险都不可避免地从各个方面影响企业的正常经营,乃至影响国家安全。

目前国内外信息安全形势日趋严峻,在经济利益、同业竞争等因素的驱动下,各类组织和人员时刻都在通过线上线下的各种途径获取所需的信息。在此场景下,如何识别脚本小子的练手、如何阻止有组织犯罪集团获取经济信息、如何防范间谍渗透获取情报,是每个企业都需要关注的重中之重。信息安全领域是一个无法预判对手、难以预测发生时间、看不见枪林弹雨的战场。欧盟的《通用数据保护条例》,以及我国的《网络安全法》《数据安全法》《关键信息基础设施安全保护条例》《个人信息保护法》等法律法规都对关键基础设施运营者或组织信息安全保护提出了明确要求,指导各级政府机关和企事业单位在复杂环境中应对风险。

信息安全作为信息化深入推进的重要保障,已成为国家安全战略的重要组成部分。信息安全工作也呈现出长期性、艰巨性、复杂性的特点。因此,作为信息安全重要防线之一的"审计(Audit)"职能扮演着重要角色。信息系统审计工作采用系统化方法评估和提高风险管理、控制、治理流程的有效性,以实现相应目标。信息系统审计通过独立、专业和客观的判断,充分发挥对业务系统安全合规保驾护航的作用。

有鉴于此,清华大学出版社引进出版了《CISA 信息系统审计师认证 All-in-One(第 4 版·2019 大纲)》一书,希望通过本书,让广大信息系统审计从业人员对信息技术风险治理、信息系统和信息安全生命周期管理,以及信息系统审计的标准、流程和实务有全面和深入的认识,提升审计能力。本书作者 Peter H. Gregory 是一位在信息安全和风险管理方面拥有 30 年经验的技术专家,一直深度参与 IT 控制和内部审计。本书重点讲述 IT 治理和管理、审计流程、IT 生命周期管理、IT 服务管理和业务持续、信息资产保护等主题,将 CISA 考试所需的知识及其实际应用结合在一起,形成一本易于阅读、学习和参考的指南。本书每一章中的注释和技巧都提供了在现实环境中"如何开展审计实务"的真实案例,也包括不在考试范围,却对信息系统审计师很重要的概念(如 IT 风险框架和系统研发生命周期)。本书还非常重视 IS 审计师在 IT 控制之外的作用。总之,本书是一本不可多得的信息系统审计类参考资料,既可帮助对 CISA 认证有兴趣的考生复习备考,也可作为从事信息系统审计和信息安全咨询工作的人员的案头必备参考书。

　　本书的翻译历时一年之久。翻译中译者力求忠于原著，尽可能传达作者的原意。有近十名译者参与本书的翻译和校对工作。在此感谢他们的辛勤付出。同时，感谢参与本书校对的信息系统审计和网络安全专家，他们保证了本书稿件内容表达的一致性和文字的流畅。同时要感谢栾浩、姚凯和齐力群先生对组稿、校对和统稿等工作所投入的大量时间和精力，保证了全书在技术上还原信息系统审计工作实务，以及内容表达的准确、一致和连贯。

　　同时，还要感谢本书的审校单位"永拓华安网络空间技术服务(北京)有限公司"(简称"永拓华安")。永拓华安作为北京永拓工程咨询股份有限公司(股票代码：832207)的全资子公司，以成就更高社会价值为目标，坚持党的领导，坚持"客观、公正、独立、保密"的执业原则，发扬"永远开拓"的企业精神，依靠严谨的专业团队、完整有效的执业规程、全方位的网络安全保障体系、良好的沟通能力，为国家机关、大型国企、银行保险企业、上市企业、大型民营企业等客户提供信息系统审计、信息安全咨询等以实现管理目标和信息资产价值交付为核心的全方位、定制化专业服务。2018年，永拓华安成为中国信息安全测评中心第一批授予《信息安全服务(信息系统审计类)资质证书》的机构。在本书的译校过程中，永拓华安的信息系统审计专家结合CISA认证考试特点，投入了大量技术人员和时间支撑译校工作，保证了本书的质量。

　　最后，再次感谢清华大学出版社和王军等编辑的严格把关，悉心指导，正是有了他们的辛勤努力和付出，才有了本书中文译稿的出版发行。

　　信息系统审计类书籍涉及多个纵向专业领域，内容涉猎广泛，术语体系复杂。译者能力有限，在翻译中难免有不妥之处，恳请广大读者朋友不吝指正。

译者介绍

栾浩，获得美国天普大学 IT 审计与网络安全专业理学硕士学位，持有 CISSP、CISA、CISP-A、TOGAF9、ISO27001LA 和 BS25999LA 等认证。负责金融科技研发、数据安全、云计算安全和信息科技审计和风控等工作。担任(ISC)² 上海分会理事。栾浩先生担任本书翻译工作的总技术负责人，并承担第 3 章的翻译工作，以及全书的校对和定稿工作。

姚凯，获得中欧国际工商学院工商管理硕士学位，持有 CISA、CISSP、CCSP 和 CEH 等认证。负责 IT 战略规划、政策程序制定、IT 架构设计及应用部署、系统取证和应急响应、数据安全、灾难恢复演练及复盘等工作。姚凯先生承担本书前言和第 1~2 章的翻译、5~6 章的技术修订工作以及全书的校对、定稿工作。

齐力群，获得北京联合大学机械工程学院机械设计与制造专业工学学士学位，持有 CISA、CIA 和 CISP-A 等认证。现任永拓华安网络空间技术服务(北京)有限公司总经理，负责信息系统审计、信息安全咨询服务等业务的推广、实施等工作。齐力群先生承担第 4 章和附录 A 的翻译工作以及全书校对、统稿工作。

王向宇，获得安徽科技学院网络工程专业工学学士学位，持有 CISP、CISP-A 等认证。负责数据安全运营、安全工具研发、信息系统审计和软件开发安全等工作。王向宇先生承担本书第 1~2 章的技术修订、全书校对和统稿工作。

吕丽，获得吉林大学文秘专业文学学士学位，持有 CISSP、CISA、CISM 和 CISP-PTE 等认证。现任中银金融商务有限公司信息安全经理，负责信息科技风险管理、网络安全技术评估、信息安全体系制度管理、业务持续及灾难恢复体系管理、安全合规与审计等工作。吕丽女士承担本书第 3~4 章的技术修订、全书术语定稿和全书校对工作，并担任本书项目经理，统筹全书各项事务。

汤国洪，获得电子科技大学电子材料与元器件专业工学学士学位，持有 CISSP、CISA 等认证。负责基础架构安全和网络安全等工作。汤国洪先生承担第 5 章的翻译工作，并为本书撰写了译者序。

王铭，获得北京航空航天大学软件工程硕士学位，持有 CISP-A、中级审计师等认证。现任陕西省审计计算机信息中心副主任，负责本省金审工程项目相关私有云平台和信息安全系统的规划和组织建设等工作。王铭先生担任本书信息系统审计工作实务专家，并承担部分章节的校对工作。

朱良，获得华北电力大学计算机技术工学硕士学位。现任职于中国人民银行长春中心支行科技处，负责指导辖内金融机构信息化和安全建设等相关工作。朱良先生担任本书信息系统建设工作实务专家，承担本书部分章节的校对工作。

马春燕，挪威商学院工商管理硕士，持有CISSP和CCSP等认证。负责网络安全管理战略、安全架构、云安全、业务安全和应急响应等工作。马春燕女士担任本书第6章和附录B的翻译工作。

张李安，获得北京信息工程学院信息管理与信息系统专业管理学学士学位，持有CISSP等认证。现任某国有商业银行高级信息安全管理岗职务，负责信息安全管理、数据安全、运营安全、安全检查等工作。张李安女士承担本书部分章节的校对工作。

徐坦，获得河北科技大学理工学院网络工程专业工学学士学位，持有CISP等认证。现任安全渗透测试工程师职务，负责数据安全渗透测试、安全工具研发和企业安全攻防等工作。徐坦先生承担本书部分章节的校对工作。

李浩轩，获得河北科技大学理工学院网络工程专业工学学士学位，持有CISP等认证。现任安全渗透测试工程师职务，负责安全工具研发、应用安全检测、异常流量分析、攻击事件研判和网络攻击溯源等工作。李浩轩先生承担本书部分章节的校对工作。

赵一龙，获得北京科技大学计算机科学与技术专业工学学士学位，持有CISSP、CISP和PMP等认证。负责安全咨询、解决方案和安全建设等工作。赵一龙先生承担本书部分章节的校对工作。

周可政，获得上海交通大学电子与通信工程专业工学硕士学位，持有CISSP和CISA等认证。现任银联数据服务有限公司资深安全工程师职务，负责公司互联网应用安全、SIEM平台、主机安全和企业安全建设等工作。周可政先生承担本书部分章节的校对工作。

牛承伟，获得中南大学工商管理硕士学位，持有CISP等认证。现任广州越秀集团有限公司高级主管，负责基础设施安全、数据安全和资产安全等工作。牛承伟先生承担本书部分章节的校对工作。

朱思奇，获得上海交通大学通信与信息系统专业工学硕士学位，持有CISSP和CISA等认证。现任中国银行股份有限公司江苏省分行信息科技部门的科技经理职务，负责公司信息科技风险管理、信息科技审计等工作。朱思奇先生承担本书部分章节的校对工作。

刘北水，获得西安电子科技大学通信与信息系统专业工学硕士学位，持有CISSP、CISP和PMP等认证。现任工业和信息化部电子第五研究所项目主管，负责电子政务领域信息安全体系规划、商用密码应用安全性评估等工作。刘北水先生承担本书部分章节的校对工作。

赵晨明，获得西安交通大学工商管理硕士学位，持有CISA和CISSP等认证。负责数据安全和隐私保护等工作。赵晨明先生承担本书部分章节的校对工作。

曾大宁，获得南京航空航天大学飞行器环境控制与安全救生专业工学学士学位。持有PMP和RHCE等认证。曾大宁先生承担本书部分章节的校对工作。

朱建滨，获得香港大学工商管理硕士学位，持有CISSP等认证。负责信息安全治理、风险和合规、数据安全和隐私保护等工作。朱建滨先生承担本书部分章节的校对工作。

译者介绍

许琛超，获得上海交通大学计算机科学与技术工学学士学位。持有 CISSP、CISP 和 CISA 等认证。许琛超先生承担本书部分章节的校对工作。

邢海韬，获得北京工业大学软件工程硕士学位。持有 CDPSE 等认证。邢海韬先生承担本书部分章节的校对工作。

邓诗智，获得解放军信息工程大学应用数学专业理学硕士学位。邓诗智先生承担本书部分章节的校对工作。

贺凯，获得浙江大学宁波理工学院通信工程专业工学学士学位。持有 CISSP 和 CISA 等认证。贺凯先生承担本书部分章节的校对工作。

张锋，获得郑州大学计算机科学与技术专业工学硕士学位，持有 CISA 等认证。张锋先生承担本书部分章节的校对工作。

本书涉猎广泛，内容涉及 IT 审计、IT 治理、IT 生命周期管理、IT 服务管理、信息资产保护等方面的认证考试相关难点，特别是细分领域的安全术语和概念，中文译本极易混淆，往往令应试者考场失利。在本次翻译工作中，针对此类情况，举行了专项学术讨论，(ISC)² 上海分会的诸位安全专家给予了高效专业的解答，这里衷心感谢 (ISC)² 上海分会理事会和 (ISC)² 上海分会会员的参与、支持和帮助。

作者简介

Peter H. Gregory 持有 CISM、CISA、CRISC、CISSP、CIPM、CCISO、CCSK 和 PCI-QSA 等认证证书，是一位拥有近 30 年从业经验的安全技术专家，担任 Optiv Security(美国最大的安全系统集成商)的执行董事。2002 年至今，Peter 致力于制订和管理组织的信息安全管理计划。从 1990 年以来，Peter 一直领导安全 IT 环境的研发和测试工作。此外，Peter 曾担任软件工程师、架构师、系统工程师、网络工程师和安全工程师等职务。Peter 在职业生涯中撰写了大量文章、白皮书、用户手册、流程和程序，并多次组织讲座、培训、研讨会和编撰大学课程。

Peter 撰写了 40 多本信息安全与信息技术的专业书籍，包括 *Solaris Security*、*CISSP Guide to Security Essentials*、*CISM Certified Information Security Manager All-In-One Exam Guide* 和 *CISA Certified Information Systems Auditor All-In-One Exam Guide* 等。Peter 曾在许多行业会议上发表演讲，包括 RSA、Interop、ISACA CACS、(ISC)²大会、SecureWorld 博览会、西海岸安全论坛、OptivCon、维多利亚(BC)隐私和安全会议、IP3、信息管理协会、Interface、Tech Junction、SOURCE、华盛顿技术行业协会和 InfraGard 等。Peter 担任华盛顿大学信息安全和风险管理认证计划顾问委员会成员、华盛顿大学网络安全认证计划的首席讲师和顾问委员会成员、南佛罗里达大学网络安全认证顾问委员会成员和讲师、InfraGard 华盛顿州分会前理事会成员，以及太平洋 CISO 论坛的创始成员。Peter 是 FBI 公民学院 2008 年毕业生、FBI 公民学院校友会成员。

技术编辑简介

Bobby E. Rogers 是一名担任美国国防部承包商的信息安全工程师，帮助相关机构保护、认证和认可信息系统。Bobby负责信息系统安全工程、风险管理以及认证和认可等工作。Bobby在美国空军服役21年后，以网络安全工程师和讲师的身份退休，拥有全球范围的网络安全人脉圈。Bobby 获得了信息鉴证(Information Assurance，IA)专业硕士学位和马里兰州 Capitol Technology University 的网络安全专业博士学位。Bobby 持有 CISSP-ISSEP、CRISC、CEH、MCSE(Security)、CompTIA A+、CompTIA Network+及 CompTIA Security+等认证证书。Bobby 是 *CRISC Certified in Risk and Information Systems Control All-In-One Exam Guide* 和 *CompTIA Mobility+ All-In-One Exam Guide* 的作者。Bobby 还是许多网络安全书籍的技术编辑，包括经典著作 *CISSP All-in-One Exam Guide*；该书由清华大学出版社引进并出版，中文书名为《CISSP权威指南(第8版)》。

致　谢

特别感谢 Wendy Rinaldi 负责管理本书修订流程并帮助团队在极短时间内出版了本书。

衷心感谢 Amy Stonebraker Gray 女士对本项目的监督，Claire Yee(以及后加入的 Emily Walters)娴熟地推进本书的交付阶段工作，保证项目交付件的快速中转，并提供撰写稿件所需的信息。

感谢负责技术审阅的 Bobby Rogers。Bobby 认真且细致地阅读了全部稿件，提出了许多中肯的建议，这些建议大幅提升了本书质量。

非常感谢撰稿人 Tanya Scott。Tanya 撰写了本书第 1 版的第 1 章和附录 B，并修订了本书的第 2 版。Chris Tarnstrom 撰写了初版的附录 A。在西雅图执业的 CISA 和咨询顾问 Justin Hendrickson 为第 3 版更新了附录 A 和附录 B。此外，还要感谢安全和隐私专家 John Clark(持有 CISA、CISSP、Security+、CIPP/E、CIPT、CIPM、FIP 及 PMP 等认证证书)对附录 B 的修订。这些章节有助于考生更好地理解 CISA 认证过程并帮助信息系统审计师提高工作效率。此外，Tanya、Chris、Justin 和 John 的专业审计经验和洞察力也极大地提升了本书价值，即便考生获得 CISA 认证证书后，本书依然存在价值。本书的愿景是向从事审计实务的信息系统审计师传递价值，上述所有专家的贡献使本书的这一愿景得以实现。

非常感谢 Lisa Theobald 出色的编辑工作，她的工作进一步提高了本书的可读性。Lisa 发现了若干错误，并为本书提出了宝贵建议。非常感谢 Cenveo Publisher Services 设计的页面及布局。就像奥林匹克运动员一样，他们使困难的工作变得容易。

特别感谢 Radhika Jolly 和 Janet Walden 监督本书的撰写和出版流程并纠正了诸多错误。

非常感谢我的经纪人 Carole Jelen 在此项目以及其他许多项目中所给予的巨大帮助。衷心感谢我的业务经理、公关人员和研究助理 Rebecca Steele 的长远眼光，使我能够始终保持专注，并感谢她提供的图片。

我已经撰写了 40 多本图书，非常感谢妻子 Rebekah 的付出。在我撰写本书第 4 版期间，无法常态化地顾及家庭；如果没有她坚定不移的大力支持，本书是不可能完成的。她应得到这份赞誉。

前　言

信息系统(Information Systems，IS)的高速创新令人眼花缭乱。通常，设计缺陷(Flaw)和技术漏洞(Vulnerability，亦称脆弱性)将通过信息盗窃或泄露的各种形式带来各种意想不到的严重后果。组织需要根据各项法律、法规和标准，如 Sarbanes-Oxley、GLBA、HIPAA、PCI-DSS、NYDFS、PIPEDA、GDPR、CCPA 以及大量要求公开个人信息安全漏洞的美国州立法律开展整改行动。最新修订的法律法规和监管要求推动或鼓励组织开展内部审计活动，或通过外部审计评估合规性，以避免组织受到处罚、制裁或出现在令人尴尬的新闻头条上。

新出台的法律监管要求也加大了各组织对于 IT 安全专家和信息系统审计师的需求，这些备受关注的安全专家们在制定合规计划(Compliance Program)和降低风险方面发挥着决定性的作用。

始于 1978 年的注册信息系统审计师(Certified Information Systems Auditor，CISA)认证，无疑是信息系统审计行业的领先认证体系。如今，各行各业对 CISA 认证专家的需求增长非常快，以至于 ISACA 在 2005 年将每年一次的认证考试增加为每年两次，然后是每年三次，现在则是全年循环考试。2005 年，CISA 认证被美国国家标准协会(ANSI)认定为国际标准 ISO/IEC 17024 认证。CISA 认证还是美国国防部正式批准的信息鉴证技术类别中的少数认证之一(DoD 8570.01-M)。2009 年和 2017 年，*SC Magazine* 将 CISA 评为最佳专业认证计划。2016 年，持有 CISA 认证的专家数量超过 129 000 名。

信息系统审计并不是一时之"泡沫"或泛滥成灾。与之相反，信息系统审计师必须及时了解新技术、新系统、新威胁，了解新数据安全和隐私法律、法规标准监管合规要求。CISA 认证是从事控制、鉴证和安全等工作领域专家的黄金标准认证。

本书目的

本书是一本面向安全或 IT 审计专家的综合学习指南，考生需要认真参考个人或团体主导的 CISA 认证考试学习。本书的绝大部分内容包含 CISA 考生必须掌握的技术信息。

本书也是具有抱负和实务经验的信息系统审计师的参考用书。通过 CISA 认证考试所需的内容与执业审计师在日常工作中需要熟悉的内容相吻合。本书是理想的 CISA 考试学习指南，也是已获得 CISA 认证人员的日常参考书。

对于需要接受外部组织审计和监管机构检查的安全和业务专家而言，本书也具有不可估量的价值。行业专家需要对信息系统审计师所使用的审计实务和方法具有相当深入的了解。这不仅有助于内部审计体系的运转，也有助于理解外部审计师及其工作方式。本书的知识和见解将促进更好的审计产出。

对于那些试图了解信息系统审计行业的人士而言，本书是很好的指南。本书各章解释了所有相关的技术和审计程序，附录解释了流程框架和专业审计实务。这些内容对于可能想了解信息系统审计专业详情的人士非常有用。

本书结构

本书在逻辑上分为以下四个主要部分：

- **简介** 本书的前言和第 1 章概述了 CISA 认证和信息系统审计行业特点。
- **CISA 学习资料** 第 2~6 章包含积极备考 CISA 认证的考生必须掌握的 CISA 考试内容，也是有抱负的信息系统审计师的快速查询手册。
- **信息系统审计师参考信息** 附录 A 引导 CISA 考生完成从审计规划到最终报告交付的专业化信息系统审计全流程。附录 B 讨论了控制措施框架，这将帮助信息系统审计师开展审计工作，帮助他们了解控制措施框架功能，并为需要实施控制措施框架的组织提供指导。注意，附录 A~C 都放在本书配套网站中。
- **模拟考试** 附录 C 说明了本书随附的 CISA 模拟考试和 TotalTester 在线测试引擎。

第 4 版注意事项

ISACA 历史上，每五年就会重新调整一次认证内容。2018 年末，ISACA 宣布将更新 CISA 工作实务(考试的基础和获得认证的要求)，自 2019 年 6 月的考试起生效。为了使本书保持最新状态，Peter H. Gregory 联系了 McGraw-Hill 的 Wendy Rinaldi，以便尽快制定本书第 4 版的出版方案。本书是大家共同努力的成果。

新的 CISA 工作实务信息已于 2018 年 12 月下旬发布。彼时，本书工作团队开始着手更新第 3 版手稿。结果是本书通过更新，反映了自第 2 版出版以来 CISA 工作实务的所有变化以及审计实务、信息安全和信息技术的变化。

CISA 工作实务的变化

下表对比了 2016 版和 2019 版 CISA 工作实务差异及其与各章的关系。

2016 CISA 工作实务		2019 CISA 工作实务		本书章节
1. 信息系统审计流程	21%	1. 信息系统审计流程	21%	第 3 章：审计流程
2. IT 治理和管理	16%	2. IT 治理和管理	17%	第 2 章：IT 治理和管理

(续表)

2016 CISA 工作实务		2019 CISA 工作实务		本书章节
3. 信息系统的购置、研发和实施	18%	3. 信息系统的购置、研发和实施	12%	第4章：IT生命周期管理
4. 信息系统的运营、维护和服务管理	20%	4. 信息系统运营和业务韧性	23%	第5章：IT服务管理和业务持续
5. 信息资产保护	25%	5. 信息资产保护	27%	第6章：信息资产保护

ISACA 更新了 2019 年 CISA 工作实务中实务领域的描述方式。以前，每个工作实务领域都有一组知识陈述(Knowledge Statement)和任务陈述(Task Statement)。2019版的每个工作实务领域都包含两个主要类别，每个类别包含4～11个子主题域。接下来是 39 个 CISA 整体支持任务，这 39 个任务与 5 个知识域没有明确关联。

正如每项新工作实务和本 CISA 考试指南修订版的典型做法一样，本书也做了差距分析，以掌握 2019 年工作实务中增加和删除的主题。尽管结构上的变化让这种操作更加乏味，但总的来说，这些变化在内容上值得注意：

- 新增审计项目管理(Audit Project Management)主题。
- 新增审计数据分析(Audit Data Analytics)主题。
- 新增隐私原则主题。
- 业务持续规划和灾难恢复规划从知识域 2(IT 治理和管理)移入知识域 4(信息系统运营和业务韧性)，但其他方面没有变化。
- 企业架构从知识域 3 移至知识域 2。
- 新增物联网(Internet of Things，IoT)主题。

除了 CISA 工作实务的变化，还有一些主题是从第 3 版开始更新或新增的，变化包括：

- 分段和微分段技术。
- 虚拟化、容器化和虚拟键盘技术。
- 5G 技术。
- 在系统研发生命周期中更注重系统的获取，反映了从定制软件研发向获取面向核心业务应用的可伸缩软件和 SaaS 的迁移。
- 数字化转型(DX)。
- 组织架构的零信任原则。
- NIST 网络安全框架(CSF)技术。
- GDPR 和 CCPA 等新法律法规和监管要求。
- 用于管理基础架构和业务流程变更的敏捷方法。
- 若干新研发方法论。
- 云责任模型。
- 口令(Password)管理以及是否设置口令定期失效。

- 勒索软件(Ransomware)和破坏性软件的威胁。
- 远程访问和 VPN 的含义发生变化。
- 添加了若干新技术，如 BLE 和 WPA3。
- 删除了若干旧技术，如 X.25。
- 词汇表添加了 64 项新条目和交叉引用(并删除了一些过期条目)。

截至本书完成时，日新月异的新型研发、技术、技巧和安全漏洞提供了更多见闻，并有望进一步改进。就像土卫二表面一样，IT 审计行业也在不断变化。技术回收站充斥着过时的供应商、产品、协议、技术和方法论。各个组织曾经对这些产品和技术等抱有很大希望，但后来被更先进的解决方案取代。这突显了信息系统审计师(以及 IT、安全和风险专家)需要通过学习新事件、新技术和新技巧来跟上最新潮流。

配套资源下载

读者可扫描封底二维码，或扫描以下二维码，下载本书附录 A "开展专业化审计"、附录 B "主流方法论、框架和准则"以及附录 C "关于在线学习资源"(中文)以及术语表(英文)。

目录

第1章 成为注册信息系统审计师(CISA) ·········· 1
- 1.1 CISA 认证的收益 ·········· 2
- 1.2 CISA 认证流程 ·········· 3
- 1.3 ISACA 职业道德准则 ·········· 7
- 1.4 ISACA 信息系统(IS)标准 ·········· 7
- 1.5 CISA 认证考试 ·········· 9
  - 1.5.1 考试准备 ·········· 10
  - 1.5.2 考试之前 ·········· 10
  - 1.5.3 考试当天 ·········· 11
  - 1.5.4 考试之后 ·········· 11
- 1.6 申请 CISA 认证 ·········· 12
- 1.7 维持 CISA 认证 ·········· 12
  - 1.7.1 继续教育 ·········· 12
  - 1.7.2 CPE 维持费用 ·········· 14
- 1.8 吊销证书 ·········· 14
- 1.9 CISA 考试准备指导 ·········· 15
- 1.10 小结 ·········· 15

第2章 IT 治理和管理 ·········· 17
- 2.1 高管和董事会的 IT 治理实务 ·········· 18
  - 2.1.1 IT 治理 ·········· 18
  - 2.1.2 IT 治理框架 ·········· 18
  - 2.1.3 IT 战略委员会 ·········· 19
  - 2.1.4 平衡计分卡 ·········· 19
  - 2.1.5 信息安全治理 ·········· 20
- 2.2 IT 战略规划 ·········· 23
- 2.3 策略、流程、程序和标准 ·········· 24
  - 2.3.1 信息安全策略 ·········· 25
  - 2.3.2 隐私策略 ·········· 26
  - 2.3.3 数据分类策略 ·········· 26
  - 2.3.4 系统分类策略 ·········· 27
  - 2.3.5 场所分类策略 ·········· 27
  - 2.3.6 访问控制策略 ·········· 27
  - 2.3.7 移动设备策略 ·········· 27
  - 2.3.8 社交媒体策略 ·········· 28
  - 2.3.9 其他策略 ·········· 28
  - 2.3.10 流程和程序 ·········· 28
  - 2.3.11 标准 ·········· 29
  - 2.3.12 企业架构 ·········· 30
  - 2.3.13 法律、法规和标准的适用性 ·········· 32
- 2.4 风险管理 ·········· 33
  - 2.4.1 风险管理计划 ·········· 33
  - 2.4.2 风险管理流程 ·········· 34
  - 2.4.3 风险处理 ·········· 43
- 2.5 IT 管理实务 ·········· 45
  - 2.5.1 人员管理 ·········· 45
  - 2.5.2 寻源或寻找供应商 ·········· 50
  - 2.5.3 变更管理 ·········· 56
  - 2.5.4 财务管理 ·········· 57
  - 2.5.5 质量管理 ·········· 57
  - 2.5.6 组合管理 ·········· 59
  - 2.5.7 控制措施管理 ·········· 59
  - 2.5.8 安全管理 ·········· 60
  - 2.5.9 性能和容量管理 ·········· 61

2.6	组织结构与职责 62	
	2.6.1 角色与职责 63	
	2.6.2 职责分离 68	
2.7	IT 治理审计 69	
	2.7.1 文档和记录审计 70	
	2.7.2 合同审计 71	
	2.7.3 外包审计 72	
2.8	小结 73	
2.9	本章要点 74	
2.10	习题 74	
2.11	答案 76	

第3章 审计流程 79

3.1	审计管理 79	
	3.1.1 审计章程 80	
	3.1.2 审计计划 80	
	3.1.3 战略性审计规划 80	
	3.1.4 审计和技术 82	
	3.1.5 审计相关的法律法规和监管合规要求 83	
3.2	ISACA 审计标准 88	
	3.2.1 ISACA 职业道德规范 88	
	3.2.2 ISACA 审计和鉴证标准 88	
	3.2.3 ISACA 审计和鉴证准则 91	
3.3	风险分析 95	
	3.3.1 审计师风险分析和企业风险管理计划的侧重点 96	
	3.3.2 评价业务流程 97	
	3.3.3 识别业务风险 98	
	3.3.4 风险缓解 99	
	3.3.5 安全对策评估 100	
	3.3.6 持续监测 100	
3.4	控制措施 100	
	3.4.1 控制措施分类 100	
	3.4.2 内部控制目标 103	
	3.4.3 信息系统控制目标 104	
	3.4.4 通用计算控制措施 104	

	3.4.5 信息系统控制措施 105	
3.5	开展审计实务 105	
	3.5.1 审计目标 106	
	3.5.2 审计类型 107	
	3.5.3 合规性测试和实质性测试 108	
	3.5.4 审计方法论和项目管理 109	
	3.5.5 审计证据 111	
	3.5.6 依赖其他审计师的工作成果 116	
	3.5.7 审计数据分析 117	
	3.5.8 报告审计结果 120	
	3.5.9 其他审计主题 122	
3.6	CSA 124	
	3.6.1 CSA 的优缺点 125	
	3.6.2 CSA 生命周期 125	
	3.6.3 CSA 目标 126	
	3.6.4 审计师和 CSA 126	
3.7	实施审计建议 127	
3.8	小结 127	
3.9	本章要点 128	
3.10	习题 129	
3.11	答案 131	

第4章 IT 生命周期管理 133

4.1	收益实现 134	
	4.1.1 项目组合和项目集管理 134	
	4.1.2 制定业务案例 136	
	4.1.3 衡量业务收益 137	
4.2	项目管理 138	
	4.2.1 项目组织 138	
	4.2.2 制定项目目标 139	
	4.2.3 管理项目 141	
	4.2.4 项目角色和责任 142	
	4.2.5 项目规划 143	
	4.2.6 项目管理方法论 154	
4.3	系统研发生命周期(SDLC) 159	

	4.3.1	SDLC 阶段 ················160
	4.3.2	软件研发风险 ············180
	4.3.3	其他软件研发方法和技术 ···181
	4.3.4	系统研发工具 ············185
	4.3.5	采购基于云计算的基础架构和应用程序 ···186
4.4	研发和实施基础架构 ········188
	4.4.1	审查现有基础架构 ······189
	4.4.2	需求 ····················189
	4.4.3	设计 ····················190
	4.4.4	采购 ····················190
	4.4.5	测试 ····················191
	4.4.6	实施 ····················191
	4.4.7	维护 ····················191
4.5	信息系统维护 ················192
	4.5.1	变更管理 ················192
	4.5.2	配置管理 ················193
4.6	业务流程 ······················194
	4.6.1	业务流程生命周期与业务流程再造 ···194
	4.6.2	能力成熟度模型 ········197
4.7	第三方管理 ··················199
	4.7.1	风险因素 ················199
	4.7.2	入围和尽职调查 ········199
	4.7.3	分类 ····················200
	4.7.4	评估 ····················200
	4.7.5	补救 ····················200
	4.7.6	风险报告 ················201
4.8	应用程序控制措施 ············201
	4.8.1	输入控制措施 ············201
	4.8.2	处理控制措施 ············203
	4.8.3	输出控制措施 ············205
4.9	系统研发生命周期审计 ······206
	4.9.1	项目集与项目管理审计 ···206
	4.9.2	可行性研究审计 ··········207
	4.9.3	项目需求审计 ············207

	4.9.4	项目设计审计 ············207
	4.9.5	软件购置审计 ············207
	4.9.6	项目研发审计 ············208
	4.9.7	项目测试审计 ············208
	4.9.8	项目实施审计 ············208
	4.9.9	项目实施后审计 ·········209
	4.9.10	变更管理审计 ············209
	4.9.11	配置管理审计 ············209
4.10	业务控制措施审计 ············209
4.11	应用程序控制措施审计 ······210
	4.11.1	交易流向 ················210
	4.11.2	观察 ····················210
	4.11.3	数据完整性测试 ··········211
	4.11.4	在线处理系统测试 ·······211
	4.11.5	应用程序审计 ············211
	4.11.6	持续审计 ················212
4.12	第三方风险管理审计 ········213
4.13	小结 ·······················213
4.14	本章要点 ···················215
4.15	习题 ·······················216
4.16	答案 ·······················218

第 5 章　IT 服务管理和业务持续 ········221

5.1	信息系统运营 ··················221
	5.1.1	运营的管理与控制 ········222
	5.1.2	IT 服务管理 ··············222
	5.1.3	IT 运营和异常处置 ······230
	5.1.4	最终用户计算 ············231
	5.1.5	软件程序代码库管理 ·····232
	5.1.6	质量保证 ················233
	5.1.7	安全管理 ················233
	5.1.8	介质控制措施 ············234
	5.1.9	数据管理 ················234
5.2	信息系统硬件 ················235
	5.2.1	计算机使用 ··············235
	5.2.2	计算机硬件架构 ··········238
	5.2.3	硬件维护 ················246

- 5.2.4 硬件持续监测 …… 246
- 5.3 信息系统架构与软件 …… 247
  - 5.3.1 计算机操作系统 …… 247
  - 5.3.2 数据通信软件 …… 248
  - 5.3.3 文件系统 …… 248
  - 5.3.4 数据库管理系统 …… 249
  - 5.3.5 介质管理系统 …… 252
  - 5.3.6 实用软件 …… 253
  - 5.3.7 软件许可证 …… 254
  - 5.3.8 数字版权管理 …… 255
- 5.4 网络基础架构 …… 255
  - 5.4.1 企业架构 …… 256
  - 5.4.2 网络架构 …… 256
  - 5.4.3 基于网络的服务 …… 258
  - 5.4.4 网络模型 …… 260
  - 5.4.5 网络技术 …… 269
- 5.5 业务韧性 …… 299
  - 5.5.1 业务持续规划 …… 299
  - 5.5.2 灾难恢复规划 …… 329
- 5.6 审计IT基础架构和运营 …… 346
  - 5.6.1 审计信息系统硬件 …… 346
  - 5.6.2 审计操作系统 …… 346
  - 5.6.3 审计文件系统 …… 347
  - 5.6.4 审计数据库管理系统 …… 347
  - 5.6.5 审计网络基础架构 …… 347
  - 5.6.6 审计网络运行控制措施 …… 348
  - 5.6.7 审计IT运营 …… 349
  - 5.6.8 审计无人值守运营 …… 350
  - 5.6.9 审计问题管理操作 …… 350
  - 5.6.10 审计持续监测运营 …… 350
  - 5.6.11 审计采购 …… 351
  - 5.6.12 审计业务持续规划 …… 351
  - 5.6.13 审计灾难恢复规划 …… 354
- 5.7 小结 …… 358
- 5.8 本章要点 …… 359
- 5.9 习题 …… 360
- 5.10 答案 …… 363

第6章 信息资产保护 …… 365

- 6.1 信息安全管理 …… 365
  - 6.1.1 信息安全管理的主要方面 …… 365
  - 6.1.2 角色和职责 …… 369
  - 6.1.3 业务一致性 …… 370
  - 6.1.4 资产清单和分类 …… 371
  - 6.1.5 访问控制 …… 373
  - 6.1.6 隐私 …… 374
  - 6.1.7 第三方管理 …… 375
  - 6.1.8 人力资源安全 …… 379
  - 6.1.9 计算机犯罪 …… 382
  - 6.1.10 安全事故管理 …… 386
  - 6.1.11 法证调查 …… 390
- 6.2 逻辑访问控制措施 …… 391
  - 6.2.1 访问控制概念 …… 391
  - 6.2.2 访问控制模型 …… 392
  - 6.2.3 访问控制的威胁 …… 392
  - 6.2.4 访问控制漏洞 …… 393
  - 6.2.5 接入点和进入方式 …… 394
  - 6.2.6 身份识别、身份验证和授权 …… 397
  - 6.2.7 保护存储的信息 …… 404
  - 6.2.8 管理用户访问 …… 410
  - 6.2.9 保护移动设备 …… 414
- 6.3 网络安全控制措施 …… 416
  - 6.3.1 网络安全 …… 416
  - 6.3.2 物联网安全 …… 419
  - 6.3.3 保护客户端/服务器应用程序 …… 420
  - 6.3.4 保护无线网络 …… 421
  - 6.3.5 保护互联网通信 …… 424
  - 6.3.6 加密 …… 429
  - 6.3.7 IP语音 …… 439
  - 6.3.8 专用分组交换机 …… 440
  - 6.3.9 恶意软件 …… 441
  - 6.3.10 信息泄露 …… 446

- 6.4 环境控制措施 ·········· 448
  - 6.4.1 环境威胁和脆弱性 ········ 448
  - 6.4.2 环境控制措施与对策 ····· 449
- 6.5 物理安全控制措施 ········ 453
  - 6.5.1 物理访问威胁和脆弱性 ··· 454
  - 6.5.2 物理访问控制措施和对策 ········· 455
- 6.6 审计资产保护 ············ 456
  - 6.6.1 审计安全管理 ·········· 456
  - 6.6.2 审计逻辑访问控制措施 ··· 457
  - 6.6.3 审计网络安全控制措施 ··· 462
  - 6.6.4 审计环境控制措施 ······ 465
  - 6.6.5 审计物理安全控制措施 ··· 466
- 6.7 小结 ···················· 467
- 6.8 本章要点 ················ 468
- 6.9 习题 ···················· 469
- 6.10 答案 ··················· 471

附录 A 开展专业化审计(可从网站下载)

附录 B 主流方法论、框架和准则(可从网站下载)

附录 C 关于在线学习资源(可从网站下载)

# 第1章

成为注册信息系统审计师(CISA)

本章讨论以下主题：
- 成为 CISA 认证专家的意义
- 了解 ISACA 组织及其道德准则和标准
- CISA 认证流程
- 申请 CISA 考试
- 维持 CISA 认证证书
- 受益于 CISA 之旅

恭喜你选择备考 CISA(Certified Information Systems Auditor，注册信息系统审计师)。无论你已经具有信息系统(Information Systems，IS)审计行业工作经验，还是刚刚进入控制、鉴证和安全领域，都不要低估获取和维持 CISA 认证所需的辛勤工作和奉献精神。雄心壮志和积极性对于 CISA 认证考生至关重要，所幸，获得 CISA 认证后所带来的回报可能远远超过你曾付出的努力。

你可能从未想过有一天将要从事信息系统审计工作或寻求获得专业的审计认证证书，但是，日益增加的信息系统安全相关法律法规及监管合规要求你进入 IT 审计行业。部分考生已经注意到与 CISA 相关的职业发展机会正在成倍增加，而这一部分考生决定率先出击、走在行业的前沿。然而，积极备考的考生们并不孤单：自 1978 年首次举办 CISA 认证考试以来，全球共有超过 129 000 名专家做出与这些考生们相同的决定，并已获得这一备受尊崇的认证证书。2009 年和 2017 年，CISA 认证再次被 *SC Magazine* 评选为"最佳专业认证计划"，并在 2014 年入围同一奖项的决赛。2016 年 Global Knowledge 的《IT 技能和薪酬报告》以及 Foote Partners 最近发布的 IT 技能和认证薪酬指数(IT Skills and Certifications Pay Index，ITSCPI)显示，CISA 认证是收入最高的 IT 类认证之一。

欢迎开启 CISA 认证考试之旅，大好前程向诸位 CISA 认证考生招手！

本书将帮助你为 CISA 考试做好准备，并为你提供维持认证证书所需的信息。本书不仅能帮助你备考并顺利通过 CISA 考试，还可为你提供维持 CISA 认证的信息和资源。

信息系统审计和控制协会(Information Systems Audit and Control Association，ISACA)是控制、鉴证、安全和IT治理领域的公认领导者。ISACA作为非营利组织成立于1967年，代表来自180多个国家的140 000名专家。目前，ISACA管理着多项考试认证，包括CISA、注册信息安全经理(Certified Information Security Manager，CISM)、风险和信息系统控制认证(Certified in Risk and Information Systems Control，CRISC)以及组织IT治理认证(Certified in the Governance of Enterprise IT，CGEIT)。ISACA认证计划(ISACA Certification Program)已获得美国国家标准协会(ANSI)依据国际标准化组织和国际电工委员会ISO/IEC 17024:2012标准的认可，意味着ISACA的认可程序符合质量、持续改进和可问责性方面的国际要求。

如果你不熟悉ISACA协会的情况，建议浏览网站(www.isaca.org)以熟悉并获取可用的指南和资源。此外，如果你靠近ISACA全球80多个国家/地区的200多个任意本地分会，则建议你考虑参加本地分会活动，可与本地分会取得联系以获取本地会议、培训日、学术会议或学习课程等信息。期间，你很有可能结识信息系统审计师队伍中的翘楚，相信各本地分会的CISA持证专家会热忱地为你提供更多有关CISA认证和审计业务的独到见解。

始于1978年的CISA认证主要侧重于审计、控制、鉴证和安全等领域，可证明CISA持证专家在测试和记录IS控制措施方面的知识以及执行正式信息系统审计的能力。组织通常会寻找并聘用合格的人员以协助其建立和维护强控制环境，持有CISA认证证书的专家是工作岗位的不二人选。

在经历了数字化转型浪潮后，世界上各行业的组织都越来越依赖于支撑日常业务运营的信息系统。此外，以软件即服务(Software as a Service，SaaS)、平台即服务(Platform as a Service，PaaS)和基础架构即服务(Infrastructure as a Service，IaaS)等形式出现的IT外包趋势稳步上升，外包依赖性意味着组织不得不信任云服务提供商提供的SaaS、PaaS和IaaS服务平台是安全的。同时，外包依赖性也迫使组织更信赖信息系统审计师以确保IT环境具备当今组织所需的安全性、完整性和韧性(Resilience)。

1.1 CISA认证的收益

获得CISA认证有如下几项重要收益：

- **拓展知识和技能，树立信心**　在审计、控制、鉴证和安全领域拓展的知识和技能可以为你晋升或扩大职责范围做好准备。个人和职业成就可以增强考生的信心，鼓励你不断进步并寻求新的职业机会。
- **增加市场销售能力和职业选择**　《健康保险流通与责任法案(Health Insurance Portability and Accountability Act of 1999，HIPAA)》《支付卡行业数据安全标准(Payment Card Industry Data Security Standard，PCI-DSS)》《萨班斯-奥克斯利法案(Sarbanes-Oxley Act of 2002，SOX)》《金融服务现代化法案(Financial Services Modern Act of 1999，FSMA)》《欧盟通用数据保护条例(European General Data Protection Regulation of 2018，GDPR)》及《加州消费者隐私法案(California Consumer Privacy Act，CCPA)》等各种法律法规及监管要求的出台，以及美国食品药品管理局(Food

and Drug Administration，FDA)、美国联邦能源管理委员会/北美电力可靠性组织(Federal Energy Regulatory Commission/North American Electric Reliability Corporation，FERC/NERC)等机构对信息系统和自动化、控制措施、鉴证和审计经验需求的日益增加，直接导致市场对具有建立、记录和测试控制措施经验的专家的需求数量不断上升。此外，获得 CISA 认证还向当前和潜在的雇主证明你愿意并致力于提高在信息系统审计方面的知识和技能。拥有 CISA 认证可以大幅提升考生的职业竞争优势，并在众多行业和国家之间打开机会之门。

- **帮助考生满足其他认证要求** 支付卡行业认定安全评估师(Payment Card Industry Qualified Security Assessor，PCI-QSA)认证要求所有证书持有者都必须具有最新的安全审计认证，无论是 CISA 证书还是 ISO 27001 主任审计师证书均可。
- **帮助考生满足就业要求** 许多政府机构和组织，例如美国国防部(United States Department of Defense，DoD)，对涉及信息系统审计实务的职位都要求持有 CISA 认证证书。DoD 指令 8140.01(以前是 DoD 指令 8570.01-M)规定，在联邦机构内执行信息鉴证活动的人员必须获得 DoD 批准的商业认可证书。国防部已经批准通过 ANSI 认可的 CISA 认证证书计划，因为 CISA 证书计划符合 ISO/IEC 17024:2012 的要求。所有信息鉴证技术(Information Assurance Technical，IAT)三级人员和签约从事同等活动的人员，都必须持有 CISA 认证证书。
- **树立客户信心和国际信誉** 关注控制或审计工作的潜在客户相信，详细记录及经过测试的审计和控制工作的质量符合国际公认的标准。

无论你当前担任什么职位，在 IT 控制、审计、鉴证和安全领域展现的知识和经验都能扩展你的职业选择。CISA 认证并不会限制你只能从事审计工作。CISA 认证可以为处于以下职位或正在寻找以下职位的人士提供附加价值并充分体现其专业能力：

- 执行层，如首席执行官(CEO)、首席财务官(CFO)和首席信息官(CIO)
- 首席审计官、审计合伙人和审计总监
- 安全和 IT 运营主管(首席技术官[CTO]、首席信息安全官[CISO]、首席信息风险官[CIRO]、首席安全官[CSO])、总监、经理和员工
- 合规主管和管理层
- 安全和审计顾问
- 审计委员会成员

1.2 CISA 认证流程

要获得 CISA 认证证书，需要支付考试费用、通过考试(成绩合格)、证明具有所需经验和教育经历并且同意遵守道德和标准。为维持 CISA 认证的有效性，每年必须至少接受 20 小时的继续教育，三年累计共需 120 小时，并支付年度认证维持费用。如图 1-1 所示。

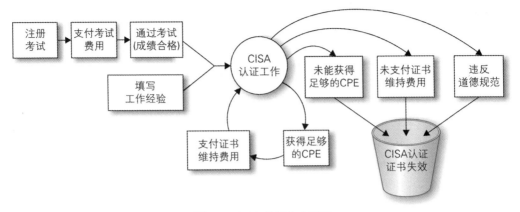

图 1-1 CISA 认证生命周期

下面概述了获得 CISA 认证的主要要求：

- **经验** CISA 考生必须提交至少五年工作经验的可验证证据，并且至少有两年时间是从事信息系统审计、控制、鉴证或安全方面的专业工作。工作经验可以涉及任何工作内容领域，但必须经过验证。对于经验不满五年的人士，可以使用最长三年的置换和豁免选项。
- **道德** 考生必须承诺遵守 ISACA 的《职业道德准则(Code of Professional Ethics)》，该准则将指导认证考生的个人和职业行为。
- **标准** 获得认证的考生需要同意遵守信息系统审计标准，并执行信息系统审计的最低准则。
- **考试** 考生必须在 CISA 考试中获得及格分数。及格分数的有效期最长为五年，之后该分数将失效。这意味着通过考试的 CISA 考生最多有五年时间申请 CISA 认证证书，通过考试但五年后仍未申请的考生如果想获得 CISA 认证证书，则必须再次参加考试。
- **申请** 成功通过考试、符合经验要求并通读 ISACA《职业道德准则》和《信息系统审计标准》后，考生可申请认证证书。申请必须在考试通过后的五年内提交。
- **教育** CISA 持证人士必须遵守 CISA 继续教育策略，策略要求每年至少 20 小时的持续专业教育(Continuing Professional Education，CPE)点数，在认证期间(三年)内共需要 120 个 CPE 点数。

经验要求

考生想要获得 CISA 认证资格，必须具备相当于五年时间的总工作经验。总计五年的经验可以采取多种形式，也可以采用置换形式。下面介绍最低认证要求、置换选项和各种示例。

第 1 章 成为注册信息系统审计师(CISA)

 注意：
尽管不建议，但考生可以在满足与审计直接相关的任何工作经验之前参加考试。只要考生通过考试，并且在考试日期起的五年内以及从认证申请之日起十年内满足工作经验要求，就可以获得 CISA 认证资格。

1. 直接工作经验

需要在信息系统审计、控制或安全领域有至少两年的工作经验，相当于 4 000 小时的实际工作时间。工作经验必须与以下五个 CISA 工作实务领域中的一个或多个相关：

- 信息系统审计流程(Information Systems Auditing Process)　根据 IS 标准和最佳实践来规划和实施信息系统审计工作，沟通审计结果，并就风险管理和控制措施(Control)实务提供建议。
- IT 治理和管理(Governance and Management of IT)　确保组织具备合理的组织结构和流程，协调并支持组织的战略和目标。
- 信息系统的购置、研发和实施(Information Systems Acquisition, Development, and Implementation)　确保为信息系统的购置、研发、测试和实施建立适当的流程和控制措施，合理保证组织的战略和目标得以实现。
- 信息系统运营和业务韧性(Information Systems Operations and Business Resilience)　确保系统和基础架构(Infrastructure)具备良好的运营、维护和服务管理流程以及可靠的控制措施，支持实现组织的战略和目标。
- 信息资产保护(Protection of Information Asset)　确保组织的安全策略、标准、程序(Procedure)和控制措施可保护信息资产的机密性、完整性和可用性。

所有工作经验必须发生在完成认证申请之前的十年之内，或者在最初通过 CISA 考试之日起五年内完成。需要为每段工作经验填写一份单独的"工作经验确认表(Verification of Work Experience Form)"。

这项最低两年的直接工作经验要求只有一种例外情况：考生是专职讲师。下一节将讨论该选项。

2. 经验置换

以下内容最多可以置换三年的直接工作经验，从而满足五年的经验要求：

- 一年的信息系统或一年的非信息系统审计经验可以置换最多一年的直接工作经验。
- 两年或四年制学位课程(完成 60 至 120 个大学学期学分)，无论何时完成，都可以分别置换一年或两年的直接工作经验。必须是就读的大学寄出的成绩单或确认学位状态的信件，才能获得经验豁免。
- 如果考生已经获得由 ISACA 赞助课程的大学的学士或硕士学位，则可以分别置换一或两年的直接工作经验(有关 ISACA 赞助的示范课程和参与的大学的信息，请参见 www.isaca.org/modeluniversities)。只有由大学寄送的成绩单或确认学位状态的信件才能获得经验豁免。如果已经置换或豁免了三年直接工作经验,则不能使用经验置换选项。

- 具有完整认证的英国特许公认会计师公会(Association of Chartered Certified Accountants,ACCA)会员和英国特许管理会计师协会(Chartered Institute of Management Accountants,CIMA)会员资格可以申请两年的教育豁免。
- 获得认可的大学的信息系统或信息技术(IT)硕士学位的申请者可以申请一年的经验豁免。

如上所述,经验要求只有一种例外情形。如果具有相关领域(即信息安全学、计算机科学或会计学专业)的专职大学讲师经验,则可以无限制地将每两年的教学经验置换为所需的一年直接工作经验。

以下是一名 CISA 考生示例,考虑哪些经验和学历可用于申请 CISA 认证证书。

Jane Doe 于 2004 年毕业,并获得会计学学士学位,在一家从事非信息系统审计的会计师事务所工作了五年,并于 2009 年 1 月开始全职从事信息系统审计工作。2011 年 1 月,Jane 出于个人原因请假,并于 2017 年 12 月重新加入工作团队,在一家上市组织的内部审计部门工作,记录和测试财务控制措施。Jane 于 2018 年 6 月通过了 CISA 考试,并于 2019 年 1 月申请 CISA 认证证书。Jane 是否具备所需的全部经验?需要提交哪些证据?

- **两年置换** Jane 获得了会计学学士学位,相当于两年的经验置换。
- **两年的直接经验** 可以算出 Jane 有整整两年的信息系统审计经验(2009 年和 2010 年)。
- **一年置换** 不能考虑 2008 年 1 月至 2009 年 1 月之间完成的一年非信息系统审计经验,因为该经验不在申请前的十年内。Jane 希望将其新的内部审计财务控制经验而不是早期的非信息系统审计经验用于经验置换。

Jane 需要将以下信息与申请表一起发送,以证明满足经验要求:

- 会计事务所主管(或任何上级)签署的工作经验确认表,验证 Jane 完成的 IS 和非信息系统审计工作。
- 大学出具的成绩单或确认学位状态的信函。

注意:
建议仔细阅读 ISACA 网站上的 CISA 认证资格。ISACA 可能会不定期修订资格规则,请 CISA 考生务必了解最新信息。

信息系统(IS)和信息技术(IT)

在本章中需要注意术语 Information Systems(IS)和 Information Technology(IT)的使用场景。诚如所见,本书经常使用这两个术语,IS 表示信息系统,是一个包含性术语,表示单台计算机、计算机的操作系统、在操作系统上运行的应用程序、网络设备、虚拟机或可以协同工作以实现特定功能的系统的集合。在信息系统审计行业,从事信息系统检查的专家就是信息系统审计师(IS Auditor,ISA)。

还应注意，CISA 中的字母"IS"代表*信息系统(Information Systems)*，而不是常认为的*信息安全(Information Security)*。CISA 认证计划希望持证专家掌握如何审计信息系统的所有方面，而不仅仅是用于保护系统和信息的安全性控制措施。

IT 指*信息技术(Information Technology)*，指在计算机、软件、存储系统和应用程序中使用的各种技术。在大多数组织中，将管理信息技术的一群人称为 IT 部门，但也有组织使用 IS 部门。

通常来说，IS 和 IT 可以互换使用，并且也不会认为这种用法不合适或不正确。

1.3　ISACA 职业道德准则

成为 CISA 持证专家意味着同意并遵守《ISACA 职业道德准则(ISACA Code of Professional Ethics)》。职业道德准则是一份正式文档，概述需要遵守的事项，以及不仅要确保最大程度的诚信和最有力的支持，还要代表组织和认证体系做出表率。

ISACA 职业道德准则对 ISACA 会员和持证人士提出以下要求(来自 www.isaca.org/Certification/Professional-Code-of-Professional-Ethics/Pages/default.aspx)：

(1) 支持并鼓励遵守适度的标准和程序，有效地治理和管理组织信息系统和技术，包括审计、控制、安全和风险管理。

(2) 按照职业标准和准则，客观、尽职(Due Diligence)且专业地履行职责。

(3) 在保持高标准的行为举止和品质的同时合法地为利益相关方服务，且不损害行业或协会的声誉。

(4) 除非法律授权要求披露特定信息，否则应对在审计活动过程中获得的信息保护隐私和机密性。此类信息不得用于个人利益或发布给不适当的第三方。

(5) 保持专业领域的胜任能力，同意仅开展预期可利用必要技能、知识和能力完成的活动。

(6) 告知有关各方执行的工作结果，包括披露知晓的所有重要事实。如果不披露某些事实，可能导致审计结果报告失真。

(7) 支持利益相关方的专业教育，加深利益相关方对组织信息系统以及技术治理和管理的理解，专业教育包括审计、控制、安全和风险管理。

违背 ISACA 职业道德准则可能招致对违规人员行为的调查和纪律处分，包括书面警告、吊销 CISA 认证证书和/或会员资格。可在 www.isaca.org/ethics 上找到《ISACA 职业道德准则》的全文和执行条款。

1.4　ISACA 信息系统(IS)标准

信息系统审计师可从若干可靠的来源收集信息，正直诚信地执行审计活动。ISACA 已经为信息系统审计实务和报告制定了一整套强制性要求的标准，即信息技术鉴证框架(Information Technology Assurance Framework，ITAF)。

ITAF 提供了多个级别的信息系统审计和鉴证指导,包括标准、准则以及工具和技术。标准(Standard)是较高级别的强制性要求(Mandatory Requirement),可将信息系统审计期望的最低要求告知信息系统审计和鉴证专家。准则(Guideline)为如何运用标准提供了更多指导,而工具和技术则提供了审计和鉴证专家可以遵循的信息系统审计程序(Procedure)示例。

作为 CISA 持证专家,需要在适用的情况下遵守并推广 IS 标准,鼓励遵守并支持这些标准的实施。在准备认证阶段及以后的工作期间都需要通读并熟悉 IS 标准。制定这些标准是为了确定要满足 ISACA 定义的专业要求并帮助设定期望的最低可接受性能水平。IS 标准由 ISACA 制定、审查和批准。

关于 ITAF 的更多信息,请访问 www.isaca.org/itaf。

通用标准 代表专业从事 IT 审计和鉴证活动的指导原则。通用标准包括:

- 审计章程(Audit Charter)
- 组织独立性(Organizational Independence)
- 专家独立性(Professional Independence)
- 合理的期望
- 专业
- 熟练
- 认定(Assertion)
- 标准

绩效标准 侧重于 IT 审计或鉴证专家开展的鉴证活动,例如,设计、证据、发现和结论。这些标准包括:

- 参与规划
- 规划的风险评估
- 绩效和监督
- 重要性
- 证据
- 使用其他专家的工作成果
- 不法和违法行为

报告标准 涵盖由 IT 审计或鉴证专家生成的报告,例如:

- 报告
- 跟进活动

注意:
建议定期查看 ISACA 网站以获取这些标准的更新版本。在文档更新提交并开放以供审查(www.isaca.org/standards)时,ISACA 会员会收到自动通知。

1.5 CISA 认证考试

CISA 认证考试全年在"考试窗口(Testing Window)"几乎均可考试，通常，窗口通常长达几个月。ISACA 网站将提供当前考试窗口的信息，有时还提供未来考试窗口的信息。当开始预订 CISA 考试时，需要访问 ISACA 网站，并在考试窗口中查看可选的时间。从一个考试窗口到下一个考试窗口的其他条款和条件会不时变化。

2019 年，以美元为单位的预订考试费用如下。

- CISA 申请费用：50 美元
- 常规注册：会员支付 575 美元/非会员支付 760 美元

ISACA 批准的考试供应商 PSI Services 在多地提供考试服务。要查询离 CISA 考生最近的考场详细信息，请访问 www.isaca.org/exam。

注册完成后将立即收到一封确认注册的电子邮件。在四个星期的处理时间内，将通过邮件收到纸质副本和注册收据。在考试日期前两到三周将通过电子邮件和普通邮件收到准考证，需要准考证才能进入考试地点。确保在考试之前妥善保管，切勿涂改。

每位注册考生都有四小时的考试时间。考试采用单选题，使用计算机考试，共有来自五个工作实务领域(Job Practice Area)的 150 道考题。每道考题有四个备选答案。考生只能通过单击选择其中一个最佳答案。考生将获得每个工作实务领域的分项分数和最终分数。在计算机考试结束前，考试系统将告知考生成绩是否合格。

所有考试均按比例计分。分数从 200 到 800 不等，但最终分数必须达到 450 分。

考题来自 ISACA 的工作实务分析研究。所选领域代表 CISA 日常活动中执行的那些任务，并代表执行信息系统审计、控制、鉴证和安全任务所需的背景知识。有关任务和知识陈述的更多详细说明，可在 www.isaca.org/cisajobpractice 上找到。

CISA 考试的范围很广，涵盖五个工作实务领域，如表 1-1 所示。

表 1-1　CISA 考试工作实务领域

知识域	工作实务领域	考试比例
1	信息系统审计流程	21
2	IT 治理和管理	17
3	信息系统购置、研发和实施	12
4	信息系统运营和业务韧性	23
5	信息资产保护	27

独立委员会将确定最佳考题、审查考试结果、统计分析结果并持续改进。如果遇到一个非常困难或奇怪的考题，请不要惊慌，该考题可能是出于其他目的编写的。考试中包含一些用于研究和分析的考题，不会计入总分。

1.5.1 考试准备

CISA 认证要求 CISA 考生具备大量知识和经验。需要制定长期学习策略才能通过考试。以下各节提供了一些考试经验提示，旨在帮助 CISA 考生合理安排考试之前、考试当天及考试之后的学习活动。

1.5.2 考试之前

考虑以下准备考试的任务和资源的提示列表，按顺序列出。

- 阅读"ISACA 考生信息指南(ISACA Exam Candidate Information Guide)" 要获取有关本年度认证考试和要求的信息，请访问 www.isaca.org/Certification/Pages/Candidates-Guide-for-Exams.aspx。确保下载正确(通常是最新版本)的指南。
- 注册 注册以强化对获取这一专业成就的承诺。
- 熟悉 CISA 认证涉及的各工作实务领域 工作实务领域是考试和要求的基础。工作实务领域从 2019 年 6 月考试开始发生了变化。确保学习材料与 www.isaca.org/cisajobpractice 的最新建议列表一致。
- 知识能力自评估 完成本书附属资源提供的两套模拟考试考题，更多信息参见附录 C。也可以访问 ISACA 网站，获得包含 50 个考题的免费 CISA 自评估测试。
- 迭代学习 根据已经在信息系统审计实务工作中获得的工作经验,建议安排的学习计划从两个月到六个月不等。在这段时间内，定期参加模拟考试，找出并记下强项和短板。确定薄弱环节后，每周重新阅读本书中的相关部分并重新参加模拟考试。应专注于对薄弱环节的学习并记录进展。
- 避免突击学习 在考试前最后一刻突击阅读书架上书籍的情况时有发生。只需要在 Internet 上稍作浏览就可找到各种网站，教导 CISA 考生如何最有效地备考。也有研究机构声称，突击复习可能导致感冒和流感、睡眠失常、暴饮暴食和消化系统疾病。可以肯定的是：许多 CISA 考生发现良好稳定的学习习惯可以减轻考试压力，并在考试过程中头脑更加清醒、注意力更加集中。由于考试的复杂性，强烈建议长期稳定地学习，彻底学习工作实务领域。有很多学习方法可供选择，如果时间允许，请学习更多的可用资源。
- 寻找并加入学习小组 许多 ISACA 分会组建学习小组，或提供价格较低的考试复习课程。请与当地分会联系，查看这些方式是否可行。此外，请务必关注 ISACA 网站。
- 准考证 大约在考试前两到三周会收到准考证。避免遗失准考证,将其放在安全的地方；记下需要什么时间到达现场，同时在日历上标注考试日期和时间。

- **后勤检查** 查看"考生信息指南"(Candidate Information Guide)和准考证,了解考场报到的确切时间。在考试前几天查询网站,熟悉考场位置和到达考场的方法。如果乘坐公共交通工具,确保知晓考试当天的时刻表。开车前往的话,请了解行车路线和停车位置。
- **打包** 将准考证和带照片的证件放在可靠的地方,以便可以随时使用。身份证件必须是政府签发的带照片的最新身份证件,该身份证件必须与准考证上的姓名一致,不能手写。可接受的身份证件可以是护照、驾照、美国各州身份证、绿卡和国家身份证。确保将食物、饮料、笔记本电脑、手机和其他电子设备放在指定位置,基本上所有物品都不许带入考场。要了解准许和禁止带入考场的物品信息,请访问www.isaca.org/cisabelongings 网站。
- **通知决定** 决定是否要通过电子邮件获取考试结果。考生将有机会同意通过电子邮件告知考试结果。如果已全额付款(考试费用账单余额为零)并同意电子邮件通知,则应该在考试日期后的几周内收到一封包含考试结果的电子邮件。
- **充分睡眠** 考试前睡个好觉。研究表明,应该在睡前至少四小时避免摄入咖啡因,在床头放记事本和笔,捕捉深夜可能使考生保持清醒的想法,消除尽可能多的噪声和光线,并保持房间的温度适合睡眠。早晨早起,避免仓促并承受额外的压力。

1.5.3 考试当天

以下清单可在考试当天提供帮助。

- **提前到达** 检查考生信息指南和准考证,了解需要到达考场的确切时间。准考证和"考生信息指南"说明,考生必须在考试时间前约 30 分钟到达考试地点。如果迟到,可能错过当天参加考试的机会,必须重新安排考试时间。
- **遵守考试中心规则** 可能会有休息时间的规则。监考人员会在介绍考试规则时一起说明。如果考试期间的任何时候需要使用某些物品却不确定规则是否允许,请先询问。考试期间行为的相关信息请访问 www.isaca.org/cisabelongings 网站。
- **回答考题** 请仔细阅读考题,但不要过度分析。请记住选择最佳的答案。可能有几个合理的答案,但有一个要比其他选项更好。

1.5.4 考试之后

尽管会在完成和关闭考试后看到初步的通过/失败结果,但是从考试之日起几周内会通过电子邮件或普通邮件收到正式的考试结果。除最终的总分外,还将记录每个工作实务领域的分数,如果及格,还将收到认证申请表。

不及格的考生也将收到通知。这些考生希望仔细查看工作实务领域的分数,确定需要进一步学习的领域。只要已经注册并足额支付了费用,就可以在将来的考试日期根据需要多次重考。无论通过与否,考试结果都不会通过电话、传真或电子邮件公开(已同意的一次性电子邮件通知除外)。

警告： 通过考试后，尚未允许考生使用 CISA 称谓。必须首先申请 CISA 认证证书，这将在下一节介绍。

1.6 申请 CISA 认证

要申请认证，必须提交及格分数和相关工作经验证明。请记住，一旦获得及格分数，就有 5 年的时间在 CISA 申请表上使用该分数。过了这段时间就需要再次参加考试。此外，提交的所有工作经验都必须是新认证申请十年之内的。

要完成申请过程需要提交以下信息：

- **CISA 申请表** 注意考试成绩单中的考试 ID 号，列出信息系统的审计、控制、安全经验和/或任何经验置换，并确定该经验属于 ISACA 的哪一工作实务领域。
- **工作经验确认表** 要证明申请表上注明的工作经验，必须由直接主管或组织较高级别的人员填写并签名。必须为每个单独的雇主填写一套完整的工作经验表格。
- **成绩单或正式信函** 如果正在使用教育经验豁免，则必须提交大学的原始成绩单或确认学位状态的信函。

与考试一样，成功邮寄申请后，必须等待大约八周的处理时间。如果申请获批，将收到包含证明信、证书和继续教育策略(Continuing Education Policy, CEP)副本的包裹。此时，CISA 考生就可以自豪地出示证书，并在简历、电子邮件介绍或名片上使用 CISA 标志。

1.7 维持 CISA 认证

成为 CISA 持证专家不仅要通过考试、成绩合格、提交申请并获得纸质证书，成为 CISA 持证专家还是一种持续的生活方式。获得 CISA 认证的专家不仅需要同意并遵守《职业道德准则》和 IS 标准，还必须满足继续教育要求并支付认证维持费用。下面仔细探讨继续教育要求，并说明维持 CISA 认证所涉及的费用。

1.7.1 继续教育

继续职业教育(Continuing Professional Education，CPE)要求的目标是确保个人保持与 CISA 相关的知识，以便可以更好地管理、评估和设计围绕信息系统的控制措施。要维持 CISA 认证，必须在三年内获得 120 个 CPE 小时，每年至少 20 小时。每个 CPE 小时需要至少 50 分钟积极参与教育活动的时间。

1. 什么是有效的 CPE 学分？

用于 CPE 的培训和活动，必须直接适用于 IS 评估、审计、控制或安全的技术或管理培训。CISA 认证委员会批准下列活动清单，可以计入 CPE：

- ISACA 职业教育活动和会议。
- ISACA 会员可以在线上参加 ISACA Journal CPE 测验或收听每月的网络广播。每次收听网络广播并通过测验后都会，获得 CPE 奖励。
- 非 ISACA 的专业教育活动和会议。
- 自学课程。
- 供应商销售或营销演示(每年不超过 10 小时)。
- 工作实务领域相关主题的教学、授课或演讲。
- 出版与行业有关的文章和书籍。
- 制定和审查 CISA 试题。
- 通过相关的专业考试。
- 参加 ISACA 董事会或委员会(每个 ISACA 认证计划每年不超过 20 小时)。
- 对信息系统审计和控制专业的贡献(每年不超过 10 小时)。
- 指导(每年不超过 10 小时)。

更多有效 CPE 学分的信息，请参见继续职业教育策略(www.isaca.org/cisacpepolicy)。

2. 跟踪和提交 CPE

年度更新流程不仅需要提交 CPE 跟踪表格，还应保留每个活动的详细记录。与每个活动相关的记录应包括以下内容：

- 参加者姓名
- 赞助组织的名称
- 活动主题
- 活动描述
- 活动日期
- 获得的 CPE 小时数

最好在单个文档或工作表中跟踪所有 CPE 信息。ISACA 已在 www.isaca.org/cisacpepolicy 发布了"出勤证明"表格供使用。为方便起见，请考虑将所有相关记录(如收据、手册和证书)放在同一位置。在三年认证期间和之后的一年内保留这些文档。这一点特别重要，因为有一天可能会经受审计。如果发生这种情况，就需要提交所有文档。既然如此，为什么不早做准备呢？

新的 CISA 的考核年度和三年认证期从认证后第二年 1 月 1 日开始。不必在认证后的第一年报告 CPE 小时数，但是，从认证之日至 12 月 31 日获得的小时数可在下一年的第一个认证报告期内使用。因此，如果在一月份获得认证，则在下一年的一月之前都不必积累 CPE，直到下一年报告学时前都不必报告，而报告学时会在十月或十一月。这称为续证期(Renewal

Period)。在此期间会收到一封电子邮件,可以跳转到网站并输入一年中获得的 CPE。或者,可采用邮寄方式提交续证信息,可以将 CPE 记录在纸上,并与维持费用一起邮寄。要保证认证有效,ISACA 必须在 1 月 15 日之前收到 CPE 和维持费用。

认证部门在收到并处理所有信息之后,将发送合规通知。如果 ISACA 对提交的信息有任何疑问,将直接联系 ISACA 持证专家。

3. CPE 提交样本

表 1-2 包含 CPE 提交的示例。

表 1-2　CPE 提交示例

姓名：John Jacob

认证编号：67895787

认证期限：1/1/2019 到 12/31/2019

活动标题/赞助商	活动描述	日期	CPE 小时	是否包括支持文档
ISACA 演示/午餐	PCI 合规性	2/12/2019	1 CPE	是(收据)
ISACA 演示/午餐	SDLC 安全	3/12/2019	1 CPE	是(收据)
RIMS 合规性区域会议	合规、风险	1/15–17/2019	6 CPE	是(CPE 收据)
Brightfly 网络研讨会	治理、风险和合规	2/16/2019	3 CPE	是(确认电子邮件)
董事会会议	董事会会议	4/9/2019	2 CPE	是(会议记录)
在 IIA 会议上发表演讲	IT 审计演示	6/21/2019	1 CPE	是(会议通知)
在 XYZ 期刊上发表文章	有关 SOX ITGC 的期刊文章	4/12/2019	4 CPE	是(文章)
供应商演示	了解 GRC 工具功能	5/12/2019	2 CPE	是
雇主提供的培训	变更管理课程	3/26/2019	7 CPE	是(课程结业证书)

1.7.2　CPE 维持费用

要维持 CISA 认证的有效性,每年必须支付 CPE 维持费用。截至 2019 年,会员的年费为 45 美元,非会员的年费为 85 美元。维持费用是 ISACA 会员资格和当地分会会费(维持考生 CISA 认证所需的)以外的费用。

1.8　吊销证书

CISA 持证人员可能由于以下原因而被吊销证书：

- 在要求的时间内未能完成最少数量的 CPE。
- 在审计中发现未记录和提供 CPE 的证据。
- 未支付认证维持费用。

- 未遵守《职业道德准则》；这可能导致调查，并最终导致吊销证书。

如果收到证书吊销通知，则需要通过 certification@isaca.org 与 ISACA 认证部门联系以获取更多信息。

1.9　CISA 考试准备指导

以下是考试准备的常规指导：
- 及早注册考试，确保可在所选的地点和日期参加考试。
- 复习应考时，应参加尽可能多的模拟考试。
- 死记硬背是行不通的，考试中理解概念至关重要。
- 如果在备考时有时间，请从过去的雇主那里收集相关工作经验证明表格，以及大学的原始成绩单(如果使用教育经验豁免)。
- 不要迟到。迟到者立即取消考试资格，考试费用不予返还。
- 一旦获得认证，就开始跟踪 CPE。
- 在日历上标记 CPE 的续证时间，该时间从每年的 10 月/11 月开始，到 1 月 15 日结束。设置提醒。
- 熟悉《职业道德准则》和 IS 标准。
- 积极参与当地的 ISACA 分会，构建人际网络并获得教育机会。

1.10　小结

成为 CISA 持证专家是一种生活方式，而不仅是一次单纯的考试。要成为信息系统(IS)审计领域强大的领导者，需要有决心、技巧、良好的判断力和娴熟的专业能力。CISA 认证计划旨在帮助信息系统审计师更轻松、更自信地在信息系统审计领域拼搏。

后续各章将详细讨论每个 CISA 工作实务领域，并提供其他参考资料。后续信息不仅有益于 CISA 考生备考，而且可作为信息系统审计专家的职业生涯中的有效资源使用。

第 2 章

IT 治理和管理

本章介绍 CISA 第 2 个知识域——"IT 治理和管理",讨论以下主题:
- IT 治理结构
- 人力资源管理
- IT 策略、标准、流程(Process)和程序(Procedure)
- 管理实务
- IT 资源投资、使用和分配实务
- IT 合同与合同管理的策略和实务
- 风险管理实务
- 持续监测和鉴证

本章主题在 CISA 考试中占比 17%。

IT 治理应该成为其他所有 IT 活动流的源泉。

"治理(Governance)"是一类流程,高级管理层利用合理实施的流程,通过策略、目标、授权和持续监测对业务功能实施战略控制措施。治理是管理层对所有其他 IT 流程的控制措施,确保 IT 流程持续有效地满足组织的业务目标。

业务一致性(Business Alignment)是 IT 治理的关键特征。IT 的主要任务应该是支持总体业务使命、目标和宗旨(Mission, Goals, and Objective)。为了保证 IT 和组织的成功运转,必须保持 IT 与业务的一致性。

组织通常通过 IT 指导委员会(IT Steering Committee)建立治理,IT 指导委员会负责制定长期 IT 战略、更新 IT 战略以确保 IT 流程持续支持 IT 战略和组织的需求。通过制定和实施 IT 策略、要求和标准实现战略的更新。

IT 治理通常侧重几项关键流程,例如,人员管理、寻找供应商(Sourcing)、变更管理、财务管理、质量管理、安全管理和性能优化。另一个关键组成部分是建立有效的组织结构并明确说明角色和职责。有效的治理计划(Governance Program)将使用平衡计分卡(Balanced Scorecard, BSC)或其他方式持续监测上述 IT 流程和其他关键流程,并通过持续改进流程的方式保持流程的有效性，并支持持续的业务需求。

2.1 高管和董事会的 IT 治理实务

治理应从顶层开始。

无论组织的高层管理是董事会、理事会成员、委员还是其他机构，治理都从建立高层目标和策略开始，并向下转化为组织中每个级别更多的行动、策略、流程、程序和其他活动。

本节主要介绍推荐给 IT 组织的治理实务，包括战略发展委员会(Strategy-Developing Committee)、通过 BSC 方式执行的度量以及安全管理。

注意：
治理不仅是 IT 实务。与之相反，治理是在组织中 IT 之外的实务，促进管理层控制包括 IT 在内的业务运营各方面。

2.1.1 IT 治理

IT 治理(IT Governance)的目的是使 IT 组织与业务需求保持一致。术语"IT 治理"指从战略角度控制 IT 组织，确保 IT 组织支持业务，是自上而下(Top-Down)的活动的集合。行之有效的 IT 治理包含如下组件和活动内容：

- **策略(Policy)** IT 策略至少应直接反映整个组织的使命、宗旨和目标。
- **优先级(Priority)** IT 组织的优先级应直接来自组织的使命、宗旨和目标。对整个组织最重要的事项对 IT 组织也同样是最重要的。
- **标准(Standard)** IT 使用的技术、协议和实践应反映组织的需求。标准本身有助于驱动解决业务挑战的一致方法，标准选择应该以经济高效且安全的方式满足组织所需的解决方案。
- **资源管理(Resource Management)** 计划、选择、管理和衡量预算、人员、设备和其他资源，确保 IT 组织具有实现目标的能力。
- **供应商管理(Vendor Management)** IT 选择的供应商和服务提供商应反映 IT 和业务优先级、标准和实务。
- **项目集和项目管理(Program and Project Management)** IT 项目集和项目应以一致的方式组织和执行，反映 IT 和业务优先级并为业务运营提供支持。

尽管 IT 治理包含上述各项要素，但是战略规划(Strategic Planning)也是治理的关键组成部分。下一节将讨论如何制定战略(Strategy Development)。

2.1.2 IT 治理框架

每个组织都有独特的使命、目标、目的、业务模型和风险承受能力等，但组织不必从头开始确定治理框架来管理 IT 和业务目标。组织可通过调整经典框架以满足需求，常见框架如下。

- **COBIT** COBIT IT 管理框架是由 IT 治理学院(IT Governance Institute)和 ISACA 共同研发的。COBIT 的五个知识域是：评价(Evaluate)、指导和持续监测；协调、规划和组织；建立、获取和实施；交付、服务和支持；监测、评价和评估(Assess)。
- **ISO/IEC 27001** 是著名的"自上而下"的信息安全管理国际标准。在 IT 安全治理语境中，最重要的就是 ISO/IEC 27001 中的要求(有时也称为条款)，而不是其附录中的安全控制措施。顺便指出，治理框架和控制措施框架是不同的。
- **ITIL** ITIL 以前是 IT 基础架构库(IT Infrastructure Library)的缩写，是 IT 服务交付流程框架。ITIL 最初由英国政府商务办公室(UK Office of Government Commerce)赞助，旨在改善其 IT 管理流程，现在由 AXELOS 所有。国际标准 ISO/IEC 20000 是从 ITIL 改编而来的。
- **ISO/IEC 38500** 是治理信息技术的国际标准，适用于公共或私营部门中的小型和大型组织。
- **COSO** COSO 框架由 Treadway 委员会的发起组织委员会制定，旨在打击内部欺诈(Internal Fraud)。COSO 是内部控制框架，主要针对财务会计系统和底层隐藏的相关 IT 控制措施。

附录 B 将更详细地讨论上述框架及其他框架。

> **数字化转型**
>
> 数字化转型(DX)现象代表了组织越来越依赖信息技术(IT)的趋势。众所周知，DX 超越信息技术的不仅是对业务流程的支撑地位，还包括完全基于信息技术的业务流程。DX 趋势带动了信息系统审计师能力的提升要求，甚至是信息系统审计行业的数字化转型。

2.1.3　IT 战略委员会

在 IT 提供重要业务价值的组织中，董事会应设立 IT 战略委员会(IT Strategy Committee)。IT 战略委员会将向董事会就 IT 如何为组织的整体战略和目标提供更好的支持这一战略提出建议。IT 战略委员会与组织的 IT 高管沟通，并直接传达董事会的意愿。这是双向交流的最佳方式，IT 高管可在对话中将主要计划、挑战及风险的态势告知 IT 战略委员会，对话可以根据实际需要开展，通常每年一至两次。

应注意，IT 战略委员会与 IT 管理层沟通的建议并非是试图绕过管理中层的沟通。管理中层也应包含在对话中。

2.1.4　平衡计分卡

平衡计分卡(Balanced Scorecard，BSC)是一种管理工具，用于衡量组织的绩效和有效性。BSC 用于确定组织可以如何完成其使命和战略目标，以及与组织整体目标的一致程度。

在 BSC 中，管理层从以下四个角度定义关键绩效指标：

- **财务(Financial)** 衡量的关键财务项目包括战略项目的投入成本、关键应用程序的运营成本和资本投资。
- **客户(Customer)** 关键度量(Key Measurement)包括组织面向客户各方面的满意度。
- **内部流程(Internal Process)** 关键活动的度量(Measurement)包括项目数量和组织关键内部工作的有效性。
- **创新和学习(Innovation and Learning)** "以人为本"的衡量标准包括人员流动、疾病、内部晋升和培训。

每个组织的 BSC 都有一套独特的衡量标准，以反映组织的业务类型、业务模型和管理风格。

信息系统审计师最感兴趣的 BSC 方法论是标准 IT 平衡计分卡(IT Balanced Scorecard, IT-BSC)，将在下一节介绍。

标准 IT 平衡计分卡

应使用 BSC 衡量组织整体的有效性和过程(Progress)。IT 组织有类似的计分卡机制，即标准 IT 平衡计分卡，可专门用于衡量 IT 组织的绩效和成果。

像 BSC 一样，标准 IT-BSC 具有以下四方面：

- **业务贡献(Business Contribution)** 关键指标是从其他(非 IT)高管那里看到的对 IT 部门效率和价值的看法。
- **用户(User)** 关键指标包括最终用户对 IT 系统和 IT 支持组织的满意度。如果 IT 部门构建或支持面向外部的应用程序或系统，则应包括外部用户的满意度。
- **卓越运营(Operational Excellence)** 关键衡量指标包括支持服务的数量、计划外的停机时间以及报告的缺陷。
- **创新(Innovation)** 包括 IT 组织利用新技术提高 IT 价值效率和 IT 人员提供的培训数量。

IT-BSC 应该直接从组织的全局 BSC 派生，确保 IT 部门能够与组织目标保持一致。尽管全局 BSC 和 IT-BSC 角度不同，但方法论是相似的，IT-BSC 的结果也可以"汇总"到组织的全局 BSC 中。

2.1.5 信息安全治理

安全治理(Security Governance)是一系列管理活动的集合，用于确定关键角色和职责，识别和处理关键资产的风险并度量关键安全流程。根据组织的结构及其业务目的，信息安全治理可以包含在 IT 治理中，也可以独立存在(但信息安全治理仍应与 IT 治理紧密联系在一起，保持这两项活动同步)。安全治理有助于保持信息安全与业务目标一致。

安全的主要角色和职责如下：

- **董事会(Board Of Directors)** 董事会负责为组织中的风险偏好(Risk Appetite)和风险管理订立基调。在董事会建立的业务和 IT 安全范围内应考虑战略风险和安全。
- **指导委员会** 安全指导委员会(Security Steering Committee)应制定组织中安全和风险管理的运营战略。包括比董事会更详细地设置战略和战术角色和职责。安全战略(Security Strategy)应与 IT 和整个业务策略保持一致。指导委员会还应批准首席信息安全官制定的安全策略以及其他战略性策略和流程。
- **首席信息安全官(Chief Information Security Officer，CISO)** CISO 负责制定安全策略，执行风险评估(Risk Assessment)，制定风险管理(Risk Management)、漏洞管理(Vulnerability Management)、事故管理(Incident Management)、身份和访问管理(Identity and Access Management)、安全意识宣贯和培训(Security Awareness and Training)、第三方风险管理(Third-Party Risk Management)以及合规管理(Compliance Management)流程，并告知指导委员会和董事会重大事故、新的或已变化的风险。在某些组织中，CISO 职位也称为首席信息风险官(Chief Information Risk Officer，CIRO)。

注意：

组织可能会雇用首席安全官(Chief Security Officer，CSO)，负责 CISO 角色中所述的逻辑安全和物理安全，包括工作场所和人员安全、物理访问控制措施和实施安全调查。

- **首席信息官(Chief Information Officer，CIO)** CIO 负责 IT 组织的整体管理，包括 IT 战略、研发、运营和服务台。在一些组织中，CISO 或其他高级安全人员向 CIO 报告。而在另一些组织中，CISO 与 CIO 是平级关系。
- **管理层(Management)** 组织中的每位经理应对其员工的行为至少承担部分责任。这种方法有助于建立从组织高层到每位员工的责任链。
- **全体员工(All Employees)** 应该要求每位员工都遵守组织的安全策略、安全要求和流程。所有高级和执行管理人员也都应明确遵守这些策略，以身作则。

安全治理不仅用于识别和遵守组织所适用的法律法规和监管合规要求，还用于实现目的和目标以及管理、持续监测、执行策略和流程。

安全治理还应明确规定，遵守安全策略是聘用员工的基础条件之一，违反策略的员工将受到直至解雇的不同纪律处分。

CISO 应该向谁报告？

关于"CISO 应该向谁报告"的争论越来越激烈。个别组织认为 CISO 应该向 CIO 报告，而绝大部分则坚持认为二者是平级关系。尽管没有对所有组织都正确的标准答案，但通常建议将 CISO 组织分为以下两类：作为 CIO 的平级，CISO 应保留治理、策略、调查和风险职能，而安全运营活动可保留在向 CIO 报告的安全运营职能之内。CISO 策略制定和风险管理之类的活动仍需要独立于 IT 组织。

1. 安全治理的原因

组织对信息系统的依赖程度已发展到高度契合的阶段：组织(包括组织与信息无关的产品或服务)需要完全依靠信息系统的完整性和可用性才能持续运营。这就是数字化转型(Digital Transformation，DX)的趋势。因此，组织需要开展安全治理工作，确保将与安全相关事故的可能性和影响降到最低，且不会威胁到关键系统及系统对组织持续生存能力的支持。

2. 安全治理活动和成果

在有效的安全治理计划(Security Governance Program)中，组织的管理层将确保业务运营所需的信息系统得到充分保护。以下是安全治理计划应开展的一些活动：

- 风险管理(Risk Management)　管理层确保开展风险评估活动以识别信息系统中的风险，采取后续行动(主要是风险处理)以降低系统故障的风险，并予以权衡，直到风险达到与组织的风险偏好或风险承受能力相符的可接受水平。
- 流程改进(Process Improvement)　管理层应确保改进业务流程安全性的关键变更。
- 事故响应　管理层应制定并实施事故响应程序(Incident Response Procedure)。事故响应程序有助于避免事故发生，降低事故的影响和可能性，提升对事故的响应能力，从而最大限度地减轻对组织的影响。
- 提升合规性水平(Improved Compliance)　管理层应确定所有适用于组织业务的法律、法规和标准，并开展治理活动以确保组织能够达到并保持合规性。
- 业务持续和灾难恢复规划(Business Continuity and Disaster Recovery Planning)　管理层将定义目标并分配资源，以制定业务持续和灾难恢复方案(BCDR Plan)。
- 第三方风险管理(Third-Party Risk Management)　组织对外部服务提供商的依赖性越来越高，这些第三方服务提供商处理和存储关键信息并为组织执行关键业务职能。管理层应指挥对第三方服务提供商的评估和管理。
- 有效性度量(Effectiveness Measurement)　管理层将建立流程以度量关键安全事件(Event)，如事故、策略变更、违规、审计和培训。
- 资源管理(Resource Management)　管理层将持续监测满足安全目标的人力、预算和其他资源的分配。
- 提升 IT 治理水平(Improved IT Governance)　有效的安全治理计划将帮助 IT 组织做出更好的战略决策，从而将风险维持在可接受的最低水平。

上述和其他治理活动由关键业务运营部门和 IT 管理人员按计划交互执行。会议将讨论有效性度量、近期的事故、最新的审计和风险评估。讨论可能还包括业务变更、最近的业务结果以及任何预期的业务事件(如合并或收购)等。

有效的安全治理计划有两项关键成果：

- 增强信任(Increased Trust)　客户、供应商和合作伙伴看到安全性得到有效管理时会更信任组织。

- **提高声誉(Improved Reputation)** 包括客户、投资方和监管机构在内的商业社区将高度关注组织。

2.2 IT 战略规划

一流的战略规划流程能够系统地回答"要做什么"这一看似简单的问题,而通常情况下,回答这个问题则要耗费大量时间。尽管 IT 组织需要大量用于执行支持系统和应用程序的日常工作人员,但也需要几名 IT 专家花时间和心思制定整体规划,谨慎思考 IT 组织在未来两三年或更久的时间内要做什么。战略规划(Strategic Planning)需要正式成为规划流程迭代的组成部分,而不是临时的、无序的活动。需要确定规划的特定角色和职责,负责规划工作的 IT 人员必须像执行其他任何 IT 职责一样履行规划工作角色。IT 战略规划在某种程度上是一项创造性工作,包括分析未来技术和实务的可靠信息以及组织本身的长期战略规划。简而言之,关键问题是:五年后,当组织将以特定方式执行特定活动时,IT 系统如何赋能和支持未来的业务活动?

但这不仅是了解 IT 将如何支持未来的业务活动。IT 创新可能有助于落实将要发生的业务活动,或者至少会决定如何开展业务活动。从更现实的角度看,IT 战略规划旨在为 IT 服务提供能力,该能力应与组织期望的未来某一天发生的业务活动的水平和类型匹配。换句话说,如果组织战略规划在将来特定的时间点预测达到特定的交易量(以及新的交易类型),则 IT 战略规划的工作将是确保具有足够处理能力和成本效益的 IT 系统可赋能且可支持新业务职能和工作负载。随着数字化转型席卷各行各业,越来越多的 IT 组织不再仅支持业务流程,而 IT 组织本身就是业务流程。

IT 指导委员会通常会讨论新的业务活动以及将来特定时期的业务活动预计总量。

IT 指导委员会

指导委员会(Steering Committee)由高级管理层或高管组成,其成员不定期召开会议讨论组织中的高层次的和长期的问题。IT 指导委员会通常讨论组织的未来状态以及 IT 组织如何满足组织的需求。IT 指导委员会(IT Steering Committee)通常由高级 IT 经理、业务部门负责人以及关键内部客户组成。这种服务提供商与客户之间的对话有助于确保 IT 作为组织的技术服务部门,可充分理解业务的未来愿景,并能在容量、成本、有效性以及能力方面支持尚未成熟的全新业务活动。

注意:
IT 指导委员会还需要评估最近的规划和重大项目成果,以及对过去一段时间的项目绩效的宏观解读,从而决定未来的活动。IT 指导委员会还需要考虑行业趋势和实务、内部风险评估所定义的风险以及当前的 IT 支撑能力。

IT 指导委员会的角色如图 2-1 所示。

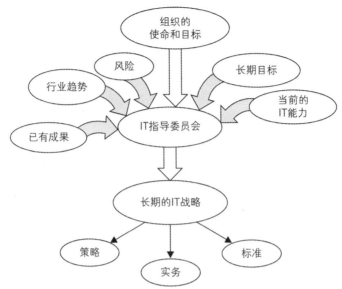

图 2-1 IT 指导委员会综合各类信息分析成果，制定长期 IT 战略

IT 指导委员会的任务、目标、角色和责任应在书面章程中正式定义。IT 指导委员会的会议应形成文档并记录在案。

IT 指导委员会应定期召开会议，考虑战略问题并做出决策，从而转化为 IT 和其他领域的行动、任务和项目。

并非所有组织都有 IT 指导委员会。这个角色有时由关键高级职员担任，或许没有正式的章程。在某些组织中，根本没有人担当此角色，其后果往往导致 IT 组织缺乏方向，无法与业务发展保持一致。

2.3 策略、流程、程序和标准

策略、流程、程序和标准定义了 IT 组织的行为和技术的运用。策略、流程、程序和标准作为书面记录的一部分，定义了 IT 组织如何执行用于支持组织的服务。

策略文档应由 IT 管理人员制定和批准，仅用于阐述 IT 组织中必须执行(或不执行)的事项，不应说明必须完成(或不完成)特定事项的具体实施方式。策略文档应长久有效，可持续生效多年，且应不定期地适度修改。

IT 策略通常涵盖许多主题，包括：

- **角色和职责** 从一般到具体，通常通过描述 IT 部门的每个主要角色和职责，指定哪个职位负责什么。IT 策略还对所有 IT 员工将共同承担的责任做出一般性声明。
- **研发和购置实务** IT 策略应定义组织用于购置、研发和实施软件的流程。通常，IT 策略需要一种规范的研发方法，包括一些特定的要素，如质量审查以及安全要求和测试的内容。

- **运营实务(Operational Practice)** IT策略定义构成IT运营的高层次流程，包括服务台、备份、系统持续监测、指标以及其他日常IT活动。
- **IT流程、文档和记录(IT Process, Document, and Record)** IT策略将定义其他重要的IT流程，包括事故管理、项目管理、漏洞管理和支持操作。IT策略还应定义如何管理和存储文档(如程序和记录)以及存储在何处。

与其他类型的组织策略一样，IT策略通常集中在应该做什么以及对不同活动负责的各相关方。但是，策略通常会避免具体描述应如何执行特定活动。描述具体如何执行是程序和标准的作用和职责，将在本节后面讨论。

策略、流程、程序和标准之间的关系如图2-2所示。

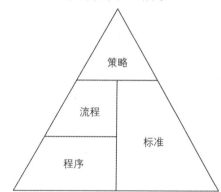

图2-2 策略金字塔描述了策略、流程、程序和标准之间的关系

2.3.1 信息安全策略

信息安全策略(Information Security Policy)定义组织如何保护其重要资产并对威胁和事故做出响应。与IT策略一样，信息安全策略定义若干基本原则和活动：

- **角色和职责(Roles and Responsibilities)** 安全策略应定义特定的角色和职责，包括组织中特定职位的角色以及全体员工的职责。
- **风险管理(Risk Management)** 安全策略应定义组织如何识别、管理和处理风险。组织应执行定期风险评估(Risk Assessment)和风险分析(Risk Analysis)活动，从而针对已确定的特定风险决定风险的处理方式，并与既定的风险承受能力水平保持一致。
- **安全流程(Security Process)** 安全策略应定义重要的安全流程，如漏洞管理和事故管理，并将安全性与其他业务流程集成，如与软件研发和购置、供应商选择和管理以及员工筛选和招聘流程集成。
- **可接受的使用(Acceptable Use)** 安全策略应定义可接受和不可接受的活动和行为的类型。

信息安全策略的最佳实践是定义"自上而下(Top-Down)"、由管理驱动(Management-Driven)的信息安全计划(Information Security Program)。信息安全计划定期执行风险评估活动，识别并关注组织中最重要的风险。角色和职责定义谁负责执行这些活动。执行管理层应可以看到这些活动并具有决策权,在策略审查和风险处理领域更是如此。

通常认为,安全策略和安全管理应与 IT 策略和 IT 管理分开。职能的分离允许在 IT 组织外部履行安全组织的职能,使安全性更具客观性且能独立于 IT 组织之外。独立性保证安全组织处于更有利于开展工作的位置,从而能客观公正地评估 IT 组织负责的系统和流程而不必担心直接报复。

2.3.2 隐私策略

组织所制定的策略中,与信息安全相关的最重要的策略之一就是隐私策略(Privacy Policy)。隐私策略描述了组织如何处理与个人有关的信息。隐私策略定义了两类宽泛的活动:

- **保护个人信息(Protecting Private Information)** 要求收集、存储或传输个人信息的组织有责任保护个人信息,不得将个人信息透露给未授权方。隐私策略的这一部分将描述获取信息的类型以及如何保护。
- **加工个人信息(Handling Private Information)** 除保护个人信息外,组织还可能在其业务活动流程中将部分或全部个人信息传递给组织内部的其他部门或其他组织。隐私策略通常直接适用于内部处理以及向第三方传输。此外,隐私策略描述组织内部以及传递给其他组织时如何使用个人信息。隐私策略通常描述个人如何确认组织是否存储个人信息、信息是否准确,还描述个人如何根据本人意愿删除信息。

注意:
许多国家/地区都有隐私法律,要求组织制定隐私策略并采取保护个人信息的防护措施(Safeguard)。

2.3.3 数据分类策略

数据分类策略(Data Classification Policy)定义了组织中使用的各类信息的敏感度(Degrees of Sensitivity)。典型的数据分类策略将定义两个或多个(但很少超过五个)数据分类级别,例如:

- 绝密(Top Secret)
- 秘密(Secret)
- 敏感(Sensitive)
- 公开(Public)

除了定义分类(专业人士通常用更绕口的说法,即分类分级)级别之外,数据分类策略还将定义策略和程序,用于处理这些级别各种设置中的信息。例如,数据分类策略说明存储、传输或运送每个级别的敏感信息的条件。注意,禁止使用某些处理方法,如通过 Internet 使用电子邮件发送绝密文档。

考试提示：
尽管组织的 CISO 负责制定组织的数据分类策略，但通常是文档所有方(Document Owner)负责正确地分类和标记文档。使用文档并根据文档的分类级别处理文档的任何一方都负有责任。所有处理文档的人员都有责任根据分类策略加工和使用文档。

2.3.4 系统分类策略

数据分类策略可为存储保密信息的系统指定安全级别。系统分类策略(System Classification Policy)将建立与数据分类级别对应的系统安全级别。系统分类策略帮助组织更加谨慎地制定系统加固标准，以便将最敏感的信息仅存储在强度最高的系统之上(通常，这些较高的加固等级管理成本更高、更耗时。如果没有分类的话，组织可能需要让所有系统都更加安全)。

2.3.5 场所分类策略

场所分类策略(Site Classification Policy)定义了组织工作场所的安全级别。场所分类策略设置一个或多个物理安全级别，分别对应一个或多个要素：
- 场所工作人员的重要程度
- 场所支撑的业务流程的重要性或价值
- 场所资产的价值
- 场所存储或处理的数据的敏感性或价值
- 场所选址的相关风险(人为风险或自然危害)

根据场所的分类差异，组织需要实施不同的安全控制措施组合，例如，视频监视、警卫、围栏和访客控制手段等。就像在单一级别上保护所有数据毫无意义一样，基于每个场所创建和生成的信息、设备或活动，在每个场所上实施对应级别的物理性安全控制措施是非常明智的选择。

2.3.6 访问控制策略

访问控制策略(Access Control Policy)定义系统和工作区域的访问权限(授予、审查和撤销)；阐明允许何种角色管理访问控制，访问请求需要哪个级别的批准，多久执行一次访问记录检查以及将保留哪些访问控制记录。

通常，数据分类策略和访问控制策略之间存在关联，保护最敏感信息的访问控制可能比保护不敏感信息的访问控制更严格。

2.3.7 移动设备策略

移动设备策略(Mobile Device Policy)定义在业务运营以及对业务信息和信息系统的访问范围内移动设备和个人自携设备的使用要求。移动设备策略说明允许使用的设备类型、使用规则和条件以及设备所有者和用户的责任。因为员工可能希望使用个人自携设备(如智能手机和家用计算机)访问和管理业务信息,移动设备策略通常确定与使用自携设备(Bring Your Own Device,BYOD)相关的业务规则。

2.3.8 社交媒体策略

社交媒体策略(Social Media Policy)定义员工对社交媒体的使用,通常包括在线行为以及员工在线上的个人和职业行为表现。社交媒体策略至少包括以下组成部分:

- **个人社交媒体策略** 限制发布可能令员工或组织感到不快的内容。
- **职业社交媒体策略** 限制员工如何描述在工作场所的职位和活动。
- **组织信息披露策略** 限制员工允许向公众披露的信息类型。

尽管组织通常不会尝试限制员工使用社交媒体,但依然需要颁布社交媒体策略以重申对组织官方信息的所有权。

2.3.9 其他策略

组织可能还有与技术相关的其他策略,包括:

- **设备控制和使用策略** 可能涉及 IT 和其他设备的合理使用,可能包括分配给员工在工作场所使用的设备。
- **数据销毁策略** 定义当信息不再需要时,可以接受的和必要的数据销毁方法。
- **兼职(Moonlighting)策略** 解决员工同时在外部就业的相关问题,例如,员工从事第二份工作或志愿者工作。
- **知识产权(Intellectual Property)策略** 处理与创建、访问或使用的知识产权的所有权相关的事项。

2.3.10 流程和程序

流程和程序文档有时也称为标准操作程序(Standard Operating Procedure,SOP),分步详述执行 IT 流程和任务的方法。规范的程序文档可确保即使由不同的 IT 员工执行任务,也能始终如一、毫无差错地正确执行。

除了支持流程或任务的实际步骤外,程序文档还需要包含一些元数据:

- **文档(或流程)所有权** 程序文档应包含负责审查、修订和发布的人员或部门的名称。
- **文档修订信息** 程序文档应包含文档编写人以及文档最后修订人的姓名。程序文档还应包括本文档正式副本的名称或物理位置。
- **审核和批准(Review and Approval)** 程序文档应包括最终审核文档的经理姓名,以及批准该文档的经理(或更高级别人员)姓名。

- **依赖关系** 程序文档应指明与每个程序相关的其他程序，包括依赖于某程序的其他程序文档，以及每个程序所依赖的其他任何程序。例如，描述数据库备份程序的流程文档依赖于数据库管理和维护文档，而与之相关的介质处理程序文档则依赖于数据库备份程序文档。

IT 流程和程序文档并不能替代供应商的任务文档。例如，当设备供应商的说明可用且足够充分时，IT 部门不一定需要创建用于描述操作数据存储设备程序的文档。同样，IT 程序文档也不需要修改并包含每个特定的击键和鼠标单击操作。一般来说，IT 程序文档都假定阅读方具有相关技术领域的操作经验，而仅需要了解在特定组织中的工作方式。例如，涉及修改配置文件(Configuration File)的程序文档(Procedure Document)并不需要包含如何使用文本编辑器的说明。

提示：
IT 部门管理文档体系应维护程序文档目录。IT 管理层可通过文档目录更好地了解具体文档、上次审查和更新的时间以及哪些文档受到特定 IT 变更或业务变化的影响。

2.3.11 标准

"IT 标准(IT Standard)"是经过管理层批准的官方声明，定义了 IT 组织使用的技术、协议、供应商和方法。标准有助于提高 IT 组织的一致性(Consistency)，使组织能获取更大的成本效益，和更高的成本利用率。

IT 组织具有不同类型的标准，包括：

- **技术/产品标准** 指定 IT 组织使用的软件和硬件技术或产品。例如，操作系统、数据库管理系统、应用程序服务器、存储系统和备份介质等。
- **协议标准** 指定组织使用的协议。例如，IT 组织可能选择内部网络使用的 TCP/IP v6、思科网关路由协议(Cisco Gateway Routing Protocol，GRP)、数据安全传输使用的 TLS 和设备管理使用的 SSH 等。
- **供应商标准** 定义用于各类产品或服务的供应商。可以通过特别协商的折扣和其他约定帮助 IT 组织。
- **方法论标准** 指各种流程中使用的实务，包括软件研发、系统管理、网络工程和最终用户支持。
- **配置文件标准** 指用于服务器、数据库管理系统、最终用户工作站、网络设备等的特定详细配置文件。保证系统彼此协调一致，从而提升用户、研发人员和技术管理人员对 IT 系统的满意度，缩短计划外停机时间并提高服务质量。
- **架构标准** 指数据库、系统或网络级别的技术架构。组织可制定用于各类标准设定的参考架构。例如，大型零售组织可能会制定用于所有零售点的特制网络设计图，甚至可包括使用的电线颜色以及机架上设备的安装方式。

提示:
标准能够帮助 IT 组织更加简单、精炼且高效。具备有效标准的 IT 组织只需要很少的硬件型号和软件类型,减少组织必须管理的技术数量。在同一操作系统、同一数据库管理系统和同一服务器平台上实现标准化的组织往往只需要在有限的几种技术上积累专业知识即可。与使用大量异构技术相比,标准化 IT 组织可更有效地管理和支持环境。

2.3.12 企业架构

企业架构(Enterprise Architecture,EA)既是业务职能又是技术模型。在业务职能方面,EA 的建立活动包括确保 IT 系统可全面满足重要业务运营的职能需求。EA 可能还涉及建模工作,模型以更高的详细程度将业务功能映射到 IT 环境和 IT 系统中,以便 IT 专业人员可以更轻松地掌握组织的技术架构。

1. Zachman 框架

建立于 20 世纪 80 年代末的 Zachman 企业框架一直是占主导地位的 EA 标准。Zachman 将 IT 组织架构比作办公楼的建设和维护:在高层(指抽象程度而不是楼房楼层),办公楼执行诸如容纳办公空间的功能。当研究建筑物中越来越多的细节时,会涉及各个领域(例如钢铁、混凝土、墙、电力、管道、电话、消防和电梯等),每个领域都有各自的规格、标准、监管、构造和维护方法等。

Zachman 框架以较高的功能级别描述了 IT 系统和环境,然后越来越详细地描绘系统、数据库、应用程序和网络等。Zachman 框架如表 2-1 所示。

尽管 Zachman 框架帮助组织俯视用于支持业务流程的 IT 环境各部分,但 Zachman 模型并未传达 IT 系统之间的关系。下一节讨论的数据流向图(Data Flow Diagram,DFD)可用于描述信息流(Information Flow)。

美国政府非常重视组织架构的建设。所有美国政府机构都必须制定符合自身业务模型的组织架构,并在机构的战略规划活动中体现。通常,美国政府机构使用 DoD 架构框架(DoD Architecture Framework,DoDAF)制定组织架构。

表 2-1 通过 Zachman 框架展示逐步细化的 IT 系统

	数据	功能(应用程序)	网络(技术)	人员(组织)	时间	战略
范围	业务的重要数据集列表	业务流程列表	业务物理位置列表	组织列表	事件列表	业务战略和目标列表
组织模型	数据/对象概念模型	业务流程模型	业务逻辑	工作流	主时间表	业务方案
系统模型	逻辑数据模型	系统架构	详细系统架构	人机界面架构	处理结构	业务规则模型

(续表)

	数据	功能 (应用程序)	网络(技术)	人员(组织)	时间	战略
技术模型	物理数据/类模型	技术设计	技术架构	表示架构	控制措施结构	规则设计
详细表示	数据定义	代码编程	网络架构	安全架构	时间定义	规则规范
组织运作	可用数据	工作功能	可用网络	组织运行	实施时间安排表	工作战略

2. 数据流向图

数据流向图(Data Flow Diagram，DFD)用于说明 IT 应用程序之间的信息流转情况。像 Zachman 模型一样，DFD 可从高层视图开始，用业务术语表示信息流标签。DFD 可以附带每个流的写入规范，这些规范将以越来越详细的程度描述流程，一直到字段长度和通信协议设置的程度。

与 Zachman 相似，DFD 使非技术类业务主管能理解各类 IT 应用程序及彼此之间的关系。典型的 DFD 如图 2-3 所示。

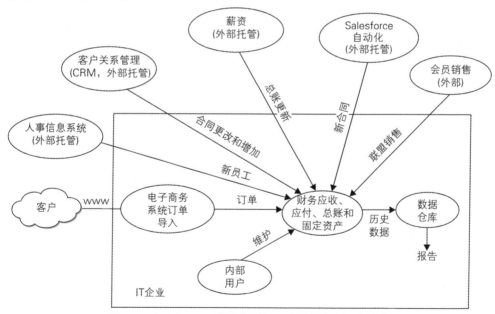

图 2-3　典型的 DFD 可用于描述 IT 应用程序之间的关系

3. 数据存储图

与数据流向图对应的是可视或表格形式的图表(Depiction)或数据存储图(Data Storage Diagram，DSD)，用于描述整个组织中的静态数据。数据存储图又称数据存储目录(Data Storage

Catalog)，目的是记录组织中存储信息的预期实例。

数据存储图记录了驻留在组织中的结构化数据(Structured Data)。术语"结构化数据"指数据驻留在具有结构化设计(通常称为模式)的形式化管理系统(通常是数据库管理系统或 DBMS)中。与结构化数据相对的是非结构化数据(Unstructured Data)，术语"非结构化数据"指驻留在网络共享文件和最终用户工作站中的数据，大部分(或全部)是临时性的。由于业务应用程序具有生成摘录和报告的能力，因此经常存在非结构化数据，这些摘录和报告由用户创建、下载和存储在本地工作站或网络文件上。

4. 零信任

"零信任(Zero Trust)"是一种架构模型，认为环境的一个或多个组成部分不可信。第一个这样的模型是庞大的 Internet 主体：组织外部的网络和工作站不受组织控制，因此不受信任。零信任模型不仅适用于现有技术，还适用于使用零信任技术的人员的意图(考虑到黑客和网络犯罪组织)。

在各种情况下，组织越来越多地使用零信任模型。例如，假设一个组织拥有传统数据中心以及最终用户计算功能。对于数据中心及工作站中的信息系统与应用程序之间的关系，组织可采用零信任模型。数据中心、信息系统和应用程序的设计假定整个最终用户系统都是不受信任的(这类实际情况很少，但请跟随这一思路)。这种思考过程引起了对使用安全控制措施保护数据中心及应用程序的另一种思考：如果假设组织的最终用户计算环境就像 Internet 本身一样完全不受信任，那么自然会通过对所有终端节点(包括组织管理的终端节点)的保护，提供对数据中心环境更严格的保护水平。

这是一种完全有效的方法。在许多组织中，允许最终用户修改工作站的配置文档，有时还允许使用最终用户的自携工作站。此外，考虑经常攻击最终用户工作站的恶意软件的威胁和影响，以及其他威胁。在这个场景下，就像所有最终用户工作站都不受控制和不受信任一样(通常就是这种情况)，明智的做法是将防护控制措施部署在数据中心环境中。

零信任原则也适用于其他情况，结果通常是相同的：一个环境(或系统)与另一环境(或系统)之间的通信必须以各种方式确认，确保任何计划外或恶意的活动都不会干扰计算和业务运营。

2.3.13 法律、法规和标准的适用性

组织需要确定适用于业务运营的所有法律、法规和标准。随着 IT 部门在许多行业组织中变得越来越重要，很多国家和地方政府已经颁布了有关信息处理和保护的新法规。

董事会、战略委员会或首席法律顾问应任命一名高管负责确定所有可能适用的法律法规和监管合规要求。随后，任命高管应咨询内部或外部法律顾问，确定相关法律法规的范围和适用性。

确定适用的法律法规后，组织需要确认法律法规将影响以下各方面：

- **企业架构(Enterprise Architecture，EA)**　可能要求组织使用影响组织 EA 的特定 IT 组件或配置。
- **控制措施**　可能要求增加其他控制措施或更改现有控制措施。
- **业务流程**　可能要求组织执行某些可能影响流程的任务。
- **人员**　可能要求某些人员持有特定的资格、证书或执照。

决定某部特定法律是否适于组织权衡许多要素，包括：
- 组织系统中存储、处理或传输的数据类型
- 行业板块
- 存储、处理或传输的数据的物理位置和管理方式
- 存储、处理或传输的所有方和管理方(Steward)的物理位置

组织可能还需要遵守特定的行业标准。例如，即使没有法律法规的强制要求，组织在处理、存储或传输信用卡号码时，也必须遵守支付卡行业数据安全标准(PCI DSS)。

2.4　风险管理

组织需要了解内部活动、实务和系统及外部威胁，并将风险要素引入组织业务运营中。寻找、识别和管理这些风险的活动范围称为风险管理(Risk Management)。像许多其他流程一样，风险管理也是一项基于生命周期的活动，既没有开始也没有结束。风险管理是一系列连续且分阶段的活动，包括通过检查流程、记录、系统和外部现象识别风险。通过分析、检查、降低或消除风险的一系列解决方案，做出解决风险的正式决策。

风险管理需要支持总体业务目标。这种支持包括采用反映组织整体风险管理方式的风险偏好(Risk Appetite)。如果组织是相对保守的金融机构，组织的风险管理计划(Risk Management Program)可能会采取风险趋避(Risk Averse)的立场。同样，本质上对整体业务风险感到满意的高科技初创组织可能对风险管理计划中的已确定风险没那么较真。

无论整体风险偏好如何，组织识别风险后，都可以采取以下四种可能的控制措施之一：
- **接受(Accept)**　组织按原样接受风险。
- **缓解(Mitigate)或降低(Reduce)**　组织采取行为降低风险水平。
- **转移(Transfer)或共担(Share)**　组织与另一实体(通常是保险组织)共担风险。
- **规避(Avoid)**　组织停止与风险相关的活动。

上述 4 种可供选择的控制措施称为风险处理(Risk Treatment)。一般来说，处理特定风险常使用混合的解决方案，混合解决方案由两个或两个以上的风险处理措施组成。

本节将深入探讨风险管理和风险处理的细节。

2.4.1　风险管理计划

执行风险管理计划(Risk Management Program)的组织应建立能够帮助风险管理计划成功的原则，原则可能包括以下内容：

- **目标** 风险管理计划必须具有特定目的,否则将很难确定计划成功与否。例如,目标包括减少工业事故的数量、减少保险费的成本以及减少安全事故的数量或严重性。只有目标是可衡量的且可确定的,负责风险管理计划的团队才能专注于目标以实现最佳结果。
- **范围** 管理层必须确定风险管理计划的范围。由于在 IT 系统和业务流程中存在许多相互依赖关系,因此这是一项艰巨任务。但在具有多个不同的运营或业务单元(Business Unit,BU)的组织中,可将风险管理计划隔离在一个或多个运营部门或业务单元之内。这种情况下,如果与组织中的其他服务存在依赖关系,则可将这些依赖关系视为外部服务提供商(或客户)。
- **授权** 风险管理计划是为响应组织中一位或多位高管的要求而启动的。重要的是要知道这些高管是谁以及高管对风险管理计划的承诺程度。
- **角色和职责** 定义风险管理计划中的特定职位以及各自的角色和职责。在涉及多名人员的风险管理计划中,应该清楚具体人员或职位在风险管理计划中的详细活动。
- **资源** 与业务中的其他活动一样,风险管理计划的运营也需要资源。资源包括薪金、工作站、软件许可以及可能发生的差旅预算。
- **策略、流程、程序和记录** 各项风险管理活动(如资产识别、风险分析和风险处理)以及一些常规活动(如记录保存)应包括在业务记录中。

注意:
组织的风险管理计划应记录在章程(Charter)中。章程是一份正式文档,用于定义和描述业务计划,并成为组织记录的一部分。

风险管理生命周期如图 2-4 所示。

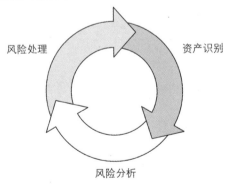

图 2-4 风险管理生命周期

2.4.2 风险管理流程

风险管理是一组生命周期活动,用于识别、分析和处理风险。生命周期的各项活动有条不紊,并如上一节所述,应记录在案,以便能够一致地执行并支持风险管理计划的章程和目标。

风险管理流程(Risk Management Process)是 ISACA 的风险 IT 框架(Risk IT Framework)等更大的风险框架的一部分，风险 IT 框架的组成部分如下：

- **风险治理(Risk Governance)** 包括与组织的企业风险管理(Enterprise Risk Management，ERM)流程集成，建立和维护通用风险视图，以及确保业务决策将风险考虑在内的能力。
- **风险评价(Risk Evaluation)** 包括资产识别、风险分析和风险概况维护(Risk Profile)。
- **风险响应(Risk Response)** 包括风险的管理和表述以及对事件的响应。

考试提示：
CISA 考生不必记住风险 IT 框架，但需要理解其原理。

1. 资产识别

风险管理计划(Risk Management Program)无论是否正式声明，其主要目标都是保护组织的资产。组织资产可以是有形的、无形的、物理的、逻辑的或虚拟的。资产的示例包括：

- **建筑物和财产** 包括建筑结构和其他修缮。
- **设备** 包括机器、车辆和办公设备，如复印机和传真机。
- **IT 设备** 包括计算机、打印机、扫描仪、磁带库(指创建备份磁带的设备，而不是磁带)、存储系统、网络设备和电话系统。
- **耗材和材料** 包括办公用品以及生产制造所使用的原材料。
- **记录** 包括业务记录，如合同、视频监视录像和访客日志等。
- **信息** 包括软件应用程序中的数据、文档、电子邮件消息以及工作站和服务器上的各类文件。
- **知识产权** 包括组织的商业秘密、设计、架构、软件源代码、流程和程序。
- **人员** 实际上，组织由人员构成；没有员工，组织将无法执行或维持任何业务运营流程。
- **声誉** 组织的无形特征之一，声誉是客户、竞争对手、股东和社区对组织的个人和集体的观点。
- **品牌资产** 与声誉类似，品牌资产是组织生产的单个产品或服务品牌的感知或实际市场价值。

资产分组 出于风险管理目的，资产电子清单(Electronic Inventory of Assets)在风险管理生命周期中非常重要，但并非总需要列出每项资产。通常，出于风险管理的目的，将资产类别(Class)或资产组(Group)列为单个资产实体是可以接受的。例如，与罗列出每台笔记本电脑相比，"笔记本电脑"条目可能更受欢迎。这是因为所有便携式计算机的风险大致相同(忽略单个员工或特定部门员工之间的行为差异)。这样，就不必单独列出每台电脑的风险。

同样可以命名 IT 服务器、网络设备和其他设备组,而不是命名所有单独的服务器和设备。这种分组同样是因为这些设备各自的风险通常是相似的。但为服务器创建多个条目的一个原因可能是这些服务器的地点或用途的差异性。一个物理位置的服务器可能与另一物理位置的服务器面临不同的风险,而承载高价值信息的服务器与承载普通信息的服务器也面临不同的风险。

资产数据源 正在开展初始风险管理周期的组织可能需要从头开始构建资产数据库。管理层需要确定初始资产数据的来源,例如:

- **财务系统资产清单** 将所有资产记入账簿的组织拥有大量资产清单信息,但财务资产信息并不完全有用。资产列表通常不包括资产的物理位置或用途以及资产是否仍在使用中。将财务资产清单与实际使用中的资产关联可能比创建初始资产的其他方法更耗费精力。但是,对于拥有较高价值资产的组织(例如,金矿中的碎石机或大型机),掌握资产的准确财务价值非常有用,风险管理的风险分析阶段使用资产的实际折旧价值。掌握其他资产的折旧价值也很有用,因为在稍后选择风险处理措施时,会将折旧价值纳入考虑范围。

提示:
财务记录显示的资产价值往往不包括存储在资产上(或由资产处理)的信息的价值或通过资产运营获得的收入(或通过资产损失产生的财务后果)。

- **访谈** 最好的方法是与关键员工讨论进而识别资产。为保证有效性,通常需要访谈多名员工以确保囊括所有相关资产。
- **IT 系统组合** 管理良好的 IT 组织应持有核心应用程序的正式文档和记录。尽管这些信息可能不包含组织中的每项 IT 资产,但可以提供与支持单个应用程序或地理位置有关的资产信息。
- **联机数据** 具有大量 IT 资产(系统、网络设备等)的组织,有时可利用本地联机数据的功能识别资产。例如,系统或网络管理系统通常包含受管理资产列表,该列表可能是创建初始资产列表的良好基础。
- **资产管理系统** 大型组织可能会发现,使用专用于资产管理方面的应用程序比使用依赖其他来源的资产列表更具成本效益。

提示:
组织需要记住,部分信息资产实际上驻留在服务提供商的环境中(主要是信息资产)。

收集和整理资产数据 几乎不可能从单一来源获取或创建资产列表。更准确地说,通常需要多个信息源,以确保风险管理程序至少识别出范围内需要考虑的重要资产。

注意：
作为 IT 治理的一部分，管理层需要确定负责维护资产清单的个人或小组。

通常，整理或分类资产数据有助于将要研究的资产分成较小的组块，从而可以更有效地分析。没有整理资产的唯一方法，一些常见方法如下。

- **地理位置**　广泛分布的组织可以根据物理位置对资产分级。许多风险是以地理分布为中心的，尤其是自然灾害，将在风险分析阶段为风险管理方提供帮助。降低风险通常基于地理位置；例如，在每个数据中心周围放置围栏比在每个物理位置的建筑物周围放置围栏要容易得多。
- **业务流程**　组织会将各个业务流程的关键性排名，因此基于支持的业务流程对资产分组可能会很有用。业务流程分组对风险分析和风险处理阶段也有帮助，因为支持单一流程的资产可与业务关键性关联，并得到妥善处理。
- **组织单元**　在较大组织中，基于支持的组织单元对资产分级可能更容易。
- **敏感性**　通常取决于信息，敏感性与信息的性质和内容有关。敏感性通常适用于两种方式：个人(信息视为个人或私密信息)和组织(信息可视为商业秘密)。有时，敏感性在某种程度上是主观的和任意的，但通常在法律法规中定义。
- **法律法规和监管合规要求**　对于需要在信息处理和保护方面遵循政府法规或私人法规的组织，包含指出在特定法规范围内是否考虑了特定资产的数据点很有用。合规非常重要，因为某些法规规定了资产的保护方式，因此在执行风险分析和风险处理活动时应予以注意。

不需要特殊选用这三种方法中的哪一种对资产分级。与之相反，IT 分析人员应收集每种资产元数据的多方面要素(包括物理位置、支持的流程和支持的组织单元)。风险管理人员从而可以更好地以各种方式对资产列表进行排序和过滤，更好地了解哪些资产位于特定物理位置或支持特殊的流程或部分业务。

提示：
组织应考虑在固定资产应用程序中管理相关资产信息。

2. 风险分析

风险分析(Risk Analysis)是在风险管理程序中识别单个风险的活动。风险是威胁、漏洞、概率和影响的交集。用最简单的术语，风险可用以下公式描述：

$$风险 = 概率 \times 影响$$

该公式表示风险始终以定量形式使用，但是风险在定性风险分析中同样适用。有时使用的是替代公式：

$$风险 = 概率 \times 影响 \times 资产价值$$

风险的其他定义包括：
- 事件发生的可能性及后果的组合(来源：ISACA 网络安全基础术语表)
- 未来损失可能发生的频率和幅度(来源：Risk Management Insight 公司的信息风险要素分析简介)
- 特定威胁利用资产或资产组的漏洞，对组织造成损害的可能性(来源：ISO/IEC 27005)

上述定义实质上传达了相同的信息：风险的数量与发生的可能性和风险发生的影响成正比。

风险分析包括识别威胁及威胁对每种资产产生的影响，通常还包括漏洞分析。对资产执行漏洞分析以确定这些资产是否容易受到已识别威胁的攻击。庞大的资产可能使这项任务显得艰巨，但是通常可以针对资产组执行威胁和漏洞分析。例如，在识别对资产的自然和人为威胁时，对位于特定物理位置的所有资产执行一次威胁分析通常是有意义的。毕竟，对于房间中的任何服务器，火山喷发的概率都是相同的，不必单独指出每种资产面临的威胁。

威胁分析(Threat Analysis) 通常风险分析的第一步是确定对资产或资产组的威胁。威胁(Threat)是一种事件，一旦发生，将对资产(进而对组织)造成伤害。一种典型的分析方法通常称为威胁建模(Threat Modeling)，列出所有具有一定发生概率的威胁。可以排除那些不太可能发生的威胁，例如，陨石、内陆地区的海啸以及典型和平地区的战争，这些只会是风险分析的干扰项。

在威胁分析中，一种更合理的方法是由经验丰富的专家确认可能发生的所有威胁，即使可能性很小也应考虑。例如，当基础设施位于河边时，洪水是威胁；组织位于美国南部或东部沿海(以及一定距离的内陆)时，飓风是威胁；或在世界上几乎每个主要城市都会发生的是恐怖袭击。在威胁分析工作中，可以认为所有这些都是合理的。

重要的是要包括自然和人员为威胁的全部范围。完整列表可能接近甚至超过 100 项单独的威胁。可能的威胁类别包括：

- **强风暴** 可能包括龙卷风、飓风、风暴和暴风雪。
- **地球运动** 包括地震、滑坡、雪崩、火山和海啸。
- **洪水** 可能包括自然的和人为的情况。
- **疾病** 包括疾病暴发和大流行，以及由此产生的隔离。
- **火灾** 包括森林火灾、一定范围的火灾和结构火灾，所有这些火灾可能是自然的或人为的。
- **劳工纠纷** 包括停工、生病、抗议和罢工。
- **暴力** 包括暴动、抢劫、恐怖主义和战争。
- **恶意软件** 包括各种病毒、蠕虫、特洛伊木马、rootkit、勒索软件、销毁软件以及相关的恶意软件。
- **攻击者攻击** 包括自动攻击(例如，传播的 Internet 蠕虫)，以及员工、前员工或罪犯的有针对性的攻击。
- **硬件故障** 包括 IT 设备或相关环境设备的任何故障,例如供暖、通风和空调(HVAC)。

- **软件故障** 包括会引发灾难的任何软件问题。例如，2003 年在美国东北部导致严重断电的软件错误以及 2016 年在 Nest 家庭恒温器中的错误。
- **公共设施** 包括电力或供水故障、天然气中断以及通信中断。
- **交通运输** 可能包括飞机坠毁、火车出轨、船舶相撞和高速公路事故。
- **有害物质** 包括化学溢出物。这里的主要威胁是有害物质、人员伤亡和强制疏散导致的直接损害。
- **刑事犯罪** 包括勒索、挪用公款、盗窃、故意破坏、破坏和攻击者入侵。注意，组织内部人员可在这些活动中发挥作用。
- **错误** 包括人为失误造成的灾难。

除了识别出的每个威胁外，风险分析人员还为每个威胁分配发生的概率或频率。这可以是一个数值，表示为一个日历年内发生的概率。例如，洪水的风险是 0.01 或 1%。可能性也可用排名表示，如低、中和高，或以 1 到 5 的数字概率标度表示(其中 5 可以是最高或最低的可能性)。

完成威胁分析的一个方法是：

- **对每个物理位置执行地理威胁分析** 将针对每个物理位置的所有资产进行每类威胁的可能性分析。
- **对每个资产类型执行逻辑威胁分析** 提供每种资产类型可能发生的所有逻辑威胁(即非物理威胁)的信息。例如，一个类型的所有资产上的恶意软件风险可能是相同的，而这个风险与资产的物理位置无关。
- **对每个高价值资产执行威胁分析** 将有助于识别任何可能出现在地理或逻辑威胁分析中，但发生概率不同的独特威胁。

威胁预测数据需要大量可信数据，但往往难觅其踪

信息安全风险管理的最大难题之一是缺乏关于多种威胁的可能性的可靠数据。尽管，有时可以从当地灾难响应机构获得自然威胁的概率，但大多数其他威胁的概率很难准确预测。

预测安全事件的难度与汽车和飞机事故以及人类预期寿命相关的可用数据量形成鲜明对比。保险公司几十年来一直在积累有关事故的统计信息，变量(如烟草和酒精的使用)是众所周知的。与网络安全相关的风险这一主题通常缺乏可靠的数据，而且从统计角度看，影响风险的因素尚不清楚。出于这个原因，风险分析中大多数事件的概率仍然依赖于经验性猜测。但是，鉴于最近网络保险越来越流行，网络攻击风险因素可能很快就可用，质量也可能很快就被更准确地确定。

漏洞识别(Vulnerability Identification) 漏洞(亦称脆弱性)是指弱点(Weakness)，或者缺乏保护控制措施会增加一种或多种威胁发生的可能性。漏洞分析是检查资产以发现弱点。弱点可能导致比正常情况更高的威胁发生率或威胁强度。

以下是常见的漏洞示例：

- 缺少或无法使用的防病毒软件

- 使用过时或停止支持的软件
- 缺少安全补丁程序
- 弱口令设置
- 缺少审计日志或不完整
- 事件日志的持续监测不足
- 应用程序会话管理薄弱或存在缺陷
- 允许尾随(Tailgating)方式进入建筑物
- 覆盖范围不足的视频监视

漏洞分析中，风险管理人员需要检查资产本身以及为保护资产免受相关威胁而应采取的所有保护措施。

漏洞通常按严重性排序。漏洞是表明保护措施是否有效的指标。例如，每周更新一次病毒签名的服务器上的防病毒程序可能列为中危漏洞，而同一服务器上完全不存在(或发生故障)防病毒程序可能列为高危漏洞。严重程度表明给定威胁发生的可能性。这与*影响(Impact)*不同，"影响"将在本节后面讨论。

提示：
漏洞及其排名不应受到威胁发生的可能性的影响。与之相反，漏洞排名应取决于威胁是否确实会对资产造成损害。同样，漏洞的排名不应受到资产价值或已发生威胁的影响。

可能性分析 对于任何给定的威胁和资产，都需要估算威胁发生的概率。由于缺乏有关安全事故的可靠数据，因此通常是说易行难。风险管理团队需要多做研究，并根据任何可用数据得出最佳猜想。

影响分析 威胁一旦真正发生，就会对组织产生一定的影响。影响分析(Impact Analysis)是就特定威胁针对特定资产的影响所做的研究。

在影响分析中，分析人员有必要充分理解资产与资产所支持的业务流程和活动之间的关系。影响分析的目的是确定对业务运营或业务流程的影响。这是因为风险管理不是抽象风险的抽象标识，而是搜寻对业务运营有实际影响的风险。

在影响分析中，影响既可以表示为等级，如 H-M-L(高-中-低)，又可以表示为数字量表，也可用财务术语表示。但在影响分析中，至关重要的是包括对每种威胁的影响声明。影响声明(Statement Of Impact)的示例包括"无法处理客户支持电话"和"客户无法查看付款历史记录"。诸如"无法完成用户身份验证"之类的声明在技术上可能是准确的，但不能确定业务影响。

注意：
由于量化和制定影响表需要额外的时间，因此，影响分析通常关注最关键资产上排名最高的威胁。

1) 定性风险分析

"定性风险分析(Qualitative Risk Analysis)"是对划定范围内资产的深入检查，对威胁(及其发生的可能性)、漏洞(及其严重性)和影响陈述开展的详细研究。威胁、漏洞和影响都用定性术语(例如高、中、低)或准数字术语(例如 1~5 数字标度)表示排名。

定性风险分析的目的是基于排名确定组织中最关键的风险。

定性风险分析没有解决"威胁一旦发生，将给业务造成多少损失？"的问题，也没有打算这样做。定性风险分析的价值在于能够快速确定最关键的风险，却又不会增加负担以精确地确定财务影响。

风险分析师可能希望包括"威胁-漏洞"映射以及"资产-威胁"映射。这些风险分析技术可以帮助风险分析师更好地了解特定威胁的可能性或影响。

注意：
需要开展定量风险分析活动的组织通常首先进行定性风险分析，需要更多定量分析工作以确认最高风险排序。

2) 定量风险分析

"定量风险分析(Quantitative Risk Analysis)"是一种使用数字方法测量风险的风险分析方法。定量风险分析提供的风险表述可以轻松地与各自资产的已知值比较。换句话说，风险的表达单位与大多数组织的主要度量单位(即财务计量单位)相同。

尽管如此，定量风险分析仍应视为尽力估算，而不是精确的数字。部分原因是风险分析是对可能发生的事件的度量，而不是对确实发生的事件的度量。

标准定量风险分析涉及几组数字的研究：

- **资产价值(Asset Value，AV)** 是资产的价值，通常(但不一定)是资产的替换价值。
- **暴露因子(Exposure Factor，EF)** 这是由于威胁发生而造成的财务损失，以资产总值的百分比表示。大多数威胁并不能完全消除，而是会降低资产的价值。例如，一家建筑公司的一台价值$500 000 的推土机在大火中损毁，但仍有残值，即使残值仅为资产价值的 10%。这种情况下，EF 将为 90%。请注意，因为不同的威胁发生将对资产造成不同程度的损害，不同的威胁对 EF 产生不同的影响。
- **单一损失预期(Single Loss Expectancy，SLE)** 表示一次威胁发生时的财务损失。SLE 定义为 AV×EF。注意，不同的威胁对 EF 的影响各不相同，因此威胁对 SLE 的乘积效果也如此。
- **年度发生率(Annualized Rate of Occurrence，ARO)** 对每年威胁发生次数的估计。如果威胁的可能性是 1/50，则 ARO 表示为 0.02。但是，如果估计威胁每年发生四次，则 ARO 为 4.0。像 EF 和 SLE 一样，ARO 也会因威胁而异。
- **年度预期损失(Annualized Loss Expectancy，ALE)** 威胁发生导致的资产价值的预期年度损失。ALE 定义为 SLE×ARO。

ALE 是基于 AV、EF 和 SLE 的可验证数值，但是由于 ARO 为估计值，因此，ALE 仅能达到与 ARO 同样的效果。基于资产的价值，风险管理人员可能需要格外小心，根据可获得的任何数据为 ARO 制定最佳估计。估算(Estimate)来源包括：
- 组织中事件损失的历史记录
- 其他组织中类似损失的历史记录
- 不同损失的历史记录
- 基于可用数据的最佳估算

提示：
分析人员在对指定资产执行定量风险分析时，可将所有威胁的 ALE 相加。所有 ALE 的总和是所有威胁的年度预期损失。如果 ALE 的数值特别高，则意味着指定资产面临许多更可能发生的重大威胁。但就风险处理而言，ALE 最好单独使用并与各自的威胁关联。

制定缓解战略(Developing Mitigation Strategy) 风险分析的重要组成部分是研究降低或消除风险的潜在解决方案。这涉及了解特定威胁及影响(EF)和发生的可能性(ARO)。一旦将给定资产和威胁结合作为基线(Baseline)，即已经分析现有资产、威胁和控制措施，了解在特定时间点存在的威胁)，风险分析人员可运用各种假设手段降低风险，并记录每项手段对 EF 和 ARO 的影响。

例如，假设风险分析活动识别了某一台公共 Web 服务器的攻击威胁，并确定针对一系列单个威胁的特定 EF 和 ARO 数值。现在，风险分析师可在纸上列出一系列修复程序，例如，应用程序防火墙、入侵防御系统(IPS)和补丁程序管理工具。每个解决方案都会对 EF 和 ARO 产生独特的影响(当然，这些影响都是估计值，就像在初始条件下对 EF 和 ARO 的估计一样)，有些估计比其他方法有更好的 EF 和 ARO 数据。每个解决方案还应根据成本和实施力度(财务或 H-M-L)评级。

注意：
制定缓解策略是风险处理的第一步，提出了各种解决方案，每种解决方案都有其成本和对风险的影响。

尽管安全分析师可能负责记录漏洞、威胁和风险，但高级管理层(通过安全指导委员会)的责任是正式批准风险处理方案。风险处理将在稍后讨论。

风险分析和灾难恢复规划 灾难恢复规划(Disaster Recovery Planning，DRP)和业务持续规划(Business Continuity Planning，BCP)使用风险分析工具识别与应用程序韧性和灾难影响相关的风险。对 DRP 和 BCP 执行风险分析与本章讨论的风险分析尽管总体目标有所不同，但方法和手段相同。第 5 章将详细讨论业务持续规划和灾难恢复规划。

高影响度事件 风险管理人员可能会在风险分析流程中识别一个或多个高影响度事件。这些事件可能严重到足以威胁组织的生存，因此需要开展风险处理活动，以保证执行管理层可见，并纳入业务持续规划和灾难恢复规划中。这些主题将在第 5 章详细讨论。

2.4.3 风险处理

通过定性或定量风险分析确定资产风险后,风险管理的下一步就是决定如何处理已识别的风险。在风险分析期间可能已经检查了一种或多种潜在的解决方案,检查了实施成本及对风险的影响。在风险处理中,需要决定是否采取任何建议的解决方案(或其他解决方案)。

风险处理(Risk Treatment)选择可用资源降低风险。在组织中,由于没有足够的资源处理所有风险,因此无法缓解或消除所有风险。反而,需要选择一种最佳的解决方案组合策略,最大限度地降低风险。因此,如果将所有风险和解决方案放在一起统筹考虑,而不是分别考虑每个风险和解决方案,那么风险处理通常更有效。然后,可将风险和解决方案分组,逐一对比并确定优先级。

在组织层级处理风险时,风险分析师和技术架构师可设计出能最大限度降低风险的方法,部署合理的解决方案。组织层级的解决方案可一次降低多个资产的多项风险。例如,防火墙可减少来自多个资产的许多威胁的风险,比针对每种资产的单独解决方案更有效。

到目前为止一直在讨论如何缓解风险,好像风险缓解是风险处置(Risk Handling)时唯一可用的选择。但是实际上有四种主要的风险处理(Risk Treating)途径:缓解、转移、规避和接受,并且总会存在一些剩余的风险,称为残余风险(Residual Risk)。下面将详细讨论风险处理方法。

1. 风险缓解

风险缓解(Risk Mitigation)或风险降低(Risk Reduction)是指需要实施有针对性的解决方案,通过特定解决方案将降低已识别的风险。例如,可通过高级恶意软件防护软件或基于网络的 IPS 缓解高级恶意软件侵入服务器的风险。这些解决方案中的任何一种都可以缓解资产的特定风险。

通常,组织只有在执行成本分析,以确定降低的风险与所需费用相比是否合理后,才会决定实施哪种形式的风险缓解控制措施。

回到"解决方案(Solution)"这一术语,不应自动想到新的设备、系统或功能,例如防火墙、IPS、防病毒软件、数据防泄露系统(DLP)或其他硬件和软件产品。取而代之的是,解决方案可能像书面策略的更新、配置文档或防火墙规则的修改一样简单,也可能与需要花费数月才能实施的网络分段一样复杂。

2. 风险转移

风险转移(Risk Transfer)或风险共担(Risk Sharing)意味着将部分或全部风险转移给某个外部实体,例如保险组织或业务合作伙伴。当组织购买保单以保护资产免受破坏或损失时,作为支付的保费的对价,保险公司将承担部分风险。

需要仔细检查网络保险保单的详细信息,确保保单可涵盖任何特定风险的转移。网络保险保单通常包含一些例外情况,某些情况下,例外情况会限制或拒绝赔付。

提示：
正在考虑网络保险保单的组织应仔细阅读保单的条款和条件，确保选择适当的保单。有些保单可能假设并要求组织采取某些具体的控制措施。此外，保单中的排除条款必须得到充分认知。保险组织声称一些恶意软件攻击属于战争行为，因而，组织无法获得赔付。

3. 风险规避

在风险规避(Risk Avoidance)中，组织完全放弃了潜在的风险活动，直接停止资产服务，从而不再存在威胁。另一种情况下，组织可能认为特定业务活动的风险太大，因此完全避免给定业务活动的运行。

提示：
由于存在确定的风险，组织通常不会完全放弃一项活动。通常，只有在损失风险很高且发生的可能性很大的情况下，才采用这种方法。

4. 风险接受

风险接受(Risk Acceptance)是指管理层愿意按原状态接受已识别的风险，而不付出任何努力降低风险。在采用其他形式的风险处理后，也会接受残余风险(有时是隐式的)。

5. 残余风险

残余风险(Residual Risk)是指缓解、转移或规避某些风险后从原始风险中遗留下来的风险。例如，特定威胁在风险处理之前的概率为 10%，在风险处理之后的概率为 1%，那么残余风险就是剩下的 1%。以下公式可以很好地说明这一点：

$$原始风险-缓解风险-转移风险=残余风险$$

风险完全消除(Risk Eliminate)的风险处理方法并不常见，通常风险处理是实施各种控制措施消除一些风险。管理层常常隐性地接受残余风险。但是，最好在风险管理日志或决策日志中记录接受信息，使得残余风险的接受流程更加正式。

合规风险：风险管理的王牌

组织通常都知道需要遵循的法律、法规和标准。例如，美国的银行、经纪公司和保险公司必须遵守《金融服务现代化法案(FSMA)》或《格雷姆-里奇-比利雷法案(GLBA)》，而存储、处理或传输信用卡号的组织必须遵守《支付卡行业数据安全标准(PCI DSS)》。《欧盟通用数据保护条例(GDPR)》的适用范围特别广泛，适用于存储和处理欧洲公民的个人身份信息的全球所有组织。

GDPR、GLBA、HIPAA、PCI-DSS 和其他法律法规和监管合规要求通常以特定的术语说明组织的 IT 系统需要部署哪些控制措施，揭示合规风险的问题。有时，与特定控制措施(或缺少控制措施)相关的风险可能评为低风险,因为发生风险事件的可能性较低,或者事件的影响较低。但是,如果特定的法律、法规或标准要求无论如何都要实施控制措施,则组织必须考虑合规风险。违规可能导致对该组织处以罚款或其他制裁,违规的后果可能大于实际风险。

结果是因为法律、法规或标准要求(而不是风险分析),组织常需要实施特定的安全控制措施。

2.5　IT 管理实务

IT 组织中的主要服务通常是研发、运营和支持。这些主要活动需要第二层活动的支持,这些活动共同支持向组织交付主要的 IT 服务。IT 管理实务(IT Management Practice)的第二层包括以下内容:

- 人员管理
- 寻源或寻找供应商(Sourcing)
- 第三方服务交付管理
- 变更管理
- 财务管理
- 质量管理
- 组合管理
- 控制措施管理
- 安全管理
- 绩效和能力管理

其中一些活动由 IT 组织自行执行,而另一些活动通常由组织的其他部门执行。例如,人员管理职能通常由人力资源部门执行。这是组织范围存在由其他部门(如人力资源部门)成员代表组成的 IT 指导委员会的另一个重要原因。这样,即使其他部门执行某些 IT 管理功能,也可以集中控制整个 IT 管理范围。

2.5.1　人员管理

人员管理包括多项与聘用、培训以及策略的接受和管理有关的活动。通过人员管理活动,可以确保对进入组织的人员实行合理的审查和培训,以便更好地履行职能。提供给组织的关键策略非常重要,这样员工的行为和决策才能反映组织的需求。

1. 聘用

员工聘用(Hiring)流程的目的是确保组织聘用有资格履行既定工作职责的人员,并确保个人、职业和教育的经历真实有效。招聘流程为确保所考虑的候选人适用,包括一些必要的活动。

背景调查(Background Verification) 各种研究表明,有 30%到 80%的求职者夸大了教育程度和经验,一些求职者通过提供有关学历或先前职位的虚假信息而构成完全的欺诈。因此,雇主需要对求职者执行背景调查流程，获得对求职者真实背景的独立评估。

雇主在雇用之前应检查候选人背景的以下部分：

- **就业背景** 雇主至少需要检查近两年就业背景，中高级人员则需要 5 至 7 年。
- **教育背景** 雇主应确认候选人已获得简历中所列的学位或文凭。有许多"文凭工厂"会收费印制虚假的大学文凭。
- **兵役背景** 如果候选人曾在军队的任何机构中服役，则必须核实，确认该候选人是否曾任职，是否接受过相关的培训，工作经验和候选人的离职是否正常。
- **专业执照和证书** 如果职位要求候选人拥有执照或证书，则需要进行确认，包括确认候选人在管理这些执照和证书的组织中是否信誉良好。
- **犯罪背景** 雇主需要调查候选人是否有犯罪记录。与没有全国性犯罪记录数据库的国家相比，在拥有犯罪记录的国家(如美国)执行犯罪背景调查流程更简单。一些工业化国家不允许开展犯罪背景调查。
- **信用背景** 在法律允许的情况下，雇主可能希望检查候选人的信用和财务历史。执行信用背景调查的主要原因有两个。首先，良好的信用记录表明候选人负责任，而不良的信用记录可能表明候选人不负责任(尽管在许多情况下，候选人的信用背景并不完全是他自己的责任)；第二，认为债务过多且信用记录欠佳的候选人可能存在贪污、欺诈或盗窃的风险。
- **与恐怖主义的关联** 有些雇主想知道候选人是否已证明与恐怖组织有联系。在美国，雇主可以要求核实候选人是否在禁止与美国公民开展业务的个人和组织清单上。清单由外国资产控制办公室(Office of Foreign Assets Control，OFAC)、美国财政部以及美国工业和安全局(U.S. Bureau of Industry and Security)维护。
- **推荐人** 雇主可能想联系两个或更多的个人和专业推荐人，即认识候选人并会为候选人的背景、工作经历和性格提供担保的人士。

提示：
在许多司法管辖权区域，求职者必须签署同意书，允许雇主(或代表雇主行事的第三方代理)开展背景调查。

雇主还经常通过口耳相传、互联网搜索和社交媒体研究候选人的背景。这样可以获得很多有用的信息，帮助雇主证实候选人提供的信息。

背景调查是一种谨慎的业务实践，可以识别并降低风险。在许多行业中，背景调查是一种普遍的做法，甚至是法律要求的。而且，除了在聘用时执行背景调查外，许多组织还会每年检查处于高风险或高价值职位的员工。

员工策略手册 有时称为员工手册，员工策略手册是聘用条款以及有关组织、福利、薪酬、工作行为和其他策略的正式声明。

员工手册通常是组织策略的基石。详尽的员工手册通常涵盖广泛的领域，包括以下主题：

- **欢迎辞** 通常是一封乐观地欢迎新员工加入组织的信件，帮助新员工愉快地加入组织。欢迎辞可能还包括组织的简要历史。
- **策略** 是组织中最重要的策略，包括安全、隐私、行为准则(道德)和可接受的资源使用。在美国和其他国家/地区，该手册可能还包括反骚扰和其他工作场所的行为策略。
- **薪酬** 描述何时以及如何为员工提供薪酬。
- **福利** 描述组织福利程序。
- **工作时间** 讨论工作时间，什么时候员工上班打卡以及每周工作小时数的基本期望。
- **着装规定** 提供工作场所着装的说明和准则。
- **绩效评价** 描述绩效评价策略和程序，用于定期评估每个员工的绩效。
- **晋升** 描述员工晋升的标准。
- **休假** 指有偿和无偿的休假，包括节假日、假期、疾病、残疾、婚丧、学术休假、服役和缺勤。
- **安全** 讨论对物理安全和信息安全主题的基本期望，以及对员工如何处理机密和敏感信息的期望。
- **规章制度** 如果组织受规章制度约束，则可在员工手册中提及，方便员工意识到这一点并据此行事。
- **安全** 本节讨论工作场所安全，其中可能包括疏散程序、应急程序、允许和禁止的物品(例如，武器、酒精饮料、其他物品)、使用危险品的程序以及操作设备和机械的程序。
- **行为** 包括同事、客户、供应商、业务合作伙伴和其他第三方对工作场所行为的基本期望。
- **纪律** 有纪律程序的组织通常在员工手册中描述其重点。

注意：
经常需要员工签署一份声明，申明对员工手册的理解和遵守。许多组织要求员工每年签署一份新的声明副本，即使员工手册没有更改也是如此。这种做法有助于向员工确认员工手册中包含的策略的重要性。

提供初始访问权限(Initial Access Provisioning) 新员工可能需要访问办公地点、计算机、网络和/或应用程序才能履行所需的职责。需要根据与工作有关的任务的履行需要，提供对一个或多个建筑物以及计算机或网络用户账户的访问权限。

应使用访问权限分配流程确定应赋予新员工哪些访问权限。应该预先设置职位和访问权限模板，以便管理层可以轻松确定新员工将获得的访问权限。即使有这样的计划，每位新员工的经理也应正式要求为新员工设置这些特权。

职位描述(Job Description) 职位描述是一份正式的文档，描述所需的角色、职责和经验。从首席执行官到办公室文员，组织中的每个职位都应有正式的职位描述。

职位描述还应明确要求员工支持组织策略,包括但不限于安全和隐私、行为准则和可接受的使用策略。雇主通过在职务描述中列出这些内容,表示希望所有雇员都遵守上述以及其他策略。

注意:
通常要求雇主在职位描述中包括几个文件范例条款或声明(例如,机会均等条款),以符合当地劳工和工作场所安全法律。

2. 员工发展

员工接受聘用并加入组织开始工作,员工将需要接受组织策略和实务方面的培训,以便有效做出贡献并促进组织目标的达成。定期评估将帮助员工将长期工作重点放在个人和组织的目标上。

培训(Training) 为提高效率,员工需要接受定期培训。培训包括以下内容:

- **技能培训** 员工应学习如何正确使用工具和设备。在特定情况下,应要求员工接受培训并证明能力,然后才可以使用某些工具和设备。有时,培训是法律要求的。
- **实务和技巧** 员工需要掌握组织如何将工具和设备用于特定用途。
- **策略** 组织经常在培训流程中提供有关策略的信息,有助于确保员工充分理解资料的内容。

绩效评价 许多组织利用绩效评价流程(Performance Evaluation Process)基于一组期望和目标检查员工绩效。绩效评价程序还有助于长期塑造员工行为,并帮助员工回顾自己的努力如何为组织的总体目标做出贡献。绩效评价通常用于确定是否应该增加雇员的薪酬、增加多少。

职业发展 在许多文化中,员工相信,如果了解如何在组织内发展的规则,就可以取得成功。职业发展路径程序可以帮助员工了解组织中其他职位需要哪些技能,以及如何才能朝着将来所期望的职位努力。

3. 强制休假

有些组织,特别是从事高风险或高价值活动的组织,要求部分或全部员工休假一周或更长时间。强制休假实务(Practice)可以实现三项目标:

- **交叉培训** 利用一周或更长的时间对其他员工交叉培训,使组织减少对特定个体的依赖。
- **审计** 少量的缺勤为组织提供一个审计缺席员工工作的机会,确保员工没有参与任何不良行为。
- **降低风险** 员工每年至少要连续离开一两个星期,因此无法轻易参与在缺勤期间可能被同事或审计师发觉的违禁活动。

4. 离职

员工离开组织时，需要采取以下行动：

- **必须立即撤销对所有工作区的物理访问权限**。根据组织中业务活动的敏感性，可能还需要将员工带离工作区域，并由他人收集离职员工的个人物品，并将物品递送到离职员工的住所。
- **锁定员工的计算机和网络访问账户**。目的是通过仅允许授权员工访问业务信息以保护信息的完整性。锁定计算机账户还可防止其他员工使用前员工的安全凭证(Credential)访问业务信息。

警告：
应删除还是仅锁定(Lock)前雇员账户的问题取决于应用程序或系统的性质。某些情况下，员工的活动记录(例如，审计日志)依赖系统上存在的员工 ID；如果删除前雇员的 ID，审计记录可能无法正确关联到与记录相关的人员。

如果组织选择锁定(Lock)而不是删除已离职员工的计算机或网络账户，则必须以禁止任何进一步访问的方式锁定或限制这些账户。例如，在使用简单口令的情况下，仅将终止账户的口令改为"锁定"是非常不安全的做法。如果更改账户口令的目的是锁定账户，则必须使用一个较长且高度随机的口令，然后忘记这一口令，甚至账户管理员也无法使用该口令。

注意：
某些司法管辖权区域可能要求雇主允许前雇员访问个人的薪酬和税务记录。

5. 转岗和调动

在许多组织中，员工会随着时间的推移在各个职位之间转换。员工职位变化并不总是沿着职业道路向上发展，而是从一种类型向另一种类型的工作横向移动。

除非组织对访问管理流程和程序非常谨慎，否则转岗(Transfer)和晋升的员工往往会累积很多访问特权。发生这种情况的原因是，转岗员工的旧特权即使不再需要也没有及时撤销。在过去几年中，调动或晋升的员工可能积累过多特权。这可能表明，如果员工选择在没有正式授权使用的应用程序中执行了操作，则可能带来重大风险。这种现象有时称为*特权积累(Accumulation of Privilege)*或*特权蔓延(Privilege Creep)*。

组织的会计部门经常出现特权蔓延场景。例如，员工可在会计部门中从一个职位转移到另一个职位，同时累积多项特权，最终该员工能够独自(或共犯)请求、批准给自己或他人付款以达到欺骗雇主的目的。同样，当员工从 IT 运营部门转移到软件研发部门(这是常见的职业道路)时，可能会在 IT 部门中发生特权蔓延。除非 IT 部门有意删除转移员工的先前特权，否则最终将导致出现一个具有生产系统权限的研发工程师账号。在检查角色和职责的审计师看来，特权蔓延是一个危险信号。

承包商管理

多年来，人力资源组织一直拒绝与不是该组织员工的人员产生任何关系。从访问管理的角度看，这通常导致管理临时员工的做法不合标准，给组织带来更大风险。幸运的是，这种趋势正在转变，人力资源组织开始接受对临时员工的管理。在某种程度上，这是因为现代的HR信息系统可以轻松地将员工与所有类型的临时员工区分开。但是，由于临时员工的流动性，必须准确地跟踪临时员工。在敏感环境中的访问控制领域，这代表了重要的降低风险因素。

2.5.2 寻源或寻找供应商

寻源或寻找供应商(Sourcing)是指组织在选择执行工作人员及地点时所做的选择。

寻源选项包括：

- **内包** 组织雇用员工执行工作。人员可以是全职、兼职或临时雇员。
- **外包** 组织利用承包商或顾问执行工作。
- **混合** 组织可以利用内部和外部员工的组合。

接下来的选项包括人员将在何处执行任务：

- **现场(On-site)** 人员在组织的工作场所工作。
- **本地场外(Off-site, local)** 人员不在现场，而在组织所在地附近，通常在同一社区内或附近。
- **远程场外(Off-site, remote)** 人员位于同一国家/地区，但不在组织机构所在地附近。
- **离岸(Offshore)** 人员位于不同的国家。
- **近岸(Nearshore)** 外包人员位于附近国家。
- **在岸(Onshore)** 外包人员位于同一国家。

注意：
组织通常能够计算出内部或外部人员的不同组合，以及在何处执行工作。例如，组织可在外国开设自有办公室并雇用员工在该国工作，这将是离岸外包的一个示例。同样，组织可让承包商在现场执行工作，这是现场外包的示例。

1. 内包

内包是聘用员工从事长期工作的一种做法，本章前面"人员管理"一节已做讨论。

2. 外包

外包是让承包商或顾问执行组织工作的实务。组织出于多种原因决定外包任务、活动或项目：

- **项目期限** 组织可能仅需要内部员工从事特定项目，如研发或迁移到新应用程序。当组织无法证明雇用长期员工的合理性时，通常会选择承包商或顾问。

- **技能** 组织可能需要某些具备小众技能的人员,但可能不需要这些人员全职工作。具有小众技能的人员所要求的薪水可能比组织愿意支付的更高,组织也可能没有足够的工作量保持员工对永久性聘用的兴趣。
- **可变需求** 组织可能会遇到员工的季节性需求增加和减少的情况。组织通常无法为达到峰值需求能力而雇用全职员工,而在其他时间这些员工无事可做。取而代之的是,组织通常会根据平均需求配备人员,并为高峰需求增加合同工。
- **高流失率(High Turnover)** 有些职位(如 IT 服务台和呼叫中心职位)在本质上是高周转的,更换和培训成本很高。事实上,组织可以选择外包这些职位中的部分或全部人员。
- **专注于核心活动** 组织可以专注于招聘与核心业务目标相关的职位,并将外包视为"营运费用(Overhead)"。例如,生产计算机硬件产品的组织可以选择外包 IT 计算机支持部门,以便专注于产品研发和支持。
- **财务** 外包决策基于财务问题。通常,寻求降低软件研发和其他活动成本的组织会将活动外包和离岸外包给位于其他国家/地区的服务组织。
- **完全时间覆盖** 需要全天候提供人员的组织可以选择将业务职能的一部分外包给在其他时区工作中心工作的人员。

选择仅在核心服务领域雇用员工的组织可以将许多非核心职能外包,包括:

- **IT 支持和服务台** 如果这通常是一个高周转率的业务职能,而且随需而变,因此成为外包的理想选择。
- **软件研发** 如果组织缺少具有研发和编程技能的员工,可以选择让承包商或顾问执行此工作。
- **软件维护** 组织可以选择让研发人员和分析师专注于新软件研发项目,而将现有软件的维护工作交给承包商。
- **客户支持** 组织可以选择将电话支持和在线支持外包给位于劳动力成本较低的国家的组织。

提示:
尽管从表面上看,外包决策似乎是出于经济动机,然而,在某些组织中,某些原因也可能更为重要。例如,外包提供的灵活性可以帮助组织更加敏捷,可以在长时间内提高质量或效率。

外包收益 正在考虑外包的组织需要仔细权衡收益和成本,确定外包工作是否会在处理、服务交付或财务方面带来可衡量的改善。在 20 世纪 90 年代,许多组织急于将研发和支持功能外包给其他国家运营时,只考虑短期收益,并没有充分考虑外包的所有实际成本。但这并不是说外包不好,只是许多组织从未真正完全理解外包含义就做出了决策。

外包可以带来很多好处：

- **可用的技能和经验**　组织可能难以吸引具有专业技能的人才，通常会转向拥有高级技能人员的外包供应商，这些外包供应商可为各类客户提供业务。
- **规模经济**　通常，专业外包供应商可以通过组织无法达成的培训和足够成熟的实务，以达到最佳的规模经济。
- **客观性**　特定职能最好由外部人员完成。组织内部人员可能对某些活动(例如流程改进和需求定义)缺乏客观性。同样，组织也需要经常从外部组织聘用审计师，以保证客观性和独立性。
- **降低成本**　当外包涉及离岸人员时，组织可以通过货币汇率以及总部与离岸国家的生活水平差异，降低运营成本并提高市场竞争力。

当组织做出外包决策时，不仅要看到优势，还要考虑下面讨论的风险。

与外包相关的风险　尽管外包可为组织带来许多有形和无形的收益，但并非没有风险或不利条件。通常，组织雇用外部人员执行某些职能时也意味着放弃控制权。外包的风险包括：

- **高于预期的成本**　成本降低是20世纪90年代离岸外包的主要推动力。然而，许多组织未能预料到所有运营中的实际风险问题。例如，当业务外包给海外时，往返美国公司的IT人员不得不花费比预期高得多的差旅费。同样，国际货币汇率的变化也可能将今年的收益变成明年高昂的成本。
- **低质**　外包工作的产品质量可能会低于内部执行此功能时所创建产品的质量。
- **绩效欠佳**　外包服务可能无法按预期执行。外包供应商使用的网络或IT系统的容量可能导致处理延迟或超过可接受的响应时间。
- **失控**　习惯于控制员工的组织可能失去对外包员工的控制权。往往，对流程和程序的微小调整可能更加耗时或增加成本。
- **员工的诚信和背景**　在外包的情况下，尤其是在离岸外包时，确定员工的诚信可能更困难。一些国家(甚至在外包比较普遍的国家)对全国范围内的犯罪背景调查也缺乏支持，缺乏对员工背景做出可靠判断的其他手段。
- **丧失竞争优势**　如果外包供应商提供的服务不够灵活，无法满足组织的需求，则可能导致组织丧失竞争优势。例如，A组织将消息系统(电子邮件和其他消息)外包给服务提供商。随后，A组织又希望通过将服务应用程序与电子邮件集成来增强与客户的沟通。电子邮件服务提供商可能无法(或不愿)提供必要的集成，这将导致A组织失去竞争优势。
- **错误和遗漏**　承揽外包服务的组织可能会犯严重错误，或者可能无法执行基本任务。例如，外包服务可能存在数据安全漏洞，导致敏感信息丢失或泄露。数据丢失或泄露事故发生在组织范围内可能是灾难性的，但发生在业务的外包部分时，组织可能会发现因为缺乏控制措施，难以采取适当程序加以补救。如果外包供应商发生了安全漏洞或类似事故，则可能首先考虑自己的利益，其次才注意客户的利益。
- **供应商失败**　外包供应商由于某些原因无法提供外包服务，则可能导致成本增加以及服务或产品交付延迟。

- **不同的使命和目的**　组织的自有员工始终忠于组织的使命和目的。但是，外包供应商的员工通常对组织的利益几乎不感兴趣。相反，外包供应商的员工忠于外包供应商的价值观，甚至可能与组织造成直接冲突。例如，外包供应商可能将重点放在计费时间最大化，而组织则强调效率。这两个目标相互冲突。
- **难以补救**　如果组织对外包业务的绩效或质量不满意，合同条款可能不足以补救。倘若外包业务在国外，则通过司法系统补救的可能性微乎其微。
- **降低员工士气**　如果组织选择工作外包并解雇部分全职员工，那么，留下来的员工也可能因为同事由于外包失去工作而感到沮丧。此外，留下的员工可能担心自己的工作很快外包或淘汰，甚至可能认为，组织对节省金钱比对员工更感兴趣。甚至，失业人员可能通过各种可能威胁到资产或其他员工的有害举动来发泄对组织的愤怒。
- **审计和合规**　组织可能发现开展审计和满足合规性更具挑战性。因为审计师需要访问外包的工作中心，审计费用也可能增加。要求外包供应商做出改变以满足合规性可能是困难且昂贵的。
- **适用法律**　总部和离岸国家/地区的法规和标准对信息保护的要求可能让业务运营或组织架构更加复杂。
- **跨境数据传输**　世界各地政府都在关注数据流问题，尤其是公民的敏感数据。许多国家已经通过并颁布法律，试图在将公民的数据从其司法管辖权范围转移出去时施加控制措施。
- **时区差异**　当组织将部分业务外包给多个时区的离岸组织时，沟通可能受到影响。如果每个时区的工作时间之间几乎没有重叠，则安排电话会议将更困难。沟通重要问题和实施变更需要更多时间。
- **语言和文化差异**　外包工作方式在跨越语言和文化障碍时，可能导致非最优的交流和结果。组织通过自己的语言和文化表达需求，而外包供应商通过自己的语言和文化理解需求。双方都可能在考虑："他们不清楚我们想要的东西"和"我们无法理解他们想要的东西"，结果使外包供应商产生意想不到的工作差异，导致项目完成或商品和服务交付方面的延迟。
- **政治条件**　当使用离岸劳动力和持有工作签证的外国员工时，政治条件的变化可能会限制外国员工的工作聘用。例如，针对外国员工某些类型工作签证的限制迫使组织改变吸引海外人才的战略。

警告：
有些外包相关风险是无形的，或者可能超出法律补救措施的范围。例如，语言和时区的差异可能导致沟通延迟，从而以难以衡量的方式给业务关系增加矛盾。

　　缓解外包风险　外包供应商与组织之间唯一交换的手段是金钱和声誉。换句话说，组织对外包供应商的唯一影响就是支付款项，并将外包供应商的服务质量(或质量不佳)信息分享给其他组织。跨国外包更是如此。因此，正在考虑外包的组织必须仔细考虑如何执行合同条款，以便获得期望的商品和服务。

许多外包风险可以通过合同条款弥补。这里列出一些补救措施：

- **服务水平协议(SLA)** 合同应提供工作绩效和沟通的每种途径的详细信息，包括升级和问题管理。
- **质量** 取决于产品或服务，可能会是错误率、缺陷率、客户满意度或系统性能。
- **安全策略和控制措施** 外包供应商是否维护组织的知识产权、能否保守商业机密或保护雇员和客户的信息，外包合同应详细说明期望外包供应商维持的安全控制措施。组织还应要求定期执行第三方审计并跟踪审计结果。合同应包含保留"审计权(Right to Audit)"条款，允许按需检查外包供应商的工作场所、记录和工作底稿。
- **业务持续** 外包合同应要求外包供应商采取合理的度量和保障措施，确保业务运营韧性，以及在灾难发生时尽量维持运营和最小化中断。
- **员工诚信** 外包合同应定义外包供应商将如何审查员工背景，以避免无意间雇用有犯罪历史的人员，并应说明如何验证员工所宣称的教育和工作经验的真实性。
- **知识产权的所有权** 如果外包供应商从事软件研发或其他设计类工作，外包合同必须定义这些工作产品的所有权，以及外包供应商是否可将这些工作产品用于其他业务。
- **角色和责任** 合同应详细说明每一方的角色和责任，使各方都知道对自身的期望。
- **时间安排表** 合同必须指定何时生产以及应该生产多少产品。
- **法律法规和监管合规要求** 合同应要求双方遵守所有适用的法律和法规，包括但不限于知识产权、数据安全保护和工作场所安全。
- **维保(Warranty)** 合同应规定所有工作产品的工艺和质量维保条款，确保对所执行的商品或服务的质量没有歧义。
- **争端与解决** 合同应确定用于处理和解决争端的流程。
- **付款** 合同应规定如何以及何时向外包供应商付款。付款不仅与工作量有关，还应与工作质量有关。合同应包括对超出约定时间、数量或质量目标的额外付款的激励条款，还应包含未达到SLA、质量、安全、审计或计划目标时的罚款。

外包合同的条款应充分奖励外包供应商出色完成的工作，其中应包括获得额外合同的前景以及可以帮助外包供应商从其他客户那里获得外包合同的推荐。

外包治理 责任不能外包！外包是一种便捷方法，将某些业务转移到外部组织，从而使组织更加敏捷，并提高组织对核心能力的关注。尽管高级管理层可以将这些活动转移给外部组织，甚至可以指定绩效良好时的奖励和不合格时的惩罚，但是无论这些服务是外包还是由内部人员执行，组织的高级管理层都对提供的服务负有最终责任。

外包情况下治理的作用必须扩大到包括控制对外部组织所执行工作的活动的汇总。治理活动可能包括以下内容：

合同 应在详细的法律协议中定义组织与其服务提供商之间的总体业务关系。法律协议的条款应定义要完成的工作、各方的期望、服务等级、质量、赔偿条款以及在无法满足期望情况下的补救措施。必须由适当的管理层级批准合同中的内容。

工单 工单有时称为工作说明书(Statements Of Work，SOW)，更详细地描述了要执行的工作。工单很少更改合同，在短期运行并特定于当前交付的商品或服务。像合同一样，工单应包括有关工作输出、及时性、质量和补救措施的准确说明。

- **SLA** 从工作量、质量、及时性和质量或数量不足的补救措施方面约定服务等级。
- **变更管理** 需要一种正式的方法，以便正式控制交付规格的变更。
- **安全性** 如果服务提供商可以访问组织的记录或其他知识产权，则组织将要求采取特定的安全控制措施。在存在较高风险的情况下，组织希望定期验证服务提供商的安全控制措施是否有效。
- **质量** 应该详细说明质量的最低标准，以便服务提供商和客户对要执行的预期工作质量有共同的了解。
- **指标** 通常，外包供应商希望积极衡量外包活动的各个方面，以掌握短期工作成果和长期趋势的能力。
- **审计** 外包供应商可能要求开展外包工作审计。外包审计可由具备资格的第三方(例如，执行 SSAE 16、ISAE 3402、SOC 1 或 SOC 2 审计实务的公共会计师事务所)、独立的安全咨询组织或客户执行。通常，外包供应商会在合同中协商"审计权"条款，但只有在组织遇到与所执行工作有关的违规行为或问题时，才会行使此项权利。

根据特定外包任务的性质，可将上述活动组合或分别开展。

基准测试 基准测试是将一个流程与其他组织中相同流程的性能和质量进行对比，目的是发现可能会降低成本、减少资源并提高质量的改进机会。

在外包的情况下，可使用基准测试衡量外包流程相对于其他外包供应商执行的相同流程的绩效，并比较其他组织内部执行的同一流程。目的是相同的：确定外包解决方案是否有效地执行。第 4 章将详细讨论基准测试。

3. 第三方服务交付管理

服务交付管理(Service Delivery Management)是控制和度量手段，以确保正确执行服务并减少事故和缺陷的机制和控制措施。当活动转移到服务提供商时，服务交付管理会增加一些维度和注意事项。

使用服务交付管理来管理外部服务提供商时，通常需要服务提供商详细度量工作输出。雇用外部服务提供商的组织还需要维护收到的工作详细记录，并且应该执行缺陷管理性控制措施，确保服务提供商执行的工作符合质量标准。组织遇到的问题和事故应记录在案，并传达给服务提供商以提高质量。

这些活动应包括在 SLA 或合同中，确保客户组织能够对服务提供商施加经济处罚或其他形式的手段，以在保持最低工作量的同时提高质量。

与 IT 服务管理相关的服务交付标准在国际标准 ISO/IEC 20000:2011 中定义。此标准中的相关控件可用标准方法来管理服务提供商的服务交付。

第三方风险管理(Third-Party Risk Management，TPRM)与服务提供商的管理类似。第 6 章将详细讨论 TPRM。

4. SaaS、IaaS 和 PaaS 注意事项

软件即服务(Software as a Service, SaaS)、基础架构即服务(Infrastructure as a Service，IaaS)和平台即服务(Platform as a Service，PaaS)等云服务提供商组织向无法自行搭建云技术平台的客户提供基于云计算的应用程序或计算资源。

SaaS 是一种分配服务。在这种分配服务中，组织获得供员工使用的软件应用程序，而该软件应用程序由软件提供商(而不是客户组织)托管。IaaS 是组织从云服务提供商那里租用 IT 基础架构的一种分配服务。PaaS 是一项组件服务，组织能够部署应用程序而不必处理服务器和数据库管理系统等基础架构。

与自托管相比，使用 SaaS、IaaS 和 PaaS 的主要优势如下：

- **节省资金**　SaaS、IaaS、PaaS 云服务提供商用自己的服务器向云客户提供软件、基础架构或平台资源，消除了云客户购买专用硬件和软件的需求。
- **节省人力**　SaaS、IaaS、PaaS 云服务提供商开展多项管理功能，包括应用软件或操作系统补丁、性能管理、容量管理、软件升级以及故障排除等典型的行政性任务。

警告：

组织为自身环境而考虑使用 SaaS、IaaS 或 PaaS 等云服务提供商时，需要确保云服务提供商具有可用于保护组织数据的合理控制措施。

具体而言，组织需要彻底知晓安全责任模型，确定哪些控制措施由云服务提供商执行，哪些需要由组织实施。此外，云服务提供商应具有适用的控制措施，以阻止一名云客户查看另一云客户的数据。

组织可以认为 SaaS、IaaS 或 PaaS 服务提供商与其他服务提供商相似。通常，用于确定 SaaS、IaaS、PaaS 云服务提供商完整性和质量的方法与用于其他服务提供商时使用的方法相同。

业务流程即服务(Business Process as a Service，BPaaS)

随着网络安全技术能力短缺状况的加剧，服务组织正在研发许多业务流程即服务产品，以帮助组织继续执行关键安全流程。新服务产品的示例包括"身份即服务(Identity as a Service)""漏洞管理即服务(Vulnerability Management as a Service)"和"补丁程序管理即服务(Patch Management as a Service)"。安全事件持续监测是最早与安全相关的"X 即服务"产品之一，至今仍受欢迎。

2.5.3　变更管理

"变更管理(Change Management)"是一项业务流程，用于控制对 IT 环境所做出的更改。正式的变更管理流程包含针对每个变更执行的几个步骤：

(1) 请求
(2) 审核

(3) 批准

(4) 执行

(5) 验证

(6) 回退(Back out，当发现变更验证失败时)

变更管理的每个步骤都会进行记录。第 4 章将详细介绍变更管理。

2.5.4 财务管理

健全的财务管理对任何组织都至关重要。由于 IT 是一项成本密集型活动，因此必须通过短期和长期预算计划实现对组织的良好管理，并跟踪实际支出。

高级管理层需要在 IT 方面做出战略财务决策的领域之一是购置软件应用程序的方式。在指导委员会层面，IT 组织应谨慎地权衡核心应用程序的"制造还是购买？"问题。通常有以下三种选择：

- **研发应用程序**。组织安排内部或合同规定的软件研发人员、设计人员和分析师研发应用程序。
- **采购应用程序**。组织从软件供应商处获得应用程序的许可证，并将软件安装在租赁或购买的服务器内。
- **租赁应用程序**。通常指云计算或 SaaS 模型；其中云/应用程序服务提供商在自己的场所(或 Internet 数据中心)托管应用程序，使用该软件的组织将支付固定费用或按需计费。采购组织不必担负服务器的投资成本，也没有或只有很少的研发成本(与其他应用程序的接口可能除外)。

组织做出的选择不仅与财务有关，还与组织要求的控制程度有关。

IT 财务管理不仅涉及应用程序，还涉及 IT 组织提供的其他服务和功能。例如，服务台、PC 的建设和支持、电子邮件和网络服务也可以内包或外包，而每种类型都涉及财务和其他方面。

注意：

许多大型组织交付 IT 服务都采用"计费(Chargeback)"功能。使用这种方法，IT 组织会对所提供的服务收取费用(通常通过预算转移，但有时通过真实资金支付)。计费的优点在于 IT 组织的客户需要为 IT 服务安排预算，并且不太可能提出无关紧要的 IT 需求，因为每项活动都有相关的成本。计费可能还会促使 IT 组织更具竞争力，因为计费可能让 IT 客户从外部组织(而非内部 IT 组织)获取服务。因此，计费可视为外包给内部 IT 组织。

2.5.5 质量管理

质量管理(Quality Management)是指控制、持续监测和管理业务流程以实现持续改进的方法。IT 组织中质量管理系统的范围可能涵盖以下任何或所有活动：

- 软件研发
- 软件购置
- 服务台
- IT 运营
- 安全

建设和运营质量管理系统所需的组件如下：

- **文档化的流程** 必须对作为质量管理体系一部分的每个流程保留完整记录。这意味着必须在本身受控的正式流程文档中充分描述所有任务、通知、记录和数据流。
- **关键度量** 质量管理中的每个流程都必须设置关键度量点，以便管理层能够掌控流程的频率和工作量。度量不仅是简单的计数，还必须包括用于识别、分类和度量事故、事件、问题和缺陷的方法。
- **关键度量的管理审查** 需要定期分析关键度量指标，并将这些指标纳入状态报告中，以便为各级管理层提供有意义的信息。这样管理层能够了解关键流程的执行情况以及流程是否满足管理层的期望。
- **审计** 质量管理体系中的流程应由内部或外部审计师定期度量，确保正常运行。审计师必须充分独立于流程和管理之外，以便可以客观地评价流程的有效性。
- **流程变更** 当关键度量建议流程需要变更时，业务或流程分析师将更改流程设计。流程更改的示例包括在变更请求流程中添加数据字段，向软件研发流程添加安全要求，或采用新方法将口令告知创建新账户的用户。

提示：
组织应记录和度量质量管理流程，就像在质量管理流程观察和控制下的所有流程一样。记录和度量有助于确认质量管理体系本身是否有效。

1. ISO/IEC 9000

ISO/IEC 9000 创立于 20 世纪 80 年代，至今仍然是质量管理体系的世界标准。ISO/IEC 9001:2015 质量管理体系标准已经取代了 ISO/IEC 9001、9002、9003 和 9004 标准。

实施 ISO/IEC 9001:2015 标准的组织可以自愿由正式认可的组织定期开展外部审计实务，以获取 ISO/IEC 9001:2015 认证。自 1978 年以来，认可组织已经向全球各地的组织颁发了超过一百万张 ISO/IEC 9001 证书。

ISO/IEC 9000 起初作为制造产品的质量标准。尽管许多制造组织都通过了 ISO/IEC 9000 认证，但是该标准在服务提供商和软件研发组织中越来越受欢迎。

2. ISO/IEC 20000

许多 IT 组织已将 IT 服务管理流程的 IT 基础结构库(IT Infrastructure Library，ITIL)作为 IT 流程的标准框架。希望获得认证的组织可以由正式认可的外部审计组织根据 ISO/IEC 20000 IT 服务管理标准评价。ISO/IEC 20000 取代了较早的 BS 15000 标准。

ITIL 框架由五个方面组成(共 26 个流程):
- 服务战略
- 服务设计
- 服务转换
- 服务运营
- 持续服务改进

ITIL 流程相互关联,共同构成了 IT 主要功能的有效框架,提供有价值的服务以支持关键组织流程。

2.5.6 组合管理

组合管理(Portfolio Management)是指对 IT 项目、投资和活动的系统化管理。组合管理的目的是衡量从 IT 项目、投资和活动中获得的价值,并定期调整以保证组织的价值最大化。

IT 组合管理的原理与金融投资组合管理的原理相似。IT 中的所有活动都可像投资一样处理,请仔细研究这些活动为组织带来的价值。

从事 IT 组合管理的成熟组织通常会存在三类组合:
- 项目组合
- 基础架构组合
- 应用程序组合

度量、检查和审查组合中的工作项,确保工作项对组织的使命和主要目标持续作出贡献并保持一致。管理层可以定期调整与 IT 项目和活动相关的资源水平,最大限度地提高组织的价值。

ISACA 的 Val IT(IT Value Delivery,IT 价值交付)框架是一个 IT 组合管理框架,现在已完全成为 COBIT 的一部分。更多信息请访问 www.isaca.org/valit。

2.5.7 控制措施管理

通常,IT 组织采用控制措施(Control)确保业务流程、IT 系统和人员的特定产出。成熟组织往往采用几种标准的控制措施框架之一,定期评估风险和控制绩效,变更、增加或删除控制措施。

控制措施通常是作为以下一项或多项结果制定的:
- **策略** 可以建立控制措施,确保遵守策略并衡量策略的有效性。
- **法律法规和监管合规要求** 组织经常建立控制措施以确保业务运营遵守法律法规和监管合规要求。
- **要求** 法律或运营要求(例如,与客户或供应商签订的合同中的条款和条件)迫使组织制定控制措施,确保合规。
- **风险** 内部或外部风险评估可能迫使组织制定控制措施,将风险降低至可接受的水平。

- **事故** 引人注目的事故或事件(Event)可能促使组织制定控制措施,以防类似事件再次发生。

组织仅仅制定和实施控制措施是不够的。组织需要定期检查控制措施,确保措施运转正常并达到预期效果。内部和外部审计的整体原则都涉及检查控制措施主题以及控制措施的有效性。第 3 章和附录 A 详细探讨了审计流程和实务。

著名的控制措施框架包括:

- **COBIT** 由 ISACA 开发,是通用的 IT 控制措施框架。
- **NIST 800-53** 由美国商务部开发,是美国政府信息系统所需的一整套安全控制措施。许多非政府组织也采用 NIST 800-53 框架。
- **用于改善关键基础架构网络安全(Critical Infrastructure Cybersecurity,CSF)的 NIST 框架** 将组织控件措施为五个主要活动:识别、保护、检测、响应和恢复。CSF 还可作为组织确定安全成熟度的指南。
- **ISO/IEC 20000** 是国际标准,源于 IT 服务管理框架 ITIL。
- **ISO/IEC 27002** 是 IT 安全控制措施框架的国际标准,在世界范围内广泛采用。
- **PCI DSS** 是存储、处理或传输信用卡数据的系统和网络所需的 IT 安全控制措施框架。
- **HIPAA** 是存储、处理或传输患者电子健康信息(Electronic Patient Health Information,ePHI)的组织所需的控制措施框架。
- **互联网安全中心(Center for Internet Security,CIS)控制措施** CIS 控制措施最初由 SANS 研究所开发,是一种经过验证的控件框架,非常适合不必采用 NIST、ISO、HIPAA 或 PCI-DSS 的组织。

本书将讨论作为信息安全和 IT 审计不可或缺部分的控制措施。

2.5.8 安全管理

安全管理(Security Management)指可以共同确定组织资产的风险和风险处理的若干关键活动。在大多数组织中,活动包括:

- **安全治理** 制定组织的安全策略,然后采取步骤确保遵循安全策略的实务。安全治理还涉及对本节中讨论的其他关键安全活动的管理和持续改进。
- **风险评估** 识别组织正在使用的关键资产并识别每个资产中的漏洞和威胁的活动。接下来制定风险处理策略,尝试缓解、转移、规避或接受已识别的风险。
- **事故管理** 与组织中发生的安全事故的响应方案有关。事故(Incident)定义为违反安全策略;可能是微小事故(如用户选择容易猜到的口令),也可能是重大事故(如攻击者攻击和敏感信息遭到盗取)。事故管理的某些方面包括计算机法证(保留可在以后的法律诉讼中使用的证据)以及监管机构和执法部门的参与。
- **漏洞管理** 是一种主动识别 IT 系统以及业务流程中的漏洞的做法。攻击者可能利用这些漏洞损害组织。漏洞管理中发生的活动包括安全扫描、漏洞评估、代码审查、补丁管理以及审查软件供应商和安全组织发布的威胁情报和风险建议。

- **身份和访问管理(Identity and Access Management，IAM)** 用于控制哪些人员和组可以访问组织的哪些应用程序、资产、系统、工作场所和职能。身份管理用于管理内部员工、承包商、临时员工、供应商员工以及(可选)客户的身份和访问历史。这些记录可用于控制允许每个人使用哪些工作场所、应用程序、IT 系统和业务功能。
- **合规管理** 安全管理应负责确认组织需要遵守哪些法律、法规、标准、要求和法律合同。合规验证可能涉及内部或外部审计以及其他活动，确认组织符合所有法律要求和其他要求。
- **第三方风险管理** 识别和管理与组织授权的存储、处理或传输敏感信息的第三方组织相关的风险。活动包括预先的尽职调查，以及对关键控制措施有效性和总体业务风险的定期评估。
- **业务持续和灾难恢复规划** 是使组织制定在发生灾难性事件时的响应方案的实务；如果不制定方案，灾难将威胁组织的持续生存能力。稍后将详细介绍业务持续和灾难恢复规划。

安全管理的控制措施框架包括以下内容：

- **ISO/IEC 27001 要求** ISO/IEC 27001 标准的上半部分包含一组要求，描述基于风险评估、控制措施检查和控制措施部署的生命周期中可伸缩且灵活的信息安全管理系统(Information Security Management System，ISMS)，将行政监督和控制措施作为贯穿始终的主题。

2.5.9 性能和容量管理

性能优化与 IT 流程和系统的持续改进相关。这组活动不仅与财务效率有关，而且与执行常见 IT 功能所需的时间和资源有关。IT 性能优化的主要目标是确保组织以最低的资源消耗从 IT 服务中获取最大收益。

衡量流程绩效的组织有更多改进业务流程的机会，达到包括度量和反馈在内的流程成熟度的组织将能持续改进文化。然后，管理层可以跟踪改进机会并相应地分配资源。

IT 流程和系统管理的性能优化是相当成熟的方法。性能优化需要具有关键控制措施和度量点的成熟流程，是有效质量管理的自然结果之一。尚未推行持续监测和管理流程的组织可能还未准备好性能优化。更多信息参见前面的"质量管理"一节。

性能优化是一项复杂的工作，IT 系统和流程通常随着时间而频繁变化，很难将系统或流程中的特定变更归结于性能指标的更改。

CMMI 等成熟度模型可用于确定组织流程的级别。CMMI 关注组织的流程是否具有与度量和持续改进相关的成熟度。

COBIT 框架还包含用于识别和衡量关键绩效指标(Key Performance Indicator，KPI)的工具，旨在实现对流程和技术的不断改进。COBIT 框架包含 37 个关键 IT 流程，组织可根据业务目标以及 IT 支持方式，确定有多少适合组织的控制措施。

一个典型组织的各个部门和流程的成熟度不同，某些流程和部门往往比其他流程和部门更成熟。

基准测试

组织可决定对关键流程开展基准测试。基准测试(Benchmarking)是将业务流程(或系统或组织的几乎任何其他方面)与其他组织中的相同流程执行详细对比的流程。对比可以帮助组织更好地了解类似组织如何解决同类业务问题，使组织自行发起流程改进。过去，组织常对信息技术或信息安全的总体成本开展基准测试。但是今天，IT 和安全成本变得更模糊，考虑到将业务和 IT 服务外包给第三方的趋势，情况更是如此。因此，组织与其同行就流程成熟度或风险偏好执行基准比较的方法变得更加有用。

2.6 组织结构与职责

组织需要通过结构将责任分配给具有特定技能和知识的人群。组织结构图(Organization Chart，Org Chart)描述了组织结构。图 2-5 显示了典型的 IT 组织结构图。

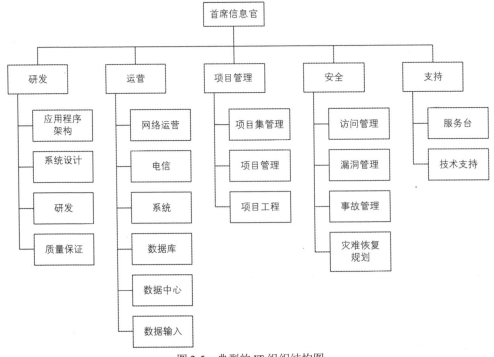

图 2-5 典型的 IT 组织结构图

构建和维护组织结构需要考虑许多要素。在大多数组织中，组织结构图是一种有生命力的结构，会根据以下几种情况随时变化：

- **短期和长期目标** 组织有时将一名高管管理的部门划归另一名高管管理，使彼此远离的部门接近。这种转移为发展在重组之前不存在的协同作用和伙伴关系提供全新的机会。通常执行这些更改是为了帮助组织实现以前没那么重要的新目标,并且组织需要新的伙伴关系和团队合作。
- **市场状况** 市场状况的变化可能导致组织重新调整内部结构以增强自身实力。例如,竞争对手根据新的采购策略降低价格;作为响应,组织可能需要变更组织结构,由经验丰富的高管负责特定活动。
- **法律法规和监管合规要求** 新的法律、法规或标准可能诱使组织改变组织结构。例如,一个受到严格监管的组织可能选择将安全和合规小组从 IT 部门移出,置于法务部门之下,因为合规与法律合规的关系远大于与行业标准的关系。
- **流失人才和可用人才** 当人员离开组织或移至组织内的另一个职位(特别是领导职位)时,组织结构图中会出现一个通常无法立即填补的空缺。高级管理层通过把没有领导者的部门转移到其他人控制下,来临时更改组织的结构。通常,除了每名领导者的工作量和其他要素外,如何更改组织的决定还取决于现有领导者的才能和经验。例如,IT 项目集管理主管离职,则可将现有部门暂时置于 IT 运营部门之下,因为 IT 运营主管过去曾领导过 IT 项目集。高级管理层可以看到这种安排是如何实现的,然后决定是替换 IT 项目管理集职位的主管还是采取其他措施。

提示:

许多组织为应对意外变化(尤其是终止合同和辞职)使用正式的继任方案。继任方案可帮助组织暂时填补某个空缺的职位,直到找到长期的替代者。

这种结构充当自上而下和自下而上的沟通渠道。图 2-6 描述了组织的沟通和控制。

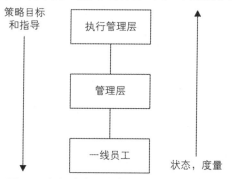

图 2-6 组织中向上和向下的交流和控制流

2.6.1 角色与职责

角色和职责(Roles and Responsibility)这一话题是多维的,涵盖组织结构图中的职位和关系,定义特定的职务和职责,并展现对资产使用和保护的常规期望和责任。

1. 个体角色和职责

几种常见角色和职责如下。

- **董事会** 组织的治理机构在法律上监督组织的活动和首席执行官的选拔、支持和审查。在私有组织中,董事由组织的高级管理层及其他组织(包括有重大投资的组织)的执行人员组成。在政府中,董事通常选举产生。对于由董事领导的组织的管理和成果,董事越来越需要承担更高的个人责任标准。
- **执行管理人员** 组织中高级管理层和执行官负责制定组织的使命、宗旨、目标和策略。高管负责制定安全策略,安全策略除了包含其他事项外,还需要定义对资产的保护。
- **所有者** 所有者是指定为资产的所有者或管理者的个人(通常是经理)。根据组织的安全策略,所有者可能负责资产的维护和完整性,并负责决定允许谁访问资产。如果资产是信息,则所有者可能负责确定谁可以访问和更改信息。
- **经理** 经理通常负责理解组织的策略和程序,并提供给员工使用。经理还应在某种程度上对员工的行为负责。
- **用户** 用户指在组织的任何级别使用资产履行工作职责的个人。每名用户应对自己使用资产的方式负责,每名用户均不允许他人使用自己的用户名访问资产。用户有责任合法履行职责并遵守组织的策略。

这些常见角色和职责应适用于整个组织结构图,包括组织中的全体人员。角色可以是全职或兼职员工,也可以是承包商和顾问等临时员工。

提示:
应在组织的安全策略中正式定义高管、所有者、经理和用户的角色和职责。

2. 职位名称和职位描述

职位名称(Job Title)是分配给职位描述(Job Description)的标签。职位名称是指组织中具有特定职责,需要一定水平和教育以及先前经验的职位。职位描述是这些职责以及所需的教育和经验的列表。

考试提示:
CISA考试可能提出一些对指定职位开展审计的合理程序的问题。在考虑答案时,请考虑分配给特定头衔的工作角色,而不应关注头衔本身。关于职位名称的问题旨在检查对相关角色的理解,例如,与网络工程师名称对应的网络管理角色。

制定了职业发展计划的组织可能会有一系列员工晋升的职业道路或职业阶梯。对于每个职位,职业道路显示晋升到其他职位的可能途径以及获得这些职位所需的经验。

IT中的职位名称已经形成惯例,并且在整个组织中非常一致。这种一致性可以通过多种方式帮助组织:

- **招聘** 当组织需要寻找人员填补空缺时,使用标准职位名称有助于潜在候选人更轻松地找到符合标准的职位。

- **薪酬基线** 由于 IT 人才长期缺乏，组织在试图吸引新员工时不得不提高竞争力。为了保持竞争力，许多组织定期分析区域薪酬，了解其他组织 IT 员工的薪酬水平。使用适当的职位名称更容易比较薪酬。
- **职业发展** 当组织使用与行业一致的职位时，IT 从业者将更好地了解组织内部职位的职能，并可以更轻松地规划晋升方式。

本节的其余部分包括许多 IT 职位，并对职位的职能做简短描述(并不是完整的职位描述)。

几乎所有组织都在使用头衔表示组织中的经验水平、领导力或控制范围。头衔可能包括执行副总裁、高级副总裁、副总裁、执行董事、高级总监/董事、总经理、高级经理、经理和主管。大型组织使用更多此类头衔，可能还会使用其他头衔，如大区经理、地区经理、小组经理或区域经理。

执行管理人员 执行管理人员是组织中的首席领导和决策者，设定目标并直接与组织的最高管理层合作，帮助做出影响组织未来战略的决策：

- **首席信息官(Chief Information Officer, CIO)** 是大型 IT 组织中最高领导人的头衔。
- **首席技术官(Chief Technical Officer, CTO)** 通常负责组织的整体技术战略。根据组织的目的，CTO 职位可能与 IT 分离。
- **首席风险官(Chief Risk Officer，CRO)** 该职位负责包括信息风险、业务风险、合规风险和市场风险在内所有方面的风险。CRO 角色需要与 IT 分离。
- **首席安全官(Chief Security Officer，CSO)** 该职位负责信息安全、物理安全以及可能的高级管理层保护(保护高管的安全)在内安全的所有方面。CSO 角色需要与 IT 分离。
- **首席信息安全官(Chief Information Security Officer, CISO)** 该职位负责信息相关安全的所有方面，通常包括事故管理、灾难恢复、漏洞管理和合规。CISO 角色需要与 IT 分离。
- **首席信息风险官(Chief Information Risk Officer，CIRO)** 该职位负责与信息相关的风险管理各方面。CIRO 职位象征着信息安全风险管理的重点。
- **首席隐私官(Chief Privacy Officer，CPO)** 该职位负责保护和使用个人信息。在收集和存储大量人员的敏感信息的组织存在该职位。CPO 职位也称为数据隐私官(Data Privacy Officer，DPO)。
- **首席合规官(Chief Compliance Officer，CCO)** 该职位对信息保护和隐私在内的合规负有广泛责任。负有监管责任的组织需要雇用 CCO，负责符合广泛的法规和要求。

软件研发 软件研发工作中的职位涉及软件应用程序的设计、研发和测试：

- **系统架构师** 通常负责组织中的整体信息系统架构，可能包括(也可能不包括)总体数据架构以及与外部组织的接口。
- **系统分析师** 负责应用程序的设计，包括对应用程序原始设计的更改。该职位可能会制定技术要求、程序设计和软件测试计划。如果组织允许其他组织研发应用程序，则系统分析师会设计与其他应用程序的接口。

- **软件工程师/研发人员** 研发应用程序软件。根据经验水平，担任这一职位的人员还可以设计程序或应用程序。在购买软件的组织中，研发人员通常会创建定制化界面、应用程序和报告。
- **软件测试人员** 测试软件工程师/研发人员的程序代码更改。

数据管理 负责研发和实施数据库并维护数据库：
- **数据经理** 负责大型组织中的数据架构和数据管理。
- **数据科学家** 负责采用科学方法从数据中获取知识。
- **大数据架构师** 为大型、复杂的数据集研发数据模型和分析。
- **数据库架构师** 为应用程序研发数据模型的逻辑和物理设计。该职位需要有足够的经验，可以设计组织的整体数据架构。
- **数据库管理员(Database Administrator，DBA)** 建立和维护由数据库架构师设计的数据库以及那些已购买应用程序所含的数据库。DBA 监视数据库、调整数据库的性能和效率，并解决问题和故障。
- **数据库分析师** 执行初级数据库管理员任务、日常数据维护和持续监测。

考试提示：
数据管理员、数据科学家、大数据架构师、数据库架构师、数据库管理员和数据库分析师的角色与数据所有者(Data Owner)不同。前者是管理数据技术的 IT 部门角色，而数据所有者角色则控制信息系统中数据的业务使用场景。

网络管理 负责设计、构建、持续监测和维护语音和数据通信网络，包括与外部业务合作伙伴和 Internet 的连接：
- **网络架构师** 设计数据和语音网络，并根据新的组织目标设计网络的更改和升级。
- **网络工程师** 负责实施、配置和维护网络设备，如路由器、交换机、防火墙和网关。
- **网络管理员** 在网络中执行例行任务，如执行配置变更和事件日志持续监测。
- **通信工程师** 负责通信技术，如电信服务、数据电路、电话系统、会议系统和语音邮件系统。

系统管理 负责服务器和操作系统，可能还包括台式机操作系统的架构、设计、构建和维护。
- **系统架构师** 负责系统(通常是服务器)的总体架构，包括系统的内部架构和系统之间的关系。该职位通常还负责设计服务，例如身份验证、电子邮件和时间同步。
- **系统工程师** 负责设计、构建和维护服务器和服务器操作系统。
- **存储工程师** 负责设计、构建和维护存储子系统。
- **系统管理员** 负责在系统上执行维护和配置操作。

运营 负责日常操作任务，其中可能包括网络、服务器、数据库和应用程序：
- **运营经理** 负责由其他人执行的总体运营，职责包括确定操作班次安排表。

- **运营分析师** 负责制定运营程序，检查网络、系统和数据库的运行状况，制定和持续监测运营时间安排表，并维护运营记录。
- **控制措施分析师** 负责持续监测批处理作业，负责数据输入工作和其他任务，确保这些工作正常运营。
- **系统操作员** 负责持续监测系统和网络，执行备份任务，执行批处理作业，打印报告，以及执行其他运营任务。
- **数据录入员** 负责输入基于硬拷贝或其他来源的成批数据。
- **介质经理** 负责维护和追踪备份磁带和其他介质的使用和位置。

安全运营 负责设计、建设和持续监测安全系统和安全控制措施，确保信息系统的机密性、完整性和可用性：

- **安全架构师** 负责安全控制和系统的设计，例如，身份验证、审查日志记录、入侵检测系统、IPS 和防火墙。
- **安全工程师** 负责构建和维护由安全架构师设计的安全服务和系统。
- **安全分析师** 负责检查来自防火墙、入侵检测系统的日志以及来自系统和应用程序的审计日志。安全分析师职位也可能负责向 IT 部门发布安全公告。
- **访问管理员** 访问管理更改请求，并在网络、系统、数据库或应用程序级别执行必要的变更。通常，访问管理员由网络和系统管理职能部门的人员担任。只有在较大的组织中，用户账户管理才由安全部门甚至是独立的用户访问部门执行。
- **安全审计师** 负责对 IT 控制措施执行内部审计，确保这些措施正常运行。

警告：

需要在组织中谨慎安排安全审计师职位，以便担任此职务的人员可以保持客观并独立于要审计的部门。在美国上市组织和其他组织中，内部审计职能通常直接向董事会审计委员会报告。

服务台 负责为 IT 和 IT 客户提供一线支持服务：

- **服务台经理** 负责最终用户和 IT 服务台部门之间的联络(Liaison)。
- **服务台分析师** 负责为组织中的人员提供支持服务。
- **技术支持分析师** 负责为其他 IT 人员和 IT 客户提供技术支持服务。

质量保证 负责制定 IT 流程和标准，衡量 IT 系统和流程并确认准确性：

- **质量保证经理** 负责促进整个 IT 组织的质量改进活动。
- **质量控制经理** 通过测试确认 IT 系统和应用程序是否有缺陷，负责质量控制(Quality Control，QC)。

其他角色 IT 组织中的其他角色包括：

- **供应商经理** 负责维持与外部供应商的业务关系，衡量供应商绩效并处理业务问题。
- **项目经理** 负责制定项目方案和管理 IT 项目。

2.6.2 职责分离

信息系统通常会处理大量的信息，这些信息通常具有很高的价值或敏感性。IT 组织应采取措施确保个人没有足够的特权自行执行潜在的有害行为。高价值和高敏感性的活动需要制衡，应该涉及两个或更多授权人员的协调。职责分离(Segregation of Duties，SoD)概念，有时也称为"Separation of Duties"，确保单个人员没有过多的特权，从而避免发生未授权行为，例如，欺诈(Fraud)、伪造(Manipulation)、暴露或破坏敏感数据。

职责分离(SoD)理念早已在组织的会计部门中深入人心。例如，不同的个人或团体负责创建供应商、付款请求和汇款。由于会计人员长期处理支票、货币和其他付款工具，因此，在会计部门中职责分离(SoD)控制措施的原则和实务属于常态化工作。

IT 部门有些落后，这是因为除了像银行等特殊行业外，IT 部门的职能很少能够参与直接的货币活动。但是，由于 20 世纪 80 年代和 90 年代的财务丑闻涉及非法伪造财务记录，以及《萨班斯-奥克斯利法案(Sarbanes-Oxley Act of 2002，SOX)》之类新法律的颁布，组织现在已经充分认识到需要完整和正式的 IT 层面的职责分离(SoD)。

警告：
职责分离(SoD)规则从最基本的形式规定，不应允许任何人员单独执行高价值、高敏感性或高风险的行为。与之相反，必须要求两方或多方共同执行这些功能。

职责分离控制措施

应实施预防性和检测性控制措施来管理职责分离(SoD)事项。在许多组织中，预防性和检测性控制措施都是手动的，涉及不同应用程序之间不必要的访问组合时更是如此。但是，在某些与业务交易相关的场景中，控制措施可能是自动化的，尽管仍可能需要其他干预。

职责分离(SoD)控制措施的示例包括：

- **交易授权** 可通过对信息系统进行配置，要求两名或更多人员批准特定交易。在零售店中可以看到，需要经理审批大笔交易或退款。在 IT 应用程序中，满足某些特定条件(例如，超出通常接受的限制或条件)的交易可能需要获得经理的批准方可继续执行后续工作流。
- **高价值资产的分割监管** 可以使用多种分割监管(Split Custody)手段保护重要或高价值的资产。例如，保护高价值资产的加密密钥和口令可以分为两段，每一段分配给一方，就不会出现仅有一方知道全部口令的情况。银行对中央保管库执行分割保管操作。保管库密码(Vault Combination)分为两个或更多部分，需要两名或更多人员同时输入才能打开。
- **工作流** 启用工作流的应用程序可以在执行某些高价值或高敏感的活动之前使用两级(或三级)批准。例如，用户账户配置的工作流申请可以在管理特权申请中包括多个管理批准步骤。

- **定期审查** IT 或内部审计人员可以定期审查用户访问权限，确定是否存在任何违反职责分离(SoD)方面的问题。可以将每名工作人员的访问特权(Privilege)与职责分离(SoD)控制矩阵进行比较。表 2-2 展示了职责分离(SoD)矩阵示例。

在审查流程中发现职责分离(SoD)问题时，管理层需要决定如何缓解此类问题。缓解职责分离问题的选择如下：

- **减少访问特权** 可减少单一用户的特权，避免冲突发生。
- **引入新的控制措施** 如果管理层确定某人需要保留视为冲突的特权，则需要引入新的预防性或检测性控制措施，以提前预防或及时发现非法活动。缓解控制措施示例包括增加日志记录以记录人员的行动，改进异常报告以识别可能出现的问题，核对数据集以及对高风险控制措施执行外部审查。

表 2-2　表示禁止特权组合的职责分离(SoD)矩阵示例

	管理层	系统分析师	软件研发员	软件测试	数据库管理员	系统管理员	网络管理员	安全管理员	系统操作员	服务台
管理层	■	✓	×	×	×	×	×	×	×	×
系统分析师	✓	■	✓	×	×	×	×	×	×	×
软件研发员	×	✓	■	×	×	×	×	×	×	×
软件测试	×	×	×	■	×	×	×	×	×	×
数据库管理员	×	×	×	×	■	✓	×	×	×	×
系统管理员	×	×	×	✓	×	■	✓	×	✓	✓
网络管理员	×	×	×	×	×	✓	■	×	×	×
安全管理员	×	×	×	×	×	×	×	■	×	×
系统操作员	×	×	×	×	×	✓	×	×	■	✓
服务台	×	×	×	×	×	✓	×	×	✓	■

提示：
组织应定期检查职责分离(SoD)矩阵，在添加或更改新角色或高价值应用程序的场景中更应如此。

2.7　IT 治理审计

IT 治理(IT Governance)更多是关于业务流程而不是技术方面，因而，IT 治理审计更多依赖于访谈和文档审查，而不是对信息系统的检查。通过对 IT 人员以及业务客户和最终用户的访谈，可以发现有效或无效的 IT 治理。

 考试提示：
考试中的治理问题以 ISACA 的 COBIT 战略为标准，但本质上具有足够的通用性，确保对其他常见 IT 治理方法的理解仍然适用于 CISA 考生。重点是关注用于验证治理模型的度量和工具。

IT 治理中的问题通过多种形式表现：

- **员工或最终用户的不满** IT 员工精疲力竭、IT 部门士气低落、人员流动率高以及最终用户对 IT 支持系统的不悦感可能表明 IT 部门缺乏成熟度、方法论方面落后，或者以短期补丁方式(指权宜之计)修复系统。
- **系统性能欠佳** 计划外停机事故过多、支持任务积压很多以及等待时间长，表明缺乏对应用程序质量的关注。
- **非标准硬件或软件** 在应用程序或最终用户系统中混合使用硬件或软件技术可能表示缺乏技术标准或无法执行已存在的标准。
- **项目管理职能失调** IT 部门遭受项目延期、中止和预算超支的困扰，表明缺乏项目集和项目管理原则。
- **高度关键人员** 对少数 IT 人员的过度依赖表明整个 IT 组织的人员职责分配不均，可能是由于缺乏培训、人岗不符或高离职率所致。

2.7.1 文档和记录审计

IT 审计的核心是检查文档和记录。文档和记录描述 IT 控制、规划和日常运营的事宜。在审计 IT 治理时，信息系统审计师(Information Systems Auditor，ISA)需要检查多个文档，包括：

- **IT 章程、战略和规划** 这些文档表明管理层对 IT 战略规划作为一项正式需求的承诺。还应要求提供的其他文档包括 IT 指导委员会的会议议程、会议记录和决策日志。
- **IT 组织结构图和职位描述** 这些文档说明组织在员工分类及具体职责方面的成熟度。组织结构图还描述管理和控制的层次结构。职位描述文档描述 IT 组织中每个职位的详细职责。信息系统审计师的访谈应询问 IT 人员的实际技能和经验，确定人员是否与各自的职务描述对应。
- **人力资源/IT 员工绩效审查流程** 信息系统审计师应审查用于员工绩效审核的流程和程序。特别是信息系统审计师应查看实际绩效目标并审查文档，了解单一员工的目标与 IT 部门目标的匹配程度。此外，可将绩效评价中发现的任何绩效问题和描述关键 IT 项目成果的文档比较。
- **人力资源晋升策略** 确定组织是否有内部晋升策略(是否有书面规定)对信息系统审计师很有帮助。换句话说，当职位空缺时，组织会首先在职级范围内寻找潜在候选人，还是从外部聘用新员工？不同的操作方式将影响员工的士气和 IT 组织的整体效率。

- **人力资源手册** 应存在与雇用、绩效评价(Performance Evaluation)、纪律处分和解雇有关的员工手册、组织策略和人力资源程序等文档。这些文档应反映满足组织业务需求的常规管理审查和实务。
- **生命周期流程和程序** 软件研发生命周期和变更管理等程序应反映 IT 治理的需求。信息系统审计师应要求 SDLC 提供记录(特别是描述 IT 系统和基础架构特定变更的文档)和变更管理流程,掌握在指导组级别(Steering Group Level)如何强制执行变更。
- **IT 运营流程** IT 运营流程文档应涉及服务台、持续监测以及计算机和网络运营等活动。信息系统审计师应索取 IT 运营活动的记录,确定流程的有效性。
- **IT 采购流程** IT 组织需要对采购流程采取一致且有效的方法。该程序应反映管理层对需求制定、投标、供应商选择和尽职(Due Diligence)的关注,以便在采购阶段识别和缓解任何供应商风险,并将风险反映在服务协议合同中。供应商提供的商品和服务应该符合组织的 IT 策略、流程和标准,在异常处理流程中处理异常,并存在反映对采购流程持续关注的记录。
- **质量管理文档** 致力于质量控制和提升的 IT 组织应拥有支持文档和记录。
- **业务持续和灾难恢复文档** 包括业务影响评估、关键评估和影响声明等文档,以及定期更新恢复文档和执行测试的证据。第 5 章介绍业务持续和灾难恢复规划审计。

健全的治理体系的另一个标志是定期审查和更新所有文档的证据。通常,可以在每个文档的修改历史记录中找到这方面的信息,但也可以在单独的文档管理系统中找到。

与审计工作的任何其他方面一样,信息系统审计师需要开展多次访谈和演练,确保文档能够真实反映 IT 组织的实际管理和运营。这些访谈应包括各级管理人员以及主要的最终用户,最终用户还可以证明 IT 组织及其对治理程序和流程成熟度的承诺。

注意:
信息系统审计师还应审查与 IT 治理文档的定期审查和更新有关的流程。定期审查证明管理层积极参与 IT 治理活动。缺乏最新审查可能表明管理层虽然启动了治理程序,但随即失去兴趣。

2.7.2 合同审计

正在检查 IT 治理的信息系统审计师需要检查组织与主要 IT 相关供应商之间的服务协议。合同应包含以下几项:

- **服务水平** 合同应包含有关组织可接受服务水平部分,以及发生服务中断时应遵循的流程。服务中断应包括事件升级路径,以便管理层可从供应商管理团队的相应层级获取信息。
- **质量水平** 合同应包含有关所交付商品或服务质量的规范,以及不符合质量标准时的补救措施。

- **审计权** 合同应包括一项审计权条款,允许组织在合理通知后,检查供应商的场所和记录。
- **外部审计** 合同应要求供应商执行适度且定期的外部审计。审计报告应按要求提供,并包括针对审计的重大发现的补救方案。
- **遵守安全策略** 应要求供应商提供可以满足组织安全策略的商品或服务。例如,组织的安全策略如果要求特定的口令质量标准,供应商提供的商品或服务应能满足该标准。
- **敏感信息的保护和使用** 合同应详细说明如何保护和使用组织的敏感信息。这主要与在线、SaaS 或应用程序服务提供商(Application Service Provider, ASP)模型有关。在该模型中,假定组织的数据驻留在供应商控制下的系统或网络上。合同应包括描述供应商如何测试控制措施并确保控制措施仍然有效的细节。根据有关信息的敏感性,也可能需要对这些控制措施执行第三方审计。
- **遵守法律法规和监管合规要求** 合同应要求供应商遵守所有相关法律和法规。例如,要求医疗健康组织遵守 HIPAA,则还必须要求存储或管理与医疗健康有关的信息的任何供应商都遵守 HIPAA 要求。
- **事故通知** 合同应包含特定的语言,描述如何处理事故以及如何通知组织。通知不仅包括服务更改和中断,还包括安全事故。应该要求供应商在特定时间段内通知组织,还需要定期更新。
- **源代码托管** 如果供应商是使用专有软件作为服务手段的软件组织,则应要求供应商定期将软件源代码存入软件托管(Software Escrow)机构。软件托管机构是一家第三方组织,将软件代码放入保险库(Vault)中并将在供应商业务失败时公布给客户组织。
- **责任** 合同应明确说明当事人应对哪些行为和活动负责,应详细说明在任何一方未能充分履行职责时可采取的补救措施。
- **终止条款** 合同应包含合理的条款,描述终止业务关系时应采取的行动。

注意:
虽然可能不需要信息系统审计师掌握法律合同的细微差别,但信息系统审计师应在与主要供应商的合同中查找这些部分。信息系统审计师还应在供应商合同中寻找任何独特的或十分重要的其他合同条款。

2.7.3 外包审计

当信息系统(IS)审计师审计组织的关键流程和系统时,与由组织内部员工使用自有的资产执行的流程和系统一样,外包这些流程和系统需要开展同样(甚至更多)的审计实务。但是,由于以下几个原因,可能难以审计第三方供应商所提供的服务:

- **距离** 供应商可能位于偏远地区,而前往供应商所在地的交通成本可能很高。

- **缺乏审计合同条款** 组织与供应商的合同中可能没有要求与审计师合作的条款。虽然可以说组织应该已经就一项审计权条款开展谈判，但可能在审计这一要点时仍需要辩论。
- **缺乏合作** 供应商可能拒绝与组织的 IS 审计师合作。不合作有多种形式，包括花费大量时间往返查询以及提供不完整或不充分的记录。审计报告可能包含一项或多项与缺乏合作有关的发现(不合格)，这些审计发现可能导致足够的杠杆效用，例如，强制供应商提高合作质量或迫使组织寻找新的供应商。

理想情况下，供应商会定期对提供的服务开展第三方审计，然后应要求将结果提交给审计人员。

2.8 小结

IT 治理是对 IT 组织自上而下的管理和控制。治理通常通过指导委员会开展工作，IT 指导委员会由来自整个组织的高管组成。指导委员会负责设定总体战略方向和策略，确保 IT 战略与组织的战略和目标保持一致。IT 组织通过实现满足战略目标的项目和任务达成指导委员会的愿景。指导委员会可通过平衡计分卡持续监测 IT 工作的进展。

IT 指导委员会负责 IT 战略规划。IT 指导委员会将制定和批准 IT 策略，并任命经理来制定和维护流程、程序和标准。所有这些都应相互协调，并与组织的总体战略保持一致。

安全治理通过与 IT 治理相同的方式完成。安全治理始于董事会级别的参与并为风险偏好(Risk Appetite)定下基调，由 CISO 或 CIRO 执行。CISO 或 CIRO 制定事故管理、漏洞管理、IAM 安全和隐私策略以及战略安全计划。

企业架构提供了一种易于理解的方式，用功能术语描述复杂的 IT 环境。Zachman 框架最常用于表示各个细节层的 IT 架构。同样，数据流向图(DFD)用于描述各 IT 应用程序之间的关系。

风险管理识别关键资产及其可能具有的脆弱性，处理可能发生的威胁。风险管理可通过风险评估来详细识别资产、威胁和漏洞，然后是用于缓解、转移、规避或接受风险的特定风险处理策略。风险评估可以是定性的，其中威胁和风险以"高""中"和"低"等级标记；也可以是定量的，其风险用财务术语表示。

关键管理实务有助于确保 IT 组织有效运作。包括人员管理，其中包括对员工的雇用、培训和评估，以及入职和离职流程，员工手册和其他策略的开发。另一个重要的实务领域是寻源管理，确定在哪里和由谁执行关键业务流程的管理。基本选择是内包还是外包，现场还是异地。第三个主要实务领域是变更管理，这是一种正式流程，可将变更以降低风险和确保最高可靠性的方式运用于 IT 环境。下一个实务领域是财务管理，这是一个关键领域，因为 IT 组织成本密集，并且需要开展规划和分析以保证对财务资源的最佳利用。另一个实务领域是质量管理，仔细地测评和管理流程，以便随着时间的推移不断改进。另一种做法是组合管理，这是对 IT 项目、投资和活动的系统管理。下一个关键实务是控制措施管理，是与控制措施的创建、度量和改进相关的生命周期。另一个实务领域是安全管理，包括风险评估、事故管理、漏洞管理、访问和身份管理、合规管理、业务持续规划以及性能和容量管理等多项活动。

IT 组织应具有正式的管理和报告结构、明确的角色和职责以及书面的职位描述。角色和责任应满足职责分离的需要，确保由两名或多名员工同时执行高价值和高风险的任务并予以记录。

2.9 本章要点

- IT 高管和董事会负责实施 IT 治理模型，其中包括 IT 战略、信息安全和正式的组织架构要求。
- 战略规划由指导委员会完成，旨在解决业务目标和技术战略保持一致的近期和长期需求。
- 策略、程序和标准可通过与可接受的合规度量、绩效和标准操作指南对比，来验证业务实务。
- 风险管理包括基于组织范围风险管理策略的定性和/或定量措施，根据影响评估确定潜在风险并针对每种风险采取适当的应对措施。
- 分配的 IT 管理角色通过与变更管理的标准和程序的一致性验证，以及与寻源、财务、质量和安全控制的一致性验证，确保资源分配、组织绩效和运营能力与业务需求协调。
- 形式化组织结构可确保组织内部运营角色和职责之间保持一致；职责分离可确保个人可问责。
- 对 IT 治理流程的定期审计确保检查和更新所有文档、合同和寻源策略，以满足不断发展的组织变化，确保与发展中的组织的监管要求和业务要求保持一致。

2.10 习题

1. IT 治理最关注：
   A. 安全策略
   B. IT 策略
   C. IT 战略
   D. IT 高管薪酬
2. 外包的优势之一是：
   A. 使组织可以专注于核心能力
   B. 成本降低
   C. 可以更好地控制外包机构执行的工作
   D. 消除了职责分离问题

3. 外部信息系统审计师发现了高价值流程中的职责分离问题。审计师应采取的最佳活动是什么？

   A. 实施预防性控制措施

   B. 实施检测性控制措施

   C. 实施补偿性控制措施

   D. 在审计报告中记录该事项

4. TY 组织选择在劳动力成本较低的另一国家开设办事处，并聘用员工在该国开展业务职能活动。TY 组织的行为是：

   A. 外包职能

   B. 离岸外包职能

   C. 现场内包职能

   D. 远程内包职能

5. 关键分析的目的是什么？

   A. 确定可行的恢复目标

   B. 确定哪些员工最关键

   C. 确定最关键的业务流程

   D. 确定最大可忍受的停机时间

6. 组织需要更好地了解其关键业务流程之一是否有效，应考虑采取什么行动？

   A. 审计流程

   B. 对流程执行基准测试

   C. 外包流程

   D. 离岸流程

7. 年度预期损失(ALE)定义为：

   A. 单一损失预期(SLE)×年度发生率(ARO)

   B. 暴露因子(EF)×年度发生率(ARO)

   C. 单一损失预期(SLE)×暴露因子(EF)

   D. 资产价值(AV)×单一损失预期(SLE)

8. 难以开展定量风险分析，是因为：

   A. 很难获得有关已实现威胁的影响的准确数字

   B. 很难获得有关特定威胁可能性的准确数字

   C. 很难获得准确的资产价值数字

   D. 难以计算特定威胁的年度预期损失值

9. 用作单一逻辑服务器的服务器集合称为什么？

   A. 集群

   B. 网格

   C. 云计算

   D. 复制

10. 平衡计分卡的目的是什么？

   A. 衡量 IT 组织的效率

   B. 评价单一员工的绩效

   C. 与同级组织开展流程基准测试

   D. 根据战略目标衡量组织的绩效和有效性

11. TY 组织发现一些雇员有犯罪记录，TY 组织应采取的最佳行动是什么？

   A. 由于员工的犯罪记录而解雇员工

   B. 立即对所有现有员工执行包括犯罪记录在内的背景调查

   C. 立即对所有新员工执行包括犯罪记录在内的背景调查

   D. 立即对有犯罪记录的员工执行背景调查

12. 风险处理的选项是：

   A. 缓解风险、降低风险和接受风险

   B. 缓解风险、降低风险、转移和接受风险

   C. 缓解风险、规避风险、转移和接受风险

   D. 缓解风险、规避风险、转移风险和传输风险

13. 信息系统审计师正在审计 TY 组织的 IT 标准文档，发现 TY 组织的文档最新审查时间是两年前。信息系统审计师的最佳做法是什么？

   A. 找到 IT 策略文档，并查看应该多久审查一次 IT 标准。

   B. 将标准与现行做法比较并确定适当性。

   C. 报告对 IT 标准的审查不够频繁。

   D. 报告 IT 标准已足够。

14. 业务职能外包流程中最重要的程序是：

   A. 编写业务案例

   B. 衡量成本节省

   C. 衡量风险变化

   D. 对外部服务提供商执行尽职调查

15. 一个组织发布了新的安全策略。组织为确保全体员工都将支持该策略而采取的最佳行动是什么？

   A. 组织的首席执行官应向全体员工发送电子邮件，要求员工支持该策略。

   B. 组织应提供有关新安全策略的培训。

   C. 组织应在内部网站上发布策略。

   D. 组织应要求全体员工签署一份声明，同意支持该策略。

2.11 答案

1. C。IT 治理是一种通过平衡计分卡建立、控制和持续监测 IT 策略的机制。长期和其他战略决策是在 IT 治理的背景下做出的。

2. A。外包是组织专注于其核心能力的机会。当组织将业务职能外包时，不再需要担心对员工该职能的培训。外包并不总能降低成本，因为降低成本并非始终是外包的首要目的。

3. D。外部审计师只能在审计报告中记录调查结果。外部审计师无权部署控制措施。

4. D。一个在另一个国家开设办事处并且人员是自有员工的组织是内包而不是外包。外包是使用合同员工的实务，在此示例中显然不是这种情况。在这种情况下内包发生在远程位置。

5. C。关键性分析用于按关键程度排序以确定哪些业务流程最关键。

6. B。一个需要了解关键流程是否有效的组织应考虑对流程执行基准测试，帮助组织更好地了解方法与其他组织是否相似。

7. A。年度预期损失(ALE)是资产的年度预期损失，通过将单一损失预期(SLE，一次损失时经历的财务损失)乘以年度发生率(ARO，即组织预期损失发生的次数)来计算。

8. B。定量风险分析中最困难的部分是确定威胁真正得以实现的可能性。确定资产的价值和威胁事件的影响相对容易。

9. A。服务器集群(Cluster)是显示为单个服务器的两台或多台服务器的集合。

10. D。平衡计分卡是一种根据战略目标量化组织绩效的工具。平衡计分卡的重点是财务、客户、内部流程以及创新/学习。

11. B。发现某些雇员有犯罪记录的组织应对所有现有雇员执行背景调查，还应开始对所有新雇员执行背景调查(其中应包括犯罪记录)。不一定需要解雇这些雇员，可能无法保证由于特定的刑事罪行而解雇员工。

12. C。风险处理的选择是管理层确定风险后将采取的行动。选项包括缓解风险(降低风险)、规避风险(停止活动)、转移风险(将风险转移给保险组织)和接受风险(管理层同意原样接受风险)。

13. C。两年未审查的IT标准已过时。如果信息系统审计师发现一项IT策略表明可以每两年审查一次IT标准，那么说明组织IT策略也存在问题。两次IT标准审查之间的时间太长了。

14. A。在考虑外包业务职能时，制定业务案例是最重要的程序。其他项目(衡量成本节省和风险变化，以及对服务提供商履行尽职调查)是业务案例开发的一部分。

15. D。应要求全体员工签署一份声明，同意支持该策略。其他行为固然重要，但效果较差。

第 3 章

审 计 流 程

本章介绍 CISA 知识域 1 "信息系统审计流程(Information Systems Auditing Process)"的内容，讨论如下主题：
- 审计管理
- ISACA 审计标准和准则
- 审计和风险分析
- 内部控制
- 执行审计
- 控制措施自评估(Control Self-Assessment，CSA)
- 审计建议

本章介绍的主题在 CISA 考试中所占的比重为 21%。

信息系统审计流程是一组程序和道德结构,信息系统审计师据此评估和评价 IT 组织的有效性，以及 IT 组织如何支持组织的整体使命、目的和目标。审计流程由信息技术鉴证框架(Information Technology Assurance Framework，ITAF)和 ISACA 道德准则所支持[1]。ITAF 用于确保整个行业的信息系统审计师采用一致的方法。随着时间的推移，ITAF 将有助于整个审计行业的发展和逐步完善。

3.1 审计管理

应充分管理组织的审计职能，以便制定审计章程、审计战略和审计计划(Audit Program，AP)，执行审计活动，拟定审计建议，并确保审计师的独立性。审计职能应与组织的使命、目标和目的保持一致，并与 IT 治理和运营部门协同工作。

---

1 译者注：审计流程(Audit Process)亦称"审计过程"。

3.1.1　审计章程

与组织内其他形式化的、接受管理的职能部门一样，审计职能(Audit Function)应在审计章程文档中予以定义和描述。审计章程(Audit Charter)应明确界定符合 ISACA 审计标准和准则的作用和责任，包括但不限于道德、正直和独立性。审计职能应得到充分授权，从而审计建议能得到重视并执行；另一方面，也要避免本末倒置，防止出现审计阻碍业务运营的情形。审计章程还将包括涵盖业务单元和业务条线的范围声明，以及对需要遵守的法律法规及监管要求的适用性声明。例如，美国上市公司的审计章程需要包括遵守 SOX 法案合规性的财务相关系统，但不一定需要符合 PCI-DSS 的要求。

3.1.2　审计计划

审计计划(Audit Program，AP)描述审计战略(Audit Strategy)和审计方案 (Audit Plan，亦称计划书)，包括范围、目标、资源和用于评价一整套控制措施和提交审计意见的审计程序(Procedure)。可以说，审计计划是一段时间内所有审计活动的整体规划[1]。

本例中的术语"计划(Program)"旨在映射术语"项目群经理(Program Manager)"。项目群经理负责管理组织中若干关联的项目。类似地，审计计划是涵盖组织中开展的多个审计实务、审计类型或不同范围的审计方案。

3.1.3　战略性审计规划

审计规划(Audit Planning)的目的是确定未来需要执行的审计活动，包括对支持审计活动所需资源(工具、预算及人员)的估算。审计规划实际上就是对审计或与审计相关的项目的规划。

1. **影响审计的因素**

与安全规划一样，制定审计规划时必须充分考虑以下因素：

- **组织的战略目的和目标**　组织的总体目的和目标向下延伸到各支持部门。目的和目标最终转化为业务流程、支持业务流程的技术、对上述两者实施的控制措施以及对控制措施的审计实务。如图 3-1 所示。
- **组织的新举措**　与组织战略目的和目标密切相关的创新活动是组织经常采用的新举措，包括新产品、新服务以及交付现有产品和服务的新方式。

---

[1] 译者注：ISACA 体系对于术语 Audit Program 有"审计程序""计划""方案"等多种译法，本书采用"审计计划"。

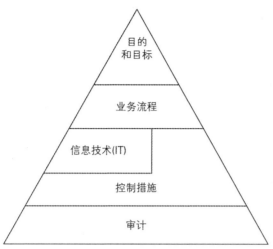

图 3-1　组织的目的和目标转化为审计活动

- **合并和收购**　将不同的业务组织整合到一起时,可能对各自原有的审计计划造成不利影响;无论业务整合是简单还是复杂,审计计划都会受到其影响。合并后的组织是一个不断变化的目标;在实际的审计实务中,必须在考虑业务运营的情况下,谨慎地规划审计活动。
- **市场状况**　产品或服务的市场变化可能对审计产生影响。例如,当安全问题在产品或服务市场中越来越重要时,市场中的竞争者可能会决定自愿接受审计,以证明其产品或服务比竞争对手的产品或服务更安全、更有保障。其他市场参与者可能会争相效仿以实现平等竞争。供应链商品或服务的供应或需求发生变化也会影响审计活动。
- **技术变化**　支持业务流程的技术革新可能会影响业务或技术控制措施,而这又可能影响审计这些控制措施的审计程序(Audit Procedure)。将应用程序或服务从本地环境迁移到云计算环境的组织就是一个很好的示例。
- **法律法规和监管要求的变化**　技术、市场或安全事件的变化可能导致政府出台全新的监管要求或更新现有的监管要求。维持合规性可能需要改变全部审计计划。在本书出版前的 20 年间,已经颁布或更新了许多信息安全相关法律法规,包括 GLBA、SOX、HIPAA、GDPR 以及与信息安全和隐私相关的美国联邦法律和州立法律。

这里列出的所有变化将转化为新的业务流程或改变现有业务流程,包括信息系统以及支持系统和流程的控制措施的变化。

2. 审计活动的新变化

- **新的内部审计**　业务和法规变化会迫使组织执行更多的针对业务系统或流程的审计实务。例如,SOX 要求在美国上市的公司对支持财务业务流程的 IT 系统开展内部审计。
- **新的外部审计**　新的法规或竞争压力将导致引入新的外部审计。例如,几乎所有的银行以及大量的商户和服务提供商,都需要接受外部 PCI DSS 审计。

- **市场竞争** 在金融服务业等特殊行业，服务提供商往往自愿开展新型审计，如 SOC1(美国的 SSAE 18 和其他地方的 ISAE 3402)、SOC2、TrustArc(以前是 TRUSTe)、HITECH(主要在医疗健康行业)以及 ISO/IEC 27001 认证。这类认证一定程度上也是市场运营行为，通过审计和认证的组织往往宣称其安全性优于竞争对手。
- **增加审计范围** 现有的内外部审计范围可能会不断扩大，包含更多的系统、流程或业务单元。
- **影响业务流程** 影响流程或程序的步骤，以及记录保留或记录留存的增加/更改。
- **更新审计标准** 审计标准的不断改进，通用和具体的审计规则也将发生变化，可能会改变抽样方法和审计程序。例如，PCI-DSS 3.0 更新要求渗透测试包括网络分段验证，这可能导致渗透测试的成本和时间显著增加。

3. 资源规划

管理层需要每年至少考虑一次影响审计的所有内外部因素，以确定支持年度审计活动所需的资源。资源主要包括外部审计所需的预算和内部审计所需的人员。外部审计还需要人力资源部门与外部信息系统审计师商榷并提供证据。

额外外部审计通常要求工作人员花费更多的时间会见外部信息系统审计师，讨论审计范围，协调与流程所有者和经理们的会议，与流程所有者和经理们讨论审计内容，与信息系统审计师、流程所有者和管理层讨论审计发现，以及执行后续的组织整改工作。

内外部审计通常需要通过信息系统跟踪审计活动并存储证据。开展额外审计活动可能需要信息系统或新系统提供额外的功能。

额外内部审计需要考虑所有因素，再加上执行内部审计所需的时间。所有这些细节都将在本章论述并贯穿本书。

3.1.4 审计和技术

ISACA 审计标准要求信息系统审计师具备一定的技术能力。随着技术和业务流程的不断创新，信息系统审计师需要继续学习各种新技术，理解新技术如何支持业务流程，并掌握控制新技术的方法和手段。信息系统审计师和其他职业一样，必须接受一定时间的继续教育，确保能够跟上技术的快速变化。

以下是信息系统审计师更新知识和技能的途径。

- **ISACA 举办的培训和会议** ISACA 作为 CISA 认证的开发者，提供了许多有价值的培训和学术会议活动，包括：
    - 计算机审计、控制与安全(Computer Audit，Control and Security，CACS)学术会议
    - 治理、风险与控制(Governance, Risk, and Control，GRC)学术会议
    - Cybersecurity Nexus(CSX)学术会议
    - ISACA 培训周

- **大学课程** 大学课程包括新技术的学分和非学分课程。部分大学提供新技术的证书类课程,可以真正提高信息系统审计师的知识、技能和信心。
- **Vo-tech(Vocational-technical,职业技术)类培训** 许多组织提供信息技术方面的培训,包括 MIS 培训学院、SANS 学院、计算机安全研究所(Computer Security Institute,CSI)和 ISACA。
- **网络培训研讨会(Webinar)** 研讨会活动通常集中在一个主题,时间 1~3 小时不等。ISACA 和其他组织提供网络培训研讨会,形式灵活、便捷且不收取任何费用。
- **ISACA 分会培训** ISACA 分会提供培训活动,以便本地会员能够在其居住地附近获得新知识和技能。
- **其他安全协会培训** 其他与安全相关的行业协会也提供培训,这些行业协会包括 (ISC)²、国际系统安全协会(International Systems Security Association,ISSA)、SANS 协会和内部审计师协会(Institute of Internal Auditors,IIA)。培训课程可以是线上网络、线下教室或学术会议形式。
- **各类安全会议** 与安全有关的学术会议包括讲座和培训,包括由 RSA、SAN、ISSA、Gartner 和 SecureWorld Expo 主办的会议。ISACA 和 ISSA 本地分会定期组织包括培训在内的本地学术会议。

考试提示:

ISACA 要求 CISA 持证专家为维持认证证书,每年至少接受 20 小时,每三年累计接受 120 小时的培训。第 1 章提供了有关 CPE 要求的更多信息。

3.1.5 审计相关的法律法规和监管合规要求

法律法规和监管合规要求是组织开展内外部审计实务的主要原因之一。行业监管通常转化为目标组织跟踪和验证其合规性的外部动力。跟踪和确认(Verification)是通过内部审计完成的,新的法律法规有时也需要执行外部审计实务。虽然,其他因素(如竞争压力)可能会迫使组织开始或增加审计活动,但本节只讨论与法律法规和监管合规要求相关的审计活动。

1. 数字化转型带来的新监管要求

通过建设信息系统方式实现业务流程自动化仍然是一个较新的课题。当代组织已经延续了两到三个世纪,但信息系统仅在过去 20 年间才在业务流程自动化中扮演重要角色。此前,大多数信息系统都只是以辅助方式支持业务流程。整个业务流程的自动化处于初期阶段。许多组织虽然花费了巨大代价,但整体效果仍不尽如人意,促使立法者和监管者制定更多的法律法规,迫使组织对其信息系统的安全性和完整性承担更大责任。

几乎每个行业或产业使用的信息和信息系统都受到这样或那样的监管合规要求的约束。相关监管要求主要涉及信息和信息系统中的下列一项或多项特征和用途:

- **安全性** 信息系统中的信息是有价值的和/或敏感的,如财务和医疗健康记录等。许多法律法规和监管合规要求保护特定类别的信息,防止未授权访问,并要求信息系统不应存在缺陷(Defect)、脆弱性(Vulnerability,亦称漏洞)、恶意软件和其他威胁。
- **完整性** 有些法律法规和监管合规要求将重点放在信息的完整性方面,确保信息是正确的(和准确的),并且要求信息系统保证其不存在可能导致(或允许)未授权篡改的漏洞和缺陷。
- **隐私** 信息系统可能存储个人信息,包括财务记录、医疗健康记录和其他有关"人(People)"的各类信息。

2. 计算机安全和隐私监管要求

本节包含美国、加拿大、欧洲和其他国家的计算机安全和隐私法律。这里的法律分为以下一个或多个类别:

- **非法入侵计算机** 计算机法律将非法入侵(Trespass)概念带入计算机和网络领域,未经明确授权而访问计算机或网络的行为是非法的。
- **保护敏感信息** 计算机法律要求对敏感信息加以保护,包括在安全性遭到破坏时必须公开披露泄露事件。
- **信息的收集和使用** 隐私法律法规定了信息收集和可接受使用的界限,特别是个人信息(Private Information)的收集和使用。
- **出境数据流** 安全和隐私法律对敏感数据(通常是关于公民的)流向国外设置限制或条件。
- **执法调查权** 计算机法律阐明并进一步扩大了执法部门的搜查权和调查权。

违规的后果各不相同。部分法律把惩罚作为法律的一部分;然而,没有明确惩罚并不意味着没有任何损失!常见的损失包括:

- **声誉损失(Loss of Reputation)** 不遵守法律而产生安全事件可能使组织登上新闻头版,导致组织声誉下降且业务受损。例如,黑客利用组织信息系统的安全漏洞窃取数据,组织迫于监管压力将数据泄露事件通知客户,坏消息将迅速扩散。新闻媒体捕捉到这个新闻,则坏消息将进一步传播,其后果是涉事组织的品牌声誉和销售业绩双双下滑。
- **丧失竞争优势** 不重视安全性的组织可能看到业务逐渐减少,客户逐步转向竞争对手。违规违法记录也将导致难以赢得新的商业合同。
- **政府制裁** 违反美国联邦法律的组织可能导致地方、地区或国家政府的制裁,包括失去开拓业务的权利。
- **诉讼** 违反某些法律的后果可能来自竞争对手、客户、供应商和政府机构的民事诉讼。即使代价高昂,原告也会对组织提起诉讼。大规模的违规违法行为有时会导致代价高昂的集体诉讼。
- **罚金** 违法行为的常见后果是货币处罚。

- **起诉** 许多法律已经将非法入侵计算机、违法窃取信息或向政府机构提交虚假报告等行为定性为犯罪。在组织违反安全相关法律的情况下，组织的高管和董事会成员会将承担个人责任，并可能导致高管和董事会成员入狱。

对违规后果的充分认知可以激励组织制定管理战略，遵守适用于其业务活动的法律法规和监管合规要求。管理战略通常会制定具体的控制措施，确定所需的活动和事件，并开展分析和内部审计，确认控制措施能否有效地保障组织遵守法律法规和监管合规要求。最初，组织通常拒绝承担这些业务运营之外的安全活动，但为了满足开展业务的特定要求会接受其中的部分活动，并寻求长远的、更具成本效益的方法。

3. 确定法律法规和监管合规要求的适用性

组织应该采取系统性方法确定法律法规和监管合规要求的适用性，以及达到合规状态所需的步骤(Step)。

为确定法律法规和监管合规要求的适用性，通常需要法律顾问和本组织内部熟悉业务的专家的协助，法律顾问是政府法律方面的专家。

接下来，需要逐一分析适用法律中的规定，并确定合规和不合规行为的列表。然后将列表与组织实践进行对比分析，确定哪些业务合规，哪些不合规。对于不合规的行为需要加以纠正；还应任命一名或多名责任人，确定实现和保持合规所需的条件。

另一种方法是概述法律法规中规定的所需(或禁止的)做法，然后将组织现有的相关活动"映射"到业务主线中。当发现差距时，组织必须制定或改变流程或程序，引领组织走上合规之路。

4. 支付卡行业数据安全标准：行之有效的非法律的合规要求

PCI DSS 是由主要信用卡品牌组成的联合体共同起草的数据安全标准，联合体品牌包括 VISA、MasterCard、American Express、Discover 和 JCB。联合体有权对违规组织处以罚款和实施制裁，如终止发行信用卡、处理付款或接受信用卡付款的权利。PCI-DSS 得到了广泛关注，且普遍认为比许多美国州立和美国国家法律更有效。

5. 法律法规和监管合规要求并不总是清晰明确

有时，实现合规控制措施需要巨大的努力。例如，当 SOX 签署成为法律时，实际上，没有谁可以确切地知道组织必须做些什么工作才能实现完全合规。上市公司会计监督委员会几乎有一年没有公布指导意见。又过了两年时间，审计公司和美国上市公司才熟悉并适应了遵守 SOX 的基本方法。

同样，组织仍在努力确定需要采取哪些行动遵守 GDPR 以及 CCPA。注意，法律只规定需要达成的目标，而并没有规定达成目标的方法。

1) 美国常用法律法规及监管要求

适用于美国的安全和隐私方面的法律和标准包括：
- 《隐私法(Privacy Act of 1974)》，1974 年。

- 《访问设备欺诈(Access Device Fraud, 1984)》，1984 年。
- 《计算机欺诈和滥用法(Computer Fraud and Abuse Act of 1984)》，1984 年。
- 《电子通信隐私法(Electronic Communications Privacy Act of 1986)》(ECPA)，1986 年。
- 《计算机匹配和隐私保护法(Computer Matching and Privacy Protection Act of 1988)》，1988 年。
- 《执法通信援助法(Communications Assistance for Law Enforcement Act of 1994)》(CALEA)，1994 年。
- 《专有信息经济和保护法(Economic and Protection of Proprietary Information Act of 1996)》，1996 年。
- 《国家基础架构保护法(National Infrastructure Protection Act of 1996)》，1996 年。
- 《健康保险流通与责任法案 Health Insurance Portability and Accountability Act of 1996》(HIPAA)，1996 年。
- 《经济间谍法(Economic Espionage Act, 1996)》(EEA)，1996 年。
- 《无电子盗窃法(No Electronic Theft Act, 1997)》(NET)，1997 年。
- 《数字千年版权法(Digital Millennium Copyright Act, 1998)》(DMCA)，1998 年。
- 《儿童在线隐私保护法(Children's Online Privacy Protection Act of 1998)》(COPPA)，1998 年。
- 《身份盗窃和假设威慑法(Identity Theft and Assumption Deterrence Act of 1998)》，1998 年。
- 《格雷姆-里奇-比利雷法案(Gramm-Leach-Bliley Act of 1999)》(GLBA)，1999 年。
- 《网络空间电子安全法(Cyberspace Electronic Security Act of 1999)》，1999 年。
- 美国联邦能源管理委员会(Federal Energy Regulatory Commission, FERC)及其具有法律约束力的标准。
- 《美国爱国者法案(USA PATRIOT)》，2001 年；该法案于 2015 年到期，由《美国自由法(USA Freedom Act)继承。
- 《萨班斯-奥克斯利法案(Sarbanes-Oxley Act of 2002)》，2002 年。
- 《网络安全增强法(Cyber Security Enhancement Act of 2002)》，2002 年。
- 《联邦信息安全管理法(Federal Information Security Management Act of 2002)》(FISMA)，2002 年。
- CAN-SPAM，2003 年。
- 《加利福尼亚州隐私法 SB 1386(California Privacy Law SB 1386 of 2003)》，2003 年。
- 《身份盗窃和假设威慑法(Identity Theft and Assumption Deterrence Act of 2003)》，2003 年。
- 《支付卡行业数据安全标准(Payment Card Industry Data Security Standard)》(PCI-DSS)，2004 年；于 2016 年更新。
- NERC 1968/2006，及其具有法律约束力的标准。
- 《马萨诸塞州安全法(Massachusetts Security Breach Law, 2007)》，2007 年。

- 《健康信息技术促进经济和临床健康法案(Health Information Technology for Economic and Clinical Health Act of 2009)》(HITECH),2009 年。
- 《美国自由法案(USA Freedom Act, 2015)》,2015 年。
- 《网络安全信息共享法(Cybersecurity Information Sharing Act of 2015)》(CISA),2015 年。

2) 加拿大常用法律法规及监管要求

适用于加拿大的安全和隐私方面的法律和标准包括:

- 《加拿大刑法(Canada Criminal Code)》第 184 节。
- 《加拿大刑法(Canada Criminal Code)》第 342.1 条。
- 《隐私法(Privacy Act, 1983)》,1983 年。
- 《个人信息保护和电子文档法(Personal Information Protection and Electronic Documents Act, 2000)》(PIPEDA),2000 年。
- 《数字隐私法(Digital Privacy Act, 2015)》,2015 年。
- 《保护加拿大人免受网络犯罪的法案(Protecting Canadians from Online Crime Act)》。

3) 欧盟和英国常用法律法规及监管要求

适用于欧盟和英国的安全和隐私方面的法律和标准包括:

- 《在自动处理个人数据方面保护个人的公约(Convention for the Protection of Individuals with Regard to Automatic Processing of Personal Data, 1981, Council of Europe)》,1981 年。
- 《计算机滥用法案(Computer Misuse Act, 1990, U.K)》(CMA),1990 年。
- 《个人资料保护指令(Directive on the Protection of Personal Data)》(95/46/EC),2003 年。
- 《数据保护法案(Data Protection Act 1998)》(DPA),1998 年。
- 《英国调查权法(Regulation of Investigatory Powers Act 2000, U.K.)》第 2000 条。
- 《英国反恐、犯罪和安全法案(Anti-Terrorism, Crime, and Security Act 2001, U.K.)》,2001 年。
- 《英国隐私和电子通信条例(Privacy and Electronic Communications Regulations 2003, U.K.)》,2003 年。
- 《英国舞弊法案(Fraud Act 2006, U.K.)》,2006 年。
- 《英国警察与司法法案(Police and Justice Act 2006, U.K.)》,2006 年。
- 《通用数据保护条例(General Data Protection Regulation, 2016)》(GDPR),2016 年。

4) 其他常用法律法规及监管要求

其他安全和隐私方面的法律和标准包括:

- 《网络犯罪法(Cybercrime Act, 2001, Australia)》,2001 年,澳大利亚。
- 《信息技术法(Information Technology Act, 2000, India)》,2000 年,印度。
- 《网络安全法(Cybersecurity Law, 2017, China)》,2017 年,中华人民共和国。

3.2 ISACA 审计标准

ISACA 已经发布了信息技术鉴证框架(Information Technology Assurance Framework, ITAF)，这是一份信息系统审计/鉴证的专业实务框架(目前为第 3 版，可在 www.isaca.org/ITAF 查询)。ITAF 包括 ISACA 职业道德规范，还包括信息系统审计和鉴证标准、准则、工具和技术。本节所讨论的职业道德规范、标准和准则三者之间的关系如图 3-2 所示。

图 3-2　ISACA 审计标准、审计准则和职业道德规范之间的关系

 考试提示：
ISACA 不要求 CISA 考生记住 ITAF 的细节，但考生应该理解 ITAF 的重要性和目的。

3.2.1 ISACA 职业道德规范

与许多其他行业的专业协会一样，ISACA 也颁布了职业道德规范(Code of Professional Ethics)，目的是定义支持标准、遵守法律和标准以及识别和捍卫真相的职业行为原则。

获得 CISA 认证的信息系统审计和 IT 专家必须签署声明，声明他们将遵守 ISACA 职业道德规范。如果发现 CISA 持证专家存在违反 ISACA 职业道德规范的情形，则会核实该 CISA 持证专家的违规事实，并可能注销违规专家的 CISA 认证资格。ISACA 职业道德规范全文可在 www.isaca.org/ethics 浏览。

 考试提示：
CISA 考生不需要记住 ISACA 职业道德规范全文，但需要理解并熟悉 ISACA 职业道德规范。

3.2.2 ISACA 审计和鉴证标准

ISACA 审计和鉴证标准框架，即信息技术鉴证框架(ITAF)，定义了与安全、审计和审计结果导致的行动相关的最低绩效标准。本节逐一列举标准并予以解读。标准的全文可在 www.isaca.org/standards 查询。

考试提示：
ISACA 不要求 CISA 考生记住框架或审计标准，但考生应该理解其重要性和目的。

1001，审计章程
组织中的审计活动应在审计章程中正式定义。审计章程应包括范围说明书(Statement of Scope)、责任和权限的声明。高级管理层应通过直接签名或将审计章程与组织策略挂钩以支持审计章程。

1002，组织独立性
信息系统审计师在组织的指挥和控制(Command and Control，C2)结构中的位置应确保信息系统审计师能够独立开展工作。

1003，专业独立性
信息系统审计师的行为应该与应审单位(Auditee)彼此独立。信息系统审计师应注意避免出现不当行径。

1004，合理预期
信息系统审计师和鉴证专家应有合理的期望，即审计业务可以根据 ISACA 和其他审计标准完成，审计范围确保审计能够完成，管理层理解其义务和责任。

1005，专业审慎
信息系统审计师和鉴证专家应谨慎行事，包括但不限于遵守适用的审计标准。

1006，业务熟练
信息系统审计师和鉴证专家应具备执行信息系统审计的足够技能和知识，并通过定期的持续职业教育和培训不断熟悉并掌握新技能、新知识。

1007，认定
信息系统审计师和鉴证专家应评审审计认定，确定是否能够接受审计，并确定认定是否合理有效。

1008，工作标准
信息系统审计师和鉴证专家应选择客观、可衡量且合理的审计标准。

1201，参与规划
信息系统审计师应开展审计规划(Audit Planning)工作，确保审计基于风险，其范围和广度足以满足组织的需要，并符合适用的法律。

1202，规划阶段的风险评估
信息系统审计师应采用基于风险的方法(Risk-based Approach)决定哪些控制措施和活动应该受到审计，以及每次审计耗费精力的权重。这些决定应该详细地记录，以避免出现偏颇。

基于风险的方法不仅要考虑安全风险，还要考虑整体业务风险。业务风险可能包括运营风险，也可能包括财务风险的各个方面。

1203，绩效与监督

信息系统审计师应根据审计方案和时间安排表执行审计任务；应监督信息系统审计工作人员；应仅在信息系统审计师能力范围内接受和执行审计任务；信息系统审计师应收集适当的证据，记录审计流程(Audit Process)，并记录审计发现。

1204，重要性

信息系统审计师在确定审计活动的优先顺序和分配审计资源时应考虑重要性。在审计规划阶段，信息系统审计师应考虑无效控制措施或缺乏控制措施是否会导致明显缺陷或内部控制措施的重大弱点。

信息系统审计师除了需要审计单一控制措施外，还应考虑控制措施组的有效性。例如，组织对第三方服务的管理和控制已实施多项控制措施，那么其中多数控制措施失败则可表明总体上存在明显缺陷或内部控制的重大弱点。

1205，证据

信息系统审计师应收集足够的证据，就控制措施和程序的有效性做出合理结论。信息系统审计师应评价审计证据(Audit Evidence)的充分性和完整性，并将这一评价(Evaluation)结果写入审计报告中。

审计证据包括信息系统审计师在审计活动中所执行的审计程序、结果和来源。

1206，借鉴其他专家的工作成果

信息系统审计师应考虑在恰当时机使用其他信息系统审计师的工作成果。信息系统审计师是否可以利用其他信息系统审计师的工作成果取决于几项因素，包括：

- 其他信息系统审计师工作的相关性。
- 其他信息系统审计师的资格和独立性(Independence)。
- 其他信息系统审计师的工作成果是否充分(需要对其他信息系统审计师的工作成果做出必要的评价)。
- 信息系统审计师是否应制定额外的测试程序，完善其他信息系统审计师的工作成果。

如果一位信息系统审计师使用了另一位信息系统审计师的工作成果，其报告应明确记录哪一部分审计工作是由另一位审计师执行的，以及对该部分工作成果的评价。

1207，违规和违法行为

信息系统审计师应对违规行为和违法行为抱有敏锐且慎重的怀疑态度；信息系统审计师应该认识到违规和/或违法行为可能在其审计活动的一个或多个审计流程中持续存在。信息系统审计师应认识到管理层可能知道也可能不知道违规或违法行为的存在。

信息系统审计师应获得管理层的书面证明,证明管理层对控制措施的正确操作负有责任。管理层应向信息系统审计师披露任何违规或违法行为常识(Knowledge)。

如果信息系统审计师发觉存在重大违规或违法行为，应记录每次谈话并保留所有通信证据。信息系统审计师应向管理层报告任何发现的重大违规或违法行为。如果重大发现或违规违法行为妨碍信息系统审计师继续执行后续审计工作，则信息系统审计师应谨慎权衡，必要

时考虑退出本次审计实务。信息系统审计师应确定是否需要向监管机构或其他外部机构报告重大发现。如果一名信息系统审计师无法向管理层报告重大发现，则应考虑退出本次审计业务。

1401，报告

信息系统审计师应负责编制审计报告，记录审计流程、询问、观察结果、证据、发现、结论和建议。审计报告应遵循既定的格式，包括范围、覆盖期限、应审单位、控制或标准，以及任何限制或资格。报告应包含足够支持审计发现(Audit Finding)的证据。

1402，跟进活动

审计完成后，信息系统审计师应持续跟进，确定管理层是否已采取措施，对审计发现采取了建议的整改措施或补救措施。

3.2.3 ISACA 审计和鉴证准则

ISACA 审计和鉴证准则(ISACA Audit and Assurance Guideline)包含有助于信息系统审计师理解如何运用 ISACA 审计标准的信息。ISACA 审计和鉴证准则是一系列阐明审计准则含义的条款文档。ISACA 审计和鉴证准则引用了具体的 ISACA 信息系统审计标准和 COBIT 控制，并就各类审计活动提供了具体指导。ISACA 审计和鉴证准则最近一次更新于 2014 年，ISACA 审计准则还提供了每项准则制定和发布的深层次原因。ISACA 审计和鉴证准则的全文可参见 www.isaca.org/guidelines。

2001，审计章程

ISACA 审计和鉴证准则提供与以下信息系统审计标准相关的主题的信息：

- 正式授权
- 审计章程的内容

2002，组织独立性

ISACA 审计和鉴证准则提供与以下信息系统审计标准相关的主题的信息：

- 在组织中的地位
- 报告等级
- 非审计服务
- 评估独立性
- 审计章程和审计方案(Audit Plan)

2003，专业独立性

ISACA 审计和鉴证准则提供与以下信息系统审计标准相关的主题的信息：

- 概念框架
- 威胁和保障措施(Safeguard)
- 威胁管理
- 非审计服务或角色

- 不影响独立性的非审计服务或角色
- 影响独立性的非审计服务或角色
- 提供非审计服务或角色时与独立性的相关性
- 对非审计服务或角色许可的治理
- 报告

2004，合理预期
ISACA 审计和鉴证准则提供与以下信息系统审计标准相关的主题的信息：
- 标准和法规
- 范围
- 范围限制
- 信息
- 接受约定条款的变更

2005，专业审慎
ISACA 审计和鉴证准则提供与以下信息系统审计标准相关的主题的信息：
- 专业怀疑和能力
- 勤奋
- 参与的生命周期
- 沟通
- 管理信息

2006，业务熟练
ISACA 审计和鉴证准则提供与以下信息系统审计标准相关的主题的信息：
- 专业能力
- 评价
- 达到所需的能力水平

2007，认定
ISACA 审计和鉴证准则提供与以下信息系统审计标准相关的主题的信息：
- 认定(Assertion)
- 主题和标准
- 第三方提出的认定
- 结论和报告

2008，工作标准
ISACA 审计和鉴证准则提供与以下信息系统审计标准相关的主题的信息：
- 工作标准的选择和使用
- 适用性
- 可接受性

- 来源
- 审计业务中工作标准的变更

2201，参与规划

ISACA 审计和鉴证准则提供与以下信息系统审计标准相关的主题的信息：

- 信息系统审计方案
- 目标
- 范围和业务知识
- 基于风险的方法
- 记录审计业务项目方案(Project Plan)
- 审计过程中的变更

2202，规划阶段的风险评估

ISACA 审计和鉴证准则提供与以下信息系统审计标准相关的主题的信息：

- 信息系统审计方案的风险评估
- 风险评估方法论
- 单一审计业务的风险评估
- 审计风险
- 固有风险(Inherent Risk)
- 控制措施风险
- 检测风险

2203，绩效与监督

ISACA 审计和鉴证准则提供与以下信息系统审计标准相关的主题的信息：

- 执行工作
- 角色和责任、知识和技能
- 监督
- 证据
- 记录
- 发现和结论(Conclusion)

2204，重要性

ISACA 审计和鉴证准则提供与以下信息系统审计标准相关的主题的信息：

- 信息系统与财务审计业务
- 评估主要内容的重要性
- 重要性和控制措施
- 重要性和可报告问题

2205，证据

ISACA 审计和鉴证准则提供与以下信息系统审计标准相关的主题的信息：

- 证据类型
- 获取证据
- 评价证据
- 准备编制审计文档

2206，借鉴其他专家的工作成果
ISACA 审计和鉴证准则提供与以下信息系统审计标准相关的主题的信息：

- 考虑使用其他专家的工作成果
- 评估其他专家工作成果的充分性
- 规划和审查其他专家的工作成果
- 评价其他不属于审计团队的工作成果
- 额外测试程序
- 审计意见或结论

2207，违规和违法行为
ISACA 审计和鉴证准则提供与以下信息系统审计标准相关的主题的信息：

- 违规和违法行为
- 管理层职责
- 专家责任
- 参与业务规划期间的违规和违法行为
- 设计和审查参与程序
- 应对违规行为和违法行为
- 内部报告
- 外部报告

2208，审计抽样
ISACA 审计和鉴证准则提供与以下信息系统审计标准相关的主题的信息：

- 抽样
- 样本设计
- 样本选择
- 样本结果评价
- 文档

2401，报告
ISACA 审计和鉴证准则提供与以下信息系统审计标准相关的主题的信息：

- 参与类型
- 审计业务报告要求的内容
- 后续事件
- 额外沟通

2402, 跟进活动

ISACA 审计和鉴证准则提供与以下信息系统审计标准相关的主题的信息:
- 跟进流程
- 管理层提议的行动
- 不采取纠正行动的风险
- 跟进程序(Follow-up Procedures)
- 跟进活动的时间安排表
- 跟进活动的性质和范围
- 推迟跟进活动
- 跟进响应的形式
- 跟进外部专家审计建议
- 报告跟进活动

标准和准则之间的关系

ISACA 的审计标准和准则的目的在于协助信息系统审计师执行与审计和风险相关的活动。ISACA 的审计标准和准则的关联方式如下:
- 标准(Standard)是所有信息系统审计师都必须遵守的声明,可将其视为审计师的法律规则。
- 准则(Guideline)是帮助审计师更好地理解如何实施 ISACA 标准的声明。

ISACA 职业道德规范包含要求通过得体的职业行为体现的标准和准则。

3.3 风险分析

在审计的背景下,风险分析(Risk Analysis)用于确定需要执行额外检查和分析的领域。

在缺乏风险分析的情况下,信息系统审计师可能会按自己的"直觉"行事,在认为风险较高的领域开展额外审查。或者,信息系统审计师可能对审计实务的所有领域赋予相同的权重,在低风险领域和高风险领域投入相同的资源。无论采取哪种方式,结果都将导致信息系统审计师关注的工作重点并不一定是真正的高风险领域,进而对审计客户造成损害。

风险驱动审计活动。也就是说,执行特定风险分析方法,确定哪些控制措施、活动、过程或物理位置值得审计师多加关注,同时要确认那些风险较低、需要较少关注的领域。有助于确定风险的因素包括:
- 流程、系统或业务部门的价值或关键性
- 监管机关关注的重点
- 历史安全事件
- 历史审计实务的结果

注意：
基于分析的风险比基于直觉的风险更为一致。稍后讨论的ISACA风险IT框架(ISACA Risk IT Framework)提供关于开展风险分析的详细信息。

3.3.1 审计师风险分析和企业风险管理计划的侧重点

由信息系统审计师执行的风险分析与企业风险管理计划(Corporate Risk Management Program)执行的风险分析有所区别，后者往往聘用不同于信息系统审计师的团队执行审计活动，且二者出于不同的原因分别开展风险分析工作。信息系统审计与信息系统管理风险分析的对比如表3-1所示。

表3-1 信息系统审计与信息系统管理风险分析的对比

活动	信息系统审计侧重偏好	信息系统管理侧重偏好
观点	客观的	主观的
风险评估的重点	所有潜在风险区域	现有控制措施
识别现有控制措施的高风险	在审计期间对控制措施执行额外审计审查	持续运营控制措施
识别高风险；无现有控制措施	像现有控制措施一样对活动执行额外审计；建议添加控制措施	创建和运营控制措施*

*许多组织并不寻找控制措施框架之外的风险；可能导致完全忽视的风险。

注意：
表3-1并不试图显示侧重和结果的极性(Polarity)，而是显示基于信息系统审计和信息系统管理的不同使命和目标的侧重偏好(Tendency)。

ISACA 风险 IT 框架

审计师的风险分析和公司风险管理都可以使用 ISACA 风险 IT 框架(ISACA Risk IT Framework)。如图3-3所示，ISACA 风险 IT 框架从组织的视角处理风险，涵盖了包括 IT 风险在内的所有类型的业务风险。

注意：
尽管风险IT框架作为一个独立标准存在，但已完全纳入COBIT控制框架。

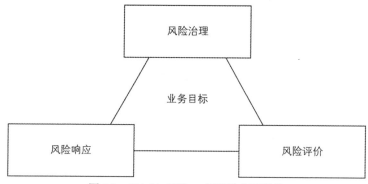

图 3-3 ISACA 风险 IT 框架的主要组件

风险 IT 框架包括三项主要活动:

- **风险治理** 确保将 IT 风险整合到组织的企业风险管理(Enterprise Risk Management, ERM)计划中。
- **风险评价** 提供针对业务资产执行风险评估(Risk Assessment)活动的流程框架,并使用业务术语解释。
- **风险响应** 提供用于通过报告和风险处置手段响应已识别风险的流程框架。

风险 IT 框架与其他业务框架一样,涵盖对自上而下业务流程的详细解释,并包括对 COBIT、ISACA 审计标准和 Val IT 的引用。Val IT 是 ISACA 另一个涉及从 IT 投资实现业务价值的框架。

风险 IT 框架可从 ISACA 获取,网址为 www.isaca.org/riskit。

 考试提示:
ISACA 不要求 CISA 考生记住风险 IT 框架,但考生应了解其重要性和目的。

3.3.2 评价业务流程

风险分析的第一阶段是评价业务流程,确定业务活动的目的、重要性和有效性。尽管风险分析的一部分可能集中在技术上,但请记住,技术的存在是为了支持业务流程,反之则谬矣。

当风险分析从关注业务流程开始时,信息系统审计师应该考虑全局流程,而不仅是支持流程的技术。信息系统审计师检查业务流程时,必须获得所有可用的业务流程文档,包括以下内容。

- **章程或者业务使命声明** 通常,组织会编制并发布一份宏观文档,往往使用最基本的术语描述业务流程。文档通常包括流程存在的原因以及其如何为组织的总体目标做出贡献。

- **流程架构(Process Architecture)** 一套复杂的流程可能包含若干程序、信息流(电子形式或其他形式)、执行功能的内部和外部各方、支持流程的资产、所需资源以及记录的物理位置和性质。从严格的、以 IT 为中心的角度看,流程可能是一份数据流向图(Data Flow Diagram,DFD)或实体关系图(Entity-Relationship Diagram,ERD),但从这两个图中的任何一个开始了解组织,都面临相对狭隘的境地。因此,有必要审视全局流程,从最顶层视角审视其职能及与其他流程和各方的联系。
- **程序** 仔细看一下每个流程(Process),就会发现存在很多单独的程序(Procedure)文档,程序文档是为了描述执行整个流程的组成部分而采取的各项步骤(Step)。程序文档通常描述什么人使用什么工具或系统执行什么职能。程序将引用传真、报告、数据库、电话记录及应用程序事务等业务记录。
- **记录** 业务记录包含业务流程中发生的事件。记录(Record)可以采取多种形式,包括传真、计算机报告、电子工作表、数据库事务、收据、取消的支票和电子邮件。
- **支持信息系统** 当业务流程由信息系统支持时,信息系统审计师有必要检查描述信息系统(用于支持业务流程)的所有可用文档,如架构图、需求文档(用于构建、获取或配置系统)、计算机化程序、网络图和数据库模式等。

除了审查文档外,信息系统审计师还必须对每个流程的相关人员进行访谈,以便相关人员能够描述其对于流程、程序和其他相关细节的认知。然后,信息系统审计师可比较个人描述与流程和/或程序文档中的细节,从而了解流程和/或程序与真实情况的一致程度。

信息系统审计师获取业务文档并访谈相关人员后,就可以开始识别、理解流程中可能存在的风险范畴。

注意:
本文所述的风险分析方法与第 5 章所述的灾难恢复项目业务影响评估阶段的风险分析没有区别。

3.3.3 识别业务风险

在识别业务风险流程中,部分工作基于分析方法,部分工作需要借助信息系统审计师的经验和判断。信息系统审计师往往会在风险识别的单一活动中同时考虑这两方面因素。

信息系统审计师通常会执行威胁分析,识别和分类风险。威胁分析(Threat Analysis)是一种活动,信息系统审计师在这一活动中考虑大量可能的威胁,并选择存在一定可能性的威胁,而不管威胁的大小。在威胁分析中,信息系统审计师将考虑每个威胁并记录有关每个威胁的要素,通常包括:

- **发生概率** 可以使用定性(如高、中或低)或定量(如每年度百分比或次数)表示。概率应尽可能符合真实情况。但是,业务风险的精确数据往往很难获得,也更难以解释,这需要有经验的信息系统审计师判断并确定合理的概率。

- **影响** 可以是一段简短描述,用几个单词到几句话描述威胁一旦发生的可能结果。
- **损失** 通常是对威胁实际发生的损失估算的量化。例如,这个数字可能是每天(或每周或每月)的业务收入损失或资产的替换成本。
- **潜在缓解控制措施** 是含有一项或多项安全对策(Countermeasure)的清单,可以降低威胁的概率或影响,或两者兼而有之。
- **转移可能性** 是对将风险转移给另一方(如保险公司)的可能性分析。
- **安全对策成本和工作量** 可以通过高-中-低定性数字或定量估算,确定实施每项安全对策(Countermeasure)的成本和工作量。
- **最新发生概率** 对于每种缓解控制措施,应引用最新的发生概率,且为每项缓解控制措施逐一指定不同的概率。
- **最新影响** 描述每项缓解控制措施发生的最新影响。对于特定威胁和安全对策,其影响可能是相同的,但对于其他威胁则可能不同。例如,对于火灾威胁,缓解控制措施是部署惰性气体灭火系统。新的影响(可能只是停工和清洁)将与最初的影响(可能是洒水系统造成的水灾损害)大不相同。

信息系统审计师将所有信息放入图表(或电子表格)中,以便进一步分析和确定主要结论:哪些威胁最可能发生,哪些威胁对组织的潜在影响最大。

由于提出风险解决方案并不是信息系统审计师的常规职责,因此,信息系统审计师可能会放弃针对安全对策的分析。有时,信息系统审计师可能需要执行额外审计审查,以识别出高风险控制措施。

提示:
建立威胁清单及其发生和影响的概率,在很大程度上取决于信息系统审计师的经验和可用资源。

3.3.4 风险缓解

对风险评估中所述的风险的实际缓解是实施风险评估中确定的一项或多项安全对策。简单来说,缓解控制措施可以是在一个流程或程序中做些简单微调,也可以是一个重大项目,通过系统升级、新组件或新程序等形式引入全新的控制措施。

当信息系统审计师在审计前执行风险分析时,风险缓解可以采取在审计期间对某些活动执行额外审计审查的形式。这样的后续分析将使信息系统审计师更深入地理解高风险控制措施的有效性:信息系统审计师认为高风险控制措施运转正常,而其他低风险活动实际上可能是控制失败的原因。需要进一步分析确定这两种情况中哪一种对组织的风险更高。

额外审计审查可以采取多种形式,包括以下一种或多种形式:

- 花费更多时间用于调查和观察
- 更多的人员访谈
- 更高的抽样率

- 额外测试
- 重新执行部分控制措施活动，确认准确性或完整性
- 确证访谈(Corroboration Interview)技术
- 审计工作的结对评审(Peer Review)

3.3.5 安全对策评估

根据已识别风险的严重程度，还可以改进控制措施。全新的或变化的控制措施不论大小，其实施所需的时间和工作量也可以是从微乎其微到重大项目不等。

在实施之前，应确定一项全新控制措施(或任何旨在降低威胁可能性或影响的安全对策)所需的成本和工作量。花费 1 万美元保护价值 100 美元的资产几乎没有任何意义。当然，除非有可观的营收或组织声誉与这 100 美元的资产有关。

注意：
实施控制措施安全对策所需的工作量应与安全对策预期的风险降低水平相符。如果成本和工作量明显过高(尤其是与受保护资产的价值相比而言)，则可能需要执行量化风险分析。

3.3.6 持续监测

实施安全对策后，信息系统审计师需要通过额外测试重新评估控制措施。如果控制措施包括任何自我持续监控或测量手段，则信息系统审计师应检查相关记录，以确定安全对策是否具有明显的效果。

信息系统审计师可能需要重复执行审计活动，确定安全对策的有效性。例如，可以选择检查实施安全对策后的超量样本，并比较安全对策实施前后时段的异常率数值。

3.4 控制措施

控制措施是指旨在降低风险和确保预期结果的策略、程序、机制、系统和其他安全对策。组织制定控制措施，确保实现其业务目标、降低风险及防止或纠正错误。

在组织中，控制措施主要有两种使用方式：创建控制措施是为了确保发生预期事件，以及帮助防止出现意外事件。

3.4.1 控制措施分类

本节将讨论控制措施的类型(Type)、类(Class)和类别(Category)。图 3-4 描述了控制措施分类。

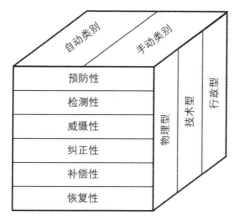

图 3-4 控制措施分类显示控制措施的类型、类和类别

1. 控制措施的类型

有三种类型的控制措施分别是物理型、技术型和行政型。

- **物理型(Physical)** 物理型控制措施存在于有形的物理世界中。物理型控制措施的示例有视频监控、护柱和围栏。
- **技术型(Technical)** 有时称为逻辑型控制措施(Logical Control),技术型控制措施以信息系统的形式实施,通常是无形的。技术型控制措施的示例包括加密技术、计算机访问控制和审计日志。
- **行政型(Administrative)** 也称为管理型控制措施(Managerial Control),是要求或禁止某些活动的策略和程序。行政型控制措施的一个示例是禁止个人出于商业目的使用信息系统的策略。

 考试提示:

ISACA 没有明确使用术语"类型""类"或"类别"来描述和区分各种控制措施及其基本特性。本书中使用这些术语强调控制措施的多维性。这些模型与其他结构一样,能够更好地描述控制措施的运行和使用方式。

2. 控制措施的类

有六大类控制措施:

- **预防(Preventive)** 这类控制措施常用于防止意外事件的发生。预防性控制措施的示例有计算机登录界面(防止未授权人员访问信息)、密钥卡系统(防止未授权人员进入建筑物或工作区)及加密(防止未持有加密密钥人员读取通过开放网络传输或存储的加密数据)。
- **检测(Detective)** 这类控制措施用于记录预期的和非预期的事件。检测性控制措施不能强制执行某个活动(无论是需要的还是不需要的),但只能记录事件是否发生以及如何发生。检测性控制措施的示例包括视频监视和审计日志。

- **威慑(Deterrent)** 这类控制措施的存在是为了劝阻潜在犯罪者做出一些不必要的行为。威慑性控制措施的示例包括保安、警犬、警告标志、可视视频监控摄像机和监视器。

注意：
信息系统审计师和安全专家通常更喜欢预防性控制措施而不是检测性控制措施，因为预防性控制措施可以在事实上阻止很多不必要的安全事件。同样，信息系统审计师更喜欢检测性控制措施而不是威慑性控制措施，因为检测性控制措施可以记录事件，而威慑性控制措施则不记录事件。然而，在某些情况下，成本、资源或技术限制迫使组织在希望采用预防性控制措施而无法采购时，转而接受检测性控制措施。例如，没有切实可行的方法建立一套控制体系阻止犯罪分子进入银行，但是有一套检测性控制措施系统(如安全摄像头)可以记录犯罪分子到达银行后的行为。

- **纠正(Corrective)** 在某些不需要的事件发生后，激活(手动或自动)此类控制措施。纠正性控制措施的一个示例是当发现过程有缺陷时，改进其行为。
- **补偿(Compensating)** 使用此类控制措施是因为无法使用其他直接控制措施。例如，当实施视频监视系统以补偿缺少更强大的检测性控制措施(如密钥卡访问系统)时，视频监视系统可以是补偿性控制措施。补偿控制措施解决与原始控制措施相关的风险。请注意，在业务、技术或经济原因无法实现控制措施时，PCI-DSS 要求使用补偿控制措施。
- **恢复(Recovery)** 此类控制措施用于将系统或资产的状态恢复到事故前的状态。恢复性控制措施的一个示例是使用工具删除计算机病毒。

信息系统审计师需要理解预防性和威慑性控制措施的一项关键区别：威慑性控制措施需要潜在违反者具备威慑性控制措施的认知，只有违反者知道威慑性控制措施存在时才起作用；预防性控制措施不需要潜在违反者了解其是否存在。

注意：
许多具体的控制措施可以同时包含在多个类中。例如，视频监控摄像机既可视为检测性控制措施(因为视频监控摄像机是记录事件的系统的一部分)，也可视为威慑性控制措施(因为视频监控摄像机的可见性旨在阻止攻击者做出不必要的行为)。此外，审计日志可以视为检测性和补偿性控制措施，归入检测性是因为审计日志记录事件，归入补偿性是因为审计日志可针对缺少更强大的预防性控制措施(如用户 ID 和口令访问控制措施)进行补偿。

3. 控制措施的类别

有两种控制措施类别：

- **自动(Automatic)** 这类控制措施执行功能时很少或根本没有人为的判断或决策。自动类型控制措施的实例包括无法绕过的应用程序登录页面和人员走过门口后自动锁定的安全门。
- **手动(Manual)** 这类控制措施需要人工操作。手动类型控制措施可能比自动类型控制措施更容易出错。手动类型控制措施的示例是每月审查计算机用户的活动。

注意：
信息系统审计师和安全专家通常更喜欢自动类别(而不是手动类别)的控制措施，因为自动类别的控制措施通常不容易出错。然而，在紧急情况或其他特殊情况下，可能需要人为决策和干预。

3.4.2 内部控制目标

内部控制目标是对组织经营所期望的状态或结果的陈述。控制目标的示例包括：

- 保护 IT 资产
- 交易的准确性
- 机密性和隐私
- IT 系统可用性
- IT 系统的受控变更
- 遵守公司策略

控制目标是控制措施的基础。每个控制目标都存在一项或多项控制措施，以确保控制目标得以实现。例如，"IT 系统可用性"这一控制目标将通过若干控制措施实现，包括：

- 持续监测 IT 系统；一旦发现任何可用性中断，则向相关人员发送警告。
- IT 系统具有资源测量能力。
- IT 管理层审阅月度容量报告，并调整资源。
- IT 系统将安排适当人员监测反恶意软件控制措施。

最终，上述四项(或更多)控制措施共同促成"IT 系统可用性"的总体控制目标。同样，其他控制目标也通过一项或多项控制措施确保实现。

提示：
控制目标应在设计控制措施之前确定。

3.4.3 信息系统控制目标

信息系统控制目标与一般控制目标相似,只是存在于信息系统环境中。IS 控制目标的示例包括:

- 保护信息免受未授权人员擅用
- 保护信息免受未授权篡改
- 操作系统的完整性
- 控制和管理信息系统变更
- 控制和管理应用程序软件研发

组织可能会在其基本主旨(如恶意软件管控、可用性和资源管理)之外,还有几个额外的信息系统控制目标。

信息系统控制目标与一般控制目标一样,由一项或多项控制措施所支持。

考试提示:
CISA 考生不需要记住 COBIT 或其他框架,但熟悉这些框架将有助于 CISA 考生了解其如何为有效的 IT 治理和控制做出贡献。

COBIT 控制框架

为了确保 IT 与业务目标保持一致,COBIT 控制框架由五项原则和 37 个流程组成,是一个全行业适用的标准。五项原则是:

- 满足利益相关方的需求
- 端到端覆盖组织
- 运用单一的集成框架
- 实现整体方法
- 治理与管理分离

COBIT 通过 1100 多项控制活动支持这些原则。

COBIT 由 ISACA 和 IT 治理研究所于 1996 年建立,COBIT 是管理者、审计师和 IT 用户在业界达成的共识。今天,COBIT 是公认的 IT 流程和控制框架的最佳实践。

COBIT 从第 5 版开始,吸纳了 ISACA 的风险 IT 框架和 Val IT 框架。

3.4.4 通用计算控制措施

需要支持大量应用程序和服务的组织通常会有一些特定用于每个应用程序的控制措施。然而,信息系统还有一组控制措施适用于所有应用程序和服务,通常称为通用计算控制措施(General Computing Control,GCC)。

同一组织的 GCC 本质上是通用的,通常根据其各自的能力和局限性及适用性,在不同信息系统上以不同方式实现。GCC 的示例包括:

- 应用程序需要唯一的用户 ID 和强口令。
- 口令在存储和传输时加密，不显示明文。
- 银行账号等高度敏感信息在存储和传输时加密。
- 记录所有管理操作行为，并保护日志免受篡改。

熟悉信息系统技术的安全专家将认识到，GCC 在不同类型的信息系统中有不同的存在方式。例如，特定的功能和限制将导致口令复杂性和数据加密的功能有所不同。除非一个组织正在使用非常老旧的信息系统，否则前面的四项 GCC 在信息系统环境中的任何地方都可以实现。如何实现 GCC 是下一节的主题。

3.4.5 信息系统控制措施

GCC 通过各种信息技术实现。每个 GCC 映射到每个系统类型上的一个特定的 IS 控制措施，并在该系统实现。换句话说，信息系统控制措施描述 GCC 的实现细节。

例如，用于口令管理的 GCC 可以通过几种 IS 控制措施实现，一类用于组织中使用的每类技术平台：一类用于中央身份验证(Authentication)服务，一类用于 Linux 服务器，一类用于网络设备，一类用于每个应用程序执行自己的身份访问管理。这些特定的 IS 控制措施将描述反映每个平台的功能和限制的实现细节。

3.5 开展审计实务

审计是一个系统性、可重复性的流程。在审计流程中，称职的独立专家评价一项或多项控制措施，与人员访谈，收集和分析证据，并就控制措施的有效性提出书面意见。

信息系统审计就是对信息系统及其支持流程的审计。信息系统审计师开展人员访谈，收集和分析证据，并就信息系统中已实施控制措施的有效性发表书面意见。

信息系统审计师不会一开始就盲目地开展审计实务。相反，审计活动需要规划每个环节。规划阶段包括以下内容：

- **目的**　信息系统审计师和应审单位(Auditee)必须确定审计原因。特定审计的目的可能是确定对特定法律、法规、标准或合同的遵守程度。原因之一可能就是要确定往期审计中发现的控制措施缺陷是否已整改完成。另一个原因是确定本组织今后可能遵守的新法律或标准的程度。
- **范围**　审计师和应审单位还必须确定审计范围。通常，审计目的将使范围变得更加明确。范围可以是多维的，可以是给定的时间段(跨越开始日期和结束日期的记录可能构成证据主体)、地理位置(特定区域或区域中的系统)、技术(使用特定操作系统、数据库、应用程序或其他系统)、业务流程(支持会计、订单输入或客户支持等流程的系统)或组织的部门。
- **风险分析**　为了确认哪些领域需要最大程度的关注,信息系统审计师需要熟悉与接受审计的领域相关的风险水平。信息系统审计师则需要两种不同的风险视角。首先，信息系统审计师需要掌握审计领域不同方面之间的相对风险水平,以便相应地分配审计资源。例如,审计 ERP 系统时,如果信息系统审计师知道应收账款功能过去一直存在问题,则可能希望在应收账款功能上投入比其他功能更多的资源和时间。其次,信息系统审计师需要知道整个受审计领域的绝对风险水平。例如,如果这是一个确定组织是否遵守了新法规的审计实务,且不遵守的后果非常严重,则总体风险可能非常高。这两个方面的风险使信息系统审计师能够更合理地制定审计方案。

- **审计程序**　审计的目的和范围有助于确定执行审计实务所需的程序。例如,合规审计的要求可能涉及关于样本规模和抽样技术的特定规则,或者要求具有特定资格的信息系统审计师执行审计实务。合规审计还可以规定确定某一特定发现是否构成缺陷的标准。也可能存在重要性(Materiality)规则。

- **资源**　信息系统审计师必须确定审计所需和可用的资源。在外部审计中,应审单位(客户组织)可能有一个可用的最大预算额。对于内外部审计来说,信息系统审计师需要确定审计所需的工时数和各项专业技术和能力。其他可能需要的资源包括收集或分析从信息系统获得信息的专用工具。例如,用于处理数据库管理系统中的角色和权限以识别高风险区域的分析脚本代码。在很大程度上,审计的目标和范围将决定完成审计所需的资源。

- **时间安排表**　信息系统审计师需要制定一份审计时间安排表,以便有足够的时间开展人员访谈、收集并分析数据以及完成审计报告。然而,时间安排表也可能以受限形式出现,意味着审计必须在某个日期之前完成。如果应审单位为信息系统审计师指定截止日期,那么审计师将需要了解如何使审计活动满足该期限。如果日期过于激进,信息系统审计师将需要与应审单位讨论该事项,以便在范围、资源或日程安排方面做出必要的调整。

附录 A 致力于以务实的方法开展专业审计工作。

3.5.1　审计目标

审计目标(Audit Objective)是审计的具体目的。一般来说,审计的目标是确定组织中业务运营特定方面的控制措施是否存在、是否有效。通常,审计是根据法规、合规或法律义务的要求开展的,也可因为重大事故或事件而触发。

根据审计的主题和性质,信息系统审计师可以亲自检查控制措施和相关证据,也可将注意力放在控制措施处理的业务内容上。换言之,如果审计侧重点是组织的会计系统,那么信息系统审计师可能会关注系统中的财务交易,检查财务交易如何影响财务记账。信息系统审计师也可以专注于支持财务会计系统运营的信息系统流程。正式的审计目标应加以区分,以便信息系统审计师对目标有合理的理解。在审计过程中要告诉信息系统审计师检查什么。当然,了解要开展的审计类型也有帮助;这将在下一节中介绍。

3.5.2 审计类型

审计的范围、目的和目标将决定将要执行的审计类型。信息系统审计师需要掌握每个审计类型，包括用于每种审计类型的程序：

- **运营审计(Operational Audit)** 运营审计旨在检查信息系统控制措施、安全控制措施或业务控制措施的存在性和有效性。运营审计的侧重点通常是一项或多项控制措施的操作；运营审计可以集中于业务流程的信息系统管理或业务流程本身。运营审计的范围是为了满足审计目标而制定的。注意在这种情况下，运营审计是对支持信息系统的业务流程的审计，而不是支持信息系统的业务流程的审计。后者不是信息系统审计，而是业务流程审计。
- **财务审计** 财务审计是对本组织会计制度的检查，包括会计部门的流程和程序。财务审计的典型目标是确定业务控制措施是否足以确保财务报表的完整性。
- **综合审计** 综合审计结合了运营审计和财务审计，以便审计师全面掌握整个环境的完整性。综合审计将仔细检查会计部门的流程、程序和记录，以及支持会计部门的信息系统应用程序。几乎每个组织都使用计算机化会计系统管理其财务记录；会计电算化系统和所有辅助基础架构(数据库管理系统、操作系统、网络和工作站等)都将受到检查，以确定信息系统部门是否将整体环境置于完备的控制措施之下。
- **信息系统审计** 信息系统审计是对信息系统部门大部分或全部业务的详细检查。信息系统审计检查 IT 治理，以确定信息系统是否与整个组织的目标一致。信息系统审计还密切关注所有主要的信息系统流程，包括服务交付、变更和配置管理、安全管理、系统研发生命周期、业务关系和供应商管理以及事件和问题管理。信息系统审计将确定每一控制目标和控制措施是否有效且正常运营。
- **行政审计** 行政审计是对本组织特定部门的业务效率的审查。
- **合规审计** 合规审计旨在确定法律、法规、标准或内部控制措施的合规程度。如果特定法律或标准要求外部审计，则合规审计可能必须由经批准或持牌的外部审计师执行；例如，美国上市公司财务审计必须由公共会计师事务所执行，PCI-DSS 审计必须由持牌支付卡行业认定安全评估师(Payment Card Industry Qualified Security Assessor，PCI-QSA)执行。即便法律或标准没有明确要求，组织仍然可能希望开展一次或定期审计，以确定对法律或标准的遵守程度。合规审计可由内部或外部审计师执行，通常是为了帮助管理层更好地掌握合规风险的水平。
- **取证审计** 取证审计通常由信息系统审计师或取证专家执行，以支持预期或诉讼中的法律程序。为了保证证据的完整性，避免证据裁定为不予采信，取证审计要求遵循严格的程序，符合全部证据保存和证据保管链(Chain of Custody of Evidence)的要求。
- **欺诈调查审计** 欺诈审计旨在揭露欺诈和其他商业违规行为。
- **服务提供商审计** 由于许多组织将关键活动外包给第三方，通常来说，第三方服务组织将接受一次或多次外部审计，以增加客户对第三方组织服务完整性的信心。在美国，可以对服务提供商的运营执行并向服务提供商的客户发送的审计报告是 SSAE 18。

2016 年，SSAE 18 取代了 SSAE 16，而 SSAE 16 则于 2011 年取代了 SAS 70 审计。SSAE 18 标准由美国注册会计师协会(American Institute of Certified Public Accountants, AICPA)制定，目的是审计代表公司客户提供金融服务的第三方服务机构。

内部和外部审计

术语"内部审计"和"外部审计"是指审计师和应审单位之间的关系，而不是本节讨论的审计类型。

- **内部审计**　内部审计由应审单位雇用的人员执行。内部审计师尽管位于组织结构图上，但仍有一定程度的独立性。
- **外部审计**　外部审计由非应审单位雇用的审计师执行。通常，外部审计师是审计机构的雇员。

当然，这里有一定的灰色地带：在股份制公司等大型组织中，作为控股公司雇员的信息系统审计师可能视为应审单位的外部审计师。

此外，有些组织将内部审计职能外包，意味着执行内部审计的人员不是组织的雇员，而是顾问或承包商。基于这种情况，这可能导致一定程度的混乱。无论如何，最重要的是具体的审计职能和实施方式，而不是执行审计职能的人员是不是组织的雇员。

提示：

SSAE 18 与 IAASB 和 ISAE 3402 密切相关。

- **预审**　预审(Pre-audit)虽然不是技术上的审计，但是为了迎接即将到来的外部审计而对业务流程、信息系统和业务记录开展的检查。通常，在实际的合规审计之前，组织都会执行预审工作，以便更好地了解其遵守法律、法规或标准的情况。组织可以利用预审结果实施整改，从而改善临场审计的效果。

3.5.3 合规性测试和实质性测试

信息系统审计师必须理解合规性测试和实质性测试之间的区别。此处定义了这两种类型的测试：

- **合规性测试(Compliance Testing)**　合规性测试用于确定控制程序是否已正确设计和实施以及是否正常运行。例如，信息系统审计师可以检查业务流程，如系统研发生命周期、变更管理或配置管理，以确定信息系统环境是否得到了适当的管理。
- **实质性测试(Substantive Testing)**　实质性测试用于确定流程和信息系统中交易的准确性(Accuracy)和完整性(Integrity)。例如，信息系统审计师可以创建测试交易 TY 并在环境中跟踪该交易，在每个阶段检查交易 TY，直到交易 TY 完成为止。

信息系统审计实务会同时涉及合规性测试和实质性测试。明确的审计目标将决定是否需要执行合规性测试或实质性测试，或者两者兼而有之。

3.5.4 审计方法论和项目管理

审计与任何涉及制定方案(Plan)、识别资源、确定范围、程序和记录的业务活动一样,审计也是需要管理的项目。采用正式的项目规划方式以执行审计活动的原因如下:
- 时间安排表和时间轴的制定与管理
- 资源识别
- 周转时间、文档和证据的管理
- 管理分析和撰写报告所需的时间
- 管理审计客户报告审查、响应和验收所需的时间

项目管理原则和方法论应贯穿整个审计活动,包括定期状态会议和状态报告、跟踪进度和活动以及记录留存(Retention)。

信息系统审计师并不都是优秀的项目经理,这可能是在大型审计项目期间雇用项目经理服务的最佳理由。

审计方法论

审计方法论(Audit Methodology)是用来完成一系列审计目标的一整套审计程序。定期开展审计活动的组织应制定正式的方法论,以便审计活动即使由不同的人员执行,也能保持一致。

典型审计方法论的各个阶段将在本节的其余部分论述。

审计主体 确定要开展审计的业务流程、信息系统或其他域。例如,信息系统审计师可能正在审计 IT 变更控制流程、IT 服务台票务系统或软件研发部门执行的活动。

审计目标 确定审计的目的。例如,法律、法规、标准或商业合同可能要求开展审计工作。或者可能需要执行特定审计活动以确定是否符合内部控制目标,以衡量控制措施的有效性。

审计类型 识别要执行的审计类型。审计可能是运营审计、财务审计、综合审计(Integrated Audit)、行政审计、合规审计、取证审计、欺诈调查审计或安全提供商审计。

审计范围 应确定作为审计主要内容的业务流程、部门或应用程序。通常,还需要确定时间区间,以便检查该期间的活动或事务。

注意:
审计主体是一个宽泛的定义,而范围进一步定义了哪些流程、位置和系统将受到审计。

预审规划(Pre-Audit Planning) 在这个阶段,信息系统审计师需要获得有关本次审计活动的相关信息,这些信息将用于制定审计方案。所需信息包括:
- 需要访问的物理位置
- 待检查的应用程序清单

- 受访人员清单
- 支持每个应用程序的技术
- 描述环境及其要求的策略、标准和图表
- 有关应用程序支持的业务流程的信息

预审规划信息和其他信息将帮助信息系统审计师确定评估流程以及确认信息系统所需的资源和技能。信息系统审计师可以基于预审信息制定审计时间安排表(Audit Schedule)，并对所需证据的类型有较深入的理解。即使在现场审计阶段开始之前，信息系统审计师也可以提前要求应审单位提供某些特定类型的证据。

对于采用"基于风险的方法(Risk-based Approach)"开展的审计活动，有两种预审方式可供信息系统审计师选择：

- 在审计之前执行风险评估，以确定哪些流程或控制措施需要额外审计。
- 收集有关组织和历史事件的信息，以发现需要额外审计的风险。

审计工作说明书 对于外部审计，信息系统审计师可能需要编制一份工作说明书或业务约定函(Engagement Letter)，说明审计目的、范围、持续时间和成本。在正式开始审计工作之前，信息系统审计师可能需要客户的书面批准。

制定审计程序 现在，使用已获得的有关审计目标和范围的信息，信息系统审计师可为本次审计活动制定程序。对于要测试的每个目标和控制措施，信息系统审计师可以指定：

- 访谈人员名单
- 每次访谈的内容
- 访谈室需要的文档(策略、程序和其他文档)
- 使用的审计工具
- 抽样率和方法论
- 证据归档的方式和地点
- 证据评价方式
- 调查结果报告方式

沟通方案 信息系统审计师还将制定一份沟通方案，这样信息系统审计方的管理层及应审单位的管理层在整个审计项目中都可及时获得通报。沟通方案可能包含以下一项或多项内容：

- 要求提供的证据清单；通常采用 PBC(Provided By Client，由客户提供)清单的形式，通常是一份工作表，列出具体的文档或记录以及能提供这些文档或记录的人员(或在预审阶段中提供的人员)的姓名。
- 定期书面状态报告；包括自上次状态报告以来执行的活动、即将开展的活动以及可能需要立即关注的任何重大发现。
- 定期状态会议；可亲自或通过电话会议讨论审计进度、问题和其他事项。
- 信息系统审计师和应审单位的联系方式；以便双方在需要时能够快速联系。

报告编制(Report Preparation) 信息系统审计师需要制定一个方案，描述如何准备审计报告。这将包括报告的格式和内容，以及确定和记录调查结果的方式。

信息系统审计师需要确保审计报告符合所有适用的审计标准，包括 ISACA 信息系统审计标准。

如果审计报告需要内部审核(Internal Review)，则信息系统审计师需要确定审核的参与方，并确保在信息系统审计师预计完成审计报告的最终草案时，需要参与审核的各方在场。

总结(Wrap-up) 信息系统审计师在审计结束时需要执行多项任务，包括：
- 向应审单位提交报告。
- 安排结束会议，以便与应审单位讨论审计结果，从而收集反馈。
- 对于外部审计，向应审单位提交发票。
- 收集并归档所有工作文档。在文档管理系统中输入工作文档的存在状态，以便在今后需要时可以检索这些工作文档，并确保在工作文档留存期结束时销毁。
- 如果信息系统审计师预计将来会再次开展审计，则更新 PBC 文档。
- 收集应审单位的反馈，并根据需要转达给审计工作人员。

审后跟进(Post-Audit Follow-up) 在约定时间期限(可能从几天到几个月)后，信息系统审计师应联系应审单位，确认应审单位在整改审计结果方面取得的进展。这样做有几个很好的理由：
- 审计后跟进为应审单位组织建立了一种关注的基调(以及对其成功的兴趣)，并表明审计师将认真对待审计流程。
- 审计后跟进有助于建立一种对话。通过这种对话，审计师可以帮助应审单位管理层完成审计要求的流程或技术变更。
- 审计后跟进有助于审计师更好地理解管理层对审计过程和持续改进的承诺。
- 对于外部审计师来说，审计后跟进可以提高商誉和继续合作的前景。

注意：
审计方法论是一个流程。与任何流程一样，审计方法论应该定义在一份端到端的文档中，且周期性地评审。

3.5.5 审计证据

审计证据(Audit Evidence)是信息系统审计师在审计项目实施过程中收集的信息。信息系统审计师利用所获得证据的内容和可靠性，对控制措施和控制目标的有效性得出结论。信息系统审计师需要了解如何评价各种类型的证据，以及如何(以及是否)使用这些证据支持审计结果。

信息系统审计师在审计过程中会收集多种证据，包括：
- 观察
- 书面笔记
- 信函
- 其他审计师的独立确认书

- 内部过程和程序文档
- 业务记录

当信息系统审计师审查审计证据时，必须考虑证据的几个特征，这有助于审计证据的权重和可靠性。这些特征包括：

- **证据提供方的独立性**　信息系统审计师需要确定证据提供方的独立性。相对于应审单位提供的证据来说，信息系统审计师往往更重视独立方提供的证据。例如，直接从电话和银行机构获得的电话和银行记录将比应审单位本身的记录更可信(除非同时提供原始报表)。有些应审单位倾向于"粉饰"审计证据，捏造流程有效的假象。

- **证据提供方资质证明**　信息系统审计师需要考虑提供证据人员的资格。当证据以技术性较高的信息的形式出现时尤其如此，如源代码或系统配置设置。证据的质量在一定程度上取决于证据提供方解释证据来源、证据如何产生以及如何运用的能力。同样，信息系统审计师的资格也会发挥作用，因为信息系统审计师需要能够彻底理解证据的性质，并且对技术足够熟悉，以便能够确定其准确性。有些应审单位喜欢通过提供不相关或不完整的证据来"扰乱(Snowball，指提供海量的无效证据)"信息系统审计师对有效证据的识别，以避免披露控制措施无效的细节。

- **客观性**　客观证据可能比主观证据可靠得多。例如，审计日志非常客观，而应审单位对审计日志的描述或意见则不那么客观。

- **时效性(Timing)**　信息系统审计师需要了解应审系统中证据的可用性。在系统检查期间某些可能有价值的日志文件、提取文件、调试文件和临时文件在回收或删除之前可能仅在极短时间内可用。通常，中间文件(Intermediate File)不会备份或长期留存。例如，DHCP 租约日志可能只在几小时或几天内可用。当在实质性测试期间通过系统跟踪事务时，信息系统审计师需要尽早了解应该索取哪些文件或中间数据，以便在中间文档循环使用之后还能够用于数据分析。

注意：
信息系统审计师需要全面掌握使用 ISACA 审计标准 1203 "绩效与监督" 和 1205 "证据" 收集证据的充分性。

1. 收集证据

信息系统审计师必须掌握在审计期间收集证据所使用的方法和技术，并具备丰富的经验。审计中最常用的方法和技术包括：

- **审查组织结构图**　信息系统审计师应要求提供当前最新的组织结构图，以及关键人员的职务描述。这将有助于信息系统审计师了解组织内部的管理、控制和汇报结构。

- **审查部门/项目章程**　部门章程文档描述了信息系统组织的总体角色和职责，以及信息系统中特定部门的角色和职责。同时，也应要求应审单位提供最近所有重大项目的章程。如果审计的重点是其他部门使用的应用程序，信息系统审计师应要求提供这些部门的章程和说明,有助于信息系统审计师更好地理解这些部门的职能、作用和责任。在没有正式章程的情况下,信息系统审计师需要与人员访谈,以便对部门或项目的目的、角色和责任以及权力有一致的看法。
- **审查第三方合同和服务水平协议(Service Level Agreement,SLA)** 即使第三方合同和 SLA 不是审计的重点,某些第三方合同和 SLA 也有助于进一步了解对信息系统组织的运营和文化以及特定系统和业务流程。
- **审查信息系统策略和程序** 信息系统审计师应获取并审计相关的信息系统策略、流程和程序文档。这将有助于信息系统审计师更好地理解管理层设定的基准和方向,并将提供有关信息系统组织真实情况的信息。
- **审查风险登记簿(也称为风险台账,Risk Ledger)** 信息系统审计师应获得组织的风险登记簿(Risk Register),以便深入理解组织已识别的风险种类。
- **审查事故日志** 信息系统审计师应获取组织的安全事故日志。这将有助于信息系统审计师掌握已发生的安全事故的类型,包括涉及审计范围内流程和系统的安全事故。
- **审查信息系统标准** 信息系统审计师应获取任何信息系统标准文档,以了解当前供应商策略、产品、方法、语言和正在使用的协议。信息系统审计师也应该审查流程和文档标准,看看组织是否始终如一地遵守这些流程和标准;这将为组织的纪律性提供有价值的意见和建议。

注意:
信息系统审计师应关注信息系统章程、策略和程序文档所阐述(以及没有提及)的内容。信息系统审计师通过人员访谈,确定这些文档是否真正定义了组织行为,或者仅是粉饰太平。这将有助于信息系统审计师了解组织的成熟度,这是一个有价值的信息,在撰写审计报告时将有帮助。

- **审查信息系统文档** 如果审计主体(直接或间接)是一个信息系统应用程序,那么信息系统审计师应该获得包括记录系统研发或购买过程的大部分项目文档。这可能包括:
    - 可行性研究
    - 功能、技术和安全需求
    - 招标书(Requests For Proposal,RFP)/信息请求书(Requests For Information,RFI)
    - 供应商的响应(至少是选定的供应商)
    - 评价供应商响应
    - 系统设计文档,包括数据流向图、实体关系图和数据库模式等
    - 测试方案和成果
    - 实施指南和成果
    - 用户手册
    - 操作手册
    - 业务持续方案

- 自首次发布以来所做的变更
- 事故(Incident)和事件(Event)
- 系统稳定性、容量和可用性报告

- **人员访谈(穿行测试)** 信息系统审计师应与能够描述系统功能、设计、使用和运营的关键人员开展穿行测试访谈。信息系统审计师不应假设获得的所有文档都是绝对完整和准确的,应提出开放式问题以进一步了解系统的真实运营状况,以及文档对使用中的系统及其运行的描述的准确程度。信息系统审计师在访谈过程中,要确保访谈可控,并覆盖所有问题。信息系统审计师应仔细遴选关键问题,并向多名人员交叉提问以比较答案,从而获取更详细的信息。

注意:
有些组织可能会培训内部人员,以期望所提供的信息量不高于最低限度。有经验的信息系统审计师应意识到这一点,并且需要不断创新(在不损害道德标准的前提下!)沟通方式以掌握关键的事实和情况。信息系统审计师必须始终彬彬有礼、友好,并与每位受访者合作。信息系统审计师必须始终诚实,绝不能威胁任何受访者。

- **重新执行** 信息系统审计师将创建要由受审计流程执行的事务,以确认流程的预期结果。然而,有时重新执行是不可行的;这种情况下,信息系统审计师必须严格观察已规划/正常的交易,以确认预期结果。
- **被动观察** 当信息系统审计师融入一个组织后,组织人员习惯于信息系统审计师的存在之后往往会"放松警惕"。信息系统审计师可能能够观察到人们的真实表现,并且可能会听到或看到一些线索,这些线索将为组织的文化和基调提供清晰的见解。

2. 观察人员

对于信息系统审计师而言,仅通过获取和理解流程文档还不足以对流程有效性做出判断。通常情况下,信息系统审计师需要以观察的形式收集证据,掌握组织内部对系统的流程文档的真实遵守状况。以下是观察人员时使用的一些技术:

- **真实任务** 信息系统审计师应要求查看信息系统功能的实际执行情况。例如,信息系统审计师正在检查用户访问管理流程,应要求观察管理用户账户的人员,以了解负责账户管理的员工是如何执行任务的。信息系统审计师应将所获取的步骤与程序文档比较,并查看受访人员所做的配置文档设置,以确定这些步骤是否按照程序文档执行。
- **技能和经验** 信息系统审计师应询问每名受访人员的职业背景,确定受访人员的经验水平和职业成熟度。这将有助于审计师了解关键责任是否掌握在真正能够处理这些责任的人员手中。
- **安全意识宣贯(Security Awareness)** 信息系统审计师应观察人员,确定其是否遵守安全策略和程序。信息系统审计师可以询问受访人员对安全程序的了解,以确定安全意识宣贯计划(Security Awareness Program)是否有效。这种观察即使没有明确地包含在范围中，也应该隐性地成为每个审计项目的一部分。对安全策略或常识的重大认知偏离可能造成严重问题(恶果)。
- **职责分离** 信息系统审计师应观察人员，确定是否有适当的职责分离(Segregation of Duties，SoD)。过失(Lapses)场景可能包括用户账户管理员在未经正式批准的情况下创建或更改用户账户，或系统工程师在未通过变更管理流程或绕过技术控制措施的情况下快速变更系统。

经验丰富的信息系统审计师往往具有发达的"第六感"，一种关于人性的直觉，可以用于洞察执行程序人员的心智。

3. 抽样

抽样(Sampling)是指在无法测试全体交易个体时所使用的技术。抽样的目的是通过选择总体的一部分，用观察到的特征反映总体的特征。

抽样的几种常见方法，包括：

- **统计抽样(Statistical Sampling)** 信息系统审计师使用随机或半随机选择技术，用统计学方式反映总体情况。信息系统审计师需要确定样本的大小(通常表示为整个总体的百分比)，以便通过测试获得的结果能从统计学上反映总体。在总体中，每个事件都有同等的机会选中。
- **非统计抽样(Nonstatistical Sampling。又名判断抽样，Judgmental Sampling)** 信息系统审计师根据既定标准(如风险或重要性)判断和主观选择样本。例如，当检查用户账户列表时，信息系统审计师可以有目的地选择总体中比其他账户的风险更高的那些用户账户。
- **属性抽样(Attribute Sampling)** 这项技术用于研究特定总体的特征，回答"有多少具有某一属性？"信息系统审计师选择一个统计样本，然后检查信息。信息系统审计师选择一个属性，检查有多少个项目检查出该属性、有多少没有。例如，信息系统审计师可以测试终止的用户列表，查看有多少账户在24小时内终止，有多少账户没有终止，用于统计确定在整个总体中24小时内终止的账户比率。
- **可变抽样(Variable Sampling)** 这项技术用于从统计学上确定一个给定总体的特征，回答"多少？"这一问题。例如，信息系统审计师想知道一个存货的总价值，可以选择一个样本，然后根据样本的总价值从统计学角度确定总体的总价值。
- **停-走抽样(Stop-or-go Sampling)** 这项技术用于使取样尽早停止。当信息系统审计师认为总体中存在低风险和低异常率时使用这种技术。
- **发现抽样(Discovery Sampling)** 当信息系统审计师试图在总体中发现至少一个异常时，就使用该技术。当信息系统审计师检查总体时，即使是单一的例外情况也会构成高风险(如贪污或欺诈)，信息系统审计师将建议开展更深入的调查，以确定是否存在其他例外情况。

- **分层抽样(Stratified Sampling)** 这里，事件总体根据一个属性的值划分为类或层。然后从每个类中选择样本，并从每个类中生成结果或将结果汇总成单个结果。使用此方法的一个示例是选择采购订单(Purchase Order，PO)，信息系统审计师希望确保选择一些价值极高和价值极低的采购订单，以确定不同类别的结果是否存在统计差异。

抽样时，信息系统审计师需要了解与统计抽样技术有关的几个术语：

- **置信系数(Confidence Coefficient)** 有时称为可靠性系数或置信水平，用百分比表示，因为所选样本实际代表整个总体的概率。95%的置信系数可以认为是高的。
- **抽样风险(Sampling Risk)** 等于 1 减去置信系数百分比。例如，给定样本的置信系数为93%，则风险水平为7%(100%-93%=7%)。
- **精密度(Precision)** 即样本代表整个总体的程度。低精密度表示高准确度，高精密度表示低准确度。样本越小，精密度越高，在整个总体中出现异常的风险就越高。[1]
- **预期错误率** 这是一个估计值，表示整个总体中可能存在的错误百分比。当预期错误率较高时，样本可以更多一些(因为错误率较高的总体需要更严格的审查)。如果期望的错误率很低，则样本可以更少一些。
- **样本平均值(Sample Mean)** 所有样本的总和除以样本数，等于样本的平均值。
- **样本标准差** 计算样本值与样本平均值的方差，是对样本中数值"分布"的测量。
- **总体标准差** 在整个证据总体中计算值与平均值的方差。在所有其他因素相同的情况下，较大的总体标准差意味着审计师应该选择更多样本。
- **容错率(Tolerable Error Rate)** 这是在没有实质性错误陈述的情况下可能存在的最大数量的错误。

注意：
审计中证据主体(Body of Evidence)的一部分是对如何选择样本以及为什么使用特定抽样技术的描述。

3.5.6 依赖其他审计师的工作成果

审计部门和外部审计师与其他 IT 服务组织一样面临着挑战，需要找到能够理解所服务组织技术各方面的合格审计专家。信息技术专业化程度的提高使审计师需要在某些领域拥有更多的技术知识，而拥有执行审计所需全部知识的审计师则是凤毛麟角。第三方服务提供商通常不允许客户对其直接执行审计活动，而是依赖外部审计师开展审计实务，然后将审计报告提供给客户。这些因素以及其他因素正在给组织施加越来越大的压力，迫使组织将部分审计任务(或整个审计项目)外包给第三方组织，并依赖其他来源的审计报告。

---

1 译者注：精密度指用同一测量工具与方法在同一条件下多次测量的随机误差。随机误差越小，即每次测量结果差异越小，精密度越低，也就是准确度越高。

在考虑依赖其他审计师时，必须检查若干潜在的问题，包括：
- 可能限制使用第三方审计师的法律、法规、标准或合同
- 对风险的影响
- 管理外部审计师所需的成本和费用
- 对审计进度和报告的影响
- 对一般和行业责任的影响
- 第三方审计师使用的审计标准和方法
- 第三方审计师的能力和经验
- 内部审计师与外部审计师的独立性和客观性
- 沟通审计问题和结果的方法
- 第三方审计师访问内部记录和系统
- 向外部审计师提供的信息的保护和隐私
- 第三方审计师的背景调查、保密和其他协议
- 用于管理外部审计活动的审计管理控制措施
- 合规或遵循审计标准、法规和规定

依赖第三方审计报告

依赖第三方审计师的另一个常见场景是当一个组织选择依赖外部服务提供商的审计报告而不是直接审计外部服务提供商时。典型的示例是组织 TY 签约了一家薪资服务提供商 KD，供应商 KD 拥有自己的、由合格的审计公司执行的 SSAE 18 审计。组织 TY 的自有审计师可能会选择依赖薪资服务提供商 KD 的 SSAE 18 审计报告，而不是直接对薪资服务提供商发起审计行为。

从服务提供商的角度看，委托 SSAE 18 审计并向客户提供审计报告的成本甚至低于客户对服务提供商业务直接发起审计的成本。

注意：
信息系统审计师应熟悉 ISACA 审计准则 2206 "借鉴其他专家的工作成果"，以及标准 1203 "绩效与监督"，以正确管理外部审计师工作。具体的法律、法规或标准也可能适用。

3.5.7 审计数据分析

数据分析技术使信息系统审计师能够选择和分析潜在的大数据集，并使用这些技术确定控制措施的有效性。在信息系统审计的背景下，数据分析代表了各种计算技术，用于分析大量的审计数据，帮助信息系统审计师确定控制措施的有效性。本节将介绍这部分技术。

有时可能会出现这种情况，"数据分析(Data Analytics)"一词引发用于获取和分析审计数据的大数据和数据湖这一愿景。然而，通常在处理数据时使用计算辅助的情况要简单得多。

例如，以编写代码脚本方式交叉参考门卡访问记录与系统登录数据可以帮助信息系统审计师检测潜在的欺诈用户登录。

审计数据分析可以使用计算机辅助审计工具，如通用审计软件和持续审计工具。下面将讨论这些主题。

1. 计算机辅助审计和自动化工作底稿

信息系统审计师在获取复杂的审计系统数据时，往往需要从具有多种操作系统、数据库管理系统、记录布局和处理方法的系统中获取样本数据。信息系统审计师正转向使用计算机辅助审计技术(Computer-Assisted Audit Technique，CAAT)帮助检查和评价这些复杂环境中的数据。

CAAT 有多种形式：

- **直接从数据库管理系统中提取数据**　对于现成的系统，如 Oracle Financials 和 PeopleSoft Financials，信息系统审计师可以从支持这些应用程序和其他应用程序包的数据库中获取摘要，并执行数据独立分析。然后，分析软件可以针对提取的数据运行以识别交易异常以及欺诈。
- **测试交易**　对于标准的财务和业务管理应用程序，审计师可以准备测试交易，这些交易将产生已知的、预期的结果。这样的测试可以通过比较测试结果和预期结果来确定交易处理的完整性。
- **调试和扫描软件**　揭示事务和数据流细节的工具可以帮助审计师更好地了解系统如何处理事务，从而对事务的完整性和准确性发表意见。扫描软件可以用于识别数据库管理系统和非结构化数据存储中的特定数据。安全扫描软件可用于识别目标系统中的已知漏洞。代码扫描软件可以检查应用程序源代码，有助于揭示漏洞和不良的编码实践，如在源代码中内置登录凭据。
- **测试脚本**　执行各种功能的工具可以由审计师提供并在目标系统上运行。这些工具可以揭示操作系统、数据库管理系统和应用程序中的配置细节。可以使用测试脚本检查大量的自动化控制措施。

当使用 CAAT 时，信息系统审计师需要记录从系统中获得的证据，并能够将其与业务交易联系起来。通常，信息系统审计师常用的几项包括：

- 应用程序源代码
- 将捕获的数据与事务和结果关联起来的在线报告
- 数据库模式
- 数据流向图和流向表
- 样本报告
- 运营程序

信息系统审计师应该能够将所有这些片段组合在一起，显示业务交易背后细节的完整画面。

2. 保护自动化工作底稿

CAAT 允许更方便地抽样和捕获组织的应用程序环境中具有不同程度持久性的数据，从而帮助信息系统审计师。获取的数据通常视为工作文档的一部分。审计数据与作为审计目标的系统一样需要得到保护，确保其完整性。需要制定如下控制措施以保护自动化工作底稿：

- **访问控制** 只有授权人员(理想情况下，只有信息系统审计师)才有权阅读自动化工作文档。
- **防止篡改和损坏** 自动化工作底稿必须受到保护，任何人员都不能执行非授权篡改、删除或威胁其完整性。
- **备份** 数据备份中应包括自动工作文档。
- **加密** 如果自动化工作文档包含敏感信息，则应采用加密技术。必须制定有效的关键管理程序和控制措施。

3. 通用审计软件

信息系统审计师可使用通用审计软件(Generalized Audit Software，GAS)直接从数据库平台和平面文件中读取和访问数据。GAS 可以独立地直接从数据库中获取样本数据，然后在单独系统上执行数据分析。GAS 具有选择样本、选择数据和分析数据的能力，可以帮助信息系统审计师更好地理解系统中的关键数据集，协助信息系统审计师确定系统及其支持的业务交易的准确性和完整性。

4. 持续审计

CAAT 也可以作为持续审计(Continuous Auditing)方法的一部分，在这种方法中，样本是在长时间内自动获得的，而不是仅在审计过程中获得的。持续审计代表着从传统的定期抽样和报告模式范式的转变。为保证持续审计的有效性，应注意以下几点：

- 经常向信息系统审计师和控制措施所有者汇报审计结果。
- 将控制措施失败和其他异常情况通知给信息系统审计师和控制措施所有者。

持续审计有几种类型：

- **审计钩子(Audit Hook)** 软件应用程序中的这些组件用于提供额外的交易持续监测，并在特定事件发生时创建警告，如发生潜在的欺诈交易时。
- **综合测试基础设施(Integrated Test Facility，ITF)** 在软件应用程序中，出现额外的"虚拟"测试记录，这些记录与实际业务交易一起处理。这些额外的记录通常由审计师创建，并引入正常的生产事务处理过程中。
- **连续和间歇模拟(Continuous and Intermittent Simulation，CIS)** 此技术涉及与一个实时生产环境的连接。当引入新事务时，事务将在事务模拟器中模拟，并在实时环境中执行。仿真结果与实际交易比较。在 CIS 中，不必模拟每个事务，而是使用抽样技术模拟选定的事务。

- 系统控制措施审计审查文件和嵌入式审计模块(Systems Control Audit Review File and Embedded Audit Module，SCARF/EAM) 涉及研发专门的审计软件并将其直接嵌入生产应用程序中。此审计软件可以执行各种功能，包括选择要审计的事务、额外日志记录和额外检查。

关于使用CAAT和持续审计的更多指南，请参见ISACA审计准则2205"证据"。

提示：
信息系统审计师需要确保建立CAAT环境所需的工作量不超过其他抽样和分析方法所需的工作量。

3.5.8 报告审计结果

审计项目的工作成果是审计报告(Audit Report)，是描述整个审计项目的书面报告，包括审计目标、范围、控制措施的评价、控制措施的有效性和完整性的意见，以及改进建议。

尽管信息系统审计师或审计公司通常使用标准格式的审计报告，但一些法律和标准要求特定类型的审计报告包含特定信息或以特定格式呈现。尽管如此，不同审计机构编制的审计报告的结构和外观仍有一定差异。

信息系统审计师通常需要在结束会议上陈述调查结果。在结束会上，信息系统审计师应解释审计过程和审计结果(Audit Result)，并回答有关本次审计工作实务的问题。信息系统审计师可使用一份幻灯片引导针对本地审计活动的讨论。

1. 结构与内容

尽管有多种方式呈现审计结果，法规和标准也要求特定的内容，但审计报告通常包括以下元素：

- **说明函** 简要描述审计、审计范围和目的以及审计结果。通常，说明函将单独用作向其他组织证明本次审计实务的证据。
- **简介** 用于介绍审计报告的内容。
- **总结** 简要介绍审计工作、审计目的和范围以及信息系统审计师的调查结果和建议。
- **审计说明** 报告包括对审计、审计目的和审计目标的高层次描述。
- **检查的系统和流程清单** 报告应包含已检查的系统、应用程序和业务流程的列表。
- **受访者名单** 报告应包含一份完整的受访者名单，以及受访者在访谈时讨论的主题。
- **所获证据清单** 包括所有获得的证据的详细清单，这些证据来自谁，何时获得。对于电子证据，包括取得电子证据的时间、获取电子证据的系统以及获取电子证据的方法。应包括协助工作的人员的姓名。
- **抽样技术解释** 每次信息系统审计师执行抽样测试时，应描述所使用的技术。

- **调查结果和建议描述** 根据证据和信息系统审计师的判断,详细说明每项控制措施的有效性。详细描述异常以证明异常确实已发生。本节中的信息可以根据关键程度、使用的技术或业务功能组织,也可以由其中的几项组成。有些审计报告不包括建议的补救措施,以避免出现以咨询方式影响组织的现象。

编制报告的信息系统审计师必须确保报告平衡、合理和公平。审计报告不应仅列出所有失效或失控的方面,还应该包括一份发现有效运营的控制措施的清单。

信息系统审计师在描述建议时也需要注意,且要意识到不是任何组织都有能力在限定时期内完成整改和变更。如果审计报告包含大量审计发现,则信息系统审计师需要意识到组织可能无法在下一个审计周期之前整改所有问题。相反,组织将需要了解哪些调查结果应首先开始部署补救措施。审计报告应通过对一个(或一组)调查结果进行严重性评级来提供指导。

注意:
通常情况下,信息系统审计师的职责不是关注如何整改审计发现(Audit Finding)。决定用于补救的方法是应审单位管理层的职责。

2. 评价控制措施的有效性

在编制审计报告时,信息系统审计师需要向应审单位表明控制措施的有效性。通常,这种报告需要在几个层次上汇报。例如,信息系统审计师可以向控制措施所有者提供全面且详细的调查结果和建议,而对高级管理层的报告可能只包含重要的调查发现。

3. 审计报告不应包含意外情况

在信息系统审计师和应审单位之间的合作关系中,应该具备一定程度的坦诚和信任,这样应审单位就可以在整个审计过程中了解事情的发展动向。在审计结束时,当信息系统审计师向管理层提交审计结果时,管理层人员应该已经相当准确地知道审计报告包含的内容。

这并不是说应审单位管理层会对审计结果感到满意。当然,如果报告中存在缺陷,管理层本着持续改进和质量提升的精神,不应满足于不太完美的审计结果。这里的重点是,信息系统审计师不一定要在报告提交之前隐藏调查结果。

信息系统审计师经常使用的一种方法是编制所有审计发现的矩阵,其中每个审计发现都按关键性等级评分。这有助于信息系统审计师说明最重要和不重要的审计发现的认定逻辑。信息系统审计师还可以报告通过一个或多个补偿控制措施缓解(全部或部分)无效控制措施的情况。例如,系统可能不具备强制执行口令复杂性(如需要大小写字母、数字和特殊字符)的能力,但可以通过使用比通常更长的口令和更频繁的失效时间来补偿。

注意:
编制审计报告时,信息系统审计师应审查 ISACA 审计标准 1401 报告和准则 2401 报告,确保报告完整和准确。

3.5.9 其他审计主题

本节包括有关信息系统审计的重要讨论。

1. 检测欺诈和违规行为

欺诈的定义是为了个人利益或损害另一方当事人实施的故意欺骗。在公司信息系统和信息系统审计中,欺诈指一个人发现并利用过程或系统中的弱点谋取个人利益或满足私欲的行为。违规行为是指违反公认惯例或策略的行为。

管理层负责实施旨在防止、阻止和发现欺诈的控制措施。然而,任何系统或流程都有弱点。更糟的是,如果两个或两个以上的员工同意共谋,那么共谋者(Conspirator)就有可能,至少暂时地,从组织实施盗窃。

虽然发现欺诈和违规行为不是信息系统审计师的主要职责,但信息系统审计师有很多机会发现流程和系统中可能用于欺诈组织的漏洞。有时,在实质性测试期间,信息系统审计师在检查交易样本时可能会发现欺诈证据。

当信息系统审计师发现欺诈或违规行为的迹象时,应仔细评价这些发现,然后传递给有关机构。信息系统审计师与谁联系取决于组织的性质和结构,以及是否存在对组织和/或信息系统审计师的监管。信息系统审计师在报告组织内部的调查结果时需要非常小心,因为接受调查结果的人员可能就是犯罪行为人,或可能与犯罪人有关联。这种逻辑可能会促使信息系统审计师直接向审计委员会报告调查结果,从而绕过组织中的所有潜在犯罪行为人(通常,审计委员会的成员不是组织的员工,在组织的运营中不承担任何角色,因此很可能不属于犯罪团伙)。

如果该组织没有审计委员会或类似的监督机构,信息系统审计师可能会向行业监管机构或执法机构报告违规行为。

当信息系统审计师代表外部审计机构时,信息系统审计师通常会与选定的审计机构成员讨论弱点、违规或实际欺诈行为,确认其观察结果,并就通知应审单位或外部机构的方案达成一致。

对漏洞、实际欺诈或违规行为的沟通,通常从打电话或面对面交谈开始,随后是正式的书面信函。这将满足迅速(通过电话)和正式(通过书面信函)通知应审单位的需要。

2. 审计风险和重要性

如果信息系统审计师没有发现业务流程中的重大错误,会怎么样?发生这种情况的方式有很多种,包括:

- **控制风险** 是指存在组织控制框架无法预防或检测到的重大错误的风险。例如，查看日志的人员忽略了重大错误、违规或欺诈，则设计用于检测信息系统中未授权篡改的手动控制措施可能会失效。
- **检测风险** 信息系统审计师在审计过程中忽略错误或例外情况的风险。检测风险应是信息系统审计师在审计开始时执行的风险评估的一部分；将有助于信息系统审计师专注于需要额外审查的控制措施(即更高的抽样率)，从而提高发现错误的机会。
- **固有风险** 这种风险指现有业务流程中存在重大缺陷，并且没有补偿性控制措施帮助检测或预防。固有风险独立于审计而存在。
- **抽样风险** 指所使用的抽样技术无法检测到不符合控制措施的交易的风险。
- **总体审计风险** 本节讨论的所有剩余风险的总和。

重要性(Materiality) 在财务审计中，重要性是一个货币金额的阈值，可以用几种可能的方法之一计算，包括税前收入的百分比、毛利润的百分比、总资产的百分比、总收入的百分比、权益的百分比或其中两种或多种方法的混合。

当财务审计师在审计期间检查交易和控制措施时，如果例外情况的金额超过重要性阈值，则该发现可归类为重大缺陷。然而，对于审计结果是否具有重要性，财务审计师的判断存在一定的自由度。

在信息系统审计中，受检查的控制措施并不是与之相关的货币数字，缺陷也不会以同样的方式根据重要性阈值衡量。与之相反，当控制措施缺陷导致发生严重错误、遗漏、违规或违法行为时，信息系统审计中的重要性就会体现。与财务审计相比，信息系统审计师的判断在确定审计结果重要性方面非常重要。

3. 审计与风险评估

当评估组织中控制措施的有效性时，信息系统审计师应该花时间了解组织是如何执行风险评估和风险处理的。

风险评估(Risk Assessment) 组织应定期开展风险评估活动，识别值得管理层注意的风险领域。风险评估应识别风险、确定风险优先级并对其排序。风险评估的主要内容应该是对组织使命至关重要的业务流程和支持性信息系统和基础架构(Infrastructure)。

信息系统审计师识别出风险后，风险评估应该包括一种或多种可能的补救措施，每种补救措施都要分析实施所需的成本和工作量，以及估计的风险降低、转移、规避或接受情况。对这些补救措施及其影响(在减少风险方面)排序时，结果应该是减少组织中风险的最有效举措的列表。

风险评估有两种类型：定性和定量。定性风险评估将风险评级为高-中-低，而定量风险分析根据实际概率和成本对风险评级。定量风险评估更难，也更耗时，因为很难确定威胁及其财务影响的合理概率。然而，当考虑降低最高风险领域的措施时，信息系统审计师会发现，有时使用定量风险评估验证哪些投资将产生最大的影响是有意义的。

风险处理(Risk Treatment) 组织识别出风险,风险处置就涉及为解决这些风险而做出决策和采取后续行动。有四种可能的风险处置途径:

- **风险降低(Risk Reduction)** 有时称为*风险缓解(Risk Mitigation)*,涉及更改流程、程序、系统或控制措施,降低威胁的可能性或影响。例如,经风险评估发现应用程序受到 SQL 注入攻击的威胁,组织可通过实施阻止此类攻击的应用程序防火墙降低风险。
- **风险转移(Risk Transfer)** 通常涉及使用保险,保险可以补偿组织在威胁实现时可能发生的财务损失或损害。例如,组织可通过购买网络保险保单转移 DOS 攻击的风险,该保单将在攻击发生时对组织予以补偿。
- **风险规避(Risk Avoidance)** 这里与处理风险相关的活动将停止。例如,风险评估确定与实施电子商务能力相关的风险,组织可以选择放弃这一想法,从而避免与电子商务相关的风险。
- **风险接受(Risk Acceptance)** 这种情况下,组织认为风险是可以接受的,不需要采取任何措施降低风险。

组织很少做出完全符合单一风险处理类别的决策。相反,风险处理通常是一种混合方法,例如,采取措施降低风险;然而,即使是综合措施也很少能消除所有风险。在完成风险处理后,通常还会留下一些风险。这种遗留风险称为残余风险(Residual Risk)。而且,就像连续几次用簸箕清理不掉的残余泥渣一样,残余风险通常是可以接受的。

3.6 CSA

控制措施自评估(Control Self-Assessment,CSA)方法允许组织审查关键业务目标、与实现这些目标相关的风险以及为管理这些风险而设计的关键控制措施。控制措施自评估的主要特征是组织主动的自我调节,而不是聘请外部人员。外部人员可能是审计方面的专家,却不了解组织的使命、目标和文化。

CSA 的示例包括:

- **萨班斯-奥克斯利法案规定的内部审计** 美国上市公司必须实施内部审计职能,检查财务控制。
- **PCI 自评估问卷(Self-Assessment Questionnaire,SAQ)** 支付卡行业要求所有商户和服务提供商遵守 PCI-DSS;交易量低于设定阈值的组织可以使用 SAQ 开展自评估。
- **自愿内部审计** 更好的组织认识到网络安全控制措施对保护其持续业务的重要性,会开展自愿内部审计,这不是因为法律法规要求这么做,而是因为组织明白这是确保其控制措施继续有效的一个好方法。

3.6.1 CSA 的优缺点

与几乎任何商业活动一样，CSA 有许多优缺点。信息系统审计师和其他人应该熟悉这些优缺点，有助于组织充分利用这一过程，避免一些常见问题。

CSA 的优点包括：
- 可以更早地发现风险，因为各领域专家更早地参与。
- 及时改进内部控制措施。
- CSA 通过参与改善控制措施，使其拥有更大的所有权。
- CSA 通过参与改进，提高员工对控制措施的意识。
- CSA 有助于改善部门和审计师之间的关系。

CSA 的缺点包括：
- CSA 可能被员工或管理层误认为是内部审计的替代品。
- CSA 可能被认为是额外的工作，并认为并不必要。
- 员工可能试图掩盖劣质工作和不当行为。
- CSA 可视为信息系统审计师逃避责任的一种尝试。
- 缺乏员工参与将导致流程改进效果很小或根本没有效果。

3.6.2 CSA 生命周期

与大多数持续改进流程一样，CSA 流程是一个迭代的生命周期。CSA 中的阶段有：

- **识别和评估风险**　识别和分析运营风险。
- **识别和评估控制措施**　识别和评估管理风险的控制措施。如果缺少控制措施，则设计并实现全新的控制措施。
- **编制调查问卷或举办研讨会**　如有可能，举行互动式会议，讨论风险和控制措施。如果与会人员分布在多个地点，则可以召开电话会议，或编制调查问卷发给与会人员。
- **分析完成的问卷或评估研讨会的结果**　如果举办了研讨会，则评估研讨会的结果，了解出现了哪些补救的好主意。如果分发了调查问卷，则分析结果，确定哪些是补救的好主意。
- **控制措施补救**　利用研讨会或问卷调查中的最佳想法，设计或更改控制措施，更好地管理特定风险。
- **意识宣贯和培训**　这项活动贯穿于生命周期的每个阶段，帮助人员了解各个阶段的活动。

控制措施自评估生命周期如图 3-5 所示。

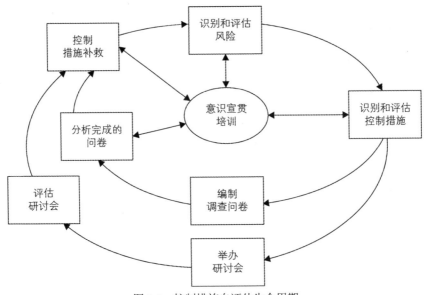

图 3-5 控制措施自评估生命周期

3.6.3 CSA 目标

CSA 的主要目标是将监测控制措施性能和持续监测的一部分责任转移给控制措施所有者。信息系统审计师的作用并没有减少，因为信息系统审计仍然需要定期测试控制措施的有效性，但是控制措施所有者将在对控制措施的审计中发挥更积极的作用。

CSA 的另一个目标是长期减少例外情况的发生。随着控制措施所有者对其控制措施的执行承担更多责任，所有者将努力避免审计师发现例外情况。CSA 为控制措施所有者提供了一个清理房间和改善审计结果的机会和流程。

注意：
信息系统审计师应参与 CSA，确保 CSA 流程不会受到"效率狂(Zealot)"的劫持，效率狂并不理解控制措施的重要性，总是试图从流程中移除控制措施。

3.6.4 审计师和 CSA

信息系统审计师应参与各部门开展的控制措施自评估。信息系统审计师的角色应该是一位客观的主题专家，信息系统审计师可以引导讨论朝着适当的方向发展，这样控制措施就会随着时间的推移而得到正确的研判。

然而，信息系统审计师应该抵制在控制措施自评估中扮演过于强硬的角色。控制措施制定和优化的责任应由拥有 CSA 的部门负责。但是，如果一个部门在执行控制措施自评估方面是新手，那么此部门可能需要一些时间才有足够的信心和能力担负起整个流程的所有权和责任。

3.7 实施审计建议

内外部审计的目的是确定改进控制目标和控制活动的潜在机会。交接时在审计报告中包含调查结果和建议的部分。这些都是信息系统审计师建议应审单位为改善控制环境需要执行的活动。

实施审计建议是应审单位的责任。然而，二者承担一些共同的责任，如信息系统审计师试图了解应审单位的业务，以便能够提出合理的建议。在富有成效的信息系统审计师-应审单位关系中，信息系统审计师将尽可能充分了解应审单位的业务环境、能力和本质上的局限性，提出建议，并说："这是对降低风险和改进控制的建议。"应审单位与审计师合作以了解其方法论和结论，并在审计师理解后，接受建议并承担全部责任，并说："本单位接受审计组的建议并将予以实施。"这是审计师-受审方伙伴关系的精神和原旨。

在有些审计师-受审方关系中，审计师不在其审计报告中提出建议。这通常是因为不允许审计师扮演影响应审单位业务决策的角色。换句话说，审计师可以告诉应审单位要修复什么控制措施异常，但不能告之如何修复控制措施异常。

3.8 小结

组织中的审计职能应在章程中加以界定和描述。审计计划和审计策略应支持组织的使命和目标，促进业务发展和增长。

审计师需要具备技术能力并保持这种能力，以便能够有效地评估技术控制措施和识别技术控制措施风险。审计师将需要参加培训来了解组织正在使用的技术以及组织今后可能使用的新兴技术。

ISACA 职业道德规范定义了信息系统审计师的行为和行为标准。ISACA 审计标准框架定义了强制性审计标准，这些准则包含了执行准则的建议。所有 CISA 持证人员都必须遵守 ISACA 职业道德规范；违反行为将受到调查和包括开除在内的纪律处分。

ISACA 审计标准、准则和程序提供了一个框架，可用于指导如何制定 IT 鉴证计划。ITAF 是一个完整的 IT 鉴证和审计框架，借鉴了 COBIT 和 ISACA 审计标准、准则和程序。

作为审计项目的一个组成部分，信息系统审计师可能需要执行风险分析活动，以确定需要额外审计资源的风险领域。风险分析的结果将有助于审计师制定一套完整的审计方案，其中包括在审计期间将要开展的合理审计活动。

ISACA 风险 IT 框架为执行风险治理、风险评价和风险响应提供了一套流程。

内部控制是旨在降低风险和促进业务目标实现的策略、程序、机制、制度和其他手段。控制措施可用几种不同的方法来描述如何设计以控制行为和结果。

内部控制目标是对组织期望状态和结果的陈述。内部控制目标由一个或多个确保实现控制目标的控制措施支持。控制措施应该是可测量的，并通过信息系统中的流程、程序或自动机制定义和执行。信息系统控制目标类似于内部控制目标，但集中于信息系统范围内的期望状态和结果。

GCC 应用于整个信息系统环境。组织可能存在用于环境中的单个应用程序或组件的额外控制措施。

审计是对控制措施和控制目标开展的有计划、系统化的评价。审计的一项关键活动是识别和获取支持控制措施运行的证据，并帮助信息系统审计师就控制措施的有效性得出结论。

信息系统审计师通常指定并遵循一种审计方法论，这是一种确保始终一致、可重复的审计流程。通常，审计的类型和原因将决定所采用的方法。

证据是审计师在审计过程中收集的信息。证据的可靠性和相关性有助于审计师就控制措施和控制目标的有效性得出合理结论。

抽样是在无法测试整个总体时使用的技术。需要仔细考虑抽样技术以便准确代表总体。

CAAT 用于在复杂的应用程序环境中对信息执行自动化采样和分析。CAAT 可以帮助审计师分析和关联数据，这是很难手工完成的。持续审计包括长时间内自动收集的样本。

审计报告是审计项目的工作成果。审计报告包含摘要、对收集到的证据的描述，以及发现和结论。

在信息系统审计中，重要性是指控制措施缺陷导致严重错误、遗漏、违规或违法行为发生的临界值。

CSA 是一个组织通过研讨会和其他活动获取控制措施所有权并加以改进的活动。

3.9 本章要点

- 审计计划定义了审计战略并制定方案，包括范围、目标、资源和用于评价控制措施和流程的程序。
- 信息系统审计师需要通过培训课程、网络研讨会、ISACA 分会培训活动和行业会议了解最新技术。
- 一些法律、法规和标准要求开展内外部审计，确保组织实现并保持合规。
- 控制措施类型包括物理型、技术型和行政型。
- 控制措施类包括预防性、检测性、威慑性、纠正性、补偿性和恢复性。
- 控制措施类别有自动方式和手动方式。
- 审计类型包括运营审计、财务审计、综合审计、信息系统审计、行政审计、合规审计、取证审计、欺诈调查审计和服务提供商审计。预审可以帮助组织为即将到来的审计做好准备。内部审计和外部审计是指审计师与应审单位的关系。
- 合规性测试用于确定控制措施是否设计正确、运行是否正常。实质性测试用于验证交易在系统中流动时的准确性和完整性。
- 审计方法定义了审计主体、审计目标、审计类型、审计范围、预审规划、审计工作说明书、制定审计程序、沟通方案、报告编制、总结和审后跟进。
- 审计师在审计期间收集的证据类型包括观察结果、书面笔记、信函、流程和程序文档以及业务记录。

- 在审计过程中，审计部门应获取风险记录、制度记录和第三方审计程序。信息系统审计师应该使用预先写好的问题多次访谈，仔细观察员工，了解组织文化和成熟度。
- 抽样类型包括统计抽样、判断抽样、属性抽样、可变抽样、停-走抽样、发现抽样和分层抽样。信息系统审计师需要了解置信系数、抽样风险、精密度、预期误差率、样本平均值、样本标准差和容错率的含义。
- 审计报告通常包括说明函、简介、总结、审计说明、检查系统清单、受访者、证据、抽样技术解释、调查结果及(可选)建议。
- 与审计相关的总体风险、风险类型和风险控制。
- 计算机辅助审计技术、通用审计软件和持续审计带来了许多挑战和机遇，可能导致报告更加频繁。
- 当组织缺乏开展内部审计的具体专业知识或资源时，可能需要外部审计师。然而，有些法规和标准要求外部独立审计。

3.10 习题

1. 信息系统审计师正在规划一个审计项目，需要知道哪些领域代表着最高的风险。识别这些风险区域的最佳方法是什么？

    A. 执行审计，控制措施失败将确定风险最高的领域。
    B. 执行审计，然后执行风险评估。
    C. 首先执行风险评估，然后将控制措施测试集中在风险评估中确定的高风险区域。
    D. 提高高危地区的抽样率。

2. 审计师在测试控制目标时发现了潜在的欺诈行为，下一步该怎么办？

    A. 通知审计委员会
    B. 开展正式调查
    C. 向执法部门举报欺诈行为
    D. 向管理层报告可疑的欺诈行为

3. 一个流程或程序无法防止或检测到严重错误和错误行为的可能性称为：

    A. 检测风险
    B. 固有风险
    C. 抽样风险
    D. 控制风险

4. 风险处理的类别有：

    A. 风险降低、风险转移、风险规避和风险接受
    B. 风险规避、风险转移和风险缓解
    C. 风险规避、风险降低、风险转移、风险缓解和风险接受
    D. 风险规避、风险处置、风险缓解和风险接受

5. 信息系统审计师需要审计财务系统,并需要通过系统跟踪单个交易。审计师应该执行哪类测试?

    A. 发现测试

    B. 统计检验

    C. 合规性测试

    D. 实质性测试

6. 信息系统审计师正在审计财务应用程序的变更管理过程。审计师有两个主要的证据:变更日志和由业务分析师执行的对变更日志的书面分析。哪种证据更好?为什么?

    A. 变更日志更好,因为变更日志是主观的。

    B. 书面分析更好,因为书面分析解释了变更日志。

    C. 变更日志更好,因为变更日志是客观和无偏见的。

    D. 书面分析更好,因为书面分析是客观的。

7. 在什么情况下审计师应该使用主观抽样?

    A. 当总体规模较小时

    B. 当审计师认为特定交易比大多数其他交易具有更高的风险时

    C. 当异常风险较低时

    D. 无法开展统计抽样时

8. 信息系统审计师在测试控制措施期间发现了一个高风险异常。信息系统审计师采取的最佳行动方案是什么?

    A. 立即执行缓解措施

    B. 在报告中包含异常并将测试标记为控制措施失败

    C. 立即将情况通知应审单位

    D. 立即将情况通知审计委员会

9. 信息系统审计师在控制措施自评估中的适当角色是什么?

    A. 信息系统审计师应作为主题专家参与

    B. 信息系统审计师应充当促进者

    C. 信息系统审计师不应参与

    D. 信息系统审计师应设计控制措施自评估

10. 以下哪项在信息系统审计中不是有用的证据?

    A. 人事手册

    B. 组织使命和目标

    C. 组织结构图

    D. 组织历史

11. 审计师发现,自动工作底稿配置为数据库管理员有读/写权限。审计师应该采取什么行动?

    A. 只需要继续依靠自动化的工作文档。

    B. 标注一个例外,并继续依赖这些自动化工作文档。

C. 建议更改对自动工作底稿的权限，使任何人员都没有写权限，以便将来可以依赖这些数据。

D. 通知董事会或审计委员会。

12. 在审计过程中，审计师发现了一个持续有效地执行的流程，但该流程缺少程序文档。审计师应该采取什么行动？

A. 记录流程。

B. 认定该流程有效，但建议将其记录在案。

C. 为应审单位编写程序文档，并将其纳入审计证据中。

D. 认定该流程无效。

13. 在审计规划过程中，审计师发现应审单位组织中的一个关键业务流程已经外包给外部服务提供商。审计师应该考虑哪种选择？

A. 开展外部服务提供商审计，或者依赖 SSAE 16 审计报告(如果有)。

B. 审计外部服务提供商。

C. 确定业务流程无效。

D. 要求外部服务提供商提交其内部审计工作文档。

14. 为什么审计师应该更喜欢银行对账单而不是部门自己列出的银行交易记录？

A. 银行对账单可提供电子格式

B. 银行对账单包含内部记录中未找到的数据

C. 银行对账单通常更容易获得

D. 银行对账单是独立且客观的

15. 关于国际会计准则协会的审计标准和准则，以下哪项陈述是正确的？

A. ISACA 审计标准是强制性的，而 ISACA 审计准则是可选的。

B. ISACA 审计标准是可选的，而 ISACA 审计准则是强制性的。

C. ISACA 审计标准和准则是强制性的。

D. ISACA 审计标准和准则是可选的。

3.11 答案

1. C. 信息系统审计师应首先执行风险评估，确定哪些领域具有最高风险，然后将更多测试资源用于这些高风险领域。

2. A. 当信息系统审计师怀疑存在欺诈行为时，应仔细评价该事项并通知审计委员会。由于审计委员会成员一般不参与业务运营，将充分排除在事务之外。审计委员会成员将有权根据需要让其他人参与。

3. D. 控制风险是一个术语，表示控制可能无法防止或检测到不必要的行为。

4. A. 风险处置分为四类：风险降低(有时称为风险缓解，通过控制或流程变更降低风险)、风险转移(风险转移给外部方，如保险公司)、风险规避(风险承担活动停止时)以及风险接受(管理层选择接受风险)。

5. D. 审计师应该开展实质性测试，这是对交易完整性的测试。

6. C. 变更日志是最好的证据，因为变更日志是客观的，没有人为判断。

7. B. 当审计师希望集中精力于已知的、代表更高风险的样本时，使用主观抽样。

8. C. 当发现高风险情况时，信息系统审计师应立即通知应审单位。

9. B. 信息系统审计师应作为控制措施自评估的促进者，管理层应就控制措施的变更做出任何决定。

10. D. 在给出的选择中，组织历史将是最没有用的。其他内容有助于深入了解组织的使命和目标，以及了解如何实现这些目标。

11. C. 如果审计师发现自动化工作底稿可由任何人员更新，则不应相信工作底稿包含完整和准确的信息。一旦通过取消写访问解决这一问题，审计师可继续依赖这些数据，但不应依赖该时间点之前的信息。

12. B. 审计师确定流程有效并建议将其记录在案。

13. A. 如果确定关键业务流程已经外包，审计师需要通过审计该流程或依赖该流程的独立审计报告来确定该流程的有效性。

14. D. 审计师更喜欢银行对账单而不是内部记录，因为银行对账单是由银行出具的，是独立和客观的。一家银行不太可能为改善某个客户的审计结果而改变其记录。

15. A. ISACA 审计标准对所有 ISACA 认证持有者都是强制性的，包括那些拥有 CISA 认证的人士。ISACA 审计准则是可选的。

第 4 章

IT 生命周期管理

本章介绍 CISA 知识域 3 "信息系统的购置、研发和实施",讨论如下主题:
- 项目集和项目管理
- 系统研发生命周期(SDLC)
- 基础架构的研发和部署
- 维护信息系统
- 业务流程和业务流程再造(Business Process Reengineering,BPR)
- 第三方风险管理
- 应用程序控制措施
- 软件研发生命周期审计
- 业务和应用程序控制措施审计
- 第三方审计

本章介绍的主题在 CISA 考试中所占比重为 12%。

组织通过业务流程处理与应用程序软件的研发、维护及 IT 支撑基础架构相关的任务。业务流程对软件和基础架构的购置、研发和维护等高价值活动进行约束和管理控制,同时提供了项目和项目管理的框架。

过去十年间,大部分组织的业务应用程序软件本质都经历过重大变化。在过去,组织研发或购买的业务应用程序软件往往由内部程序研发人员高度定制,并在本地数据中心(曾称为计算机室)中运行。与之相比,现在大多数组织都采用高度集成化的软件即服务(Software as a Service,SaaS)业务应用程序软件,而员工中软件研发人员的比例屡创新低,甚至不再雇用此类人员。现在,组织更关注系统研发生命周期(Systems Development Life Cycle),而不是软件研发生命周期(Software Development Life Cycle)。

目前,多数组织已经认识到业务流程与软件有着类似的复杂之处,并且业务流程生命周期管理与软件研发生命周期管理也非常相似。组织还认识到,业务流程和应用程序软件已紧密耦合,必须作为一个复杂的、多层面的整体加以管理。

信息系统审计师应特别关注组织在软件、基础架构和业务流程的购置、研发和管理方面的方法论和运营实务。这些都是关于组织生命周期管理有效性的高价值信息，有助于信息系统审计师确定组织如何定义需求以及如何将需求转换为有效支持关键业务流程的应用程序和基础架构(Infrastructure)。

除了需要审计组织的研发流程外，信息系统审计师还必须审计应用程序软件。特别应当关注的方面包括用于控制输入、处理和输出的控制措施，以及应用程序正确执行计算和在多个用户并发访问时维护数据完整性的能力。

4.1 收益实现

收益实现(Benefits Realization)有时称为业务实现(Business Realization)，是指从事战略规划、流程设计和业务系统研发所带来的、有助于开展业务运营以实现一系列业务目标的结果。本章重点介绍用于构建业务运营引擎的流程及业务系统的购置和研发。对这些业务活动开展的审计工作实务可以客观地评价其有效性。收益实现如图 4-1 所示。

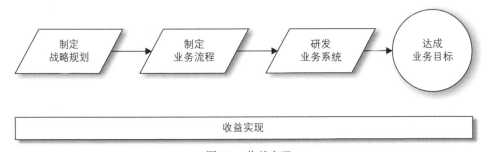

图 4-1　收益实现

4.1.1　项目组合和项目集管理

项目集(Program)是由许多大型、复杂的活动组成的组织，可视为实现一个或多个关键业务目的或目标的子项目的集合。项目集通常由许多复杂的子项目组成并需要开发者付出数年努力。每个子项目都有自己的项目经理、项目时间安排表、预算和多个参与方。

项目集通常由项目集经理(Program Manager)管理，项目集经理负责监督项目集中的所有项目。图 4-2 显示了项目集经理与其管理的子项目之间的关系。

与单个项目一样，项目集具有明确的范围、预算、资源和时间安排表。项目集还有助于组织和协调项目间的运作，确定项目之间的依赖关系，管理冲突和问题，以及管理项目团队间共同的资源。

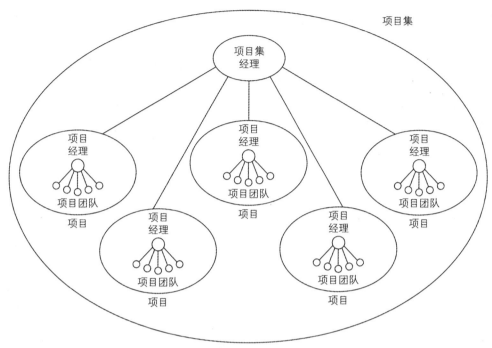

图 4-2　项目集经理负责监督多个项目

1. 启动项目集

当组织制定通过项目集实现的目标时，通常会开展一系列活动：

- **制定项目集章程**　章程(Charter)是一份正式文档，其中定义了项目集的目标、主要时间轴、资金来源、主要领导和经理的姓名以及主管该项目集的业务执行官或项目赞助人的姓名。
- **识别可用资源**　高级管理层必须识别出项目集需要使用的资源；其中包括资金、人员和业务资产(如信息系统和其他设备)。

章程和资源提供了启动项目集的方向和方式，使业务更接近于实现目标。

> **头衔和角色**
>
> 许多中高级管理人员都是项目集经理，即使头衔或职位描述中没有"项目集经理"这个词汇也是如此。任何负责执行多个并发项目的经理都是项目集经理。

2. 运营项目集

项目集启动后，项目集经理需要主动管理，以确保项目集走上正轨并实现其目标。所需活动包括：

- **持续监测项目时间安排表**　项目集运营的每个项目都有自己的时间安排表。项目集经理需要定期检查时间安排表，以掌握每个项目的进度。这要求项目集经理保持与项目集参与方和项目经理的定期沟通，以获得项目任务的最新状态。

- **管理项目预算** 项目集经理需要监测和管理项目集中每个项目的支出。项目集经理可能需要定期调整支出，以控制项目集的总体预算。
- **管理资源** 项目集经理需要掌握所有项目中的资源使用情况，并根据需要调配资源。由于大多数组织中 IT 资源稀缺，因此这是一项极具创造力的工作；通常，项目集经理需要先找到资源，然后才能将资源用于进一步实现项目集目标。
- **识别和管理冲突** 各项目经常会遇到资源冲突，有时，项目间会争夺相同的资源，或者可能需要使用项目集外的资源。
- **为高级管理层提供项目集状态报告** 作为该项目集的项目赞助方(Project Sponsor)，高级管理层需要通过不同详细程度的状态报告以随时了解项目集的进展状态。通常，状态报告将阐述问题、冲突以及解决方案。但是，有时状态报告也要求高级管理层干预资源配置优先级来解决冲突，以帮助重要项目集继续推进工作。

项目集的管理活动使管理层可衡量进度并调整资源及其优先级，以保持项目集的顺利运转。

3. 项目组合管理

项目组合(Project Portfolio)是组织在一定时间内所有活动项目的集合。与项目间相互关联并支持共同目标的项目集不同，项目组合只是所有活动项目的简单集合，可能支持许多不同的甚至无关的目标，并且可能是不同项目集的一部分。

组织需要在中心位置维护与其所有项目相关的信息集合。获得此信息将有助于高级经理或执行主管快速查看组织中所有活动项目的高层级信息。通常，项目信息将以电子方式存储，使执行主管能以多种方式对公司项目进行排序和筛选。项目组合中可能维护的项目信息包括：

- 项目赞助人
- 项目集经理
- 项目经理
- 开始日期和结束日期
- 参与方姓名
- 项目支持的目标或目的
- 预算
- 已使用的资源
- 依赖关系

注意：
如果能方便地访问项目和项目集组合信息，管理层将能更好地掌握正在执行的项目以及每个项目所消耗的资源。

4.1.2 制定业务案例

IT 组织应当支持业务目标的实现是一个普遍认可的观点。基于这个假设，每个 IT 项目不管如何技术化或抽象化，都应直接或间接地产生有形的业务成果。

在批准开展任何 IT 项目之前，都应当制定该项目的业务案例(Business Case)。业务案例的目的在于解释项目为业务贡献的收益。

业务案例的制定通常遵循可行性研究(Feasibility Study)。可行性研究定义了业务问题并描述了可能的解决方案(Solution)。但是，并非所有解决方案都能为业务带来收益，如解决方案可能成本过高，或可能导致过高的风险。尽管如此，业务案例应当在业务收益(包括实际成本和实际收益)方面，优于可行性研究。

典型的业务案例是一份正式书面文档，其中包括：
- **业务问题**　对业务问题做出定性和定量的描述。
- **可行性研究成果**　如果已完成可行性研究，业务案例应包含可行性研究成果。
- **概要项目方案(High-level Project Plan)**　包括时间轴(Timeline)和所需人员数量。
- **预算**　包括项目的执行成本和解决方案的相关成本。
- **指标**　商业案例应当包括如何衡量业务收益的信息，以及衡量前后的估算(Estimate)。估算应以组织或其他组织中类似项目的收益案例作为基础。
- **风险**　业务案例应考虑所有可能发生的风险和减轻风险的方法。风险可能是市场风险或财务风险。

注意：
有些组织将业务案例的编制活动作为项目实务的第一阶段；然而，这极有可能用于谋取私利，因为项目团队可能着眼于证明项目继续推进的合理性，而不是关注项目是否真正有利于组织。业务案例应由无法从结果中获益的人员以客观的方式制定。

不应仅在项目开始阶段评估业务案例并做出是否开展项目的决策，还应在项目的所有关键里程碑处，都对业务案例重新做出评价。随着项目的开展，经常会发生无法预料的情况，有时会导致风险和成本的增加或者发生其他变化。因此，对业务案例的重新评议应贯穿项目执行的全过程，以便高级管理层能够确定项目是否应继续推进。

注意：
决定是否继续执行一个项目不仅应由项目受益者做出决定，还应由更客观的其他利益相关方做出决策。否则，可能会存在为了自身利益罔顾业务利益而继续实施项目的舞弊风险。

4.1.3　衡量业务收益

在 20 世纪中后期，信息技术(IT)主要用于自动化任务，在那个时代，衡量从信息技术中获得的收益相当容易。通常，衡量收益是将手动执行任务所花费的成本和时间与自动执行任务所花费的成本和时间相对比。而如今，信息技术的新角色是数字化转型(Digital Transformation，DX)，其收益不再那么容易衡量，而且不再是短期性收益。

组织可以用客户服务的改善程度来衡量新的 CRM 应用程序的投资收益。实施 CRM 业务系统后，在个人和团队学会如何操作和充分利用新业务系统之前，短期内工作效率实际上可能会暂时降低。但客户满意度在未来几个季度却可能会提高。这需要一年甚至更长的时间才能确定客户满意度的提高是短暂的还是由新 CRM 激发的真实提升。新业务系统还可以帮助组织改进产品和服务，但改进的收益可能在实施新 CRM 多年后才可见。

衡量业务收益要求组织选定关键绩效指标(Key Performance Indicator，KPI)，并长期正式且准确地衡量这些指标。考虑新项目和项目集时，应当估算(Estimate)业务收益，并在项目开始之前和完成之后衡量业务收益，以验证项目的收益预测是否有效。根据项目特点，可能需要几个月甚至几年来衡量验证项目成果。

注意：
重大项目应当在完成一段时间后(如 24 个月，或者更长)开展实施后审查(Post-Implementation Review)，以确定关键指标的趋势是否如预期般变化。

制定业务案例时应包括对已完成项目的预期业务收益的描述，包括如何衡量业务收益。应在项目开始之前确定关键指标。如果尚未开始衡量关键指标，则应尽快着手衡量，以便组织有足够的项目实施前指标和后期指标来确定项目是否对组织有所帮助。

注意：
未对关键指标达成一致的组织，存在后期为证明项目合理性而自行设置实现指标的风险；这将导致无论项目是否真正有利于组织都必须执行下去的问题。

本着持续改进的精神，在项目完成一段时间之后应仔细分析关键指标，以期望能够促进组织考虑改进其流程(Process)和技术。

最后，使用自动化手段实现业务流程的现代化组织常会享有预期之外的收益，包括通过业务分析(Business Analytic)或商业智能(Business Intelligence，BI)获得的商业洞察力，如组织可获取以前无法掌握的客户购买趋势等。

4.2 项目管理

上一节关于效益实现的内容与跨项目的高层视角有关。本节将进一步介绍单个项目的管理。

项目(Project)是一个协调和管理的任务序列，其结果是实现一个特定的目标或目的。这种努力可以由一人或多人来完成。一个项目的持续时间可能是几天，也可能长达两年，甚至更长。

4.2.1 项目组织

项目应该以井然有序的方式开展起来，以支持组织的业务目标。管理层应正式批准项目，并以统一的方式记录。

项目除了是有组织的活动集合外，还具有独特的社会背景和文化(Culture)。项目由项目团队组成，项目团队由执行项目任务的成员组成。团队成员间的关系分为四种模型：

- **直接汇报型(Direct Report)** 部门经理担任项目经理。项目团队成员直接向经理汇报工作，并有义务执行经理的指示。但有时部门经理也可能是项目团队成员，而项目经理却是在行政上向部门经理汇报工作的人员。
- **影响者型(Influencer)** 项目经理对项目团队成员没有直接的管理影响。项目经理必须对项目团队成员进行影响和说服，以继续开展项目。
- **纯项目型(Pure Project)** 项目经理有权管理项目团队成员，即使团队成员在行政上不受项目经理领导。
- **矩阵型(Matrix)** 项目经理和项目团队经理对每个项目团队成员都拥有管理权限。

注意：
尽管项目可能有正式的方案和时间安排表，但帮助实现项目目标的是项目团队中的成员。因此，关注项目的人性化管理与项目目标本身同样重要。

项目启动

当项目获得 IT 指导委员会(IT Steering Committee)或类似监督机构的批准后，项目将正式启动。管理层将委派项目经理以及项目团队成员。

管理层还需要为团队和团队成员确定项目的优先级。由于大多数或所有项目团队成员可能还有其他工作职责，因此管理层必须非常明确地表明项目活动在工作优先级列表中的位置。

此外，管理层必须明确项目时间安排表和重要的项目里程碑，以便所有项目团队成员都了解管理层意图以便及时完成项目的目标。这将有助于激励项目团队成员及时开始和完成任务。

注意：
项目启动会议(Project Kickoff Meeting)是传达项目信息的有效方式：管理层可以通过研究项目团队成员的肢体语言来判断项目成员的兴趣。项目启动会议也是即时讨论问题和回复问题的有效方式。

在项目启动前，管理层还应与每个项目成员单独讨论即将启动的项目，了解项目成员对项目团队的组成及对项目成功前景的看法。

4.2.2 制定项目目标

项目的具体目标必须在项目开始前确定并记录在案。事实上，当 IT 指导委员会批准项目时，项目目标应是项目描述的一部分。项目目标应是具体的、可衡量的、可实现的、相关的且有一定时限(Specific, Measurable, Achievable, Relevant, and Time-Bound，SMART)，应支持业务目标并与组织的关键绩效指标相关。

项目目标的示例：
- 减少 70% 的客户服务呼叫等待时间。
- 新客户的实施时间缩短五天。
- 降低 20% 的年度数据存储系统成本。

还可以制定项目关键目标以外的其他目标；项目目标可阐明项目目的或执行方式。

1. 目标分解结构

作为项目目标的一部分，项目经理应编制一份目标分解结构(Object Breakdown Structure，OBS)，目标分解结构以图形或表格形式表示项目的组成。目标分解结构可以帮助管理层和项目团队成员更好地、直观地理解项目的范围和目标。图 4-3 显示了目标分解结构(OBS)示例。

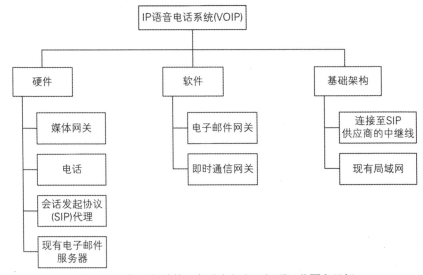

图 4-3　目标分解结构可帮助参与方理解项目范围和目标

OBS 是一种可视化或结构化方法，以分层形式从高到低逐层展示业务系统、软件或应用程序的细节。目标分解结构不是原理图、架构(Architecture)或数据流向图(Data Flow Diagram，DFD)，尽管其中一份或多份图表可能还需要细化，但作为设计的一部分，或作为工具，OBS 能帮助项目参与方更好地理解全局系统。

2. 工作分解结构

描述项目的另一个常见方法是工作分解结构(Work Breakdown Structure，WBS)。WBS 是完成项目必须执行的概要(High-level)和详细任务的一种逻辑表示形式。因此，工作分解结构也可作为创建项目时间安排表的基础。图 4-4 展示了 WBS 示例。

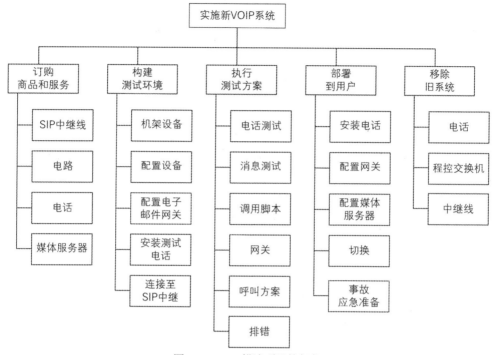

图 4-4 WBS 描述项目的任务

在此阶段所创建的工作分解结构将比完整的项目方案(Project Plan)更简单，项目方案包括将执行的每个任务、任务依赖关系和时间安排表所需的资源。

在更简单的项目中，WBS 和项目方案可能是相同的。换句话说，WBS 可以是项目方案的开始，因为 WBS 包含项目方案中需要包含的所有任务。在使用 WBS Planner 等工具时，WBS 放在左侧的任务列表中，当项目方案还包含依赖关系、日期、资源和其他详细信息时，则放在另一列。本节稍后将更详细地介绍项目规划(Project Planning)。

4.2.3 管理项目

项目应由项目经理管理。项目经理负责执行以下活动：

- **编制并管理项目时间安排表(Schedule)** 项目经理可能已经制定了初始项目时间安排表，并将在整个项目生命周期内负责维护该时间安排表。由于任务提前、按时或延迟完成，将影响项目时间安排表的其余部分时，项目经理需要根据进度变化调整时间安排表。除了调整时间外，还需要更改时间安排表的其他内容，包括新任务、新依赖关系和其他可能影响时间安排表的无法预见事项。
- **记录任务完成情况** 随着任务的开展和完成，项目经理应更新项目时间安排表。项目时间安排表必须能够准确反映每个任务的状态。

- **召开项目会议** 项目经理定期组织项目参与方会议，讨论项目状态和遇到的问题。项目经理应促进项目会议按照会议议程(Meeting Agenda)召开。项目经理还负责向项目团队发送会议议程、会议纪要和其他更新文档对象。
- **跟踪项目支出** 项目经理负责跟踪并报告项目成本。
- **沟通项目状态** 项目经理负责向项目团队成员和管理层传达项目状态。项目状态报告将包括任务状态以及项目是否按照时间安排表和预算要求开展的详细信息，以及正在处理和已结束问题(Issue)的列表。

注意：
项目经理需要是一名有高度组织能力、有条理、注重细节、善于沟通和谈判的人员，虽然掌握项目常用技术很有用，但更重要的是项目经理的人际交往能力。人际交往能力使项目经理能够有效地与项目团队成员合作，并成为项目效率的促进者和问题解决者。

4.2.4 项目角色和责任

需要建立正式的角色和责任，以便有效地组织项目，并尽可能取得成功。明确的角色和职责确保所有项目参与方都能明确重要任务。典型的角色和职责包括：

- **高级管理层** 负责批准项目、给予项目资金和分配资源。
- **IT 指导委员会(IT Steering Committee)** 开展可行性研究、批准项目、为项目分配 IT 和业务资源、批准项目时间安排表以及定期审查项目状态和进度。必要时采取纠正措施，如处理项目优先级冲突。
- **项目经理** 制定详细的项目方案(Project Plan)，确定依赖关系，估算完成每项任务所需的时间，跟踪任务进度，定期召开项目会议(与项目团队成员共同讨论项目状态和问题)，跟踪支出和其他资源分配，向项目团队成员和高级管理层发布状态报告。
- **项目团队成员** 参加所有项目团队会议，按时完成任务，发现问题并提交给项目经理，寻找优化任务、节省必要的资源及改进项目的机会。
- **最终用户经理** 将员工分配到项目团队，支持制定业务需求、测试用例、测试数据和测试系统。
- **最终用户** 确定业务需求、测试用例、用例、测试数据和测试系统，向项目经理报告测试结果，参与验收测试，提供准确、及时的测试结果。
- **项目赞助方** 定义项目目标，提供预算和其他资源，并与项目经理和其他管理利益相关方合作，确保项目达到预期结果。
- **系统研发管理层** 提供足够的硬件、软件、工具和资源，以促进研发工作。系统研发管理层为项目指派有能力、训练有素的研发人员，并支持研发人员参与项目。
- **系统研发团队** 研发满足功能要求、良好编码实务和组织 IT 标准的软件和业务系统，执行单元、程序和系统测试。确保软件和业务系统免受软件错误、漏洞和安全问题的影响，这些安全问题可能导致意外活动(如入侵或泄露敏感信息)。系统研发团队还应制定日常运营工作中使用的程序规范文件。
- **质量保证** 审查整个项目的成果和可交付成果，以确定项目交付成果是否符合项目要求，以及确定所有适用的法律法规和监管合规要求。
- **安全经理** 提供安全要求、隐私要求、法规要求、审计要求、测试方案和测试用例，确保业务系统满足组织控制和审计要求，执行安全测试，向项目经理汇报测试结果。
- **IT 运营团队** 提供使用需求，审查使用程序，参与验收测试，参与业务系统实施，在实施后维护业务系统，向项目经理和研发人员报告实施后的问题。
- **信息系统审计师** 对项目中建设的或更改的业务系统和流程开展后续审计，担任顾问角色和控制专家。需要注意，信息系统审计师不应充当项目团队的决策者。

注意：
在较小组织中，同一员工可能担任两个或多个项目角色。在大型组织(或任何规模组织中的大型项目)中，一个角色仅可以分配给一名员工、一个组或者一个团队。

4.2.5 项目规划

项目规划(Project Planning)是指与项目研发和管理有关的活动。项目经理负责确定项目需要的所有活动、执行这些活动的顺序、任务之间的依赖关系、所需的资源以及任务和资源的优先级。项目经理还将确定如何让项目最有效地利用资源，并力争在最短时间内完成整个项目。

RACI 矩阵

许多组织已经采用 RACI 模型来确定项目内以及其他环境中的责任。RACI 模型中的四个角色按层次结构顺序显示(这也是此模型有时称为 ARCI 的原因)：
- **谁批准** 通常是对项目成功负责的人员。
- **谁负责** 负责完成项目中任务的人员。
- **咨询谁** 在整个项目中可能就各类事项接受咨询的人员，通常是专题专家。
- **通知谁** 需要通知的人员。

项目集经理和项目经理经常发布 RACI 图表，以便所有项目参与者都能知晓项目团队成员的责任。

项目规划的详细活动包括：
- **任务识别** 制定项目方案的第一步就是确定完成项目必须执行的所有任务。通常可使用绘制详细 WBS 的项目管理工具完成。完成任务识别后，WBS 成为完成整个项目所需的工作分解结构，将按任务、按部就班地完成。
- **任务估算** 项目计划团队确定完成项目需要的所有任务后，下一步是确定每个任务需要多少时间和工作量。有两个不同的方法可以衡量这一点：实际工作量和实耗时间。

例如，油漆工可能需要一个小时粉刷房间，但也需要考虑准备和清理时间，油漆可能需要四个小时才能干燥(虽然在等待油漆干燥时，油漆工可以执行其他任务)。通常，需要知道一名或多名人员执行任务需要几小时或几天的工作量，但知道实耗时间也至关重要。

- **任务资源** 需要掌握执行任务所需的资源。资源包括人员(通常特定任务必须由特定人员执行)、设备、消耗性资源、外部专业服务、材料和软件许可证等。
- **任务依赖关系** 项目中通常存在一个任务在其他任务完成之前无法启动的情况。项目经理必须识别项目之间的所有依赖关系，以规避项目团队可能遇到的意外阻碍。
- **里程碑跟踪** 在较大项目中，识别里程碑是一个实用的方法。里程碑是项目主要阶段的重要事件的已完成标志。例如，完成设计、完成软件研发、完成网络布线和完成软件测试都属于里程碑节点。通常，当完成里程碑时，管理层一般将安排项目审查会议，以便管理层有机会就是否允许继续实施项目做出决策，或在项目继续之前查看是否有需要首先解决的任何遗留问题。
- **任务跟踪** 当项目正在实施时，项目经理必须准确跟踪每个任务的状态和进度。项目经理还必须关注短期和长期的项目状况，预测未来的资源需求，并确保在没有意外延误的情况下，尚未开始的任务能够如期启动。

注意：
项目规划中最常见的误区之一是未能正确识别任务所需资源和依赖关系。有时，项目规划团队(Project Planner)可能会"优化"项目方案，结果发现许多可以同时完成的任务变为必须按顺序完成。例如，当需要并行完成的多个任务只能安排给同一名项目人员执行时，就会发生此种情况。假设需要一天完成的五项任务都安排在同一天执行，但结果发现五项任务都需要同一名项目人员执行，结果导致五项任务只能一天接一天地按顺序执行，需要共计五天才能完成。

1. 估算和度量软件项目规模

可以使用多种工具和方法来估算完成软件项目任务所需的工作量。基于长期已证明技术的工具和方法，使得估算工作任务更准确。此外，选择先进的估算工具和方法可有效减少完成估算工作所需的时间。

使用目标分解结构(OBS) OBS 可用于直观地描述业务系统及其组件，尤其适合项目的任务、成本和其他方面不明显的复杂项目。目标分解结构已在本章前面做了详细介绍。

使用工作分解结构(WBS) WBS 是一种将复杂项目分解成较小任务块的有效方法。项目经理或项目规划团队可将大量工作逐步细化分解，直至最小的任务级别。

使用源代码行 软件项目的规模传统上依赖于源代码行(Source Lines Of Code，SLOC)完成估算。经验丰富的系统分析师(System Analyst)可粗略估计某个软件项目所需的代码行数。然后，依据已完成项目的结果，系统分析师可以根据程序源代码行数准确地估算研发代码所需的时间。一般测量单元是千行代码(Kilo Lines of Code,KLOC)。

SLOC法和KLOC法具有定量和可重复性的优点,适合特定的计算机语言(例如,COBOL、FORTRAN或BASIC)。但是,由于目前使用的许多研发语言已不再是文本性的,源代码行方法已变得不再受青睐。

替代SLOC/KLOC最直接的方法是估算窗体、页面、窗口、报表、单元格、窗口小部件、文档或运算开展编程所需的工作量。例如,Web应用程序的编程工作量将与Web应用程序中的窗体、页面和窗口的数量以及每个字段和变量的数量挂钩。

可用估算汽车工程图纸研发时间的示例来比喻新旧源代码估算方法之间的差异:旧方法将依赖于汽车的重量(磅数,类似于代码行数),较新的方法则取决于单个配件的数量(例如,发动机尺寸、门数、座椅、灯和附件等)。

使用构造性成本模型 用于估算软件研发项目规模的构造性成本模型(Constructive Cost Model,COCOMO)是20世纪70年代,基于航空航天工业中软件研发实践研发的,代表了估算软件研发工作量能力的进步。COCOMO共有三个级别:基本、中级和详细。本节仅介绍基本COCOMO。

基本COCOMO使用最少数量的输入。

- **KLOC** 千行代码数量。
- **复杂性评级** 用有机(需求不严格且需要经验丰富的软件工程师团队的小型项目)、中度分离(严格需求和不太严格需求相混合的较大项目)或嵌入式(具有高度特定和限制性需求的大型项目)来表示项目的复杂程度。

基本COCOMO的公式是:

$$E = a(\text{KLOC})^b$$
$$D = c(E)^d$$
$$P = E/D$$

其中值 a、b、c 和 d 取自表4-1,并且:

E=按"人月(Man-months)"计算的工作量

D=按月计算的研发时间

P=需要的代码研发人员数量

这里列举两个示例。首先,第一个示例的软件项目有32 000行代码,并归类为有机项目。使用COCOMO估算模型,这个项目需要的按人月计算的工作量为13.9个月的实耗时间和7名研发人员。

在第二个示例中,软件项目需要186 000行代码,并归类为嵌入式项目。使用基本COCOMO的公式,则该项目将需要1 904个人月,即28个月的实耗时间和68名研发人员。这是一个大项目!

表 4-1 COCOMO 加权系数

项目类型	a	b	c	d
有机	2.4	1.05	2.5	0.38
中度分离	3.0	1.12	2.5	0.35
嵌入式	3.6	1.20	2.5	0.32

利用功能点分析 功能点分析(Function Point Analysis，FPA)是一种经过时间验证的、用于大型软件项目的估算方法。FPA 开发于 20 世纪 70 年代，着眼于应用程序功能的数量和复杂性。FPA 不会受到特定技术或衡量技术(如代码行)的阻碍，因此更适用于当前的 GUI 软件。

在开展 FPA 的过程中，分析师研究应用程序的详细设计规范，并计算用户输入、用户输出、用户查询、文档和外部接口的数量。然后，分析师为这五个点中每个点选择一个复杂性加权系数。输入、输出、查询、文档和接口的数量乘以各自的复杂度权重，并将结果相加，得出的总和称为应用程序的未调整功能点(Function Points，FP)的数量。

然后确定应用程序的数值调整因子(Value Adjustment Factor，VAF)；数值调整因子依据 14 个表明应用程序各个方面复杂性的标准来提高或降低功能点数量。未调整功能点数量乘以 VAF 得到调整后功能点数量。

表 4-2 中显示了一个 FPA 计算示例表。

表 4-2 使用 FPA 估算研发复杂应用程序所需的工作量

参数	计数	权重			结果
		简单	一般	复杂	
用户输入	_____	×3	×4	×6	=_____
用户输出	_____	×4	×5	×7	=_____
用户查询	_____	×3	×4	×6	=_____
打开的文档数	_____	×7	×10	×15	=_____
外部接口	_____	×5	×7	×10	=_____
				未调整功能点总数量	=_____
				乘以调整系数	×_____
				调整后的功能点总数量	=_____

FPA 的唯一缺点是 FP 值没有直接指明研发项目集所需的时间。但是，对于已经采用 FPA 的组织而言，对每个 FP 需要的工时数量或人月数量已经有了充分的认知。

考虑其他成本 除了人工成本外，软件项目中还需要考虑其他成本，包括：
- **研发、建模和测试工具** 如果参加项目研发人员数量多于可用软件许可证数量，则可能需要购买新的研发工具或增购许可证。

- **工作站** 研发人员、测试人员或用户可能需要更多(或更强大的)工作站。
- **服务器** 项目可能需要更多的服务器或升级现有服务器,以用于生产、研发和测试目的。
- **软件许可证** 项目还可能需要增加包括操作系统、数据库管理系统、应用程序软件、虚拟网络设备在内的许可证数量。
- **网络设备** 项目可能需要更多网络设备(无论是物理的还是虚拟的),如交换机、路由器或防火墙,方可将所有设备连接在一起。
- **存储** 业务系统可能超出估算的存储容量。
- **网络连接** 可能需要更高容量的网络带宽。
- **培训** 研发人员或测试人员可能需要有关如何使用研发或测试工具的培训,用户也可能需要有关新软件使用的培训。
- **设备** 可能包括办公设备,如复印机以及其他设备。
- **差旅** 工作人员、培训师、顾问、供应商和其他人员可能需要在整个项目期间前往不同地点。

与项目相关的额外费用可能与某些特定的行业、法规或地区相关。

2. 安排项目任务

当项目经理或规划团队建立了完整的任务分解并确定了每个任务的资源、依赖关系和工作量时,项目经理或规划团队就可以创建实际的项目时间安排表。使用 TraC、Microsoft Planner、Microsoft Project 等工具都能在识别任务持续时间、依赖关系和资源后自动为任务分配工期。

在项目经理或规划团队将所有任务输入项目规划工具后,往往会发现项目的结束日期(由工具计算)会远远超出高级管理层所要求的项目结束日期。

当项目经理开始分析项目方案并寻求缩短项目工期的方法时,项目规划就进入关键阶段,也是优秀的项目规划团队/经理展现能力以获取报酬的时刻。优化项目工期和将项目压缩到管理约束条件内的方法包括:

- **缩短任务工期** 项目经理应与确定每项任务时间预算的专家协商,以查看估算值是否过高。经验丰富的项目经理会与专家详细论证方案的时间框架。
- **减少依赖关系** 项目经理可以咨询专家,以找到减少依赖关系的方法,这可以使更多任务并行推进(只要没有多个任务堆积到单个资源或团队上,就是可行的)。
- **识别关键路径** 项目经理可执行关键路径分析(Critical Path Analysis,CPA),本节稍后将详细介绍,这将有助于指出项目的哪些部分可能需要更多的检查。

甘特图　甘特图(Gantt Chart)是一种项目可视化的表示形式,其中单个任务占据工作表上的行,水平时间栏表示完成每个任务相对于项目中其他任务所需的时间。甘特图还可以显示每个任务的时间安排表依赖关系和完成百分比。图4-5展示了甘特图示例。

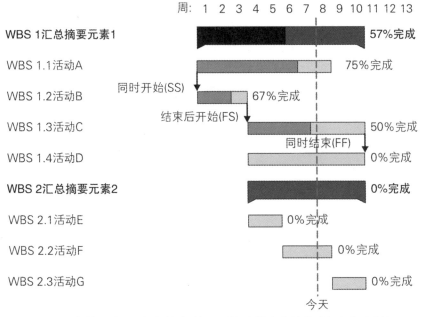

图4-5　甘特图说明了任务持续时间、时间安排表依赖关系和完成百分比

项目集(或项目)评价与审查技术　项目集评价与审查技术(Program Evaluation and Review Technique,PERT)图表提供了项目任务、时间轴和依赖关系的可视化表现形式。PERT图表按时间顺序从左到右显示项目任务,连接线表示依赖关系。图4-6展示了PERT图表示例。

关键路径法(Critical Path Methodology,CPM)　PERT图表有助于说明项目如何成为相关和有序的任务"网络"。在此网络中,可以绘制从项目开始到结束的有序任务的"路径"。

当PERT图表包含有关每个任务所需时间的记号时,就可以跟踪网络中的每条路径,并添加经过的时间以获得每个路径的总时间。

项目的关键路径(Critical Path)是通过PERT图表中的总用时最长的路径。

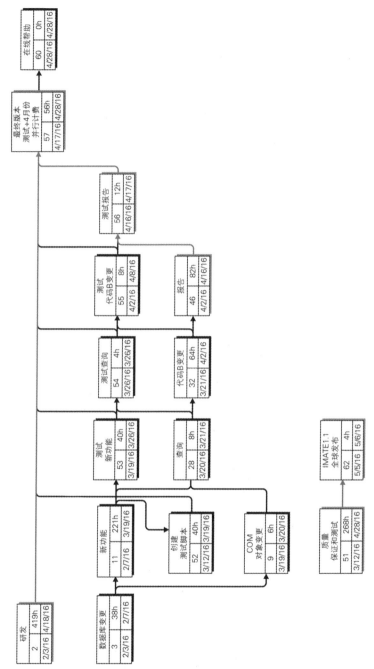

图 4-6　PERT 图表有助于可视化项目的时间序列和依赖关系(图片由 Digital Aardvark 公司提供)

确定项目中的关键路径非常重要，因为这可以帮助项目经理找到哪些任务最可能影响项目时间安排表，并确定项目何时最终结束。当项目经理知道哪些任务在关键路径上时，就可以展开分析，并尝试通过以下方法之一改进项目方案：

- **关键任务启动时间左移** 如果可以更早地启动项目中的关键路径任务,这将直接影响项目的结束日期。为了能够更早地启动任务,可能需要更改较早依赖任务的执行方式。例如,可以安排 UNIX 系统管理员提前一周加入项目组,执行关键任务,如搭设服务器。
- **减少依赖关系** 如果可以更改项目中的早期任务,则有可能删除一个或多个依赖关系,使关键任务能够更早开始(从而更早结束),如"安装操作系统"任务取决于较早任务"购买服务器"。如果组织内部有可用的服务器,则项目不需要等待订购、购买和接收服务器。通过使用内部服务器,"安装操作系统"任务可以更早启动。
- **将更多资源应用于关键任务** 如果有更多的资源可协助完成劳动密集型任务,则可更快地完成这些任务。有经验的项目经理能够确定可通过增加资源而缩短工期的任务类型。然而,正如谚语所说的,"即使娶了九个女人,也不可能让一个孩子在一个月内降生",经验丰富的项目经理能够敏锐地意识到这背后的真实情况。

注意:
清除项目的关键路径是不可能的。但是,可以执行一轮或多轮关键路径分析,以寻找缩短项目时间安排表的机会。这还有助于优化资源利用率,以便提高项目人员的使用率。

压缩项目工期

如果允许项目团队自行决策,多数项目都将大大超出其项目发起方和客户预计的时间和预算。如一个简单软件研发项目的初始项目方案可能为期九个月,但管理层对软件项目的时间安排更精细,希望三个月后就能完成。

大多数项目经理都有能力制定项目方案,其时间安排表实际上是无限的。然而,管理层应该施加压力要求缩短项目的进度,通常缩短项目进度占相当大的比例。

熟练的项目经理与新手的区别在于,经验老到的项目经理通过不懈地寻找机会消除依赖关系以压缩项目时间安排表,具备优化项目方案的能力。熟练的项目经理往往通过掌握每项任务的细节,并向专家团队咨询棘手问题来实现这一目标。

资源利用的峰谷将导致成本高昂且具有破坏性。特别是在使用外部资源(例如,承包商和专家顾问)时成本更高,因为再次使用资源可能会产生额外费用。但是,如果人员在项目之间来回切换,也会导致内部资源成本很高。启动和停止可能意味着人员在项目之间来回切换时占用启动时间。

时间盒管理 对于许多项目来说,时间是主要限制因素,在这样的项目中,结束日期往往没有谈判余地。时间盒(Timebox)是必须完成项目(或项目中的一组任务)的时间段。

时间盒将大型项目拆分为多个时间段(每个时间段通常为数周长)以增加其在规定时间期限内完成的机会。每个时间盒都有自己固定的预算。但是,如果客户(或主要最终用户)同意变更,则每个时间盒的可交付成果可以稍加调整。

注意：
时间盒克服了项目拖延和时间轴偏差问题。软件研发人员的一个特性是在项目上倾向于追求完美。这种倾向的结果是，研发人员在即将完成一项任务时反复"精心修饰"成果(指对质量精益求精)，这需要相当长的时间，但实际收益比较差。

项目冲刺

许多组织都在使用敏捷方法管理 IT 项目，敏捷方法论(Agile Methodology)不再仅用于软件研发，事实上，许多项目都经过一到四周的冲刺阶段。人们认识到，冲刺可帮助项目团队专注于中间目标并在短时间内实现目标。

3. 项目记录

项目需要有从项目开始到结束的书面记录。记录的目的是帮助项目经理和其他项目团队成员跟踪与项目生命周期及实施相关的详细信息。

项目通常需要保留的记录类型包括：

- **项目方案(Project Plan)**　包括初始项目方案以及用于跟踪任务进度和完成情况的记录。
- **项目变更(Project Change)**　需要记录与项目时间安排表、可交付成果、预算相关的已提交并得到批准的(或受到拒绝的)变更。
- **法律文档**　应当记录作为项目一部分的合同、建议书和工作声明(Statements of Work，SOW)。内部和外部的服务水平协议(SLA)也属于此类别。
- **会议议程和纪要**　包括每周遇到的问题、做出的决策和其他事项。
- **资源消耗**　记录设备、用品和服务的采购订单，并记录发票和收据。可能还包括员工、承包商、顾问和其他服务提供商的工时表和发票。
- **任务信息**　记录与项目任务的绩效和/或完成相关的详细信息。
- **草稿和最终交付成果**　需要保留作为项目一部分的任何工作产品。如果有与最终版本可交付成果相关的审批，则还需要留存审批痕迹。

优质、价廉和快速：三选二！

经验丰富的项目经理会自觉或不自觉地意识到项目管理中的"优质、廉价和快速"三位一体性。对于任何项目的"优质、廉价和快速"特性，管理层可选择实现其中两个特性。无论管理层选择哪两个，第三个特征都将呈相反的趋势。

原则是：

- 如果一个项目是优质且廉价的，永远不会是快速的。
- 如果一个项目是优质且快速的，永远不会是廉价的。
- 如果一个项目是廉价且快速的，永远不会是优质的。

虽然不是绝对的，但在管理影响预算、进度和项目质量的问题时，需要牢记这个原则。

4. 项目文档

几乎所有的 IT 项目都需要包含文档,来描述如何构建或修改业务系统或应用程序。文档能够帮助众多的项目相关团队从多个角度理解应用程序,包括:

- **用户** 应用程序的最终用户需要了解如何使用业务系统。包括所有用户界面的操作、应用程序控制措施的业务含义,以及如何解决常见问题。
- **用户支持** 如果对最终用户提供支持,支持团队需要知道如何指导用户解决常见和偶发性问题,以及如何修复常见问题。
- **IT 运营团队** 运营和监测业务系统和应用程序的系统运营团队需要知道应当如何开展日常运营工作。具体包括应用程序、数据库、操作系统或设备的持续监测,问题的识别和解决,备份,系统恢复,以及每日或每周的例行任务。
- **研发团队** 业务系统的详细说明将有助于现在和将来的 IT 员工理解业务系统的工作原理。对各个应用程序、组件、工具、内外部数据流、接口以及状态图的内部工作机制的描述有助于研发人员和工程师理解业务系统,以便研发人员能够更轻松地支持问题并做出未来所需的变更。
- **审计师团队** 负责审计业务系统、应用程序或业务系统所支持的业务流程的 IT 和业务审计师需要掌握业务系统的工作原理。包括业务方面的控制措施,如访问控制和业务规则的实施,以及业务信息的存储和处理方式。
- **配置文档管理** 包括用于管理和记录业务系统、支持性基础架构和服务中如何更改配置文档的方法的信息。
- **安全** 包括有关保护业务系统内部和边界控制措施的信息,以及事件日志记录和事故响应程序(Incident Response Procedure)
- **灾难恢复和业务持续规划** 如果业务系统所支持的业务流程在业务持续规划或灾难恢复规划的范围内,则需要一套完整的文档体系来描述系统恢复和紧急运转的流程和程序。
- **管理层** 公司管理层需要理解业务系统如何支撑关键业务职能,以及搭建和支持业务系统所需的内外部资源的信息。

注意:
对升级现有业务系统的软件类项目,需要检查和更新所有与业务系统相关的现行文档。

5. 项目变更管理

项目启动后,公司管理层已批准根据项目开始时确定的目标为项目提供支持并分配资源。随着项目的启动和每周推进,项目经理和团队将定期开会,讨论时间安排表以及项目开始时未预料到的任何问题。

在管理项目时间安排表时,项目经理可能倾向于调整延迟执行的任务的结束日期,以调整受影响的后续任务。但这样做可能影响预算或最终项目交付。管理层不希望项目经理在未经许可的情况下任意更改项目时间安排表。如果管理层允许项目经理获得这种自由度,则项目时间安排表可能发生偏差,从而严重影响最终完成日期以及预算和资源的利用率。因此,不应允许发生此类变更。

对于影响总体项目时间安排表、可交付成果、资源和预算的问题,需要通过正式的变更流程正式确定并提交审批。管理层需要为预算、时间安排表、可交付成果和资源的变更建立规范,如任何导致预算或最终交付日期更改的拟议项目变更都需要得到管理层的批准。项目变更程序(Procedure)应包含以下两个基本步骤:

(1) 项目团队应与项目经理一起识别具体问题、项目的影响以及建议的补救措施。此类信息应列入正式变更请求中。

(2) 变更请求应在定期项目会议上或在包括项目经理、相关项目团队成员(与拟讨论事项有关的专家)和高级管理层成员(最好是赞助项目的成员)的单独会议上提交给高级管理层。应讨论提议的变更及其对项目的影响,由高级管理层决定是否批准变更。

显然,并不是每一个小的变化都需要经历一次变更流程。例如,增加 10 美元支出几乎不构成管理层开展审查的理由,但随意增加 5 万美元而不开展任何审查就可能令管理层感到失控。管理层需要设置指标值,以便仅在变更超过设置的阈值时才触发变更审查。

时间安排表和预算的较小变化可作为定期项目状态报告中的一部分,汇报至管理层和项目赞助方。可突出显示对预算、时间安排表和资源的较小变更的问题,以便管理层知晓这些不太重大的变更。

注意:
跟踪项目变更与跟踪项目活动同等重要。只有通过跟踪项目变更,如时间安排表、资源和成本调整,项目经理和高级管理层才能及时掌握项目在任何特定时间的状态。

6. 项目收尾

应用程序的研发或更新完成后,业务系统将移交给用户和支持人员。在项目团队解散之前,需要执行项目收尾(Project Closure)活动,包括:

- **项目汇报** 在这个阶段,项目团队成员应开展正式的项目绩效评估。应考虑项目的各个方面,包括项目管理、管理支持、团队成员参与情况、用户参与情况、工具和技术、问题以及管理方式和营业额。经验教训包括进展顺利和出现问题两方面。
- **项目文档归档(Project Documentation Archival)** 与项目关联的所有记录都应归档,以供未来参考。包括项目方案、通信、会议议程、会议纪要、预算、图纸、规格、要求、文档以及其他所有内容。
- **管理层审查** 与项目汇报类似,又有所不同。管理层应对项目开展内容类似于项目汇报的绩效反馈。

- **培训**　用户、运营人员、支持人员以及分析师需要接受新业务系统或已更改业务系统的培训。某些情况下，应在项目收尾之前开展，尤其是用户将在项目收尾之前使用业务系统时。
- **向用户、运营团队和支持人员的正式交付**　项目完成后，项目团队正式放弃对项目所有组件的控制权。管理和运营应用程序的职责将移交给 IT 运营和支持团队。应用程序的使用责任将转交给业务所有方和最终用户。

4.2.6　项目管理方法论

项目的规划、启动和管理是一项复杂的工作，即使在同一个组织内部，也存在多种不同类型的项目。目前常用的几种项目管理方法论在方法、文档和管理技术上均有所不同。

1. 项目管理知识体系

项目管理知识体系(Project Management Body of Knowledge，PMBOK)指南是一项国际标准(IEEE Std 1490-2011 和 ANSI/PMI 99-001-2008)，定义了项目管理的基本要素。基于流程的 PMBOK，其流程描述如下：

- 输入(文档、方案和设计等)
- 工具和技术(用于处理输入的机制)
- 输出(文档、产品或服务)

在 PMBOK 模型中，将大多数项目中的流程分为五个流程组和十个知识域。项目运转流程组为：

(1) 启动
(2) 规划
(3) 执行
(4) 持续控制和持续监测
(5) 收尾

项目中的十大知识域包括：

(1) 项目集成管理
(2) 项目范围管理
(3) 项目时间管理
(4) 项目成本管理
(5) 项目质量管理
(6) 项目人力资源管理
(7) 项目沟通管理
(8) 项目风险管理
(9) 项目采购管理
(10) 项目利益相关方管理

流程组和知识域构成一个矩阵,其中项目管理中的每个流程都属于一个知识域和一个组。

注意:
出版物《项目管理知识指南》中介绍了 PMBOK,该出版物由项目管理研究所(PMI)出版。

2. 受控环境下的项目(PRINCE2)

受控环境下的项目(Projects IN Controlled Environments,PRINCE2)是由英国政府商务部开发的项目管理框架,现在由 AXELOS 公司管理。与 PMBOK 一样,PRINCE2 是一个流程驱动(Process-Driven)的框架。框架的要素分为七个顶层流程:

(1) 项目准备(Starting Up a Project,SU)
(2) 项目指导(Directing a Project,DP)
(3) 项目启动(Initiating a Project,IP)
(4) 阶段控制(Controlling a Stage,CS)
(5) 产品交付管理(Managing Product Delivery,MP)
(6) 阶段边界管理(Managing Stage Boundaries,SB)
(7) 项目收尾(Closing a Project,CP)

每个流程都有自己的结构、描述步骤及所需活动的更多细节。PRINCE2 方法整合了原则、主题和流程,如图 4-7 所示。

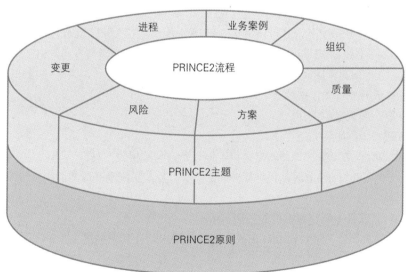

图 4-7 PRINCE2 方法的整合原则、主题和流程(图片由 AXELOS 有限公司提供)

注意：
PRINCE2 是英国和其他几个国家事实上的项目管理框架。PRINCE2 可从网站 https://www.axelos.com/best-practice-solutions/prince2/获取更多信息。

3. Scrum 方法

Scrum 是一个迭代和增量研发过程，最常用于管理敏捷软件研发工作。Scrum 定义了几个角色：

- **ScrumMaster**　项目经理或团队负责人员。
- **产品所有者**　客户或客户代表。
- **研发团队**　负责实际项目工作的项目团队成员。
- **用户**　在软件研发或更新完成后使用软件的人员。
- **利益相关方**　以某种方式对项目做出贡献的其他方，如客户、销售商和供应商。
- **管理团队**　为项目提供资源的人员。

Scrum 角色属于两个主要群体：利益相关方和员工。利益相关方包括 ScrumMaster、产品所有者和团队成员。员工是除了团队以外的其他人员；虽然员工对项目的结果感兴趣，但员工可能并不工作在项目一线。

典型的 Scrum 团队只有 5~9 名成员。较大项目将分解成 Scrums 和下级 Scrum，逐级扩展，包括数百名程序研发人员。

典型的 Scrum 项目包括冲刺(Sprint)，这是产生项目可交付总成果的部分集中工作。冲刺通常持续两到四周。

项目团队每天开一次名为"每日站立(Daily Standup)"或"每日 Scrum(Daily Scrum)"的会议，会议时间不超过 15 分钟。会议之所以称为站立，是因为参与方通常站立(有助于加快会议进程)，并询问每个团队成员的三个问题：

(1) 从昨天开始都做了些什么？
(2) 打算在明天之前做什么？
(3) 有哪些障碍阻碍完成工作？

虽然欢迎所有员工参加每日站立会议，但只允许利益相关方发言。

在每个冲刺(Sprint)结束时，将举行冲刺回顾会，反映了刚刚完成的冲刺。回顾会议通常限制为四小时。

在 Scrum 项目中创建和维护的文档包括：

- **产品待办事项列表(Product Backlog)**　此需求功能列表描述了整个项目需要交付的成果(而不仅是当前冲刺)。
- **冲刺待办事项列表(Sprint Backlog)**　此详细文档描述了项目团队如何实现当前冲刺的要求。
- **燃尽图(Burndown Chart)**　显示当前冲刺中剩余的任务数目，或冲刺待办事项列表中的任务数目。

图 4-8 描述 Scrum 流程。

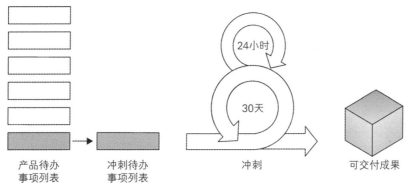

图 4-8　Scrum 流程由一个或多个冲刺组成,每两到四周生成一个项目可交付成果

 注意:
IBM 和微软等几家大型软件产品公司均使用 Scrum。

4. 精益方法

应当把精益(Lean)更多地视为一种方法,并非类似于瀑布或 Scrum 流程。精益注重效率;精益从确定价值开始,然后通过持续改进和消除浪费心态来实现价值。

精益源自日本生产丰田汽车的精益制造(Lean Manufacturing)方法论,其重点是在不牺牲价值的前提下消除浪费。

精益原则是:

- 消除浪费(Eliminate Waste)
- 增强学习(Amplify Learning)
- 推迟决策(Decide As Late As Possible)
- 尽快交付(Deliver As Fast As Possible)
- 授权团队(Empower The Team)
- 嵌入完整性(Build Integrity In)
- 整体优化(Optimize The Whole)

5. 敏捷方法

与精益一样,敏捷(Agile)更多是一种方法,而不是一种方法论或流程。敏捷宣言描述了四个原则:

- 个体互动胜于流程和工具
- 软件可用胜过文档详尽
- 客户合作胜过合同谈判
- 响应变化胜过遵循方案

敏捷主要是一种迭代技术,用于推动项目走向成功。专家称敏捷方法是没有总体方案的研发流程，而使用迭代方案(Iterative Plans)。就像艺术家渲染绘画一样，艺术家添加基本的形状和色调，不断添加细节和润饰，直到作品完成。

6. 看板

同样源于精益丰田生产系统制造模型，看板(Kanban)的来源是可显示项目整体流程和进度的可视看板。图 4-9 显示了一个看板示例。可以说，看板的最大优势在于直观地显示计划的任务、正在开展中的工作和已完成的任务。在管理项目时，当资源可用于完成特定任务时，项目经理会将这些任务提前。

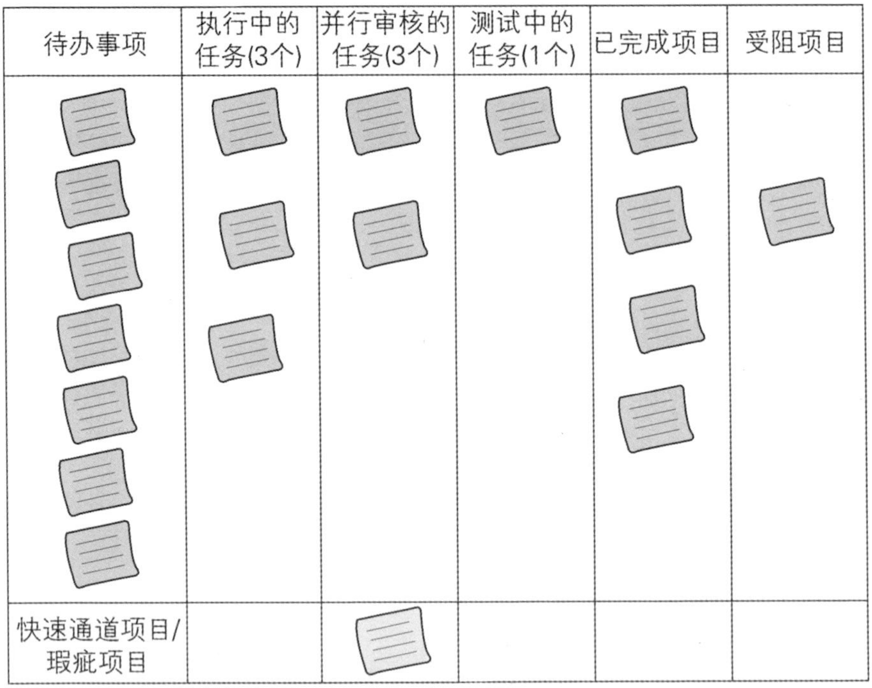

待办事项	执行中的任务(3个)	并行审核的任务(3个)	测试中的任务(1个)	已完成项目	受阻项目
（多个待办任务卡片）	（任务卡片）	（任务卡片）	（任务卡片）	（任务卡片）	（任务卡片）
快速通道项目/瑕疵项目	（任务卡片）				

图 4-9　示例看板(图片来源：Ian Mitchell 博士)

7. Scrumban 方法

顾名思义，Scrumban 是 Scrum 方法和看板方法的组合。Scrumban 具有 Scrum 的结构，兼有看板的灵活性。Scrumban 适合需要更结构化的面向看板的团队，或需要更多灵活性的 Scrum 团队。

8. 极限编程

极限编程(Extreme Programming，XP)是一种迭代研发方法，主要用于软件研发项目，如图 4-10 所示。极限编程具有一组类似于 Scrum 的价值观：

- 简单
- 沟通

- 反馈
- 尊重
- 勇气

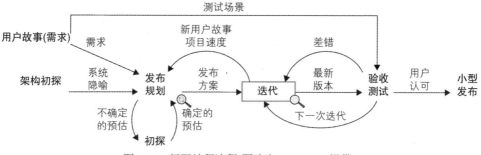

图 4-10　极限编程流程(图片由 Don Wells 提供)

图 4-10 描述了 XP 工作流。有关 XP 的更多信息，请访问 www.extremeprogramming.org

4.3　系统研发生命周期(SDLC)

研发和维护信息系统是一项复杂的工作，需要大量的结构、组织和规程。应用程序软件和其他业务系统用于自动化或支持关键业务流程。组织在很大程度上依赖于应用程序的正常运行、按需运行和具有足够的容量。

设计、研发和使用信息系统需要各种技能，这些技能通常由整个组织内具有不同教育水平和风格的人员所掌握和使用。在工作场所，有时彼此怀疑，并认为其他群体并不真正了解"事情应该如此"。这是影响项目团队绩效并影响大型研发项目成果的人员活动的一部分。

业务系统研发项目成本高昂。考虑到研发人员、项目经理、软件工具和计算机硬件的成本，即使是"小型"项目也很容易花费数万美元，而大型项目也可能需要花费数百万美元。

管理层希望项目按时按预算完成，用户希望软件按需运转。股东希望整个研发流程是高效且有效的。

 考试提示：

CISA 考试可能包括与 SDLC 或与其相应的业务流程生命周期(Business Process Life Cycle，BPLC)相关的问题，稍后将介绍这些问题。熟悉 SDLC 的各个阶段是成功解决这些问题的关键。

项目成功的因素包括要求软件研发流程应高度组织化和结构化，以便根据方案执行所有活动。SDLC 是一个框架，用于决定软件应该执行的功能，包括研发软件、执行测试以验证功能、将其迁移至生产中、提供支持并在初始实施后维护软件。

> **SDLC 中的 S 现在代表"系统"**
>
> 从事这项业务超过十年的 IT 和安全专业人士迟早会注意到这个著名的 SDLC 缩略词的转换。最初及数十年来，SDLC 指的是"软件研发生命周期"，因为许多组织研发自有业务应用程序，并在多年的时间里花费了大量精力来维护和定制这些应用程序。
>
> 目前发生了两个变化。首先，研发自有业务应用程序软件的组织越来越少，转而购买现成的应用程序，或者为其主要业务应用程序订阅 SaaS (软件即服务)服务。其次，SDLC 的生命周期已经扩展到包括基础架构研发等项目。因此，SDLC 中的 S 已经变化为 Systems，以表达比软件应用程序更广泛的视角。

4.3.1 SDLC 阶段

SDLC 用于描述研发和维护软件的端到端流程。SDLC 的常见结构是瀑布式框架，由几个不同的阶段组成：

- 可行性研究
- 需求定义
- 设计
- 研发
- 测试
- 实施
- 实施后

组织通常对其 SDLC 采用"关卡流程(Gate Process)"方法，要求在每个阶段结束时在允许开始下一阶段之前开展正式审查。审查通常是一次正式会议，项目经理和其他参与方在会上描述项目的状态；如果管理层确定项目当前阶段已经成功完成，并且满足了所有要求，将允许项目进入下一阶段。

除了瀑布模型外，SDLC 还使用迭代模型和螺旋模型。与线性瀑布模型相反，迭代模型和螺旋模型都以环形模式运行。

螺旋(Spiral)模型包括需求、设计和一个或多个原型(Prototype)的研发，然后是新增的需求和设计阶段，直到整个设计完成。同样，迭代模型中的研发会经历一个或多个规划、需求、设计、编码和测试循环，直到认为已完成研发和实施。

DevOps 模型也常用于业务系统研发流程。DevOps 是一个迭代研发和运营模型，稍后将介绍这一模型。

此处从瀑布模型的角度介绍 SDLC。此处介绍的瀑布模型中的活动与迭代模型和螺旋模型中的活动非常相似。

1. Pre-SDLC 阶段：想象中的软件和业务能力

SDLC 的第一阶段是可行性研究(Feasibility Study)。但是，可行性研究是如何开始的呢？可行性研究不会自行建立；相反，可行性研究是 SDLC 之前的事件的结果。

当管理层决定需要新的软件应用程序或现有应用程序发生重大变更时，将需要对 SDLC 进行实例化(Instantiation)。这里所说的"实例化"是指管理层决定启动研发或更新软件应用程序的流程。管理层做出这样的决定作为对事件的响应，该事件可能是以下任何一项：

- **市场条件的变化** 例如，新的竞争对手的进入、新产品或服务特性的研发，可能促使管理层通过匹配竞争对手的能力作出反应。竞争对手也可以通过产品或服务的创新来创造一个新市场；这种变化有时需要通过做出改变与竞争对手保持一致。或者，组织可以通过向客户提供一些具有突破性的业务模式或产品来创造新市场。
- **成本或费用的变化** 资本或费用成本的巨大变化可能迫使一个组织做出改变，如较高的燃料成本可能促使组织减少现场服务，但这样做需要更好的远程诊断和自我修复能力。在 20 世纪 90 年代，随着软件研发逐渐转向外包，研发方法也需要随之转变。这种转变促使组织研发或购买更好的缺陷管理应用程序。电信通信成本的下降和带宽的提高意味着在线服务提供商开始完善自身的服务，其中大部分都需要增强现有的在线服务应用程序，有时甚至是全新的应用程序。
- **法律法规和监管合规要求的变化** 对技术的依赖性的上升导致了一系列负面事件，而负面事件又导致了新的立法或现有立法的变化。近些年更新的法律法规和监管合规需求包括 SOX、GLBA、HIPAA、FERC/NERC、PATRIOT、GDPR 和 PCI DSS 等。促使组织对信息系统实施更严格的保护措施、控制措施和保存记录。有时，这会导致组织选择停止使用现有的信息系统，转而研发或购买一个新的应用程序以便更有效地遵守适用的法律法规和监管合规要求。
- **风险的变化** 随着新类型漏洞发现的常态化，新威胁会随着漏洞以及经济状况和组织商业模式的变化而发展。黑客试图在不断增长的网络系统和其他网络系统中寻找新的利润来源。几年前还认为是安全的应用程序，现在却可能因为认定非常脆弱而不能运行。降低风险有时意味着更改应用程序逻辑，有时还需要完全停止应用程序运转。
- **业务流程的变化** 许多类型的业务流程的变化都需要组织更改其业务应用程序，以便继续支持这些业务运营流程；若优化采购订单的请求和批准方式，则需要更改财务会计应用程序代码。
- **法律协议的变化** 组织之间法律协议的变化可能迫使组织更改其软件应用程序。原因可能有很多，包括客户或合作伙伴组织面临的风险或监管体系的变化。
- **客户需求的变化** 上面讨论的变化会促使客户组织要求更新功能或更改客户购买的产品和服务中的现有功能。这通常需要更改流程和应用程序，以满足客户的需求。

重要的是，创新也是组织选择替换软件应用程序的正当和常见原因。通常，业务创新意味着组织需要在软件应用程序中研发新功能或方法，以试图获得商业竞争优势。

注意：
内部和外部事件通过启动业务流程、产品设计、服务模型以及通常用于支持和管理的软件应用程序的更改来促使管理层采取行动。非正式讨论首先转向更正式的行动，最后是启动一个项目来做出改变。

2. 可行性研究

可行性研究(Feasibility Study)是 SDLC 的第一个正式阶段。可行性研究是一种脑力劳动,旨在确定业务流程和底层应用程序中的一个或多个特定变化是否切实可行。

资本和资金是组织的燃料和润滑剂。可行性研究的目的通常不是回答"能否对业务开展特定类型的改变?",而是"从成本和收益的角度看,对业务开展特定类型的改变是否可行?"换言之,可行性研究是对业务流程及其支撑应用程序的拟议变更展开分析,包括与实施变更相关的成本以及变更预期带来的收益。虽然可行性研究中通常涉及定性方面的内容,但几乎总有一个定量方面指出,"具体的变更将花费 XXX 的建设成本,YYY 的维护成本,并预计会对收入产生 ZZZ 影响。"

组织并不总是通过改变业务流程来增加收入或降低成本。然而,收入和成本几乎总是备受关注的定量要素。如果一个组织正在改变流程和业务系统以保持与监管合规要求的一致性,管理层则会关注改变对成本和收入的影响。

可行性研究通常会提出两种或两种以上的方法来解决特定的挑战,如果一个项目是由于市场条件的变化而启动的,那么可行性研究的目的可能是探索应对这些市场条件的各种方式;对于每种应对方式,可能有两种、三种或更多种方式,通过使用各种技术或方法来实施变化。例如,当拼车服务寻求扩大市场的方法时,则会考虑开发其他服务,如运送餐厅的饭菜、鲜花和其他商品。

可行性研究还应包括以下考虑因素:
- 研发或购置软件(或实施变更)所需的时间,以及是否可以在该时间范围内研发或获取解决方案。
- 研发应用程序的成本与购买应用程序的成本之间的对比。
- 现有业务系统能否满足业务需求。
- 应用程序是否支持战略业务目标。
- 是否可以研发(或购置)与其他 IT 系统兼容的解决方案。
- 研发新业务系统与其他现有业务系统之间接口的成本。
- 拟议的变化对业务在合规性方面的影响。
- 业务系统能否满足未来的要求。
- 创新变革是否会增加市场份额。

可行性研究应力求揭示与新业务系统相关的所有合理的问题和风险。研究应具有形式上的公正性,避免反映出参与可行性研究或结果的人员偏见和偏好。

可行性研究还可以包括或提及拟议新活动的正式业务方案(Business Plan)。业务方案是正式文档,描述新业务活动、活动对组织的贡献和影响、运营活动所需的资源、运营活动的好处以及与活动相关的风险。

注意：
完成可行性研究后，应开展正式的管理审查(Management Review)，以便高级管理层充分了解可行性研究的结果和建议，并确定项目是否应继续开展或是否应调整现行方案。

3. 需求定义

需求(Requirement)描述了新应用程序的必要特性或对现有应用程序应做的变更。需求描述了应用程序应如何工作以及应该支持的技术。软件项目中使用的需求类型为：

- 业务功能需求
- 技术要求和标准
- 安全、法律法规和监管合规要求
- 灾难恢复和业务持续的需求
- 隐私要求

下面将详细介绍这些需求。

1) 业务功能需求 几乎每个软件项目都包含功能需求(Functional Requirement)。功能需求描述了软件必须支持的业务需求的特性，包括软件接受、处理和生成信息的方式，以及用户在技术、外观和用户界面功能方面如何与软件交互。

功能需求应是当新软件购置以及软件修改或更新的一部分。

功能需求的示例如下：

- 应用程序需要支持美国联邦、州、县和城市的工资税计算功能。
- 应用程序需要支持通过信用卡、电子支票和虚拟货币付款。
- 应用程序应在存储和传输信用卡号、社会保险号码和驾驶执照号码时，支持加密技术。

请注意，前面的示例没有指定应用程序如何完成这些操作。业务需求感兴趣的是应用程序能完成什么工作；应用程序架构师(Application Architect)或设计人员将决定应用程序如何支持这些要求。

在少数情况下，软件修改不需要新的业务需求(如软件接口升级)，则可能需要修改现有软件程序才能使用新接口。这样的变更对用户来说应该是透明的，并且软件在支持现有业务需求的方式上不应有差异。因此，从某种程度上讲，即使在这种情况下，业务需求也适用：应用程序仍需要坚持对现有业务功能需求的支撑和实现。

注意：
正式需求文档多达数百页的场景并不罕见。对于更大、更复杂的应用程序(CRM、ERP、MRP)或服务管理系统而言尤其如此。

2) 技术要求和标准 为了帮助组织保持效率，任何新的应用程序或业务系统都应该使用与已经在用(或准备长期使用)相同的基础技术。与保持技术要求一致性相关的细节构成了大多数技术要求和标准。

任何规模的组织都应该有正式的技术标准。技术标准是策略声明,指出构成组织核心 IT 基础架构的技术、协议、供应商和服务。标准的目的是提高整个 IT 基础架构的一致性,这有助于简化整个环境和降低成本。标准应包括以下内容:

- 服务器硬件、虚拟化平台、虚拟机、操作系统和操作系统配置
- 服务器工具和服务
- 应用程序编程接口
- 数据库和存储管理系统
- 网络架构、通信协议和服务
- 身份验证和授权模型与协议
- 安全架构、加固、配置和算法
- 软件研发方法、工具、语言和流程
- 用户应用程序和工具
- 其他描述方法论、技术或实务的标准

当组织考虑购置新业务系统时,新业务系统的需求应包括组织的 IT 和安全标准。这将有助于组织选择在系统生命周期内对资本和运营成本影响尽可能小的业务系统。

除了 IT 标准之外,还有其他许多技术要求来定义所需的新业务系统。其他技术要求将描述业务系统的特性,包括:

- 业务系统如何接收、处理和输出数据
- 其他业务系统接口的特定数据布局
- 对将要增加或支持的特定模块或工具及应用程序功能(如将在开票或工资单系统中使用的税表类型)的支持
- 支持的语言
- 支持的特定中间件

注意:

整体技术要求应实现两个根本目标:确保新业务系统与现有环境融为一体,并在技术层面按要求运行。

3) **安全以及法律法规和监管合规要求** 必须制定符合安全和监管合规要求的安全策略,以确保新应用程序将包含适当的控制措施和特性,以保护敏感信息并遵守适用的监管合规要求。

安全和监管要求有时是"同床异梦",有时又"相辅相成"。最好将安全和监管体系分成两个单独的部分。然而,安全和规章制度往往又混为一谈,因为最近适用的大多数监管要求似乎都与安全有关。

注意：
之所以将这两个主题放在一起讨论，是因为大多数 CISA 考生可能希望找到安全和合规之间的结合关系。但是，建议将安全和监管分开，因为许多安全要求与监管要求无关，而且许多监管要求与安全也无关。在本节的剩余部分，将分别介绍安全和监管。

组织应具有可快速用于任何业务系统研发或购置项目的安全要求文档。安全要求文档应说明与安全主题相关的多个业务和技术控制措施，包括：

- **身份验证** 包括与应用程序用户身份验证方式相关的诸多特定要求。对于执行独立身份验证的业务系统，将包括所有口令质量要求(如最小长度、失效期和复杂性等)、账户锁定设置、口令重置程序、用户账户设置和用户 ID 标准。身份验证标准还可以包括机器和系统账户的要求，以支持应用程序中的自动化功能。对于使用基于网络的身份验证服务(如 LDAP、SSO 解决方案)的应用程序，安全要求应描述应用程序与网络身份验证服务的交互方式。
- **授权** 授予不同用户访问应用程序中不同功能和数据的权限。授权要求可能包括角色的搭建、维护和审计等形式。组织可能要求应用程序支持许多角色，这些角色是包含可应用于用户账户的详细授权信息的模板。
- **访问控制** 如何配置应用程序以允许用户和/或角色访问。与授权(即将角色分配给用户)不同，访问控制涉及为应用程序的功能和数据等对象分配访问权限。根据应用程序的设计方式，权限分配可能以用户为中心的、以对象为中心，或者两者兼有。
- **加密技术** 实际上，另一种访问控制形式是使用加密技术来隐藏数据，无论出于什么原因，一些数据在结合上下文的情况下可能"一目了然(指很容易破解)"，因此，数据必须受到保护，防止没有权限访问的人员访问加密数据。加密技术标准分为两大类：①在某些设置和上下文中需要加密的数据，以及具有特定加密算法和密钥长度的数据；②以特定方式处理密钥管理，允许应用程序与 IT 环境中的其他类似应用程序交互。
- **数据验证** 应用程序不能盲目地相信所有输入数据都具有正确的类型和格式。相反，无论用户在应用程序输入窗体上输入数据，还是应用程序通过受信任的数据源批量接收数据，应用程序都应对输入数据执行验证检查。数据验证不仅包括输入的数据，还包括中间计算的结果和输出的数据。数据验证要求还应指定应用程序在遇到未通过验证检查的数据时应执行哪些操作。
- **审计日志** 这一特性是应用程序创建的电子事件记录。这些事件包括更改应用程序配置设置、添加和删除用户、更改用户角色和权限、重置用户登录凭据、更改访问控制设置，当然还有应用程序设计用来处理的行为和交易。有关审计日志记录的要求将涉及用于控制写入审计日志的事件类型的配置，以及用于防止篡改审计日志的控制措施(如果允许，这可以帮助攻击者"删除攻击的痕迹")。

- **安全运营要求** 包括管理口令(Password)、密钥、事件日志、补丁等，以保持应用程序的机密性、完整性和可用性。
- **误用和滥用的要求** 包括用户可能(有意或无意)误用或滥用应用程序的情况。包括恶意输入和其他可能导致应用程序出现故障的方法，导致特权升级、敏感数据的暴露或篡改以及系统资源的耗尽。需求列表应当包括组织使用的任何自动化或手动测试的工具。

4) **灾难恢复和业务持续要求** 支持组织灾难恢复方案中包含的关键业务功能的应用程序需要具备某些特性。根据应用程序支持的业务流程所指定的特定恢复目标，这些要求可能包括应用程序能够在公有云、服务器群集、虚拟机或负载平衡模式下运行，支持数据复制，便于从备份磁带或数据库重做日志(Redo Log)中快速恢复，或在没有复杂、昂贵或耗时的软件许可问题的情况下恢复到冷备服务器(Cold Recovery Server)；还可以要求应用程序能够轻松地从存储区域网络(Storage Area Network，SAN)上的服务器或虚拟机映像恢复，在虚拟服务器环境中正常运行，或在云计算环境(如 AWS 或 Azure)中正常运行。应用程序也可能需要使用不同品牌或版本的数据库管理系统，或与其他应用程序共存，即使应用程序通常可以配置为在服务器上自行运行也如此。

5) **隐私要求** 从广义上讲，隐私有两个截然不同的问题。首先，隐私与保护个人敏感信息有关，需要防止未经授权方访问个人敏感信息。隐私的这一方面完全属于安全保护范畴：可以制定需要实施访问控制或对个人信息实施加密的安全要求。

隐私的另一个方面是防止个人敏感信息的扩散和滥用。这与安全的关系较小，而与组织如何处理和使用敏感信息有关，以及是否允许出于自身目的将此信息传递给其他组织。在这方面，隐私与业务功能有关，隐私保护功能与应用程序处理个人信息的方式强相关。

如果应用程序包含有关客户的定期报告(Canned Report)，并且定期报告将发送给第三方，则定期报告应可配置，以便报告中可以包含或省略某些字段；如在发送给第三方组织的报告中，可以省略客户的出生日期，以减少第三方使用或滥用信息损害个人客户隐私的可能性。这种情况下，规则是："不能滥用或误用自己不拥有或不能访问的信息。"事实上，欧洲 GDPR 等法律法规要求组织仅根据执行服务的需要收集敏感数据，且只保留必要数据。

由法律法规处理的隐私问题越来越多，因此组织可以选择在隐私部分或法规部分对隐私要求开展分类。

6) **需求的整理和审查** 在软件项目中，许多团队都在提供需求，项目经理或其他团队应跟踪每个提要求的人员，以便该人员在需要时能够证明或解释这些要求。

收集并分类所有需求后，项目经理应与每个需求提供者核实，以确保每个需求都是真实的，而不仅仅是一个"可有可无"的功能。每个需求都可以按重要性开展加权或排名，这将有助于分析师评价供应商对每个需求的符合性，帮助项目人员确定哪些供应商最能满足最重要的需求，在征求提案(Request for Proposal，RFP)中尤其如此。

提示：
制定需求的团队需要确保需求的可衡量性。原因是，此项目阶段制定的需求应直接导入用户验收测试方案(功能需求)和系统测试方案(技术要求)。

7) **征求提案(RFP)流程**　绝大多数主流业务功能(如会计、客户关系管理、事故管理、销售队伍管理和 ERP)都可以使用基于云计算的软件即服务(Software as a Service，SaaS)和通用成品(Common Off-The-Shelf，COTS)应用程序非常良好地运行。SaaS 和 COTS 软件的进步导致大多数 IT 组织只需要研发 SaaS 或 COTS 应用程序与无法轻易获得的专用程序代码之间的自定义接口。因此，SDLC 流程也应有所变化，以适应以下现状：大多数大型软件项目都是租赁或购买，而不是自行研发。其结果是，用于向供应商传达需求并征求建议的 RFP 活动越来越流行。RFP 流程中的典型步骤如下。

- **调研**　组织中的人员可能需要了解有关可用应用程序和解决方案的更多信息，以便能够制定更确切的需求，更密切地匹配业务需求。
- **需求**　RFP 活动的流行趋势使得编制清晰的需求文档更为重要，因为不同供应商的软件产品与业务及技术要求的匹配主要取决于需求文档。如果获得的软件只能匹配一个功能点，软件可能无法地执行其他功能。在业务分析师或项目经理意识到遗漏了某些需求的软件环境中，如果是组织自主研发软件，则更改应用程序可能相当容易。另一方面，如果在遗漏了重要需求的情况下选择产品，那么组织可能必须在没有与遗漏需求相关的功能的情况下运营。这就像五口之家却买了四座汽车一样，但是车子已经买了，想换车就困难了。
- **供应商的财务稳定性**　当组织考虑从软件供应商购买软件或软件授权时，组织应检查供应商的财务稳定性。这样做是确定供应商将来能否持续开展业务的一种方式。如果供应商的财务基础不健康，则从该供应商购买软件是一个风险，因为供应商将来可能突然停止业务。其影响可能迫使组织改用其他供应商的软件，还需要支付本可避免的迁移应用程序的巨大花销。
- **产品路线图**　尽管软件供应商的财务状况可能很健康，但了解供应商对产品的长期愿景也很重要。这不仅包括业务功能，还包括未来需要支持的技术平台。在这方面，确定备选供应商是否为市场领导者或市场追随者也是有益的。如果购买软件的组织同样是市场领导者，那么选择能够跟上组织自身愿景和市场领导地位的市场领先的供应商公司可能更有意义。
- **经验**　了解潜在供应商拥有多少经验非常重要。最佳供应商应具有多年的软件研发经验，可帮助组织解决问题。这将有助于澄清供应商是长期参与研发这种特定类型的软件，还是最近才进入市场。丰富的经验可令客户相信：该供应商有能力帮助客户解决其软件设计中需要解决的业务问题；而经验不足的供应商仅在帮助客户解决简单业务问题时，就很有可能会出现大量的困难，更不用说不寻常的或复杂的问题。组织不想致电软件供应商询问，"嗨，我们有一个亟待解决的新问题"，但得到答案，"嗯，我们不能提供多少帮助，因为我们自己也是新人。"

- **愿景** 即使对于像会计软件一样通用的软件产品来说，了解每个供应商如何定位未来创新和处理业务问题的愿景也很重要。如果供应商的愿景与组织的愿景大相径庭，则该供应商可能不是最佳选择。虽然很少因为愿景上的差异而取消供应商资格，但愿景是否一致应该是选择长期供应商时要考虑的一个重要因素。
- **云端多租户的数据保护和数据隔离(Data Segregation)** 对于 SaaS 应用程序来说，SaaS 服务提供商必须部署强大的控制措施，以保证即使软件存在缺陷并受到入侵，客户组织中的用户也不能越权访问其他客户的数据。
- **参照** 当组织考虑从外部供应商处租赁或购买软件时，最好至少与两三个参照客户讨论，调研某个供应商及其服务。建议在联系任何供应商之前制定一个标准调查问卷。调查表将帮助项目经理或业务分析师从每个参照客户收集相同的信息。这将有助于组织更轻松地比较从多个参照客户处收集的参考信息。向参照客户提出的问题分为几个方面：
    - **实施满意度** 如果软件供应商协助软件实施，请向参照客户访问实施工作的质量。了解出现过哪些特定问题以及供应商是如何管理这些问题的。
    - **迁移满意度** 如果软件供应商协助将业务功能迁移到新的软件应用程序，请向每个参照客户询问迁移工作的质量。无论进展顺利与否，请获取负责人员的姓名，以便组织可以要求指定的供应商员工支持迁移。
    - **支持满意度** 询问客户是否对每个供应商的支持机构感到满意。查看供应商的支持机构是否提供了及时、高质量和始终如一的服务。
    - **长期路线图满意度** 询问参照客户是否对每个供应商的长期产品路线图感到满意。了解路线图中的优势和劣势。
    - **项目进展顺利的原因** 了解每个供应商的优势，并尝试确定这些优势是与单个供应商员工相关还是与整个供应商相关。询问参照客户是否会再次选择供应商，以及为什么选择或不选择。
    - **项目进展不顺利的原因** 询问客户的软件项目的哪些部分不够顺利。询问参照客户是否认为不顺利的经历与某个特定的供应商员工或整个供应商有关。
    - **其他问题** 最后，询问每家供应商的参照客户是否有任何其他尚未讨论的有用信息。有时，可能会发现与供应商迁移相关事宜完全不同的活动。

8) **评价(Evaluation)** 收到每家供应商的 RFP 响应后，可以在多列电子表格中开始绘制响应图表，每家供应商的响应均需要在单独的列中绘制。也可以用低中高评级对每个响应做出评分，并用评分来查看供应商在需求和参照方面的排名。如果可以，将潜在供应商的范围减为前两到三个供应商，然后在 IT 环境中试运行其产品一段时间以期完成供应商评价。试运行意味着在组织中安装软件并与部分用户一起测试。评价应是高度脚本化的，而不是"赢"或"输"；要系统地验证软件是否按要求执行，以及供应商对组织的功能需求的响应是否可信。如果软件系统在 RFP 响应中的运作方式与供应商的说法不同，那么可向供应商提出棘手的问题，或者取消夸大事实的供应商的资格并继续测试其他供应商。

- **供应商支持** 使用供应商软件产品获取成功可能依赖于供应商的支持。具体地说，如果出现问题或支持的质量不足，项目可能会停滞甚至失败。支持质量有几个方面，包括及时性、质量和服务升级速度。如果一家供应商在这些方面均存在不足之处，那么选择这个供应商则可能面临更大的风险。
- **源代码托管(Source Code Escrow)** 当组织自主研发软件时，软件源代码当然由组织保管。但是，当第三方供应商研发软件时，客户组织可能没有该软件的源代码副本。在常规商业条件下，这是可以接受的风险。但是，如果供应商出现经营问题，供应商无法再维护软件，组织将无法使用没有源代码或研发人员支持的软件包。源代码托管是解决此类问题的可行解决方案，其工作方式是这样的：软件供应商将其源代码的电子副本发送给第三方软件托管公司，该公司一直控制着软件。但是，如果软件供应商已不再开展业务，组织将能获取供应商软件的副本，用于支持业务运营目标。这并不是一个完美的解决方案，但总比最坏的情况要好——软件供应商不再开展业务运转时，组织没有任何源代码。
- **选择** 在组织将考察范围缩小至两个或三个供应商之后，则需要更多的批判性思维，以讨论和确定供应商入围者之间的主要优势、劣势和差异。RFP 团队应就其选择向管理层提出建议，并解释选择此特定供应商而不是其他供应商的理由。选择软件供应商的最终决定应由管理层做出，RFP 团队是一个咨询机构。请记住，高级管理层将做出业务决策，需要综合考虑技术因素和价值主张(给定支出产生的价值)。
- **合同谈判** 开展选择时，需要协商组织和软件供应商之间的合同。在交付和支持满足业务需求的软件方面，有许多方法可以追究软件供应商的责任。但是，购买该软件的组织也可能有自己的义务。建议不要太快告诉其他供应商入围者已退出竞争。如果与第一选择供应商的合同谈判进展不顺利，则与其他入围者之一开始谈判可能是明智的，最后由管理层决策选择哪家供应商。合同谈判应该留给律师。但是，双方的律师通常会咨询 IT 专家或管理层，以确保合同的语言部分可准确描述系统、控制、安全以及律师可能不熟悉的任何专业知识。
- **征求提案(RFP)收尾** RFP 流程结束后，项目团队可以开始准备测试和实施软件。出于进度考虑，通常会完全跳过 SDLC 流程的设计和研发阶段，除非组织需要构建一些自定义接口或其他程序，使获得的软件能够在组织的 IT 环境中工作。

9) **征求信息** 征求信息(Request For Information，RFI)类似于征求提案(RFP)，因为组织正在向一个或多个供应商或服务提供商索取信息。与 RFP 相比，RFI 是轻量级的，因为只要求供应商提供有关产品和服务的信息，但无意购买任何服务或产品。

征求信息(RFI)可能先于购买计划，也可能在 RFP 之前。RFI 的主要目的是帮助组织了解有关特定供应商或供应商销售的产品或服务的信息。

4. 设计

当所有的功能、技术、安全、隐私、监管合规和其他要求都已完成时，就可以开始设计应用程序了。假设在可行性研究中开展了概要设计(High-Level Design)——为了计算应用程序的财务可行性,有必要开展初步设计以估算成本;但如果没有,则应首先开展概要设计。

设计工作应该是一个自上而下的流程,从应用程序的主要组件开始,然后将每个模块分解为越来越详细的部分。很难说是否应首先开发数据流向图(Data Flow Diagram,DFD)、实体关系图(Entity Relationship Diagram,ERD)或其他应用程序的其他顶层描述。工作流程的顺序一部分取决于应用程序的性质,另一部分取决于研发人员、分析师和设计人员的经验。无论如何,设计应该从顶层开始,然后逐渐进入复杂的细节层面,直至数据库设计人员和研发人员有足够的细节进入代码研发阶段。

代表业务所有方/运营团队/客户的项目团队成员应审查应用程序设计方案,以确认分析师和设计人员的应用程序概念与业务所有方的概念一样。应审查设计级别,包括概要设计和详细设计。业务专家应能够阅读和理解概要设计和详细设计,并确认设计方案的合理性。

客户开展的设计审查可能是业务客户和设计师的设计意见不一致的一个流程步骤;任何分歧都可以归因于对技术的理解差异,或者归因于实际思维与抽象思维的不同。匆忙结束设计审查可能导致代价高昂的后果。图 4-11 中所示的经典插图生动描述了未能就设计达成一致的潜在后果。

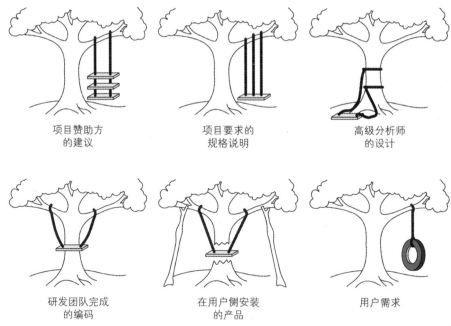

图 4-11 供求双方未能就设计达成一致的潜在后果(图片由牛津大学出版社提供)

软件设计阶段的主要活动包括:
- 使用结构化软件设计工具或方法,记录从顶层到详细的数据流和处理流的详细信息。
- 逻辑和物理层面的总体和详细数据库设计。
- 显示用户与应用程序交互的情节提要。
- 应用程序可以生成的报表的详细信息。

应用程序设计工作还应包括设计将在项目的研发和测试阶段使用的测试方案(Test Plan)。

测试方案需要不迟于设计阶段制定,因为研发人员需要在研发过程中执行单元测试,以验证软件模块的编码是否正确(研发人员可能需要查阅测试方案文档,确认正在正确地研发软件)。如果测试方案直到测试阶段才制定出来,研发人员将不得不开展自主测试,或者可能没有执行具有足够深度和广度的测试,导致在项目的正式测试阶段出现更多的代码缺陷(Defect)。

当设计审查得出结论,设计已完成时,应执行"设计冻结(Design Freeze)"策略,不允许对任何设计层级做进一步的修改。随着设计冻结生效,设计师和用户都更倾向于真正思考设计的所有细节,并更好地确认设计是否正确。

没有执行设计冻结的组织会发现设计在整个研发阶段都在不断变化,这将导致应用程序的不同部分为迎合不断变化的设计而生成不同的"版本"。多版本并存将导致研发和测试阶段的工作混乱,并且肯定会在用户验收测试和实施后导致更多的缺陷报告。管理层应强烈主张设计冻结,因为在研发阶段更改设计将迫使研发人员对符合早期设计的代码实施返工,从而提高研发成本。

注意:
拥有内部 IT 审计师的组织应将 IT 审计师加入设计审查工作,以便 IT 审计师可以确认应用程序设计完整性是否可以通过持续审计手段保证组织得到想要的应用程序。开展外部审计的组织可以邀请外部 IT 审计师为同样的目标审查设计文档。

5. 研发

在旁一直等待的研发团队,终于可以一展身手。研发人员将使用设计阶段制定的详细设计文档,开始研发应用程序。研发阶段的活动包括:

- **编写应用程序代码** 使用为项目选择的工具,研发人员将编写应用程序代码。较新的研发工具可能包括设计元素、代码生成器、调试器或测试工具,工具将提升研发人员的工作效率。
- **撰写应用程序级和系统级文档** 在研发过程中,研发人员会记录技术细节,如程序逻辑、数据流和接口等。当需要修改应用程序时,文档将会帮助其他研发人员。
- **撰写用户程序文档** 研发人员在编写用户界面时,同时撰写程序文档和帮助文档,供应用程序用户阅读。在正式环境中,研发人员可以编写程序文档和帮助文档的核心内容,程序文档和帮助文档往往由技术编写者完成。但更好的想法可能是这样的:最终用户类文档由技术编写者编写,而软件研发人员将使用技术需求和完成的最终用户文档来指导自己研发最终用户软件。
- **同用户一起工作** 在研发与用户交互相关的应用程序部分时,研发人员需要与用户合作,以确保研发人员构建的表单、屏幕和报表能够满足用户的需求。

1) 应用程序的编程语言 正在考虑应用程序研发项目的组织必须做出若干战略决策,确定用于研发和运行应用程序的技术和技巧。

战略决策中包括将用于编写应用程序的编程语言。可供组织选择的编程语言并不多,相反,组织的选择将受到几个因素的限制,包括:

- **标准**　组织对特定品牌的计算机硬件、操作系统和数据库的偏好,将限制所选应用程序软硬件平台上适用的编程语言。
- **可用专业知识**　技术偏好将进一步受到员工或签约研发人员的编程经验的限制。应用程序研发完成并投入使用后,组织需要定期变更代码;这项任务也需要有经验的研发人员完成。
- **背景和实用性**　对于特定的硬件和软件环境,应用程序的性质将使某些专用编程语言更可取,而其他编程语言则不那么理想。若组织希望在 UNIX 环境中编写专业服务发票应用程序,那么汇编程序、C、C++、C#和 Java 都是可用的语言。汇编语言很有可能遭到淘汰,因为汇编语言不是应用程序研发用途的最佳选择,相反,可能选择 C++、C# 或 Java 编程语言。同样,Android 平台上的移动应用程序也可能用 Java 编程语言编写,而 iOS 的应用程序可用 Swift 编程语言编写。

影响编程语言选择的另一个因素是研发和测试工具的可用性。对于应用程序功能本身,组织应仔细选择应用程序的研发环境(或者确定当前的研发环境无法满足要求)。

必须允许研发人员编写代码来满足应用程序本身要求的软件功能。如功能需求明确规定需要使用大量测试用例实现高精度测试,有助于自动化测试的研发环境将帮助研发人员更容易地执行这类严格测试。

2) **软件购置中的研发**　在购置软件的情况下,组织购买或租赁软件,而不是内部研发软件,但仍可能需要实施定制化研发。在软件购置项目中,通常需要实施软件研发来满足多种需求:

- **用户定制**　稍具规模的成品应用程序都可以满足必要的定制化研发。这些定制化可以有多种形式,包括应用程序代码模块、XML 文档和配置文件。
- **与其他业务系统集成**　应用程序很少单独使用。相反,需要接收来自各种来源的数据,然后向其他业务系统提供数据。有时需要编写"桥接应用程序(指数据网关)"或集成网关,以便将数据从一个环境移到另一个环境。
- **身份验证**　为了提高安全性或使应用程序的适用性更强,组织通常希望新应用程序利用基于现有业务系统或网络的身份验证服务。此方法的优点是用户不必记住多套用户 ID 和口令。应用程序的身份验证通常可以绑定到 LDAP 或微软活动目录(Microsoft Active Directory,MAD),也可以集成到联合身份验证环境。
- **报表**　复杂应用程序应具有用于创建自定义报表的报表编写器模块。根据底层技术,可能需要研发人员制定报表模块。即便报表创作工具直观且易于使用,仍需要研发人员帮助用户设计报表。

注意:
正在考虑购置软件的组织应制定并实施有关定制化程度的策略。当需要升级成品软件时,定制化成本可能会很高,因为定制化项可能需要重新研发代码才能使用升级后的成品软件。管理和升级定制化项所需的附加时间很可能抵消使用成品软件所节约的成本。

3) **调试** 软件测试的第一个也是最关键的测试部分是由研发人员在研发期间自行执行的。调试(Debugging)是测试软件代码以确保其正常运行且没有缺陷的流程。研发人员执行的测试称为单元测试(Unit Testing);单元测试意味着研发人员创建的所有模块(单元)都是自行测试的。系统全局规模测试通常由其他人在研发周期的后期执行。

调试的目的包括:
- **正常运行** 软件研发人员需要确保软件模块可以正确操作数据并执行计算。
- **输入数据的规范性验证** 应该对所有输入数据进行详细检查,以防止错误和篡改。输入数据操作是滥用应用程序的主要形式之一,也是造成安全事故的主要原因之一。
- **输出数据的规范性验证** 模块必须执行输出数据验证,以确保输出的数据在范围内。输出验证是检测应用程序模块中漏洞的一种方法。
- **资源使用的规范性** 应测试模块,以确保模块正确使用内存等资源。模块应可以正确地请求和放弃资源,这样就不会发生诸如内存泄漏(Memory Leak)的漏洞。

注意:
尽管试图掩盖调试和单元测试很有诱惑力,但这项工作通过简化集成工作和减少系统测试中的缺陷数量而能获得巨大回报。在调试过程中可能发现的缺陷通常需要更多资源才能在系统测试期间找到,因为在诊断和纠正缺陷之前,必须首先将缺陷定位到代码的特定部分。

4) **源代码管理** 在任何规模的研发工作中,无论研发团队有 1 名研发人员还是 200 名研发人员,组织都应该使用源代码库工具。这类工具有几个用途:
- **知识产权保护措施** 源代码管理工具通常包含访问控制措施,以期望只有经过授权的人员才能访问应用程序源代码。这有助于保护组织的知识产权(IPR),并防止其他无关人员了解应用程序内部工作的机密或对源代码执行未授权篡改,这两种场景都可能导致后续的欺诈或应用程序滥用。
- **访问完整性控制措施** 源代码管理系统使用"签出(Check Out)"和"签入(Check In)"功能,以便一次只有一名研发人员可以处理应用程序的特定部分。这有助于确保应用程序源代码的完整性。
- **版本管理** 源代码管理系统在研发人员签入代码时跟踪代码的每个版本。源代码管理跟踪每个版本所做的更改,并显示版本之间的代码差异;如果以后出现应用程序问题,源代码管理系统还允许还原到旧版本。
- **记录保存** 源代码管理系统维护与签出、签入和修改源代码相关的记录。这可以帮助管理层确认研发人员修改了哪些源代码,以及谁在修改源代码。

将部分或全部软件研发工作外包给第三方组织需要确定外部人员访问源代码的业务规则。

软件应用程序的某些部分需要申报知识产权(IPR),或形成商业秘密施加保护。此外,有些部分还与安全性相关。这种情况下,组织应考虑颁布和实施代码管理方面的业务规则,限制外包研发人员访问敏感代码。

注意:
源代码管理不是仅限于首次研发应用程序时的活动;相反,源代码管理是一项至关重要的活动,必须在整个应用程序生命周期内持续实施。

6. 测试

在软件项目的需求、设计甚至研发阶段,各种项目团队成员会研发有关应用程序的特定事实和行为特性。在批准应用程序用于生产前,必须验证这些特性。图 4-12 中的 V 模型中描述了这一概念。V 模型有时用于描述 SDLC 中不断增加的细节和复杂性细节。

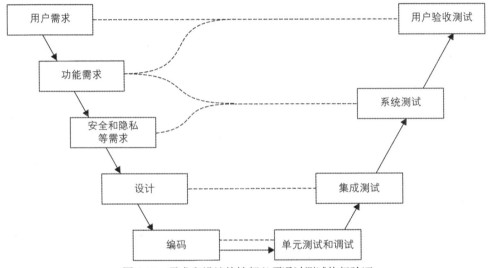

图 4-12 需求和设计特性都必须通过测试执行验证

软件研发项目中的测试阶段包括单元测试、系统测试、功能测试和用户验收测试。在概述测试方案之后,将分别介绍每个阶段。

1) 测试方案 在开展测试工作之前,首先需要编写测试方案(Test Plan)。在项目全局级别和详细级别,测试工作都应该是一套有条不紊和可重复的流程,而不应受制于任何正在执行测试任务的测试人员的技能和经验。

在很大程度上,测试方案直接来自研发阶段开始前的研发需求。当然,也可能有其他来源或类型的测试,这些来源或类型的测试在需求中可能未明确说明,包括:

- 业务案例的充分性
- 防止误用和滥用案例
- 应用程序的操作和功能对用户的易用程度

由于测试用例的数量和/或复杂性,可能需要编制测试方案。编制测试方案需要考虑多种因素,包括:

- 测试工作量需要以某种逻辑方式分发给多名人员
- 由一个或多个外部方或组织执行的测试

- 根据单个测试人员或测试团队的可用性分配测试工作量
- 根据特定测试人员或测试团队的知识或技能分配测试
- 基于执行测试所需的专业工具分配测试(如工作负载测试或安全缺陷测试)

2) 单元测试 单元测试(Unit Testing)由研发人员在软件研发项目的编码阶段执行。当安排人员研发应用程序的一个组件时,分配给研发人员的规范应该包括测试方案或测试用例,研发人员将使用测试方案或测试用例来验证代码是否正常工作。不论研发人员正在研发的应用程序的某个部分能让最终用户看到和使用,还是因深藏在应用程序的内部而不被他人知晓,开展单元测试都是正确的选择。

在正式的研发环境中,单元测试方案应该是明确的,并且列出研发人员应该执行的每项测试。随后,由研发人员执行每项测试并记录测试的结果(通常是实际输出结果),最后将测试结果归档,以供后期需要时参考。

往往,单元测试中发现问题的记录归档对于测试的后期阶段能够提供较大价值。试图单独分析后期测试问题的研发人员可在单元测试阶段参考测试方案和测试结果,以查看测试方案和其他单元测试活动是否正确执行,或者是否包含全面的测试用例。测试证据可以通过消除重复单元测试,为项目团队节省大量时间。

单元测试应该是应用程序中每个模块研发的一部分。当一个软件研发项目给研发人员分配一项编程任务时,单元测试应该在编码和调试完成后立即执行。在组织中,研发人员结对工作(Work In Pairs)——高级研发人员编写代码,初级研发人员执行测试。这使初级研发人员有机会通过观察高级研发人员和测试高级研发人员的代码来学习更多高级编程知识。

注意:
对于软件模块的单元测试,通常不应该由编写该模块的研发人员执行。研发人员在完成研发和测试的时间压力下,可能会忽略测试用例或掩盖无关的错误。此外,研发人员可能对自己的代码过于熟悉,无法对其执行客观测试。"一人编写代码,他人执行测试"的方法具有客观测试的优势,但在较小的组织中执行可能更困难,因为一名研发人员可能需要编写所有代码。

3) 系统测试(System Testing) 随着应用程序各部分研发和单元测试的完成,将把应用程序安装到测试环境中。当足够数量的模块或组件完成后,最终将有可能开始端到端(或至少部分端到端)测试。通过这种方式,可以将几个组件作为一个整体开展测试,以验证这些组件能否一起正常工作。

系统测试包括接口测试(Interface Testing),以确认应用程序能否与其他应用程序正确通信。接口测试包括实时接口和批量处理。

系统测试还包括迁移测试(Migration Testing)。当使用新应用程序替换现有应用程序时,来自现有应用程序的数据通常要导入新应用程序中,以避免新旧应用程序的并行问题。迁移测试确保正确格式化数据并导入新的应用程序中。迁移测试通常在应用程序真正迁移切换之前执行几次模拟测试。

与单元测试一样，系统测试应该在业务系统设计阶段就预先准备好测试方案，同样，系统测试不应该由研发受测模块的研发人员或在测试环境中设置受测模块的集成人员来执行。此外，系统测试结果应正式记录并归档，以备日后需要时使用。

4) 功能测试　功能测试(Functional Testing)主要用于验证在应用程序项目早期制定的功能需求。

每个功能需求必须以一种固有的、可验证的方式表达。当制定每项功能需求时，还应制定一套或多套测试方案，以便在项目的功能测试阶段执行测试任务。

功能测试应正式记录，包括测试输入和测试结果。所有这些活动都应及时归档，以保证在应用程序出现故障时能够查阅文档。通常，功能测试结果可以在应用程序上线前验证功能测试期间是否存在故障。

5) 用户验收测试　在业务用户正式批准并开始使用新的(或更新的)应用程序之前，通常要经过一个称为用户验收测试(User Acceptance Testing，UAT)的正式阶段。UAT应由一个正式的、书面的特定测试组成，允许应用程序用户确认新应用程序能否正常运行。

应及时归档用户验收测试的详细文档，以备将来之需。

用户验收测试通常是接收租用或购买的软件以及由第三方组织研发的软件的一个阶段。用户验收测试是一种正式的测试，决定客户组织是否接收应用程序(根据情况付费)并开始正式使用。

注意：
制定用户验收测试的验收标准是最终用户(而不是研发人员或设计人员)的职责；否则，内部或外部客户最终得到的软件很可能不具有预计或期望的业务功能。

6) 质量保证测试　质量保证测试(Quality Assurance Testing, QAT)是对业务系统规范和技术的正式验证。用户通常不参与QAT；相对来说，QAT通常由IT或IS部门执行。

与UAT一样，在组织购买成品软件或应用程序软件由外部组织研发的情况下，QAT应该是"守门员(Gatekeeper)"测试。QAT的结果还应决定组织是否正式接受申请并支付费用。

7. 实施

在实施(Implementation)阶段，将已完成的应用程序软件部署在生产环境中并正式启用。

实施阶段需要在UAT和QAT开始之前启动。UAT和QAT应在生产环境中执行，一旦获得使用该应用程序的批准，实施环境将成为生产环境。

从实施环境开始建设的那一天起，实施环境就应像生产环境一样受到严格控制。这意味着对实施环境的所有更改都应经过变更管理流程。此外，对生产环境的管理权限应限制为在环境上线后为其提供支持的人员。与软件研发项目的其他阶段相关的实施时间表如图4-13所示。

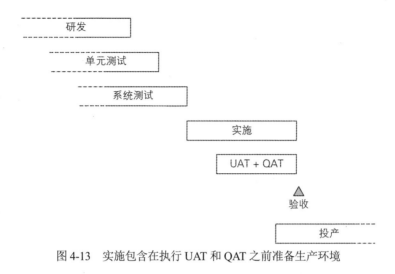

图 4-13　实施包含在执行 UAT 和 QAT 之前准备生产环境

 注意：
由于 UAT 和 QAT 测试通常在生产环境执行，因此生产环境必须是"纯净的(指严格受控)"，并且禁止研发人员和其他人员访问。

1) **实施规划**　实施阶段是一项复杂的工作，需要事先规划。有些活动可能有很长的交付周期，需要在研发期间或更早的时候开始一些实施活动。

- **为内部生产系统准备物理空间**　对于在物理服务器上实施应用程序的组织，现有数据中心可能已有可用于应用程序的服务器和其他设备。但是，如果没有足够空间，或者现有数据中心的可用空间不足，组织可能需要考虑扩展现有数据中心或考虑使用可组合数据中心。

2) **搭建生产系统**　搭建和配置应用程序需要使用的服务器。如果组织没有可用的服务器，则应租赁或购买硬件系统；根据硬件类型，可能需要相当长的交付周期。如果需要使用公有云(Public Cloud)，组织需要选择一家公有云服务提供商(这应该在设计时或更早时候完成)并在云端部署服务器操作系统。一旦完成硬件或虚拟化平台的搭建，工作人员将开始安装和配置操作系统以及可能的其他子系统，如数据库管理系统或应用程序管理系统。此时还必须部署路由器、交换机和防火墙等支持性基础架构。

- **部署云端生产系统的虚拟机**　对于在 IaaS 稍后中部署应用程序的组织，需要获取和配置虚拟机。
- **安装应用程序软件**　一旦操作系统为应用程序软件做好准备,就开始安装和配置应用程序。
- **迁移数据**　对于现有应用程序将退出的环境，以前环境中的数据通常需要传输到新环境中。通常，迁移程序(Procedure)需要自主研发一个或多个应用程序来提取、转换数据并将其导入新生产环境中。迁移程序(Procedure)可能需要执行多次：但必须至少演练一次,以确保迁移程序能够正常工作。此外,在正式切换前,通常需要迁移部分脱敏数据以开展功能测试、UAT 和培训。

注意:
随着实施的每个阶段都已完成,新完成的组件应立即锁定,并将其视为生产组件。通常这是确保整个环境完整性的唯一方法。

3) **培训** 整个软件研发项目的成功取决于组织中不同人员的知识和技能。以下是可能需要培训的人员:

- **最终用户** 培训应用程序的日常操作人员,以便最终用户知晓如何正确运营。
- **客户** 如果外部客户使用新应用程序,将需要提供适量信息,以便让客户了解如何使用新应用程序。在其他情况下,客户不会直接使用应用程序,但是新应用程序仍然可以影响客户与组织的交互方式。如果客户服务或销售人员使用新应用程序接受订单或查找客户数据,可能会询问不同的问题或向客户提供不同的信息。
- **支持人员** 为最终用户和客户提供客户服务的人员需要接受有关应用程序工作原理以及可能用来帮助用户管理"后台"工具的培训。
- **培训师** 雇用培训机构的组织还需要"培训培训师(Train the Trainers,TTT)",从而使培训师能正确地培训用户和客户。

应用程序的目的可能要求其他人员也接受培训。这可能包括内部或外部信息系统审计师,或对组织实施监督的监管机构。

4) **数据迁移(Data Migration)** 在 SDLC 的背景中,数据迁移的目的是将数据从旧的或即将退役的业务系统传输到新业务系统。根据新旧应用程序的性质,数据迁移的目的可能是使源于旧业务系统的历史记录在新业务系统中可用。

某些情况下,组织将继续运行旧应用程序,以方便对历史数据的访问;保持旧应用程序运行所需的资源有时少于将历史数据迁移到新应用程序所需的资源。

数据迁移需要制定从旧应用程序提取数据、执行必要转换、格式化数据并将其导入新应用程序的工作程序。这通常是一项复杂的任务,因为旧应用程序和新应用程序的数据模型之间可能存在显著差异,以至于新旧应用程序之间存储的数据的含义也不同。某些情况下,需要在新应用程序中创建部分数据库,方法是从旧应用程序中提取数据,然后执行计算以创建新应用程序中所需的数据。在所有情况下都需要仔细分析,以确保每个应用程序中的数据含义都是已知的,以便正确地开展迁移。以下是确保成功迁移的一些技术和注意事项:

- **记录总数** 应使用应用程序或工具来计算新旧环境中对应表里的记录数。这将确认数据从旧环境移动到新环境的迁移程序的完整性。
- **批处理总数** 具有数值的数据记录可以添加到新旧数据库中。这将有助于确认新旧环境中关键数据元素的完整性。
- **校验和** 可以针对新旧数据库运行计算校验和的应用程序,以确保迁移数据的准确性。研发人员需要明确知道可能导致校验和差异的数据存储方法,如一个应用程序中的地址字段可能会填充空格,但在另一个应用程序中,地址字段可能会填充空值。此外,日期的存储方式在不同应用程序中也有所不同。虽然使用校验和可能很有价值,但研发人员和分析师必须熟悉新旧环境中数据表示的任何差异。

注意:
与其他软件项目一样,迁移应用程序本身必须经过严谨的设计和测试,并且必须分析测试结果以确保迁移应用程序能正常工作。通常,有必要在安排好的切换日期之前很好地执行迁移测试,以便有足够的时间来确保已经正确地编写了迁移应用程序。

5) **切换(Cutover)** 当完成生产系统搭建,成功加载了应用程序,完成数据迁移,所有的测试都已得到执行和验证后,项目团队将抵达切换阶段的里程碑。通常,切换阶段需要管理层审查和批准,以确认所有必要的步骤都已正确完成。

根据应用程序的性质以及外部影响(如监管合规或业务运营的要求),组织可以采取以下几种方式之一将应用程序转移到新环境:
- **并行切换** 组织可同时运行新旧应用程序一段时间,仔细对比新旧应用程序,以确保新应用程序能正常运行。
- **地理位置切换** 需要在较大地理区域范围使用的应用程序,如零售连锁门店管理应用程序系统;组织可选取几个典型地理位置门店迁移到新应用程序中,而不是一次移动所有地理位置门店。
- **逐模块切换** 组织可在不同时间迁移应用程序的不同模块,例如,在财务管理应用程序中,组织可将应收账款模块移到新环境中,稍后再迁移应付账款模块,最后迁移总账模块。在每一个阶段之间,组织必须准确地跟踪哪些业务信息(数据)驻留在哪套业务系统中。
- **一次性切换** 组织可选择一次迁移整个应用系统环境。

项目团队必须分析切换阶段的所有可用方法,并选择能够平衡风险、效率和成本效益的方法。

分析人员可能会发现旧环境中的数据存在问题,需要在迁移之前或作为迁移工作的一部分执行清理任务。可以找到的问题类型包括重复记录、不完整记录或包含违反一个或多个业务规则的值的记录。发现数据不一致的分析师需要提醒项目团队注意这一点,然后帮助项目团队决定如何纠正这种情况。

6) **回退规划(Rollback Planning)** 有时,组织在将应用程序从旧环境迁移到新环境后不久发现新环境中存在严重问题,需要返回旧环境。回退规划是安全网(Safety Net),为组织提供了避免组织无法继续使用新环境的最后手段。

回退是一项严肃的任务,只有在新环境中出现严重到无法正常解决的问题时才会考虑回退。但是,在应用程序的可用性和完整性对组织至关重要的环境中,建议制定回退规划,即便业务系统从不需要回退也是如此。

8. 实施后

当完成应用程序切换后，整体软件项目仍未完成。在项目结束前，还必须开展若干最终活动和任务。

1) 实施后审查　新应用程序实施后，需要安排一次或多次正式审查。审查的目的是收集所有已知的未解决问题，并确定和讨论项目的绩效。由于组织将来可能实施类似的项目，因此确定项目的哪些部分进展顺利，哪些方面本可以做得更好，这将更有效地利用时间。实施后审查应考虑：

- **业务系统充分性**　项目组应与新业务系统的用户合作，收集问题和意见，然后在实施分析中开展讨论。应识别任何需要进一步关注的问题。
- **安全审查**　应讨论业务系统的访问控制措施和其他安全控制措施，并识别所有的争议或问题。
- **隐私审查**　需要讨论业务系统的隐私特性和控制措施，并识别可能存在的任何问题。
- **审计审查**　需要讨论业务系统接受信息系统审计的能力，以及任何早期审计结果。
- **问题**　应识别出所有与新环境有关的已知问题。包括用户反馈、运营反馈以及文档和记录的准确性和完整性。项目团队需要讨论每一个问题，并将其分配给一个或多个团队来解决和补救。
- **投资回报**　如果实现新应用程序的目的是建立或提高投资回报率(Return On Investment，ROI)或工作效率，则需要实施初始测量。项目团队需要认识到，在确定准确的投资回报率前，可能需要几个业务周期。

可能需要不止一次的实施后审查。对大多数组织而言，在上线后不久举行一次实施后审查然后就称为"运转良好"显然是不够的。取而代之的是，需要一系列审查，并可能会持续多年。

注意：
信息系统审计师应参与 SDLC 的所有阶段，包括实施后审查，以确保应用程序能够按照信息系统审计师关注的控制措施或监管要求运行。在信息系统审计师的反馈中，必须包含在初始和后续审查中接受审查的问题并做相应的讨论。

2) 软件维护　在实施之后，应用程序立即进入维护阶段。从此刻开始，对软件环境的所有变更都必须在正式流程下执行，包括事故管理、问题管理、缺陷管理、漏洞管理、变更管理和配置管理。所有维护流程都必须基于需求来启动研发和修改，以便在切换完成时适配新的应用程序。

4.3.2　软件研发风险

软件研发是一项风险较高的工作。即使管理层为软件研发项目提供了足够的资源并有切实可行的方法论作为支撑，软件研发失败的概率仍然大于成功。

与软件研发项目相关的特定风险包括：

- **应用程序无法全面支撑业务经营**　应用程序可能无法支持所有业务需求。在软件研发项目的需求分析和规范制定阶段，可能会忽略、轻视、误解或未重视一些业务需求。不管出于什么原因，一套无法满足所有业务需求的应用程序可能不会得到充分利用甚至逐步弃用。
- **安全和隐私缺陷**　应用程序可能包含各种形式的误用和滥用的安全或隐私缺陷，包括拒绝服务、特权升级、数据泄露和数据损坏等。
- **项目风险**　如果应用程序研发(或购置)项目执行过程中没有严格控制，项目可能会超出财务预算、时间预算，或两者兼而有之。如果管理层认为项目失败，可能导致严重的延误，甚至完全放弃项目。
- **业务工作效率低下**　应用程序可能无法达到预期的业务工作效率。换句话说，应用程序本身可能就很难操作，运行速度缓慢，或者业务流程中需要追加手动工作才能满足业务需求。这可能导致关键业务花费太长时间或需要额外资源才能完成。
- **市场变化**　软件研发项目从获得批准到完成,市场环境的突然或意外变化可能给项目带来灾难性后果，如宏观环境中剧烈的供应或价格冲击将对成本产生不利影响，从而使新兴商业活动无法开展。市场的变化也会导致产品和服务的利润率下降，将导致项目的投资回报率大打折扣。

注意：
管理层对所做出的业务决策负责；在理想情况下，管理层在做出业务决策时手头有足够的信息。当然，通常情况下，也存在一定的变数。

4.3.3　其他软件研发方法和技术

几十年来，瀑布式软件研发方法是大多数组织事实上使用的研发模型。20世纪70年代和80年代，技术上的突破和变化又催生了新的软件研发方法，新方法可以和瀑布模型一样有效，而且在很多情况下，效率更高、速度更快。

1. DevOps(敏捷软件研发和运营模型，Development 和 Operations 的简写)

DevOps 是一种正在发展的研发方法，利用敏捷研发方法将研发团队、软件质保(QA)和IT运营团队更紧密地结合在一起。但如果没有更有效、更方便(自动化)的测试工具，DevOps将不够完整。

在 DevOps 中，软件研发、质保和 IT 运营之间的界限有些模糊。组织必须确保访问控制模型和功能仍继续支持法律法规和监管合规要求，例如：
- **数据隔离(Data Segregation)**　研发人员永远不能访问生产数据。
- **职责分离(Separation of Duties，SoD)**　关键流程(如变更控制)仍然需要管理和技术上的控制，以防止任何人员(如研发人员)在生产环境中实施未授权篡改。

图 4-14 描述了研发、软件质保和 IT 运营之间的关系。

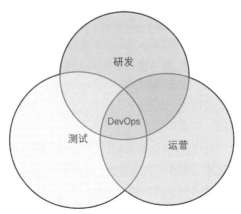

图 4-14　DevOps 是研发、软件质保(测试)和 IT 运营的集成

2. DevSecOps

DevSecOps(敏捷和安全的软件研发和运营模型)是 DevOps 的一个分支(也有说法是 DevOps 的改进)。DevSecOps 代表了 DevOps 的最佳特性,包括安全设计和测试功能,这些功能是快速研发和自动化测试过程的一部分。通常,将静态和/或动态代码扫描功能集成到软件研发环境中,以便尽快识别安全缺陷。进一步的自动化测试可在生产环境上执行,以发现可能受到利用的缺陷,研发人员可在随后的冲刺中修复发现的缺陷。

3. 敏捷研发法

敏捷研发法(Agile)是一种软件研发模型,是适合特定组织的可选研发方法。敏捷方法利用了本章前面详细介绍过的迭代式增量软件研发(Scrum)项目方法。在一个敏捷研发项目中,将一个较大的研发团队分成由 5 到 9 名研发人员和一名领导者组成的较小团队,并将项目的可交付成果分成几个小的部分,每个部分都可在几周内完成。

4. 原型设计法

应用程序原型(Prototyping)是一种在用户输入和持续参与的情况下快速研发应用程序原型的方法论。在此方法中,用户与研发人员密切合作,研发人员在短时间内研发特定的组件并频繁征求用户反馈。

原型设计法的主要优点是,由于用户长期参与,可以在浪费更多时间之前预防不正确的做法,从而降低了应用程序出错的风险。

原型设计法的主要缺点是业务系统的研发仅是基于用户所见和所知的内容;用户不知道的其他功能需求可能得不到处理,从而导致业务系统缺乏足够的控制措施和韧性。

5. 快速应用程序研发方法

快速应用程序研发方法(Rapid Application Development,RAD)是对 20 世纪 70 年代研发的速度较慢、更为结构化的应用程序研发方法(如瀑布式应用程序研发法)的响应。RAD 具有以下活动和特点:

- 由经验丰富的研发人员和分析师组成的小型研发团队
- 研发原型
- 集成数据设计、数据流、用户界面和原型设计的研发工具
- 具有软件组件的中央存储库,强调代码的可重用性
- 与最终用户召开设计和原型分析会议
- 严格的时间框架

RAD 几乎可以认为是对 20 世纪 60 年代政治和商业机构立项的公开反对。大多数情况下,RAD 软件研发方法与过去几十年中使用的传统的、经过时间验证(但效率低下且耗时)的研发模型截然相反。

6. 面向数据的系统研发方法

顾名思义,面向数据的系统研发(Data-Oriented System Development,DOSD)是一种以数据为中心的软件研发方法。在 DOSD 中,数据是中心焦点,就像是"车轮的中心",其他研发活动是数据分析和设计的结果。

DOSD 可用于连接许多组织的较大信息处理环境中。例如,航空公司预订系统、商户和支付处理系统、证券交易系统、医疗记录处理系统和基于云的 PaaS 供应商(如 SalesForce.com 网站)都有定义良好的数据模型和业务处理接口。希望参与大型系统的组织需要研发自己的应用程序,其研发的重点是拟接入系统上已发布的数据接口。

DOSD 可应用于使用批量业务的环境(如批量传输和处理)以及实时执行的业务(如航空公司预订或证券交易)。

7. 面向对象的系统研发方法

面向对象(Object-Oriented,OO)的系统研发本身就是一个包含描述对象和其他许多软件组件的完整词汇表的世界。与传统的结构化编程语言(如 FORTRAN、BASIC 和 C)大不相同,OO 研发有自己的语言,甚至有自己的数据库(如果组织想实现的话)。

关于 OO 研发和技术可以写一整本书(甚至一系列著作),本节将总结基本词汇和活动。

面向对象技术的基本单元是类。类描述对象的特性,包括特性、属性、字段和方法。

类的实例化称为对象。可以把类看作存储的代码和配置文件,当类运行时,运行的部分就是对象。

方法是指对象可执行的动作。如编写一个对象来计算贷款利息,那么方法就是执行计算的对象中的软件代码。在其他编程语言中,子程序和函数与 OO 中的方法基本相同。

对象通常使用封装。封装技术是一种常见的做法,任何特定的方法都可以调用其他方法来执行其工作。相当于一个函数可以调用另一个函数。OO 中的封装要点是软件研发人员不需要知道某个方法的实现细节,包括是否调用其他方法。

在前面提到了类。OO 通常具有类的层次结构。类可以属于父类,反过来,类可以包含子类。但是父类和子类不仅是排列或存储类的方式。相反,类之间的关系是功能性的。父类的属性是通过继承向下传递的。

前面说过,一个实例化的类会变成一个对象。根据传递给对象的数据的不同,对象的行为方式可能不同,这种特性称为多态性。如计算运费的类会根据出发地和目的地以及客户等特殊情况以不同方式运行。这种情况下,多态性不仅是关于选择运费率,还可能调用其他对象,如处理海关、税收或危险品申报的对象。

OO 编程和操作环境将有一个或多个类库。类库有多种形式,具体取决于所使用的操作系统、语言和子系统。如在 Java 语言中,类库存储在 JAR 文档中,这些文档位于系统中,应用程序可以在需要时引用。

8. 基于组件的研发方法

基于组件的研发方法是一种反映应用程序软件体系结构的方法。在这里,应用程序环境将由几个独立的组件组成,这些组件通常位于不同的物理或虚拟系统上,但一起工作,如一个大型应用程序环境可能由一组集中位置的服务器组成,这些服务器处理主事务。这些服务器可能包含使用标准接口技术(如 CORBA、RPC 或 SOA 等标准接口技术)的接口,整个应用程序环境的其他部分可与此类接口展开通信。例如,辅助组件(如批量输入和输出)、数据仓库、静态表更新(如税率或运费)和客户端程序都可能是与核心系统通信的独立应用程序。

注意:
在基于组件的环境中,一些组件可能是由其他组织拥有和运营的系统。现代分布式应用程序、PaaS 环境和基于 Web 的混搭(Mashup)尤其如此,在此类应用程序中,应用程序可能包含来自外部应用程序的组件。

9. 基于 Web 的应用程序研发

HTML 内容显示标准和 HTTP 通信协议的创建彻底改变了应用程序研发。Web 浏览器无处不在,已经成为一个通用的客户端平台,这与早期的智能显示终端没有什么不同。

Web 软件,正如现在正在普及一样,出现的恰逢其时:两层和三层的客户端-服务器计算,是 20 世纪 90 年代发展起来的新兴的新应用程序研发范式,但并没有达到预期的性能,特别是在客户端软件的性能和维护方面。从用户界面(UI)的角度看,Web 软件极大地简化了软件研发;虽然研发人员对在用户工作站上显示哪些数据以及如何显示数据的控制能力稍差,但作为交换,由于不必维护客户端软件,所以认为是可接受的。

从研发方法论的角度看,Web 应用程序研发可以在几乎所有的开发框架中执行,包括瀑布、DevOps、Agile、RAD、DOSD 和 OO 等。主要是目标技术将基于 Web 的应用程序研发与其替代方案区分开来。

一些重要的标准已经研发以促进基于 Web 的应用程序之间的通信,包括 JSON-RPC、SOAP、WSDL。JSON-RPC 是一种基于 XML 的协议,采用 JSON 编码,客户端系统使用它来请求远程系统的方法。

SOAP 是一个基于 XML 的 API 规范,用于促进使用 HTTP 和 HTTPS 协议的应用程序之间的实时通信。在功能上,SOAP 的操作类似于 RPC,其中一个应用程序向另一个应用程序发送一个查询,而另一个应用程序则反馈查询结果。SOAP 消息基于 XML 标准。

WSDL 作为特定环境中可用的 SOAP 服务的规范存储库。这允许应用程序发现应用程序服务器上有哪些服务可用。

10. 逆向工程

逆向工程(Reverse Engineering)是通过分析软件系统了解其功能的过程,通常作为研发类似软件系统或了解软件系统如何工作的手段。逆向工程通常需要特殊工具来检查计算机二进制代码,并转化等效的编程语言。

逆向工程可以帮助加快研发项目的速度,在项目中,组织需要构建一个与自己拥有的仅以二进制格式存在的应用程序相似的应用程序。如果没有逆向工程,组织将不得不在项目的软件设计和研发阶段花费更多时间。

通常,逆向工程在软件许可协议中是明令禁止的,因为使用这种方法会泄露出受保护的知识产权,从而损害原始软件制造商的经济利益。

注意:
逆向工程是恶意软件分析中用来掌握恶意软件工作原理的标准技术之一。

4.3.4 系统研发工具

应用程序研发人员可使用从简单文本编辑器到高级工具(如计算机辅助软件工程和第四代编程语言)的工具来创建源代码。尽管没有什么理由介绍诸如 vi、Notepad 或 Emacs 的文本编辑器,但高级开发工具值得关注,因此本节将介绍高级开发工具。

1. 集成研发环境

集成研发环境(Integrated Development Environments,IDE)是一类桌面软件研发工具,在一个工具中集成了源代码编辑、源代码版本控制、编译和调试。IDE 使研发人员能够编写、测试和调试代码,而不必在研发工具应用程序之间切换。

IDE 通常有多个窗口或窗格,使软件研发人员能够查看和编辑代码,运行代码和观察执行情况,以及查看源代码库。其他功能也可以使用。

部分 IDE 具有内置的安全功能,如代码分析,以及与外部工具(如用于查找安全缺陷的源代码扫描工具)的连接。

2. 计算机辅助软件工程

计算机辅助软件工程(Computer-Aided Software Engineering,CASE)代表了各种工具,用于自动化研发应用程序软件的各个方面。CASE 工具包括三个基本的研发领域:

- **高级 CASE 工具**　包括从需求收集到研发数据模型、数据流向图和接口的活动。

- **中级 CASE 工具** 涉及详细设计的研发，包括屏幕布局、报表定义、数据设计和数据流。
- **低级 CASE 工具** 涉及程序源代码和数据模式的创建。

上述术语简略用于对各种 CASE 工具开展分类。有些 CASE 工具是明确的高级 CASE，而其他一些工具则包含中级和/或低级 CASE，但许多工具涵盖了整个功能范围，可用于捕获规范、创建数据结构和流程图、定义程序功能以及生成源代码。

CASE 工具通常不会创建可用于实施和测试的源代码。相反，源代码工具用来为给定的程序创建大部分代码；然后研发人员将添加 CASE 工具没有涵盖的细节和特定项。CASE 工具不是用来代替研发人员的工作，而是帮助研发项目的编码部分缩短时间，提高一致性，并提高应用程序质量。

CASE 工具通常包含创建正式程序源代码的代码生成器(Code Generator)。

注意：
CASE 工具不能消除 SDLC 任何基本阶段的需求。无论有没有 CASE 工具，项目团队仍然需要创建需求、规范和设计。然而，CASE 确实有助于实现其中一些活动的自动化。

3. 第四代编程语言

第四代编程语言(Fourth-Generation Languages，4GL)包括各种工具，用于研发应用程序。

与第一代、第二代和第三代编程语言不同，4GL 没有一个普遍接受的定义。4GL 是由许多不同的组织和研究人员独立研发的，充斥着各类概念，以至于无法用一套公认定义来描述所有这些概念。几乎所有的 4GL 和工具都有一个共同点：是由事件驱动(Event-Driven)的，而不是过程驱动(Procedure-Driven)的，而且没有过程语言那么详细。

大多数应用程序通常将其作为附加功能，而不是作为其核心功能，如 4GL 对于报表生成器、查询生成器和其他更高级别的功能非常有用。4GL 通常是为那些几乎没有编程技能的非技术用户设计的。研发人员也可将 4GL 用作代码生成器。

4.3.5 采购基于云计算的基础架构和应用程序

组织通常选择采购托管在云或 SaaS 环境中的业务应用程序，而不是将应用程序安装在组织自建系统环境中。本节讨论组织在考虑云计算选项时应掌握的事宜。

可用于基于云计算应用程序环境的常见选项有：

- **软件即服务(Software as a Service，SaaS)** 应用程序服务提供商将其应用程序软件托管在自建的基础架构，通常位于数据中心，供多个云客户使用。云用户访问应用程序的方式与访问在组织自建的 IT 环境中部署的应用程序的方式大致相同。

- **基础架构即服务(Infrastructure as a Service，IaaS)** 云服务提供商提供一套可供云客户部署和运行虚拟机的环境。虽然云客户组织能够从购买网络、系统和存储硬件的重负中解脱出来，但仍然需要创建一套网络架构、安全架构、系统架构和应用程序架构，且必须部署和管理操作系统、虚拟网络设备(如交换机和路由器)以及虚拟网络安全工具(如防火墙、入侵防御系统和数据防泄露系统)。
- **平台即服务(Platform as a Service，PaaS)** 云服务提供商提供一套基于应用程序研发环境或基于数据的平台，云客户可在此平台上研发和/或集成其应用程序。PaaS 服务通常围绕一类业务范围，如 Salesforce.com 用于销售支持，或者 Concur.com 用于费用和差旅管理。

无论选择哪种云计算模型，组织都需要了解云服务商向组织提供云服务的详细信息。其中一些细节包括：

- **访问控制** 云服务提供商必须有一套有效的访问控制方案，以确保只有经过授权的人员才能访问基础架构组件和虚拟机。通常，使用云服务的组织将管理上层的访问控制(如在操作系统、数据库管理系统以及云服务器上安装和维护的应用程序中)，而云服务提供商将在较低级别管理访问控制(如在虚拟机管理程序中和通过物理访问)。
- **环境隔离** 云服务提供商必须有效地分离云客户之间的业务系统和数据，以保证没有任何云客户能够访问其他云客户的业务系统和数据。
- **物理安全** 云服务提供商必须提供足够的物理安全，以便只有经过授权的人员才能实际访问所有云环境基础架构和基础设施。
- **监管合规要求** 云服务提供商必须为云客户提供满足所有适用的监管合规要求的控制措施。
- **隐私** 云服务提供商(实际上是使用云服务的组织)必须采取安全措施，以便对存储在云计算环境中的个人身份信息(Personally Identifiable Information，PII)实施合理的保护和处理。
- **司法管辖权** 云服务提供商及云客户必须明确了解数据存储的物理位置(相对于数据所有者的物理位置)，以便法律顾问能够了解适用的管理数据存储的安全和隐私法规。这在数据隐私和数据主权法律方面尤为重要。
- **可用性** 云服务提供商必须向云客户提供一定程度的服务可用性，以满足客户的期望。这不仅适用于服务的稳定可用性，也适用于按需可用性。
- **审计** 许多标准、监管合规要求和法律协议要求对业务系统、应用程序及其支持的控制措施执行适度的审计实务。在这方面，云计算环境必须是可验证的。

图 4-15 显示了典型的云平台责任模型，说明了在云环境中由哪一方负责实现和操作安全的哪些方面。

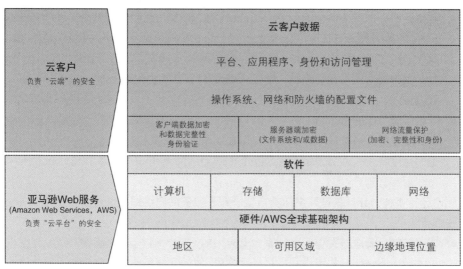

图 4-15 典型的云平台责任模型(图片来源：Amazon Web Services)

注意：

云安全联盟(https://cloudsecurityalliance.org)是为云服务提供商以及使用云服务的组织提供控制措施和准则的高质量资源。

4.4 研发和实施基础架构

基础架构(Infrastructure)用于将应用程序连接到用户和其他应用程序。基础架构由网络、服务器、存储系统和其他用于支持应用程序的基础设施(Facility)组成。

虽然组织可以为其核心业务活动购买套装软件或 SaaS 软件，但是，基础架构几乎总是需要为组织定制化或为组织集成的组件。应用程序软件就像宇航员手中的工具，而基础架构就像宇航员的手套，必须为每个宇航员的手量身定做。基础架构需要符合组织的地理位置、业务模型、安全需求、法律法规监管合规要求甚至是组织特定文化氛围。

设计和研发满足组织需求的基础架构需要正式的流程。本节主要描述基础架构研发生命周期的详细流程，以确保基础架构能够充分支持应用程序和其他 IT 基础设施和工具的使用。

在业务应用程序和信息系统中，基础架构是网络、网络服务、设备、基础设施和系统软件的集合，这些网络、网络服务、设备、基础设施和系统软件有助于访问和保护业务应用程序。如果想要访问业务应用程序的用户使用连接到局域网(Local Area Network，LAN)的工作站，为了访问业务应用程序，工作站会通过由路由器、交换机、防火墙和电缆组成的网络开展通信。所有这些"中间(In-between)"设备和布线构成了基础架构。

基础架构促进了应用程序的通信和使用。如果没有基础架构，应用程序将无法正常运行或得到用户的访问。由于非常重要，基础架构的构建和维护需要有与其支持的业务应用程序相同的正式程序和流程。然而，在较新的组织中，基础架构仅用于将工作站连接到 Internet，并促进一些业务定位服务，如文档扫描和打印。

 注意：
就本节所述的管理流程而言，IaaS 环境中基于云计算的基础架构的重要性不亚于本地或主机托管(Co-Lo)基础架构。

4.4.1 审查现有基础架构

当一个组织正在考虑对其基础架构的某个组件或方面开展架构变更或升级时，必须首先检查已经存在的基础架构及组件之间的关系。当对现有基础架构开展详细分析时，基础架构的变更或增加将最有效。详细分析现有基础架构能使组织以尽可能低的成本、最有效的方式开展必要的补充和变更。需要考虑的现有架构的特性包括：

- 内部环境的物理安全、尺寸、重量和电源要求
- 与基于云计算环境的虚拟化平台的兼容性
- 现有基础架构和未来将购置的基础架构的兼容性
- 运营和支持
- 安全架构和安全运营

4.4.2 需求

对基础架构的任何增加或升级都需要正式编制需求。与 SDLC 一样，必须准确了解对基础架构在特定性能和功能方面的期望。分析或项目团队应在多个类别中编制具体需求：

- **业务功能需求** 业务功能需求确定增加或变更基础架构将执行的活动。例如，预计网络或网络服务将支持新的通信或改进用户和应用程序之间的通信，支持远程访问、与服务提供商的通信或应用程序之间的服务，或者应计划将持卡人环境与其他环境隔离开(如 PCI DSS 场景)。
- **技术要求和标准** 技术要求和标准规定新基础架构必须遵循的技术和标准。对基础架构的添加或更改应支持现有的协议和服务标准，如 TCP/IP、LDAP(用于身份验证和授权)、路由器和交换机等设备的产品标准，以及在最小成本支出的情况下允许新基础架构与现有基础架构协调工作的其他标准。基础架构的技术要求还应包括可用性、延迟和吞吐量等性能要求，以便基础架构能够支持所有需要的业务功能。
- **互操作性** 互操作性要求确保任何增加或升级的部分能够与组织环境中现有组件和系统协调工作。
- **安全和监管合规要求** 安全和监管要求规定应如何保护信息不受未经授权的第三方的影响。如使用防火墙限制访问行为，使用入侵检测系统(Intrusion Detection Systems, IDS)创建可能的篡改警报，使用加密技术保护信息免受窃听和拦截等攻击。

- **隐私要求** 隐私要求规定应如何保护和处理信息,将个人信息的使用限制在官方批准的目的。

4.4.3 设计

对现有基础架构(甚至是全新基础架构)的增加和变更必须经过严格设计,并且设计工作成果必须通过基础架构领域专家的验证。基础架构设计还可以包括使用特定的协议或服务开展身份验证、路由、加密、设备管理和管理支持等活动。当环境扩展或升级时,新组件通常需要使用与现有基础架构相同的支持和管理方法,基础架构更改往往与新组件的功能变更相关。

设计应该足够详细,以便网络或系统工程师能够确定所需的逻辑和物理组件,并配置软硬组件以支持业务需求。如果要求软件或硬件供应商针对基础架构所需的组件提出建议,那么设计必须足够详细,软硬件供应商应提出合理建议,以满足业务需求。

注意:
只要组织具有详细的业务/技术需求和充分的规范,任意两名合格的工程师都应该能根据需求得出相同的设计结果。架构和设计与其说是创造,不如说是研发一套能满足业务需求的解决方案。

4.4.4 采购

基础架构的增加或变更通常涉及基础架构硬件和/或软件的采购。

1. 征求提案

基础架构的任何重大扩展或升级都可能需要使用征求提案(Request For Proposals,RFP)。RFP 是一个正式的流程,在此流程中,组织收集所有业务和技术需求,并将需求转发给几家合格的供应商。由供应商提供正式书面建议,其中包括执行升级所需设备和服务的详细信息。有些组织要求将 RFP 流程用于所有超过预定金额标准的采购。

当项目团队收到 RFP 响应时,必须对响应开展评价,以确定哪些供应商能够满足组织的业务和技术需求。项目团队可能需要评价一家或多家供应商的解决方案,以"亲眼看看"每个供应商提出的解决方案能否成功满足组织的需求。

征求信息(Request For Information,RFI)流程与 RFP 类似,只是主要征求的不是业务提案,而是有助于组织选择解决方案的信息。

2. 评价

如果项目团队要评价(Evaluation)潜在的解决方案,团队将需要提供所有必需的设备或软件设施。项目团队还需要花费所有时间来测试组件,以确定组件能否支持业务需求。这可能需要团队提供其他设备来安排端到端的测试。

每个业务和技术需求都需要得到验证。这将要求一名或多名项目团队成员使用受评价设备，以查看该设备如何工作。应制定一份与每个业务和技术要求一一对应的测试清单，以便允许项目团队成员以客观的方式对每个供应商的每个特点评分。

4.4.5 测试

在为生产用户提供新的基础架构或对现有基础架构实施重大变更之前，应该对基础架构开展正式和彻底的测试。这有助于确认基础架构已正确搭建，并且是可靠和安全的。

早期研发的每个功能和技术需求都需要得到系统验证，这意味着需要根据功能和技术需求编制一份详细测试方案。例如，技术标准需要特定的路由协议配置，那么项目团队中的网络工程师需要验证网络设备是否支持该功能(此类问题应在需求编制期间解决)。

大多数组织的测试网络环境没有完整镜像其生产网络。这意味着有些测试需要创新，有些测试和验证要等到实施时才能完成。项目团队将需要讨论新基础架构中难以测试的特性，并确定有利于项目实现最大测试量和最低失败风险的最佳行动方案。换句话说，在新的基础架构投入使用之前，某些测试不会得出结果。

在实施之前不能完成的测试将成为验证实施是否正确执行的一部分。

概念验证

由于系统集成问题通常很复杂，组织正在转向使用概念验证(Proof of Concept，PoC)来评价一个拟议的新技术或系统。在概念验证中，组织要求基础架构供应商、增值分销商或顾问在组织的环境中设置组件，并与现有系统执行一些简单的集成。这有助于组织在承诺使用特定的解决方案之前，更好地理解"这项新技术在组织的环境中有效吗？"这一问题的可能答案。

项目团队应仔细制订概念验证方案，以便能够展示关键特性。概念验证通常在较短时间内完成，并且只会执行一小部分集成。还请记住，供应商提供的是概念验证硬件和资源，没有任何补偿(但希望选择其解决方案)；供应商愿意免费做的只有这么多。当然，为了报酬，供应商或集成商能够提供额外的集成。这就是为什么在开展概念验证之前，必须确定关键的、可测量的目标。

4.4.6 实施

当评价和测试都已完成并且所有障碍和问题都得到满意的解决时，就可以实施新的基础架构(或对现有基础架构的变更)。实施工作可能涉及物理安装电缆、设备和其他组件，以及使用通信电路等公共传输基础设施。在实施过程中，将全部完成基础架构的组装、测试并投入生产使用。

4.4.7 维护

为了适应业务和技术环境的变化，通常以软、硬件升级和配置更改的形式对基础架构开展定期维护。维护变更应通过变更管理和配置管理流程实施控制,本章前面和下一节将详细介绍变更管理和配置管理流程。

4.5 信息系统维护

当应用程序或业务系统实施完成时,工作只完成了一半。与任何具有运动组件(无论是真实的还是虚拟的)的系统一样,信息系统及其支撑环境都需要经常维护。业务系统维护有两个方面:业务流程和技术变更,体现在后面介绍的变更管理和配置管理流程中。

4.5.1 变更管理

变更管理(Change Management)是一项正式流程,在变更流程中,变更环境的每项提议和要求都必须提出正式请求,并在得到审查和批准后实施。变更管理——也称为变更控制(Change Control)——的目的是识别和减少与 IT 环境变更相关的风险。变更管理还有助于减少 IT 环境中的计划外停机时间。变更管理流程的典型组成部分包括:

- **变更申请**　申请者以结构化方式详细描述所需更改的细节。变更申请应包括变更的业务原因、变更程序(Procedure)、实施变更和验证变更的人员、验证变更是否正确实施的程序、实施变更的时间、变更失败时撤销变更的方案,以及在测试环境中实施变更的测试结果。变更申请应该分发给所有相关人员,以便相关人员有时间阅读和理解变更。
- **变更审查**　符合法定人数的利益相关方通常称为变更顾问委员会(Change Advisory Board,CAB),将开会讨论请求的变更。提出变更的个人或团队应描述变更及其原因,并应回答其他人提出的关于变更及其影响的问题。如果利益相关方同意继续实施变更,变更将获得批准。
- **执行变更**　计划执行变更的人员或团队按照约定的日期和时间、使用变更评审阶段商定的操作指南执行变更,并记录和存档变更的结果。
- **验证变更**　执行所有必要的测试,以验证是否正确地执行变更,以及是否产生了预期的成果。如果变更花费的时间太长,或者无法成功验证变更,组织将根据商定的程序"撤销(Backs Out)"变更。
- **紧急变更**　当变更的执行不能等到下一次的变更评审时,组织通常会提供一个允许研发人员或工程师实施紧急变更(Emergency Change)的流程。通常情况下,仍然需要管理层批准,绝不允许人员先实施变更,事后再通知其他人。紧急变更仍需要在变更审查中开展正式审查,以确保所有利益相关方都知晓环境发生了哪些变化。管理紧急变更应实现的一个长期目标是减少实施紧急变更的需要,但变更方案应提供足够的信息,使组织能够预测情况,并在情况发生时主动实施管理。

注意：
变更管理流程应正式化(Formalize，指正规化、规范化或结构化)，包括书面的流程、程序、表格和保存记录。

未经授权的变更

组织需要有适当的工具和方法来检测对系统实施的未经授权的变更(Unauthorized Changes，非授权变更)，并对这些更改做出响应。需要采取两种行动：首先是行为方面，管理层与执行变更的人员讨论未经授权的变更；其次，需要了解这些未经授权的变更的影响，并因此采取适当的行动。

应采取适当的控制措施，防止发生未经授权的变更，控制措施包括：

- **职责分离(Segregation of Duties)** 应该将关键活动(如应用程序软件变更)分配给一组人员，以便没有人员能够单独实施关键变更。例如，只有研发人员才能访问源代码并能够对暂存区实施变更。接下来，只有经授权的人员才能从暂存区读取变更并将变更应用于生产环境中。没有人员能单独做所有这些事情。
- **应用程序代码审查** 在接受对应用程序代码的任何变更之前，应执行独立审查，以确保只实施经过批准的变更。
- **最少权限访问** 只有需要访问和变更系统的人员才可以实施变更，如研发人员不应能对生产系统执行变更。
- **文件完整性持续监测** 生产系统应配备文件完整性持续监测(File Integrity Monitoring，FIM)软件，自动检测和报告生产系统中的文件更改。这将有助于检测未经正式批准实施的变更。
- **文件活动持续监测** 生产系统应配备文件活动持续监测(File Activity Monitoring，FAM)软件，自动检测和报告敏感文件的活动。通常，FAM工具用于检测对不经常访问的操作系统文件的访问。这种访问可能是一个受信任的内部人士从事违规或未经授权活动的标志。

4.5.2 配置管理

配置管理(Configuration Management，CM)是业务记录保存流程和自动化工具的结合，其中独立记录了IT环境中组件的配置。配置管理活动有许多潜在的好处：

- **恢复** 当IT系统的配置信息独立于系统本身存储时，CM信息可用于在发生故障或错误时恢复系统或设备。
- **一致性** 通常，自动化工具用于管理环境中的系统和设备。CM工具可以帮助组织在其系统和设备的配置中实现一致性。这种一致性将简化管理，减少错误，并减少计划外停机时间。
- **排除故障** 当发生意外行为和计划外停机时，CM系统中的信息可以帮助排除故障。

通过要求实施变更审批,并在变更完成时记录变更,配置管理和变更管理流程的结合可以帮助减少错误。

1. 控制和记录配置变更

虽然通常认为 CM 是记录系统变更的一种手段,但也可以用于控制系统变更。通常是通过使用控制系统配置的工具并禁止绕过配置工具实施配置变更来实现的。

CM 几乎总是利用自动化工具,其中包括配置管理数据库(Configuration Management Database,CMDB)。配置管理数据库作为环境中每个组件的存储库,包含了对每个组件所做的每个配置变更的信息。更复杂的配置管理工具还允许运营人员将指定组件的配置还原为过去任意时间点存储过的配置。

2. 配置管理和变更控制

虽然控制和记录环境中的变更对于一些组织来说是非常有价值的,但是 CM 并不能代替变更管理流程。相反,CM 是变更管理的一种手段,用来在系统中执行并记录批准的变更。变更管理是对变更的审查和批准,而配置管理用于执行和记录变更。

4.6 业务流程

思维和实务成熟的组织会像对待软件一样对待其业务流程:两者都是经过精心设计、构造、运营和计量的,对其中任何一个实施变更都应慎重考虑。应对在用流程开展计量,以便随着时间的推移实施持续改进和优化。

软件和流程都应视为结构化的和程序化的。两者的主要区别在于软件指导计算机处理信息,而流程(通常)指导人员的活动

理解这种方法的组织将通过生命周期像控制软件一样控制组织的流程。

4.6.1 业务流程生命周期与业务流程再造

与软件一样,业务流程不是因突发奇想而构建的,而是在组织中所有相关方的参与下精心计划、设计和构建的。这些活动是业务流程生命周期(Business Process Life Cycle,BPLC)的一部分。

业务流程生命周期中最重要的组成部分是业务流程再造(Business Process Reengineering,BPR),BPR 是一组与业务流程变更流程相关的活动。

流程是实现某种业务目的或目标的一组程序。流程应正式记录在案,通常需要将流程的控制活动保存记录。流程将有助于确保组织能够正确且一致地开展活动。生成的记录有助于记录每次执行流程中的活动。根据流程的性质,流程执行记录可作为具体证据,证明每项活动是在特定日期和时间由特定人员使用特定资源实施的。流程执行记录还记录有关活动的详细信息,如花费的资金、处理或出售的产品或服务、客户或其他人的姓名。流程执行记录还

用于创建有关流程的统计信息，以帮助管理层了解流程的执行情况以及流程对总体业务目标的贡献。

应该有一个流程来控制新流程的创建以及对现有流程的变更。该流程与 SDLC 非常相似(由于软件和业务流程相似，所以这并不奇怪)，主要包括以下步骤：

- **可行性研究** 这项工作决定了新流程或现有流程变更的可行性。这里所需的严格程度与新流程或流程变更的影响成正比。
- **需求定义** 此正式记录详细说明了新流程或流程变更中必须包含的流程。所有利益相关方都应该参与需求定义流程和评审，以确保所有参与方都理解流程的细节。
- **设计** 当需求编制完成时，开始设计流程。根据流程的性质，可能描述各方面人员执行的活动，所使用的业务设备、资产或材料，以及具体参与的客户、合作伙伴和供应商。
- **研发** 以所有需求和设计为指导，研发该流程的细节。包括详细的程序、保存记录的模板以及其他所有需要的细节。
- **测试** 为确保流程的准确性和适用性，需要在程序研发后开展测试。需要制定与早期阶段编制的需求一一对应的详细测试方案。
- **实施** 当流程通过测试完善后，可以开始实施。这意味着使用真实的设备、人员、材料和资金在实际的业务操作中使用流程。
- **持续监测** 流程需要不间断地监测(主要通过保存记录)，以便管理层能够分配支持流程操作的资源，并确定流程是否按照既定目标执行。
- **实施后审查** 流程实施后，需要开展一次或多次正式审查，以审查研发流程自身以及新建的(或更改的)流程。根据流程的规模、影响和范围，可能需要几次评审(可能在几年内)，以计量流程及其结果的有效性。

当今业务中的现实是，大多数业务流程是由信息系统和应用程序支持的。这意味着软件研发和流程研发常常同时开展，并且必须协调一致，以便软件应用程序能够满足其所支持的业务流程的需求。

当组织开始理解业务流程可以像软件一样设计、研发和改进时，作为一种有价值的活动，在 1990 年出现了术语"业务流程再造(Business Process Reengineering，BPR)"。随着美国公司努力保持相对于进入美国市场的外国公司的竞争优势，业务流程再造几乎在一夜之间变得流行起来。

业务流程管理(Business Process Management，BPM)更常用于描述在用流程的改进。如图 4-16 所示，BPM 本身是一个正式的流程，是一个"计划-执行-检查-行动"的持续改进周期。

图 4-16　业务流程管理生命周期

流程基准测试

基准测试(Benchmarking)描述了流程持续改进的活动。基准测试的目的是将业务流程中的关键计量值与其他组织执行的相同计量值相比较,特别是那些公认表现最好的组织。

通常,流程基准测试的步骤是:

- **计划**　选择一个关键流程并确定计量技术。如果流程至少经历了一个改进周期,那么度量指标(Metrics)可能是可用的;否则,团队将需要确定如何从吞吐量、成本和质量方面衡量流程。

- **研究**　团队收集有关目标流程的信息。该团队还需要确定其他组织的类似流程可以得到监测和计量。

- **观察和计量**　基准测试团队收集其他组织流程的实际计量数据(Measurements)。在"关系友好"的情况下,团队将能够访问其他组织,并得到允许公开收集的计量数据。在"关系不友好"的情况下,团队需要使用任何现成的、合法的和合乎道德的信息开展间接计量。团队还需要收集有关其他组织中正在计量的流程的定性数据,以便了解其他组织的流程是如何执行的。

- **分析**　该团队将自身流程的计量数据与其他组织的计量数据开展比较。团队通常需要考虑已知的差异调整计量数据。然后,团队将确定其组织与其他组织在度量指标上的差异。

- **适应**　在这里,团队需要理解其他组织的计量数据优于自己的计量数据的根本原因。团队不仅需要了解组织流程与其他组织流程之间的数量差异,还需要了解质量差异,以了解其他组织如何实现其度量标准。

- **改进**　最后,团队建议组织改进流程。管理层承诺以特定的方式改进其流程,以帮助其流程变得更加高效。

当其他组织在观察和计量方面合作时,基准测试相对简单。但在竞争的情况下,市场竞争对手不太可能合作;某些情况下,甚至可能将合作视为非法。

4.6.2 能力成熟度模型

能力成熟度模型(Capability Maturity Models)是了解组织的业务流程,特别是其软件研发流程有效性的另一种方法。本部分讨论了三种软件研发成熟度模型。

1. 软件工程学院能力成熟度模型

软件工程学院能力成熟度模型(Software Engineering Institute Capability Maturity Model,SEI CMM,通常称为 CMM)是一个概念模型,此模型帮助组织更好地了解其自身流程的成熟度。如果一个组织想要改进自身流程,特别是当组织不确定如何开始改进时,使用 CMM 是一个必要的步骤。

软件工程学院能力成熟度模型(SEI CMM)定义了五个成熟度级别:

- **1 级-初始的** 这个级别没有流程,没有程序,也没有一致性。通过蛮力和运气获得成功。
- **2 级-可重复的** 在这个成熟度水平上,执行每个任务的方式有一定一致性,存在一些确保任务和项目执行一致性的管理规划和指导。
- **3 级-可定义的** 该组织已经研发了一套完整的、文档化的软件研发流程,用于所有的研发项目。
- **4 级-可管理的** 在这个层次上,文档化的软件研发流程包括用于计量有效性、效率和缺陷的关键计量点。这些计量工作作为生命周期的一部分予以执行并报告给管理层。
- **第 5 级-可优化的** 在这个最高的成熟度水平上,组织已经建立了度量指标驱动的流程改进技术,以实现其 SDLC 的持续改进。

组织要从一个级别提升到下一个级别,需要付出相当大的努力。SEI CMM 模型有助于组织更好地掌握其当前的成熟度级别以及随着时间的推移提高其成熟度所需的流程变更。

> **几级成熟度合适?**
>
> 在流程成熟度这个话题上存在大量的不一说法,很少有组织表达了正确的观点。运转良好的组织渴望改进自身的业务流程,直到达到可优化级别(CMM 中的最高级别)。相反,在大多数组织中,从长期来看,3 级左右的成熟度级别就足够了。特定行业的组织,如银行业和航空航天业,通过管理应该更接近甚至略高于 4 级。很少有组织会追求 5 级优化。原因是,从 3 级上升到 4 级的运营成本相当可观,而对于大多数组织来说,并不能在合理成本的基础上取得风险缓解的收益。
>
> 组织达到流程成熟度的最佳方法是确定每个重要业务流程的期望成熟度级别,而不仅仅是一个大的平均值。在每个组织中,有些流程需要更成熟,而另一些流程可能不需要太成熟。对于每个业务流程,组织应该问两个问题:这个业务流程的运行应该有多精确,以及是否应该收集这个流程的计量数据,以便对其实施管理和改进?

2. ISO/IEC 25010,软件工程

国际标准 ISO/IEC25010(以前的 ISO/IEC9126)用于评价软件的质量。本标准将软件质量划分为一系列主要特性：

- 功能性
- 可靠性
- 易用性
- 效率性
- 可维护性
- 可移植性

每一个特性都可以进一步划分为特性的子特性。每个特性都是可客观开展度量的；度量数据有助于衡量软件质量结果。

3. ISO/IEC 33001,信息技术——流程评估

国际标准 ISO/IEC 33001(以前的 ISO/IEC 15504)是业务流程的成熟度模型。ISO/IEC 33001 介绍了 ISO/IEC 330XX 流程评估标准系列及其如何协同工作。

4. NIST 网络安全框架

美国 NIST 网络安全框架(Cybersecurity Framework, CSF)是一个控制和管理框架，以及一个框架实施分层方案。层次包括：

- 偏好
- 风险告知
- 可重复
- 适用性

网络安全框架(CSF)的文本声称这些层次不是成熟度级别，但是在阅读各层的描述后，很难得出其他任何结论。

行政命令(Executive Order, EO)13636"提升关键基础架构网络安全"写道，"指示 NIST 与利益相关方合作，根据现有标准、准则和实务制定自愿框架，以降低关键基础架构的网络风险"。虽然在美国联邦政府内部要求实施 CSF，但私人、商业和其他组织可自愿遵循 CSF 的指导。最新版本的风险管理框架(Risk Management Framework, RMF)高度集成了 CSF，基本上是网络安全活动的目录。网络安全活动以结果为基础，描述了执行网络安全活动的预期结果。截至本书撰写之时，CSF 的当前版本为1.1，于 2018 年 4 月发布。

CSF 由 5 个活动或功能组成，进一步细分为 23 个类别和 108 个子类别。其中每个活动都有 5 个信息参考文献——CIS、COBIT、ISA、ISO/IEC 27001 和 NIST SP 800-53——尽管很明显整个过程的重点是 NIST 控制目录。CSF 的 5 个活动或功能一起称为网络安全框架核心。仅是对 CIS、COBIT、ISA、ISO 27001 和 NIST 800-53 的映射就使得 CSF 成为一个有价值的参考工具。

CSF 的五个功能是识别(Identify, ID)、保护(Protect, PR)、检测(Detect, DE)、响应(Respond,

RS)和恢复(Recover，RC)。功能中的每一项都决定了如何研发一个保护组织及其资产的成熟的网络安全生命周期管理流程。这些管理流程基本上是一个组织每天为保护其资产、最小化或应对风险而执行的职能和活动。

CSF 层级是"组织的网络安全风险管理实务在多大程度上体现出框架中定义的特性"。这四个层级从部分(第 1 层)到自适应(第 4 层)不等。CSF 中衡量成熟度的三个方面是风险管理流程(严格程度)、综合风险管理计划(网络安全风险决策与更广泛的风险决策的整合程度)以及外部参与程度(组织共享和接收来自外部各方的网络安全信息的程度)。

为在私营部门实施，CSF 可定制成概要文档。概要文档是基于组织或部门的独特需求，为组织或部门的 CSF 核心特别定制的。NIST 发布了各种工业部门的概要文档，如制造业和石油业。

4.7 第三方管理

帮助组织实现其目标的供货商、销售商、服务提供商和业务伙伴组织称为第三方(Third Parties)。对第三方管理的尽职(Due Care)标准要求组织在选择每一个第三方的过程中和选择后应仔细开展第三方检查。为应对将信息科技服务外包给第三方机构的趋势，尽职的标准稳步提高。这对于保持风险均衡是必要的，这样组织就可对网络风险事项有合理的可见性。

4.7.1 风险因素

在第三方参与组织的产品或服务时，研发和交付的范围和类型可能差别很大，这意味着与每个第三方相关的风险也会有所不同。因此，组织与每个第三方建立关系的方式以及此后定期开展的活动也会有所不同。

影响风险水平的因素包括：
- 第三方是否协助设计、研发或运营重要信息系统？
- 第三方是否有权访问敏感数据？
- 敏感数据是否传输给第三方处理？
- 第三方组织的成员是否可以进入组织的工作场地？
- 第三方执行的所有活动是否在法律、法规、标准或与其他方签订的合同范围内？

上述和其他问题的答案有助于更好地了解组织与每个第三方组织相关的网络安全风险的各个方面。

4.7.2 入围和尽职调查

组织通常通过搜索第三方服务提供商，以找到一个或多个候选服务提供商。组织将制定目标和要求，并在评价过程中使用这些目标和要求，以确定每个候选服务提供商将如何成功地帮助组织实现其业务目标。

通常，组织将履行正式的 RFP 或 RFI 流程。在该流程中，组织将制定正式的业务和技需求并发送给每个候选服务提供商。然后,候选服务提供商将响应每个需求。本章前面已详细地描述了 RFP 流程。

在对候选服务提供商开展审查并做出最终选择后,组织应确定将要开展的前期和定期(通常是季度或年度)尽职调查的级别和类型。调查活动应在组织与选定的第三方之间的法律协议中加以说明。

4.7.3 分类

拥有多个第三方服务提供商的组织应建立风险分层方案(Risk Tiering Scheme),将第三方划分为类似的风险组。这种分层的目的是作为更大的第三方风险管理计划的一部分,根据该计划,组织将在每个风险级别确定第三方的各种尽职调查类型。表 4-3 给出一个分层方案的示例。这是一个简单化的示例;组织需要制定自己的标准来确定风险级别的数量和类型,并制定规则为每个第三方选择一个风险级别。

表 4-3 第三方风险等级

分类	访问客户数据	访问源代码	访问基础设施
高	是	是	是
中	否	否	是
低	否	否	否

4.7.4 评估

需要定期评估所有第三方服务提供商,但并非所有评估活动都是相同的。在使用风险分层来确定每个第三方的风险水平后,就确定了每个第三方的评估活动。评估活动对应于风险水平,表 4-4 显示了风险水平和评估活动的简单示例方案。

表 4-4 各风险等级的评估技术

分类	高	中	低
完整问卷	是	是	否
有限问卷	否	否	是
现场考察	是	否	否
渗透测试	是	否	否

4.7.5 补救

组织应该预计到对第三方服务提供商开展的初步和持续的尽职调查流程往往并不会尽善尽美。有时,组织会发现第三方并没有按照自己的意愿执行所有必需或期望的活动。在此情况下,第三方服务提供商的缺陷可能使组织在监管方面处于危险之中。

例如，组织可能要求其顶级服务提供商对所有远程访问使用双因素身份验证；组织可以使用问卷调查或现场访问方式，了解第三方是否使用双因素身份验证开展远程访问。组织可能认为这是一个严重缺陷，必须确定一个处理方法。补救措施可以是停止关系乃至接受风险。这两种方法都不合理，但组织通常会寻求某种折中办法，迫使第三方在合理的时间内为远程访问使用双因素身份验证。

在第三方服务提供商无法或不愿弥补缺陷的情况下，组织将需要仔细考虑其选择，并找到一种将适当的风险水平和持续经营结合起来的行动路径。

4.7.6 风险报告

随着工作人员定期评估第三方服务提供商，一个更大的图景就能开始形成。通常，向高级管理层提供指标或风险仪表盘，以便管理层了解风险"热点"分布，以及第三方风险的趋势。风险信息有助于管理层决定如何管理网络安全风险。

4.8 应用程序控制措施

软件应用程序接受、处理、存储和传输信息。除非特别编程和配置，否则软件应用程序将缺乏正确区分有效和合理数据的能力。有必要使用控制措施，确保信息在处理的每个阶段保持其所需的完整性。

 考试提示：
考题可能比简单的输入、处理和输出控制更复杂。简单通透的业务流程很少，因此许多流程控制措施还需要为每个子流程提供完整的内部输入、流程和输出控制措施。CISA 考生应该注意以下考题：处理子流程需要的应用程序控制措施，或者一个流程的输出作为受审查流程的输入。

虽然软件应用程序架构存在显著差异，但典型控制措施方法是在进入、处理和退出时使用这些控制措施。换句话说，需要对输入数据、处理和输出数据实施控制措施。

4.8.1 输入控制措施

作为输入数据提交给应用程序的数据必须经过授权，经过合理性、完全性和完整性验证。必须采取若干控制措施以实施这些控制。

1. 输入授权

输入系统的所有数据必须经过管理层的授权。授权方法可以有多种形式：

- **用户访问控制措施**　只有经过批准的人员(如系统操作员、输入职员、业务分析师和客户服务代表)才允许登录和使用应用程序。每个用户必须具有唯一的登录凭据。

- **实体访问控制措施** 只有经过授权的组织才能登录和访问业务应用程序。每个此类组织中的实体(包括用户、服务账户和主机)都必须具有唯一的登录凭据。
- **工作站身份识别** 仅允许使用经批准的终端和工作站。身份识别可以采取多种形式,包括电子序列号、网络地址或数字证书。
- **批准的交易和批量处理** 通过手工签名、网上审批等方式,管理层和其他审批人员在允许录入和处理单个交易和批量交易之前开展必要的检查和验证。
- **源文档** 在某些设置中,只能从现有源文档输入数据,例如,邮寄的发票、支票、收据或客户填写的表格。源文档自身的更改、错放或删除也应得到有效管控。

注意:
设计卓越的应用程序包括审计日志,记录何时输入特定数据、如何输入以及授权输入的人员。这帮助组织能够在事后对特定输入数据的来源产生疑问时开展调查。

2. 输入验证

输入验证流程用于确保信息的类型和值是适当和合理的。输入验证的类型包括:

- **类型检查** 每个输入字段应仅接受适合该字段的数据类型,如数字字段应仅包含数字,而名称字段应仅包含字母字符。
- **输入范围和值检查** 输入字段需要验证字符的范围和值,如日期中的日期字段应该只接受数字 1 到 31,月份字段应该只接受数字 1 到 12。更智能的检查通常是有必要的,如日期字段通常应该是过去或将来的日期,甚至是过去或将来的特定范围。其他示例包括仅接受有效的邮政编码、有效的电话号码和有效的 IP 地址。某些情况下,输入数据必须与应用程序中存储的数据表中的值相匹配,例如,只有有效的城市、州或国家代码,有效的电话区号或通用产品代码(Universal Product Codes,UPC)才能输入应用程序。
- **存在性检查** 此简单的检查确认每个输入字段实际上都包含数据。
- **一致性检查** 此检查比较来自不同输入字段的相关数据,如可以通过比较输入字段中的邮政编码值与城市和州的允许邮政编码范围来验证该值。
- **长度** 程序必须验证输入字段中输入数据的长度。姓名和地址等字段通常限制在 30 个字符以内。这在交互式程序中尤其重要,因为入侵者可能尝试缓冲区溢出攻击,试图导致程序故障。
- **校验位或哈希总数** 可以通过重新计算输入数据的校验位(Check Digits)或哈希总数(Hash Totals)来验证数值(如银行账号)的完整性。
- **拼写** 包含常用词的输入字段可以进行拼写检查。
- **不需要的字符** 输入字段应过滤掉可能由于输入错误而导致的多余字符。但是,不需要的字符也可能是软件故障或企图入侵的迹象。

- **批量控制措施** 批量数据处理的控制措施应包括计算和计数,以确保批量数据的完整性和完全性。可用的方法包括交易计数(Transaction Counts)、总数核对控制(Control Totals,所有批量处理记录中一个或多个数字字段的数字总和)和哈希总数(所有输入字段的计算"总和",而不论其实际类型如何)。

在用户填写在线表单的应用程序中,对用户输入表单开展输入验证是必要的。然而,对于批量输入和其他自动化功能来说,输入验证也是必要的;在其他系统中可能出错,导致输入数据进入错误的字段:未得到验证的输入数据可能导致在系统中输入和存储不适当的数据,导致以后出现其他问题。

> **输入验证是致命弱点**
>
> 在许多组织中,输入验证不足是许多关键系统脆弱性和漏洞(如 SQL 注入和缓冲区溢出情况)的关键所在。随着对商业软件产品和系统中的关键漏洞(如缓冲区溢出和跨站点脚本)的理解,可以发现惊人的规律——这些漏洞都是由于输入验证不足所导致的结果。

3. 错误处置

由于软件程序执行前面描述的所有输入验证检查,必须对程序执行编程或配置,以便在输入验证失败时执行特定操作。根据输入的数据类型和输入方法,有许多可能的响应:

- **批量拒收** 对于批量处理输入,如果一个批量处理的交易计数、总数核对控制或哈希总数与预期值不一致,则应拒绝整个批量处理。通常,应用程序软件无法确定批量处理中的具体问题,因此唯一合理的做法是拒绝整个批量处理,这需要数据控制分析员检查批量处理,以确定出了什么问题。
- **拒绝交易** 对于不寻常的输入交易,无论是自动输入还是用户输入,软件应用程序都应拒绝该交易。
- **暂停处理** 暂停整个批量处理,以便纠正批量处理中的错误并重新运行该批量处理。
- **要求重新输入** 交互式用户程序可以要求用户重新输入整个表单,或者只输入看起来不正确的特定字段。

当输入受到应用程序拒绝时,在大多数情况下,将需要应用程序创建一条日志项、一份错误报告或与受拒绝输入相关的另一条记录,以便数据分析员知道发生了错误并采取措施加以更正。如果应用程序没有创建错误记录,分析人员倾向于认为所有数据都已成功输入,这可能导致以后因在系统中的任何地方都找不到这些无效交易而出现问题。缺少此类记录会使细致的故障排除工作变得更加困难。

4.8.2 处理控制措施

必须确保系统中的数据保持完整性。例如,必须检查由于计算而创建的所有数据的合理性,确保计算正常工作,并且不通过其他方式引入不良信息或程序代码。本节将讨论用于确保系统中的数据保持完整性的控制措施。

1. 编辑

在许多类型的应用程序中，最初输入系统中的数据会不时更改。例如，订户的电子邮件或邮寄地址可能会更改，或者银行账号、护照号码或车牌号可能会更改。通常，要么由客户直接执行数据更改，要么由客户服务代表在电话交谈中执行。有时，数据更改是经由来自于其他来源的可信和经过验证的数据而自动执行的。

无论何时更改值，在接受和存储新值之前必须验证新值；否则，以后可能会出现问题。编辑期间执行的检查类型验证与前述的初始输入期间执行的检查类型验证类似。

2. 计算

当应用程序执行计算时，需要验证这些计算结果的准确性和合理性，以验证应用程序是否正确执行了计算。有几种方法可用于验证计算：

- **运行总计(Run-To-Run Totals)** 这将验证专门存储或计算的数据值是否在事务的整个步骤中保持其值。这有助于确保没有发生错误、篡改或软件故障。
- **限值检查(Limit Checking)** 可检查具体计算结果的上限和下限，并拒绝超过预定限值的计算结果。
- **批量处理总数** 当批量处理数据时，可以在批量处理结束时重新计算在批量处理开始时计算的批量处理总数(Batch Totals)，以确保批量处理数据的完整性。
- **手动重新计算** 分析师或柜员可以手动重新计算某些交易计算，这些手动计算结果可以得到验证或键入应用程序中。
- **对账** 当一组记录得到处理，导致创建第二组记录或下一阶段的计算结果时，可能需要计算从旧批量处理到新批量处理的总数，以确保正确完成处理，并且不会损坏数据，也不会发生计算错误。
- **哈希值** 选定的数值或文本字段集中的值可以在计算的各个阶段重新哈希化，以验证选定的数值或文本没有受到更改或篡改。

3. 数据文件控制措施

当处理存储在数据文件中的数据时，需要几种类型的控制措施来确保这些数据文件的安全性和完整性。可用的控制措施包括：

- **数据文件和数据库安全** 可以配置访问控制措施，只允许经过授权的用户或进程访问数据文件和数据库。
- **错误处理** 需要更正或重新输入的错误交易应由最初录入错误交易记录人员以外的人员开展检查。
- **内部和外部标签** 在可移动存储介质上添加标签对于确保加载正确的卷(无论是磁带、光盘还是其他存储介质)至关重要。
- **数据文件版本** 应独立验证数据文件的版本，以确保正在处理正确的文件。
- **源文件** 在数据处理开始时输入的数据应当留存一段时间，以防在几天或几周后需要重新进行批量处理。

- **交易日志** 包含交易的日志文件应保留一段时间，最少要能支持数周或数月后的故障排除或数据错误调查。

4. 处理错误

处理中发生的错误必须记录在日志文件或其他输出介质中，以便由人工执行检查。所有错误都需要得到解决，不管是通过重新键入错误的数据、重新运行失败的批量处理、更正数据传输错误还是其他方法。

在交互式程序中发生的处理错误可能向用户显示错误消息。根据应用程序的类型，用户可能有机会更正或重新键入信息。

4.8.3 输出控制措施

应用程序接受输入数据、执行计算并生成输出数据。最后的计算和转换结果需要检查其合理性和有效性。根据活动和数据的类型，可使用几种类型的输出控制措施。

1. 管控特殊单据

一些计算输出打印在特殊的物理单据(如支票、股权证、发票和证书)上。单据应该编号并保存在一个上锁的柜子里。对于高价值的单据应该采取双重监管，需要两名人员才能访问单据。

应维护单据日志，以说明单据的使用情况。应经常检查该日志，以确保单据仅用于其指定用途，并说明了所有单据的用途。

支票、股权证、债券和其他可转让票据必须始终加以保护，以确保所有票据都已入账并得到妥善处理。与电子数据一样，在处理和处置的每个阶段都必须对实物开展清点和说明。

签名装置和印章在使用时，必须始终加以保护。签名装置和印章应存放在与支票和证书分开的地方，并由不同的人员分别控制。

2. 报告分发和接收

应用程序处理通常会形成报告，并以纸质或电子形式发送给经授权的人员。输出的报告通常包含敏感信息，这就要求在任何时候采取所有形式来保护报告。

打印并随后交付的报告可能需要放在防篡改或防拆封的信封内。以电子形式保留的报告可能需要使用加密技术或口令保护。通过公共网络传输的报告需要使用加密技术。如果收件人向打印机发送电子报告，则可能需要特殊的保护措施，以免敏感数据留在打印机上遭遇他人肩窥。

3. 对账

报表上的数字和财务数据可能需要与输入数据、中间计算的数据或控制总数执行核对。必要时，应将对账活动记录在案。

4. 留存

报告有时是每个商业周期中唯一可供他人阅读的数据。无论报告涉及的是研究、参考资料还是法定要求,通常都有必要将其留存至少几年。包含敏感数据的报告需要实施物理保护,以防止未经授权的人员访问。

注意:
输出控制措施和输入控制措施同样重要。虽然一个系统的输出未必成为组织的另一个系统的输入,但当一个系统的输出成为另一个系统的输入时,有时很少(或根本没有)执行输入验证。

4.9 系统研发生命周期审计

对创建和维护软件的流程开展审计将有助于组织了解流程的有效性。审计为组织提供有价值的信息,可用于提升流程的有效性。如果信息系统审计师只检查组织的应用程序和控制措施,而未检查其创建流程,则可能无法探究应用程序和流程中常见问题的根本原因。

考试提示:
考生需要对每种审计实务的细节有大致的了解。在回顾本节内容时,请重点关注文档的类型和每种文档的验证机制。注意以"在设计阶段……"或类似术语开头的考题,以指导回答。

4.9.1 项目集与项目管理审计

对组织的项目集和项目管理开展审计的信息系统审计师旨在验证组织的项目是否得到充分控制。项目管理中的控制措施确保了组织项目的完整性,以便构建的系统和流程真正支持管理层希望和同意的需求。

信息系统审计师在审计项目管理时应审查的活动包括:

- 高级管理层和任何指导委员会(Steering Committee)的监督
- 项目中使用的风险管理技术
- 用于制定项目方案的流程和方法
- 处理问题的方法
- 成本管理
- 向管理层报告状态
- 项目变更控制
- 项目保存记录,包括决策、批准、资源利用和成本

4.9.2 可行性研究审计

信息系统审计师应审计重大项目开始时开展的可行性研究。信息系统审计师应审查的活动包括：

- 预算和成本合理性，以及能否得到独立验证
- 项目的关键性和/或项目支持的业务流程的关键性
- 考虑的备选方案，包括使用现有业务系统支持业务需求的可行性
- 选择和实施的解决方案的合理性

4.9.3 项目需求审计

信息系统审计师应对项目的需求以及制定这些需求的流程开展审计。信息系统审计师需要审查以下几个方面的需求：

- 识别提出需求的所有人员，并确定需求人员是否代表所有真正的利益相关方。
- 访谈需求提出者，以更好地了解需求提出者的需求是否包含在项目需求内，以及是否在需求提出者不知情的情况下更改了项目需求。
- 识别可能在需求提出者不知情的情况下发生的任何项目需求排序或变更。
- 对项目需求执行合理性检查，以确定项目需求是否支持可行性研究阶段所描述的项目。
- 确定最终项目需求主体是否得到管理层的批准。

4.9.4 项目设计审计

信息系统审计师应该对项目期间制定的设计和规范开展审计。在审计实务中，信息系统审计师应考虑：

- 项目设计实际反映并支持项目需求和可行性研究成果。
- 项目设计中包含足够的细节，使应用程序研发人员能研发出明确满足组织需求和业务需求的软件。
- 项目设计经过了充分审查，并得到了管理层的批准。
- 项目设计能够合理地成功实施以满足用户需求。
- 项目设计阶段完成了项目测试、用户验收测试(User Acceptance Testing，UAT)方案和标准的编制。

4.9.5 软件购置审计

对于组织从外部供应商处购置软件的软件研发项目，信息系统审计师应对项目购置阶段的以下几个方面的活动开展审计：

- 组织执行了正式的 RFP 或 RFI 流程。
- RFP 或 RFI 文档中写明了所有需求。

- 考虑了合适的供应商，并根据每项要求对供应商的响应开展了适当分析。
- 选定的供应商可以支持大多数要求。
- 组织在购买前应开展背景检查(Reference Checking)、评价和/或试点评价(Pilot Evaluation)。
- 合同中包含了当软件或供应商不能充分履行合同时，保护组织的合理条款。
- 合同签署前由组织的法律部门审查。

4.9.6　项目研发审计

对于组织自行研发的软件研发项目，信息系统审计师应考虑：
- 研发人员接受过针对项目中使用的研发语言和工具方面的充分培训，经验丰富。
- 选择的设计和研发工具对项目来说是足够的。
- 所选的计算机语言和其他相关技术对该项目来说是足够的。
- 应用程序包含足够的控制措施，以确保正确执行操作、保存记录和支持业务流程。
- 用于保护源代码的控制措施足够强健。
- 应用程序是按受支持的需求编写的。
- 应用程序具有足够的输入、处理和输出控制措施。
- 应用程序能够正确地执行计算。
- 应用程序能够生成足够的交易和审计日志。

4.9.7　项目测试审计

组织内部研发或从外部供应商处购置的软件都需要开展测试，以确保其满足组织的需求。在审计软件测试时，信息系统审计师应该考虑：
- 所有测试方案都是在需求和设计阶段制定的。
- 测试方案整体反映了需求和设计元素。
- 成功执行并验证所有测试。
- 实际测试结果可供审查，并具有测试人员的联系信息。
- 测试结果已存档，以备日后研究(如有必要)。
- 如果需要执行并行测试，则应合理开展。
- 执行了用户验收测试(UAT)，并且测试结果是可用的。

4.9.8　项目实施审计

只有在所有测试都已成功并且测试期间发现的所有问题都得到解决后，才能开展项目实施。在审计项目实施时，信息系统审计师应考虑：
- 实施得到管理层批准。
- 业务系统的实施采用了预先确定的变更控制程序。

- 在实施前，管理性地锁定系统，以免受到任何研发人员或其他无权访问生产系统的人员的篡改。
- 以受控方式执行数据转换，包含了确保正确处理转换的控制措施。

4.9.9 项目实施后审计

信息系统审计师应该审计所有实施后活动，考虑是否：
- 开展实施后审查，如果已完成，是否记录了审查和采取的行动。
- 应用程序是否支持项目期间建立的全部主要需求。
- 是否已经对应用程序实施了度量，以验证其是否满足既定的性能和投资回报率(ROI)目标。
- 是否在实施后对系统实施了过多的变更，这可能是需求或测试不充分的指标。
- 出现过多的计划外停机或错误，这可能是需求或测试不充分的指标。
- 控制措施平衡记分卡(Control Balance Scorecard)表明应用程序运行是否正常。

4.9.10 变更管理审计

变更管理(Change Management)是用于管控所有环境变更的管理流程。信息系统审计师应考虑：
- 存在变更管理策略和流程，并应在实务中严格遵守。
- 有足够的记录，表明变更管理流程的遵循程度。
- 紧急变更的数量表明需求或测试不充分。
- 提议的变更包括实施程序、撤销程序和测试结果。
- 变更管理会议保存了适当的纪要。
- 紧急变更得到了充分审查。

4.9.11 配置管理审计

配置管理(Configuration Management)包括控制、配置和记录信息系统的配置变更。在审计配置管理时，信息系统审计师应考虑：
- 已经制定并实施配置管理策略和控制措施。
- 配置管理工具用于控制和/或记录变更系统。
- 通过变更管理流程批准变更。
- 配置管理工具应能验证系统的完整性，并确认能否识别和解决差异。

4.10 业务控制措施审计

业务控制措施(Business Controls)是业务流程中发生关键活动的时间点。信息系统审计师需要识别组织中的关键流程,并掌握管控关键流程完整性的现有或应实施的控制措施。

许多业务控制措施由IT应用程序支持,但是信息系统审计师还需要从业务流程的角度,从严格的流程观点理解控制点。这是必要的,因为尽管控制措施可以通过应用程序实现自动化,但人员仍然可以控制业务流程并对其正确操作负责。此外,流程即使部分或完全自动化,也必须由员工或管理层执行监测和管理。监测和管理流程必须记录下来,这本身就是一项重要的控制措施。

注意:
信息系统审计师忽视业务控制措施而只关注IT应用程序将对组织造成损害,因为信息系统审计师可能会错过关键业务流程中显而易见的控制点。请记住,IT系统不是流程;相反,IT系统支持流程。

4.11 应用程序控制措施审计

应用程序控制措施(Application Control,AC)确保只有验证数据通过输入控制措施才能进入业务系统,只生成有效的计算结果,并输出有效数据。信息系统审计师需要检查系统文档,以了解内部和外部的数据流和计算。信息系统审计师还需要检查系统记录,以确保对业务系统所做的所有变更都得到授权。本节的其余部分将介绍需要检查的应用程序活动的几个方面。

4.11.1 交易流向

信息系统审计师应审计应用程序,并从始至终跟踪交易。信息系统审计师应考虑:
- 存在描述交易数据流的任何数据流向图或流程图,以及数据流向图或流程图是否正确地识别数据流向。
- 交易中的任何数据项在数据流向中是否发生了更改;如果是,更改发生在何处,以及审计日志是否记录了更改,包括更改者和更改内容。

4.11.2 观察

在信息系统审计期间,信息系统审计师应提出若干意见,包括是否:
- 根据全交易流程建立职责分离(Segregations of Duties,SoD)。
- 验证输入数据,以及验证的执行方式。
- 输入数据得到授权,并且记录授权过程。
- 执行任何余额(Balancing)或对账以确保数据完整性。
- 一旦出现错误,如何检测到错误,以及如何处理错误。
- 如何生成、控制、保护、检查和执行报告和其他成果的输出。

4.11.3 数据完整性测试

数据完整性测试(Data Integrity Testing)用于确认应用程序是否正确地接受、处理和存储信息。数据完整性测试将确定应用程序中的输入、处理或输出控制中是否存在任何故障或错误。信息系统审计师应该对应用程序执行多次测试,每次都试图输入无效或不合理的数据,以确定应用程序是否正确地拒绝样本数据。信息系统审计师还应尝试让应用程序执行能导致错误或异常的计算,并应收到拒绝计算结果的提示。

信息系统审计师不仅应该测试上述输入、计算和输出规则的数据完整性,还应该评估规则本身的有效性。如信息系统审计师应该确定,在工时报告系统中没有禁止输入"负工时"的规则是否构成应用程序规则中的缺陷。

4.11.4 在线处理系统测试

在线处理系统的特点是能够同时为多个用户处理交易。在线应用程序必须能够划分每个用户的工作,这样用户就不会互相干扰,即使两个或多个用户试图读取或更新相同的记录。典型的数据库管理系统(Database Management System, DBMS)将能够强制执行记录锁定,并且应用程序必须具有逻辑,以便按照既定的业务规则适当地处理锁定的记录。

DBMS 中的业务记录和交易通常由几个不同表中的行组成。"引用完整性(Referential Integrity)"特性要求 DBMS 维护不同表中记录之间的父子关系,禁止删除父记录和将子记录转换为孤立记录等活动。应用程序逻辑必须设计为防止多用户在应用程序中执行不同任务时,发生破坏信息完整性的情况和其他类型的"冲突"和死锁。"原子性(Atomicity)"的特性是,一个复杂交易可能由对多个不同表中的多个记录同时执行的操作组成,交易可以作为单一工作单元来执行:要么全部正确完成,要么一个都不完成。这有助于确保 DBMS 中所有数据的完整性。

信息系统审计师需要全面理解应用程序的内部工作原理,包括底层 DBMS 上不同交易的操作。然后,信息系统审计师将需要展开许多不同的测试,以查看应用程序如何处理可能对业务信息完整性造成挑战的情况。示例包括:

- 安排两位不同的用户尝试打开并更新同一个交易。
- 安排一位用户尝试删除交易,而另一位用户尝试更新交易。
- 安排两位不同的用户打开数据库中的相关记录,然后让其中一位用户尝试删除另一位用户正在查看的记录。

这些都是简单的示例,但说明信息系统审计师需要确定应用程序是否正确地管理业务记录。

4.11.5 应用程序审计

绝对不能假设应用程序能够准确地执行所有的输入、处理和输出。信息系统审计师必须有这样的思维方式:应用程序的每一个重要功能只有经过验证,才能正确、完整地运行。

有许多技术可用于审计 IT 应用程序，包括：
- **交易追踪** 信息系统审计师输入特定的交易，然后仔细检查应用程序、数据和报表，以查看交易在应用程序中是如何表示和处理的。
- **测试批量处理** 信息系统审计师创建一个具有预期结果的测试批量交易，指示系统处理这些交易，并将其结果与预期结果相比较。
- **软件映射** 在执行期间跟踪应用软件，以确定是否有未使用的代码段。未使用的代码可能预示着程序逻辑错误、过时代码或后门。
- **基线** 此流程使用具有已知结果的输入数据集(由系统处理的批量或关键数据)。系统更改后，将再次处理相同的数据集，以确定预期结果是否已更改。
- **并行测试** 用模拟应用程序功能的程序处理实际数据，以确定结果是否与生产系统不同。

并非建议信息系统审计师要采用所有上述方法，但信息系统审计师应该选择最有效的方法来验证应用程序关键点处理的正确性和完整性。

4.11.6 持续审计

持续审计(Continuous Auditing)允许信息系统审计师以对业务运营影响较小的方式对在线环境开展审计。信息系统审计师可以在系统运行时对其执行测试，而 IT 人员很少或根本不参与。持续审计技术，也被称为计算机辅助审计技术(Computer-Assisted Audit Techniques，CAAT)，在没有书面审计线索的电子商务应用程序中特别有用。有几种技术可用于执行在线审计(Online Auditing)：

- **审计钩子** 放置在应用程序关键点上的特殊审计模块，用于在发生特定审计例外或特殊情况时触发。这可以提醒信息系统审计师注意情况，允许信息系统审计师决定是否需要采取追加的行动。
- **系统控制审计复核文档和嵌入式审计模块(System Control Audit Review File and Embedded Audit Modules，SCARF/EAM)** 应用程序中嵌入了特殊的审计软件模块；这些模块执行持续审计并创建独立的审计结果日志。
- **集成测试基础设施(Integrated Test Facility，ITF)** ITF 允许在实时应用程序环境中处理测试交易，但需要单独的测试实体，这样测试数据就不会改变财务或业务结果(因为测试数据不会出现在实际交易中)。
- **连续和间歇模拟(Continuous and Intermittent Simulation，CIS)** CIS 应用程序包含一个审计软件模块，用于检查在线交易。当一个交易满足审计条件时，该交易由应用程序处理，也由一个并行模拟例程处理，并比较两个结果。模拟结果应当记录下来，这样信息系统审计师就可以在以后对结果开展检查，并根据结果决定是否需要采取措施。
- **快照(Snapshot)** 该技术涉及使用嵌入在线应用程序中的特殊审计模块，该应用程序对特定交易执行采样。这些模块通常通过复制数据库记录并独立存储来复制交易的关键部分。这使信息系统审计师能通过应用程序跟踪特定的交易,以便在交易流经应用程序时查看交易的状态。
- **在线查询** 信息系统审计师能够查询应用程序和/或其数据库,以检索有关特定交易或交易组的详细信息。信息系统审计师通常必须对交易和数据结构有深入的了解才能使用这种技术。

4.12 第三方风险管理审计

审计第三方风险管理包括仔细检查策略和流程文档以及业务记录,以确定组织的所有第三方都在组织的第三方风险管理计划中。可用的几种技术和活动包括:
- **第三方组织的完整性** 在审查业务中的其他活动时,信息系统审计师应确定与组织合作的第三方,并核实这些第三方是不是组织第三方风险流程的一部分。
- **风险标准** 信息系统审计师应该检查所述的风险标准,以确定风险标准是不是可衡量的和完整的,以及是否反映了组织中存在的风险。
- **法律协议** 信息系统审计师应审查与第三方的法律协议,以确定每个第三方都有哪些与安全相关的控制和义务。信息系统审计师应确定合同语言是否充分涵盖了业务风险,以及合同语言是否对应于在第三方初审中确定的任何特定风险。
- **第三方分类** 信息系统审计师应根据组织的风险分层方案来检查第三方的分类,并确定是否对风险开展了正确分类。虽然组织有制定例外情况的自由度(对第三方的风险评级比通常高或低),但例外情况应当是合情理的并且要记录在案。
- **调查问卷审查** 信息系统审计师应检查发给第三方的各种调查问卷,以确定调查问卷的内容和主题是否充分涵盖了风险。
- **调查问卷处理** 信息系统审计师员应检查从第三方返回的调查问卷,并寻找对值得关注或回应的内容的响应。信息系统审计师应遵循补救流程,并查看当第三方未能回答问题或提供有正当理由的答案时,采取了哪些行动。从返回的调查问卷到补救和解决问题,都应有完整的行动记录。

4.13 小结

组织应该有适当的流程和程序来管理软件应用程序及其支持基础架构的研发、购置和维护。这些流程确保与软件应用程序的增加和变更相关的所有活动都得到一致的执行,并且所有必要的注意事项都包括在内并记录在案。

项目集管理(Program Management)是对几个项目和项目团队的监督。项目集经理监督项目经理,项目经理管理项目中对组织目标有贡献的单个项目。项目集经理的监督包括持续监测项目时间安排表、预算、资源分配、冲突以及为高级管理层准备的状态报告。项目集管理的另一种形式涉及项目组合的管理,项目组合(Project Portfolio)是所有活动项目的集合,而不管项目是对单个公司目标还是对多个目标有贡献。

只有在研发、审查和批准有效的业务案例(Business Case)后，管理层才应批准新项目。业务案例描述业务问题、可行性研究的结果、项目方案、预算和相关风险。只有在对商业利益有合理的预期时，项目才会得到批准；业务案例应该包括一种或多种方法来衡量项目成果，以便管理层能确定项目是否产生了实际的商业利益。需要正式规划项目，包括制定项目时间安排表、创建估算单个任务所需时间的方法、管理预算和资源、确定用于解决问题和冲突的方法、管理项目记录以及创建管理状态报告。项目的变更应通过正式的审查和批准流程实施管理。当项目结束时，应开展项目汇报或审查，以便组织能吸取经验教训，从而有助于改进未来的项目。

软件研发和采办应通过系统研发生命周期(Systems Development Life Cycle，SDLC)或类似流程实施管理。SDLC 是一组严格的活动，有助于确保新的应用程序能够满足组织的业务需求。SDLC 包括可行性研究、需求定义、设计、研发、测试、实施和实施后等阶段。所有阶段都应得到正式记录、审查和计量。

可行性研究和需求定义阶段有助于项目团队研发一组高度详细的规范，研发人员可以使用这些规范来构建应用程序。购买现成软件的组织可以使用需求来确保选择最合适的软件产品。

测试阶段确保研发或获得的应用程序能切实按需求执行。应正式制定测试方案；该方案应直接来自项目早期制定的正式需求；本质上，每个需求都必须是可计量的，并在测试期间得到确认。软件研发项目中的其他关键活动包括数据迁移(将数据从旧的应用程序传输到新的应用程序)、培训(针对用户、运营团队和技术支持人员)以及新软件应用程序的实施。

传统 SDLC 流程的一些替代方法包括敏捷研发、原型设计、快速应用程序研发(RAD)、面向数据的系统研发(DOSD)、面向对象的系统研发、基于组件的研发、基于 Web 的研发和逆向工程。

软件研发人员经常使用系统研发工具帮助软件研发。研发工具包括 IDE、CASE 和第四代语言(4GL)，研发工具可以提高研发人员的工作效率。有些组织还将研发工具环境与安全测试工具集成，如动态应用程序安全测试(DAST)和静态应用程序安全测试(SAST)

购置基于云计算的应用程序需要与软件购置相同的步骤，不过还需要考虑其他因素，包括访问控制、环境隔离和司法管辖权。

变更管理和配置管理流程用于管理对现有应用程序和基础架构的更改。变更管理是一个正式的流程，用于在变更实施之前，对期望变更开展计划、测试和审查。配置管理是在操作系统、软件环境和应用程序中记录配置信息的过程(通常由自动化工具支持)。

与软件应用程序和基础架构一样，业务流程也应该由生命周期流程管理，其中包括可行性研究、需求定义、设计、研发、测试和实施等。通常，业务流程与应用程序软件紧密耦合；对一个应用程序的变更经常导致另一个应用程序的变更。

软件应用程序应配备控制措施，以确保信息的完整性以及处理流程和应用程序的完整性。控制措施包括输入验证、处理验证和输出验证，所有控制措施都确保应用程序中的数据类型正确，且在所需的数值范围内。

审计生命周期管理活动的信息系统审计师需要获得和检查描述项目集和项目管理流程、

章程和记录的文档。信息系统审计师需要了解用于研发和购置应用程序软件和支撑应用程序基础架构的流程，以及用于维护应用程序和基础架构的流程。信息系统审计师需要了解现有的流程，并检查记录，以帮助确定流程是否有效并得到遵循。

应评估第三方服务的风险及其对组织要求的遵循情况。使用第三方服务较多的组织应建立风险分层体系，并制定与每个风险等级对应的定期评估程序。信息系统审计师需要审计组织的第三方风险计划，以确保所有第三方都包括在该计划中，确保得到正确分类、问题得到纠正。有关第三方风险的指标和具体问题应向高级管理层报告。

4.14 本章要点

- 利益实现是战略规划、流程开发和业务系统研发的成果，这些成果都有助于启动业务运营，以实现一系列业务目标。
- 项目管理策略通过组织资源和制定明确的项目目标来指导项目执行。项目时间安排表、角色、变更管理和实施后或结束标准的管理决定了每个项目的成果。存在许多项目管理方法来指导项目预期、要求和完成标准。
- 系统研发生命周期(SDLC)定义了项目管理的子集，侧重于应用程序软件的创建、实施和维护的要求。作为正式持续改进流程的一部分，SDLC 依赖于一系列事件，这些事件可能一次性或周期性地发生。SDLC 阶段包括可行性研究、需求定义、设计、研发、测试、实施和实施后阶段。
- 企业基础架构促进了应用程序访问，而企业基础架构又通过类似于 SDLC 的流程开展研发、实施和维护。基础架构研发始于对现有基础架构要素的审查，将每个要素与确定的需求相匹配，以产生初始设计。采购达到设计要求后，测试、实施和实施后的活动与 SDLC 类似。
- 信息系统的实施后维护包括变更和配置管理策略，以确保企业与业务需求和实务保持一致。
- 业务流程生命周期(BPLC)和业务流程再造(BPR)有助于使用与 SDLC 类似的一系列事件来协调业务流程，这些事件侧重于业务流程的创建、实施和维护。基准测试有助于BPLC 内的持续改进，而能力成熟度模型可以实现业务流程和信息系统能力一致性的及时评估。
- 应用程序控制限制信息系统在进入点(输入控制)、消耗过程(过程控制)和表达点(输出控制)的访问。
- 对企业研发生命周期的每个要素开展审计，验证业务和监管控制与流程和功能控制策略和标准的一致性。信息系统审计师应该熟悉企业内部的项目管理策略，以确保用于研发每一个项目的要素和流程都与业务流程要求保持一致。
- 审计应用程序控制措施通过跟踪从启动到结束的交易流，并执行适合应用程序设计的数据完整性测试，来验证输入、处理过程和输出控制措施的正确性。计算机辅助审计技术(CAAT)系统对于应用程序控制措施的连续审计特别有用。

4.15 习题

1. 研发人员在研发阶段应该开展哪些测试活动？
   A. 安全测试
   B. 集成测试
   C. 单元测试
   D. 研发人员不应该执行任何测试

2. 功能点分析(FPA)的目的是：
   A. 估计研发软件程序所需的工作量
   B. 识别软件程序中的风险
   C. 估计项目方案中的任务相关性
   D. 清点软件程序中的输入和输出

3. 项目经理需要确定导致项目延误的任务。项目经理应该使用什么方法？
   A. 功能点分析
   B. 甘特图分析
   C. 项目评价和评审技术
   D. 关键路径方法

4. 软件研发人员已通知项目经理，应用程序研发的一部分需要额外五天才能完成。项目经理应该：
   A. 通知其他项目参与方时间安排表的变更
   B. 更改项目时间安排表以反映新的完成时间
   C. 创建项目变更请求
   D. 调整资源预算以考虑时间安排表更改

5. 系统研发生命周期中的阶段及其顺序是：
   A. 需求定义、可行性研究、设计、研发、测试、实施、实施后
   B. 可行性研究、需求定义、设计、研发、测试、实施、实施后
   C. 可行性研究、需求定义、设计、研发、测试、实施
   D. 需求定义、可行性研究、研发、测试、实施、实施后

6. 软件研发项目的需求阶段应该涉及哪些人员？
   A. 系统管理员、网络管理员和软件研发人员
   B. 研发人员、分析师、架构师和用户
   C. 隐私和法律分析人员
   D. 各软件供应商代表

7. 软件研发项目中测试方案的主要来源是:
   A. 需求
   B. 开发商
   C. 最终用户
   D. 供应商

8. 变更管理流程的主要目的是:
   A. 记录对业务系统和基础架构所做的变更
   B. 审查和批准对业务系统和基础架构的拟议变更
   C. 审查和批准对项目时间安排表的变更
   D. 审阅并批准对应用程序源代码的变更

9. 能力成熟度模型的目的是什么?
   A. 评估软件研发人员的经验
   B. 评估项目经理的经验
   C. 评估应用程序软件的完整性
   D. 评估业务流程的成熟度

10. 输入验证检查的目的是:
    A. 确保输入值在可接受的范围内。
    B. 确保输入数据包含正确类型的字符。
    C. 确保输入数据没有恶意或有害内容。
    D. 确保以上所有内容。

11. 组织正在考虑收购由云服务提供商托管的企业软件。云环境还需要考虑哪些附加要求?
    A. 登录
    B. 访问控制
    C. 数据隔离
    D. 性能

12. 系统操作员必须实施紧急更改,以保持应用程序服务器的运行。为满足变更管理要求,系统操作员应该:
    A. 记录所采取的步骤。
    B. 填写紧急变更申请表。
    C. 在实施更改之前,请先获得管理层的批准。
    D. 完成以上所有操作。

13. 全球组织正在规划将业务流程迁移到新的应用程序。可以考虑哪些切换方法?
    A. 并行的、地理的、逐模块的或同时(一次性)开展
    B. 并行、地理或逐模块
    C. 并行、逐模块或同时开展
    D. 平行的、地理的或同时开展

14. 在第三方管理中制定风险等级的目的是：
    A. 确定是否开展渗透测试
    B. 满足法规要求
    C. 确定适当的尽职调查水平
    D. 确定数据分类要求
15. 功能需求需要可衡量的原因是：
    A. 研发人员需要知道如何测试功能需求
    B. 功能测试直接来自功能需求
    C. 验证系统操作是否正确
    D. 衡量系统性能

4.16 答案

1. C. 在研发阶段，研发人员应该只执行单元测试，以验证研发人员编写的代码的各个部分是否正常运行。

2. A. 功能点分析(FPA)用于估计研发软件程序所需的工作量。

3. D. 关键路径方法帮助项目经理确定哪些活动在项目的"关键路径"上。

4. C. 当项目方案中需要发生任何重大变更时，应创建项目变更请求，以记录变更的原因。

5. B. 系统研发生命周期的阶段包括可行性研究、需求定义、设计、研发、测试、实施和实施后阶段。

6. B. 需求需要由多个方面来编制，包括研发人员、分析师、架构师和用户。

7. A. 为项目研发的需求应该是详细测试的主要来源。

8. B. 变更管理的主要目的是审查和批准系统和基础架构的拟议变更。这有助于降低意外事件和意外停机的风险。

9. D. 能力成熟度模型帮助组织评估其业务流程的成熟度，这是任何大规模流程改进工作的重要第一步。

10. D. 输入验证检查用于确保输入值在既定范围内，具有正确的字符类型，并且不存在有害内容。

11. C. 除了业务、功能、安全和隐私要求外，考虑云服务的组织需要了解云服务提供商如何将组织的数据与其他客户的数据分离。

12. D. 人员在实施紧急变更时，应首先获得管理层的批准，记录变更的详细信息，并启动紧急变更管理程序。

13. A. 切换到一个新的应用程序可以有几种方式：并行(同时运行新旧系统)，地理位置(分别迁移每个地理区域的用户)，逐模块(迁移应用程序的各个模块)，或者一次性切换所有用户、位置和模块。

14. C. 在第三方管理中制定风险等级有助于组织确定第三方在每个风险等级的尽职调查水平。由于风险水平各不相同，一些第三方需要开展广泛的尽职调查，而对低风险方则需要开展轻微的检查。

15. B. 功能需求应该是可计量的，因为测试用例应该直接从功能需求中研发出来。同样的安全和隐私要求都必须是可计量的，因为所有的计量都应该得到测试。

第 5 章

IT 服务管理和业务持续

本章介绍 CISA 第 4 个知识域"信息系统运营和业务韧性",讨论以下主题:
- 信息系统运营
- 信息系统硬件
- 信息系统架构与软件
- 网络基础架构、技术、模型和协议
- 业务持续和灾难恢复规划
- 对基础架构、运营、业务持续和灾难恢复(BCDR)规划的审计

本章主题在 CISA 考试中约占 23%。

如果 IT 组织的运营是有效的,那么 IT 组织则是有效的。管理层需要管控信息系统的运营,意味着需要衡量运营的所有方面,审查指标和报告,并在管理层指导下实施可控变更,以确保持续改进。

IT 组织是服务性组织——是为了服务组织并支持其业务流程而存在的。IT 服务管理运营需要由管理层制定合理的设计、适当的度量和审查。

在数字化转型 (Digital Transformation,DX)时代,组织比以往任何时候都更加依赖通过信息技术执行组织的核心业务流程,进而改变与业务韧性的对话,并增加了对业务持续和灾难恢复规划(BCDR Planning)的重视。2019 年出版的 CISA 工作实务已经转移到这个领域。

信息系统审计师除了需要熟悉 IT 业务流程外,还需要对计算机硬件、操作系统和网络通信技术的工作原理有深刻理解。这些知识有助于信息系统审计师更好地理解服务管理和运营实务的方方面面。

5.1 信息系统运营

信息系统运营(IS Operation)包括对支持组织目标和流程的信息系统、应用程序和基础架构的日常控制。信息系统运营由几组活动构成,其中包括对运营的管理和控制:

- IT 服务管理
- IT 运营和异常处置
- 最终用户计算
- 软件程序代码库管理
- 质量保证
- 安全管理
- 介质控制措施
- 数据管理

本节简要概述如何管理和控制信息系统运营，并详细讨论上述活动。

注意：
不要太过纠结于"IS 运营"和"IT 运营"，通常认为这是两个同义词。

5.1.1 运营的管理与控制

组织应管理和控制所有发生在 IT 部门的活动。这意味着，运营人员执行的所有行动和活动都应该在管理层已经批准的控制措施、程序、流程或项目范围内开展。流程、程序和项目应该有足够的保留记录，以便管理层可以掌握这些活动的状态。

管理层对 IT 部门的所有活动负有最终责任。支配运营的主要高层管理活动有：

- **制定流程和程序**　任何运营人员执行的重复活动都应以流程(Process)或程序(Procedure)的形式记录下来。这意味着用来描述每个步骤的流程和程序文档都需要制定并定期审查，并在得到管理层批准后提供给运营人员。
- **制定标准**　标准(Standard)包含从执行运营任务的方式到所用的品牌和技术，保证 IS 运营中所有运营的一致性。
- **资源分配**　管理层主要负责分配支持信息系统运营所需的资源，包括人力、技术和预算。资源分配应与组织的使命、目标和目的保持一致。
- **流程管理**　所有的信息系统运营流程应该可计量并可管理，确保流程在时间和预算目标内正确、准确地执行。

5.1.2 IT 服务管理

IT 服务管理(IT Service Management，ITSM)是一组活动，通过积极主动地管理和持续改进流程，确保 IT 服务的交付既高效又有效。

ITSM 由若干不同的活动组成：

- 服务台
- 事故管理
- 问题管理
- 变更管理

- 配置管理
- 发布管理
- 服务水平管理
- 财务管理
- 容量管理
- 服务持续管理
- 可用性管理

本节将详细描述每个活动。

信息技术基础架构库(IT Infrastructure Library，ITIL)流程框架中的正式定义，是公认的 ITSM 标准。ITIL 的内容由 AXELOS 管理。ITSM 流程可以根据 ISO/IEC 20000:2011 标准，即 ITSM 的国际标准开展审计和注册工作。

1. 服务台

IT 服务台通常称为帮助台或呼叫中心(Call Center)，充当代表内部 IT 客户处理事故和服务请求的单一联络点。服务台执行对事故和服务请求的端到端管理(至少从客户的角度看)，在需要更多时间解决事故时负责向客户通报状态。

服务台还可作为其他 ITSM 流程的收集点，如变更管理、配置管理、服务水平管理、可用性管理和其他 ITSM 职能。

2. 事故管理

ITIL 将事故(Incident)定义为"IT 服务意外中断或 IT 服务质量降低，也包含尚未影响服务的配置项。例如，镜像集中的一个磁盘发生故障"。

因此，事故可能是以下任何一项:

- 服务中断
- 服务放缓
- 软件漏洞

不管事故原因是什么，事故都是 IT 基础架构中任何组件或层次中的故障或错误造成的后果。

在 ITIL 术语中，如果以前经历过事故 XX1，并且已知其根本原因(Root Cause)，则事故 XX1 就是一个已知错误(Known Error)。如果服务台能够访问已知错误目录，则可能会更快地解决事故 XX1，从而减少停机时间及其带来的不便。变更管理和配置管理流程用于修正系统，以便临时或永久地修复错误。

由于事故 XX2 的根本原因尚不清楚，则事故 XX2 可能会升级为一个问题(Problem)。下一节讨论这一问题。

ITIL，不仅仅属于英国

尽管 ITIL 起源于英国，但已经成为国际标准。部分原因是国际标准化组织(ISO)和国际电工委员会(IEC)在 ISO/IEC 20000 标准中采用 ITIL，因为 IT 管理实践更加标准化、更加成熟。

3. 问题管理

当发生了几起似乎具有相同或类似根本原因的事故时，问题(Problem)就出现了。ITIL 将问题定义为"引起一个或多个事故的原因"。

问题管理的总体目标是降低事故数量或者严重程度。

问题管理还可以包含一些主动措施，例如，针对业务系统的持续监测以衡量系统健康状况；在容量管理方面帮助管理层预防与容量相关的事故。

问题管理的示例包括：

- 服务器耗尽可用资源而导致类似的多个故障(在 ITSM 术语中称为"事故")。
- 服务中的软件漏洞通知影响多名用户。
- 长期网络拥堵导致多个 IT 组件之间的通信失败。

与事故管理类似，在识别问题的根本原因后，制定变更管理和配置管理流程以临时或永久地修复问题。

4. 变更管理

变更管理(Change Management)是一组用于确保 IT 环境中执行所有变更的控制措施和执行一致性的流程。ITIL 对变更管理的定义如下："变更管理流程的目标是确保使用标准化的方法和程序(Procedure)，高效且迅速地处理所有变更，以最大程度减少与变更相关的事故对服务质量的影响，并因而改善组织的日常运营。"

变更管理的主要目的是确保对 IT 环境提出的所有变更都要执行适用性和风险审查，并确保变更不会相互干扰，也不会干扰其他计划内外的活动。为了保证变更有效，所有利益相关方都应审查全部变更，以便从所有角度都能对变更开展适度审查。

典型的变更管理流程是一个正式的(Formal，形式化或结构化)"瀑布"流程，包括以下步骤：

1) 提案(Proposal)或请求(Request) 执行变更的人员或小组宣布变更提议。通常，变更提案包含变更说明、变更流程、预期受变更影响的 IT 组件、确保正确应用变更的确认程序、变更后无法使用(或验证失败)时的回退程序以及在测试环境中执行的测试结果。变更提案应在审查会议的前几天分发给所有利益相关方。

2) 审查(Review) 通常是关于变更提案的会议或讨论，将由执行变更的人员讨论变更提案并回答利益相关方的问题。由于变更提案是较早发出的，因此每个利益相关方都应该有机会在审查之前阅读变更提案。利益相关方可以在审查期间讨论变更涉及的任何问题。利益相关方可以同意批准变更，或者要求推迟变更或更改变更提案的某些方面。

3) 批准(Approval) 当变更在审查阶段得到正式批准后，负责变更管理记录保存的人员或小组将记录批准情况，包括同意变更的人员姓名。如果推迟或拒绝变更，提交变更的人员或小组将需要修改变更提案，以便能接受该变更，或完全撤销这一变更。

4) 实施 实际变更应按照变更提案实施。这时,由变更实施人员对已批准的变更程序中所确定的 IT 系统执行实际变更。

5) 确认 实施人员完成变更后,将执行程序以确保正确实施变更及生成所需的结果。通常,确认程序包括一个或多个步骤,包括收集表明变更正确执行的证据(以及用于确认变更正确或错误的指示)。通常,证据将与其他与变更有关的记录一起存档。如果怀疑变更是导致系统出现问题的根本原因之一,那么存档资料将来可能会很有用。

6) 变更后审查 实施变更后需要审查 IT 组织中的部分或全部变更。在此活动中,执行变更的人员与其他利益相关方讨论变更,以掌握关于变更的更多信息,以及是否需要任何更新或未来的变更。

变更管理活动应该是变更控制委员会职责的一部分,变更控制委员会(Change Control Board)由来自 IT 部门以及受 IT 应用程序和支持的基础架构变更影响的各个小组的利益相关方组成。

注意:
变更管理流程与系统研发生命周期(System Development Life Cycle,SDLC)类似,包含多个生命周期活动,变更生命周期活动系统化地作用于 IT 环境的变更活动中。

变更管理记录 与变更相关的大多数或所有活动都应该包括对业务记录的更新,以便可以获取与变更相关的所有情形并供将来参考。最小的 IT 组织也会随着时间的推移而发生大量的变更,要期望任何人员能够在几年后回忆起关于每个变更活动的情形,这就需要将每次与变更相关的记录永久保存下来。

紧急变更 尽管大多数变更可以使用事先描述的预先计划好的变更管理流程,但有时需要立即变更 IT 系统。大多数变更管理流程都包括紧急变更流程,紧急变更流程详细介绍了非紧急变更管理流程包含的大多数步骤,但这些步骤以不同的顺序执行。紧急变更的步骤如下。

- **紧急批准** 出现紧急情况时,处理紧急情况的工作人员仍应寻求管理层对变更提案的批准。紧急变更批准可以通过电话、当面或书面(通常是电子邮件)等方式提出。如果批准是通过电话或当面审批的,通常会采用电子邮件或其他跟进沟通方式。组织应提前指定可以批准紧急变更的管理层。
- **实施** 工作人员执行变更。
- **确认** 工作人员确认变更是否产生了预期的结果。确认可能涉及其他部门的其他人员或最终用户。
- **审查** 对紧急变更执行正式审查。紧急变更可与非紧急变更一起由变更控制委员会审查。变更控制委员会由讨论非紧急变更的同一组人员组成。

与非紧急变更一样,紧急变更应该完整记录在案以备将来参考。

与问题和事故管理的联系 通常,变更是由于事故或问题造成的。紧急和非紧急情况的变更应参考特定的事故或问题,以便一旦完成对解决方案的确认,就可以正确关闭这些事故和问题。

5. 配置管理

配置管理(Configuration Management，CM)是记录 IT 系统配置的过程。在 ITSM 中的每个配置设置都称为配置项(Configuration Item，CI)。配置项通常包括以下内容：

- **硬件组成** 包括每个系统的硬件规格(例如，CPU 速度、内存总量、固件版本、适配器和外设)。
- **硬件配置** 硬件级别设置可能包括引导设置、适配器配置和固件设置。
- **操作系统版本和配置** 包括版本、补丁和对系统性能和功能有影响的许多操作系统配置项。
- **软件版本和配置** 数据库管理系统、应用程序服务器和集成接口等软件组件通常有许多自己的配置设置。

拥有大量 IT 系统的组织可以使用自动记录和变更配置工具执行自动化 CM 功能。自动化 CM 工具有助于简化 IT 运营，并使 IT 系统之间更容易彼此保持一致。系统配置数据库称为配置管理数据库(Configuration Management Database，CMDB)。

与问题和事故管理的联系 智能化问题和事故管理系统访问 CMDB，以帮助 IT 人员确定事故和问题是否与特定配置有关，对于那些寻求确定问题根本原因的人员是一个有价值的信息来源。

与变更管理的联系 许多配置管理工具都能自动检测系统配置变更。使用某些变更和配置管理系统，可以将配置管理系统检测到的变更与变更管理流程中批准的变更关联。此外，许多由变更管理流程批准的变更可以通过配置管理工具执行，这些配置管理工具可用于将变更推送到所管理的系统。

6. 发布管理

发布管理(Release Management)是 ITIL 术语，用于描述 SDLC 中已投入生产并可供最终用户使用的应用程序和其他信息系统的变更部分。发布管理用于控制对软件程序、应用程序和环境所做的变更。

发布流程用于对系统执行几种类型的变更，包括：

- **事故和问题解决** 通常称为软件漏洞修复(Bug Fix)，这类变更针对事故或问题，对应用程序软件已确定的问题执行变更是适当的补救措施。
- **功能增强** 创建和实现应用程序中的新功能。这些增强功能可能是客户所要求的，或者可能是软件程序设计团队长期愿景的一部分。
- **子系统补丁和变更** 应用程序环境中较低层的变更可能需要对应用程序本身执行变更时所使用的类似测试级别。变更的实例包括操作系统、数据库管理系统、应用程序服务器和中间件的补丁、服务包和版本升级。

发布流程是一个顺序流程，也就是提议的信息系统的每个变更都将通过发布管理流程中的每个步骤执行。在许多应用程序中，出于流程效率目的，变更流程通常组合成一个"包"：因为讨论和管理变更组比管理单个变更更有效。

典型的发布流程中的步骤就是前面典型的 SDLC 流程步骤：

1) 可行性研究　旨在确定软件代码程序、项目或系统变更的预期收益。

2) 需求定义　每个软件变更都是使用特性描述和需求描述的。特性描述(Feature Description)是对软件变更的高级描述。需求(Requirement)是一种详细说明，以足够详细的程度描述变更，以便研发人员为提供功能执行变更和添加应用程序代码。通常，最终用户会参与到需求设计中，以便能够确认所提议的软件变更确实是用户所希望的变化。

3) 设计　在编制需求文件后，研发人员/分析师或应用程序设计师将创建正式的设计文件。对于现有的软件应用程序，通常涉及对现有设计文档和图表的变更，但对于全新应用程序，将需要从头开始创建或从相似的设计中复制并修改。无论如何，设计将具有足够的细致程度，允许研发人员或软件工程师仅需要完成软件研发阶段而不必辨别需求或设计的含义。

4) 研发　当完成、审查和批准需求定义和设计后，研发人员、软件工程师或其他 IT 工程师便进入研发阶段。研发涉及采用经过批准的研发工具和指定的计算机编程语言完成实际编码工作，以及创建或更新辅助组件。研发人员通常会执行自己的单元测试(Unit Testing)，即测试应用程序代码的各个模块和部分，确保这些部分正常工作。在其他情况下，研发将包括对信息系统开展规划好的配置变更、为应用程序打补丁或模块升级等工作。

5) 测试　当研发人员完成编码和单元测试(或其他工程师已完成初始工作)后，需要执行更正式、更全面的测试阶段。这时，分析师、专门的软件研发人员或系统测试人员，以及可能还有最终用户，都将测试所有新功能和变更的功能，确认这些功能是否根据需求执行。根据变更的性质，还需要执行一定量的回归测试(Regression Testing)。回归测试意味着再次测试在之前版本中确认正常工作的功能，以确保这些功能继续按预期正常运行。测试根据正式的、书面的测试方案执行，设计测试方案用于确认每个需求都得到满足。使用正式的测试脚本，记录所有测试结果并归档。用户执行的测试通常称为用户验收测试(User Acceptance Testing，UAT)。通常使用自动化测试工具，使测试更加准确高效。测试完成后，需要正式的审查批准才能继续发布流程。

6) 实施　测试完成后，将在生产系统实施变更。这时，研发人员将软件和系统更改交付给运营人员。安装也可能涉及使用工具变更数据和数据库设计、操作系统或网络设备，以适应系统的变更。变更完成并经过测试后，将通过最后两个步骤执行发布：

发布准备　当 UAT 和回归测试完成、审查获批后，发布管理团队将开始为新的或变更的系统发布做准备。根据系统和变更本身的复杂性，发布准备可能不仅涉及软件或其他组件的安装，还涉及数据库设计、操作系统、网络设备甚至客户数据的安装或变更。因此，发布可能涉及数据转换工具和其他程序的研发和测试，以便新的或变更的系统能正常运行。与测试和其他阶段一样，需要完整的测试和实施记录并归档。

发布部署　完成发布准备后(并可能经过审查和批准)，在目标系统上安装发布版。发布部署人员将遵循发布流程，发布流程可能涉及使用工具在操作系统、数据库或其他层面上变更目标系统，也可能涉及任何所需的数据操作或迁移以及实际软件的安装。发布流程还将包括用于确认所有组件正确安装的确认步骤。

7) 实施后　实施系统变更后将开展实施后审查，以检查系统充分性、安全性、投资回报率(ROI)和实施期间遇到的任何问题。

使用关口流程 许多组织在发布管理流程中使用"关口流程(Gate Process)"。关口流程意味着在允许开始下一步之前，流程的每个步骤都要经过正式的审查和批准。例如，最终用户、创建需求和功能描述文档的人员、研发人员和管理层将执行和参加正式的设计审查。如果设计获得批准，则可以开始研发工作。但在设计审查中如果存在问题或疑虑，则在允许研发之前，可能需要修改设计并再次审查。

尽管敏捷流程通常是并行而不是连续的，但也利用了关口流程。无论使用哪种 SDLC 流程，正式审查的概念都是相同的。

7. 服务水平管理

服务水平管理(Service-level Management)由一系列用于确认 IT 运营是否为客户提供适当服务的活动组成，通过持续监测和定期审查 IT 服务交付予以实现。

IT 部门通常在服务水平管理中扮演两个不同的角色。作为为自有客户提供服务的提供商，IT 部门将度量和管理直接提供的服务。此外，许多 IT 部门直接或间接管理外部服务提供商提供的服务。因此，许多 IT 部门既是服务提供商又是客户，而且两者经常相互关联，如图 5-1 所示。

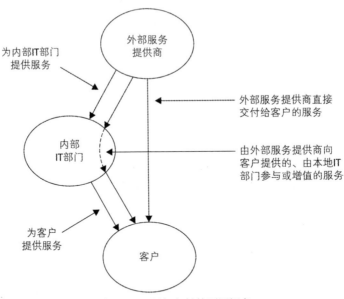

图 5-1　IT 服务交付的不同视角

8. 财务管理

IT 服务财务管理包括几项活动：
- 预算
- 资金投资
- 管理费用

- 项目核算和项目投资回报率(Return on Investment，ROI)

IT 财务管理是 IT 管理的一部分，IT 财务管理需要考虑支持组织目标的 IT 服务的财务价值。

9. 容量管理

容量管理(Capacity Management)是一组用于确认 IT 系统和 IT 流程中是否存在足够容量以满足服务需求的活动。首先，IT 系统或流程的性能如果能够维持在服务水平协议(Service Level Agreements，SLA)规定的可接受范围内，则表明具有足够的容量。

容量管理不仅是对当前需求的考虑，也要考虑未来的需求。容量管理通过一系列活动实现，包括：

- **定期度量**　需要定期度量系统和流程，以便预测未来的容量需求。
- **考虑已计划变更**　对流程和 IT 系统的已计划变更可能影响预测的工作负荷。
- **了解长期战略**　如果组织的 IT 系统、业务流程和目标发生变更，可能会对工作负荷产生影响；可通过更简单的趋势分析推断需要增加容量还是减少容量。
- **技术变更**　对未来计算和网络技术的期望将提供更高性能，技术使用趋势可能影响最终用户使用技术的方式。

与财务管理的联系　容量管理工作的输出之一是获取额外的计算机或网络硬件(无论是物理设备还是虚拟云中的工作负载)以满足未来的容量需求。容量信息需要成为预算编制和支出管理流程的一部分。

与服务水平管理的联系　如果没有足够的资源用于处理工作负载，则容量问题可能导致违反 SLA。负载过重的系统和流程需要更长时间才能完成响应。某些情况下，系统可能完全停止响应。

与事故和问题管理的联系　容量问题严重的系统可能需要过多的时间响应用户请求。某些情况下，系统可能会出现故障，用户也可能会放弃。通常，用户会呼叫服务台，导致对事件和问题的记录。

10. 服务持续管理

服务持续管理(Service Continuity Management)是一组与组织持续提供服务的能力有关的活动，主要在发生自然或人为灾害时发挥效用。服务持续管理是 ITIL 术语，更常见的术语是业务持续规划(Business Continuity Planning)和灾难恢复规划(Disaster Recovery Planning)。服务持续管理是更常见的业务持续规划和灾难恢复规划术语的统称。

稍后将讨论业务持续和灾难恢复的相关内容。

11. 可用性管理

可用性管理的目标是维持 IT 服务的可用性，以支持组织的目标和流程。影响 IT 系统可用性的因素有：

- **有效的变更管理** 当通过变更管理流程对系统和基础架构的变更执行适度审查后,变更不太可能导致意外停机。
- **有效的系统测试** 当根据一组正式的需求、审查和测试对系统实施变更时,系统不太可能出现故障或处于不可用状态。
- **韧性架构** 当环境的整体架构一开始就设计成高度可靠时,环境对单个错误和组件故障将更有韧性和容忍度。
- **可服务组件** 当环境的单个组件可以由第三方服务组织有效服务时,这些组件发生意外故障的可能性就会降低。

注意:
组织通常以应用程序或服务正常运行时间的百分比度量可用性。另一个常用的度量方法是每月计划外停机的分钟数。

5.1.3 IT 运营和异常处置

有效 IT 运营要求 IT 人员知晓并按照既定的流程和程序正确执行运营任务。必须培训运营团队识别异常和错误并能作出相应的响应。IT 运营可能包含的任务有:

- 根据作业时间安排表执行作业。
- 持续监测作业并基于优先级将资源分配给作业。
- 重新启动失败的作业和代码进程(Process)。
- 通过加载或更改备份介质,或通过确保目标存储系统准备就绪,为备份作业提供便利。
- 为了确保可用性和适当的性能,需要持续监测系统、应用程序和网络。
- 执行非工作时间的维护活动,如设备清洁和系统重启。

IT 组织经常使用生产时间安排表(Production Schedule),这是一个定期(每天、每周、每月、每季度等)执行的活动或任务列表。生产时间安排表活动包括备份等系统活动,或访问审查、对账和月末关账等人为活动。系统中的计划任务活动可以自动执行或手动调用。

较大的组织可能单独设立一个网络运营中心(Network Operations Center,NOC),也可能会有一个安全运营中心(Security Operations Center,SOC),由负责监测组织中安全设备、网络、系统和应用程序活动的人员组成。通常,其中部分或全部活动都外包给托管安全服务提供商(Managed Security Service Provider,MSSP)。

在 IT 运营环境中发生的异常和错误通常根据上一节讨论的 ITSM 事故管理和问题管理流程处理。

1. 持续监测

必须对信息系统、应用程序和支持的基础架构开展监测工作,以确保基础架构可以按要求运营。

持续监测工具(Monitoring Tool)和程序帮助 IT 运营人员检测软件或硬件是否按计划运行。IT 运营人员还必须可以直接观察以便发现问题。应检测和报告的错误类型包括：
- 系统错误
- 程序错误
- 通信错误
- 操作错误

简单地说，表现出任何意外或异常活动的事件都应记录下来，以便管理层和客户能够意识到。这就要求制定事故和问题管理流程。事故和问题管理已经在前面的"IT 服务管理"一节详细讨论。

注意：
组织也需要监测 IT 业务流程。业务流程的相关持续监测已经在第 2 章和第 3 章中讨论。

2. 安全持续监测

作为总体策略的一部分，许多组织会执行多种类型的安全持续监测，以防止和响应安全事故。组织可能执行的持续监测项类型包括：
- 防火墙异常
- 入侵防御系统(Intrusion Prevention System，IPS)警告
- 数据防泄露(Data Loss Prevention，DLP)系统警告
- 云安全访问代理(Cloud Security Access Broker，CASB)警告
- 用户访问管理系统警告
- 网络异常警告
- 网页内容过滤系统警告
- 终端管理系统告警，包括反恶意软件
- 供应商安全咨询
- 第三方安全咨询
- 威胁情报咨询
- 工作中心访问系统警告
- 视频监视系统警告

5.1.4 最终用户计算

IT 组织职能的关键部分是向组织人员提供服务，以便组织人员访问和使用 IT 系统和应用程序。支持最终用户计算的运营模型包括：
- **组织提供的硬件和软件** 组织提供所有计算设备(通常是笔记本电脑或台式电脑，可能还有移动计算设备，如平板电脑或智能手机)和软件。

- **个人提供的硬件和软件** 组织提供了网络基础架构以及有关最终用户如何配置计算设备以访问组织的 IT 应用程序和系统的说明。

一些组织向其人员提供津贴,以支付最终用户电脑的全部或部分费用。

- **混合模式** 许多组织同时采用组织供给和人员自携的混合模式。通常,组织会提供笔记本电脑或台式电脑,允许员工通过 BYOD 途径(如家用电脑、平板电脑和智能手机)访问电子邮件和某些组织应用程序。

通常,组织将使用企业管理工具促进对最终用户电脑的高效和一致管理。通常会"锁定"最终用户电脑,限制最终用户可能在设备上执行的配置更改的数量和类型,包括:

- 操作系统配置
- 补丁安装
- 软件程序安装
- 外部数据存储设备使用

最终用户可能将此类限制视为不便,然而这些限制不仅有助于确保最终用户设备和整个组织 IT 环境的安全性,而且可以提高一致性,从而降低支持成本。

一些组织对最终用户计算使用零信任(Zero Trust)模型。此方法有时与自携设备(Bring Your Own Device,BYOD)结合使用,自携设备时,最终用户提供自己的计算设备。

5.1.5 软件程序代码库管理

软件程序代码库是用来存储和管理对应用程序源代码和目标代码的访问的基础设施。

大多数组织中,应用程序源代码属于高度敏感数据。需要将源代码视为知识产权(IPR),并且可能包含算法、加密密钥和其他由尽可能少的人员访问的敏感信息。实际上,应该视应用程序源代码为信息,并通过组织的安全策略和数据分类策略处理。

软件程序代码库通常是一个具有用户界面和若干功能的信息系统,包括以下功能:

- **访问和授权控制措施** 软件程序代码库应唯一地标识所有尝试访问的用户,并使用与应用程序的敏感性相称的手段执行人员身份验证流程。软件程序代码库应能够管理不同的角色或访问级别,以便每个用户只能执行他们有权执行的功能。此外,软件程序代码库应能限制对存储在其中的不同模块或应用程序的访问,如访问敏感源代码(如与访问控制或数据加密相关的代码)的人数应少于访问不太敏感的源代码的人数。
- **程序代码签出** 意味着授权用户可以访问应用程序源代码的某些部分,可能是为了修改或分析。签出允许用户制作源代码模块的副本,副本可以存储在软件程序代码库中的其他位置或另一台计算机上。通常,只有在获得管理层批准后才允许签出,也可以将签出与缺陷跟踪系统集成在一起,以便仅当程序源代码存在缺陷时,才允许特定的研发人员签出一段源代码。当签出源代码时,软件程序代码库通常会"锁定"源代码的这一部分,这样其他研发人员就无法再将其签出,从而避免两个研发人员同时变更同一段代码而导致"冲突"。

- **程序代码签入** 允许授权用户将一部分应用程序源代码返回软件程序代码库。软件程序代码库通常只允许签出部分代码的人员重新签入。如果签入部分代码的用户修改了代码，则软件程序代码库将处理这些变更并可能执行一些加功能，包括版本控制和代码扫描。如果正在检查的代码段已锁定，软件程序代码库将自动解锁或者询问用户是否应保持锁定状态(如执行额外的变更)。
- **版本控制措施** 此功能使软件程序代码库通过跟踪每次签入时对源代码所做的变更来管理对源代码的变更。每次修改源代码模块时，都会分配一个递增的"版本号"，从而使软件程序代码库在将来任何时候调用任一先前版本的源代码模块；在排除程序故障或调查特定研发人员的操作时，调用先前版本会很有用。
- **代码分析** 软件程序代码库系统在签入源代码时可以执行不同类型的代码分析，可能包括检查代码中是否存在漏洞的安全扫描，或者确定签入的模块是否符合组织的编码策略和标准的扫描。

软件程序代码库的控制措施可以帮助组织高度控制软件应用程序的完整性、质量和安全性。

5.1.6 质量保证

质量保证(Quality Assurance，QA)的目的是确保软件应用程序、操作系统配置、网络设备配置和其他信息系统组件的变更得到正确执行。

质量保证可在大多数 IT 流程中执行，包括但不限于：
- 软件研发
- 变更管理
- 配置管理
- 服务管理
- 事件管理
- 问题管理
- 业务流程制定

提高准确性和效率、改善流程和系统是质量保证活动的输出。

5.1.7 安全管理

信息安全管理是顶层活动的集合，信息安全管理活动可确保组织的信息安全计划(ISP)充分识别和应对风险并全面正常运营。信息安全管理计划通常包含以下活动：
- 制定安全策略、流程、程序和标准
- 风险评估和风险管理
- 脆弱性(漏洞)管理
- 事故管理
- 安全意识宣贯与培训(SAT)

在一些组织中，安全管理还包括灾难恢复规划和业务持续规划。

安全管理在第 2 章和第 6 章中详细讨论。

5.1.8 介质控制措施

安全标准和隐私法律强调需要采取正式的流程确保对数字介质的妥善管理，包括保护数据以及销毁不再需要的数据。介质管理流程通常与数据留存和数据清除流程关联，以便通过物理和逻辑安全控制措施充分保护所需的数据，并有效地丢弃和擦除不再需要的数据。与处置现在不再需要的介质有关的流程包括擦除介质上的数据或以其他方式使介质上的数据无法恢复的步骤。

介质的管理、销毁策略和程序应包括如下考虑事项：

- 备份介质
- 虚拟磁带库
- 光学介质
- 硬盘驱动器和固态驱动器
- 计算机、网络设备、磁盘驱动器、工作站、移动设备和便携式 USB 存储设备中的闪存
- 打印机、复印机和扫描仪中的硬盘驱动器
- 硬拷贝

服务提供商的合同中需要包含介质脱敏(Media Sanitization)策略和程序，还要包含介质的销毁记录。

介质控制措施与数据管理密切相关，将在下一节中讨论。

5.1.9 数据管理

数据管理是一组与数据的获取、处理、存储、使用和销毁相关的活动。

可以说，数据管理中最重要的活动是规划。规划先于行动时，数据管理活动会产生更好的结果。规划主要与数据结构有关，数据结构是与数据库设计以及数据库、系统和组织之间的信息流有关的一组活动。

1. 数据生命周期

数据生命周期(Data Life Cycle)是组织使用数据过程中发生的一组活动。数据生命周期的阶段有：

- **规划** 在创建或获取数据之前，组织需要了解数据结构、敏感性和价值、使用以及最终销毁要求。
- **设计** 这是创建数据结构和保护数据的实际过程。设计阶段的典型活动包括创建数据库架构和配置存储数据库的物理和逻辑存储系统。
- **构建/获取** 在此阶段，是指创建数据或从另一个系统导入数据。

- **运营** 在此阶段，是指处理、共享和使用数据。
- **持续监测** 包括对数据本身以及与数据的访问和使用有关的活动的检查，以确保数据质量，以及避免滥用和损坏数据。
- **归档** 与任何长期数据存储的法律或历史目的相关。
- **销毁** 与一组数据的使用生命周期结束时发生的废弃或擦除流程相关。

注意：
DAMA International 是数据管理的专业组织。数据管理的信息可从 https://dama.org 获得。

2. 数据质量管理

数据质量管理(Data Quality Management)包括多个活动，以确保数据的机密性、完整性和完备性(Completeness)。数据质量管理活动包括：

- **应用程序控制措施** 确保应用程序强制执行数据的完整性和完备性措施。该主题在第 4 章中介绍。
- **系统研发** 确保研发或购买的应用程序强制执行数据完整性和完备性措施。该主题在第 4 章中介绍。
- **系统完整性** 确保信息系统强制执行数据的机密性和完整性措施。该主题在第 6 章中介绍。

5.2 信息系统硬件

硬件是信息系统的基础。包含微处理器和存储器，硬盘驱动器或固态驱动器，以及键盘、打印机、显示器和网络连接等外围设备。

信息系统审计师至少需要了解计算机硬件架构、维护和持续监测的基本概念，以便正确评估组织对信息系统硬件的使用和维护。缺乏这方面的知识可能导致信息系统审计师忽视或无法理解组织运营的重要方面。

使用云计算基础架构(而不是本地计算机硬件)的宏观趋势并不排除熟悉计算硬件概念这一需求。尽管在组织管理虚拟工作负载时不必与计算机硬件联系，但组织利用基于云计算基础架构时仍然需要熟悉硬件概念，通过配置虚拟服务器及其使用的资源应用这些概念。此外，最终用户仍在使用台式机和笔记本电脑以及平板电脑和智能手机等计算机硬件。

5.2.1 计算机使用

计算机是为了各种目的和环境制造的，并用于许多不同的目的。对于计算机，可以根据容量、吞吐量、尺寸、用途或使用的操作系统或软件分类。

1. 计算机类型

从商业角度看，计算机是根据尺寸和可携带性分类的。在这方面，计算机的类型如下。

- **超级计算机** 就 CPU 的数量和/或功率而言，超级计算机是最大类型的计算机，一般用于科学研究范畴，如天气预报、地震学和其他计算密集型应用程序。
- **大型机** 大型商用计算机旨在运行大型、复杂的应用程序，这些应用程序在庞大的数据库上运行或支持大量用户。开始有计算机时大型机是唯一的计算机，其他大多数类型的计算机都来自大型机。时至今日，大型机仍普遍用于大型金融交易系统和其他大规模应用，如航空公司预订系统。
- **小型机** 这些计算机没有大型计算机那么强大，但比小型服务器更大或更强。这类大小的计算机之间没有明显区别，只有模糊的、粗略的指导原则。
- **服务器** 如果大型机是最大的业务服务器，那么普通服务器(Server)就是最小的。就硬件配件和物理外观而言，服务器与用户的台式计算机无法区分。
- **刀片服务器** 在这种硬件设计风格中，服务器是插入机柜的模块。每个模块都包含一台独立计算机的所有内部组件。机柜本身包含电源和网络连接。
- **虚拟服务器** 是存在于虚拟化管理程序环境中的基于云的服务器，无论虚拟服务器是在本地私有云还是在公有云中。
- **应用设备** 这种类型的计算机通常预装一个或多个工具或应用程序。术语"应用设备"有时意味着系统很少维护或不需要维护。
- **台式计算机** 这是个人工作者使用的计算机。台式计算机的大小使得电脑可以很容易从一个地方移到另一个地方，但不认为是便携式的。今天的台式计算机在许多方面都比几十年前的大型机更强大。曾经称台式计算机为微型计算机(Microcomputer)，但是现在很少使用这一术语。
- **笔记本电脑** 这种计算机是便携式的。笔记本电脑是独立的，配有电池，并且可以折叠存放和运输。从功能上讲，台式计算机和笔记本电脑几乎一样，可能运行相同的操作系统和程序。
- **移动设备** 这些计算机以智能手机和平板设备的形式出现。
- **嵌入式(Embedded)** 这些计算机内置于电视、汽车、医疗设备以及其他许多工业和消费类设备产品中。

2. 计算机的用途

除了上一节讨论的计算机的尺寸和类型之外，使用计算机还有几个理由，包括：

- **应用程序服务器** 这种计算机(通常是大型机、小型机或服务器)运行应用程序服务器软件。应用程序服务器代表用户运行一个或多个应用程序。应用程序服务器使用的数据可以存储在包含数据库管理系统的数据库服务器上。

- **Web 服务器** 这是运行 Web 服务器程序，使用户能够使用网页的服务器。Web 服务器通常同时包含 Web 服务器软件和由用户 Web 浏览器程序请求并发送给用户的内容(页面)。Web 服务器也可链接到应用程序服务器或数据库服务器，从而允许显示业务信息，如订单表单和报告等。
- **数据库服务器** 数据库服务器也可以是大型机、小型机或小型服务器，运行专门的数据库管理软件。数据库管理软件控制一个或多个数据库中的大量数据的存储和处理。
- **网关** 在两个应用程序之间执行某种数据转换方式的服务器，例如，将消息从一种格式转换为另一种格式。
- **文件服务器** 用于提供常用文件存储的集中位置。文件服务器可由应用程序服务器或用户社区使用。
- **打印服务器** 在使用共享打印机的环境中，打印服务器通常用于接收来自用户或应用程序的打印请求并临时存储，直到准备好打印为止。
- **生产服务器/测试服务器** 术语"生产服务器(Production Server)"和"测试服务器(Test Server)"表示服务器支持实际的业务用途(生产服务器)，或者是用于测试新程序或配置的单独服务器(测试服务器)。大多数组织将为每种类型的生产服务器至少配备一台测试服务器，以便可以在测试服务器上测试任何新程序、配置、补丁或设置，几乎没有或没有中断实际业务运营的风险。
- **胖客户端** 胖客户端是用户的计算机(属于台式计算机或笔记本电脑种类)，包含功能齐全的操作系统和一个或多个应用程序。纯粹主义者将辩称，如果系统包含一个或多个软件应用程序的客户端程序，则胖客户端"仅"是胖客户端。胖客户端和工作站之间的合理区分将在稍后介绍。
- **瘦客户端** 瘦客户端是包含最小的操作系统以及几乎没有数据存储的用户工作站。瘦客户端计算机通常用于业务环境，用户仅运行可在中央服务器上执行的应用程序，并将数据显示在瘦客户端屏幕上。瘦客户端可以是安装了瘦客户端软件的台式计算机或笔记本电脑，也可以是除闪存之外没有本地存储的专用计算机。
- **工作站** 这是用户的笔记本电脑或台式计算机。例如，一台运行 Windows 操作系统，且使用 Microsoft Office 文字处理程序、电子表格程序、Firefox 浏览器和 Skype 通信的 PC 都可视为工作站。
- **虚拟桌面** 该工作站操作系统实际上位于中央服务器上，由用户的台式计算机显示和使用。
- **移动设备** 用户的智能手机或平板电脑设备视为移动设备。事实上，笔记本电脑和平板电脑之间的界限越来越模糊，更大的平板电脑(尤其是配套了键盘)的功能类似于笔记本电脑。此外，笔记本电脑的操作系统也出现在较大的平板电脑设备上。

注意:
大多数情况下,计算机是为通用用途设计的,因此计算机可以执行这里列出的任何功能。

5.2.2 计算机硬件架构

自 20 世纪 60 年代以来制造的计算机在硬件架构上具有共同的特征:具有一个或多个中央处理器、一条(或多条)总线、主内存和辅助存储。计算机还有一些常通过适配器与其他计算机或用户通信的方式。

本节详细介绍计算机硬件。

> **移动设备,新的颠覆性终端**
>
> 关于终端是 IT 基础架构中的薄弱环节的说法有很多。但从历史角度看,更多的声明是关于笔记本电脑的,而企业很大程度上可以很好地管理笔记本电脑。
>
> 移动设备则完全是另一回事,正在颠覆有关终端计算的所有规则。原则上:
>
> - 最终用户可选择要购买的型号并完全拥有这些移动设备。
> - 最终用户可安装选择的任何应用程序。
> - 移动设备不需要 IT 部门的任何帮助(或同意)即可轻松连接公司电子邮件系统。
> - 几乎没有反恶意软件或其他反篡改工具。
> - 与便携式计算机相比,移动设备容易丢失,更容易损坏。
> - 移动设备制造商已发布了应用程序接口,从而可以创建可窃取数据并更改设备运营的恶意软件。
>
> 信息系统审计师需要理解组织如何化解移动设备带来的困境。

1. 中央处理器

中央处理器(Central Processing Unit,CPU)是计算机系统的主要硬件组件部分。CPU 是计算机程序中执行指令的组件。

每个 CPU 都有一个算术逻辑单元(Arithmetic Logic Unit,ALU)、一个控制单元和少量内存。CPU 中的存储器通常采用寄存器(Register)形式,寄存器是存储算术值的内存位置。

单个大规模集成电路(Large-scale Integration Integrated Circuit,LSI IC)中完全包含现代计算机中的 CPU,通常称为微处理器(Microprocessor)。CPU 通过焊接或插入式插座连接到计算机电路板上(在个人计算机上通常称为主板)。主板上的 CPU 如图 5-2 所示。

图 5-2 插入计算机电路板上的 CPU(图片由 Fir0002/Flagstaffotos 提供)

CPU 架构 许多架构主导着 CPU 的设计。商业上广泛使用的两种主要架构是：

- **复杂指令集计算机(Complex Instruction Set Computer，CISC)** CISC CPU 设计具有全面的指令集，可以在一个周期内执行许多指令。CISC 设计理念宣称性能优于 RISC。著名的 CISC CPU 包括 Intel x86、VAX、PDP-11、Motorola 68000 和 System/360。
- **精简指令集计算机(Reduced Instruction Set Computer，RISC)** RISC CPU 设计使用较小的指令集(意味着"词汇表"中的指令更少)，想法是较小的指令集将导致更简单的微处理器设计和更好的计算机性能。著名的 RISC CPU 包括 Alpha、MIPS、PowerPC 和 SPARC。这些产品现今很少生产，但仍然可以找到。

CPU 的另一个经常讨论的方面是功耗要求。通常，用于笔记本电脑和移动设备的 CPU 称为低功耗 CPU；而对于用于台式机、服务器和大型机系统的 CPU，性能和速度是比功耗更重要的考虑因素。

计算机 CPU 架构 早期的计算机只有一个 CPU。然而，显而易见的是如果计算机有多个 CPU 执行多个计算任务，则执行效率更高。计算机部署 CPU 的方法有：

- **单 CPU** 在这种设计中，计算机只有一个 CPU。这种最简单的设计仍然很普遍，在小型服务器和个人计算机中尤其如此。
- **多 CPU** 一台计算机设计可以容纳多个 CPU，从最少 2 个到多达 128 个甚至更多。多 CPU 计算机有对称(Symmetric)和非对称(Asymmetric)两种设计。在对称设计中，所有 CPU 在整个计算机架构使用方式上都是平等的。在非对称设计中，一个 CPU 为 "主"。目前生产的几乎所有多 CPU 计算机都是对称的。
- **多核 CPU** CPU 本身设计上的变化导致了多核 CPU 的出现，即两个或多个中央处理器占用一个 CPU 芯片。多核设计的好处是能够并行执行软件代码，从而提高性能。许多较新的服务器和个人计算机都配备了多核 CPU，有些还配备了多个多核 CPU。

2. 总线

总线(Bus)是计算机中的内部组件，为计算机的其他组件提供了相互通信的手段。计算机总线将 CPU 及其主存储、辅助存储以及外部设备连接起来。

大多数计算机还在使用电子连接器(Electrical Connector)。电子连接器允许添加小型电路板，可能包含附加内存、通信设备、适配器(如网络适配器或调制解调器)、存储控制器(如 SCSI 或 ATA)、磁盘控制器或额外的 CPU。

对于计算机总线已经制定了几个工业标准。值得注意的标准包括：

- **通用串行总线(Universal Serial Bus，USB)** USB 标准用于连接外部外围设备，如外部存储设备、打印机和移动设备。USB 以最高 40.0Gb/s 的数据速率运行。稍后将讨论 USB 标准的细节。
- **串行 ATA(Serial ATA，SATA)** SATA 标准主要用于连接大容量存储设备，如硬盘驱动器、光盘驱动器和固态驱动器。
- **PCI Express (PCIe)** PCIe 总线标准代替了 PCI 和 PCI-X 等较早的标准，并采用了 250Mb/s 至 128Gb/s 的数据速率。
- **雷电(Thunderbolt)** 雷电硬件接口标准将 PCI Express 和 DisplayPort(DP)整合到单个串行信号中。
- **PC 卡** PC 卡总线以前称为 PCMCIA，在笔记本电脑中非常普遍，通常用于添加专用的通信设备。
- **Express 卡** Express 卡总线标准也由 PCMCIA 颁布，代替了 PC 卡标准。

计算机具有多个总线的情况并不少见。例如，许多 PC 都有一个附加的前端总线(Front-site Bus，FSB)，用于将 CPU 连接到内存控制器集线器、高速图形总线、内存总线和低引脚数(Low Pin Count，LPC)总线，LPC 总线用于低速外围设备，如并行和串行端口、键盘和鼠标等。

3. 主存储

计算机的主存储(Main Storage)用于信息的短期存储。主存储通常由电子组件实现，例如，随机存取存储器(Random Access Memory，RAM)较为昂贵，但可访问性更好，传输速率也更快。

计算机使用主存储的目的有：

- **操作系统** 计算机正在运行的操作系统使用主存储来存储与正在运行的程序、打开的文件、已登录用户、正在使用的设备和活动进程等相关的信息。
- **缓存** 操作系统和程序在内存中分出一部分作为"高速暂存记忆区(Scratch Pad)"，可以暂时用于存储从硬盘中检索到的或正在发送给打印机或其他设备的信息。网络适配器还使用缓冲区临时存储传入和传出的信息。
- **程序代码存储** 计算机当前正在执行的任何程序都将存储在主存储器中，方便 CPU 根据需要快速访问和读取程序的任何部分。需要注意的是，主存储器中的程序只是该程序的一个工作副本(Working Copy)，计算机使用这个副本快速引用程序中的指令。

- **程序变量存储**　当程序运行时，RAM 存储计算的中间结果和其他临时数据。此信息存储在主存储器中，程序可以根据需要快速引用这些信息中的部分。

主存储器通常具有易失性(Volatile)，意味着存储在主存储器中的信息应视为临时信息。如果计算机突然断电，则主存储器中的内容将消失，并且无法轻松恢复。

计算机在主存储中使用了不同的技术：

- **动态 RAM(Dynamic RAM，DRAM)**　在这种半导体存储器的最常见形式中，数据存储在需要定期刷新以保持电荷的电容器中，因此用"动态"一词。
- **静态 RAM(Static RAM，SRAM)**　这种形式的半导体存储器不需要像 DRAM 那样周期性地刷新。

典型的半导体内存模块如图 5-3 所示。

图 5-3　用于笔记本电脑、工作站或服务器的典型 RAM 模块(图片由 Sassospicco 提供)

4. 辅助存储

辅助存储(Secondary Storage)是计算机系统使用的永久存储。与主存储(通常在易失性 RAM 模块中实现)不同，辅助存储是持久性的，可以持续数年。

通常使用从 GB 到 TB 不同容量的硬盘驱动器或固态驱动器实现这类存储。

辅助存储代表了与主存储之间的性价比折中。辅助存储通常比主存储要慢得多，但存储的单位成本也要低得多。在撰写本节时，大约 16GB RAM 的价格可以购买 2TB 的硬盘驱动器，RAM(主)存储的价格比硬盘(辅助)存储的价格高得多。图 5-4 显示了台式计算机的硬盘驱动器。

图 5-4　典型的计算机硬盘驱动器(图片由 Robert Jacek Tomczak 提供)

计算机由于多种目的而使用辅助存储：

- **程序代码存储(Program Storage)** 计算机执行的程序代码包含在辅助存储中。当计算机开始执行程序代码时，将在主存储中制作程序代码的工作副本。
- **数据存储** 由计算机程序读取、创建或使用的信息通常存储在辅助存储中。以后需要使用的信息通常使用辅助存储。
- **计算机操作系统** 用于控制和管理计算机的一组程序代码和设备驱动程序存储在辅助存储中。
- **临时文件** 许多计算机程序代码需要存储可能超出主内存容量的信息供临时使用。辅助存储常用于这一目的。例如，用户想在附近的激光打印机上打印数据文件；计算机上的软件会将存储的数据文件转换成激光打印机所用的格式，生成一个可读的副本；该"打印文件"会暂时存储在辅助存储中，直到打印机为用户完成文件的打印，然后删除该文件。
- **虚拟内存** 这是一种物理上用于创建大于实际可用主内存的空间的技术。虚拟内存(Virtual Memory，不应与虚拟化混淆)将在稍后的"计算机操作系统"一节详细讨论。

虽然辅助存储通常由硬盘驱动器实现，但是许多较新的系统在固态驱动器(Solid-state Driver，SSD)中使用半导体闪存。闪存是可以重写的非易失性半导体存储，不需要电源即可保存存储的数据。

虽然辅助存储技术是持久的和高度可靠的，但是硬盘驱动器甚至 SSD 有时仍然发生故障。因此，常将辅助存储中的重要数据复制到同一台计算机或另一台计算机上的其他存储设备上，或者复制到计算机备份磁带上。这种磁带设计用于长时间、低成本地存储大量数据。

5. 固件

固件(Firmware)是用于存储启动计算机系统所需指令的专用存储。通常，固件由低级计算机指令组成，指令用于控制计算机系统中的各种硬件组件以及从辅助存储加载和执行操作系统的组件。系统初始化的流程称为初始程序加载(Initial Program Load，IPL)或引导程序(或简称为"启动")。只读存储器(Read-only Memory，ROM)技术常用于存储计算机固件。

正在使用的几种可用 ROM 技术包括：

- **只读存储器** ROM 的最早形式认为是永久性的且永远不能修改的。ROM 的永久性使其具有安全性，但是很难执行现场升级。因此，ROM 并不经常使用。
- **可编程只读存储器(Programmable Read-only Memory，PROM)** 也是一种永久且不可更改的存储形式。PROM 芯片只能编程一次，如果需要更新固件，则必须更换。
- **可擦除可编程只读存储器(Erasable Programmable Read-only Memory，EPROM)** 这种类型的存储器可用一种特殊的编程设备写入，再在以后擦除和重写。可以通过芯片上的石英窗照射紫外线(UV)擦除 EPROM 芯片；石英窗口通常用铝箔标签覆盖。有时 EPROM 芯片根本没有窗口，实际上使 EPROM 成为 PROM 器件。

- **电可擦可编程只读存储器(Electrically Erasable Programmable Read-only Memory，EEPROM)**　除了不需要紫外线光源擦除 EEPROM 芯片和重新编程外，该存储器与 EPROM 相似。来自存储 EEPROM 芯片的计算机信号可用于重新编程或更新 EEPROM。因此，EEPROM 是第一批可由它所安装的计算机更新的固件之一。
- **闪存(Flash)**　该存储器是可擦除和重新编程的，功能上类似于 EEPROM，闪存的内容可以通过其所安装的计算机更改。闪存技术用于流行的便携式存储设备，如 USB 存储设备、SD 卡、紧凑型闪存和记忆棒。

固件常见用法是配备 Intel 处理器的个人计算机上基于 ROM 的基本输入/输出系统(Basic Input/Output System，BIOS)。

6. I/O 和网络

不管计算机的特定用途是什么，计算机几乎总是必须具有从某个外部源接收输入数据并将输出数据发送到某个外部目标的方法。无论输入和输出是连续的还是间断的，计算机通常都有一种或多种传输数据的方法，这些方法包括：

- **I/O 设备**　大多数计算机都有外部连接器，允许连接键盘、鼠标、显示器、扫描仪、打印机和照相机之类的设备。电信号和连接器类型的标准包括 PS/2(用于键盘和鼠标)、USB、并行、串行和雷电。有些类型的计算机缺少这些外部连接器，反而可将特殊的适配器卡插入计算机的总线连接器。早期的计算机在连接外部设备时需要重新编程和/或重新配置，但较新的计算机设计成在连接或断开外部设备时，可以自动识别并调整。
- **网络**　计算机可以连接到局域网或广域网。然后可将用网络功能配置为入站和出站的多种数据传输方式之一。有些计算机有内置的连接器或适配器，但其他计算机则需要添加内部或外部适配器以插入总线连接器，如 PC 卡、ExpressCard、PCI 或 USB。

7. 多计算机架构

使用多台计算机的组织有很多可用选择。不久之前，组织需要使用多台服务器就要购买很多单独的服务器，现在有一些选择可以帮助改善性能并减少成本，包括：

- **刀片计算机**　刀片服务器架构包括一个装有中央电源、冷却、网络和控制台连接器的主机箱组件，以及几个安装独立 CPU 模块的插槽。刀片式架构的优点是每个服务器模块的单位成本低于通常水平，因为仅包含一块电路板。电源、冷却等的成本分摊到所有刀片服务器中。典型的刀片系统如图 5-5 所示。

图 5-5　刀片计算机架构(图片由 Robert Kloosterhuis 提供)

- **网格计算**　术语"网格计算"描述了用于解决共同任务的大量松耦合(Loosely Coupled)计算机。网格中的计算机可能彼此紧邻或分散在广阔的地理区域内。网格计算是替代解决计算密集型问题的超级计算机的一种可行方案。
- **服务器集群**　"集群(Cluster)"是一个用于解决共同任务的紧耦合计算机集合。在集群中,一台或多台服务器主动执行任务,而零台或多台计算机可能处于"待机"状态,随时准备在需要时承担活动职责。从外部系统的角度看集群通常具有一台计算机的外观。集群通常以两种模式之一运行:主动-主动(Active-Active)和主动-被动(Active-Passive)。在主动-主动模式下,所有服务器都执行任务;在主动-被动模式下,一部分服务器处于待机状态,等待在称为故障转移(Failover)的事件中变为活动,故障转移通常发生在其中一台活动服务器无法工作时。

这些架构选项可以帮助组织自由地研发出满足其性能、可用性、灵活性和成本需求的计算机架构。

8. 虚拟化架构

虚拟化(Virtualization)指允许两个或多个运行中的(相同或不同类型的)操作系统驻留在单个物理计算机上的一组技术。虚拟化技术可以帮助组织更有效地使用计算资源。

在解释虚拟化的好处前,应该首先说明计算机基础架构管理的原则之一。将服务器用于某个目的是一种合理的实践。将单个服务器用于多个目的会带来很多问题,包括:

- 驻留在一台计算机上的工具或应用程序可能相互干扰。
- 驻留在一台计算机上的工具或应用程序可能会彼此交互或争夺公共资源。

- 服务器上的工具或应用程序可能导致整个服务器停止运行；在具有多个工具或应用程序的服务器上，可能导致其他工具和应用程序停止运行。

在使用虚拟化之前，最稳定的配置是将许多应用程序和工具分别运行在独立的服务器上。但是大多数具有单个操作系统的计算机大部分时间都处于空闲状态，因此将导致计算机和资本的使用效率极低。

虚拟化允许 IT 部门在单个物理服务器上运行许多应用程序或工具，每个物理服务器都在各自的操作系统中，从而可以更有效地利用计算机(而不是电力和数据中心空间)。虚拟化软件模拟了计算机硬件，因此在虚拟化环境中运行的操作系统并不知道它实际上是在虚拟机上运行。虚拟化软件通常称为虚拟化管理程序(Hypervisor)，包括资源分配配置，使每个客户机(Guest，正在运行操作系统的机器)具有特定数量的内存、硬盘空间和其他可用的外设。虚拟化还促进了网络连接器之类的外设的共享，因此许多客户机可以使用单独的网络连接器，每个客户机都拥有自己唯一的 IP 地址。

虚拟化是 Amazon AWS、Google Cloud 和 Microsoft Azure 等基于云的基础架构即服务(Infrastructure-as-a-Service，IaaS)服务的基础。

虚拟化软件通过隔离每个正在运行的操作系统并防止其访问或干扰其他操作系统来提供安全性，与正在运行的操作系统中的进程隔离(Process Isolation)概念类似，即不允许某个进程访问其他进程所使用的资源。

图 5-6 显示了一个运行虚拟机的服务器。

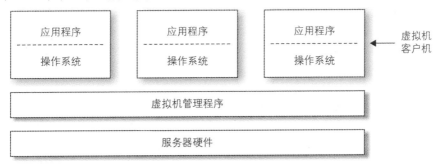

图 5-6　虚拟化技术

在虚拟化环境中需要考虑许多安全问题，包括：

- **访问控制**　虚拟化管理和持续监测功能的访问权限应仅限于需要此功能的人员。
- **资源分配**　需要仔细配置虚拟化环境，以便为每个虚拟机正确运行和充分执行提供所需的资源。
- **日志和持续监测**　需要仔细监测虚拟环境，以便可以快速识别安全隐患的迹象并采取措施。
- **加固(Hardening)**　需要配置虚拟化环境，只启用必要的服务和功能，并禁用或删除所有不必要的服务和功能。

- **漏洞管理(Vulnerability Management，脆弱性管理)** 虚拟化环境需要像操作系统和其他软件一样密切监测，使 IT 组织能意识到新发现的安全漏洞和可用补丁。

5.2.3 硬件维护

与 20 世纪 80 年代制造的计算机硬件系统相比，今天的计算机硬件只需要很少或根本不需要预防性维护或定期维护。借助于当今流行的云计算技术，组织几乎不需要维护数据中心硬件。

计算机硬件维护仅限于定期检查，确保计算机没有灰尘和湿气。系统工程师有时需要打开计算机系统机柜并检查机器是否积聚了粉尘和污垢，并且可能需要使用真空吸尘器或经过过滤的压缩空气清除这些碎屑。根据周围环境的清洁度，可能需要每隔几个月或几年检查和清洁一次。

维护也可由专门从事计算机维护的第三方服务组织执行。

必要时应该监测硬件维护的活动。应聘用合格的服务组织按适当的时间间隔维护。如果需要定期维护，则管理层应制定服务可用性规划，包括定期维护操作时发生的计划内停机时间。

自动化硬件持续监测工具可提供有助于确定是否需要维护的信息。下一节将讨论自动化持续监测。

5.2.4 硬件持续监测

可使用自动硬件持续监测工具不间断地监视服务器和网络硬件的运行状况和利用率。在有大量服务器的环境中，可将此职能集中在一个环境中，以便使用一套监测程序持续监测多个服务器和网络设备的运转状况。

不同品牌的计算机系统之间的硬件持续监测功能可能有所不同，但应包括以下任何或全部功能：

- **CPU** 持续监测将显示系统 CPU 是否运行正常以及温度是否在正常范围内。
- **电源供应** 持续监测将显示电源是否正常工作，包括输入电压、输出电压、电流、冷却风扇和温度。
- **内部组件** 持续监测将指定其他内部组件(如存储设备、内存、芯片组、控制器、适配器和冷却风扇)是否在正常温度范围内正常运行。
- **资源利用率** 持续监测将度量正在使用的资源数量，包括 CPU、内存、磁盘存储和网络的利用率。
- **资产管理** 许多持续监测系统可以跟踪环境中存在的资产，从而为管理层提供电子资产库存盘点功能。
- **外部环境** 持续监测也需要监测周围的环境，否则认为是不全面的。周围环境通常包括温湿度、有水患以及在地震多发地区的振动。监测还可以包括视频监视(Video Surveillance)和门禁告警。

集中式持续监测环境通常利用局域网将信息从系统传输到中央控制台。许多持续监测台都可以向监测系统管理员发送告警消息。通常，报告可以显示一段时间内的监测统计数据，以便人员识别即将出现故障的趋势。

公有云 IaaS 供应商代表其云客户执行硬件持续监测。

注意：
通常由 NOC 的人员执行的网络设备和网络流量持续监测中包含了硬件持续监测。

5.3 信息系统架构与软件

本节讨论计算机操作系统、数据通信、文件系统、数据库管理系统、介质管理系统和实用软件。

5.3.1 计算机操作系统

计算机操作系统(Computer Operating System，通常称为操作系统或 OS)是大型通用程序，用于控制计算机硬件并帮助运行软件应用程序。操作系统执行以下功能：

- **访问外设**　操作系统控制和管理对连接到计算机的所有设备和适配器的访问，包括对存储设备、显示设备和通信适配器的访问。
- **存储管理**　操作系统提供将信息有序存储在存储硬件上的功能。例如，操作系统为在 SSD 或硬盘驱动器上存储文件和目录提供文件系统管理。
- **进程管理**　操作系统有助于多个进程(Process)的并发，其中一些进程是计算机应用程序和工具。操作系统确保每个进程都有专用的内存空间，并保护这些空间不受其他进程的干扰和窃听。
- **资源分配**　操作系统有助于内存、通信和显示设备等计算机资源的共享。
- **通信**　操作系统方便通过外设与用户的通信，也方便通过网络与其他计算机的通信。操作系统通常通过驱动程序和工具促进网络通信。
- **安全**　操作系统通过进程、用户和设备身份验证限制对受保护资源的访问。

流行的操作系统包括 Linux、Solaris、macOS、Android、iOS、Chrome OS 和 Microsoft Windows。

传统上操作系统和计算机硬件之间的关系是：在任何时间，计算机操作系统的一个副本只能在一个计算机上运行。但是虚拟化改变了所有这一切。本章前面部分讨论了虚拟化。

1. 服务器集群

使用特殊软件可将两台或更多计算机配置为集群(Cluster)运行。集群意味着这组计算机将作为一台计算机提供服务。在集群中，一台计算机处于活动状态，另一台计算机处于被动模式；如果活动计算机出现硬件或软件故障并崩溃，则被动计算机将转换为主动模式并继续提供服务。这称为主动-被动(Active-Passive)模式。集群的模式转换称为故障转移(Failover)。

集群还可以在主动-主动(Active-Active)模式下运行。在这种模式下，集群中的所有计算机都将提供服务。如果集群中的一台计算机发生故障，其余计算机将继续提供服务。

2. 网格计算

网格计算(Grid Computing)用于将一个问题或任务同时分发到多台计算机，利用每台计算机的处理能力，在更短的时间内解决问题或完成任务。网格计算是分布式计算的一种形式，但在网格计算中，计算机之间的耦合程度更低，参与解决问题的计算机数量可以动态增加或减少。

3. 云计算

云计算(Cloud Computing)指作为服务提供的动态的、可伸缩的虚拟化计算资源。组织可以租赁或租用云计算服务，以便具有可扩展的应用程序环境，而无需硬件或数据中心的支持。云计算可以在软件即服务(Software-as-a-Service，SaaS)或平台即服务(Platform-as-a-Service，PaaS)模型中包括网络、计算甚至应用程序服务。第 4 章详细讨论过云计算技术。

5.3.2　数据通信软件

以网络为中心的计算(Network-centric Computing)的盛行使得每台计算机几乎都包含网络功能，并且内置在每台计算机操作系统中。基本上毫无例外，计算机操作系统都使计算机使用 TCP/IP 协议套件执行网络连接功能，使计算机能够在家庭网、企业业务网络或全球 Internet 上通信。

本章后面的"网络基础架构(Network Infrastructure)"一节将更详细地讨论数据通信。

5.3.3　文件系统

文件系统(File System)是一种逻辑结构，便于将数据存储在硬盘、SSD、CD / DVD-ROM 或闪存设备等数字存储介质上。文件系统的结构有利于数据文件的创建、修改、扩展和压缩及删除。文件系统也可以用于强制执行访问控制措施，用于控制允许哪些用户或进程访问、更改或创建文件系统中的文件。

也可以说，文件系统是为存储和管理文件而设计的专用数据库。

现代文件系统采用的存储层次结构由两个主要元素组成：

- **目录**　目录用于存储文件的结构。文件系统可以包含一个或多个目录，每个目录都可以包含文件和子目录。文件系统中最顶层的目录通常称为"根(Root)"目录。文件系统可以信息层次结构的形式存在，就像建筑物可以包含多个文件室，每个文件室包含几个文件柜,这些文件柜包含分隔器、文件夹和文档抽屉一样。在某些计算环境中，目录有时也称为文件夹(Folder)。

- **文件** 文件是作为逻辑整体存储的由零个或多个字符组成的序列。文件可以是文档、电子表格、图像、声音文件、计算机程序或程序使用的数据。一个文件的长度可以小到零个字符(一个空文件)，也可以大到千兆字节(万亿个字符)。文件占用存储介质(如硬盘、SSD 或闪存设备)上的存储单元，这些存储单元可以称为块(Block)或扇区(Sector)。但是，文件系统向用户隐藏了这些底层的详细信息，可以仅通过文件名、文件所在的目录及内容了解文件。

目前常见的文件系统包括：

- **文件分配表(File Allocation Table，FAT)** FAT 文件系统在 MS-DOS 和早期版本的 Microsoft Windows 中使用，FAT 通常用作闪存驱动器等便携式介质设备上的文件系统。FAT 的版本包括 FAT12、FAT16 和 FAT32。FAT 不支持安全访问控制，不能指定文件和目录的访问权限。FAT 不包含任何日志功能。在写操作期间如果断电，更容易受到损坏。
- **NT 文件系统(NT File System，NTFS)** 在较新版本的 Windows 中使用，包括台式机和服务器版的 Windows。NTFS 支持基于文件和目录的访问控制以及文件系统日志记录(记录对文件系统所做更改的过程；有助于文件系统的恢复)。
- **EXT3** 此日志文件系统在 Linux 操作系统上运行使用。
- **层级文件系统(Hierarchical File System，HFS)** 此文件系统在运行 Apple macOS 操作系统的计算机上使用。
- **Apple 文件系统(Apple File System，APFS)** 此文件系统在运行 Apple macOS 操作系统的计算机上使用。
- **韧性文件系统(Resilient File System，ReFS)** 此文件系统在 Windows Server 2012 和更高版本上使用，旨在替代 NTFS。
- **ISO/IEC 9660** 此文件系统在 CD-ROM 和 DVD-ROM 介质上使用。
- **通用磁盘格式(Universal Disk Format，UDF)** 该光学介质文件系统是 ISO/IEC 9660 的替代，广泛用于可擦写光学介质。

5.3.4 数据库管理系统

数据库管理系统(Database Management System)或 DBMS 是一个软件程序或程序集，便于存储和检索潜在的大量结构化信息。DBMS 包含用于插入、更新和删除数据的方法。这些功能可由计算机程序和软件应用程序使用。DBMS 通常还包含身份验证和访问控制，从而允许控制哪些用户可以访问哪些数据。

1. DBMS 组织

大多数 DBMS 使用数据定义语言(Data Definition Language，DDL)定义数据库中包含的数据的结构。DDL 定义了存储在数据库中的数据类型以及数据不同部分之间的关系。

DBMS 使用某种数据字典(Data Dictionary，DD)或目录系统(Directory System，DS)存储有关 DBMS 中数据库内部结构的信息。

要了解数据定义语言和数据字典之间的关系，可以将 DDL 视为建立数据库结构和数据关系的说明。DD 或 DS 是 DBMS 存储和使用数据库结构和关系的地方。

DBMS 还使用一种数据操作语言(Data Manipulation Language，DML)，用于在数据库中插入、删除和更新数据。SQL 是一种在 Oracle 和 SQL Server DBMS 中使用的流行 DML。

2. DBMS 结构

目前使用的主要 DBMS 有三种类型：关系、对象和层次型。本节将逐一描述每种类型。

关系数据库管理系统　　关系数据库管理系统(Relational Database Management Systems，RDBMS)代表了最受欢迎的用于 DBMS 的模型。关系数据库允许结构化的设计和信息的逻辑表示。

许多关系数据库都是通过 SQL 语言访问和更新的。SQL 已按照 ISO/IEC 和 ANSI 标准予以标准化，并在 Oracle 数据库、Microsoft SQL Server、MySQL 和 IBM DB2 等许多流行的关系 DBMS 产品中使用。

RDBMS 基本概念　　关系数据库由一个或多个表(Table)组成。可以将表视为简单的记录列表，就像数据文件中的行一样。表中的记录通常称为行(Row)。每行中出现的不同数据项通常称为字段(Field)。

表通常具有主键(Primary Key)。主键只是表的字段之一，值在表中是唯一的。例如，医疗保健患者姓名表可以包括每个患者的标识号，可以用作该表的主键。

可以为一个表建立一个或多个索引(Index)。索引可以根据除主键之外的某个字段的值快速搜索表中的特定记录。例如，一个包含资产清单及序号的表可以有一个表的序号索引，允许快速搜索包含特定序号的记录。如果没有索引，RDBMS 软件将不得不顺序检查表中的每个记录，直至找到所需的记录为止。

关系数据库最强大功能之一是使用外键(Foreign Key)。外键是表中一个可以引用另一表中的主键记录的字段。例如，列出销售订单的表包含作为外键的字段，每个字段都引用其他表中的记录。如图 5-7 所示。

关系数据库强制执行引用完整性(Referential Integrity)。这意味着，如果其他表中记录的外键引用了要删除的行，那么数据库将不允许程序(或用户)从表中删除该行。相反，数据库将返回错误代码，该错误代码将给发出请求的程序发出信号，表明如果这行被删除，其他表中的行将受困。以图 5-7 中的示例为例，关系数据库不允许程序删除销售人员 2 或 4，因为销售订单表中有引用这些行的记录。

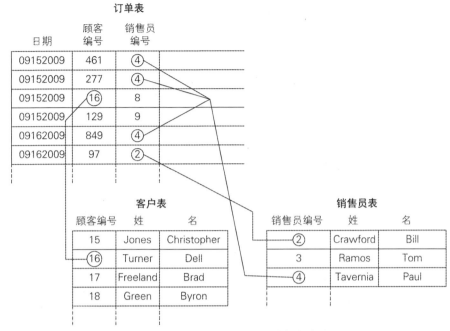

图 5-7 销售订单表中的字段指向其他表中的记录

关系数据库的强大功能来自其设计和 SQL。使用 SELECT 语句从表中查找一个或多个记录。一个示例语句是：

SELECT * FROM Orders WHERE Price > 100 ORDER BY Customer

关系数据库中的一项强大功能是称为联接(Join)的特殊查询，可以在单个查询中搜索来自两个或多个表的记录。联接查询的示例是：

SELECT Salesperson.Name, count(*) AS Orders FROM Salesperson JOIN Salesperson_Number ON Salesperson.Number = Orders.Salesperson GROUP BY Salesperson.Name

该查询将生成销售人员清单以及销售人员已售出的订单数量。

关系数据库安全 商业应用中的关系数据库需要具有安全功能。三个主要的安全功能如下。

- **访问控制** 大多数关系数据库在表和字段级别施加访问控制，意味着数据库可以允许或拒绝用户从特定表甚至特定字段读取数据或写入数据。为了实施访问控制，数据库需要对用户执行身份验证，以便知道发出访问请求的每个用户的身份。DBMS 使用数据控制语言(Data Control Language，DCL)控制对数据库中数据的访问。
- **加密技术** 可能需要加密财务或医疗记录之类的敏感数据。一些关系数据库提供字段级数据库加密，该加密允许用户或应用程序指定应加密的字段。如果入侵者能够通过某种非法手段获取数据库的内容，加密会使数据难以读取，从而保护了数据。

- **审计日志** DBMS 提供了审计日志记录功能，允许管理员或审计师查看数据库中发生的部分或全部活动。审计日志记录可以准确显示正在发生的活动，包括数据库变更的详细信息以及执行变更的用户。审计日志本身可以得到保护，以防止篡改，从而使未授权人员无法篡改数据和擦除记录。

数据库管理员还可以创建视图(View)，视图是通过存储查询创建的虚拟表。视图可以通过汇总或过滤数据来简化对数据的查看，并且视图可以通过仅向用户公开记录或字段来提高安全性。

NoSQL NoSQL DBMS 是非关系型的，旨在支持跨系统的大型数据集。几种正在使用的 NoSQL 数据库的类型包括列(Column)、文档(Document)、键值(Key-Value)和图形(Graph)。

使用 NoSQL 数据库的动机主要是适用性和实用性：在每个应用程序中，关系数据库并非都是 DBMS 的最佳选择。

对象数据库管理系统 对象数据库(或对象数据库管理系统，Object Database Management System，ODBMS)是将信息表示为对象的数据库，对象在面向对象的编程语言中使用。面向对象的数据库用于不需要静态或预定义属性的数据，例如，固定长度字段或定义的数据结构。数据甚至可以是各种类型。面向对象的数据库中包含的数据实际上是不可预测的。

与关系数据库模型中程序与数据之间的明确分隔不同，对象数据库使数据库对象看起来像是编程语言对象。数据和编程方法都包含在一个对象中。对象数据库实际上只是用于存储数据的机制，该机制本质上是基本的面向对象编程模型的一部分。因此，当访问数据对象时，数据对象本身将包含函数(方法)，从不需要 SQL 之类的查询语言。

对象数据库在商业上并未得到广泛使用，仅限于一小部分需要对复杂数据执行高性能处理的应用程序。

通过增加面向对象的接口和函数，关系数据库开始看起来更像是对象数据库。通过对象查询语言(Object Query Language，OQL)之类的查询语言，面向对象的数据库开始看起来有点像关系数据库。

层次数据库管理系统 层次数据库(Hierarchical Database)的命名源于其数据模型是自上而下的层次结构，在设计中具有父记录和一个或多个子记录。目前占主导地位的层次数据库管理系统产品是 IBM 的信息管理系统(Information Management System，IMS)，IMS 几乎可以在世界上所有大型组织的大型机上运行。

网状数据库(Network Database)类似于层次数据库，在某种程度上扩展以允许横向数据关系(例如，在父记录和子记录中添加"表兄弟")。图 5-8 说明了层次数据库和网状数据库。

5.3.5 介质管理系统

信息系统可以采用自动磁带管理系统(Tape Management System，TMS)或磁盘管理系统(Disk Management System，DMS)来跟踪应用程序处理所需的磁带和磁盘卷。

磁盘和磁带管理系统指示系统操作人员在需要时挂载特定的介质卷。TMS 和 DMS 系统通过请求特定卷并拒绝不包含所需数据的不正确卷，来减少操作人员的错误。

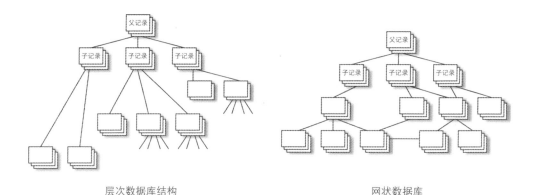

图 5-8　层次数据库和网状数据库

TMS 和 DMS 通常是计算机备份系统的组成部分。大多数商业备份系统会跟踪哪些磁带或磁盘卷包含哪些备份的文件和数据库。结合自动卷识别(通常通过条形码阅读器)，备份系统维护整个备份介质及其内容的大量目录。当需要还原数据时，备份软件(或 TMS 或 DMS)将指定应该挂载哪个介质卷，验证是否有正确的介质可用，然后按照指示还原所需的数据。

存储成本的显著降低以及云计算和云存储的趋势，导致很少安装新的 TMS 和 DMS。尽管如此，目前许多组织仍在使用这些功能，信息系统审计师也必须熟悉其功能和操作。

5.3.6　实用软件

实用软件(Utility Software)包括一大类程序，用于支持网络、信息系统、操作系统和应用程序研发或使用。实用软件通常由 IT 专家使用，IT 专家的职责包括系统研发、支持或操作等。另一方面，最终用户通常使用应用程序软件而不是实用软件。

实用软件可以分为以下几类：

- **软件和数据设计实用软件**　包括用于设计新应用程序或对现有应用程序建模的系统、程序和数据建模工具。
- **软件研发实用软件**　用于协助应用程序(或其他实用程序)的实际编码。研发工具可以提供各种功能，包括程序语言的语法检查、编译、调试和测试。
- **软件测试实用软件**　除了研发环境中可能存在的单元测试外，专用的软件测试工具还可对软件功能执行广泛测试。自动化测试工具可包含针对应用程序运行的整套测试用例，并存储结果供将来参考。
- **安全测试实用软件**　用于使用几种不同类型的软件工具来确定软件应用程序、操作系统、DBMS 和网络的安全性。一种安全测试工具检查应用程序的源代码，查找潜在的安全漏洞；另一种工具则运行应用程序并输入不同形式的数据，查看应用程序在处理数据时是否包含漏洞；其他安全测试工具检查操作系统和 DBMS 配置设置；还有一些安全测试工具向目标系统发送一些特殊设计的网络消息，查看存在哪些类型的漏洞可被入侵者或黑客利用。

- **数据管理实用软件** 用于操作、列出、转换、查询、比较、加密、解密、导入或导出数据。实用程序(Utility)还可以测试数据的完整性(例如，检查关系数据库中的索引或文件系统的完整性)并可能修复。
- **系统健康实用软件** 实用程序通过检查配置设置来评估操作系统的运行状况；验证内核、驱动程序和实用程序的版本；并执行性能评估和调优。系统实用程序用于评估CPU、主内存、辅助存储和外设等系统组件的运行状况。
- **网络实用软件** 用于检查网络，发现与其连接的其他系统，确定网络配置并监听网络流量。

实用程序和安全性

由于实用程序可用于观察或更改访问控制或安全性，因此组织应限制只有职责需要的人员才能使用实用程序，所有其他人员都应限制使用。

由于实用程序随时可用，因此仅仅发布一个策略并不会阻止使用。相反，应该建立严格的访问控制措施，让未授权人员即使获得实用程序也很少或根本无法使用。实现实用程序控制措施通常使用以下两种方法之一：

- 从最终用户的工作站上删除本地管理员特权，使用户无法安装软件包或更改工作站操作系统。
- 使用软件白名单软件，禁止在用户的工作站上运行未经严格许可的软件应用程序。

5.3.7 软件许可证

大多数组织会为支持软件应用程序和整个 IT 环境购买许多软件组件。例如，组织经常购买操作系统、软件研发工具、DBMS、Web 服务器、网络管理工具、办公自动化系统和安全工具。组织需要了解租赁或购买的每个软件产品的许可条款和条件。

为了保持有效，组织应集中其在软件许可证(Software Licensing)方面的记录和专业知识，避免许可证问题可能引发的不必要的、潜在的高昂成本和令人尴尬的法律诉讼。组织管理和控制软件使用的方法包括：

- **制定策略** 组织应制定策略用于定义可接受和不可接受的软件使用场景。
- **集中采购** 通过小组或部门集中采购，从而帮助管理和控制软件的购买和使用。
- **实施软件计量** 安装在每台计算机(包括用户工作站)上的自动化工具可以向 IT 部门报告组织中已安装并运行的软件程序，可以帮助提高人们对正在使用的任何新软件程序以及已安装和正在使用的程序副本数量的认识。
- **实施并发许可** 组织可以使用动态许可证来管理和控制能同时使用程序的用户数量，帮助减少许多员工不经常使用的昂贵应用程序的成本。
- **审查软件合同** 负责管理软件许可的人员或团体应了解使用条款和条件。

5.3.8 数字版权管理

互联网提供了一种方便地将内容分发给大量人员的方法。但是,此功能有时会与版权作品所有者的合法版权保护发生冲突。这种内容分发涵盖软件程序代码、文档和介质。

组织还面临着为保护隐私或知识产权而限制文档分发的问题。例如,组织可以发布描述其服务的技术白皮书并希望只有当前客户才能查看。

数字版权管理(Digital Rights Management,DRM)是一组新兴技术,允许数字信息(如文档)的所有者控制对信息的访问,即使信息不在所有者的环境中也应该可控。某些情况下,DRM技术是在系统硬件(如电子书阅读器)中实现的;在其他情况下,DRM技术是在软件中实现的。

无论通过硬件还是软件实现,显示信息的程序或设备都将首先检查文件以确定是否应显示那些信息。文件所有者可以设置的一些特征包括:

- **到期日期(Expiration)** 文件的所有者可以设置到期日期。在此日期之后将无法查看或使用该文件。
- **注册** 文件所有者可能要求查看文件的任何用户以可靠的方式(如通过电子邮件地址验证)注册。
- **身份验证** 文件所有者可能要求查看文件的人员首先执行验证身份程序。

5.4 网络基础架构

网络用于在组织内部或组织之间将数据从一台计算机传输到另一台计算机。网络基础架构是设备和电缆的集合,网络设备和电缆可协助组织内部系统之间以及组织的系统与其他组织的系统之间的网络通信。本节描述以下网络基础架构主题:

- 企业架构
- 网络架构
- 基于网络的服务
- 网络模型
- 网络技术

其他主题包括:

- 局域网(Local Area Network,LAN)
- 广域网(Wide Area Network,WAN)
- 无线网络(Wireless Network,WALN)
- TCP/IP 协议套件
- 全球互联网
- 网络管理
- 网络应用程序

5.4.1 企业架构

有两个不同的方面与术语企业架构(Enterprise Architecture，EA)相关。第一个是协助访问应用程序和信息的整体基础架构集：网络(有线或无线、本地或广域网、韧性、访问控制和持续监测)，系统、应用程序和工具，以及数据及其存储、传输和处理。第二个方面是由一个或多个具有企业网络架构师、企业数据架构师、企业系统工程师或企业安全架构师等头衔的人员从事的活动。架构师们关注组织的"全局"业务使命、宗旨和目标，以及组织的整体基础架构是否有助于实现业务目标。

正确完成企业架构需要*标准(Standard)*；标准指一致的工作方式，使用一致的组件以及如何配置组件。

企业架构的目标包括：

- **可伸缩性**　企业架构师应在全局层面总体设计整个企业及其组件，以便在需要的时候轻松扩展系统、网络和存储。
- **灵活**　组织基础架构的总体设计应足够灵活，以帮助组织实现新的目标和目的。
- **透明**　高级和详细的图表应随时可用并且保持最新，没有秘密可言。
- **安全**　组织基础架构的设计应通过分段、创建安全区域、持续监测以及部署防火墙和入侵防御系统等安全组件在内的方式满足组织的安全需求。
- **一致性**　组织的基础架构应通过使用通用组件和配置以体现一致性。当工程师熟悉微架构、组件和配置时，故障排除和维护更加有效。例如，拥有零售店或分支机构的组织应在每个地点采用相同的架构，因此工程师不需要每次都弄清楚本地网络的配置方式。因为配置是相同或几乎相同的，支持和故障排除更为容易。
- **可重复性**　一致性保证可重复性。例如，在拥有零售店或分支机构的组织中，添加或更改是"千篇一律"，而不是耗时耗力的"一次性"工作。
- **效率**　重复性和一致性保证效率。升级、扩展和配置更改是一致且可重复的。故障排除需要的时间更少。
- **韧性**　企业架构师需要掌握哪里需要韧性，以便在单个组件发生故障或维护时，基础架构也能持续可用。

许多组织面临的挑战是试图偷工减料并偏离标准的架构。只顾眼前的做法可以肯定的是短期收益巨大，长期必将是低效的。必须要有实现和维护一致且有效的企业架构的愿景和纪律。

5.4.2 网络架构

术语"网络架构(Network Architecture)"有多种含义，所有含义都是指组织网络通信的总体设计。像信息技术的其他方面一样，组织的网络架构应支持组织的使命、宗旨和目标。

网络架构的各个方面包括：

- **物理网络架构** 与网络设备和介质的物理位置有关。例如，网络电缆设备(也称为结构化布线)的设计以及网络设备的物理位置和类型。组织的物理网络架构可以表示为多层。概要架构可以描述全球的物理位置或区域及其互连，而内部架构在布线类型和设备位置方面非常具体。
- **逻辑网络架构** 涉及对本地、园区、地区和全球级别的网络通信的描述。这里，网络架构将包括几个相关层，包括网络协议、设备寻址、流量路由、安全区域和运营商服务的使用。
- **数据流向架构** 与应用程序和数据架构密切相关。这里，数据流向显示为应用程序、系统、用户、合作伙伴和供应商之间的连接。数据流向可以用非地理术语表示，但还需要在本地、园区、地区和全球级别表示数据流向，因为地理距离通常与容量和吞吐量成反比。
- **网络标准和服务** 更多涉及网络上使用的服务，而较少涉及网络的地理位置和空间特征。服务和标准需要建立在几个层面上，包括电缆类型、寻址标准、路由协议、网络管理协议、实用程序协议(如 DNS、NTP、文件共享、打印、邮件、远程访问等)以及应用程序数据交换协议(如 SOA、SOAP 和 XML)。
- **安全架构** 包括创建信任区域、分段和安全控制措施，如防火墙、入侵防御系统(IPS)、Web 内容过滤、代理服务器、网关和安全持续监测。

网络类型

计算机网络可有多种不同的分类方法。分类的主要依据是网络的规模。规模不一定指网络上的节点或站点数量，而是指物理或地理规模。这些类型(从小到大)有：

- **个人区域网(Personal Area Network，PAN)** PAN 也称为微微网(Piconet)，通常由一人使用。范围从几厘米到 3 米不等，用于连接外围设备和通信设备供个人使用。
- **局域网(Local Area Network，LAN)** 局域网是网络的原始类型，可将小型建筑物或住宅中的计算机和设备连接到一起。LAN 的典型最大距离为 100 米，这是以太网等常用网络技术的最大电缆长度。
- **园区网(Campus Area Network，CAN)** 园区网意味着用于组织相邻建筑物互连的局域网。
- **城域网(Metropolitan Area Network，MAN)** 城域网覆盖整个城市或地区。通常，这种类型的网络由两个或多个位于多个位置的局域网组成，这些局域网通过多协议标签交换(Multiprotocol Label Switching，MPLS)、T-1、帧中继(Frame Relay)或暗光纤(Dark Fiber)等电信电路或全球 Internet 上的专用网络连接起来。
- **广域网(Wide Area Network，WAN)** WAN 的规模范围可以是地区乃至全球。具有多个位置、跨越远距离的组织会通过 Internet 将各位置通过专用电信或受保护的链路连接在一起。需要注意的是，组织将两个远距离位置之间的点对点连接称为"WAN 连接"。

这里讨论的分类不很严格，也没有对从一种技术到另一种技术的使用加以限制。与之相反，所谓分类只是一组术语，使专业人员可以使用易于理解的术语轻松地谈论网络的地理范围。

这些网络术语的相对规模如图 5-9 所示。

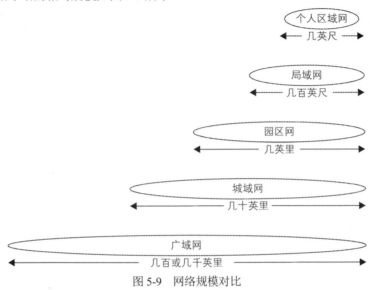

图 5-9　网络规模对比

5.4.3　基于网络的服务

基于网络的服务包含协助利用系统和网络资源的协议和实用程序，其中服务都在服务器上运行。之所以称之为基于网络的服务，是因为这些服务协助或利用了各种类型的网络通信。

其中的常见服务有：

- **电子邮件**　电子邮件服务器收集、存储和传输电子邮件。电子邮件服务器接受来自互联网上其他用户的电子邮件，并通过互联网向其他用户发送电子邮件。电子邮件服务器接收并存储远程收件人的电子邮件。
- **打印**　打印服务器在组织中充当基于网络的打印机的聚合点。当用户打印文档时，工作站将文档发送到打印服务器上的特定打印队列。如果其他用户也将文档发送到同一台打印机，打印服务器将暂时存储文档，直到打印机能够打印为止。
- **文件存储**　文件服务器为用户组之间提供文件的集中存储。通常，配置集中式文件存储使存储在远程服务器上的文件看起来像是存储在用户工作站本地。
- **目录**　服务提供资源信息的集中管理。例如，DNS 提供资源名称和 IP 地址之间的转换，轻量级目录访问协议(Lightweight Directory Access Protocol，LDAP)提供用户和资源的目录信息，通常用作用户 ID 和口令的中央数据库。基于 LDAP 目录服务的典型示例是活动目录，是微软对 LDAP 的实现和扩展。

- **远程访问**　网络中基于网络和服务器的服务可以通过防火墙和其他方法保护对 Internet 访问。这些方法使得只有使用工作站物理连接到企业网络的用户才可访问。远程访问允许授权用户通过加密的"隧道"从 Internet 的任何位置远程访问基于网络的服务，加密隧道在逻辑上将用户连接到企业网络，就像这些用户实际上在企业网络中一样。通常，虚拟专用网络(Virtual Private Network, VPN)经过加密来防止窃听者查看用户网络通信的内容。

- **终端仿真**　在许多拥有大型机的组织中，个人计算机已经取代了"绿屏"和其他类型的以大型机为中心的终端。PC 上的终端仿真(Terminal Emulation)软件使个人计算机能够像那些较早的大型机终端一样运行。

- **虚拟工作站**　许多组织实施桌面虚拟化基础架构(Virtual Desktop Infrastructure, VDI)，工作站运行的操作系统实际上存储在中央服务器上，从而简化了对这些用户操作系统的管理，因为这些系统是集中存储的。

- **时间同步(Time Synchronization)**　在系统工程师中有一个众所周知的事实，那就是大多数计算机内置的时钟不是很准确(事实上，有些时钟非常不准确)。分布式应用程序和网络服务使得精确的"时间戳"变得越来越重要。时间同步协议使组织的时间服务器系统能确保所有服务器和工作站的时钟同步。时间服务器本身将与几个可靠的基于 Internet 的时间服务器、配备 GPS 的时间服务器或连接到国际标准原子钟的时间服务器同步。

- **网络连接和身份验证**　许多组织在将用户和工作站逻辑上连接到企业网络之前，已经采用了几种对用户和工作站执行身份验证的方法，有助于防止其他组织的工作站或不兼容的工作站连接到内部网络。无法执行身份验证的用户或工作站连接到"隔离"的网络，用户可以在该网络中获得有关连接到企业资源所需步骤的信息。基于网络的身份验证甚至可以快速检查组织工作站是否具有正确的安全设置(反恶意软件、防火墙、安全补丁、安全配置等)，并仅当工作站配置正确时才允许建立逻辑连接。用于连接、验证和认证网络设备的各种协议和技术包括动态主机配置协议(Dynamic Host Configuration Protocol, DHCP)、802.1X 协议和网络访问控制协议(Network Access Control, NAC)。

- **Web 安全**　大多数组织都对员工访问的网站有一定程度的控制权。组织禁止员工访问无业务目的的网站(例如，在线赌博、色情和在线游戏)。此外，许多网站(甚至是合法网站)上都有可以自动下载到用户工作站的恶意软件。Web 安全设备可检查传入的内容中是否存在恶意软件，就像工作站检查传入的文件中是否存在病毒一样。

- **云访问控制**　作为整体数据管理和数据保护计划的一部分，许多组织利用云访问安全代理(Cloud Access Security Broker, CASB)监视和控制对基于云平台服务的访问。例如，CASB 可以阻止用户将敏感的内部信息上传到非授权的云存储服务。

- **反恶意软件(Anti-malware)** 恶意软件(病毒、蠕虫、特洛伊木马等)仍然是组织的重大威胁。每个工作站上的防病毒软件仍然是重要的防线。由于反恶意软件的复杂性,许多组织选择实施高级的反恶意软件解决方案以及集中的管理和控制。通过使用中央反恶意软件控制台,安全工程师可以快速发现受到攻击的工作站以及反恶意软件无法正常工作的工作站,并可以强制对某些(或所有)用户工作站执行新的反恶意软件更新。如果恶意软件暴发,安全工程师甚至可以强迫用户工作站立即全盘扫描恶意软件。集中式反恶意软件控制台还可以从工作站接收病毒感染警告,保持病毒库更新,接收病毒暴发的集中统计信息,从而向安全工程师呈现至关重要的"全局"状态。
- **网络管理** 拥有太多服务器和网络设备而无法手动管理的大型组织通常会使用网络管理系统。因为这些系统充当来自重要服务器和网络设备的所有警告和错误消息的收集点,还可以用于集中配置网络设备,使得在网络运营中心(Network Operations Center,NOC)中工作的工程师团队可以执行大规模的配置变更。网络管理系统还可度量网络性能、吞吐量、延迟和中断,从而为网络工程师提供企业网络健康状况的重要信息。

5.4.4 网络模型

网络模型是网络协议实际设计的原型。虽然模型通常是对更复杂现实的简单描述,但是开放式系统互联(Open Systems Interconnection,OSI)模型和TCP/IP网络模型可以准确说明网络中实际发生的情况。实际上很难真正看到活动中的网络组成部分。这些模型可以帮助从业者了解网络的工作原理。

研究这些模型是为了在各种网络组件(从程序、软件驱动程序,到网络设备和电缆)制造商中建立共识,提高不同类型计算机之间的互操作性。从本质上讲,提高互操作性是向具有"可互换部件"的网络迈进的一步,也将促进全球范围内的数据通信。

OSI和TCP/IP是用于说明网络的两个主要网络模型。本节对两者均有描述。

1. OSI 网络模型

第一个普遍接受的网络模型是开放系统互连模型(Open Systems Interconnection,OSI)。国际标准化组织(International Organization for Standardization,ISO)和国际电信联盟(International Telecommunications Union,ITU)制定了OSI模型。但OSI模型的工作组忽略了TCP/IP模型的存在,OSI模型在世界范围内日渐流行,已成为事实上的全球标准。

OSI模型包含7层。在OSI网络上发送的消息被封装;在第7层构造的消息放到第6层内部,然后第6层构造的消息又放到第5层内部,以此类推。这些描述不是比喻——这种封装是实际发生的,并且可以使用显示网络数据包详细内容的工具查看。封装(Encapsulation)如图5-10所示。

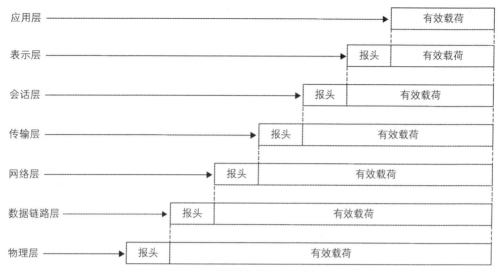

图 5-10　OSI 网络模型中包的封装

从下到上，OSI 模型的各层是：
- 物理层(Physical)
- 数据链路层(Data Link)
- 网络层(Network)
- 传输层(Transport)
- 会话层(Session)
- 表示层(Presentation)
- 应用层(Application)

许多 CISA 考生都很难记住这样的列表，所以有一些辅助记忆工具可以帮助记忆 OSI 各层的顺序，例如：
- Please Do Not Throw Sausage Pizza Away
- Please Do Not Touch Steve's Pet Alligator
- All People Seem To Need Data Processing
- All People Standing Totally Naked Don't Perspire

句子中单词的首字母从左到右依次与 OSI 模型从下到上各层单词的首字母一致。

本节的其余部分将更详细地解释 OSI 模型的各层。

OSI 第 1 层：物理层　OSI 模型中的物理层(Physical Layer)与设备的电气和物理规范有关，包括通信电缆、电压和连接器。在物理层，网络只不过是电线或射频电波中流动的电信号。

在物理层没有帧、数据包或消息，数据仅以比特(Bit)的形式存在。物理层还负责在物理介质中将数字信息调制成电压和电流。

OSI 物理层标准的示例包括：

- **电缆** 10BASE-T、100BASE-TX、1000BASE-X、双芯电缆和光纤是物理网络布线的标准。
- **通信** RS-232、RS-449 和 V.35 是计算机之间发送串行数据的标准。
- **电信** T1、E1、同步光网络(Synchronous Optical Networking，SONET)、数字用户线(Digital Subscriber Line，DSL)和电缆数据服务接口规范(Data Over Cable Service Interface Specification，DOCSIS)是语音和数据的公共载波通信网络标准。
- **无线通信(Wireless Communication)** 异步无连接链路(Asynchronous Connection-Less，ACL)由蓝牙、802.11a PHY(指 802.11 的物理层组件)和其他无线局域网(Wireless Local Area Network，WLAN)链路标准使用。
- **无线电信(Wireless Telecommunication)** 长期演进(Long Term Evolution，LTE)、微波访问的全球互操作性(Worldwide Interoperability for Microwave Access，WiMAX)、码分多址(Code Division Multiple Access，CDMA)、W-CDMA、CDMA2000、时分多址(Time Division Multiple Access，TDMA)和通用移动电信服务(Universal Mobile Telecommunications Service，UMTS)是手机和基站之间的无线通信链路标准(这些标准还包括一些 OSI 第 2 层的功能)。

OSI 第 2 层：数据链路层 OSI 模型中的数据链路层(Data Link Layer)侧重于将数据从网络上的一个站点传输到同一本地网络上的另一个站点的方法。在数据链路层中，信息以帧(Frame)的形式在介质上传输。通常以冲突检测(Collision Detection)实现纠错，以及通过使用校验确认帧是否完整地到达目的地。

数据链路层仅涉及 LAN 上的通信。在数据链路层，没有路由器或路由协议。相反，应视这一层为本地连接到单个物理介质的计算机的集合。数据链路层标准和协议只关心本地网络上从一台计算机到另一台计算机的帧。

数据链路层标准的示例包括：

- **局域网协议** 以太网、令牌环、异步传输模式(Asynchronous Transfer Mode，ATM)、光纤分布式数据接口(Fiber Distributed Data Interface，FDDI)和光纤通道都是用于将数据流组合成帧，以便在局域网上通过物理介质(物理层)从一个站点传输到各个站点的协议。LAN 协议主要通过冲突检测、冲突避免、同步时钟或令牌纠错。
- **802.11 MAC/LLC** 是常见的无线局域网(Wireless LAN，Wi-Fi)协议的数据链路部分。
- **普通运营商分组网络** MPLS 和帧中继(Frame Relay)是电信运营商提供的面向数据包的标准网络服务。需要与各个位置执行点对点通信的组织通常会从本地电信运营商处获得 MPLS 或帧中继连接。MPLS 取代帧中继，并在使用中迅速减少。
- **地址解析协议(Address Resolution Protocol，ARP)** 在一个站点需要与另一站点通信并且发起站点不知道接收站点的网络链路层(硬件)地址时需要 ARP 协议。ARP 在 TCP/IP 网络中很流行，但在其他网络类型中也有使用。

- 点对点(Point-to-Point，PPP)和串行线路 Internet 协议(Serial Line Internet Protocol，SLIP)　用于通过点对点串行连接(通常为 RS-232)传输 TCP/IP 数据包。SLIP 现在已过时，通常只能在拨号服务的远程访问连接中看到对 PPP 的利用。
- 隧道协议(Tunneling)　点对点隧道协议(Point-to-Point Tunneling Protocol，PPTP)、第 2 层隧道协议(Layer 2 Tunneling Protocol，L2TP)和其他隧道协议是为了将 TCP/IP(以及其他)协议从集中式网络扩展到分支网络或远程工作站而研发的一种方式，通常通过拨号连接。

在数据链路层中，网络上的站点必须具有地址。例如，以太网和令牌环使用介质访问控制(Media Access Control，MAC)地址，MAC 地址为硬件地址。大多数其他多站协议还对网络上的每个设备使用某种形式的硬件寻址。

OSI 第 3 层：网络层　OSI 网络层(Network Layer)的目的是通过一个或多个网络将消息从一个站点传递到另一个站点。网络层可以处理任何长度的消息，并将消息"分段"成适合网络传输的*数据包(Packet)*。

网络层涉及网络的互连以及网络之间的分组路由。称为路由器的网络设备用于连接网络。路由器物理上连接两个或多个逻辑网络，并为每个网络配置网络设置(或具有一定的学习能力)。路由器利用这些信息，能够做出路由决策，将数据包转发到正确的网络，使数据包更接近最终目的地。

网络层协议的示例包括：

- 网际协议(Internet Protocol，IP)　IP 协议用在 TCP/IP 协议套件中。IP 涉及数据包从一个站点到另一站点的传送，而不论这些站点是位于同一网络上还是不同网络上。IP 具有为网络上的站点分配 IP 地址的方案，完全独立于以太网的 MAC 寻址等链路层(硬件)寻址。IP 是全球互联网的基础。
- 网际协议安全(Internet Protocol Security，IPsec)　IPsec 协议用于验证、封装和加密网络之间的 IP 通信，通常用于提高安全远程访问的 VPN。
- 网络控制报文协议(Internet Control Message Protocol，ICMP)　ICMP 协议是通信诊断协议，也是 TCP/IP 套件的一部分，主要用途之一是将错误消息从一个站点传输到另一个站点。错误消息通常与尝试将数据包从一个站点发送到另一个站点时遇到的问题有关。
- 网络组管理协议(Internet Group Management Protocol，IGMP)　ICMP 协议用于组织路由器之间的多播组成员关系。IGMP 是多播协议系列的一部分。
- 逻辑链路控制和适配协议(Logical Link Control and Adaptation Protocol，L2CAP)是蓝牙(Bluetooth)使用的网络层协议。
- AppleTalk　AppleTalk 协议套件最初是由苹果电脑公司为计算机联网而研发。协议套件和路由协议一样，包含从一台计算机通过互连网络传输消息。TCP/IP 已经取代了 AppleTalk。

OSI 第 4 层：传输层　OSI 模型中的传输层(Transport Layer)主要关注系统之间数据传输的可靠性。传输层管理以下数据通信特征：

- **连接方向** 在传输层，两个站点之间的通信可在连接(Connection)环境中执行。两个站点启动一个唯一的逻辑环境(称为连接)，在连接环境里，两个站点可以交换消息，直到稍后站点同意终止连接为止。站点可同时建立两个或多个唯一连接，每个连接都是唯一标识的。
- **保证传输** 传输层协议可以跟踪单个数据包以保证传输。例如，TCP 对每个传输的数据包使用类似于回执的内容，来确认目标已成功接收到发送的数据包。
- **交付顺序** 传输层包括能够跟踪数据包交付顺序的协议。通常每个传输的数据包都有一个序列号，接收系统使用该序列号确保接收系统上的数据包以正确的顺序交付。

当与保证交付结合时，接收系统可以请求重发任何丢失的数据包，确保没有丢失。

传输层协议通过确保从一个系统传输到另一个系统的消息的完整性和完全性来承担重任。在全球 Internet 上执行数据通信的能力是由传输层协议的特性实现的。

传输层协议的示例包括：

- **传输控制协议(Transmission Control Protocol，TCP)** 是 TCP/IP 协议套件中的"TCP"。TCP 是面向连接的，因为使用表示连接状态的标志正式建立(三次握手)和维护连接(序列号和确认)。当系统将 TCP 数据包通过特定端口发送到另一个系统时，该端口号有助于操作系统将消息定向到特定程序。例如，端口 25 用于入站电子邮件，端口 20 和 21 用于 FTP，端口 80 和 443 用于 HTTP 和 HTTPS。数百个预先分配的端口号是 Internet 标准的主题。TCP 用于保证交付和保证交付顺序。
- **用户数据报协议(User Datagram Protocol，UDP)** 是 TCP/IP 在 OSI 传输层中使用的另一个主要协议。与 TCP 不同，UDP 是一种轻量级协议，缺少连接方向、交付顺序和有保证的交付。UDP 因此具有较少的计算和网络开销，使其成为某些对偶发丢失不太敏感数据包所用协议的理想选择。使用 UDP 的协议的示例包括域名系统(Domain Name System，DNS)、普通文件传输协议(Trivial File Transfer Protocol，TFTP)和 IP 语音(Voice over IP，VoIP)。与 TCP 一样，UDP 也使用端口号，以便计算机上的传入数据包可以传递到正确的程序或进程。有时称 UDP 为"不可靠的数据协议"，顾名思义，UDP 协议缺乏有保证的交付。

稍后将详细介绍 TCP / IP 协议套件。

OSI 第 5 层：会话层 OSI 模型中的会话层(Session Layer)用于控制在相同或不同系统上应用程序之间建立的连接，涉及连接的建立、终止和恢复。

在 OSI 模型中，连接控制在会话层执行，意味着在系统之间建立逻辑连接的概念是会话层的功能。但是，TCP 可以自行处置。

会话层协议的示例包括：

- **进程间通信(Interprocess Communication)** 套接字和命名管道是系统(或不同系统)上进程交换信息的方式。
- **会话发起协议(Session Initiation Protocol，SIP)** SIP 用于建立和断开 VoIP 和其他通信连接。

- **远程过程调用(Remote Procedure Call，RPC)** 是另一种进程间通信技术，允许应用程序在另一台计算机上执行子进程或过程。
- **网络基本输入/输出系统(Network Basic Input/Output System，NetBIOS)** 允许应用程序使用传统的 NetBIOS API 相互通信。

OSI 第 6 层：表示层　OSI 模型中的表示层(Presentation Layer)用于将较低层(会话层，传输层等)中的数据转换为应用程序层可以使用的格式。表示层功能的示例包括：

- **字符集翻译**　例如，有时需要程序或过滤器才能在 ASCII 和 EBCDIC 之间转换字符集。
- **加密/解密技术**　如果要在不安全的网络上传输数据，可以对通信加密。示例协议有安全套接字层(Secure Sockets Layer，SSL)、传输层安全(Transport Layer Security，TLS)和多用途 Internet 邮件扩展(Multipurpose Internet Mail Extensions，MIME)。
- **编解码器**　MPEG 之类的协议使用编解码器(Codec)对音频和视频数据流编码/解码或压缩/解压缩。

OSI 第 7 层：应用层　OSI 模型中的*应用层(Application Layer)*包含直接与最终用户通信的程序，包括与操作系统一起打包的实用程序以及工具和软件应用程序。

应用层协议的示例包括：

- **实用程序协议**　DNS、SNMP、DHCP 和 NTP
- **消息传递协议**　SMTP、NNTP、HTTP、VoIP、X.400 和 X.500
- **数据传输协议**　NFS 和 FTP
- **交互式协议**　远程登录(Telnet)、IRC 和 SSH

通过网络通信的最终用户应用程序通过 OSI 第 7 层通信。

OSI：尚未实施还是已经实施的模型？

OSI 网络模型是一个杰出的工具。问题在于还没有实际建立起包含 OSI 模型所有层的网络协议环境，而且越来越明显的是任何人员都无法建立这样的协议环境。世界上占主导地位的网络标准 TCP/IP 是一个四层分层协议栈，TCP/IP 的模型也不可能增加到七层。

随着 ISO(现在由 ISO/IEC 7498-1 定义)对 OSI 模型的开发和社交化，其竞争对手 TCP/IP 模型正迅速成为数据网络通信的世界标准。OSI 已沦为教学工具，模型本身更像是一件有趣的博物馆作品，代表着一个从未实现的想法。

关于 OSI 模型的实现，存在着不同且同样有效的观点：可以说所有现代封装的网络协议(如 TCP/IP、IPX/SPX、AppleTalk 和令牌环)都是不完整的基于 OSI 模型的实现。这是技术哲学家和历史学家要探讨的话题。

2. TCP/IP 网络模型

TCP/IP 网络模型是 TCP/IP 协议套件的基本设计特征之一。网络模型由四"层"组成，其中每层用于管理网络上数据的传输、路由或交付的一些方面。在分层模型中，每一层都从下一个层接收服务，并向上一层提供服务。

像 OSI 一样，TCP/IP 网络模型也使用封装(Encapsulation)，意味着由应用程序创建的消息封装在传输层消息中，传输层消息封装在网际层(Internet Layer)消息中，网际层消息又封装在网络接入层消息中，网络接入层消息传递到网络适配器，通过物理网络介质传输。这种封装如图 5-11 所示。

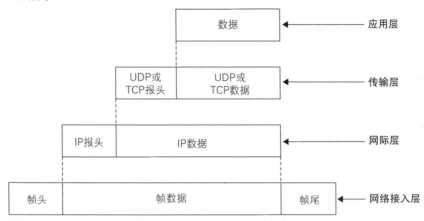

图 5-11　TCP / IP 网络模型中的封装

从下到上，TCP/IP 模型的各层是：

- 网络接入层(Link)
- 网际层(Internet)
- 传输层(Transport)
- 应用层(Application)

TCP/IP 模型的各层的内容将在本节中详细讨论。

分层模型(在 OSI 和 TCP/IP 模型中)的主要目的之一是允许抽象(Abstraction)。抽象意味着每一层只需要关心自身的交付特性，而允许其他层管理各自的事务。例如，传递顺序由传输层管理，在网际层和网络接入层，传递顺序无关紧要。此外，网络接入层涉及的是从一个站点向另一个站点获取消息，以及消息从一个设备传递到另一个设备时的冲突和消息的基本完整性。但是网络接入层没有逻辑连接或传递顺序概念，这些概念可以在更高层解决。

TCP/IP 网络接入层　*网络接入层(Link Layer)*是 TCP/IP 模型中的最低层，目的是将消息(通常称为帧)从一个站点传递到本地网络上的另一个站点。作为 TCP/IP 模型的最低层，网络接入层为传输层提供服务。

网络接入层是网络的物理层，通常以硬件网络适配器的形式实现。TCP/IP 可在任何有能力将帧从一个站点传输到另一个站点的可行物理介质上实现。用于 TCP/IP 的物理介质的包括以太网(Ethernet)、ATM、USB、Wi-Fi、蓝牙、GPRS、DSL、ISDN 和光纤等标准的介质。

网络接入层只关心在本地网络上从一个站点到另一个站点的消息传递。在这一层，没有相邻网络或路由的概念，这些概念在模型的更高层处理。

TCP/IP 网际层 TCP/IP 模型的网际层(Internet Layer)是 TCP/IP 的基础层。网际层的目的是将消息(包)从一个站点传递到同一网络或不同网络上的另一站点。网际层从网络接入层接收服务,并将服务提供给传输层。

在这一层,不能保证将消息从一个站点传递到另一个站点。相反,网际层只能尽最大努力传递消息。网际层也不关心消息的交付顺序。诸如此类的问题都在传输层处理。

网际层中已实现的主要协议是 Internet 协议。IP 是 TCP/IP 中几乎所有其他协议和消息类型的基础。网际层中还有一个诊断协议:Internet 控制消息协议(Internet Control Message Protocol, ICMP),用于通过网络发送错误消息和其他诊断消息。

在网际层有两种类型的设备:主机和路由器。主机(Host)是可以作为服务器或工作站的计算机,通过创建在网络上发送的消息通信。路由器(Router)是将数据包从一个网络转发到另一个网络的计算机。在早期的互联网中,路由器实际上和其他计算机一样,只是附加了一些用于在网络之间转发数据包的额外配置。

主机和路由器之间的关系如图 5-12 所示。

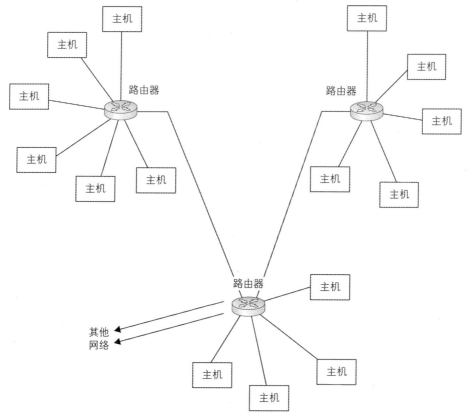

图 5-12 网际层的主机和路由器

TCP/IP 传输层　　TCP/IP 模型中的传输层(Transport Layer)包括两个主要的数据包传输协议，即 TCP 和 UDP，以及在 TCP/IP 初始设计之后研发的其他一些协议。传输层从网际层接收服务，并将服务提供给应用层。

传输层有几种功能可用于数据包传输，包括：

- **可靠传输**　涉及包内容的完整性和有保证的传输。TCP 包含的这两个功能可确保将数据包从一个站点发送到其目的地，并且在传输过程中不会改变该数据包的内容。
- **连接方向**　涉及在两个站点之间建立一个持久的逻辑"连接"。当一个站点与一个或多个源站点同时有许多通信"会话"时非常有用。建立连接后，发出请求的系统在任意源端口上与标准端口(例如，HTTP 端口 80、DNS 端口 53 等)上的目标系统通信。两个站点就任意高编号的端口(通道)协商并达成一致，使每个已建立的连接都是唯一的。
- **交付顺序**　数据包的发送顺序可以保证与交付顺序匹配。这种匹配通过使用序列号实现，接收系统使用序列号按照正确的顺序向接收过程发送数据包。
- **流量控制**　意味着从一个站点到另一个站点的数据包传递不会超过目标站点的处理能力。例如，大文件从较快的系统传输到较慢的系统时可能使较慢的系统超载，除非后者能够周期性地暂停传输(流量控制)，以便与入站消息同步。
- **端口号**　可将一个站点上的消息发送到目标站点上的特定端口号。端口号在本质上表示了要发送的消息的类型。可以在目标系统上设置"侦听器(Listener)"程序来侦听预先分配的端口，然后处理在该端口号上接收到的消息。端口号的主要优点是目标系统不必检查消息的内容即可识别其类型。实际上，端口号定义了用途。已经建立了许多标准的端口号，例如，23=Telnet、25=电子邮件、53=域名系统、80=HTTP 等。

注意，并非所有传输层协议都利用所有这些功能。例如，UDP 只使用了流量控制，并未使用列出的其他功能。

TCP/IP 应用层　　应用层(Application Layer)是 TCP/IP 模型的最顶层。应用层直接与应用程序和应用程序服务交互。应用层从传输层接收服务，并可直接与最终用户通信。

应用层协议包括 DNS、SNMP、DHCP、NTP、SMTP、NNTP、HTTP、HTTPS、NFS、FTP 和 Telnet 等。

TCP/IP 和 OSI 模型　　TCP/IP 模型的设计不符合 OSI 网络的 7 层模型。然而这些模型在封装和抽象上的用法是相似的，并且两个模型之间的一些层也是相似的。图 5-13 并排显示了 TCP/IP 和 OSI 模型，以及一个模型与另一个模型层如何对应。

OSI	TCP/IP
应用层 表示层 会话层	应用层
传输层	传输层
网络层	网际层
数据链路层 物理层	网络接入层

图 5-13 TCP/IP 和 OSI 网络模型对比分析

考试提示：

TCP/IP 和 OSI 模型映射可以了解二者的异同，并没有实际的目的。关于模型映射没有一致的意见，容易在层的组合方式上产生争论。

5.4.5 网络技术

在过去几十年里，很多网络技术得到了发展。如以太网、DSL 和 TCP/IP 等几乎随处可见，而 ISDN、帧中继和 AppleTalk 之类的其他技术则寿命较短。

信息系统审计师需要熟悉网络技术、架构、协议和介质，以便可以检查组织网络系统的架构和运营。以下各节详细介绍了足以满足大多数审计需求的网络技术：

- "局域网"一节讨论 LAN 拓扑、电缆和传输协议(包括以太网、ATM、令牌环、USB 和 FDDI)。
- "广域网"一节讨论 WAN，包括 MPLS、SONET、T-Carrier、帧中继和 ISDN 等传输协议。
- "无线网络"一节讨论 Wi-Fi、蓝牙、无线 USB、NFC 和 IrDA 等无线网络标准。
- "TCP/IP 协议和设备"一节讨论网路接入层、网际层、传输层和应用层中的 TCP/IP 协议。
- "全球互联网"一节讨论全球互联网寻址、DNS、路由和应用程序。
- "网络管理"一节讨论业务功能，以及用于管理网络的工具和协议。
- "联网应用程序"一节讨论用于构建基于网络的应用程序的技术。

1. 局域网

局域网存在于较小的区域内，例如，建筑物中的楼层、实验室、店面、办公室或住宅。由于电子信号传输的限制，LAN 的长度通常为数百英尺或更短。

物理网络拓扑 有线局域网通过遍布整个建筑物的网络电缆传输。网络布线是根据以下三种物理拓扑之一布局的。

星型 从中心位置到每台计算机都有一条单独的电缆，是目前大多数网络的连接方式。中心位置可能是布线室或计算机房，来自每台计算机的所有电缆都汇聚在该位置，并连接到交换机或集线器等网络设备。

环型 电缆从一台计算机连接到另一台计算机。早期的令牌环和以太网网络通常是这样布线的。当网络电缆连接到计算机时，使用的是 T 型连接器：一头连接到计算机本身，而另外两头连接到网络电缆。

总线型 一条中央电缆，沿途有连接器，可方便地将个人电脑连接到电缆"分支"。该拓扑像环型拓扑一样，在早期网络中使用，但如今很少使用。

这三种拓扑如图 5-14 所示。

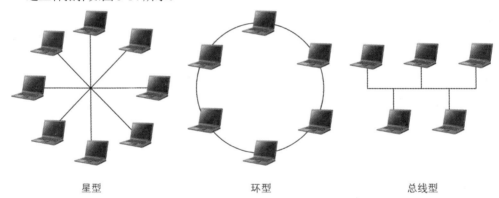

星型　　　　　　　　环型　　　　　　　　总线型

图 5-14　网络物理拓扑：星型、环型和总线型

请注意，网络的逻辑功能和物理拓扑可能会有所不同。例如，令牌环网络可能类似于物理星型(所有站点都连接到中心设备)，但逻辑上功能却是环型。以太网网络功能是总线型，但是可能连接成星型、总线型或环型布线形式，具体取决于所使用的电缆类型(如前所述，星型拓扑结构很普遍)。关键在于，逻辑功能和物理拓扑经常彼此不同。

电缆类型 在过去几十年里，LAN 环境中已经使用了几种电缆。本节将重点介绍目前使用的电缆类型，但会提及过去使用的类型，因为组织可能仍在使用这些类型的电缆。

双绞线 双绞线(Twisted-Pair Cable)是一种细电缆，包含四对绝缘的铜导体，保护套包裹着所有导体。几种类型的双绞线适用于各种物理环境，并提供各种网络带宽。

由于网络传输可能会受到干扰，因此网线可能会包含屏蔽层以保护导体免受干扰。类型有：

- **屏蔽双绞线(Shielded Twisted Pair，U/FTP 或 STP)** 这种类型的电缆包括一个薄金属屏蔽层，可保护每对导体免受电磁干扰(Electromagnetic Interference，EMI)，使电缆更抗干扰。
- **单屏蔽双绞线(Screened Unshielded Twisted Pair，S/UTP)** 也称铝箔单屏蔽双绞线(Foiled Twisted Pair，FTP)，这种类型的电缆具有薄的金属屏蔽层，可保护导体免受电磁干扰的影响。
- **双屏蔽双绞线(Screened Shielded Twisted Pair，S/STP 或 S/FTP)** 这种类型的电缆，每对双绞线都有薄金属屏蔽层包裹着，外加一个外部屏蔽层将所有导线保护在一起。所有这些都有外部保护套包裹着。
- **非屏蔽双绞线(Unshielded Twisted Pair，UTP)** 这种类型的电缆没有屏蔽，仅由四对双绞线和外部保护套组成。

为了符合国际标准《ISO/IEC 11801 信息技术-用户建筑通用布线标准》的要求，双绞线电缆的缩写最近发生了变化。新标准采用 X/YTP 的形式，其中 X 表示整个电缆是否具有屏蔽，Y 表示电缆中的各对是否有屏蔽。表 5-1 显示了新旧名称及其含义。由于世界各地的办公楼和住宅都使用带有旧名称的双绞线，因此旧名称可能仍会使用很多年。这种布线也可能会在许多地方持续数十年。

表 5-1 新旧双绞线电缆的缩写和含义

旧名称	新名称	电缆屏蔽	对线屏蔽
UTP	U/UTP	无	无
FTP	F/UTP	箔	无
STP	U/FTP	无	箔
S-FTP	SF/UTP	箔，编织	无
S-STP	S/FTP	编织	箔

双绞线网络线缆也可提供不同的容量，以满足各种带宽要求。常见的级别包括：

- **3 类** 这是公认的最早的双绞线电缆标准，称为 Cat-3，能传输长达 100 米(328 英尺)的 10Mb 以太网。通过使用全部四对电缆，100BASE-T4 标准允许在 Cat-3 电缆上实现高达 100Mb 的以太网。Cat-3 电缆已经不再安装，但在较旧的网络中仍然可以找到。
- **5 类** Cat-5 电缆自 20 世纪 90 年代中期以来一直普遍使用，该类电缆适用于距离达 100 米(328 英尺)的 10Mb、100Mb 和 1000Mb(1Gb)以太网。Cat-5 电缆通常由每英寸缠绕三圈的 24 号铜线制成。较新的 5e 类等级在千兆以太网具有更好的性能。
- **6 类** 这是千兆以太网的布线标准。Cat-6 电缆与 Cat-5 电缆非常相似，但是 Cat-6 对串扰和噪声有更严格的规范。Cat-6 电缆通常由 23 号铜线制成。Cat-6 电缆"向后兼容"Cat-5 和 5e 电缆,也就是说 Cat-6 电缆可用于 10Mb 和 100Mb 以及 1000Mb 以太网。

- **7 类** 这个电缆标准已经发展为允许在超过 100 米电缆上支持 10Gb 以太网。Cat-7 电缆几乎总是由 S/FTP 电缆制成,以最大限度地抵抗电磁干扰。较新的 7a 类等级旨在设计成在同一根电缆中具有电话、有线电视和 1GB 网络。较新等级的电缆仍在研究中。
- **8 类** 这是一种新设计的用于短距离高速网络的电缆标准,用于数据中心。

双绞线电缆等级通常印在电缆的外套上。图 5-15 显示了一段长度较短的 5 类电缆,上面印有等级和其他信息。

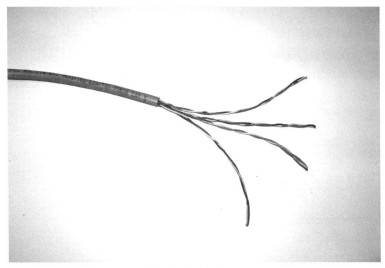

图 5-15　5 类双绞线电缆(图片由 Rebecca Steele 提供)

光纤电缆(Fiber Optic Cable)　　光缆是光纤通信的传输介质,是一种利用光脉冲代替通过金属电缆传输信息的电信号的方法。光纤电缆的优点是带宽高、损耗小和尺寸紧凑。由于通过光缆的通信是基于光而不是电流,因此不受 EMI 的影响。

在局域网中,多模(Multimode)类型的光缆可以在长达 600 米的距离上传输高达 10Gb/s 的信号(在较低的带宽下,传输距离可达几公里),足以在园区环境中的建筑物之间建立连接。更长的距离通常由电信运营商使用*单模(Singlemode)*类型的光缆在城市之间互连以执行语音和数据通信。

与双绞线和其他网络电缆类型相比,光缆相对脆弱,必须小心处理。切勿挤压、弯曲或扭曲光纤。这样做会破坏光缆内部的纤维。基于这个原因,光缆通常局限于需要在系统之间使用高带宽的数据中心,网络工程师将使用辅助线和管道小心地在设备之间固定光缆线路,以防光缆损坏。但是,光缆的优势在于其高容量和不受 EMI 干扰。

图 5-16 和图 5-17 显示了光缆和连接器。

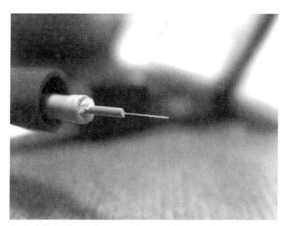

图 5-16 去除连接器的光缆后露出内部(图片由 Harout S. Hedeshian 提供)

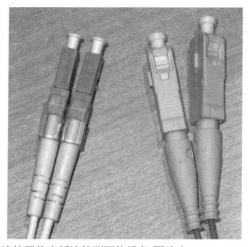

图 5-17 连接器将光纤连接到网络设备(图片由 Stephane Tsacas 提供)

其他类型的网络电缆 双绞线和光缆是主要的 LAN 电缆类型。但是,仍然可以在许多安装中找到已经使用的较旧电缆类型包括:

- **同轴电缆** 同轴电缆(Coaxial Cable)由坚固的内部导体组成,内部导体由绝缘套包裹,往外又由金属屏蔽层包裹。最外层由塑料外套保护着屏蔽层。同轴电缆用于早期的以太网网络,电缆类型为10BASE5 和10BASE2。使用扭锁或螺纹连接器将同轴电缆连接到计算机或网络设备。从根本上讲,同轴电缆是也用于"电视电缆"的电缆类型。典型的同轴电缆如图 5-18 所示。
- **串行线** 可以通过 USB 或 RS-232 串行电缆建立点对点网络连接。就串行线而言,20世纪80年代,许多组织都用 RS-232 串行电缆执行中央计算机和用户终端的通信。当时这些存在的电缆厂普遍使用串行 Internet 协议(Serial Line Internet Protocol,SLIP),利用现有电缆将工作站和小型计算机连接到中央计算机。SLIP 现在几乎已经过时,由 USB 取代。

图 5-18　同轴电缆(图片由 Fdominec 提供)

网络传输协议　已经研发了许多协议或标准协助网络电缆上的数据通信。下面将详细介绍以太网、ATM、令牌环、USB 和 FDDI 协议。

以太网　以太网(Ethernet)是 LAN 使用的主要标准。以太网使用基于帧的协议，意味着将通过基于以太网的网络传输的数据放入一个"帧"中，该帧具有源地址和目标地址以及内容。

共享介质　以太网是一种"广播"或"共享介质"类型的协议，意味着从网络上一个站点发送到另一站点的帧可能会被连接到网络介质的所有站点接收。当每个站点接收到帧时，站点将检查帧的目标地址，确定该帧是发送给这个站点还是其他站点。如果该帧目的地是另一个站点，该站点将简单地忽略该帧且不执行任何操作。目标站点将接受该帧并交给操作系统处理。

冲突检测　以太网是异步(Asynchronous)传输的，需要传输帧的站点可以随时传输。然后以太网还采用一种"冲突检测"机制。通过这种机制，希望广播帧的站点将开始传输并侦听网络，查看是否有其他站点在同一时间传输。如果另一个站点正在发送，则要发送的站点将"后退"并等待一小段时间，然后重试(在 10Mb 以太网中，该站点将等待 9.6μs)。如果确实发生冲突(两个站点同时发送)，则两个发送站点都将停止并等待较短的时间间隔(该间隔的长度基于随机生成的数字)，然后重试。使用随机数作为"后退"算法的一部分，可确保每个站点在网络上传输帧的机会在概率上均等。冲突检测对于有很多站点的大型网络至关重要。

以太网寻址　在以太网上，网络上的每个站点都有一个称为 MAC 地址的唯一地址，用 6 字节的十六进制值表示。典型的地址以冒号或破折号分隔的符号显示，例如，F0:E3:67:AB:98:02。

以太网标准规定，全球没有两个设备具有相同的 MAC 地址。该标准的实现是通过分配给每个以太网设备制造商的 MAC 地址范围建立的。通常，每个制造商都会获得一个范围，该范围由 MAC 地址的前 3 个字节组成；然后，制造商会将最后 3 个字节的连续值分配给生产的每个设备。

例如，假设公司分配了值 A0-66-01(称为 OUI)。公司生产的设备将该值作为其 MAC 地址的前 3 个字节，并为其生产的每个设备分配 3 个附加字节，提供的地址如 A0-66-01-FF-01-01、

A0-66-01-FF-01-02 和 A0-66-01-FF-01-03 等，从而确保全球没有任何两个设备具有相同的地址。

以太网帧格式 以太网帧(Ethernet Frame)由报头段、数据段以及校验和组成。报头段包含目标 MAC 地址、源 MAC 地址和一个双字节的以太网类型字段。数据段的长度为 46 到 1500 字节——任何特定网络的最大长度称为*最大传输单位*(Maximum Transmission Unit，MTU)。校验和字段的长度为 4 个字节，是整个帧的循环冗余校验(Cyclic Redundancy Check，CRC)校验和。以太网帧如图 5-19 所示。

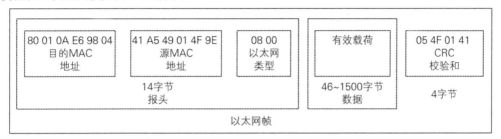

图 5-19 以太网帧由报头、数据和校验和组成

网络设备 网络设备(Network Device)不仅必须协助以太网上帧的传输，还必须支持所有其他网络标准。这些设备包括：

- **网络适配器** 网络适配器，通常称为*网络接口卡*(Network Interface Card，NIC)，是一种直接连接到计算机总线的设备，包含一个或多个连接器。以太网网线可以与连接器相连。通常，计算机的 NIC 与主板集成在一起，但是 NIC 也可以是插入总线连接器中的独立电路卡。
- **集线器** 组织开始意识到环型和总线型拓扑网络存在电缆故障方面的问题，使得星型拓扑成为一种首选的网络结构。星型拓扑中的电缆问题只会影响一个站点，而不会影响许多或所有站点。一个多端口中继器用于将所有设备连接到网络。随着时间的推移，该设备称为集线器(Hub)。像中继器一样，以太网集线器将数据包传播到网络上的所有站点。
- **网关** 网关(Gateway)是一种充当协议转换器或执行其他类型消息转换的设备。
- **中继器** 中继器(Repeater)是在以太网网络上接收和转发信号的设备。在电缆长度超过 100 米，或将两个或多个以太网互连的情况下，中继器非常有用。中继器的缺点是会将冲突、错误和其他网络异常传播到网络的所有部分。在当今的以太网中，中继器作为独立设备已很少使用。更现代的设备吸纳了中继器的功能。
- **桥接器** 桥接器(Bridge)是用于以太网网络互连的设备。例如，一个组织可能在多层建筑的每个楼层都有一个以太网。桥接器可用于将每个单独的以太网段互连。桥接器与中继器相似，不同之处在于桥接器不传播冲突之类的错误，而仅传播格式正确的数据包。在当今的以太网中，桥接器作为独立设备也很少使用。
- **交换机** 以太网交换机(Switch)类似集线器，但有一个重要区别：交换机侦听流量并了解与每个端口(连接器)关联的 MAC 地址，并且只将数据包发送到目标端口。因为网络上的每个站点只接收专门针对该站点的帧，结果可以有更大的网络吞吐量。从理论上讲，当以太网交换机上的每个端口只链接一个站点时，不会发生冲突。交换机是当代网络中的主要方式。

路由器、3 层交换机、4 层交换机和 4~7 层交换机等设备将在本章后面的 "TCP/IP 协议和设备"一节讨论。

ATM 异步传输模式(Asynchronous Transfer Mode，ATM)是 20 世纪 80 年代出于统一电信和计算机网络工作的需要而研发的链路层网络协议。尽管 IP 越来越占主导地位，但 ATM 在电信运营商的核心网络中，一直是占主导地位的协议。

ATM 网络上的消息(称为信元)与基于网络的时钟同步传输。另一方面，如果当前网络没有流量，以太网上的站点将按需传输。

ATM 信元的长度固定为 53 个字节(5 个字节的报头和 48 个字节的有效负载)。这种小的帧大小通过减少抖动(Jitter)提高性能。抖动是网络传输流媒体(如广播电视、VoIP 或视频)的关键特征。ATM 是面向连接的链路层协议，意味着 ATM 网络上要相互通信的两个设备将通过虚拟电路(Virtual Circuit)建立连接。连接还会执行服务质量(Quality of Service，QoS)设置，以定义连接的优先级和敏感性。

从一个站点传输到另一站点的信元通过一个或多个 ATM 交换机传输。建立虚拟电路时，将建立信元所使用的路径。即使同一 LAN 上的两个站点也可以使用 ATM 交换机相互通信。

像以太网一样，ATM 可以用于传输 TCP/IP 消息。长度大于 48 个字节的 TCP/IP 数据包通过 ATM 分段传输并在目的地重组。

令牌环 令牌环(Token Ring)是由 IBM 在 20 世纪 80 年代研发的一种 LAN 协议。从历史上看，令牌环在拥有 IBM 大型机或中型计算机系统的组织中很普遍。然而，随着 TCP/IP 和以太网的普及，令牌环的使用逐渐减少，如今已经很少见。

令牌环网络通过在网络上的站点之间传递 3 字节的令牌帧(Token Frame)操作。如果网络上的一个站点需要将信息发送到另一个站点，则该站点必须首先接收令牌；然后该站点可以在网络上发送要一个包括令牌和目标站点消息的帧。当令牌帧到达目标站点时，目标站点将从令牌帧中删除消息，然后将一个空令牌(或包含令牌和另一站点消息的帧)传递给网络的下一个站点。

主要令牌环设备是多站访问部件(Multistation Access Unit，MAU)。MAU 是一种包含多个令牌环电缆连接器的设备，将网络电缆从 MAU 连接到网络上的每个站点。一个典型的 MAU 包含多达 8 个连接器。如果令牌环网络包含 8 个以上的站点，则可以使用环入/环出连接器将多个 MAU 连接在一起。图 5-20 显示了小型和大型令牌环网络。

令牌环技术的设计使冲突不可能发生。除非拥有令牌，否则任何站点都无法发送信息。这种设计的一个缺点是，如果带有令牌的站点遇到故障导致不能传播令牌，就会导致短时暂停，直到网络进入恢复模式并重新生成令牌才能恢复正常。

通用串行总线 通常通用串行总线(Universal Serial Bus，USB)不认为是一种网络技术，而属于工作站总线技术，主要是因为 USB 用于连接鼠标、键盘、存储设备、打印机、扫描仪、照相机、麦克风和网络适配器等外设。但是，USB 规范确实包含完整的网络功能，使得小型

USB 集线器成为可能。

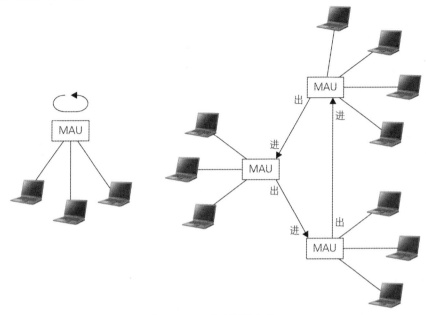

图 5-20　令牌环网络拓扑

USB 数据速率如表 5-2 所示。

表 5-2　USB 数据速录

USB 版本	数据速率
1.0	12Mb/s
2.0	480Mb/s
3.0	5.0Gb/s
4.0	40Gb/s

　　USB 的电缆长度限制为 5 米。USB 网络上的最大设备数量为 127 台。
　　USB 技术的重要价值之一是"热插拔(Hot Plug)"设备的能力，意味着不需要关闭工作站电源就可以连接和断开 USB 设备。"热插拔(Hot Plug)"设备的能力主要通过允许插拔的设备和设备驱动程序的设计规范实现，但并不意味着可以随意插入和拔出所有类型的 USB 设备。例如，USB 大容量存储设备应在逻辑上"卸载"，以确保设备上文件系统的完整性。
　　FDDI　光纤分布式数据接口(Fiber Distributed Data Interface，FDDI)是一种局域网技术，通过光纤可以将范围延伸到 200 公里。FDDI 是一种"双环"技术，冗余网络布线和反向旋转令牌使 FDDI 具有高度的韧性。每个环具有 100Mb/s 的数据速率，从而能使整个网络达到 200Mb/s 的数据速率。
　　100Mb/s 和 1Gb/s 的以太网技术在很大程度上已取代 FDDI，并且 FDDI 在商业网络中也已不再常见。

2. 广域网

广域网(Wide Area Network，WAN)站点之间可以延伸数英里至数千英里。术语 WAN 通常有两种用法：表示组织的整个地区或全球的数据网络，以及作为将单个网络连接在一起的长距离网络连接的标签。第二种用法使用术语"WAN 链接(WAN Link)"和"WAN 连接(WAN Connection)"。

广域传输模式　在讨论特定的 WAN 协议之前，掌握 WAN 中使用的消息传输技术的基础很重要。

广域通信的基本问题是需要将通信从许多不同的端点有效地路由到许多目的地，不必在所有可能的通信源和目的地之间建立专用连接。恰恰相反，需要使用一些共享公共通信介质的方案。这些方法有：

- **电路交换(Circuit-switched)**　电路交换建立了专用的端到端通信通道，该通道在连接期间持续存在。电路交换技术最著名的示例是老式的公共交换电话网络，在这个网络中从一个电话到另一个电话的呼叫占用了专用电路。该专用电路在呼叫开始时分配并一直使用到通话结束。
- **包交换(Packet-switched)**　端点之间的通信通过数据包流执行，这些数据包通过交换机路由直至到达目的地。帧中继和 TCP/IP Internet 是分组交换网络的好实例。虽然座机电话看起来仍然是电路交换的，但电话通话实际上已转为数据包，以便通过数字电信网络的核心传输。
- **消息交换(Message-switched)**　当通信路径可用时，每个消息都将交换到目的地。消息交换的一个示例是 Internet 上服务器之间电子邮件消息的传输。
- **虚拟电路(Virtual circuit)**　逻辑通信通道建立在包交换网络上的两个端点之间。该通信信道可以称为永久虚电路(Permanent Virtual Circuit，PVC)或交换虚电路(Switched Virtual Circuit，SVC)。虚拟电路用于 ATM 和帧中继网络，VPN 也可以视为虚拟电路。

广域网协议　本节介绍了 WAN 经常使用的几个协议。

MPLS　多协议标签交换(Multiprotocol Label Switching，MPLS)是一种可变长度的包交换网络技术。在 MPLS 网络中，每个数据包都有一个或多个标签(Label)，这些标签包含的信息帮助 MPLS 路由器做出包转发决定而不必检查包本身内容(例如，IP 地址)。

MPLS 可用于承载多种类型的流量，包括以太网、ATM、SONET 和 IP。MPLS 通常用于在企业网络中不同业务地点之间的 WAN 连接上中继语音和数据网络。MPLS 的优势之一是 QoS(服务质量)属性，该属性有助于使用对时间敏感的协议(如 VoIP 和 H.323)快速传输数据包。

MPLS 使用两种类型的设备：标签边缘路由器(Label Edge Router，LER)和标签交换路由器(Label Switch Router，LSR)。标签边缘路由器用在 MPLS 网络的边界，将标签添加到进入网络的传入数据包上。LSR 根据标签值做出数据包转发决定。当一个数据包离开 MPLS 网络时，另一个 LER 从该数据包中取出标签，并将数据转发出 MPLS 网络。

SONET 同步光网络(Synchronous Optical Networking，SONET)是通过光纤网络传输的一类电信网络传输技术。SONET 是一种多路复用的网络技术，可用于长距离高速语音和数据通信的传输。

SONET 网络几乎完全由向企业销售语音和数据连接服务的电信网络提供商构建和运营。通常，用于 SONET 网络的端点设备使用 MPLS、以太网或 T-1 之类的本地技术提供连接。

电信服务提供商通常通过 SONET 网络封装旧的服务，例如，DS0、DS-1、T-1 和帧中继。

表 5-3 中显示了 SONET 网络中可用的数据速率。术语"光载波等级(Optical Carrier Level，OC)"用于表示速率。

表 5-3 光载波等级

光载波等级	数据速率
OC-1	51 840 Kb/s
OC-3	155 520 Kb/s
OC-12	622 080 Kb/s
OC-24	1 244 160 Kb/s
OC-48	2 488 320 Kb/s
OC-192	9 953 920 Kb/s
OC-768	39 813 120 Kb/s
OC-3072	159 252 240 Kb/s

T 载波 术语"T 载波(T-Carrier)"指的是一类多路复用的电信运营商网络技术，T 载波使用铜缆长距离传输语音和数据通信。

T 载波技术中的基本服务称为 DS-0，用于传输单个语音或数据电路。DS-0 的数据速率为 64Kb/s。另一个基本的 T 载波服务是 DS-1，也称为 T-1。DS-1 包含 24 个通道，每个通道都是一个 DS-0。DS-1 的总速度为 1 544 Kb/s。表 5-4 中显示了所有其他服务以及各自的数据速率和通道。这些服务是北美独有的。

表 5-4 北美 T 载波数据速率和通道

T 载波等级	数据速率	DS-0 通道数量
DS-0	64 Kb/s	1
DS-1(T-1)	1 544 Kb/s	24
DS-2	6 312 Kb/s	96
DS-3(T-3)	44 736 Kb/s	672
DS-4	274 176 Kb/s	4 032
DS-5	400 352 Kb/s	5 760

在欧洲，T 载波电路称为 E-1 和 E-3，分别复用 32 路和 512 路 64Kb/s 电路。欧洲 E 载波标准基于 32 路的倍数，而北美标准基于 24 路的倍数。此外，E 载波和 T 载波之间没有太大的实际区别。E 载波服务如表 5-5 所示。

表 5-5 E 载波服务

E 载波等级	数据速率
E1	2 048Kb/s
E2	8Mb/s
E3	34Mb/s
E4	140Mb/s

T 载波和 E 载波协议是同步(Synchronous)的，意味着在 T 载波或 E 载波网络上传输的数据包通常根据电信运营商控制的中央时钟脉冲传输。与此形成对比的是，以太网是异步(Asynchronous)的，意味着以太网上的站点可以在选择的任何时间传输帧(前提是网络在那一刻不繁忙)。

使用 T 载波或 E 载波服务承载数据的组织可利用单个 DS-0 通道(与拨号连接的速度相同)或整个 T-1(或 E-1)电路而不采取多路复用。整个 T-1 就可将全部 1 544Kb/s(T-1)或 2 048Kb/s(E-1)作为单个资源使用。

帧中继 帧中继(Frame Relay)是一种基于载波的包交换网络技术，最常用于将远程数据网络连接到中央网络。例如，零售商店连锁店可使用帧中继将每个连锁店的 LAN 连接到公司 LAN。

帧中继通常比专用的 DS-0 或 DS-1/T-1 电路更经济。从本质上讲，帧中继骨干网是共享的，意味着帧中继可以为许多客户传输数据包。

使用帧中继的地点之间的连接通过永久虚拟电路(PVC)建立，该虚拟电路与 VPN 相同，只是有效负载未加密。出于安全和隐私的目的，PVC 像 T-1 电路一样，通常认为是私有的。

帧中继几乎取代了旧的 X.25 服务，而 MPLS 又正在迅速超越帧中继。

综合业务数字网 综合业务数字网(Integrated Services Digital Network，ISDN)是对公共交换电话网的数字版本的最好描述。在美国许多地区，ISDN 第一个为住宅和小型商业用户提供"高速"互联网接入。

具有 ISDN 服务的用户拥有一个数字调制解调器(Digital Modem)，该调制解调器具有一个与数字 ISDN 语音电话的连接和一个与计算机的连接(通常是以太网)。在这种配置下，计算机的连接速度为 64Kb/s。调制解调器也可以配置为"绑定(Bonded)"状态，不使用语音电话，而以 128 Kb/s 的速度仅与计算机连接。这两种配置都使用基本速率接口(Basic Rate Interface，BRI)类型的连接。

主速率接口(Primary Rate Interface，PRI)类型的连接还可提供更高的速度，最高可达 1 544Kb/s。

ISDN 利用一个单独但类似于拨号互联网服务的环境，即利用 ISDN 调制解调器"拨打"

电话号码。

广域网设备 本节介绍用于将 WAN 组件相互连接以及连接到组织内部网络的设备。

调制解调器 调制器-解调器单元(Modulator-Demodulator Unit)，也称为调制解调器(Modem)，是一种将电信运营商网络连接到计算机或 LAN 的设备。早期的调制解调器由一个连接到公共电话网络的模拟电话连接器和一个连接计算机的串行端口组成。后来版本的调制解调器连接到 ISDN、电缆和 DSL 网络，并包括一个连接到计算机或 LAN 的以太网端口。

多路复用器 多路复用器(Multiplexor)连接几个单独的信号并将信号合并成一个数据流。复用有四种基本类型：

- **时分(Time Division)** 将不同的信号组合成一个模式，其中每个不同的信号占用一个单独的专用时隙。
- **异步时分复用(Asynchronous Time Division Multiplexing)** 根据需要将不同信号分配到大小不同的时隙中。
- **频分复用(Frequency Division Multiplexing)** 将不同信号组合成单个流，其中每个不同的信号都占据一个不重叠的频率。
- **统计复用(Statistics Multiplexing)** 将不同的信号插入可用时隙。统计复用与时分复用不同。在时分多路复用中输入信号分配给时隙，在统计复用中，输入信号动态分配给可用时隙。

通道服务单元/数字服务单元 也称为 CSU/DSU(Channel Service Unit/Digital Service Unit)，用于将电信电路(通常为 T-1 线路)连接到路由器之类的设备。CSU/DSU 本质上是用于 T-1 和类似电信技术的调制解调器。

广域网交换机 WAN 交换机(WAN Switch)是一个包含几种类型 WAN 交换设备的通用术语，包括 ATM 交换机、帧中继交换机、MPLS 交换机和 ISDN 交换机。请参阅本章前面介绍这些技术的章节。

路由器 路由器是将两个或多个本地逻辑网络(占用相同子网)连接在一起的设备。在 WAN 环境中，使用路由器将两个或多个 WAN 连接。

另请参阅本章后面"TCP/IP 协议和设备"一节中有关路由器的讨论。

3. 无线网络

组织要实现数据通信而又不想构建或维护有线网络，可以使用几种类型的无线技术。此外，无线网络允许设备从一个地方移动到另一个地方，甚至可以移动到建筑物之外，从而为高速通信提供了高度灵活和便捷的手段。

本节讨论的技术由组织自行建立，不需要电信服务提供商提供任何服务。

Wi-Fi Wi-Fi 描述了围绕 IEEE 802.11i/a/b/n/ac/ad/af/ah/aj/aq/ax/ay/n 标准研发的几种类似标准。Wi-Fi 或 WLAN 允许计算机之间在适当的距离上执行高速无线通信。术语"Wi-Fi"是 Wi-Fi 联盟的商标，用于认证产品是否与 IEEE 802.11 标准兼容。尽管无线 LAN(Wireless LAN，WLAN)这一术语并不常用，却是描述基于 IEEE 802.11 标准的网络的通用术语。

Wi-Fi 标准 表 5-6 列出了各种 Wi-Fi 标准。

表 5-6 Wi-Fi 标准比较

标准	引入年份	最大数据速率	室内范围
802.11a	1999	54Mb/s	35m
802.11b	1999	11Mb/s	38m
802.11g	2003	54Mb/s	38m
802.11n	2009	150Mb/s	70m
802.11ad	2012	6.75Gb/s	60m
802.11ac	2013	780Mb/s	35m
802.11af	2014	568.9Mb/s	1m
802.11ah	2017	347Mb/s	1m
802.11ai	2017	这个标准与更快连接的设置时间有关	
802.11aj	2017	6.75Gb/s	60m

Wi-Fi 安全 可为 Wi-Fi 网络配置多种安全功能，以保护隐私和 Wi-Fi 网络的可用性。可用的安全功能包括：

- **身份验证** 想要连接 Wi-Fi 网络的各个站点可能需要提供加密密钥。此外，可能要求用户提供用户 ID 和口令。没有这些信息，站点将无法连接到 Wi-Fi 网络并通信。Wi-Fi 接入点可以包含用户 ID 和口令列表，也可以配置为利用基于网络的身份验证服务，如 RADIUS、LDAP 或 Active Directory。对于希望集中用户身份验证信息的组织，使用后者通常更有意义；集中用户身份验证信息也简化了员工的访问，员工不再需要记住其他 ID 和口令。

- **访问控制** 可将 Wi-Fi 网络配置为仅允许具有已知 MAC 地址或特定数字证书的站点连接。

- **加密技术** Wi-Fi 网络可以使用加密保护流量，防止无线窃听和窃取。可以使用 WEP(Wired Equivalent Privacy，有线等效隐私；现在已经过时，不建议使用)、WPA(Wi-Fi Protected Access，Wi-Fi 保护访问)、WPA2 或 WPA3 方法加密。Wi-Fi 网络也可以配置为不使用加密。这种情况下，另一个站点可能能窃听无线网络上的通信。当 Wi-Fi 网络使用加密时，只加密了空中链路通信，从 Wi-Fi 接入点到其他网络的网络流量并没有加密。

- **网络标识符** Wi-Fi 接入点配置了一个标识网络的服务集标识符(Service Set Identifier，SSID)。如果组织仅为自己的人员提供网络访问权限，建议不要将 SSID 访问点的所有权或身份设置为显而易见的值。例如，使用公司名称就不是一个好主意。相反，应该使用与组织的身份无关的单词(甚至是随机字符集)。原因是 SSID 本身不会识别网络的所有者，某些情况下，SSID 可能邀请外部人士尝试访问。但一个例外是用于提供免费网络访问的"公共热点"，其 SSID 应清楚地标识提供访问的机构。

- **广播** Wi-Fi 接入点可以配置为广播 SSID,从而使用户更容易发现并连接到网络。但是,广播 SSID 也会警告外界网络的存在,可能会通过鼓励一些人员尝试连接到网络来损害网络安全。但是,关闭 SSID 广播并不能使网络绝对安全:坚定的入侵者通过一些 Wi-Fi 网络工具能够发现未广播的 SSID 的存在。
- **信号强度** 可以配置 Wi-Fi 接入点的信号发射强度,使来自该接入点的无线电信号不会明显超出服务范围。通常,接入点的信号强度设置为最大,为物理场所之外的人提供强烈的信号。相反,应降低信号发射强度,使离开物理场所的信号尽可能小。但是,在共享空间的办公楼中降低信号发射强度是一个挑战,因此不能用作 Wi-Fi 网络的唯一安全控制措施。

警告:
由于 Wi-Fi 网络使用无线电信号,因此不受信任的外部人员可以拦截信号,从而为外部人员提供足够的信息以渗透网络。出于这个原因,应该利用本节中讨论的所有控制措施提供有效的纵深防御安全保护。

WiMAX 微波接入全球互操作性(Worldwide Interoperability for Microwave Access,WiMAX)是一组无线通信协议,可提供 30Mb/s 至 1Gb/s 的数据吞吐量。WiMAX 是 IEEE 802.16 标准的实现。

WiMAX 网络于 21 世纪初投入使用,但由于 LTE 的使用现已基本停用。

LTE 长期演进(Long Term Evolutio,LTE)是用于智能手机、移动设备和无线宽带调制解调器的无线语音和数据通信的电信标准。LTE 是一种共享介质技术,可提供高达 300Mb/s 的数据速率。

蓝牙 蓝牙(Bluetooth)是计算机外设与低功耗设备之间数据通信的短距离空中链路标准。蓝牙作为短距离电缆的替代品,通过身份验证和加密来提供安全性。

使用蓝牙的应用包括:
- 手机耳机
- 智能手机的车载音频
- 智能手机和计算机之间的数据传输
- 音乐播放器耳机
- 电脑鼠标、键盘和其他低功耗和低速外设
- 打印机和扫描仪

蓝牙是一种低功耗标准,支持使用非常小的设备,如手机耳机。然而,一种新标准蓝牙低功耗(Bluetooth Low Energy,BLE)大大降低了安全令牌等设备的功耗。蓝牙标准包括使用称为配对(Pairing)的过程对设备执行一次性身份验证。通过蓝牙的通信也可以加密,从而使窃听无效。蓝牙的数据速率范围为 1~24 Mb/s。

无线 USB 无线 USB(Wireless USB,WUSB)是用于个人区域网(Personal Area Network,PAN)的短距离、高带宽无线协议。数据速率范围从 110~480Mb/s。WUSB 通常用于连接计算

机外设,否则外设将使用电缆与计算机连接。

WUSB 可以看作是蓝牙的竞争对手。由于蓝牙的成功,WUSB 并未得到广泛应用。

NFC 近场通信(Near-Field Communication,NFC)是超短距离射频的标准,通常用于商户支付应用。典型 NFC 的最大范围是 10 厘米。

NFC 支持两种类型的通信:主动-主动(Active-Active)和主动-被动(Active-Passive)。在主动-主动模式下,基站和无线节点通过 NFC 空中链路以电子方式发送消息。在主动-被动模式下,无线节点没有主动电源,表现得更像是射频识别(Radio Frequency Identification,RFID)卡。NFC 的吞吐率范围为 106~848 Kb/s。

NFC 的常见应用包括使用手机或信用卡大小的卡片执行商户支付,以及先进的建筑物门禁系统。

IrDA 红外数据协会(Infrared Data Association,IrDA)是一个研发使用红外光点对点数据通信技术标准的组织。IrDA 已用于笔记本电脑、PDA 和打印机等设备间的通信。IrDA 被认为是一个不安全的协议,没有基于 IrDA 的通信的身份验证或加密。

蓝牙和 USB 已在很大程度上取代了 IrDA,现在很少销售具有 IrDA 功能的设备。

4. TCP/IP 协议和设备

互联网技术的 TCP/IP 包含许多协议。本节逐层讨论许多众所周知的协议。首先讨论链路层协议,然后讨论 Internet 层协议、传输层协议、应用层协议,再后讨论用于构建 TCP/IP 网络的网络设备。

链路层协议 链路层(Link Layer,有时称为网络访问层)是 TCP/IP 协议套件中最低的逻辑层。链路层协议的实现包括:

- **地址解析协议(Address Resolution Protocol,ARP)** 当网络上的一个站点知道另一个站点的 Internet 层(IP)地址,需要查找其 MAC 地址时使用该协议。基本上,一个站点在本地网络上发送广播,实际上询问的是"该网络上哪个站点的 IP 地址为 xx.xx.xx.xx?"。如果网络上的站点确实有这个 IP 地址,该站点将对发送者做出响应。当发送站点接收到答复时,接收站点的 MAC 地址包含在答复中,发送站现在可以知道目标站点的 MAC 地址,从而可以向目标站点发送消息。另一种类型的 ARP 消息称为免费 ARP 消息。不管是否要求,站点都发送消息将 IP 和 MAC 地址通知给网络上的其他站点。免费 ARP 消息可用于网络攻击,交换机也经常阻止免费 ARP 消息。

- **反向地址解析协议(Reverse Address Resolution Protocol,RARP)** 需要知道自己 Internet 层(IP)地址的站点使用此协议。站点在本地网络上发送广播,询问"这是我的 MAC 地址(xx.xx.xx.xx.xx.xx),我的 IP 地址应该是什么?"如果网络上存在一个配置为响应 RARP 请求的站点,该站点将使用分配的 IP 地址响应查询站点。RARP 在很大程度上已被引导协议(Bootstrap Protocol,BOOTP)取代,后来又由 DHCP 取代。

- **开放式最短路径优先(Open Shortest Path First,OSPF)** 此路由协议在 TCP/IP Internet 层实现。路由协议的目的和功能将在稍后详细讨论。

- **第 2 层隧道协议(Layer 2 Tunneling Protocol，L2TP)** 此隧道协议在链路层实现。隧道协议的目的和功能将在本节后面讨论。
- **点对点协议(Point-to-Point Protocol，PPP)** 这种面向数据包的协议主要用于点对点物理连接，例如，计算机之间的 RS-232 或 HSSI(高速串行接口)。
- **介质访问控制(Media Access Control，MAC)** 这是各种介质(如以太网、DSL、MPLS 和 ISDN)使用的基础通信标准。

Internet 层协议　Internet 层协议是 TCP/IP 的基本构建块。Internet 层是帧或数据包在 TCP/IP 上具有唯一性的最低层。

TCP/IP Internet 层中的协议包括：

- IP 协议
- ICMP 协议
- IGMP 协议
- IPsec 协议

IP　IP 是 Internet 层 TCP/IP 使用的主要协议。主要的传输层协议(在下一节中讨论)TCP 和 UDP 建立在 IP 上。IP 的目的是通过互联网络传输消息。IP 是 TCP/IP 协议套件的主力，Internet 上使用的大多数通信都基于 IP。

IP 的特点包括：

- **IP 寻址(IP Addressing)**　在 IP 层，网络上的节点具有唯一的地址。本节稍后将详细讨论 IP 寻址。
- **尽力传输**　IP 不保证数据包到达预期的目的地。
- **无连接**　每个数据包都是单独的，与其他任何数据包不相关。
- **无序数据包传输**　IP 不能保证交付顺序。数据包可能会无序地到达目的地。

TCP 等更高层的协议解决了可靠性、有连接和有序传输问题。

多播　多播(Multicast)是一种以一对多的方式将 IP 数据包发送给多个站点的方法。多播使发送方可以将单个数据包发送给任意数量的接收方。多播使用 IP 网络范围 224.0.0.0/24 作为原始多播流量。

交换机和路由器之类的网络基础架构负责接收单个多播数据包并转发给所有接收者。

在多播组中维护任意给定的多播接收者列表。组成员身份可以实时更改，而不需要多播流量发起者参与。用于管理组成员身份的协议是互联网组管理协议(Internet Group Management Protocol，IGMP)。

ICMP　系统将 ICMP 用于诊断目的。首先，只要两个站点之间的 IP 通信出现问题，就会自动发出 ICMP 消息。例如，一个站点尝试向另一个站点发送消息，并且网络上的路由器知道现在没有到目标站点的路由，则该路由器将 ICMP 类型 3、代码 1 "无主机路由" 诊断数据包返回给发送站点，告知目标站点不可达。

ICMP 消息类型如表 5-7 所示。

ping 命令使用的是 ICMP 8 回送请求数据包类型。如果目标站点可达，将以 ICMP 1 回送应答数据包以响应。ping 命令用于确定是否可以通过 TCP/IP 网络从一个系统访问某个特定系统。

注意：
对 ping 消息没有响应并不一定意味着该系统不存在或没有通信。为了安全起见，组织在其网络边界处阻止 ICMP 回送请求消息。

IGMP IGMP 提供一种称为多播(Multicast)的通信。多播已在本节前面讨论过。

IPsec IPsec 协议套件用于保护基于 IP 的通信。IPsec 采用身份验证和加密的形式提供安全性。

表 5-7　ICMP 消息类型

ICMP 消息类型	定义
0	回送应答
1	(保留)
2	(保留)
3	目标不可达(包含 14 个详细描述原因的子代码)
4	源端被关闭
5	重定向消息(包含 4 个子代码)
6	备用主机地址
7	(保留)
8	回送请求
9	路由器通告
10	路由器请求
11	超时(包含 2 个原因子代码)
12	参数问题：IP 报头错误(包含 3 个原因子代码)
13	时间戳
14	时间戳应答
15	信息请求
16	信息应答
17	地址掩码请求
18	地址掩码应答
19~29	(保留)
30	跟踪路由
31~255	极少使用，或保留供未来使用

IPsec 身份验证可确认网络上站点的身份，用于防止恶意系统伪装成另一个真实系统。身份验证是通过在两个节点之间建立安全关联(Security Association，SA)实现的。该安全关联允

许将数据从原始节点传输到目标节点。如果两个节点都需要双向发送消息，则需要建立两个 SA。Internet 密钥交换(Internet Key Exchange，IKE)协议用于建立关联。

IPsec 具有两种主要的运行模式：

- **传输模式(Transport Mode)** 仅对传入数据包的有效负载执行身份验证或加密，而原始 IP 报头保持不变。原始标头受哈希保护。如果报头更改，则哈希将失败并发生错误。
- **隧道模式(Tunnel Mode)** 每个完整传入的数据包都封装在 IPsec 数据包内。可以加密整个传入数据包，从而防止窃听。此模式通常用于保护通过 Internet 的网络流量，从而在两个节点之间、两个网络之间或远程节点与网络之间创建 VPN。IPsec 隧道模式如图 5-21 所示。

图 5-21　IPsec 隧道模式保护两个远程网络之间的所有流量

Internet 层节点寻址：IPv4　为了指定消息的源和目的，TCP/IP 使用数字地址模式。在 TCP/IP 中，站点的地址称为"IP 地址(IP Address)"。在一个给定的网络上，没有两个站点会具有相同的 IP 地址。这种唯一性允许任何站点直接与任何其他站点通信。

TCP/IP 地址模式还包括一个子网掩码(Subnet Mask)，该子网掩码允许站点确定任何特定的 IP 地址是否驻留在同一子网中。此外，IP 地址规划通常包括默认网关(Default Gateway)，即网络上能够将消息转发到其他子网或网络的站点。

IP 地址和子网　IP 地址的表示方法是以小数点分隔的四组整数，每个整数的值可以在 0 到 255 之间。因此，每个整数都是一个 8 位值。一个典型的 IP 地址是 141.204.13.240。整个 IP 地址的长度为 32 位。

网络上的每个站点都分配有一个唯一的 IP 地址。唯一性允许任何站点向其他站点发送消息，该站点只需要知道目标站点的 IP 地址。

较大的组织可能在许多网络上具有数百、数千甚至数万个站点。通常，一个网络是一个建筑物甚至建筑物里的一部分中的计算机互连。在较大的建筑物或建筑物集合中，各个网络称为子网络(Subnetwork)或子网(Subnet)。这些子网通过路由器或交换机之类的网络设备连接在一起，这些网络设备充当网络间的网关。

子网掩码　子网掩码(Subnet Mask)是一个数值，用于确定 IP 地址的哪一部分标识网络，哪一部分标识网络上的站点。

例如，一个组织拥有网络 141.204.13。在此网络上，组织最多可以拥有 256 个站点，编号为 0 到 255。网络上的站点 IP 地址示例为 141.204.13.5、141.204.13.15 和 141.204.13.200。

子网掩码实际上在位级别起作用。1 表示 IP 地址中相同位置的位是网络标识符，而 0 表示相同位置的位是站点地址的一部分。在前面的示例中，如果 IP 地址中的前三个数字表示网络，则子网掩码为 255.255.255.0。

如图 5-22 所示。

站点IP地址	141.204.13.15	10001101.11001100.00001101.00001111
子网掩码	255.255.255.0	11111111.11111111.11111111.00000000
网络部分	141.204.13.0	10001101.11001100.00001101.00000000
站点部分	0.0.0.15	00000000.00000000.00000000.00001111

图 5-22 子网掩码表示 IP 地址的哪一部分表示网络，哪一部分表示网络上的一个站点

默认网关 网络通常是相互连接的，因此一个网络上的站点可以与任何其他连接的网络上的站点通信(受任何安全限制)。当一个站点希望将数据包发送到另一个站点时，发送站点将检查自己的网络 ID(通过比较其 IP 地址与子网掩码)，并将网络 ID 与目标 IP 地址比较。如果目标站点位于同一网络上，则该站点可以简单地将数据包直接发送到目标站点。

但是，如果目标站点位于其他网络上，则发送站点无法直接发送数据包。取而代之的是，发送站点将数据包发送到一个称为"默认网关"的节点——通常是一个了解邻近和远端网络并能将数据包转发到目的地的路由器。与其他网络互连的任何网络都有默认网关，是所有发送到"其他"或"未知"网络的数据包发送的位置。默认网关将数据包转发至离最终目的地更近的地方。可以将默认网关视为"从这个网络到所有其他网络的出路"。

例如，假设 IP 地址为 141.204.13.15 的站点希望将数据包发送到 IP 地址为 141.204.21.110 的站点。发送站点的子网掩码是 255.255.255.0，意味着发送站点在网络 141.204.13 上，与 141.204.21.110 网络不同，因此发送站点将把数据包发送到默认网关 141.204.13.1，该路由器可以将数据包转发到 141.204.21.110。

当数据包到达连接 141.204.21 网络的路由器时，该路由器可以将数据包直接发送到与该路由器位于同一网络的目标站点。

有类网络(Classful Network) 子网和子网掩码的原始计划允许网络/节点地址边界与 IP 地址中的小数点对齐。这用在几类网络中，如表 5-8 所示。

表 5-8 网络分类

分类	子网掩码	每个网络的站点数
A	255.0.0.0	16 777 216
B	255.255.0.0	65 536
C	255.255.255.0	256

全球互联网中可用 IP 地址短缺的问题与有类网络有关。本章后面的"全球互联网"一节将予以讨论。

无类网络(Classless Network)　显然，将 A 类、B 类和 C 类网络作为创建子网的唯一方法很浪费资源。例如，最小的可用子网是一个有 256 个可用地址的 C 类网络。如果给定的子网上只有一个站点，则将浪费其他 255 个未使用的地址。这种情况导致了无类网络，其中子网掩码可以给网络划分任意边界。无类网络没有像有类网络那样的 A 类、B 类和 C 类名称。相反，无类网络只有子网掩码，有助于保留并更有效地分配 IP 地址。无类域间路由(Classless Interdomain Routing，CIDR)方法用于创建具有任意子网掩码的子网。

表 5-9 显示了一些子网掩码示例，可用于将 IP 地址分配给较小的网络。

表 5-9　无类网络子网掩码

子网掩码(十进制)	子网掩码(二进制)	CIDR 标记	节点数量
255.255.255.254	11111111.11111111.11111111.11111110	/31	2
255.255.255.252	11111111.11111111.11111111.11111100	/30	4
255.255.255.248	11111111.11111111.11111111.11111000	/29	8
255.255.255.240	11111111.11111111.11111111.11110000	/28	16
255.255.255.224	11111111.11111111.11111111.11100000	/27	32
255.255.255.192	11111111.11111111.11111111.11000000	/26	64
255.255.255.128	11111111.11111111.11111111.10000000	/25	128
255.255.255.0	11111111.11111111.11111111.00000000	/24	256

已经研究出一种更快速的方式表示带有子网掩码的 IP 地址，其中子网掩码中的位数使用斜线跟随在 IP 地址后面。例如，IP 地址 141.204.13.15/26 表示子网掩码是 IP 地址的前 26 位(二进制)，即 255.255.255.192。这比分别表示 IP 地址和子网掩码更容易。

虚拟网络(Virtual Network，VLAN)　在前面对 IP 地址和子网的讨论中，TCP/IP LAN 的经典设计规定了 LAN 在物理上是分开的。每个 LAN 将具有自己的物理电缆和设备。

虚拟网络(称为 VLAN)在逻辑上是占用相同物理网络的独立网络。通过对网络设备(包括交换机和路由器)执行高级配置，可以实现 VLAN。

VLAN 技术的主要优势是使用更少的网络电缆和设备以节省成本。VLAN 技术的另一个优点是能够将单个网络划分为逻辑上独立的网络，从而创建较小的广播域并减少信息泄露的可能性。

VLAN 技术的主要缺点是，尽管 VLAN 在逻辑上是分开的，但所有 VLAN 只占用一个物理介质。因为必须共享物理网络，所以一个 VLAN 上的流量有可能干扰其他 VLAN 上的流量。即使具有 QoS 功能，给定的物理网络也是所有 VLAN 必须共享的有限带宽。

特殊 IP 地址　到目前为止，还没有讨论过 IP 中使用的其他 IP 地址。这些 IP 地址及其功能是：

- 环回　IP 地址 127.0.0.1(或整个 127 地址块中的任何其他地址)是一个特殊的"环回"地址。早期技术的物理环回插头连接到网络连接器，以确认系统内的通信或设备。127.0.0.1 环回地址具有相同的功能。如果系统尝试连接到 IP 地址为 127.0.0.1 的系统，实际上是在与自身通信。能够通过环回地址连接到自身的系统以测试操作系统中的 IP 驱动程序。在排除网络故障期间，通常会发出 "ping 127.0.0.1" 或类似命令来验证计算机的 IP 软件是否正常运行。
- **广播** IP 子网中的最高数字 IP 地址是其广播地址。将数据包发送到网络的广播地址后，网络上的所有活动站点将在逻辑上接收到并可能对传入的消息采取行动。例如，在网络 141.204.13/24 中，广播地址为 141.204.13.255。发送到该地址的任何数据包将发送到所有站点。向网络的广播地址发送 ping 命令将导致所有站点回复 echo 应答。

Internet 层节点寻址：IPv6 IPv4 的 IP 版本具有很多缺点，例如，全球 Internet 使用的可用 IP 地址总数。新版本的 IPv6 解决了可用地址以及其他问题。

IPv4 中可用的 IP 地址总数为 2^{32}，即 4 294 967 296 个地址。由于 IP 最初是在网络设备普及之前设计的，因此 40 多亿个可用 IP 地址似乎已经足以满足全世界的需求。IPv6 中可用的 IP 地址数量为 2^{128}，即大约 $3.4×10^{38}$ 个地址。

许多新的网络设备都支持 IPv6，使组织能够慢慢迁移网络。但是，IPv4 预计还将伴随我们很多年。目前的网络设备支持在同一网络介质上 IPv4 和 IPv6 共存的"双栈(Dual Stack)"网络。

IPv6 地址的格式是 8 组，每组有 4 个 16 进制数字，中间用冒号分隔。例如，

`2001:0db8:0000:0042:0000:07cc:1028:1948`

不同于 IPv4 的各种子网模式，IPv6 子网的标准大小为 64 位。将地址分配给各个节点的协议(例如，无状态地址自动配置)通常与/ 64 网络配合使用。

传输层协议 TCP/IP 传输层中的两个主要协议是 TCP 和 UDP。大多数 Internet 通信都基于这两个协议。本节详细探讨 TCP 和 UDP。

TCP 和 UDP 支持两种主要的基于 Internet 的通信：要求高度可靠和有序的消息传递，以及对丢失消息具有较高容忍度的通信。TCP 和 UDP 是针对这两种情况专门设计的。

TCP TCP 是一种高度可靠的消息传递协议，用于需要高度完整性消息传递的情况。基于 TCP 网络流量的主要特征是：

- **唯一的连接** TCP 利用两个站点之间的连接。TCP 支持任何两个站点之间的多个并发连接，可能多达数万个。
- **保证消息完整性** TCP 检查发送和接收的段(Segment)，确保段完整地到达目的地。如果校验和显示在传输中段被更改，TCP 将重传。
- **保证消息传递** TCP 保证消息传递。这意味着，如果一个应用程序通过已建立的 TCP 连接将消息发送到另一个应用程序，并且发送消息的函数从操作系统接收到"成功"的代码，则该消息已成功传递到目标系统。该机制与本节稍后讨论的 UDP 使用的消息传递形成了对比。

- **保证有序传递** 使用 TCP 发送的段包括序号，以便目标系统可以将到达的段按正确顺序组装起来，保证了通过 TCP 应用程序接受的段可以确信以与发送的段相同的顺序到达。

UDP UDP 是一种轻量级消息传递协议，用于速度和低开销比保证传递和有序传递更重要的情况。

与面向连接的 TCP 不同，UDP 是无连接的，意味着 UDP 不需要在发送和接收系统之间建立连接就可以发送数据报(Datagram)。与之相反，发送系统只是将数据报发送到目的地系统。与 TCP 类似，数据报可以发送到目标系统上的特定端口号。

UDP 不会做任何保证有序传递的操作。因此，数据报完全有可能无序地到达目的地系统。实际上，这种情况很少见，但关键是 UDP 不会付出任何努力将到达的数据报按原始顺序重组。

可能有人会问，为什么要使用有这些缺点的 UDP？答案是效率和吞吐量。由于没有每个数据包的连接和确认开销，UDP 比 TCP 更简单，所需的带宽要少得多。

协议数据单元(PDU)

在电信和网络行业中，用不同的术语表示不同层的封装协议(如 TCP/IP)上创建的消息。下面列出一些术语。

技术	PDU
网线	位
以太网	帧
ATM	信元
TCP	数据段
UDP	数据报
IP	包

尽管了解每一层使用的特定术语很有用，通常术语"包(*Packet*)"用于表示每一层的消息。

此外，UDP 不仅不能保证传递的顺序，甚至不能保证目标系统接收到数据报。在 UDP 中，当应用程序向目标系统发送消息时，操作系统返回的"成功"错误代码仅意味着发送了数据报。发送系统没有收到目标系统已接收到数据报的确认。

应用层协议 TCP/IP 应用层已经制定了许多协议。本节将讨论一些根据服务类型分组的应用层协议。

文件传输协议如下。

- **文件传输协议(FTP)** 一种早期但仍广泛使用的协议，用于将文件或整个目录从一个系统批量传输到另一个系统。大多数现代操作系统，如 UNIX、OS X 和 Windows 都支持 FTP。FTP 的一个缺点是登录安全凭证(和所有数据)的传输是未加密的，意味着任何窃听网络通信的人都可以轻松地拦截并将其重新用于潜在的恶意目的。

- **安全文件传输协议(FTP-SSL，简称 FTPS)** 这是 FTP 协议的扩展，使用 SSL 或 TLS 加密身份验证和文件传输。
- **SSH 文件传输协议(SFTP，也是安全文件传输协议)** 是 FTP 协议的扩展，使用 SSH 加密身份验证和文件传输。
- **安全复制(Secure Copy，SCP)** 是一个类似于 RCP(Remote Copy，远程复制)的文件传输协议，但是受 SSH 保护。
- **远程复制(Remote Copy，RCP)** 是基于 UNIX 的早期文件传输协议，用于在系统之间复制文件或目录。RCP 的主要缺点是缺乏对传输数据安全凭证的加密。

消息传递协议如下。

- **简单邮件传输协议(SMTP)** 是通过 Internet 传输几乎所有电子邮件的协议。SMTP 用于通过 Internet 将电子邮件从源发送到目标电子邮件服务器。SMTP 是一种早期的协议，缺少身份验证和加密。部分出于这个原因，用户应该认为他们的电子邮件是非私有的。
- **安全的简单邮件传输协议(SMTPS)** 是合并了 TLS 安全性的增强版本的 SMTP。有时称为"基于 TLS 的 SMTP"。
- **邮局协议(POP)** 是最终用户电子邮件程序用于从电子邮件服务器检索消息的协议。POP 并不是特别安全，用户安全凭证和消息的传输未经加密。
- **Internet 邮件访问协议(IMAP)** 像 POP 一样，最终用户程序使用此协议从电子邮件服务器检索电子邮件消息。
- **网络新闻传输协议(NNTP)** 这是新闻阅读程序通过 Internet 从新闻服务器向最终用户传输 Usenet 新闻所用的协议。基于 Web 的应用程序在很大程度上已取代了 Usenet 新闻。

文件和目录共享协议如下。

- **网络文件系统(NFS)** 制定 NFS 协议的目的是使另一台计算机上的基于磁盘的资源在本地计算机上显示为逻辑卷。NFS 协议通过网络传输磁盘请求和响应。
- **远程过程调用(RPC)** 该协议用于允许正在运行的进程调用在另一台计算机上运行的进程。RPC 支持允许各类客户端-服务器计算功能。

会话协议如下。

- **Telnet** 是一个用于在远程计算机上建立命令行会话的早期协议。用户安全凭证通过网络传输，Telnet 没有加密这些凭据。
- **rlogin** 是一个用于在远程系统上建立命令行会话的早期基于 UNIX 的协议。与 Telnet 一样，rlogin 不会加密身份验证或会话内容。
- **安全 shell** 该协议在两台计算机之间提供一个安全通道，加密了计算机之间的所有通信。SSH 也可以用作封装和保护其他协议的隧道。

- **超文本传输协议(HTTP)** 该协议用于将网页内容从 Web 服务器传输到使用 Web 浏览器的用户。
- **安全超文本传输协议(HTTPS)** 该协议类似于 HTTP，用于在 Web 服务器和浏览器之间传输数据。HTTPS 不是单独的协议，而是使用 SSL 或 TLS 加密 HTTP 的实例。
- **远程桌面协议(RDP)** 这是 Microsoft 专有的协议，用于与另一台计算机建立图形界面连接。

管理协议如下。

- **简单网络管理协议(SNMP)** SNMP 用于监测网络及其组件。当发生需要网络工程师或系统工程师注意的事件时，会生成 SNMP 消息。在大型组织中，SNMP 消息由网络管理系统收集，该系统显示需要注意的网络拓扑和设备。
- **网络时间协议(NTP)** 该协议用于使系统上的时钟与时间参考标准同步。NTP 的使用至关重要，因为计算机中的时钟经常会漂移(运行过快或过慢)，并且组织中所有计算机的时钟必须完全相同以便管理和关联复杂事件。

目录服务协议如下。

- **域名系统(DNS)** 是一个重要的基于 Internet 的服务，用于将域名(如 www.isecbooks.com)转换为 IP 地址。如果一个系统想要与另一个系统建立通信会话，并且该系统仅知道目标系统的域名，那么调用 DNS 服务器是系统到系统通信的先决条件。
- **轻型目录访问协议(LDAP)** 是用于人员和计算资源的目录服务协议。LDAP 通常用作企业身份验证和计算资源服务。Microsoft Active Directory 就是 LDAP 的改编。
- **X.500** 该协议是提供目录服务的 LDAP 功能的前身。

TCP/IP 网络设备 需要网络设备帮助在 TCP/IP 网络之间传输数据包，这些设备包括：

- **路由器** 此设备用于将两个或多个单独的 TCP/IP 网络连接起来。路由器通常具有两个或多个网络接口，每个接口都连接到单独的网络。用于连接 LAN 的路由器通常配备以太网接口，而用于将 LAN 与 WAN 连接的路由器将具有一个或多个以太网连接器以及一个或多个用于 WAN 协议(如 SONET 或 MPLS)的连接器。路由器还可能具有访问控制列表(功能类似于防火墙)，路由器可使用该访问控制列表确定是否应该允许数据包通过并前往目的地。
- **防火墙** 该设备用于控制允许哪些网络数据包跨越网络边界。通常，防火墙会根据其源 IP 地址、目标 IP 地址和协议阻止或允许数据包通过。防火墙通常用于组织的网络边界，保护组织免受来自 Internet 的有害网络流量侵害，但仍然允许合法的电子邮件和通往 Web 服务器的流量。
- **应用程序防火墙** 该设备用于控制发送到应用程序服务器的数据包,阻止那些包含不需要的或恶意内容的数据包。应用程序防火墙可以帮助保护 Web 服务器免受 SQL 注入或缓冲区溢出之类的攻击。
- **入侵防御系统(Intrusion Prevention System，IPS)** 用于检测和阻止恶意网络数据包的设备。

- **代理服务器** 该设备通常用于控制最终用户对 Internet 上的网站的访问。代理服务器通常根据策略控制访问。
- **3 层交换机** 在不同 VLAN 之间路由数据包的设备。从功能上讲，3 层交换机与路由器相同；路由器使用运行在微处理器上的软件执行网络路由，而 3 层交换机使用专用集成电路(Application-specific Integrated Circuit，ASIC)执行路由，从而使其性能比路由器更好。
- **4 层交换机** 基于 TCP 和 UDP 端口号将数据包路由到目的地的设备。
- **4~7 层交换机** 基于数据包内容将数据包路由到目的地的设备，也称为内容交换机、Web 交换机或应用程序交换机。4~7 层交换机可根据策略、性能或可用性将传入的网络流量智能地路由到各台服务器。

有趣的是，尽管 3 层、4 层和 4~7 层交换机是 TCP 网络设备，但交换机的名称却基于 OSI 网络模型层。

集线器、交换机和网关之类的其他网络设备在本章前面的"以太网"一节中讨论过。

软件定义网络 软件定义网络(Software-defined Networking，SDN)是一种新的功能，在虚拟化环境中创建、配置和管理网络基础架构。在 SDN 中，路由器、防火墙、交换机、IPS 和其他网络设备不再是物理设备，而是在虚拟化环境中运行的软件程序。

SDN 使组织在网络基础架构方面具有更大的灵活性；随着网络基础架构需求的增长和变化，虚拟网络设备可以立即实例化并部署，而不必采购额外的网络设备。

组织和团体正在开发 OpenFlow 等 SDN 标准，以建立与 SDN 一致的实践。

5. 全球互联网

企业、政府、军事和教育机构拥有的 TCP/IP 网络是相互连接的，统称为全球互联网，或简称互联网。在全球互联网环境中，节点寻址、路由、域命名和其他事项等 TCP/IP 主题最相关。

IP 寻址(IP Addressing) 称为互联网号码分配机构(Internet Assigned Numbers Authority，IANA)的集中管理机构协调可路由 IP 地址的分配。这协调是必要的，这样就不会分配重复的地址，否则将导致系统混乱和无法访问。

表 5-10 中显示了原始 IP 地址分配方案。

表 5-10 互联网 IP 地址分配

地址	名称	可用网络的总数	每个网络地址
1.0.0.0~126.255.255.255	Class A networks	126	16 777 124
128.0.0.0~191.255.255.255	Class B networks	16 384	65 532
192.0.0.0~223.255.255.255	Class C networks	2 097 152	254

建立 TCP/IP 时，整个 IP 地址空间(即从 1.1.1.1 到 255.255.255.255 的整个可能范围)似乎远远超过了需要。但是，很快就发现原来的 IP 地址分配方案是非常不充分的，导致了私有网

络的范围和使用规则的建立。表 5-11 列出了私有地址范围。

表 5-11 私有地址范围

地址范围	可用地址
10.0.0.0~10.255.255.255	16 777 214
172.16.0.0~172.31.255.255	1 048 576
192.168.0.0~192.168.255.255	131 072

IPv6 解决了足够数量的公共可路由 IP 地址的可用性。请参阅本章前面 IPv6 的补充说明。

注意:
可用地址的数量并未考虑网络 ID 和广播地址，因此实际地址的数量减少。可用地址的数量将因网络的子网划分方式而有所不同。

表 5-11 中列出的私有地址是"不可路由的"，意味着互联网上的任何路由器都不允许转发属于任何私有地址范围内的任何 IP 地址的数据包。这些 IP 地址完全在组织内部使用，协助内部系统间的通信。当具有私有地址的任何系统需要与互联网上的系统通信时，需要通过网关将内部 IP 地址转换为可路由的公共 IP 地址以通信，为此经常使用网络地址转换(Network Address Translation，NAT)方法。

域名系统　互联网利用域名系统(Domain Name System，DNS)，这是一个集中协调的域名注册系统。一些独立的域名注册商(Domain Registrar)可以授权通过收取适当费用向个人和公司发放新域名。这些域名注册商通常也代表每个域名的所有者提供 DNS 服务。

新的和更改的域名会定期上传到互联网的"根"DNS 服务器，使用户能够通过引用 www.myblogsite.com 等域名访问服务。

网络路由　互联网服务提供商(Internet Service Provider，ISP)使用的路由器接收和转发来自数以百万计连接到因特网的系统的 IP 流量。这些大型路由器在大型"路由表"中交换网络的位置信息，包含有关互联网拓扑以及网络地址和位置的规则。互联网路由器通过路由协议交换这些信息，路由协议是包含对互联网拓扑和 IP 寻址的更新的"带外"消息，其中一些协议有：

- 边界网关协议(Border Gateway Protocol，BGP)
- 开放最短路径优先(Open Shortest Path First，OSPF)
- 内部网关路由协议(Interior Gateway Routing Protocol，IGRP)
- 增强内部网关路由协议(Enhanced Interior Gateway Routing Protocol，EIGRP)
- 外部网关协议(Exterior Gateway Protocol，EGP，现在已过时)
- 中间系统到中间系统(Intermediate System to Intermediate System，IS-IS)
- 路由信息协议(Routing Information Protocol，RIP；这是最早的协议之一，已不再用于互联网路由)

具有多个内部网络的组织也使用这些路由协议中的一个或多个，使其路由器可以跟踪不断变化的拓扑和网络寻址。

全球互联网应用程序　应用程序使互联网流行起来。从电子银行到电子商务、娱乐、新闻、电视和电影，互联网上的应用程序使人们在任何地方都可以查看或接收几乎任何种类的信息和内容。

万维网　万维网(World Wide Web)包含了世界上所有的 Web 服务器，可以在许多类型的工作站上使用 Web 浏览器程序访问这些服务器。使用 HTTP 和 HTTPS 发出对 Web 服务器的请求并将内容返回浏览器。发送给浏览器的内容主要包括用 HTML 编写的文本以及包括图像、音频和视频等动态内容的富文本。

因为万维网不需要任何特殊软件就可以从任何地方访问信息和应用程序，因此迅速普及起来。易于使用的工具简化了将多种类型的数据发布到 Web 的过程。

支持万维网的最关键的服务是 DNS。DNS 服务将服务器域名转换为 IP 地址。例如，如果用户要访问 www.mheducation.com，运行该用户浏览器的操作系统将向本地 DNS 服务器请求与 www.mheducation.com 对应的 IP 地址。在 DNS 服务器响应服务器的 IP 地址后，用户的浏览器可向服务器发出请求(52.4.128.203)，然后从服务器接收内容。Web 服务器可以充当应用程序服务器。经过身份验证的用户可以使用 Web 浏览器软件接收菜单、数据输入表格、查询结果和报告，所有这些内容均以 HTML 编写。充当应用程序服务器的 Web 服务器具有与后端应用程序服务器和数据库管理系统通信的内置协议。

电子邮件(E-mail)　电子邮件是互联网上最早的应用之一。电子邮件存在于互联网之前，但电子邮件在互联网实现，成为一种不仅在组织内部而且在组织之间发送消息的方式。SMTP、POP 和 IMAP 协议是在早期制定并采用的，至今仍在广泛使用。SMTP 仍然是互联网电子邮件传输的基础。组织越来越多地使用 SMTPS 保护电子邮件的内容。

即时通信　电子邮件虽然比邮政信件快得多，但有时仍然很慢。即时消息(Instant Messaging, IM)最初是 20 世纪 70 年代在 DEC PDP-11 计算机上和 20 世纪 80 年代初在 UNIX 上开发的，在 20 世纪 90 年代初应用到互联网上。与所有其他互联网应用程序一样，IM 基于 TCP/IP 协议套件，使全世界的人们都可以通过文本、语音和视频实时通信。

网络隧道　隧道是指允许将两个端点之间的通信封装在逻辑"隧道"中的许多协议。通常，隧道用于保护通过互联网等公共网络传输的包含敏感数据的通信。可对隧道中的数据包加密，从而隐藏真正的端点 IP 地址以及消息内容，以防任何中间系统窃听这些通信。隧道通常称为虚拟专用网络(Virtual Private Network，VPN)，因为 VPN 既提供了安全性(通过加密和身份验证)又提供抽象性(通过隐藏系统之间路径的详细信息)。VPN 通常用于最终用户对组织网络的远程访问。

当最终用户想要连接到组织的内部网络时，网络将与 VPN 服务器建立会话并提供身份验证安全凭证。然后将建立一个加密的隧道，使最终用户看起来连接到内部网络。

6. 网络管理

网络管理是确保数据网络继续支持业务目标的功能。网络管理活动包括监测网络设备、识别问题以及采取必要的补救措施恢复网络运行。

网络管理的目的是使数据网络持续可靠地运行。正常运行的数据网络又反过来支持关键业务流程的业务应用程序。

网络管理工具 网络管理需要用于监测和维护数据网络以及排除故障的工具,使 IT 组织可以确保数据网络的持续运行,从而有足够的容量和能力支持组织日常业务运营中至关重要的应用程序和服务。

用于完成任务的工具包括:

- **网络管理系统** 该软件应用程序收集从网络设备和系统发送的网络管理消息。这些消息提醒管理系统设备上存在某些状况,其中某些状况可能需要干预。一些网络管理系统还向网络管理员和工程师提示需要诊断和纠正的状况。
- **网络管理报告** 网络管理系统通常能够生成显示关键指标的报告,如网络可用性、利用率、响应时间和中断时间。服务台系统或事件管理系统的报告还有助于传达组织网络的健康状况。
- **网络管理代理** 代理是驻留在受管理网络设备和其他系统上的小型软件模块。代理监测设备或系统上的操作,并在需要时将消息传输到集中式网络管理系统。
- **事故管理系统** 是一个通用的服务票据(Ticket)引擎,可以捕获和跟踪单个事故并报告给组织,以便组织对事故及时响应。通常,网络管理系统和事故管理系统可以集成在一起,根据网络中需要注意的场景自动创建票据,跟踪事故处理(直到事故结束为止)。
- **嗅探器(Sniffer)** 该软件程序可以安装在网络附加系统或单独的硬件设备上,用于捕获和分析网络流量。
- **安全事故和事件管理(Security Incident and Event Management,SIEM)系统** SIEM 系统基于环境中系统和设备生成的单个错误来收集、关联、分析、报告和创建事件消息供采取行动。

使用网络管理工具的组织通常会实施 NOC,在 NOC 中配备负责监测和管理网络设备和服务的人员。通常,NOC 功能外包给托管安全服务提供商(Managed Security Service Provider,MSSP)。

7. 联网应用程序

除了业务工作站上的简单最终用户工具以外,很少在单个计算机环境中安装和使用业务应用程序。相反,很多地方的人员都集中安装和使用许多应用程序。数据网络促进了中央服务器与业务工作站之间的通信。下面讨论客户端-服务器应用程序、基于 Web 的应用程序和中间件。

客户端-服务器 客户端-服务器(Client-Server)应用程序是用于构建高性能业务应用程序的上一代技术。C-S 技术由一台或多台中央应用程序服务器、数据库服务器和业务工作站组成。中央应用服务器包含业务逻辑,主要是接收和响应从工作站发送的请求指令。其余的业务逻辑驻留在每个业务工作站上,主要用于显示和处理用户表格和报告的逻辑。

当用户使用客户端-服务器应用程序时,通常会选择输入、查看或更改信息。当输入信息时，业务工作站上的应用程序逻辑将请求、分析和接受信息，然后传输到中央应用程序服务器以进一步处理和存储。当查看信息时，用户通常可选择查看哪些信息。工作站上的业务逻辑验证信息，将请求发送到中央应用服务器，服务器会响应信息并将信息发送回工作站进行转换以便查看。

通过从中央计算机上移除所有应用程序显示逻辑并将该逻辑放置在每个单独的工作站上，可以提高客户端-服务器应用程序的性能。C-S 技术方案原则上能成功，但两个主要原因可能导致方案在实践中失败：

- **网络性能** 客户端-服务器应用程序经常使组织的数据网络负担沉重，当许多人同时使用时，应用程序性能会出现问题。典型的示例是工作站发出数据库查询，导致成千上万的记录通过网络返回工作站。
- **工作站软件更新** 事实证明，保持中央应用程序软件和每个工作站上的软件模块同步是有问题的。通常，更新需要同时升级所有工作站。不可避免的是，一些工作站停机或无法更新(最终用户关闭或者将笔记本电脑带回家)，可能导致这些用户的应用程序出现故障。

那些全面实施客户端-服务器应用程序的组织通常对结果不满意。几乎同时，业界发明万维网(WWW)并很快证明是一种有前途的、更简单的替代品。

随着将智能手机和平板电脑上的应用程序设计为客户端-服务器应用程序，客户端-服务器应用程序的设计也得到复兴。

基于 Web 的应用程序 基于 Web 的应用程序正成为前进的方向。基于 Web 的应用程序非常受欢迎的主要特征包括：

- **集中的业务逻辑** 所有业务逻辑都驻留在一台或多台集中式服务器上。将软件更新推送到工作站不再会有问题，因为工作站运行的 Web 浏览器很少需要更新。
- **轻量级和通用显示逻辑** 表单、列表和其他应用程序控制措施之类的显示逻辑很容易用 HTML 编写，HTML 是一种简单的标记语言，可以在工作站上很好地显示，不必在工作站上使用任何应用程序逻辑。
- **轻量级网络要求** 与客户机-服务器应用程序通常将大量数据从集中的服务器发送到工作站不同，Web 应用程序主要将显示数据发送到工作站。
- **需要很少更新的工作站** 工作站仅需要浏览器软件。应用程序本身的更新完全基于服务器。
- **较少的兼容性问题** 基于 Web 的应用程序几乎可以运行在所有类型的工作站上，包括 UNIX、Windows、macOS、Chrome OS 或 Linux，无需在很狭窄的范围内选择工作站。

中间件 中间件是在某些客户端-服务器或基于 Web 的应用程序环境中使用的用于控制通信或交易处理的组件。中间件管理大型应用程序环境中主要组件之间的交互。

常见的中间件类型包括：

- **事务处理(Transaction Processing，TP)监测台** TP 监测器管理应用程序服务器和数据库服务器之间的事务，确保一组数据库服务器之间业务事务的完整性。

- **RPC 网关(RPC Gateway)** 各系统通过 RPC 协议套件协助应用程序环境中各个组件之间的通信。
- **对象请求代理(Object Request Broker，ORB)网关** ORB 网关有助于在使用 CORBA 或 Microsoft COM/DCOM 技术的复杂的多服务器应用程序环境中执行事务。
- **消息服务器** 在系统之间存储和转发事务，并确保最终将事务传送到正确的系统。

中间件通常用于大型、复杂的应用程序环境，尤其是在使用多种技术(操作系统、数据库和语言)的情况下。中间件可以看作帮助应用程序环境更顺畅运行的黏合剂。

5.5 业务韧性

在信息系统环境中，业务韧性(Business Resilience)与支持关键业务流程的 IT 系统和业务应用程序的韧性有关，确保组织的持续生存能力以及在发生重大灾难时的生存能力。考虑到数字化转型(Digital Transformation，DX)现象，即业务流程对信息技术日益依赖，确保 IT 系统的韧性就显得尤为重要。业务韧性中的两个主要活动是业务持续规划和灾难恢复规划。

5.5.1 业务持续规划

业务持续规划(Business Continuity Planning，BCP)是一项业务活动，旨在降低与发生灾难和其他破坏性事件相关的风险。BCP 活动识别组织中最关键的活动和资产。通过改变或增强技术或业务流程来确定并减轻这些风险，从而减少灾难的影响并缩短恢复时间。BCP 的主要目的是提高组织在灾难中存活的机会，灾难不会对组织最关键的活动造成昂贵甚至致命的破坏。

业务持续规划活动的发展规模适用于任何规模的组织。遗憾的是，BCP 仅存在于最大、最富有的组织中。这种误解伤害了大多数组织，这些组织太胆怯，根本无法开展任何形式的 BCP 工作，因为他们认为这些活动的成本太高且破坏性很大。事实是，从一个人的家庭办公室到跨国集团，任何规模的组织都可以成功地开展 BCP 项目。BCP 项目将带来直接的收益，并避免发生破坏性事件。

即使从未发生灾难，组织也可从 BCP 项目中受益。BCP 制定过程中的步骤通常以改进流程和技术的形式带来直接收益，这些改进可提高流程和系统的韧性、完整性和效率。

 考试提示：
业务持续规划与灾难恢复规划密切相关，两者都与灾难后的业务运营恢复有关。

1. 灾难

我总是试着把每一次灾难变成一次机会。

——John D. Rockefeller

在业务环境中，灾难是导致业务运营中断的意外或未计划的事件。灾难可能是遍布整个地理区域的区域性事件,也可能只发生在单个房间的范围内。灾难的影响也有所不同,从完全中断公司的所有运营到仅仅是放缓。

灾难类型 尽管灾难的起因并不影响组织对灾难的响应,BCP 专业人员将灾难大致归类为自然或人为灾难。灾难的类型如下。

自然灾难 自然灾难是自然界中在很少或没有人类帮助的情况下发生的现象,是发生在地球内外的自然过程的结果。

自然灾难的示例包括:

- **地震** 突然的地壳运动,有能力破坏建筑物、房屋、道路、桥梁和水坝,会引起山体滑坡和雪崩,并引发洪水和其他次生事件。
- **火山** 岩浆、火山碎屑流、蒸汽、火山灰和飞石的喷发,可能在广泛的地理区域造成重大破坏。一些火山(如夏威夷的基拉韦厄火山)在有限的区域内产生几乎连续且可预测的熔岩倾泻,而另一些火山(如 1980 年华盛顿州的圣海伦火山喷发)导致火山灰飘落了数千平方英里,使许多大城市市区停滞了好几天,还阻塞了河流并损坏了道路。图 5-23 显示了从太空看到的火山喷发。
- **滑坡** 通常是在陡峭的山坡上,土层突然向下运动,会遮盖建筑物、房屋、道路和公用设施,并造成次生的(尽管仍然是灾难性的)影响,如河流改道。

图 5-23 西西里岛的埃特纳火山

- **雪崩** 在山腰上突然下滑的雪、岩石和碎屑会损坏建筑物、房屋、道路和公用设施,导致直接或间接的损坏,从而影响企业。大量坚硬的、压实的雪层运动造成了板状雪崩。当积雪堆积超过抗剪强度时,就会发生松散的雪崩。超级雪崩是最大的类型,行进速度可以超过 200 英里/小时,并倾泻 1000 万吨的物质。
- **野火** 森林、灌木丛和草原火灾是自然秩序的一部分。然而,火灾还会损坏电线、建筑物、设备、房屋和整个社区,并造成伤亡。

- **热带气旋** 最大和最猛烈的风暴在世界各地称为飓风、台风、热带气旋、热带风暴和气旋。热带气旋包括可达到 190 英里/小时的强风、暴雨和风暴潮,可将海平面高度提高多达 20 英尺,所有这些都可能导致广泛的沿海洪灾,并破坏建筑物、房屋、道路和公用设施以及重大生命损失。
- **龙卷风** 这些剧烈旋转的气柱到达地面时,会对建筑物、房屋、道路和公用设施造成灾难性破坏。大多数龙卷风的风速为 40~110 英里/小时,并沿着地面传播数英里。一些龙卷风可能超过 300 英里/小时,并行驶数十英里。
- **暴风雨** 尽管暴风雨通常比飓风和龙卷风强度低,但仍会造成广泛破坏,包括对建筑物、道路和公用设施的破坏。普遍的电力中断最常见,因为暴风雨会将树木连根拔起,这些树木可能掉入架空的电力线中。
- **闪电** 在雷暴以及沙尘暴和火山喷发期间,都会发生大气放电。闪电会引起火灾,还会损坏建筑物和输电系统,导致电力中断。
- **冻雨** 当雨水通过较冷的空气层落下时,就会发生冻雨,导致雨滴冻结在撞击的任何表面上。当电源线上结冰时,可能导致大面积停电,并且结冰产生的重量导致电力线垮塌。一个典型的实例是 1998 年加拿大东部的冻雨,导致数百万人在长达两周的时间内失去电力供应,蒙特利尔和渥太华几乎瘫痪。
- **冰雹** 这种降水形式由直径为 5~150 毫米的冰块组成。冰雹(Hail)风暴破坏性的一个实例是 1999 年 4 月澳大利亚悉尼的暴风雪,直径达 95 毫米的冰雹损坏了 40 000 辆汽车、20 000 座房屋和 25 架飞机,并造成了 1 人直接死亡。这场风暴造成了 15 亿美元的损失。
- **洪水(Flooding)** 静止或流动的水从堤岸溢出,流入或穿过建筑物,对道路、建筑物和公用设施造成严重破坏。洪水可能是由局部暴雨、积雪融化、大坝溃决、堤防溃坝、热带气旋风暴潮、雪崩或山体滑坡冲垮湖泊或河流造成的。
- **海啸** 这一系列波浪通常是由湖床或海床的突然垂直位移引起的,但海啸也可能由滑坡、小行星或爆炸引起。海啸的波浪在开阔的深水中几乎看不到,但是当接近海岸线时,海浪可以达到 50 英尺甚至更高。最近的值得注意的实例是 2004 年的印度洋海啸和 2011 年的日本海啸。日本海啸造成的海岸线破坏如图 5-24 所示。
- **流行病(Pandemic)** 传染病的蔓延可以发生在广泛的地理区域,甚至全世界。尽管在卫生和免疫学方面取得了进展,但流行病在历史上时有发生,并且很可能会继续发生。流行病是指任何类型快速传播的疾病,包括伤寒、结核、黑死病或流感,如 1918—1920 年的西班牙流感等。图 5-25 显示了在 1918—1920 年大流行期间改建为医院的礼堂。

图 5-24　2011 年日本海啸造成的建筑物损坏

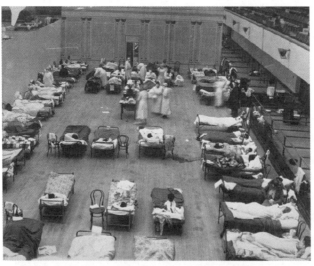

图 5-25　1918 年流感大流行期间，用作临时医院的礼堂

- **地外影响** 这一类别包括陨石和其他可能从天而降的物体。当然，这些事件极为罕见，大多数组织甚至都没有将这些事件包括在风险分析中，但是为了全面了解自然事件的类型，在此将其包括在内。

人为灾难 人为灾难是由人类通过采取或不采取行动直接或间接引起的事件。人为灾难的结果类似于自然灾难：对企业造成局部或广泛的破坏，可能导致长时间的运营中断。

人为灾难的实例包括：

- **骚乱** 包括抗议、示威、暴动、罢工、停工、抢劫以及由此导致的宵禁、疏散或封锁等行动。
- **公用设施中断(Utility Outage)** 电力、天然气、区域供暖、供水、通信和其他公用设施的故障可能是由设备故障、破坏或山体滑坡、洪水等自然事件引起的。
- **服务中断(Service Outage)** IT 设备、软件程序和在线服务的故障可能是由硬件故障、软件漏洞或配置错误引起的。
- **材料短缺** 食物、燃料、供给和材料的供应中断可能对企业及其支持的服务产生连锁反应。图 5-26 显示了 20 世纪 70 年代汽油短缺期间加油站外汽车排成长队。短缺会导致大宗商品价格飙升，几乎与没有任何供应一样具有破坏性。

图 5-26 汽油短缺时，加油站外汽车排成长队

- **火灾** 与野火相反，人为火灾起源涉及房屋、建筑物、设备和材料。
- **有害物质泄漏** 许多人造或精炼的物质如果逸出，可能有危险，例如，石油、瓦斯、杀虫剂、除草剂、医疗物质和放射性物质。
- **交通事故** 宽泛的交通事故包括飞机失事、铁路出轨、桥梁倒塌等。
- **恐怖主义与战争** 无论是国家、民族还是组织的行动，恐怖主义和战争都会在城市和地区的局部造成毁灭性影响。通常，恐怖主义和战争会引发材料短缺和公用设施中断之类的次生影响。

- **安全事件** 单独的攻击者或有组织的网络犯罪分子的行为可以摧毁一个系统、一个或多个网络，从而导致服务普遍中断。攻击者的活动可能直接导致停机，组织可能需要关闭受影响的服务或网络以遏制事故。

注意：
重要的是要记住，真正的灾难通常是复杂的事件，涉及的破坏性事件不止一种。例如，地震会直接损坏建筑物和设备，但也会引起火灾和公用设施中断。飓风还会带来洪水、公用设施中断，有时甚至导致危险物品事件以及抢劫之类的人为骚乱。

灾难如何影响组织 灾难对组织有各种各样的影响。许多灾难具有直接影响，但有时从业务的持续运营角度看，灾难事件的次生影响最为重要。

风险分析是 BCP 流程的一部分(在下一节中讨论)，用于确定灾难可能影响特定组织的方式。在风险分析期间，需要确定和考虑可能发生的灾难场景的主要、次生和下游影响。无论谁执行此风险分析，都需要对业务流程和 IT 系统的相互依赖性以及灾难将以何种方式影响业务运营有广泛的了解。同样，正在制定应急方案和恢复方案的人员也必须熟悉这些影响，以便应急方案能够充分满足组织的需求。

根据定义，灾难以某种可衡量的方式中断了业务运营。如果某个事件未影响特定组织，那么对特定组织而言可以说没有发生灾难。

如果说灾难只影响运营，那将是目光短浅的。相反，应该了解灾难对组织的形象、品牌、声誉和持续的财务生存能力的长期影响。影响形象、品牌和声誉的因素包括组织与客户、供应商和股东的沟通方式以及组织如何实际处理正在发生的灾难。

灾难影响组织运营的一些方式包括：

- **直接损坏** 地震、洪水和火灾等事件直接损坏组织的建筑物、设备或记录。损坏可能非常严重，以至于没有可抢救的物品；也可能不太严重，可以抢救或修复一些设备和建筑物。
- **设施中断** 即使组织的建筑物和设备未受损，灾难也可能会影响电力、天然气或供水等公用设施，从而使部分或全部业务无法运营。垃圾收集的严重延误可能导致发生不卫生状况。
- **运输** 灾难可能损坏公路、铁路、航运或空运等运输系统，造成在一段时间内无法使用。运输系统损坏将中断供应线和人员。
- **服务和供应商短缺** 即使灾难对组织没有直接影响，受灾难影响的关键供应商也会对业务运营产生不良影响。例如，一个无法生产面包并运送给公司客户的地区面包店，很快就会导致三明治商店和餐馆缺乏关键资源。
- **员工可用性** 影响企业的社区或地区性灾难也可能影响家庭和家族。根据员工应对灾难的本性，家庭成员的安全和安慰会放在首位。此外，如果运输系统受到影响或材料严重短缺，员工可能无法或不愿上班。如果员工担心自己或家人的人身安全，也可能不愿去上班。

- **客户可用性** 各种灾难可能阻止客户前往业务地点开展业务。一些使员工离职的因素也可能导致客户离开。

2. 业务持续规划流程

规划灾难准备的正确方法首先是了解可能发生的各种灾难及其对组织的影响。也就是说，先规划后行动。

业务持续规划流程是一个生命周期流程(Life Cycle Process)。换句话说，业务持续规划(和灾难恢复规划)不是一次性的事件或活动，而是一系列活动，为灾难做好持续的准备，使规划不断适应不断变化的业务条件并不断改善。

业务持续规划流程生命周期的要素有：

- 制定 BCP 策略
- 执行业务影响分析(Business Impact Analysis，BIA)
- 执行关键性分析
- 建立恢复目标
- 制定恢复和持续战略与方案
- 测试恢复和持续方案与程序
- 培训人员
- 通过定期检查和更新维护战略、方案和程序

BCP 生命周期如图 5-27 所示。本章将详细描述此生命周期的细节。

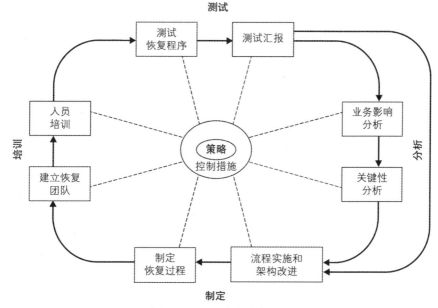

图 5-27　BCP 流程生命周期

业务持续规划策略　像任何战略活动一样，正式的 BCP 工作必须存在于正式的策略和整个治理模型中。BCP 应该是 IT 控制框架的组成部分，不应该位于 IT 控制框架之外。因此，BCP 策略应包括或引用特定的控制措施，确保 BCP 生命周期中的关键活动得到适当执行。

业务持续规划策略还应定义 BCP 策略的范围，意味着必须定义 BCP 工作中包含的特定业务流程。有时范围还包括地理边界。在大型组织中，有可能会因为"好高骛远"而为 BCP 项目定义太大的范围，因此将范围限制为组织中较小的、更易于管理的部分可能是一个好方法。

BCP 和 COBIT 控制措施　DSS04(确保持续服务)包含了 BCP 中涉及的特定 COBIT 控制措施。DSS04 有八个具体的控制措施，构成整个 BCP 生命周期：

- 定义业务持续方针、目标和范围
- 维护业务持续策略
- 制定和实施业务持续响应
- 练习、测试和审查 BCP
- 审查、维护和改进业务持续方案
- 执行持续方案培训
- 管理备份安排
- 执行恢复后审查

上述控制措施将在本章和 COBIT 中讨论。

业务影响分析　业务影响分析(Business Impact Analysis，BIA)的目的是识别不同场景将对正在运行的业务运营产生的影响。BIA 是在制定持续或恢复方案和程序之前必须执行的几个关键的、详细的分析步骤之一。

盘点关键流程和系统(Inventory Key Process and System)　BIA 的第一步是收集关键业务流程和 IT 系统。在 BCP 项目的总体范围内，这一步的目标是建立所有可识别过程和系统的详细清单。通常的方法是编制一份调查表或登记表，并将表格发放给最终用户部门以及 IT 部门的主要人员。一个登记表示例如图 5-28 所示。

通常，将在登记表上收集的信息转录到一个多列的电子表格。在电子表格中可以集中查看组织范围内流程的所有信息，这在 BCP 项目的后续阶段(如关键性分析)会更有用。

提示：
在收集与关键流程和系统相关的信息时，采用登记表不是唯一可接受的方法。也可以与关键用户和 IT 人员进行一对一的访谈或小组访谈，来识别关键的流程和系统。

进程或系统名称	
被访谈者	
标题	
部门	
联系方式	
日期	
流程所有者	
流程操作人员	
流程描述	
面对客户(是或否)	
使用的IT系统	
主要供应商	
所需通信方式	
所需资产	
流程依存关系	
其他依赖项	
文档位置	
记录位置	

图 5-28　收集关键流程数据的 BIA 登记表示例

规划行动前

IT 人员通常渴望进入项目中有趣又充实的部分。开发人员急于在设计之前就开始编码；系统管理员渴望在确定范围和设计之前先构建系统；BCP 人员迫切希望开始设计更健壮的系统架构，并在了解关键因素之前修补复制和备份功能。在规划业务持续性和灾难恢复时，完成 BIA 和其他分析至关重要，这些分析有助于定义在进入有趣的部分之前所需的系统和流程。

影响陈述　在公司对流程和系统盘点和分类时，获得对每个流程和系统的一个或多个影响陈述(Statement of Impact)也至关重要。影响陈述是对流程或系统在一段时间内无法使用时对业务影响的定性或定量描述。

对于 IT 系统，可能会获得特定 IT 系统不可用时影响的用户数量以及部门或功能的名称。如果合适的话，也包括受影响用户和功能的地理位置。以下是一些影响 IT 系统的示例：

- 法国和意大利的三千名用户无法访问客户记录。
- 北美的所有用户无法阅读或发送电子邮件。

对业务流程的影响陈述可能会引用受到影响的业务功能。下面是一些示例：

- 应付账款和应收账款功能无法处理。
- 法务部门无法访问合同和附录。

对创收和支持创收的业务功能的影响可以用单位时间内的财务影响量化(确保所有功能使用相同的时间单位，以便相互比较)。下面是一些示例：

- 无法下达家电订单的成本为 12 000 美元/小时。
- 延迟付款将产生 45 000/天的利息费用。

在收集影响陈述时，在主工作表中创建几列是有意义的，可以在以后对类似单元格(功能名称、用户数量、财务数据)排序和归类。

一个完整的 BIA 包含以下每个流程和系统的信息：

- 系统或流程的名称
- 负责人
- 功能描述
- 系统的依赖关系
- 供应商的依赖关系
- 关键员工的依赖性
- 根据收入、受影响的用户和/或受影响的功能量化的影响陈述

关键性分析 当收集了所有的 BIA 信息并制成图表后，则应执行关键性分析(Criticality Analysis，CA)。

关键性分析(Criticality Analysis)是对每个系统和流程的研究，是对组织丧失能力时的影响、丧失能力的可能性以及降低丧失能力带来的风险或影响的估计成本的考量。换句话说，关键性分析是一种侧重于关键流程和系统的特殊类型的风险分析。

关键性分析需要包括或参考威胁分析(Threat Analysis)。威胁分析是一种风险分析，可以识别出每种具有合理发生概率的威胁，以及一个或多个缓解控制措施或补偿性控制措施，以及在缓解/补偿性控制措施部署到位的情况下新威胁的发生概率。现在想象这是什么样子有点困难，请参见表 5-12，这是谈论内容的一个简单示例。

表 5-12 威胁分析的示例：识别关键系统和流程的威胁和控制措施

系统	威胁	可能性	缓解控制措施	成本	降低的概率
应用程序服务器	拒绝服务	0.1%	高性能过滤路由器	$60 000	0.01%
	恶意软件	1%	防病毒软件	$200	0.1%
	储存失败	2%	RAID-5	$20 000	0.01%
	管理员失误	15%	配置管理工具	$10 000	1%
	硬件 CPU 故障	5%	服务器集群	$15 000	1%
	应用程序软件漏洞	5%	源代码审查	$10 000	2%
	长时间停电	25%	不间断电源	$12 000	2%
			发电机	$40 000	0.5%
	洪水	2%	搬迁数据中心	$200 000	0.1%

在前面的威胁分析中，请注意以下几点：

- 针对单一资产列出多个威胁。在表格中,只提到了八个威胁。除了一个威胁之外,其他威胁只列出了一个缓解威胁的控制措施。对长时间停电威胁,列出了两种控制措施。
- 中断成本没有列出来。需要计算每单位时间停机成本的系统或流程要包括在此处,并执行一些计算以显示每个控制措施的回报。
- 一些缓解控制措施可以使多个系统受益。在这个示例中可能不是很明显,但是使用不间断电源(Uninterruptible Power Supply,UPS)和发电机可以让多个系统受益,因此这些缓解控制措施的成本可以分摊给多个系统,从而降低每个系统的安全成本。另一个示例是位于两个不同地理区域的高可用性存储区域网络(Storage Area Network,SAN)。尽管最初价格昂贵,但多个应用程序都可以使用 SAN 存储,并且所有这些应用程序都将从复制到对应存储系统中受益。
- 威胁概率是任意的。在表 5-12 中,概率是一整年中的一次事件,例如,5%意味着威胁将每 20 年发生一次。
- 不包括中断时间。组织可能还需要包括这一点,特别是如果要按小时或其他时间单位量化中断时间。

很明显,威胁分析和相应的关键性分析可能会变得很复杂。分析的规则应该是这样的:威胁分析和关键性分析的复杂性应该与资产的价值成正比。例如,一家公司的应用程序中断时每分钟的损失达数千美元,会花费数周甚至数月的时间找出所有可能的场景和各种缓解措施,并找出哪些措施具有成本效益。另一方面,对于中断的影响成本低得多的系统或业务流程,用于支持威胁和关键性分析的时间要短得多。

考试提示:

与 BIA 和 CA 有关的任何问题都必须将业务影响分析(BIA)放在首位。没有业务影响分析,就无法根据缓解策略的可能性或成本效益评估关键性分析。BIA 识别战略资源并为战略资源的恢复和运行提供价值。如果在某一特定阶段出现识别 BCP 的问题,请确保在选择目标和策略之前,选择的所有答案都有助于 BIA 和 CA。

确定最大可允许停机时间 每个关键流程的下一步是建立一个称为最大可允许停机时间(Maximum Tolerable Downtime,MTD)的指标。MTD 是一个从灾难发生开始计时的理论时间段;超过 MTD,则组织的持续生存能力将受到威胁。为每个关键过程建立 MTD 是一个重要步骤,有助于建立关键恢复目标。

建立关键恢复目标 在确定了停机的成本或影响并考虑了缓解控制措施的成本和收益后,可以为每个关键流程确定一些关键目标。关键目标用于确定灾难发生后,关键系统和流程应以多快的速度恢复可用性,以及灾难造成的最大可容许数据损失。两项关键恢复目标是:

- 恢复时间目标(Recovery Time Objective,RTO) 指从灾难开始到服务恢复所经过的最长时间。

- **恢复点目标(Recovery Point Objective，RPO)** 指灾难发生以来最长的数据丢失时间。

一旦明确RTO和RPO的目标值，灾难恢复(Disaster Recovery，DR)团队便可以开始建立系统恢复功能和程序，帮助组织更经济地实现关键恢复目标。稍后将对此详细讨论。

3. 制定持续方案

由于新技术将在日常运营环境中运行，因此，流程和程序与新技术的正常操作有关。当制定了流程和程序后，便可以开始制定灾难恢复规划和相应程序(在灾难发生时和灾难发生后立即采取的行动)。

例如，组织已经为关键应用制定了RPO和RTO目标。关键恢复目标需要部署具有复制功能的服务器集群和存储区域网络。在实施新技术时，组织制定了相应的操作流程和程序，以支持在正常业务运营期间每天执行的新技术。作为单独的活动，组织将制定在灾难袭击应用程序的主要运营中心时要执行的操作程序。操作程序包括必须采取的所有步骤，以便应用程序可以继续在备用位置或公有云中运行。

在灾难期间操作关键应用程序的程序只占整个必要程序体系的一小部分，组织还必须制定其他几套程序，包括：

- 人员安全程序
- 灾难宣告程序(Disaster Declaration Procedure)
- 责任
- 联系信息
- 恢复程序
- 持续运营
- 重建程序

所有程序都是必不可少的组成部分。

人员安全程序(Personnel Safety Procedure) 当灾难袭来时，当务之急是必须立即采取措施确保人员的安全。如果在建筑物中灾难已经或即将发生，则可能需要尽快疏散人员。然而在某些情况下，疏散恰恰是错误的做法。例如，如果飓风或龙卷风袭击了一个基础设施，即使对建筑物造成了一些损坏，但建筑物本身仍可能是人员的最佳庇护场所。这里的重点是，必须谨慎制定人员安全程序，根据事件性质的不同，可能需要不止一套程序。

提示：
在任何灾难或紧急情况下，最优先考虑的是人员的生命安全。

人员安全程序需要考虑许多因素，包括：
- 确保所有人员熟悉疏散和避难程序。
- 确保访客知道如何撤离房屋和避难所。
- 在建筑物外张贴指示紧急疏散路线和聚集区域的标志和标语牌。

- 安置应急照明设备，协助疏散或安置。
- 提供灭火设备(便携式灭火器等)。
- 确保在通信和电力切断以及所有人员都在建筑物外的情况下，能够与公共安全和执法机构通信。
- 照顾受伤人员。
- 心肺复苏和急救培训。
- 提供可以协助疏散伤员和残疾人士的安全人员。
- 提供为访客和非员工负责任的能力。
- 提供在极端天气条件下的紧急避难所。
- 提供应急食物和饮用水。
- 定期测试，确保在真实紧急情况下疏散程序是适当的。

本地应急管理组织可能有其他可用信息，这些信息可以帮助组织制定组织的紧急人员安全程序。

灾难宣告程序 宣告灾难后将启动灾难响应程序。但是，宣告本身必须有一个程序，以便对发布宣告的必要条件没有任何疑问。

为什么需要灾难宣告程序？主要是因为人们并不总是清楚发生的情况是不是真正的灾难。当然，发生 7.5 级地震或大火是一场灾难，但是用微波炉过度烹饪爆米花并引发建筑物告警系统可能并不是灾难。可能会也可能不会将许多"介于两者之间"的情况视为灾难。灾难宣告程序必须说明一些基本条件，帮助组织确定是否应宣告灾难发生。

此外，谁有权宣布灾难？如果高级管理层经常出差而又不在附近怎么办？还有谁可以宣布灾难？最后，宣布灾难意味着什么？接下来会发生什么？ 以下几点构成组织在灾难宣告程序中需要考虑的主要事项。

组建核心团队 需要建立一个核心人员团队，所有人员都将熟悉灾难宣告程序及一旦宣布灾难后就必须采取的行动。核心团队应该由熟悉业务运营的中高层管理人员组成，尤其是关键业务运营的管理人员。核心团队必须足够大，以便在灾难袭来时少数必要的人员在场。在有二班倒、三班倒和周末工作人员的组织中，核心团队成员应该在这段时间内担任管理职位。但是，核心团队成员可以是"工作时间"工作，而非一直在现场。

宣告标准 宣告程序必须包含一些切实的标准，核心团队成员可以参考宣告标准以指导做出"这是灾难吗？"的决策。

灾难宣告的标准应该与正在运行的关键业务运营的可用性和可行性相关。示例标准包含以下任何一项或多项：

- 对支持关键业务运营的建筑物执行持续时间超过四个小时的强制疏散。
- 硬件、软件或网络故障导致关键 IT 系统瘫痪或不可用超过四个小时。
- 互联网服务提供商或云服务提供商出现严重的、长时间宕机。
- 任何导致关键 IT 系统瘫痪超过四个小时的安全事故(安全事故可能涉及恶意软件、入侵、攻击和破坏等)。

- 任何导致员工缺勤或供应商短缺的事件,进而导致一个或多个关键业务流程瘫痪超过 8 小时。
- 任何导致通信故障的事件,进而导致关键 IT 系统无法访问超过 4 小时。

前面的示例是许多组织的基本完整的标准清单。持续时间因组织而异。例如,像 Salesforce.com 这样的大型在线企业,如果主要网站无法访问超过几分钟,则可能会宣告为灾难。但在一个计算机不那么重要的组织中,可能不会将宕机 4 小时视为灾难。

触发告警 当满足灾难宣告标准时,应宣告灾难。灾难宣告程序可以允许任何一个核心团队成员宣告灾难,但是最好让两个或更多核心团队成员就是否应该宣告灾难达成共识。每个组织都可以选择由一个人还是一组人(两个或两个以上人员)宣告。

所有授权宣告灾难的核心团队成员应该随时将程序放在手边。大多数情况下,宣告标准可印在可塞入小型夹层钱包的卡片上。对于使用共识方法宣告灾难的组织,放在钱包的卡片应包含其他核心团队成员的姓名和联系电话,保证每个人都有其他人的联系方式。

下一步 宣告灾难将触发一个或多个响应程序的启动,但不一定是所有的响应程序。例如,由于严重的计算机或软件故障而宣告灾难,则不必撤离建筑物。虽然这个实例虽然很明显,但并非所有实例都如此清晰。灾害宣告程序本身或随后的每个响应程序都应包含有助于确定应该启动哪些响应程序的标准。

错误告警 人员未宣告灾难的最常见原因是认为灾难并未真实发生。有权宣告灾难的核心团队成员不必犹豫。相反,只要可以迅速完成,核心团队成员可以召集其他核心团队成员做出果断决策。

如果已经宣告灾难,并且后来很明显已经避免了灾难(或者根本就没有灾难),则可以简单地取消灾难并宣告灾难已结束。可以联系响应人员,告知他们停止响应活动并恢复正常活动。

提示:
根据灾难响应开始的几分钟和几小时内的努力程度,在不存在任何灾难时宣告灾难的后果可能严重也可能不严重。本着持续改进的精神,任何出现误报的组织都应设法改善灾难宣告标准或程序。训练有素、经验丰富的人员通常可以减少误报频率。

灾难责任 在灾难期间,需要执行许多重要任务,以疏散或安置人员、评估损失、恢复关键流程和系统以及执行对企业生存至关重要的多种职能。

本节将介绍多种职责。在大型组织中,每个职责可能由两三名或更多名人员组成的团队完成。在小型组织中,少数人可能会承担许多责任,并视情况在角色之间切换。

所有角色都应配备可用的人员。重要的是要记住,在灾难期间,由于各种原因,许多"理想"人选可能无法担任职位,包括以下几个原因:

- **受伤、生病或死亡** 区域性灾难将造成大量的人员伤亡,其中包括一定比例的响应人员的伤亡。那些受伤的、生病的(例如,在流行病的情况下,或在灾难发生时正在从疾病或手术中恢复的人员)或因灾难死亡的人员显然不会提供帮助。

- **照顾家庭成员**　灾难可能造成大范围的伤害或需要大规模疏散。一些情况下，许多人员将照顾家庭成员，这些家庭成员对安全的迫切需要优先于工作场所对这些人员的需要。
- **交通不便**　灾难包括对运输基础架构的局部或大范围破坏，可能导致许多愿意到现场协助紧急行动的人员无法前往事发地点。
- **位于区域外**　一些灾难响应人员可能因出差或度假而无法响应。但是，实际上有些人员可能通过一些变通方式提供帮助。在不受灾难的物理影响的情况下，这些人员可以通过其他方式提供帮助，例如，与供应商、客户或其他人员沟通，说明情况。
- **无法沟通**　一些类型的灾难，特别是局部灾难(相对于观察者而言较为普遍和明显)，需要联系灾难响应人员并请求他们提供帮助。如果灾难已发生数小时，一些人员可能无法联系到。
- **对灾难及其后果的恐惧**　一些类型的灾难(例如，流行病、恐怖袭击和洪水等)可能使响应人员对安全应急产生恐惧，而无视救援呼吁并远离工作场所。

注意：
担负职责的所有响应人员都必须能够利用一切可用的资源来完成要求执行的任务——这既是艺术又是科学。尽管响应和应急方案可能会做出某些假设，但人员可能会发现自己所拥有的资源比所需的少；这就要求响应人员最大限度地利用可用资源。

每个角色将与其他许多角色的人员一起工作，通常是与陌生人一起工作。整个响应和恢复操作可能像一个全新组织在陌生环境使用一套全新规则运营。在典型组织中，当团队成员彼此熟悉并相互信任时，团队会工作得很好。在响应和恢复操作中，压力要高得多，团队通常由彼此陌生的人员和新角色组成，将会引起额外的压力，从而将人们最好的一面和最坏的一面都展现出来，如图 5-29 所示。

图 5-29　灾难恢复和在混乱时期组建新团队的压力将加剧紧张气氛

应急响应 是灾难期间的第一响应方。首要任务包括疏散或为人员提供避难、急救，进行伤员分类、灭火等。

指挥与控制(应急管理) 在灾难响应运行期间，必须有人负责。在灾难中，资源可能十分稀缺，许多问题都将引起关注。需要有人担当决策者，保持灾难响应活动的进展并处理出现的情况。决策者角色可能需要由多人轮换担当，在较小的组织中尤其如此。

提示：
尽管现场出现的第一名人员可能是最初的负责人，但是随着指派的合格人员出现并负责，以及灾难和响应的稳定，情况肯定会改变。

文档化 在救灾行动中，一名或多名人员持续记录重要事件至关重要。从决策到讨论，到表决，所有事件都必须记录下来(然后以数字方式记录下来)，以便以后可以整理灾难响应的细节，帮助组织更好地了解灾难响应是如何展开的，决策是如何制定的，以及谁执行了哪些行动。所有活动都将有助于组织更好地为未来的事件做好准备。

内部和外部沟通 在许多灾难场景中，人员可能会失去许多或全部正常的通信方式，如固定电话、语音信箱、电子邮件、智能手机和即时消息。然而，当灾难响应没有按预期方案执行时，沟通至关重要。需要内部沟通，以便将各种活动的状态发送给指挥和控制部门，并将优先事项和命令发送给灾难响应人员。

组织之外的人员也需要了解灾难来袭时发生了什么。在灾难期间和之后，想要或需要了解业务运行状况的人员可能有很多，包括：

- 顾客
- 供应商
- 伙伴
- 股东
- 邻居
- 监管机构
- 公共媒体
- 执法和公共安全部门

不同的受众需要不同的消息，以及不同形式的消息。

法律与合规 灾难期间可能会产生一些需要内部或外部法律顾问注意的需求。灾难需要法律援助的特殊情况有：

- 法律法规和监管合规解释
- 供应商和客户的合同分析
- 对其他方责任问题的管理

提示：
因为在灾难期间法律工作人员可能无法工作，典型的法律问题需要在灾难发生之前做出预案，相关信息包含在灾难响应程序中。

损害评估 无论灾难是物理上的剧烈事件(例如，地震或火山)，还是不涉及任何物理表现(例如，严重的安全事件)，都需要一名或多名专家检查受影响的资产并准确评估损失。由于大多数组织拥有许多不同类型的资产(从建筑物、设备到信息)，因此需要合格的专家评估涉及的每种资产类型。不必召集所有可用的专家，只需要咨询与所发生事件的类型匹配的那些专家。

评估所需的专业知识可能远远超出组织中现有的技能，例如，建筑结构工程师可以评估潜在的地震破坏。这种情况下，明智的做法是保留外部工程师的服务；外部工程师将做出响应并评估建筑物在灾难后是否可以安全居住。实际上，保留一个以上工程师可能是有意义的，以防其中一个或多个受到灾难影响。

抢救(Salvage) 灾难会摧毁组织用于生产产品或提供服务的资产。发生灾难时，需要安排人员(合格的员工或外部专家)检查资产以确定哪些可抢救。抢救团队需要按照组织的需要执行实际的抢救操作。

某些情况下，关键流程可能已经瘫痪，直到急需的机械装置抢救、修理或更换后才能继续，此时抢救就可能是一个关键路径活动。在其他情况下，抢救行动对成品、原材料和其他物品的库存执行清点操作，以便可以恢复业务。有时，当损坏的设备或材料明显完全损坏时，挽救工作涉及将受损的物品或材料出售给另一个组织。当组织要提出保险索赔时，评估资产损坏可能是当务之急。保险可能是组织恢复工作的主要资金来源。

警告：

抢救行动可能是关键路径活动，也可能是灾难发生后可以很好执行的活动。抢救行动应尽量事先确定。否则，指挥和控制(C2)职能将需要确定抢救行动的优先级。

物理安全 灾难发生后，通常组织的物理安全控制措施可能会受到影响。例如，可能会损坏栅栏、墙壁和路障，或者可能会禁用视频监视系统或缺少电力供应。在控制措施恢复前，物理控制措施故障可能会增加资产损失或人员受到伤害的风险。此外，与主要场所相比，临时场所(例如，热备/温备/冷备中心和临时工作中心)的安全控制措施可能不足。

供应 在紧急行动和恢复行动期间，人员需要多种物资以维持生命和工作，从食物和饮用水、写字板、笔，到智能手机、便携式发电机和延长线，不一而足。供应职能还可能负责为冷备中心订购备用资产，如服务器和网络设备。

运输 当工人在临时位置工作以及区域或本地运输系统受到影响时，可能需要安排各种运输工具以支持紧急行动。对运输的安排包括通过卡车、汽车、铁路、海运或空运来输送工人、设备或物质。运输部门还可以负责安排人员的临时住宿。

网络 负责评估组织的语音和数据网络，为紧急行动建立/配置网络，或两者兼有。这一职能可能需要与外部电信服务提供商广泛协调，顺便说一句，这些提供商也可能会遭受本地或区域灾难的影响。

网络服务 网络服务职能负责以网络为中心的服务，例如，域名系统(DNS)、简单网络管理协议(SNMP)、网络路由和身份验证。

系统　负责构建、加载和配置支持关键服务、应用程序、数据库和其他功能的服务器和系统。人员可能使用虚拟化等技术实现额外的灵活性。

数据库管理系统　对于依赖数据库管理系统的关键应用程序，此职能负责在恢复系统上构建数据库并负责将数据从备份介质、复制卷或电子备份还原或恢复到恢复系统上。数据库人员将需要与系统、网络和应用程序人员一起工作，确保数据库正常运行并在需要时可用。

数据和记录　负责电子和纸质商业记录的获取和再创建。这是一项业务功能，支持关键业务流程，并与数据库管理层合作。如有必要，该业务功能还与数据输入人员合作，重新输入丢失的数据。

应用程序　负责恢复应用程序服务器上的应用程序功能，可能包括重新加载应用程序软件，配置、设置角色和用户账户，以及将应用程序连接到数据库等。

访问管理　负责创建和管理用于网络、系统和应用程序访问的用户账户。承担此职责的人员可能特别容易受到社交工程攻击(Social Engineering Attacking，SEA)的影响，并容易在没有合理授权或批准的情况下创建用户账户。

信息安全与隐私　担任这一职务的人员负责确保在恢复和紧急行动期间执行适当的安全控制措施。这类人员需要识别与紧急行动有关的风险，并要求采取补救措施以降低风险。安全人员还将负责执行隐私控制措施，即使业务运营受到灾难的影响，也要确保不会泄露员工和客户的个人数据。

异地存储　负责从异地存储设施中检索备份介质，并保护运输到恢复操作现场的介质。如果恢复操作时间较长(超过两天)，则需要备份恢复站点上的数据并将数据发送到异地介质存储基础设施，以保护热备中心/温备中心/冷备中心发生灾难时的信息。

用户硬件　在许多组织中，当员工没有工作站、打印机、扫描仪、复印机和其他办公设备时，生产几乎无法进行。因此，需要为在临时或备用位置工作的最终用户提供、配置和支持所需的各种办公设备。必须与其他职能协同工作，确保工作站和其他设备能够根据需要与应用程序和服务通信，支持关键流程。

培训　在紧急行动期间，当响应人员和用户在新的地点(通常使用新的或不同的设备和软件)工作时，可能需要培训人员，以便快速恢复生产。培训人员将需要熟悉许多灾难响应和恢复程序，以便掌握组织对应急响应人员的期望。培训职能还需要能够向应急响应人员分发紧急行动程序。

恢复　当IT准备将运行在热备中心/温备中心/冷备中心系统上的应用程序迁移回原始处理中心时，恢复功能将发挥作用。

合同信息　负责理解和解释合同。大多数组织都是一份或多份法律合同的参与方，合同要求组织执行特定的活动、提供特定的服务，并在服务水平发生变化时告知状态。

合同功能不仅在灾难规划阶段，而且在实际灾难响应期间都至关重要。需要根据特定的合同条款向客户、供应商、监管机构和其他各方发出通知。

关键人员按照恢复程序，来支持BIA和CA中确定的关键业务功能(如IT系统)。恢复程序应该与可能已添加到IT系统中的技术紧密结合，使技术更具韧性。

第 5 章　IT 服务管理和业务持续

假设虚构的 Acme Rocket Boots 公司确定订单输入业务功能对业务的持续生存至关重要，并制定了恢复目标以确保订单输入可以在灾难发生后的 48 小时内继续运营。Acme 确定需要在存储、备份和复制技术上投资，以实现 48 小时恢复。如果没有这些投资，支持订单输入的 IT 系统将至少停机 10 天。Acme 无法证明购买系统和软件是否有利于将订单输入应用程序在发生故障时自动转移到热备中心的 DR 服务器。相反，恢复过程需要从基于云平台的服务器上复制数据来重建数据库。其他任务(例如，安装最新的补丁程序)对恢复服务器投入生产也是必要的。使 IT 系统准备就绪需要的所有任务构成了支持业务订单输入功能所需的恢复程序的主体。

当然，这个实例过于简化。实际的恢复程序可能需要几十页的文档，并且网络组件、最终用户工作站、网络服务以及订单输入应用程序所需的其他支持 IT 服务也必须有相应的应急程序文件。所有程序都是应用程序再次运行所需的。需要更多的程序文件使应用程序在恢复环境中正常运行。

持续运营程序　持续运营程序与业务流程的关系要大于与 IT 系统的关系。但二者是相互关联的，因为用于持续执行关键业务流程的程序必须与用于运营支持 IT 系统的程序紧密结合，而这些 IT 系统也可能在恢复或紧急模式下运行。

设想一下，灾难可能会突然袭击一家组织，而组织的关键业务流程在一个城市中运行但由位于另一个城市中的 IT 系统所远程支持。灾难可能会袭击具有关键业务功能的城市，意味着人员可能必须继续使用原始的功能齐全的 IT 应用程序在其他地理位置运行这一业务功能。灾难还可能会通过 IT 应用程序袭击整个城市，从而迫使该应用程序在备用位置进入紧急/恢复模式，而应用程序的大多数用户却以常规方式运行。当然，灾难可能发生在两个物理位置(或灾难可能发生在关键业务功能及其支持的 IT 应用程序所在的物理位置)，从而使关键业务功能及其支持的 IT 应用程序都处于紧急状态。任何组织的现实情况都可能比这还要复杂：只需要添加对外部应用程序服务提供商、具有自定义接口的应用程序或在多个城市运行的关键业务功能的依赖。

发生灾难后，IT 操作需要临时驻留在备用处理站点，同时在原始站点上恢复。一旦修复完成，IT 操作将需要转移回主处理设施。应该期望将这个转换程序记录下来(稍后将讨论并行测试)。

注意：
将应用程序迁移回原始处理站点并不一定只是将初始站点迁移到云/热备/温备/冷备中心的第二次迭代。情况远非如此。恢复站点可能只具备原始站点的骨架(容量、功能或两者兼有)。目的不一定是将恢复站点上的功能移回原始站点，而是将原始功能恢复到原始站点。

继续以 Acme Rocket Boots 为例来展开讨论。Acme 公司在 DR 站点的订单输入应用程序只有基本功能，没有扩展功能。例如，客户无法查看订单历史记录，也无法处理自定义订单；只能订购现成的产品。但当应用程序移回主处理基础设施时，需要将 DR 应用程序上累积的订单历史记录合并到主订单历史记录数据库中,而这并不是灾难恢复方案的一部分。

持续和恢复方案的注意事项 要使持续和恢复方案有效,必须执行大量的详细规划和后勤工作。

关键人员的可用性 在灾难中,常规专家队伍中每个成员未必都是可用的。如本章前面所详细讨论的,人员可能由于多种原因而不可用,常见原因包括:

- 受伤、疾病或死亡
- 照顾家庭成员
- 交通不便
- 交通基础架构受损
- 位于区域外
- 无法沟通
- 对灾难及其后果的恐惧

提示:
组织必须制定完整而准确的恢复和持续文档,并执行交叉培训和方案测试。当灾难发生时,组织只有一次生存的机会,而生存的机会取决于可用人员遵循恢复和持续程序并保持关键流程正常运行的能力。

成功的灾难恢复行动离不开位于公司运营中心附近的可用人员。尽管主要的响应人员可能包括负责公司日常运营的个人和团队,但还需要确定其他人员和团队。在灾难中由于多种原因,部分人员将无法到岗。

需要确定关键人员及其备份人员。备份人员可以由熟悉特定技术(如操作系统、数据库和网络管理)的员工组成。也需要对这些备份人员执行特定的恢复行动培训;如果备份人员可以访问详细的恢复程序,那么将他们列入呼叫清单中可能比在灾难中没有人员可用要好。

发生灾难时,除员工外,还需要通知其他外部各方。外部各方需要了解灾难以及业务环境的基本变化。

在飓风或地震等区域性灾难中,附近的各方肯定会意识到灾难的发生,组织会以某种方式卷入其中。但是,当事方可能不会在灾难发生后立即意识到企业的经营状况;区域性事件的影响范围可能是建筑物和设备完全毁坏,也可能完全没有损坏,一切照旧。除非关键当事方收到有关状态的通报,否则可能无法确定。

需要联系的各方可能包括:

- **主要供应商** 可能包括电力和天然气设施、燃料输送和材料运输。在灾难中,组织经常需要向一个或多个供应商发出特殊指示,要求交付额外的供应或暂停交付。
- **主要客户** 许多组织都有重要客户群体,维持重要客户的关系比对其他大多数客户都更有价值。这些重要客户可能依赖于组织稳定交付产品和服务,涉及的产品和服务对客户自身至关重要。在灾难中,重要客户可能迫切需要知道这种交付是否能够继续以及在什么情况下能够继续。

- **公共安全**　可能需要联系警察、消防和其他公共安全部门，不仅是为了消防之类的紧急行动，也是为了任何需要的检查或其他服务。将这些机构的"业务办公室"电话号码包括在联系列表中非常重要，因为其他人的呼叫可能会淹没 911 和其他紧急线路。
- **保险理算师(Insurance Adjuster)**　大多数组织依靠保险公司保护自身资产免受灾难中的损坏或损失。由于保险调剂基金(Insurance Adjustment Fund)在紧急情况下通常是企业持续业务运营的关键部分，因此在灾难发生后尽快与保险公司联系非常重要。
- **监管机构**　一些行业要求组织将特定类型的灾难通知监管机构。尽管监管机构显然可以意识到值得注意的区域性灾难，但可能不会立即知道某一事件对组织的具体影响。
- **媒体**　可能需要通知报纸和电视台之类的媒体机构，以便将灾难对组织的影响的信息迅速传达到社区或地区。
- **股东(Shareholder)**　组织通常有义务将影响企业运营的任何灾难性事件通知其股东。无论该组织是公开控股还是私有控股，情况都可能如此。

负责与外部方沟通的人员或团队需要将所有个人和组织都包括在要联系的清单中。这些信息都应包括在紧急响应程序中。

应该为组织的核心团队人员以及将积极参与灾难响应的每个部门的成员准备包含紧急联系信息的钱包卡片(Wallet Card)。钱包卡片之所以具有优势，是因为即使在外出、出差、旅行或度假时，大多数人员身边始终都会有钱包、笔记本或手提袋。钱包卡片上的信息应包括其他团队成员的联系信息、关键的灾难响应人员以及所设置的任何会议号码或紧急呼叫号码。钱包卡片示例如图 5-30 所示。

```
Emergency Contacts
Joe Phillips, VP Ops: 213-555-1212 h, 415-555-1212 m
Marie Peterson, CFO: 206-555-1212 h, 425-555-1212 m
Mark Woodward, IT Ops: 360-555-1212 h, 253-555-1212 m
Gary Doan, VP Facilities: 509-555-1212 h, 702-555-1212 m
Jeff Patterson, IT Networks: 760-555-1212 h, 310-555-1212 m
Documentation at briefcase.yahoo.com: Userid = wunderground, password = L0c43Dupt1te
Emergency conference bridge: 1-800-555-1212, host code 443322, PIN 0748
Disaster declaration criteria: 8-hr outage anticipated on critical systems, 2 core members vote,
then initiate call tree procedure to notify other response personnel

Off-site media storage vendor: 719-555-1212
Telecommunications and network service provider: 312-555-1212
Local emergency response authorities: 714-555-1212
Local health authorities: 702-555-1212
Local law enforcement authorities: 512-555-1212
Local hospitals: 808-555-1212, 913-555-1212
National weather service hotline: 602-555-1212
Regional transportation authority hotline: 312-555-1212
Local building inspectors: 414-555-1212
```

图 5-30　带有紧急联系信息和灾难宣告标准的钱包卡片

应急物资 灾难的发生可能导致人员持续几天滞留在一个工作地点。造成这种情况的原因有很多，包括恶劣的天气使旅行变得危险，或者灾难残骸损坏或阻塞了道路。

应急物资应存放在工作地点，供滞留在工作地点的人员使用(恶劣的天气等自然事件或人为事件可能使运输变得危险或无法执行)。

灾难还可能促使员工向工作地点(主要地点或备用地点)报告。员工可能会在工作地点停留几天，必要时甚至可能需要 24 小时工作。

在工作地点储备应急物资的组织应考虑以下项目：
- 饮用水
- 食物配给
- 急救用品
- 毯子
- 手电筒
- 电池和曲柄收音机

当地紧急响应机构建议的其他用品也应存放在工作地点。

通信 在正常业务条件下，组织内部以及组织与客户、供应商、合作伙伴、股东、监管机构等之间的沟通至关重要。在灾难以及随后的恢复行动中，这种通信比以往任何时候都更重要，而许多通常的通信方式可能受到损害。

灾难响应程序需要呼叫树(Call Tree)。这种方法使参与灾难的第一批人员开始通知组织中的其他人员，将正在发生的灾难通知他们，并争取获得帮助。正如一棵树的树枝起源于树干并又反复细分一样，当呼叫树中的每个人只打几个电话时，呼叫树才是最有效的。第一批人员不仅可以更快地通知重要人员，而且每个人也不会因为电话太多而负担过重。

记住，在灾难中，可能很大一部分人员不可用或无法联系到。因此，呼叫树的结构应具有足够的灵活性，并确保可以联系到所有关键人员。图 5-31 显示了一个呼叫树示例。

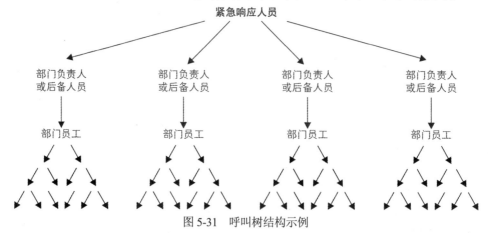

图 5-31 呼叫树结构示例

组织还可以使用自动呼叫系统将灾难通知重要人员。这样的系统可以播放预先录制好的消息,或者请求人员拨打号码收听预先录制的消息。大多数呼叫系统会记录已成功呼叫到的人员。

自动呼叫系统不应与灾难位于同一地理区域。区域性灾难可能会损坏系统或使系统在灾难期间不可用。该系统应可接入互联网以便响应人员访问,还应确定已通知了哪些人员,并在灾难发生之前或发生期间执行所需的更改。

运输 一些类型的灾难可能会使某些运输方式不可用或不安全。诸如地震、火山、飓风和洪水等普遍的自然灾害几乎可以使包括高速公路、铁路、轮船和飞机在内所有的交通工具瘫痪。其他类型的灾难可能会阻碍一种或多种运输方式,从而可能导致对可用模式的压倒性需求。在灾难期间和之后可能需要大量的应急物资,但是受损的运输线路往往使这些物资的运输困难。

业务持续方案的组成部分 整套业务持续方案文档包括以下内容。

- **支持项目文档** 包括在业务持续项目开始时创建的文档,包括项目章程、项目方案、范围说明和执行层的支持声明。
- **分析文档** 这些文件包括:
  - 业务影响分析(BIA)
  - 威胁评估和风险评估
  - 关键性分析
  - 定义批准的恢复目标,如恢复时间目标(RTO)和恢复点目标(RPO)的文件
- **响应文档** 描述了灾难发生时人员需要采取的行动,以及包含应急人员所需信息的各类文档。文档实例包括:
  - **业务恢复(或重续)方案** 描述了恢复和重续关键业务流程所需的活动。
  - **人员应急方案(Occupant Emergency Plan,OEP)** 描述了灾难期间在企业场所照顾人员所需的活动,包括疏散程序和避难程序。根据发生的灾难类型,可能每一种程序都需要。
  - **应急通信方案** 描述了传递给各方的通信类型,接收方包括紧急响应人员、一般雇员、客户、供应商、监管机构、公共安全组织、股东和公众。
  - **联系人清单** 其中包含紧急响应人员以及重要供应商、客户和其他方的姓名和联系信息。
  - **灾难恢复方案(Disaster Recovery Plan,DRP)** 描述了在备用物理位置或主要位置还原关键 IT 系统和其他关键资产所需的活动。
  - **运营持续方案(Continuity of Operations Plan,COOP)** 描述了在备用站点继续执行关键和战略业务职能所需的活动。
  - **安全事故响应方案(Security Incident Response Plan,SIRP)** 描述了处理可能造成灾难性后果的安全事故所需的步骤。
- **测试和评审文档** 这是与所有不同类型的业务持续规划的测试有关的文档的完整集合,以及对文档的审阅和修订。

4. 测试恢复和持续方案

业务持续和灾难恢复(BCDR)方案在纸面上看起来可能很优雅，甚至颇有创意，但是在通过测试证明其价值之前，BDDR 方案的真正业务价值是未知的。

测试灾难恢复和业务持续方案流程用于发现方案中的缺陷。例如，测试时可能发现缺少急需的硬件组件，或者恢复程序中的句法或语法错误可能误导恢复团队成员并导致恢复延迟。测试旨在发现这些类型的问题。

恢复和持续方案需要执行测试以证明其可行性。如果没有测试，组织无法真正了解方案是否有效。如果方案无效，组织在灾难中幸存的机会就要小得多。

恢复和持续方案具有内在的过时性：不是由于设计落伍，而是由于大多数组织中的技术和业务流程都在不断变更和改进。因此，必须尽快测试新制定或更新的方案，以确保其有效性。

测试类型既有轻量级的、非干扰性，也有激进的、破坏性的：
- 文档审查
- 穿行测试
- 模拟
- 并行测试
- 切换测试

本节将更详细地描述这些测试类型。

提示：
通常，组织将首先执行强度较低的测试以找出最明显的缺陷，然后执行需要更多工作量的测试。

每种类型的测试都需要事先准备和保存记录。准备工作包括如下活动：

- **参与方(Participant)** 组织需要确定即将参加测试的人员。识别所有相关的技能组和部门利益相关方很重要，这样测试将包括完整的测试者。
- **时间安排表** 需要确认每个参与方的可用性，以便测试中所有利益相关方都可以参与。
- **基础设施** 对于文档审查测试之外的所有测试，都需要确定和设置适当基础设施。基础设施可能包括一间大型会议室或培训室。如果测试要执行几个小时，则可能还需要准备一顿或多顿餐食和/或点心。
- **脚本编写** 模拟测试需要编写脚本，通常以一个或多个文档的形式描述预设场景和相关情况。场景脚本可以使并行和切换测试更加有趣和有价值，但是通常认为场景脚本是可选项。
- **记录保存** 除文档审查外，所有测试都应有一个或多个人员记录，以便在测试完成后收集和整理。
- **应急方案** 切换测试涉及主系统的停止和恢复系统的恢复。这是风险最高的方案，可能会出现错误。需要制定应急方案，在测试期间万一出现问题，可使主系统再次运行。

准备活动如表 5-13 所示。

表 5-13　每种 BCDR 测试所需的准备活动

	文档审查	穿行测试	模拟	并行测试	切换测试
参与方	是	是	是	是	是
时间安排表	是	是	是	是	是
基础设施		是	是	是	是
脚本编写			是	可选	可选
记录保存	是	是	是	是	是
应急方案					是

接下来讨论各种类型的测试。

文档审查　文档审查(Document Review)测试是对部分或所有灾难恢复和业务持续方案、程序以及其他文档的审查。通常，组织人员按照自己的工作节奏，在限定时间期限或截止日期内，自行审查 BCDR 文件。

文档审查测试的目的是审查文档内容的准确性和完整性。审查者应认真阅读每份文档，指出任何错误，并在文档中注明问题或意见，问题或意见可以发回给文档所有者以执行必要的更改。

如果项目团队需要在一个或多个文档中执行重大更改，则可能希望在执行更多资源密集型测试之前执行第二轮文档审查。

组织业务持续和灾难恢复规划项目的所有者或文档管理员应该记录哪些人员审查哪些文档，包括审查副本或注释。这种做法将更完整地记录与制定和测试重要的 BCP 和响应文档相关的活动，还将有助于获取组织制定和测试 BCP 的真实成本和工作量。

穿行测试　穿行测试(Walkthrough)类似于文档审查(Document Review)，是对 BCP 文档的审查。但是，文档审查是由独立工作的人员执行，而穿行测试是由一组人员在现场讨论中执行。

穿行测试通常由一名领导者协助，引导参与方逐页浏览每份文档。领导者可以大声阅读文档的各个部分，描述相关信息的各种情况，并听取参与方的意见。

穿行测试可能比文档审查花费更多时间。一名参与方就文件中某处提出的问题，可能引发一场有价值的、热烈的讨论，讨论时间可达数分钟至一小时。组长或其他人员需要仔细做笔记，记录在任何文档中发现的任何缺陷以及演练后要处理的问题。领导者还需要控制审查的速度，避免团队在次要问题上纠缠不休。一些讨论需要缩短或推迟一段时间，或在感兴趣的各方之间进行离线对话。

即使恢复文档需要执行重大修订，也可能无法对更新的文档执行另一轮穿行测试。但是，至少在穿行测试参与方看来，后续的文档审查可能是必要的，确保文档得到了适当更新。

警告：穿行测试的参与方应仔细考虑，恢复程序的潜在受众可能是对系统和流程不太熟悉的人员。参与方需要记住，在真正发生灾难期间，理想的人员可能无法参与。参与方还需要意识到，恢复人员的技能水平可能比正常情况下操作系统和流程的专家的技能水平略低。最后，穿行测试的参与方需要记住，系统和流程几乎是不断变化的，可能使恢复文档的某些部分很快就过时或不再准确。

模拟 模拟(Simulation)是对灾难恢复和业务持续程序的测试，参与方可以参加"灾难模拟"，为采取紧急响应文档中的程序的思考过程增加一些现实感。

模拟可以是精心设计的穿行测试，主持人从脚本中读取并描述飓风或地震等灾难中发生的一系列事件。这种类型的模拟几乎可以看作是"表演"，脚本是紧急响应文档的集合。通过激发模拟参与方的想象力，参与方可以想象灾难正在发生，可以帮助参与方更好地了解真实的灾难情况。如果主持人经历过一个或多个灾难场景，在描述事件时将增加更多的真实感，从而极大地帮助参与方。

为了使模拟更加可信、更有价值，所选场景在当地应该有合理的真实发生机会。恰当的选择包括旧金山或洛杉矶的地震，西雅图的火山喷发或瑞士的雪崩；糟糕的选择是中亚的飓风或海啸，因为此类事件永远不会在那里发生。

模拟还可以更进一步。例如，可以在已建立的应急行动中心执行模拟。在实际灾难中，应急指挥和控制将在同一地点执行。此外，主持人可以改变一些参与方的角色，模拟关键人员缺勤的情况，观察其余人员在实际紧急情况下如何行事。

提示：组织在模拟时，主持人仅受到自己的想象力的限制。不过，要记住的一个重要事实是，模拟实际上并不会影响任何实时系统或灾难恢复系统，模拟就像家具店里的假硬纸板电视和计算机一样。

并行测试 并行测试是对灾难恢复和/或业务持续响应方案及支持的IT系统的实际测试。并行测试的目的是评估人员遵循紧急响应方案指令的能力——建立实际的灾难恢复业务处理或数据处理能力。在并行测试中，建立将在实际灾难中使用的IT系统，并在并行测试IT系统上运行实际业务交易，确定IT系统是否正确处理。

并行测试的结果有三个方面：
- 评价紧急响应程序的准确性。
- 评价人员正确遵循紧急响应程序的能力。
- 评价IT系统和其他支持设备正确处理实际业务交易的能力。

之所以称为并行测试，是因为实时生产系统运行时，备用IT系统并行处理业务交易，查看备用系统是否与实时生产系统相同。

许多情况下,设置有效的并行测试很复杂。实际上,需要在业务流程中插入类似的"Y型电缆"的处理逻辑,以便将信息流拆分并流向生产系统和备份系统。需要比较交易的结果。人员需要能够确定备份系统是否能够输出正确的数据,而不必实际输出数据。许多复杂的环境不希望灾难恢复系统将信息实际反馈回实时环境中,因为可能导致在组织中的其他地方(或客户、供应商或其他方)发生重复事件。例如,在旅行预订系统中,不希望灾难恢复系统预订实际的旅行,因为这会真正花钱,并且会占用航空公司的可用座位。但是了解灾难恢复系统能否执行这些功能很重要。在这个过程中,有必要从其他环境中"拔出"灾难恢复系统,并手动检查结果以确认是否正确。

那些确实希望查看备份/灾难恢复系统能否管理实际工作负载的组织可以执行下面讨论的切换测试。

切换测试 切换测试(Cutover Test)是影响最大的灾难恢复测试类型。切换测试还将提供最可靠的结果,确认备份系统是否有能力和正确的功能来适当承担实际工作负载。

然而,切换测试失败的后果可能与实际灾难类似;如果切换测试的任何部分失败,那么实际的实时业务流程将在没有IT应用程序支持的情况下继续执行,就好像发生真正的宕机或灾难一样。但是,即使是这样的失败,也会告诉测试者,"不,如果今天晚些时候发生真正的灾难,备份系统将无法正常工作。"

在某些方面,切换测试比并行测试更容易执行。并行测试有点棘手,因为业务信息需要流入生产系统和备份系统,意味着一些人工组件已经以某种方式插入环境中。但是,切换测试时业务处理只在备份系统上执行,通常可以通过在环境的网络或系统层中的某个位置执行简单配置来实现。

提示:
并非所有组织都执行切换测试,因为建立切换测试需要大量资源,而且存在一定风险。许多组织发现,并行测试足以确定备份系统是否准确,并且并行测试发生尴尬事故的风险几乎为零。

记录测试结果 需要记录灾难恢复方案测试的每个类型和每个迭代。仅仅说"XX 组织在2019年9月10日执行测试并取得成功"是不够的。首先,没有一个测试是完美的——总是可以找到改进的机会。但是测试的最重要部分是发现测试的哪些部分仍需改善,以便可以在下一次测试(或真正的灾难)之前修复方案中的这些部分。

与任何组织良好的项目一样,成败在于细节。成功的道路上到处都是大大小小的错误,在每一种灾难恢复测试中确定的所有事情都需要详细说明,以便下一次测试迭代可以提供更好的结果。记录和比较从一项测试到下一项测试的详细测试结果也将帮助组织衡量进度。也就是说,紧急方案的质量每年都应该稳步提高。过去的简单错误不应该重复,未来测试中唯一的失败应该发生在环境中考虑不周的部分和新的部分。甚至随着时间的流逝,这些部分也应减少。

汇报以改善恢复和持续方案 恢复和响应方案的每项测试都应包括汇报或审查,以便参与方可以讨论测试的结果:哪些结果进展顺利,哪些方面出现了问题,以及下次应该如何采取不同方式执行。所有这些信息都应该由负责修改相关文档的人员收集。更新后的文档应在测试参与方之间传阅,以确认参与方的讨论和想法是否恰当地反映在文档中。

5. 人员培训

如果负责执行这些程序的人员不熟悉一套高质量的灾难响应和持续方案和程序,这套方案和程序的价值和实用性将大大降低。

人们不可能通过阅读最详细的操作说明学会骑自行车。因此,期望没有经验的人员能够正确执行灾难响应程序也是不现实的。

可以为预计会在发生灾难时出现的人员提供几种形式的培训,包括:

- **文档审查** 人员可以仔细阅读程序文档,熟悉恢复程序的本质。但如前所述,仅此一项可能不够。
- **参与穿行测试** 熟悉穿行测试主题的特定流程和系统的人员应参与其中。让人员参与穿行测试流程不仅有助于改善穿行测试和恢复程序,还将为参与方提供学习经验。
- **参与模拟** 参与模拟会为参与方带来在灾难中思考的经验,从而使参与方受益。
- **参与并行和切换测试** 除了经历实际的灾难及恢复行动外,没有什么经验能与参与并行和切换测试相提并论。在并行和切换测试中,参与方将通过执行灾难发生时的实际程序获取对关键业务流程和 IT 环境的实际经验。当发生灾难时,参与方可以利用过去执行响应和恢复程序的经验。

为验证响应方案的质量需要执行的所有测试级别也为人员提供了培训机会。与灾难有关的方案和程序的制定和测试为所有相关人员提供了持续的学习经验。

6. 使人员可在需要时访问方案

当灾难发生时,后果之一通常是无法访问最关键的 IT 系统。如果每周工作 40 小时,在没有预警的情况下发生地震等灾难时,关键人员只有 25% 的可能性在业务地点(飓风等其他类型的灾难可能会为组织提供比这更长的时间来预测灾难的影响)。关键在于,除非采取特殊措施,否则能够做出响应的人员很可能无法访问所需的程序和其他信息。

警告:
完整的 BCP 文档通常包含关键系统、操作程序、恢复策略,甚至包含现场设备的供应商和模型标识的详细信息。如果未经授权的人员可以获得这些信息,则可能会滥用这些信息,因此为确保可用性而选择的机制必须严密规划以防意外泄露。

在灾难期间,人员可通过以下几种方式获取响应和恢复程序:

- **硬拷贝** 尽管许多人员已经习惯了无纸化办公,但灾难恢复和响应文档应该有硬拷贝形式。应该将几份甚至是更多份副本提供给每个响应人员:工作场所有一套副本,家里有另一套副本,甚至可能是响应人员车辆中也有一套副本。

- **软拷贝** 传统上，软拷贝文档保存在文件服务器上，但正如所预计的，在灾难中这些文件服务器可能无法使用。应该在响应者的便携式设备(笔记本电脑、平板电脑和智能手机)上提供软拷贝。组织还可以考虑用记忆棒和存储卡发布文档。根据灾难的类型，可能很难知道可以使用哪些资源访问文档，因此以多种形式提供文件可以确保至少有一份副本可供需要访问的人员使用。
- **备用工作/处理站点** 利用热备/温备/冷备中心执行关键恢复行动的组织可在备用站点保留恢复文档的硬拷贝和/或软拷贝。这种做法是合理的。在备用处理站点或现场工作的人员需要知道该怎么做，并且现场存在响应和恢复程序将有助于应急人员的工作。
- **在线** 恢复文档的软拷贝可在互联网上具有数据存储功能的站点归档。几乎所有类型的在线服务(包括身份验证和上载文档)都可满足此目的。
- **钱包卡片** 期望将恢复文档发布在钱包卡片上是不合理的，但是这些卡片可用于存储核心响应团队成员的联系信息以及其他一些信息，如会议接入号、在线存储库的口令文档等。图5-30列举了一个线包卡片示例。

7. 维护恢复和持续方案

在大多数组织中，业务流程和技术几乎都在不断变化。制定和测试的业务持续方案可能会在几个月内就过时，在一年内就完全过时。如果超过一年，组织的灾难恢复方案可能会接近无用。本节讨论组织如何保持灾难恢复方案是最新且相关的。

典型的组织需要制定审查主要灾难恢复文档的时间安排表。根据业务流程和技术变化的速度，可能是每季度发生一次，也可能是每隔两年发生一次。

此外，业务流程和信息系统中的每一项更改，无论多么微不足道，都应包括审查和更新相关灾难恢复文档的步骤。也就是说，对相关灾难恢复文档的审查和变更应该是每个业务流程工程或信息系统变更过程中必需的步骤，并且是组织信息系统开发生命周期的关键组成部分。如果忠实地做到这一点，就会期望对灾难恢复文档的年度审查得出这样的结论：即使有更改，也只需要执行很少的更改。执行定期审查是一个好的做法。

在上一节中详细讨论的灾难恢复文档和方案的定期测试是另一项重要活动。测试可以验证灾难恢复文档的准确性和相关性，并且测试过程中的任何问题或例外都应促使对适当文档的更新。

8. 最佳实践的来源

没必要先发明一种做法或方法执行 BCP 和灾难恢复规划(Disaster Recovery Planning，DRP)。下面的专业协会都是实践、流程和方法的来源：

- **美国国家标准技术研究院(National Institute of Standards and Technology，NIST)** 美国商务部的这个分支机构负责为联邦政府制定业务和技术标准。NIST 制定的标准质量非常高，因此全世界的许多私人组织都在采用这些标准。NIST 网站为 https://www.nist.gov。

- **国际业务持续协会(Business Continuity Institute，BCI)** 该协会组织致力于促进业务持续管理。BCI 在近 100 个国家/地区拥有 8 000 多名成员。BCI 在世界各地举办了多项活动，出版了专业期刊并开发了专业认证，即 BCI 证书(Certificate of the BCI，CBCI)。BCI 的网站为 https://www.thebci.org。
- **美国国家消防协会(National Fire Protection Agency，NFPA)** NFPA 已经制定了事件发生前的规划标准 NFPA 1620，该标准涉及建筑物和其他结构的保护、构造和特征。组织还需要制定紧急响应人员可用于处理火灾和其他紧急情况的事前方案。NFPA 网站为 https://www.nfpa.org。
- **美国联邦应急管理署(Federal Emergency Management Agency，FEMA)** FEMA 是美国国土安全部的一部分，负责为紧急救灾提供信息和服务。FEMA 最引人注目的活动是在美国遭受飓风和洪水袭击后的救援行动。FMEA 的网站为 https://www.fema.gov。
- **国际灾难恢复协会(Disaster Recovery Institute International，DRI International)** 该专业会员组织为 DRP 专业人员提供教育和专业认证，网站为 https://drii.org。认证包括：
    - 助理业务持续专业人员(Associate Business Continuity Professional，ABCP)
    - 注册业务持续供应商(Certified Business Continuity Vendor，CBCV)
    - 注册功能持续专业人员(Certified Functional Continuity Professional，CFCP)
    - 注册业务持续专家(Certified Business Continuity Professional，CBCP)
    - 业务持续大师(Master Business Continuity Professional，MBCP)
    - 注册业务持续审计师(Certified Business Continuity Auditor，CBCA)
    - 注册业务持续首席审计师(Certified Business Continuity Lead Auditor，CBCLA)
- **业务持续管理协会(Business Continuity Management Institute，BCM Institute)** 该专业协会专门从事教育和专业认证。BCM 协会是世界持续大会的联合组织者，世界持续大会是一个致力于业务持续和灾难恢复规划的年度会议。业务持续管理协会的网站为 https://www.bcm-institute.org。BCM 协会提供的认证包括：
    - 业务持续专家(Business Continuity Certified Expert，BCCE)
    - 业务持续专员(Business Continuity Certified Specialist，BCCS)
    - 业务持续规划师(Business Continuity Certified Planner，BCCP)
    - 业务持续审计师(Business Continuity Certified Auditor，BCCA)
    - 业务持续首席审计师(Business Continuity Certified Lead Auditor，BCCLA)
    - 注册灾难规划师认证(DR Certified Planner，DRCP)
    - 注册灾难恢复专家(Disaster Recovery Certified Expert，DRCE)
    - 注册灾难恢复专员(Disaster Recovery Certified Specialist，DRCS)
    - 注册危机管理规划师(Crisis Management Certified Planner，CMCP)
    - 注册危机管理专员(Crisis Management Certified Specialist，CMCS)
    - 注册危机管理专家(Crisis Management Certified Expert，CMCE)

- 注册危机沟通规划师(Crisis Communication Certified Planner,CCCP)
- 注册危机沟通专员(Crisis Communication Certified Specialist,CCCS)
- 注册危机沟通专家(Crisis Communication Certified Expert,CCCE)

5.5.2 灾难恢复规划

灾难恢复规划是为了减少与发生的灾难和其他事件有关的风险,与 BCP 密切相关。DRP 的基础工作始于 BCP 活动,如业务影响分析、关键性分析、恢复目标的建立和测试。BCP 活动的输出是 DRP 的关键输入:

- 业务影响分析和关键性分析有助于确定哪些业务流程和 IT 系统最重要。
- 关键恢复目标指定特定 IT 应用程序的恢复速度,指导 DRP 人员开发新的 IT 架构,使 IT 系统符合这些目标。
- DRP 方案的测试可以与 BCP 方案的测试配合执行,更准确地模拟真实灾难和灾难响应。

第 2 章详细讨论业务持续规划。

1. 灾难响应团队的角色和职责

灾难恢复方案需要指定灾难响应所需的团队以及每个团队的角色和职责。表 5-14 描述了几个团队及其角色。

表 5-14 灾难响应团队的角色和职责

团队	责任
应急管理层	协调其他所有紧急响应团队的活动
第一响应方	通常指外部人员(如警察、消防人员和救援人员)帮助扑灭火灾,疏散人员,并提供紧急医疗救助
通信	协调团队之间的沟通,以及团队与外部实体之间的沟通
损害评估	检查设备、物资、装备和资产,确定哪些可以立即用于关键流程,以及需要将哪些交给抢救团队
抢救	检查设备、用品、家具和其他资产,确定哪些可以立即抢救,哪些可以再利用
网络工程	建立和维护电子(语音和数据)通信,以在灾难期间支持关键服务
系统工程	根据需要建立和维护系统,以支持关键的应用程序和服务
数据库工程	根据需要建立和维护数据库管理系统以支持关键应用程序;根据需要使用本地或远程存储的介质执行数据恢复
应用程序支持	建立和维护关键应用程序以支持关键业务流程
应用程序研发	在恢复过程中根据需要更改关键应用程序
最终用户计算	根据需要建立和维护最终用户计算设备(台式计算机、笔记本电脑、移动设备等),以支持关键应用程序和服务
系统操作	执行备份等例行和非例行任务,以保持关键应用程序的运行

(续表)

团队	责任
运输	通过协调将人员运送到恢复地点
搬迁	使远程操作中心的工作人员获得所需的住宿和其他资源
安全	协调物理和逻辑安全活动，以确保对员工、资产和信息的持续保护
财务	根据需要为开始和继续执行紧急行动提供财务资源

注意：
表 5-14 中的一些角色可能与组织 BCP 中定义的职责重叠。BCDR 规划人员需要共同努力，确保组织对灾难的整体响应是适当的，并且不会忽略重要功能。另外，由于组织的灾难响应方案存在差异，有些组织只需要其中一些团队。

2. 恢复目标

在 BC/DR 项目的业务影响分析和关键性分析阶段，确定灾难后每个业务活动(及其底层 IT 系统)需要恢复的速度。

恢复时间目标 恢复时间目标(Recovery Time Objective，RTO)是从宕机发生到恢复服务的时间间隔。RTO 通常以小时或天为单位度量。BIA 中的每个流程和系统都应该有一个 RTO 值。

RTO 并不意味着系统(或进程)已完全恢复到先前的容量。在紧急情况下远非如此。管理层可能会决定另一个城市中使用原始服务器 60%的容量的 DR 服务器已经足够。也就是说，组织可以建立两个 RTO 目标，一个是部分容量，另一个是全部容量。

注意：
组织最好对所有系统的恢复目标使用同一个度量单位，有助于避免在系统等级排序时发生任何误解。例如，两天看起来不会比四小时短。

此外，在灾难情况下恢复的系统可能没有恢复 100%的功能。例如，允许用户查看两年以上交易的应用程序在恢复情况下可能只包含 30 天的数据。同样，这样的决定通常是仔细分析恢复应用程序环境中不同功能的成本得出的。在较大的复杂环境中，可能认为一些功能是重要的，而另一些则不那么重要。

警告：
在容量、完整性或功能方面，高级管理层应参与与恢复系统规范有关的讨论。

恢复点目标 恢复点目标(Recovery Point Objective，RPO)是指在最近的数据灾难中不可挽回地丢失的一段时间。与 RTO 一样，RPO 通常以小时或天为单位衡量。但对于关键的交易系统，RPO 甚至可用分钟或秒衡量。

RPO 通常表示为最坏情况。例如，交易处理系统 RPO 不超过两个小时。

系统 RPO 的值通常是数据备份或复制频率的直接结果。例如，应用服务器每天备份 1 次，则 RPO 将至少是 24 小时(或者 1 天，看组织喜欢以哪种方式表示)。重建服务器可能需要三天的时间，但是一旦从备份磁带中恢复数据，丢失的交易不会超过最近的 24 小时。这种情况下，RTO 为 3 天，RPO 为 1 天。

发布 RTO 和 RPO 数据　如果应用程序的存储系统每小时做 1 次快照，则 RPO 可能是 1 小时，除非存储系统本身在灾难中受损。如果将快照向另一个存储系统每天复制 4 次，则 RPO 最好为 6~8 小时。

最后一个实例提出了一个有趣的观点。对于给定的系统，可能没有一个"黄金"RPO 数字。相反，破坏性事件或灾难的严重程度将决定系统在一定数量数据丢失情况下重新运行的时间。这里列举一些实例：

- 服务器的 CPU 或内存发生故障，在两个小时内更换并重新启动。没有数据丢失。RTO 为 2 小时，RPO 为 0。
- 支持应用程序的存储系统遭遇硬件故障，导致所有数据丢失。数据可以从另一台服务器上保存的每 6 小时 1 次的快照中恢复。这种情况下，RPO 为 6 小时。
- 交易应用程序中的数据库损坏，必须恢复。每天备份两次。RPO 是 12 小时。但是，重建数据库上的索引需要 10 个小时。因此 RTO 接近 22~24 小时，因为只有在索引可用时应用程序才能恢复服务。

注意：
向客户发布 RTO 和 RPO 数据时，最好发布最坏情况的数据："如果组织的数据中心烧毁，RTO 为 x 小时，RPO 为 y 小时。"这样说比发布图表显示各种灾难的 RPO 和 RTO 数字要简单得多。

RTO 和 RPO 能力的定价　一般而言，给定系统的 RTO 或 RPO 时限越低，实现目标的成本就越高。表 5-15 描述了一系列 RTO，以及实现 RTO 所需的技术及相对成本。

表 5-15　RTO 越低，其实现成本越高

RTO/RPO	需要的技术	相对成本
2 星期	备份磁带；如果原始服务器已经烧毁，需要购买一台服务器	设为 x
1 星期	备份磁带；组织有替代服务器	2x
2 天	备份磁带；安装在替代服务器上的应用程序软件	2x
12 小时	备份磁带或复制；应用服务器已安装并在替代服务器上运行	3x
1 小时	具有自动或手动故障切换的服务器集群；接近实时复制	4x
5 分钟	负载均衡或快速故障切换服务器集群；实时复制	5x

业务持续规划项目团队需要了解恢复应用程序所需的时间与此时间内恢复应用程序所需成本之间的关系。恢复时间越短，成本越高，而且这种关系不是线性的。将 RPO 从 3 天减少到 6 小时可能意味着设备和软件投资翻倍，或者甚至是增加 8 倍。支持给定应用程序的基础架构涉及很多因素，BCP 项目团队不得不认真研究，并为不同的 RTO 和 RPO 数据统计成本。一旦成本经过分析和批准，就可以设计和实施实际的灾难恢复功能。

应用程序本身的业务价值是确定高级管理层为达到任一 RTO 和 RPO 目标愿意投资多少的主要驱动因素。如果应用程序支持营收，则可以用当地货币衡量此业务的价值。然而，在灾难期间损失应用程序可能会损害组织的声誉。其次，管理层将不得不决定要在灾难恢复功能上投入多少，使 RTO 和 RPO 的数据降至可接受的水平。图 5-32 说明了其间关系。

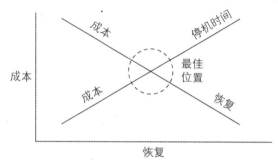

图 5-32　定位最佳位置以平衡停机和恢复成本

3. 制定恢复战略

当管理层为给定的系统或过程选择了特定的 RPO 和 RTO 目标时，BCP 项目团队可以准备采取行动，设计出方法实现目标。本节将讨论与各种恢复战略相关的技术和支持，有助于项目团队确定最适合组织的战略类型。

制定恢复战略以满足特定恢复目标是一个迭代流程。项目团队将制定出战略，以特定的成本实现特定目标；高级管理层可能认为成本太高，愿意相应提高 RPO 和/或 RTO 目标。同样，项目团队也可能发现实现特定的 RPO 和 RTO 目标的成本较低，并且管理层可通过降低目标应对。如图 5-33 所示。

站点恢复选项　在最坏的情况下，信息系统所在的站点将部分或完全破坏。大多数情况下，组织无法等待受损或摧毁的基础架构恢复，因为恢复可能需要几周或几个月的时间。如果组织需要花这么长时间恢复应用程序，那么将不得不怀疑是否真的需要恢复。假定在灾难情况下，关键应用程序在另一个位置恢复(称为恢复站点)。选择恢复站点的流程有两个方面：第一是应用程序在恢复站点上恢复的速度；第二个是恢复站点本身的位置。这里讨论这两者。

速度越快成本越高。如果要在几分钟或几小时内恢复系统，则成本要比 5 天之内恢复系统的成本高得多。

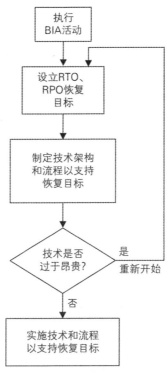

图 5-33　恢复目标制定流程图

各种类型的设施可用于快速或不太快速的恢复。这类基础设施称为热备中心(Hot Site)、温备中心(Warm Site)和冷备中心(Cold Site)。顾名思义，热备中心允许快速恢复，而冷备中心则提供较慢的恢复。如表 5-16 所示，与此相关的成本也是成比例的。

表 5-16　恢复站点的相对成本

站点类型	恢复速度	成本
热备中心	0~24 小时	4x
温备中心	24 小时~7 天	3x
冷备中心	大于 7 天	2x
移动备用中心	2~7 days	3x~4x

注意：

尽管未在表 5-16 中明确包含私有云或公有云，但是使用私有云或公有云可在一定程度上在云端建立恢复站点，恢复站点包括热备中心和温备中心。

本节的其余部分将讨论关于每种类型站点的详细信息。

热备中心 热备中心(Hot Site)是备用处理中心，其中的备份系统已经以某种接近就绪的状态运行，可以承载生产工作负载。热备中心上的系统很可能已经加载并运行了应用程序软件和数据库管理软件，甚至可能与主处理中心中的系统具有相同级别的补丁。

对于 RTO 目标范围从 0 到数小时(可能长达 24 小时)的系统，热备中心是最佳选择。

热备中心可能由私有云或公有云中的基础架构组成，也可能由托管中心的租用机架空间(甚至是用于大型安装的机架)组成。如果组织拥有自己的处理中心，则给定系统的热备中心将包含容纳恢复系统所需的机架空间。恢复服务器将安装并运行具有相同版本和补丁程序级别的操作系统、数据库管理系统(如果使用的话)和应用程序软件。

热备中心上的系统需要与主系统具有相同级别的管理和维护。当对主系统执行补丁或配置变更时，应同时或尽快对热备中心系统执行变更。

由于热备中心上的系统需要处于或非常接近就绪状态，因此需要制定一种战略，使热备用系统上的数据保持最新状态。后面的"恢复和韧性技术"一节将对此详细讨论。

热备中心上的系统应具有完整的网络连接。需要预先设计一种将网络流量快速定向到恢复服务器的方法以便完成切换。"恢复和韧性技术"一节也对此予以讨论。

设置热备中心时，组织需要派遣一名或多名技术人员到站点设置系统；而一旦系统开始运行，就可以远程执行大部分或全部系统级和数据库级管理。但在发生灾难的情况下，组织可能需要派遣管理层到现场执行系统的日常管理。现场工作意味着需要确定人员的工作空间，以便他们可以在恢复行动期间履行职责。

注意：
热备中心现场规划需要考虑现场人员的工作(办公桌)空间。托管中心提供有限的工作区域，但这些区域通常是共享的，电话讨论没有什么隐私。另外，如果热备中心与主站点位于不同的城市，则可能需要提前安排交通、酒店和食宿。

温备中心 温备中心(Warm Site)是存在恢复系统的备用处理中心，但恢复系统的就绪状态低于热备中心。例如，虽然可能在温备中心系统上运行相同版本的操作系统，但系统可能比主系统落后几个补丁级别。数据库管理系统(如果使用的话)和应用程序软件的版本和补丁程序级别同样如此。这些系统可能存在，但是并不像在主系统上那样是最新的。温备中心像热备中心一样，可以在私有云、公有云、托管中心或组织自己的备用处理中心实现。

如果组织的 RTO 数据约为 1~7 天，温备中心是合适的。在发生灾难的情况下，恢复团队将前往温备中心现场努力使恢复系统达到生产就绪状态，并通过补丁和配置变更来更新系统，使系统进入完全就绪状态。

当组织愿意花费必要的时间从磁带或其他备份介质中恢复数据时，也可以使用温备中心。根据数据库的大小，恢复任务可能耗时几小时到几天。

温备中心的主要优点是成本比热备中心低，尤其是在使恢复系统保持最新状态方面需要的工作量方面更低。温备中心可能不需要昂贵的数据复制技术，但是可以从备份介质恢复数据。

冷备中心 冷备中心(Cold Site)是备用处理中心，恢复系统的就绪程度很低。最少的情况下，冷备中心不过是空的机架或在计算机机房地板上分配的空间。冷备中心只是一些数据中心或主机托管站点中的地址，可以在将来某个日期设置和使用计算机。冷备中心也可能以在公有云组织中建立企业账户但没有创建和配置任何基础架构的形式存在。

通常情况下，冷备中心几乎没有设备。当发生预计宕机时间超过 7~14 天的灾难或其他严重破坏性事件时，组织将向制造商订购计算机，或者可能从其他业务地点运送计算机，以便在灾难事件开始后不久计算机就可以运抵冷备中心现场。然后，人员将前往现场并设置计算机、操作系统、数据库、网络设备等，并在几天内让应用程序运行起来。

冷备中心的优点是成本低。主要缺点是在短时间内使其投入运行所需的成本、时间和精力。但是冷备中心正是一些组织所需要的。

表 5-17 显示了热备中心、温备中心和冷备中心的比较以及每个站点的一些特征。

表5-17 冷备中心、温备中心和热备中心的详细比较

	冷备中心	温备中心	温备中心
计算机	运抵现场	现场	运行
应用程序软件	需要安装	安装	运行
数据	需要恢复	需要恢复	持续更新
连接性	需要建立	准备好了	已经连接
支持人员	出差到达现场	出差到达现场	现场或远程管理
成本	最低	中等	最高

移动备用中心 移动备用中心(Mobile Site)是可以交付到世界上几乎所有位置的可移动恢复中心。作为固定位置恢复站点的可行替代方案，移动备用中心可以通过半挂车运输，甚至可以拥有自己的发电机、通信和冷却功能。

APC(American Power Conversion)和 SunGard 在半挂车车中安装了移动备用中心。Oracle 的移动备用中心可以包括可配置的服务器和工作站选项，所有选项都安装在运输集装箱中，可以通过卡车、铁路、轮船或飞机运送到世界任何地方。

云备用中心(Cloud Site) 组织越来越多地使用云托管服务作为其恢复站点。云计算类站点负责在虚拟环境中使用服务器和设备。因此，恢复站点的资金成本接近于零，并且运营成本随着恢复站点的使用才开始出现。

随着组织逐渐习惯于在云中构建恢复站点，组织也越来越频繁地将主要处理站点迁移至云端。

互惠站点 互惠恢复站点(Reciprocal Recovery Site)是由另一家公司运营的数据中心。两个或两个以上具有类似处理需求的组织草拟一份法律合同，规定一个或多个组织有义务在发

生灾难时临时托管对方的系统。

通常，互惠协议不仅要保证数据中心的占地面积，而且要保证互惠伙伴计算机系统的使用。这类安排不太常见，但使用大型机和其他高成本系统的组织会用到。

注意：
随着公有云和互联网托管中心的广泛使用，互惠站点已不再受欢迎。不过，互惠站点对拥有大型计算机的组织可能是理想的选择，否则大型计算机部署到冷备中心或温备中心的成本太高。

地理选址　恢复站点选择过程中的一个重要因素是恢复站点的位置。主处理站点和恢复站点之间的距离至关重要，该距离可能会严重影响恢复操作的可行性和成败。

恢复站点不应与主站点位于相同的地理区域。同一区域中的恢复站点可能与主站点遭受相同的区域灾难。

注意：
"地理区域"指可能会受到与主站点所在同一区域相同灾难影响的地点。

任意选择的距离(如 100 英里)都不能保证足够的间隔。在某些地区，50 英里是相当长的距离。在其他地方，300 英里也可能太近。距离完全取决于这些地区可能发生的灾难的性质。有关区域性灾难的信息应可从地方减灾部门或地方灾难恢复专家那里获得。

使用第三方灾难恢复站点时的注意事项　由于大多数组织无力实施自己的辅助处理站点，因此唯一的选择是使用第三方拥有的灾难恢复站点。第三方站点可能是托管中心、灾难服务中心或公有云提供商。使用此类站点的组织需要确保服务合同涉及以下内容：

- **灾难定义**　灾难的定义必须足够广泛，以满足组织的要求。
- **设备配置**　必须根据需要配置 IT 设备，以便在灾难期间支持关键应用程序。
- **灾难期间设备的可用性**　IT 设备需要在灾难期间可用。对于灾难服务提供商，组织需要知道如果多个客户同时遭受灾难，灾难服务提供商将如何分配设备。
- **客户优先级**　组织需要知道灾难服务提供商是否存在优先级可能超过自己的客户(例如，政府或军事部门)。
- **数据通信**　必须有足够的带宽和容量供组织以及可能同在灾难提供中心的其他客户使用。
- **测试**　组织需要知道允许在服务提供商的系统上执行哪些测试，以便可以提前测试从灾难中恢复的能力。
- **审计权**　组织应在合同中保留"审计权"条款，以便可以验证恢复设施中所有关键控制措施的存在和有效性。但需要注意的是，公有云提供商通常不提供审计选项。
- **安全和环境控制措施**　组织需要知道在灾难恢复设施中实施了哪些安全和环境控制措施。

购买额外的硬件 许多组织出于灾难恢复目的选择购买自己的服务器、存储和网络硬件。组织如何获取硬件取决于其高级恢复策略。

- **冷备中心** 一旦灾难发生,组织就需要能够购买硬件。
- **温备中心** 组织可能需要在灾难发生之前购买硬件,但也可能在灾难发生时购买硬件。具体选择取决于恢复时间目标。
- **热备中心** 组织将需要在灾难发生前购买恢复硬件。
- **云计算平台** 组织不需要购买硬件,因为硬件是由云基础架构提供商提供的。

表 5-18 列出了这些策略的优缺点。表格没有列出温备中心的策略,因为组织可以在灾难发生之前或灾难发生时购买硬件。但冷备中心、热备中心和云站点是确定的,因此包含在表中。

表 5-18 热备中心、冷备中心和云平台恢复站点的硬件购置利弊

策略	优势	弊端
热备中心	已经购买硬件并准备使用	将资金束缚在可能永远不会使用的设备上。 继续维护恢复系统的成本更高
冷备中心	资金只在需要时使用。 降低成本(直到发生灾难)	可能很难找到和购买合适的设备。 很难测试恢复策略,除非硬件是购买的、租用的或借来的
云计算平台	资金成本为零。 只在使用基于云端基础架构时产生运营成本	第三方拥有基础架构

选择云托管提供商的主要原因是降低资金成本,并可以快速开发和部署虚拟基础架构。云托管提供商会提供所有硬件,并在组织使用硬件时收费。

双重目的基础架构 不选择热备中心的主要商业原因是购买灾难恢复设备需要较高的资金成本,而这些设备可能永远都不会使用。消除这一障碍的一种方法是让这些恢复系统每天正常工作。例如,恢复系统可用于开发或测试与生产中所用的相同应用程序。通过这种方式,为恢复目的购买的系统就可以很好地用于其他目的,并可在发生灾难时随时使用。

发生灾难时,组织将不太关注研发和测试,而更关注保持关键生产应用程序运行。在灾难期间放弃研发或测试将是小小的牺牲。

恢复和韧性技术 一旦确定恢复目标,下一个主要任务是调查和选择技术,以实现恢复时间和恢复点目标。考虑每种技术时的几个重要因素是:

- 该技术是否有助于信息系统实现 RTO 和 RPO 目标?
- 技术成本是否达到或超过预算限制?
- 该技术可以使其他信息系统受益(从而降低每个系统的成本)吗?
- 该技术能否很好地融入组织当前的 IT 操作?
- 操作人员是否需要接受有关恢复技术的专门培训?

- 该技术有助于简化整体 IT 架构，还是使整体 IT 架构不必要地更复杂？

设计这些问题是为了帮助从技术、流程和运营角度确定特定技术是否合适。

RAID 技术　独立磁盘冗余阵列(Redundant Array of Independent Disks，RAID)是用于提高基于磁盘的存储系统的可靠性、性能或容量的一系列技术。从灾难恢复或系统韧性角度看，RAID 最重要的特性是可靠性。RAID 用于在磁盘存储设备阵列(实际上是冗余)上创建虚拟磁盘卷，并可使阵列中任何单个磁盘驱动器的故障都不会影响磁盘阵列上数据的可用性。

RAID 通常在称为磁盘阵列的硬件设备上实现，磁盘阵列是可以安装多个硬盘并将连接到服务器的机箱。阵列运行时，通常可以在机箱中对单个磁盘驱动器执行"热插拔(Hot Swapped)"。当阵列配置有 RAID 时，单个磁盘驱动器发生故障不会影响磁盘阵列所连接的服务器的可用性。磁盘阵列可以向系统操作人员发出磁盘故障告警，并可在阵列仍正常运行的同时卸下有故障的磁盘驱动器并直接更换。

RAID 配置有几个选项或级别：

- **RAID-0**　也称为条带(Striped Volume)，磁盘卷在两个或多个磁盘之间均分数据以提高性能。
- **RAID-1**　创建一个镜像(Mirror)，写入阵列中一个磁盘的数据也写入阵列中的第二个磁盘。RAID-1 通过保存数据使卷更加可靠，即使阵列中的一个磁盘发生故障也没有问题。
- **RAID-4**　这个级别的 RAID 通过添加专用的奇偶校验磁盘在块级别使用数据条带。奇偶校验磁盘允许在其他磁盘之一发生故障的情况下重建数据。
- **RAID-5**　类似于 RAID-4 块级条带化，不同之处在于奇偶校验数据均匀分布在所有磁盘(而不是一个专门磁盘上)。与 RAID-4 一样，RAID-5 允许一个磁盘发生故障而不会丢失信息。
- **RAID-6**　是 RAID-5 的扩展，使用了两个(而不是一个)奇偶校验块。RAID-6 的优点是可以承受阵列中任何两个磁盘驱动器发生故障，而不像 RAID-5 那样只承受单个磁盘故障。

注意：
一些硬件和软件公司已经制定了几种非标准 RAID 级别。其中一些是 RAID 标准的扩展，而另一些则完全不同。

存储系统是与服务器完全分开的硬件设备——其唯一目的是存储大量数据，并通过使用冗余组件和一个或多个 RAID 级别确保其高度可靠。存储系统通常有两种形式。

- **存储区域网络(Storage Area Network，SAN)**　一套独立的存储系统，可配置为包含多个虚拟卷，并通过光纤电缆连接到许多服务器。服务器的操作系统通常会将该存储视为"本地"存储，就好像存储是由服务器机箱中的一块或多块硬盘组成。

- **网络附加存储(Network Attached Storage，NAS)** 一种包含一个或多个虚拟卷的独立存储系统。服务器分别使用 UNIX 和 Windows 操作系统上常见的 NFS 或 SMB/CIFS 协议通过网络访问这些卷。

 注意：
在公有云环境中，存储的物理实现是一种抽象(虚拟化)技术。

复制 将写入存储系统的数据通过网络拷贝并写入另一个存储系统，在两个或多个存储系统上都存在最新数据，而每个存储系统可能位于不同地理区域。

在技术栈中，可以通过多种方式和不同级别处理复制：

- **磁盘存储系统** 在磁盘存储系统(如 SAN 或 NAS)中发生的数据写入操作可以通过网络传输到另一个磁盘存储系统，然后将相同的数据写入另一个系统。
- **操作系统** 操作系统可以控制复制技术，以便将对特定文件系统的更新传输到另一台服务器。
- **数据库管理系统** 数据库管理系统(Database Management System，DBMS)可以通过向另一台服务器上的 DBMS 发送事务来管理复制。
- **事务管理系统** 事务管理系统(Transaction Management System，TMS)可以通过将事务发送到其他位置对应的 TMS 来管理复制。
- **应用程序** 应用程序可以将事务写入两个不同的存储系统。这种方法并不常用。
- **虚拟化** 可将虚拟机映像复制到恢复站点，加快应用程序的恢复。

在主备(Primary-backup)复制中可以从一个系统复制到另一个系统。主-备复制是将应用程序服务器上的数据发送到远程存储系统执行数据恢复或灾难恢复的典型设置。

复制也可以是双向的，在两个活动服务器(称为多主或多主服务器)之间执行。这种方法更加复杂，在不同服务器上同时从事的交易可能会相互冲突(例如，两个预订代理试图将同一航班的同一座位预留给两名乘客)。操作系统需要某种形式的并发事务控制，如分布式锁管理器(Distributed Lock Manager)。

从复制信息的速度和完整性方面看，复制有两种类型：

- **同步复制** 执行单个行动将数据写入本地和远程存储系统，从而确保远程存储系统上的数据与本地存储系统上的数据相同。同步复制会导致性能下降，因为整个事务处理速度会降低。
- **异步复制** 将数据写入远程存储系统不会与本地存储系统上的更新保持同步，而可能滞后，并且无法保证远程系统上的数据与本地存储系统上的数据相同。但是，由于将事务写入本地存储系统后就认为事务已完成，因此性能得以提高。根据本地和远程存储系统之间网络连接的可用带宽，本地数据突发的更新复制到远程服务器将需要一段有限的时间。

注意： 复制通常用于 RTO 小于从备份介质恢复数据所需时间的应用程序。例如，如果关键应用程序的 RTO 设置为两小时，那么即使每两个小时执行一次备份，从备份磁带恢复可能也不可行。虽然复制要比从备份介质中恢复更昂贵，但复制可确保在远程存储系统上提供最新信息，并可在短时间内上线。

服务器集群 集群(Cluster)是显示为单个服务器资源的两个或更多服务器的集合。集群通常是那些要求高可用性和非常小的 RTO(以分钟为单位)的应用程序选择的技术。

在集群上实施应用程序时，即使集群中的一台服务器发生故障，集群中的另一个服务器(或多个服务器)也将继续运行该应用程序，用户通常不会意识到发生了故障。

集群有两种典型的配置，主动-主动(Active-Active)和主动-被动(Active-Passive)。在主动-主动模式下，集群中的所有服务器都在运行并为应用程序的请求提供服务。主动-主动模式通常用于大容量应用程序，需要许多服务器才能承担应用程序工作负载。

在主动-被动模式下，集群中的一台或多台服务器处于活动状态并为应用程序请求提供服务，而集群中的另外一台或多台服务器处于"待机"模式。"待机"服务器可以为应用程序请求提供服务，但除非其中一台活动服务器因任何原因发生故障或脱机，否则不会这样做。当活动服务器脱机而备用服务器接管时，此事件称为故障切换(Failover)。

典型的服务器集群架构如图 5-34 所示。

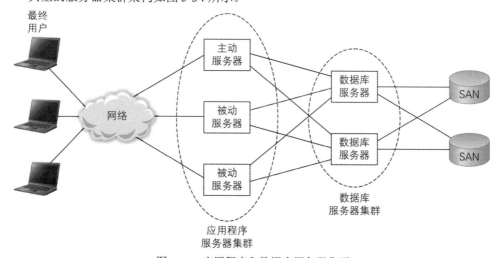

图 5-34 应用程序和数据库服务器集群

服务器集群通常在单个物理位置(如数据中心)实现。但是，也可以在远距离服务器分开的情况下实施集群。这种类型的集群称为地理集群。地理集群中的服务器通过 WAN 连接。图 5-35 显示了典型的地理集群架构。

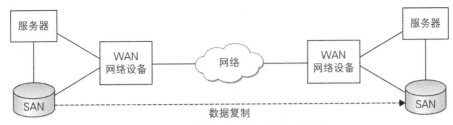

图 5-35 具有数据复制功能的地理集群

网络连接和服务 具有韧性和可恢复性的整个应用程序环境必须具有支持该环境的网络特征。如果只有一个网络连接即一个单点故障(Single Point Of Failure,SPOF),那么包含集群和复制的高韧性应用程序架构就没有什么价值。

需要高可用性和韧性(Resilience)的应用程序的支持网络可能需要以下一项或多项:

- **冗余网络连接** 可能包括服务器上的多块网络适配器;也可能包括具有多台交换机、路由器、负载均衡和防火墙的完全冗余的网络架构;还可能包括物理上由不同的网络提供商提供连接,网络服务提供商要从两个不同的方向进入建筑物。
- **冗余网络服务** 有些网络服务对于应用程序的持续运营至关重要,例如,DNS(用于将 www.mcgraw-hill.com 之类的服务器名称转换为 IP 地址)、NTP(用于同步计算机时钟)、SMTP、NMP 和身份验证服务等。这些服务通常在可能需要集群和/或自身复制的服务器上运行,以便在发生灾难时应用程序能够继续运行。

4. 制定恢复方案

DRP 工作始于 BCP 项目的初始阶段:业务影响分析(BIA)和关键性分析(CA)建立恢复目标,恢复目标又确定关键业务流程需要多快地备份和运行。

借助这些信息,灾难恢复团队可以确定需要哪些额外的数据处理设备(如果有),并建立获取相应设备的路线图。

灾难恢复项目的另一个主要组成部分是制定恢复方案。DR 流程和程序文档在宣布灾难时至关重要,将指导响应人员在灾难发生后建立和运营业务流程和 IT 系统。如果人员仅准备好所有技术但不知道要做什么,将是不够的。

大多数灾难恢复方案具有共同的组成部分:

- **灾难宣告程序** 需要包括有关如何确定灾难以及谁有权宣布灾难的标准。
- **角色和责任** 灾难恢复方案指定需要执行的活动,并指定最适合执行 DR 的人员或团队。
- **紧急联系人清单** 响应人员需要其他人员的联系信息,以便在灾难发生和恢复行动开始时建立和保持通信。联系人清单应包括人员的多种不同联系方式,因为某些灾难可能对区域电信基础架构产生不利影响。
- **系统恢复程序** 是使恢复系统正常运行的详细步骤。系统恢复程序将包括对获取数据、配置服务器和网络设备、确认应用程序和业务信息是否正常以及启动业务应用程序的详细信息的描述。

- **系统操作程序** 是在恢复模式下操作关键 IT 系统的详细步骤。系统操作的详细程序是需要的，因为处于恢复模式的系统可能与生产系统的操作方式不同；此外，处于恢复模式的系统可能需要由以前从未操作过的人员操作。
- **系统还原程序** 是将 IT 操作还原到原始生产系统的详细步骤。

注意：
业务持续和灾难恢复方案应协同工作，帮助关键业务功能在灾难后再次运行。因此，BC 和 DR 团队在制定各自的响应程序时需要紧密合作，确保覆盖所有活动，不要重叠(或留白)。

灾难恢复方案需要考虑组织可能发生的灾难场景。了解灾难场景可以帮助灾难恢复团队在制定响应程序时采取更加务实的方法。额外的好处是，并非所有灾难都会导致全部计算设备损失。尽管可能导致完全无法继续运行，但大多数的范围都比较有限。常见场景是：
- 完全失去网络连接
- 持续断电宕机
- 失去关键系统(可能是服务器、存储系统或网络设备)
- 大量数据损坏或数据丢失

与大地震或飓风等灾难相比，发生这些情况的可能性更大。

5. 数据备份与恢复

灾难和其他破坏性事件可能破坏信息和信息系统。重要的是，信息的新副本必须以其他形式存在，以便 IT 人员可以轻松地将信息加载到备用系统中，能够尽快恢复处理。

警告：
测试备份数据的可恢复性至关重要。换句话说，只有备份数据在未来可以恢复，执行备份控制措施才有价值。

备份到磁带和其他介质　在 IT 基础架构中，磁带备份就像电源线一样无处不在。但是，从灾难恢复的角度看，问题可能不在于组织是否有磁带备份，而是当前的备份功能在灾难恢复情况下是否足够。如果发生以下情况，可能需要升级组织的备份功能：
- 目前的备份系统难以管理。
- 整个系统恢复时间过长。
- 系统在灾难恢复方面缺乏灵活性(例如，将信息恢复到不同类型的系统上非常困难)。
- 技术陈旧或过时。
- 对备份技术的信心很低。

许多组织可能会考虑将磁带备份作为发生错误时恢复文件或数据库的手段之一，并且可能对备份系统充满信心。但是，组织可能对备份系统及其准确和及时恢复所有关键系统的能力缺乏信心。

自 20 世纪 60 年代以来磁带已成为默认备份介质，但使用硬盘驱动器作为备份介质正变得越来越受欢迎：硬盘的传输速率要高得多，并且磁盘可以随机访问介质，而磁带是顺序访问介质。虚拟磁带库(Virtual Tape Library，VTL)是一种数据存储技术，以磁带存储的形式设置基于磁盘的存储系统，允许现有的备份软件继续将数据备份到"磁带"上，而"磁带"实际上只是更多的磁盘存储。

电子保管(E-vaulting)是系统备份的另一个可行选择。电子保管允许组织将系统和数据备份到异地。这里"异地"可以是另一个数据中心或第三方服务提供商的存储系统。电子保管实现了两个重要目标：可靠的备份和备份数据的异地存储。

备份方案　有三种主要的数据备份方案：完整、增量和差异备份。
- **完整备份**　是数据集的完整复制。
- **增量备份**　是自上次完整备份或增量备份以来更改的所有数据的副本。
- **差异备份**　是自上次完整备份以来已更改的所有数据的副本。

要备份的数据的确切性质决定哪种备份方案组合最适合组织。选择整体方案的一些注意事项包括：
- 数据集的重要性
- 数据集的容量大小
- 数据集的更改频率
- 性能要求和备份作业的影响
- 恢复需求

创建备份方案的组织通常从最常见的方案开始，即每周一次的完整备份和每天的增量或差异备份。但如前所述，各种因素都会影响最终的备份方案设计，例如：
- 一个小的数据集每周可能备份一次以上，而一个特别大的数据集备份的频率可能会更低。
- 更快速的恢复要求可能促使组织执行差异备份而不是增量备份。
- 如果完整备份需要很长时间才能完成，则应该在需求较低或系统利用率较低的时候执行备份。

备份介质轮换　组织通常会希望尽可能长时间地保留备份介质，以便为数据恢复提供更大范围的选择。但是，维护大型备份介质库将受制于介质的高成本和存储数据所需的空间。尽管法律法规的要求可能规定备份介质至少保留的最短时间，但组织可能能够找到创造性的方式满足这些要求，而不必保留几代这样的介质。

下面列举一些备份介质轮换方案的示例。

先进先出(First In, First Out，FIFO)　在该方案中，对保留任何备份介质没有特别长时间的要求(例如，一年或更长时间)。FIFO 轮换方案中的方法指定最旧的可用备份磁带是下一个要使用的磁带。该方案的优点是简单，但存在一个明显缺点：需要在介质轮换期间迅速发现备份数据的损坏，否则就无法恢复有效的数据集。因此，使用此方案仅应用于备份不必长时间保留、重要性较低的数据。

祖孙轮换方案(Grandfather-Father-Son)　是最常见的备份介质轮换方案，创建层次化的

备份介质集，在提供更大的备份数据保留能力的同时在经济上具有可行性。

该方案的最常见形式是每周执行一次完整备份，每天执行增量或差异备份。

星期一使用的备份磁带直到下星期一才再次使用。星期二、星期三、星期四、星期五和星期六使用的备份磁带以相同的方式处理。

星期日创建的完整备份磁带将保留更长时间。一个月第一个星期日用过的磁带要到下一个月的第一个星期日才能再用。同样，在第二个星期日使用的磁带要到下月的第二个星期日才能重复使用，以此类推。

如果为了获得更长的保留时间，可以将在每季度第一个月的第一个星期日创建的磁带保留到下一季度第一个月的第一个星期日。如有必要，备份介质可以保留更长时间。

河内塔　河内塔(Towers of Hanoi)备份介质保留方案很复杂，但是可以产生更有效的延长某些备份保留时间的方案。该方案仿照河内塔谜题，最容易从视觉上理解，图5-36展示了五层方案。

图5-36　河内塔备份介质轮换方案

备份介质存储　与备份系统保留在同一位置的备份介质足以满足数据恢复目的，但对于灾难恢复目的而言则完全不够；任何物理上损坏信息系统的事件(例如，火灾、烟雾、洪水、危险化学品泄漏等)也可能损坏备份介质。为了提供灾难恢复保护，必须将备份介质存储在异地的安全位置。选择存储场所与选择主要业务场所一样重要：在发生灾难时，组织的生存可能取决于异地存储场所的保护措施。

考试提示：

CISA 考试中与异地备份有关的问题可能包括在传输和存储期间保护数据的详细信息，在恢复过程中的访问机制，介质老化和保留，或在考试期间可能对考生有帮助的其他细节。注意问题的详细信息。这些问题涉及介质类型，异地存储区域和主站点的地理位置(距离、共享的灾难范围等)，或者运输期间和存放地点的访问控制(包括环境控制措施和安全保障措施)。

选择异地介质存储设施的标准类似于本章前面讨论的选择热备/温备/冷备/云备用中心的标准。如果介质存储位置离主处理站点太近，则很可能卷入同一区域性灾难，导致备份介质损坏。但是，如果介质存储位置距离太远，则传送备份介质可能会花费太长时间，导致恢复行动运行时间过长。另一个需要考虑的位置因素是介质存储位置和热备/温备/冷备中心之间的距离。如果正在使用热备中心,则可能还有其他一些准实时的方式(如复制)将数据送达热备中心。但是,温备中心或冷备中心可能都依赖于从异地介质存储设施运送备份介质,因此异地设施靠近恢复现场可能是有意义的。如果将公有云用作备用恢复站点,则需要使用与磁带备份不同的方式(如电子保管或复制等)将数据传输到公有云。

考虑异地介质存储时,一个重要因素是与存储位置之间的运输方法。备份介质可能由快递公司或运输公司运输。备份介质安全、完好无损地到达至关重要,并且应尽可能减少拦截或丢失的机会。丢失的备份磁带不仅会使恢复更加困难,而且如果将丢失的信息公开,还可能导致令人尴尬的安全事件。从机密性/完整性的角度看,加密备份磁带是一个好主意,尽管加密与灾难恢复有所不同。

注意:

与热备中心/温备中心/冷备中心相比,异地存储的要求没有那么重要。要做的就是能够将备份介质从基础架构中取出来。例如,即使发生区域停电宕机,也要能将备份介质取出来。

必须保存在现场的备份介质应存储在与执行备份的房间分开的上锁的柜子或储藏室中。如果包含备份计算机的房间发生较小的火灾(或类似事件),分开存储将有助于保留备份介质。

通过加密技术保护敏感备份介质

信息安全和数据隐私法律正在加大数据保护要求,在许多情况下要求对备份介质加密。加密技术是一项明智的保护措施,对使用异地备份介质存储的组织而言更是如此。从组织的主数据中心和异地存储设施来回传输备份介质时,存在丢失备份介质的风险。

备份介质记录和销毁 为了确保从备份介质中恢复数据的能力,组织需要有细致的记录,列出所有备份卷的位置,以及在这些卷上备份了哪些数据元素。如果没有这些记录,组织可能无法从备份介质库中恢复数据。

法律法规和监管合规要求可能会规定保留特定信息的最长期限。组织需要通过良好的记录管理,跟踪哪些业务记录在哪些备份介质上。当组织停止保留一组特定数据时,负责备份介质库的人员需要确定可以回收的备份卷。如果备份介质上的数据是敏感的,则在重新使用备份卷前可能需要先擦除数据。任何废弃的备份介质都需要销毁,以便其他人员无法恢复卷上的数据。需要留存销毁记录。

6. 测试灾难响应方案

灾难响应方案必须准确、完整,才能成功实现灾难后恢复。建议对恢复和响应方案彻底地执行测试。

恢复测试的类型是:

- 文件审查

- 穿行测试
- 模拟
- 并行测试
- 切换测试

这些测试方法已在本章前面详细介绍过。

5.6 审计 IT 基础架构和运营

审计师审计基础架构和运营时，需要大量的专业技术知识，以便能够充分掌握正在检查的技术。如果审计师缺乏技术知识，则受访对象可能会提供解释，但回避审计师应该知道的重要事实。审计师需要熟悉硬件、操作系统、数据库管理系统、网络、IT 操作、持续监测和 DRP。

5.6.1 审计信息系统硬件

审计硬件需要注意几个关键因素和活动，包括：

- **标准** 审计师应检查组织所使用的系统类型指定的硬件采购标准。标准应定期审查和更新。应该抽样审查最近购买的硬件以确定是否遵守标准。审计活动的范围应包括服务器、工作站、网络设备以及 IT 部门使用的其他硬件。
- **维护** 应检查维护要求和记录，确定是否执行了必需的维护。如果使用服务合同，则应检查合同以确保涵盖了所有关键系统。
- **容量** 审计师应检查容量管理和规划流程、程序和记录，以便了解组织是否监测系统的容量以及为将来的扩展规划。
- **变更管理** 应该检查变更管理流程和记录，确定在生命周期过程中是否正在执行硬件变更。执行的所有更改均应事先提出申请并予以审查，由管理层批准并加以记录。
- **配置管理** 审计师应检查配置管理记录，确定 IT 组织是否正在以集中和系统的方式跟踪系统的配置。

注意：
对硬件方面的审计也适用于公有云环境。

5.6.2 审计操作系统

无论操作系统是本地的还是基于云平台的，审计操作系统都需要注意许多不同的细节，包括：

- **标准** 审计师应检查书面标准，确定标准是否完整并且是最新的。然后，审计师应抽样检查服务器和工作站以确保符合组织的书面标准。

- **维护和支持**　应该检查业务记录,确定服务器或工作站上运行的操作系统是否包含在维护或支持合同中。
- **变更管理**　审计师应检查操作系统变更管理流程和记录,确定是否系统地执行变更。所有变更均应事先提出请求并予以审查,由管理层批准并加以记录。
- **配置管理**　操作系统非常复杂。除了最小的组织,所有组织都应使用配置管理工具确保系统间配置的一致性。应检查配置管理流程、工具和记录保存。
- **安全管理**　审计师应抽样检查服务器和工作站安全配置,并确定是否"加固"或修改了制造商的默认配置。审计师应该根据各种选定系统的相对风险加以确定。检查应该包括补丁管理和访问权限管理。

5.6.3　审计文件系统

必须检查包含业务信息的文件系统,确保系统得到正确配置。检查应包括:

- **容量**　文件系统必须具有足够的容量来存储当前所需的信息,以及将来增长的空间。审计师应检查文件存储容量管理工具、流程和记录。
- **访问控制**　文件和目录仅应由具有业务需要的人员访问。应该检查访问申请记录,查看是否与观察到的访问许可一致。

5.6.4　审计数据库管理系统

DBMS 和操作系统一样复杂,要求审计师在多个领域仔细审查,包括:

- **配置管理**　在大型组织中,应集中控制和跟踪 DBMS 配置,确保系统之间的一致性。应比较各个 DBMS 和配置管理记录。
- **变更管理**　数据库不仅用于存储信息,而且在许多情况下还用于存储软件。审计师应检查 DBMS 变更管理流程和记录,以确定是否以一致、系统的方式执行变更。所有变更都应事先请求并予以审查、得到管理层的批准、经过测试和实施并予以记录。对软件的变更应该由对组织软件研发生命周期的审计配合检查。
- **容量管理**　受支持的业务流程的可用性和完整性要求所有基础数据库都具有足够的容量。审计师应检查与容量管理有关的程序和记录,查看管理是否确保足够的业务数据容量。
- **访问管理**　访问控制措施确定哪些用户和系统能够访问和更新数据。审计师应检查访问控制配置、访问申请和访问日志。

5.6.5　审计网络基础架构

信息系统审计师需要详细研究组织的网络基础架构和底层管理流程。审计师的审查应包括:

- **企业架构**　审计师应检查企业架构文档。应该有全面和详细的图纸和标准。

- **网络架构** 审计师应检查网络架构文档，包括图纸、拓扑和设计、数据流向、路由和寻址。
- **虚拟架构** 审计师应检查在公有云环境中实现的网络基础架构的所有方面。
- **安全架构** 应该检查安全架构文档，包括关键和敏感的数据流向、网络安全区域、访问控制设备和系统、安全对策、入侵检测和防御系统、防火墙、审查路由器、网关、反恶意软件和安全持续监测。
- **标准** 审计师应检查标准文件并确定文件是否合理而且是最新的。审计师应检查选定的装置和设备是否符合这些标准。
- **变更管理** 对网络设备和服务的所有变更都应由变更管理流程管理。审计师应审查变更管理程序和记录，并抽样检查设备和系统，确保这些设备和系统是根据变更管理策略执行了变更。
- **容量管理** 审计师应确定组织如何度量网络容量，是否存在容量管理程序和记录以及容量管理如何影响网络运行。
- **配置管理** 审计师应确定是否存在和使用配置管理标准、程序和记录。审计师应抽样检查设备配置，确定设备之间的配置是否一致。
- **管理访问管理** 应该检查访问管理程序、记录和配置，确定是否只有授权人员才能访问和管理网络设备和服务。
- **网络组件** 审计师应检查几个组件及其配置，确定组织如何构建其网络基础架构来支持业务目标。
- **日志管理** 审计师应确定是否记录了在网络设备和服务上执行的管理活动。审计师应检查日志配置，查看是否可以更改配置。应该检查日志本身确定是否发生了未经授权的活动。
- **用户访问管理** 通常，基于网络的服务提供组织范围内的用户访问控制。审计师应检查这些集中式服务，确定是否符合书面的安全标准。检查应包括用户 ID 约定、口令控制措施、对没有活动的锁定、用户账户配置、用户账户终止以及口令重置过程。

5.6.6 审计网络运行控制措施

信息系统审计师需要检查网络运行情况，确定组织是否有效地运行网络。检查应包括：

- **网络操作程序** 审计师应检查所有网络设备和服务的正常活动程序。活动包括登录、启动、关闭、升级和配置更改。
- **重新启动程序** 应该存在重新启动整个网络的程序(对于较大的组织，部分网络会重新启动)并定期测试。如果发生大规模的电源故障、网络故障或重大升级，则需要重新启动网络。
- **故障排除程序** 审计师应检查所有重要网络组件的网络故障排除程序。针对组织网络的特定程序可以帮助网络工程师和分析人员快速定位问题并减少停机时间。

- **安全控制措施** 应该检查操作安全性控制措施，包括管理员身份验证、管理员访问控制、管理员操作日志记录、设备配置数据保护、安全配置审查以及对审计日志的保护。
- **变更管理** 对网络组件和服务的所有变更都应遵循正式的变更管理生命周期，包括请求、审查、管理层的批准、在单独环境中测试、实施、验证和完整的记录保存。审计师应检查变更管理策略、程序和记录。

5.6.7 审计 IT 运营

审计 IT 运营包括检查用于构建、维护、更新和修复计算硬件、操作系统和网络设备的流程。审计将涵盖流程、程序和记录，以及对信息系统的检查。

1. 审计计算机操作

审计师应检查计算机操作流程，包括：

- **系统配置标准** 审计师应检查为组织中使用的每种类型的系统指定详细的配置设定标准。
- **系统构建程序** 审计师应检查用于安装和配置操作系统的程序。
- **系统恢复程序** 应该检查用于从各种类型的故障中恢复系统的程序。通常，恢复程序将包括重新安装和配置操作系统、从备份中恢复软件和数据以及对系统恢复的验证。
- **系统升级程序** 审计师应检查用于变更系统的程序，包括配置变更和组件升级。
- **补丁管理** 审计师应检查接收安全建议的程序、风险分析以及关于何时实施新安全补丁的决定。程序还应包括测试、实施和验证。
- **日常任务** 应该检查系统的每日和每周操作程序，其中可能包括数据备份、日志审查、日志文件循环、性能日志审查和系统容量检查。
- **备份和复制** 审计师应检查文件和数据库备份、备份验证、复制、恢复测试、备份介质控制措施和清单以及异地介质存储的程序和记录。
- **介质控制措施** 应检查介质控制措施程序，包括备份介质退役程序、磁盘介质退役程序、介质保管和异地存储。
- **持续监测** 稍后将详细讨论计算机持续监测。

2. 审计文件管理

信息系统审计师应检查文件管理策略和程序，包括：

- **文件系统标准** 审计师应检查指定文件系统架构、目录命名标准以及磁盘利用率和性能的技术设置。
- **访问控制** 审计师应检查文件系统访问控制策略和程序，用于控制哪些用户和进程能够访问目录和文件的配置设置，以及记录权限更改和尝试文件访问之类的访问控制事件的日志文件(包括此类事件发生时应遵循的程序)。

- **容量管理** 应该检查用于管理文件系统容量的设置和控制措施,应该包括显示文件系统利用率的日志、添加容量的程序以及与容量相关的事件记录。
- **版本控制** 在包含受版本控制的文档的文件系统和数据存储库中,审计师应检查版本控制配置设置、文件更新程序以及文件恢复程序和记录。

3. 审计数据录入

信息系统审计师应检查数据输入标准和操作,包括:
- **数据录入程序** 可能包括文档控制措施、输入程序和错误恢复程序。
- **输入验证** 可能包括用于确保将数据正确输入表单中的自动和手动控制措施。
- **批量验证** 可能包括用于计算和批量验证输入记录的自动和手动控制措施。
- **纠正程序** 可能包括用于在发生错误时纠正单个和批量表格的控制措施和程序。

5.6.8 审计无人值守运营

无人值守运营(Lights-out Operation)是指数据中心中的计算机等在没有现场操作员干预的情况下运行。术语"无人值守"指因为没有操作人员在场,计算机可以放在没有灯光的房间内工作。

审计无人值守的活动将主要归入本章讨论的其他审计类别和一些特定的审计活动,包括:
- 远程管理程序
- 远程持续监测程序

5.6.9 审计问题管理操作

审计师应检查组织的问题管理操作,包括:
- **问题管理策略和流程** 审计师应检查描述如何执行问题管理的策略和程序文档。
- **问题管理记录** 应该抽样检查问题和事件,确定问题是否得到适当的管理。
- **问题管理时间轴** 应该检查在每个问题上花费的时间,确定解决方案是否在 SLA 范围内。
- **问题管理报告** 审计师应检查管理报告,确保管理层了解所有问题。
- **问题解决** 审计师应抽样检查问题,了解哪些问题需要在其他流程中更改。审计师应检查其他流程文档以确定是否更改。审计师还应检查记录,查看修复是否得到了另一方的验证。
- **问题重现** 审计师应检查问题记录,确保相同的问题不会再现。

5.6.10 审计持续监测运营

信息系统审计师需要审计系统持续监测操作以确保其有效性,包括:
- **持续监测方案** 审计师应审查用于描述组织持续监测计划(Monitoring Program)、工具和流程的所有持续监测方案文档。

- **响应方案** 审计师应审查响应方案和响应记录。
- **问题日志** 应该审查监测问题日志，查看记录了哪些类型的问题。审计师应确定所有的设备和系统是否都出现在问题日志中。
- **预防性维护** 审计师应检查监测结果、监测方案和预防性维护记录，确定预防性维护等级是否充分和有效。
- **管理层审查和活动** 应该检查所有监测报告、会议记录和决策日志，了解管理层是否在审查监测报告以及是否执行管理活动。

5.6.11 审计采购

审计师应检查硬件、软件和服务的采购流程、程序和记录，确定是否正在执行以下任何活动：

- **需求定义** 所有利益相关方(包括技术和业务，视情况而定)都需要制定功能、技术和安全需求。每个需求都应当得到批准，并用于对候选产品和服务的审查。每个候选供应商的答复都需要根据其满足需求的能力评分。整个流程需要透明并记录在案。审计师将需要从选定的采购项目中审查采购策略、程序和记录。
- **可行性研究** 许多服务请求都需要执行客观的可行性研究，目的是确定可能从请求的服务中获得的经济和商业利益。审计师需要检查选定的可行性研究文件以及执行可行性项目的策略和程序文件。

5.6.12 审计业务持续规划

审计组织的业务持续规划特别困难，因为除非经历真正的灾难，否则无法证明该方案是否有效。

IT 审计师在审计组织的业务持续方面的任务非常艰巨。审计的结果大部分取决于文档的质量和关键人员的演练。

与大多数审计活动一样，对组织的业务持续规划的审计是对关键业务目标自上而下的分析，是对文档和访谈的审查，以确定业务持续战略和计划细节是否支持这些关键业务目标。方法如图 5-37 所示。

业务持续规划的审计目标应包括以下活动：

- 获得描述当前业务战略和目标的文档。获取业务持续计划的概要文档(如战略、章程和目标)，并确定业务持续计划是否支持业务战略和目标。
- 获得最新的 BIA 以及相关的威胁分析、风险分析和关键性分析文档。确定这些文档是否最新和完整，以及是否支持业务持续战略。还要确定这些文档的范围是否涵盖根据高级业务目标考虑的战略活动。最后，确定这些文档中的方法是否代表这些活动的良好实践。
- 通过检查测试方案、培训方案和结果，确定关键人员是否做好了应对灾难的准备。找出紧急程序存储在哪里，以及关键人员是否可以使用这些程序。

- 确认是否有定期检查和更新业务持续文档的流程。通过审核记录来查看文档访问频率，评估流程的有效性。

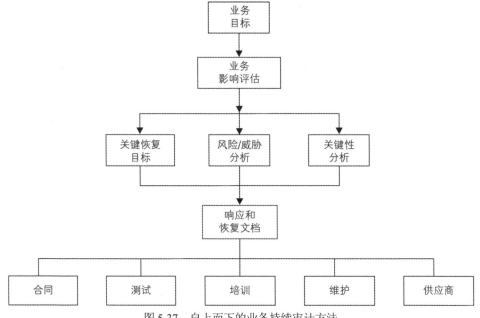

图 5-37 自上而下的业务持续审计方法

以下各节将更详细地描述这些活动。

1. 审计业务持续文档

大部分组织的业务持续规划都存在于文档中，因此大部分审计工作都将是对文档的检查，这一点不足为奇。以下步骤将帮助审计师确定组织业务持续方案的有效性。

- 获取业务持续文档的副本，包括响应程序、联系人清单和沟通方案。
- 抽样检查分发的业务持续文档副本，确定文档是不是最新的。抽样可以在与关键响应人员的面谈中获得，已包含在程序中。
- 确定所有文档是否清晰且易于理解，不仅适用于主要响应人员，还适用于可能具有特定相关技能但对组织的关键应用不太熟悉的候补人员。
- 检查与灾难宣告和灾难响应启动有关的文档。确定宣告的方法在灾难场景下是否有效。
- 获取紧急联系人信息，并与一些人员联系以查看联系信息是否准确和最新。还要确定所有响应人员是否仍在组织中工作，并且担任相同或相似的角色，可以支持灾难响应工作。
- 与紧急联系人清单中列出的部分或全部响应人员联系。与响应人员面谈，了解响应人员对灾难响应责任的理解程度以及他们是否熟悉灾难响应程序。询问每个面谈者是否有这些程序的副本。查看面谈者的副本是不是最新的。

- 确定是否存在对业务持续文档执行正式评审和更新的流程。检查记录以查看文档的检查频率和更新时间。
- 确定响应人员是否接受了有关响应和恢复程序的任何正式或非正式的培训。确定是否要求人员接受培训,以及是否有记录显示哪些人员在何时接受过培训。

2. **审核以前的测试结果和行动方案**

业务持续方案的有效性在很大程度上取决于测试的结果和效果。信息系统审计师需要仔细检查测试,以确定方案的有效性,以及测试结果在多大程度上可用于改进程序和培训人员。以下程序将帮助信息系统审计师确定业务持续测试的有效性:

- 确定是否存在测试业务持续程序的策略。获取过去测试的记录和未来的测试方案。确定以前的测试是否足以确定响应和恢复程序的有效性。
- 检查过去一两年中执行的测试记录,并确定执行的测试类型。获取每个测试的参与方清单,并比较参与方与关键恢复人员清单。检查测试作业文件以确定主要恢复人员的参与程度。
- 确定是否有正式的流程记录测试结果,以及使用这些结果改进方案和程序。检查作业文件和记录,确定以前测试中建议的更改类型。检查业务持续文档,查看这些更改是否按预期执行。
- 考虑执行的测试的类型,确定将测试的充分性作为业务持续规划有效性的指标。例如,组织是仅执行文档审查和穿行测试,还是执行了并行或切换测试?
- 如果测试已经执行了两年或更长时间,确定是否有趋势表明响应和恢复程序不断得到改进。
- 如果组织执行并行测试,确定测试的设计能否有效确定备用系统的实际准备情况。还应确定并行测试是衡量备用系统的容量,还是仅衡量其在较低性能水平正确处理的能力。

3. **关键人员面谈**

关键人员的知识和经验对于灾难恢复操作的成功至关重要。面谈将帮助 IT 审计师确定关键人员是否做好了应对灾难的准备和培训。以下过程将指导 IT 审计师面谈:

- 获取每个受访者的姓名、职务、任期和完整的联系信息。
- 要求受访者总结其专业经验和培训以及目前在组织中的职责。
- 询问受访者是否熟悉组织的业务持续和灾难恢复规划。
- 确定受访者是否属于灾难期间的关键响应人员。
- 询问受访者是否已获得任何响应或恢复程序的副本,如果有,则要求查看这些程序并确定是否为当前版本。询问受访者在其他任何地方(例如,住处)是否有额外的一套程序。
- 询问受访者是否接受过任何培训。要求提供参与培训的证据(证书、日历安排等)。

- 询问受访者是否参加过恢复和响应程序的测试或评价。询问受访者测试是否有效，管理层是否认真对待测试，以及测试中的缺陷是否导致对测试程序或其他文档的改进。

4. 审核服务提供商合同

没有组织是孤立的，每个组织都有关键的供应商。没有这些供应商，组织将无法执行关键职能。从灾难中恢复的能力通常还需要一个或多个服务提供商或供应商支持。IT 审计师应该检查所有关键供应商的合同，并考虑以下指导原则：

- 即使在发生本地或区域性灾难的情况下，合同是否也支持组织对服务和物资的交付要求？
- 服务提供商是否具有自己的灾难恢复能力，可以确保其在灾难期间提供关键服务的能力？
- 如果供应商在灾难期间无法提供物品或服务，是否有追索权？

5. 审核保险范围

检查组织与支持关键业务流程的财产和资产损失有关的保险策略。如果组织的执行管理层接受较低金额的报销费用，则保险范围应涵盖实际的恢复成本或较少的金额。IT 审计师应获取包括各种灾难恢复场景的成本估算文档，包括设备更换、业务中断以及在备用站点中执行业务功能和操作 IT 系统的成本。IT 审计师应比较这些成本估算与保单的价值。

6. 访问介质存储和备用处理站点

IT 审计师应识别和访问用于存储备份介质的备用远程站点。识别和访问将使审计师确认其存在，验证远程站点的特征和功能，查看是否符合持续和恢复方案的细节，并发现风险。

5.6.13 审计灾难恢复规划

灾难恢复规划审计的目标应包括以下活动：

- 通过检查以前的测试结果来确定规划和恢复文档的有效性。
- 评价用于异地存储关键信息的方法(可能包括异地存储、备用数据中心或电子保管)。
- 检查任何异地或备用地点的环境和物理安全控制措施，并确定控制措施的有效性。
- 注意异地或备用站点场所是否处于同一地理区域内——同一区域可能意味着主要站点和备用站点都可能遇到常见的灾难。

1. 审计灾难恢复方案

以下步骤将帮助审计师确定组织灾难恢复方案的有效性：

- 获取灾难恢复文档的副本，包括响应程序、联系人清单和沟通方案。
- 抽样检查分发的灾难恢复文档副本，确定是不是最新的。样本可以在与关键响应人员的面谈中获得，而程序中已包含了这些关键响应人员。

- 确定所有文档是否清晰且易于理解，不仅适用于主要响应人员，还适用于可能具有特定相关技能但对组织的关键应用不太熟悉的候补人员。
- 获取异地存储提供商、热备中心设施和关键供应商的联系信息。确定组织是否仍在为被审计组织提供服务。呼叫某些联系人，确定记录的联系信息是否准确。
- 如果组织使用了第三方恢复站点，例如，云基础架构提供商，则应获取定义组织和云提供商义务、服务水平和安全控制措施的合同。
- 获取支持关键业务流程的关键 IT 应用程序的逻辑和物理架构图。确定业务持续文档是否包含支持 IT 应用程序的所有组件的恢复程序。查看文档是否包含针对最终用户和应用程序管理员的恢复流程。
- 如果组织使用热备中心，应检查一个或多个系统，确定这些系统是否具有正确版本的软件、补丁和配置。检查与任务相关的程序和记录，确认备用系统是否保持最新状态，确定程序是否有效。
- 如果组织使用温备中心，检查使备用系统进入运行准备状态的程序。检查温备中心系统，查看系统状态下准备程序是否可能成功。
- 如果组织使用冷备中心，检查所有与替换系统和其他组件采购有关的文档。确定程序和文档是否可能在满足关键恢复目标所需时间内完成能够承载 IT 应用程序的系统。
- 如果组织使用云服务提供商的服务作为恢复站点，检查使基于云的系统进入操作准备状态的程序。检查程序和配置，查看是否可能在灾难期间成功地为组织提供支持。
- 确定是否存在任何有关将关键人员搬迁到热备/温备/冷备中心的文档。查看文档是否规定了要搬迁人员以及提供了哪些住宿和后勤支持。确定搬迁方案的有效性。
- 确定是否遵循备份和异地(复制或电子保管)存储程序。检查系统，确保备份了关键的 IT 应用程序，并确保将正确的介质存储在异地(或者对适当的数据采取电子保管)。确定是否曾经执行过数据恢复测试。如果有，则确定是否记录了测试的结果以及是否已正确处理了问题。
- 评价从备用处理设施到主要处理基础设施的切换程序。确定切换程序是否完整有效。
- 确定是否存在对业务持续文档执行正式审查和更新的流程，以确保与灾难恢复规划保持一致。检查记录以查看文档的检查频率和更新时间。通过与关键人员面谈，了解恢复和响应文档是否反映了对应用程序、系统、网络或流程的重大变更，从而确定流程是否充分有效。
- 确定响应人员是否接受了有关响应和恢复程序的任何正式或非正式培训。确定是否要求人员接受培训，以及是否保留显示哪些人员在什么时间接受了培训的记录。
- 检查组织的变更控制流程。确定该流程是否包括需要人员确定任何变更是否对灾难恢复文档或程序产生影响的步骤或程序。

2. 审查以前的灾难恢复测试结果和行动方案

灾难恢复方案的有效性取决于测试的结果和效果。信息系统审计师需要检查灾难恢复方案和活动，确定其有效性。以下内容将帮助信息系统审计师审计灾难恢复测试：

- 确定是否有测试灾难恢复规划的策略。获取以前测试的记录和未来测试的方案。
- 检查记录以了解过去一两年中所执行的测试。确定执行的测试类型。获取每个测试的参与方清单。将参与方与关键恢复人员清单比较。检查测试作业文件以确定主要恢复人员的参与程度。
- 确定是否有正式的过程记录测试结果以及使用这些结果来改进方案和程序。检查作业文件和记录,确定以前测试中建议的更改类型。检查灾难恢复文档,查看这些更改是否按预期执行。
- 考虑已执行的测试类型,确定将测试的充分性作为灾难恢复计划有效性的指标。例如,组织是仅执行文档审查和穿行测试,还是执行并行或切换测试?
- 如果测试已经执行了两年或更长时间,确定是否有趋势表明响应和恢复程序不断得到改进。
- 如果组织执行并行测试,确定测试的设计方式能否有效确定备用系统的实际准备情况。还应确定并行测试是衡量备用系统的容量,还是仅衡量其在较低性能上正确处理的能力。
- 确定测试能否包括从异地存储或电子保管基础设施中取回备份数据。

3. 评价异地存储

关键数据和其他支持信息的存储是任何组织的灾难恢复方案中的关键组成部分。由于某些类型的灾难可能会完全破坏一个业务场所以及重要记录,因此必须备份所有关键信息,并将副本转移至异地存储设施。以下程序将帮助信息系统审计师确定异地存储的有效性:

- 获取异地存储或电子保管基础设施的物理位置。确定基础设施是否与组织的主处理基础设施位于相同的地理区域。
- 如果可能,参观异地存储基础设施。检查异地存储基础设施的物理安全控制措施以及防止在灾难中损坏所存储信息的安全防护措施。考虑物理和逻辑访问控制措施的覆盖范围。检查与存储和返回备份介质以及组织可能存储在那里的其他信息有关的程序和记录。如果无法参观异地存储基础设施,获取审计副本或其他对控制措施有效性的证明。
- 盘点存储在基础架构里的备份介质和其他信息。将清单与关键业务流程和支持的 IT 系统清单比较,确定所有相关信息是否实际上都存储在异地存储基础设施中。
- 确定组织多久执行一次异地基础设施盘点,以及是否有记录步骤和纠正缺陷的步骤。
- 如果适用,检查适用于异地存储提供商或电子保管的合同、条款和条件。确定在一定时期内是否可将数据恢复到原始处理中心和备用处理中心,确保可在 RTO 内完成灾难恢复。
- 确定适当的人员是否有当前的异地存储或电子保管基础设施的访问代码,人员是否有能力从存储基础设施中恢复数据。

- 确定异地存储基础设施中除了备份数据外还存在哪些信息。异地存储的信息应包括架构图、设计文档、操作程序，还包括支持关键 IT 应用程序、操作文档和应用程序源代码的技术和设施的所有逻辑和物理层配置信息。
- 获取与将备份介质和记录副本传输到异地存储或电子保管的传输方式有关的信息。确定保护传输信息的控制措施的适当性。
- 获取支持将备份介质和记录传输到异地存储基础设施的记录。抽样检查记录，并确定抽取的记录是否与其他记录(如备份日志)匹配。

4. 评价备用处理基础设施

信息系统审计师需要检查备用处理基础设施，确定基础设施是否足以支持组织的业务持续和灾难恢复方案。以下程序将帮助信息系统审计师确定备用处理基础设施是否有效：

- 获取备用处理基础设施的地址和其他位置信息。这些信息包括热备中心、温备中心、冷备中心、基于云的服务以及组织拥有或运营的备用处理中心。注意，出于安全原因，云服务的确切位置通常不能获取。
- 确定备用基础设施是否与主处理设施位于同一地理区域内，并确定备用基础设施遭受与主要基础设施同样灾难情况下的不利影响的可能性。
- 在备用处理站点上执行威胁分析。确定哪些威胁和危害对组织及其在灾难期间有效开展行动的能力构成重大风险。
- 确定备用处理基础设施可能发生的自然事件和人为事件的类型。确定是否有足够的控制措施减轻这些事件的影响。
- 检查所有环境控制措施并确定其适当性。控制措施应该包括供暖、通风和空调(Heating, Ventilating and Air Conditioning, HVAC)、电源、不间断电源(UPS)、电源分配单元(Power Distribution Unit, PDU)和发电机。还要检查火灾探测和灭火系统，包括烟雾探测器、火警自动告警器、灭火器、喷淋头和惰性气体灭火系统。
- 如果备用处理设施是一个独立的组织，需要获取法律合同和所有证据。检查这些文件并确定合同和证据是否支持组织的恢复和测试需求。

注意：
基于云的服务提供商通常不允许现场参观。然而，云服务提供商可以通过标准审计(如 SSAE18、ISAE3402、SOC1、SOC2、ISO 或 PCI)获得一个或多个外部审计报告。审计师需要确定是否可以依赖任何此类外部审计报告，以及是否存在此类外部审计未涵盖的控制措施。

5.7 小结

IT 部门中的所有活动都应得到管理、控制和监测。操作人员执行的活动应该是管理层批准的程序或流程的一部分。流程、程序和项目应有足够的记录以方便度量。

IT 运营应该根据与信息技术基础架构库(ITIL)或 COBIT 流程框架保持一致的服务管理模型构建。这些框架确保可能全面覆盖大多数 IT 组织的活动。

信息系统审计师需要对信息系统的硬件和软件以及如何工作以支持业务目标有透彻的了解。审计师需要了解计算机硬件的功能，操作系统如何安装、配置和操作，最终用户工作站如何配置、管理和使用，以及软件应用程序如何运行。由于一开始不一定总是正确实施较新的技术，因此信息系统审计师需要了解虚拟化、虚拟桌面、软件定义网络和移动设备等技术，以确保组织不会因使用这些技术而产生不必要的风险。

网络管理工具和系统帮助管理层了解网络的利用率、容量和问题。网络管理应该是更大的基础架构监测策略的一部分。

自然和人为灾难可能会破坏业务设施、资产和信息系统，从而通过停止关键流程威胁到组织的生存能力。即使没有直接影响，灾难所造成的许多次生或间接影响，例如，运输系统的瘫痪、通信系统的损坏和公共设施的损坏也会严重伤害组织。业务持续规划的制定可以帮助组织更好做好准备，以便在发生灾难时采取行动。这项准备工作的重要组成部分是制定继续执行最关键活动的备选方案，通常是在不受灾难破坏的其他地点执行这些活动。

业务持续和灾难恢复规划有一个公认的方法，该方法始于业务持续规划策略的制定，即声明计划工作的目的和目标。接下来是 BIA，BIA 是对组织业务流程的研究，确定哪些流程对组织的持续生存能力最为关键。对每个关键流程，组织都要制定影响说明，简要描述如果流程在任何重要时期不能发挥作用对组织有什么样的影响。影响说明可以是定性或定量的。

接下来执行关键性分析，组织根据关键性对所有范围内的业务流程排序。排序可以是严格定量的、定性的，甚至是主观的。为每个关键业务流程确定最大可允许停机时间(MTD)，推动开发恢复目标。

接下来，为每个关键业务流程制定恢复目标，主要目标是 RTO 和 RPO。这些目标分别指定了系统恢复的时间和最大的数据丢失。确立这些目标后，项目团队可以制定包括变更技术架构和业务流程在内的方案，有助于实现这些既定的恢复目标。

然后制定持续方案，方案包括人员安全和灾难宣告程序，以及责任定义、关键人员的联系信息以及恢复、持续运营和资产重建程序。

业务持续规划的有效性只能通过测试确定。测试共有五种类型：文档审查、穿行测试、模拟、并行测试和切换测试。这五项测试的测试程序和 IT 系统越来越复杂(和有风险)，测试确定程序和系统是否能在实际灾难中支持关键的业务流程。并行测试涉及使用备份 IT 系统，在主系统继续执行实际工作的同时处理实际的业务交易。切换测试实际上将业务数据处理转移到备份 IT 系统，让备份系统处理一段时间的实际业务工作负载。

需要从可用人员中仔细选择响应人员，确保在实际灾难中有足够数量的人员可用。一些人员可能由于与灾难本身相关的各种原因而无法做出响应。因此，在实际灾难中做出响应的人员可能不熟悉恢复和维护所需的系统和程序。因此，培训和准确的程序对于有效的灾难恢复至关重要。

恢复和持续方案需要定期更新以反映信息系统的变化，并分发或提供给响应人员和恢复人员。

审计组织的业务持续能力包括检查业务持续规划策略、方案和程序，以及合同和技术架构。IT 审计师还需要与响应人员面谈以评估他们的准备情况，参观异地介质存储和备用处理站点以识别存在的风险。

在灾难恢复规划项目中，一旦确定了可接受的架构和流程变更，组织便着手投资于这些领域，其系统和流程更接近恢复目标。此时组织还制定了恢复系统和流程的程序，以及应对灾难其他方面的程序，例如，紧急通信方案和疏散方案。

在 IT 系统韧性方面的一些投资可能涉及建立备用处理站点，以便可以恢复 IT 系统以支持关键业务流程。备用站点有几种类型：在热备中心，IT 系统处于持续就绪状态，可以在一两个小时内承担生产工作负载；温备中心有 IT 系统，但需要花费几个小时到一天的准备时间；冷备中心里不存在任何系统，必须要购买，可能需要几天的准备工作才能使这些替换系统支持业务流程；基于云的站点按需提供虚拟机，组织将在其中建立热备、温备或冷备功能。公有云中的虚拟基础架构可以充当热备中心或温备中心。为了改善恢复目标，IT 系统中可能引入以下一些技术：使用 RAID，一种提高磁盘存储系统可靠性的技术；复制，将数据实时复制到备用(通常是远距离)存储系统的技术；电子保管，将数据复制到基于云的电子保管的服务；集群，一种让几个服务器(包括位于其他区域的一些服务器)充当一个逻辑服务器的技术，即使一个或多个服务器无法使用或无法访问，也可以继续执行处理。

5.8 本章要点

- 所有 IT 活动都应成为文档化流程、程序或项目的一部分。
- 应监测关键系统、应用程序和基础架构，确保继续正常运行以支持关键业务流程。
- 软件程序代码库应使用访问和授权控制措施、签出和签入、版本控制和代码分析执行控制措施。
- 介质脱敏程序可确保不会因数据存储介质的丢弃而导致数据泄露。
- 平板电脑和智能手机等移动设备是新的终端。移动设备缺乏成熟的企业管理控制措施和反恶意软件工具，并且体积小到容易丢失，因此成为流行的攻击载体。信息系统审计师需要了解组织如何解决这些问题。
- 了解计算机的内部架构与理解如何将计算机组合成集群和多层应用程序环境一样重要。
- 计算和网络架构的自动化监测包括监测内部组件，如 CPU、电源、内存和存储。持续监测还包括 CPU、内存、磁盘存储和网络等资源利用率。还应监测外部环境，包括温度、湿度、水和振动。

- 软件许可管理确保组织继续遵守软件许可协议,并避免代价高昂且令人尴尬的法律麻烦。自动化工具可以帮助监测授权软件的安装和使用。
- 尽管七层 OSI 数据模型从未以纯粹的形式实现,但了解模型的概念仍然很重要。OSI 模型中的术语由 IT 专家使用,例如,4 层交换机是一种基于 OSI 第 4 层特性路由数据包的网络设备。
- 信息系统审计师需要充分了解 TCP/IP 模型和 TCP/IP 的通用协议,以便能够识别风险并控制弱点。
- 网络的逻辑架构通常与物理架构不一致。
- 检查网络的关键是网络的边界。防火墙、路由器、无线接入点和网关等边缘设备包含控制入站和出站流量的配置。边界方面的错误可能会付出高昂代价。
- 较新的协议(如 SSH、SFTP 和 FTPS)已取代了大多数较旧的且安全性较低的 TCP/IP 协议(如 Telnet、FTP 和 RCP)。
- BCP 确保灾难发生后的业务恢复。业务持续侧重于在事件期间以最小的中断维护服务可用性,而灾难恢复则侧重于事件后的恢复和服务重建。
- BCP 包含生命周期,从最初的 BCP 策略开始,到业务影响和关键性分析,以及对风险和影响因素的评价。恢复目标有助于制定持续和恢复策略,然后必须执行测试,并通过培训和演练传达给操作人员。实施后的维护包括作为企业持续改进流程一部分的定期审查和更新。
- 业务影响分析(BIA)衡量各种已确定的风险领域对企业运营的影响。BIA 的输出用于关键性分析(CA),该分析衡量每一种风险对发生可能性的影响以及缓解风险的成本。每个关键过程都建立了最大可容许停机时间(MTD)指标。
- 建立恢复时间目标(RTO)和恢复点目标(RPO),将使用 BIA、CA 和 MTD 活动的输出,然后可以根据每个确定的风险和缓解选项的相对成本场景衡量。
- 将 RTO 和 RPO 放入 DR 流程中,以便员工能够开发支持关键业务流程的韧性和可恢复的 IT 架构。
- BC 方案必须通过文档审查、穿行测试、模拟、并行测试或切换测试实践验证方案的有效性。必须执行定期测试,确保新的目标和程序满足实际企业环境的要求。测试可让参与的操作人员熟悉并给予培训,从而提高对需求和责任的理解和认识。
- 组织越来越多地将备用处理站点转向云。信息系统审计师需要了解如何采购、保护和管理基于云的基础架构。
- 一旦确定了恢复目标,就可以制定战略实现目标。有许多解决方案,包括冗余(热、温或冷)备用中心、高可用性或分布式集群环境中的冗余操作或存储、备用网络访问策略以及用于满足确定的恢复时间和恢复点需求的备份/恢复策略。

5.9 习题

1. Web 应用程序显示的信息不正确,许多用户已经与 IT 服务台联系。这件事应视为是一个：

    A. 事故

    B. 问题

    C. bug

    D. 宕机

2. IT 组织遇到多起意外停机的情况，这些意外停机是由于未经授权变更应用程序代码和操作系统配置引起的。IT 组织应采用哪个流程缩短停机时间？

    A. 配置管理

    B. 事故管理

    C. 变更管理

    D. 问题管理

3. IT 组织管理着数百台服务器、数据库和应用程序，并且很难跟踪这些系统的配置更改。应该采取什么程序补救？

    A. 配置管理

    B. 变更管理

    C. 问题管理

    D. 事故管理

4. 计算机的 CPU、内存和外设通过以下方式连接：

    A. 内核

    B. 火线

    C. 管道

    D. 总线

5. 要求数据库管理员配置数据库管理系统，以便记录用户所做的所有更改。数据库管理员应实现什么？

    A. 审计日志

    B. 触发器

    C. 存储过程

    D. 日志

6. TCP/IP 参考模型的各层是：

    A. 网络接入层、网际层、传输层、应用层

    B. 物理层、网络接入层、网际层、传输层、应用层

    C. 网络接入层、传输层、网际层、应用层

    D. 物理层、数据链路层、网络层、传输层、会话层、显示层、应用层

7. TCP/IP 模型中网际层的目的是：

    A. 封装

    B. 本地网络上的数据包传递

    C. 本地或远程网络上的数据包传递

D. 顺序传递和流量控制

8. DHCP 协议的目的是：

   A. 拥塞网络上的控制流

   B. 查询站点发现 IP 地址

   C. 为站点分配 IP 地址

   D. 为站点分配以太网 MAC 地址

9. 信息系统审计师正在检查无线(Wi-Fi)网络，并确定该网络使用 WEP 加密。审计师应采取什么措施？

   A. 建议将加密更改为 WPA

   B. 建议将加密更改为 EAP

   C. 要求提供密钥管理流程文档

   D. 要求提供身份验证流程文档

10. 126.0.0.1 是什么的实例？

    A. MAC 地址

    B. 环回地址

    C. A 类地址

    D. 子网掩码

11. 选择热备中心时最重要的考虑因素是什么？

    A. 时区

    B. 相对于主站点的地理位置

    C. 靠近主要的交通工具

    D. 自然灾害

12. 组织为最关键的业务应用程序建立了 14 天的恢复点目标。哪种恢复策略将是最佳选择？

    A. 移动备用中心

    B. 温备中心

    C. 热备中心

    D. 冷备中心

13. 组织要为用户提供连续的服务，则应为应用程序服务器使用什么技术？

    A. 双电源

    B. 服务器集群

    C. 双网络

    D. 事务持续监测

14. 组织当前将备份介质存储在正在备份的计算机旁边的机柜中。一位顾问告诉组织要将备份介质存储在异地存储设施中。顾问提出此建议时，最可能想到什么风险？

    A. 破坏计算机系统的灾难也会破坏备份介质。

    B. 备份介质轮换可能导致过去几周备份的数据丢失。

C. 在线数据损坏将需要从异地存储快速恢复数据。

D. 数据处理站点上的物理控制措施不足。

15. 关于虚拟服务器加固，以下哪个陈述是正确的？

A. 主机操作系统的配置将自动流向每个客户操作系统。

B. 每个客户虚拟机需要分别加固。

C. 客户操作系统因为受虚拟机管理程序保护，不需要加固。

D. 不需要加固虚拟服务器，因为虚拟服务器不能直接在计算机硬件上运行。

5.10 答案

1. B。"问题"是定义为具有共同症状的多个事件的结果。在此示例中，许多用户都受到了应用程序错误的影响。

2. C。变更管理是通过生命周期流程管理变更的流程，该流程包括请求、审查、批准、实施和验证。

3. A。配置管理是跟踪系统和系统组件(例如，数据库和应用程序)的配置变更的流程(通常辅以自动化工具)。

4. D。总线将计算机的所有内部组件连接在一起，包括 CPU、主内存、辅助内存和外设。

5. A。数据库管理员应实施审计日志记录，记录对数据库做的所有更改。

6. A。TCP/IP 模型的层(从最低到最高)依次是网络接入层、网际层、传输层和应用层。

7. C。TCP/IP 模型中网际层的目的是在同一网络或不同网络上将数据包从一个站点传递到另一个站点。

8. C。DHCP 协议用于为网络上的计算机分配 IP 地址。

9. A。WEP 协议已严重受损，应替换为 WPA 或 WPA2 加密。

10. C。A 类地址的范围是从 0.0.0.0 到 127.255.255.255。地址 126.0.0.1 属于此范围。

11. B。热备中心的一个重要选择标准是相对于主站点的地理位置。如果靠得太近，则单个灾难事件可能波及两个位置。

12. D。具有 14 天恢复时间目标(RTO)的组织可使用冷备中心作为恢复策略。对大多数组织，14 天的时间足够用来获取硬件并恢复应用程序。

13. B。希望应用服务器对用户持续可用的组织需要使用服务器集群。至少 1 台服务器始终可用于服务用户请求。

14. A。采用异地备份介质存储的主要目的是减轻灾难可能会破坏计算机系统及其备份介质这一影响。

15. B。在虚拟化环境中，每个客户操作系统都需要加固。因为客户操作系统与直接在服务器(或工作站)硬件上运行的操作系统没什么不同。

第 6 章

信息资产保护

本章介绍 CISA 第 5 个知识域——"信息资产保护",讨论以下主题:
- 信息安全管理
- 逻辑访问控制
- 网络安全
- 环境安全
- 物理安全
- 隐私

本章主题在 CISA 考试中约占 27%。

信息资产包括信息和信息系统。"信息"包括软件、工具和数据,而"信息系统"是一个包罗万象的术语,包括了服务器、工作站、移动设备、网络设备、网关、设备、物联网设备和应用程序。信息系统可以是单个设备,也可以是为某些业务目标协同工作的系统的集合。

6.1 信息安全管理

信息安全管理(Information Security Management)是确保组织安全计划有效性的策略、流程和程序的集合。安全管理由许多不同却相互关联的流程组成,包括策略制定与实施、风险管理、安全意识宣贯培训(SAT)、用户访问管理、安全事故管理、漏洞管理、第三方风险管理、加密技术、网络访问管理、环境控制措施和物理访问控制措施。组织高管层的持续支持是安全管理计划成功的关键。

组织应定期审查流程以确认流程的有效性,还应记录控制措施的失效和例外情况,并制定行动方案以改进流程和系统。

6.1.1 信息安全管理的主要方面

信息资产保护是信息安全管理的基石。信息安全管理以 IT 治理和风险管理为起点,是一组自上而下的协调活动,信息安全管理的主要目标是保护信息系统和其他与信息相关的资产。

拥有健全的 IT 治理和风险管理计划的组织应制定与组织的总体宗旨一致的战略、策略和流程。管理层通过业务影响评估(Business Impact Assessment,BIA)等战略流程,清楚地知道哪些与信息相关的资产和职能对组织最重要。通过风险管理计划,管理层将采取适当措施来保护组织的资产和职能。

注意:
信息安全管理不是一项单独的活动,与 IT 治理和风险管理密切相关,第 2 章介绍了相关内容。

1. 高管支持

信息安全管理需要有一定级别的高管层支持才能有效。高管需要对安全管理做出明确的承诺,包括批准安全战略和策略、支持风险管理决策、授权关键角色和职责、分配资源、确认使用资源的优先级以及高管层以身作则。组织的信息安全计划如果没有高管层的支持,是无法成功也没有效用的。

2. 策略和程序

有效的信息安全计划依赖于以信息安全策略形式明确的准则(Guideline)。完整的信息安全策略应包含以下要素:

- **高管支持声明**　安全策略文档必须明确声明信息安全策略得到组织高管层充分且坚定的支持。策略文档可以添加一个签名栏,以书面形式表明高管层对策略的支持和正式采纳。

- **角色和职责**　信息安全策略应该定义与安全相关的角色和职责,包括谁负责策略的制定和执行。信息安全策略还应包括谁负责执行风险评估并做出基于风险的决策。策略还应说明资产所有权结构如何运作,并明确说明资产所有方(Asset Owner)在保护其所控制的资产方面承担的责任。最后,策略应说明所有员工在保护信息系统和信息相关资产方面应该承担的责任。

- **信息资产的价值**　信息安全策略应将信息和信息系统定义为值得保护的、有价值的资产。有些有形资产即便无法用货币衡量,也仍然有价值,所以必须加以保护。

- **信息资产的保护**　组织的信息资产是有价值的,所以必须加以保护。安全策略应描述如何通过控制措施保护信息资产的机密性、完整性和可用性。关于信息资产保护可能有几十甚至上百个单独的主题和声明,其中一些声明描述要求人们做的事情,而另一些则描述禁止人们做的事情。

- **可接受的行为**　信息安全策略必须通过定义要求、允许、不鼓励和禁止的行为和活动的类型,明确说明组织对员工的期望。策略还可以说明违反关于可接受行为的规则要承担的后果。

- **风险管理** 信息安全策略应描述衡量和处理风险的方式,应该包括安全策略和组织宗旨不一致的情况下处理异常的策略。
- **监管合规要求的支持** 信息安全策略应明确说明组织对适用监管合规要求的支持。例如,策略应该包括通过使用有版权和商标的作品的方式支持知识产权法的声明。此外,事故响应策略和程序应包括所有对数据泄露的必要披露。
- **执行和后果** 信息安全策略应说明如何执行和由谁执行,并应说明因故意或过失而违反安全策略的后果。一般来说,策略应声明"违反规定可能导致纪律处分,包括解雇乃至民事或刑事诉讼。"

组织的信息安全策略应该能够很容易找到并易于理解。策略可以发布在组织内部网站或门户上,撰写的风格应便于全体人员理解。

3. 安全意识宣贯

很多员工对保护信息系统和信息相关资产的意识并不是很强。但是人们通常愿意接受教育,接受如何保护组织信息和系统的培训。正式的安全意识宣贯计划(Security Awareness Program,SAP)是包括帮助员工更好地理解信息保护措施如何工作以及如何使用的活动。几乎所有员工都认同组织资产是有价值的,应该得到妥善保护,员工需要知道如何去做,为什么保护资产如此重要,以及组织对员工有什么期望。

全面安全意识宣贯(Security Awareness)计划的设计方需要知晓员工有各种各样的学习方式。只依赖于单一方法宣传信息安全不会对所有人员都能达到效果。安全意识宣贯计划的要素包括:

- **签署安全策略确认书** 为证明组织安全策略的严肃性,所有员工都应该签署一份安全策略声明,表明已阅读、理解并将遵守全部安全策略声明。应该在聘用员工时完成签署,越来越多的组织要求员工在此后每年都签署安全策略声明。
- **新员工入职时** 每名新员工入职时都应接受正式的安全意识宣贯培训。SAT 培训应作为组织关于安全策略和资产保护计划的入职培训,有助于员工了解其职责、在何处可以找到策略和附加信息、应如何参与资产保护以及不这样做的后果。
- **年度安全意识宣贯培训** 许多组织对所有员工举行年度安全意识宣贯培训。培训为员工提供基于新技术、实践、威胁和策略的"更新"材料,以及更新信息的机会。安全威胁和保障措施的现状在不断变化,安全意识宣贯培训也应随之更新。
- **内网** 组织内部网站(或组织向员工提供信息的其他方式)的内容应包括安全意识宣贯、控制措施、策略和员工可以访问的其他信息。与安全策略一样,安全意识宣贯培训的信息应该易于理解和使用,员工也应该能够轻松理解如何以及为什么要使用控制措施保护组织的信息资产。
- **定期发送消息** 组织可能需要向员工工作组(或整个组织)发送电子邮件,帮助员工获取需要知道(应知应会)的事情。定期的信息也有助于将信息分发给懒得访问内部网站的员工,因为有些员工只阅读组织"推送"的信息。

- **海报和传单** 有时，组织用网站和电子邮件以外的方式让员工了解安全问题可能更为有利。海报可以张贴在餐厅、休息室、会议室和礼堂等人们聚集的地方。组织不应该仅仅依靠网站或电子邮件这样的单一方法将安全意识信息传达给员工，海报和传单等也是传达信息的有效方式。
- **对期望行为的奖励** 组织应该奖励为保护信息资产做出贡献的员工。例如，发现并报告安全威胁或漏洞，或找到性价比更高方法保护资产的员工可以获得表彰奖励或礼品券。

注意：
行之有效的安全意识宣贯计划应该有助于组织建立积极参与保护信息资产的文化氛围。

4. 安全计划的持续监测和审计

商业界有一句流行语：只能管理可衡量的事物。组织的信息安全计划中有几个需要监测和审计的关键领域，可以帮助管理层更好地掌握安全策略和控制措施是否有效。

安全分析人员和审计师应该定期测试组织的策略和控制措施(包括但不限于明确声明的安全控制措施)，查看安全策略和控制措施是否正常工作。事实上，这是本书和 CISA 认证的重要内容。组织只有通过持续监测和审计的手段，才能真正知道组织所制定的策略、程序和控制措施是否能有效地保护组织的信息和信息系统。

第 2 章曾讨论安全持续监测，第 5 章也曾有详细的介绍。

5. 事故响应

安全事故(Security Incident)指信息(或信息系统)的机密性、完整性或可用性已经或正在受到危害的事件。组织应该有一整套事故响应方案，定义事故发生时组织应该如何响应。事故响应方案应包括常见事故类型，包括：

- **信息泄露和窃取** 由一个或多个控制措施保护的信息仍可能因控制措施薄弱、蓄意或疏忽的行为或者麻痹大意而泄露给未经授权的攻击方。
- **信息系统遭窃** 笔记本电脑、移动设备和其他信息处理和存储设备都可能遭窃，直接或间接地导致进一步的损失。如果盗走的设备包含可获取敏感信息或者访问存储在其他位置的敏感信息的手段，那么从有形资产开始的盗窃可能也会延伸到对敏感信息的窃取。
- **信息系统损坏** 攻击方入侵或自动化恶意软件可能会对信息系统造成暂时或不可逆的损害，导致信息可用性中断甚至丢失信息。
- **信息损坏** 攻击方入侵或自动化的恶意软件(如蠕虫或病毒)可能损坏存储在系统中的信息。安全专家可能很容易发现这种损害，但也可能忽视。
- **信息破坏** 勒索软件或破坏软件的攻击可能导致存储在系统中的信息暂时或永久丢失。

- **恶意软件** 病毒、特洛伊木马、蠕虫和 rootkit 一旦渗透到系统中,将导致资源消耗或信息损坏或泄露。

大多数组织会定期测试事故响应方案(Incident Response Plan),确保方案在真正发生安全事故时的有效性。

本章后面将更详细地描述安全事故响应。

6. 纠正和预防措施

组织希望通过安全控制措施、流程和活动来降低风险,需要考虑使用纠正和预防措施流程。这些流程的目的是正式跟踪纠正和预防措施,以便及时了解状态而不会遗忘。

纠正和预防措施流程可以简单如电子表格上跟踪的运行列表,也可以复杂如事故跟踪系统(有时称为工单系统或服务台应用程序)。复杂性水平应满足组织跟踪、报告、跟进和上报行动的需要。

纠正和预防措施是持续改进文化的一部分。采用持续改进文化的组织更有可能拥有保护资产的有效控制措施。

7. 合规

组织需要确定所有适用的法律、法规、标准和其他与信息和资产保护相关的法律义务,并加以归类。法律义务可能包括但不限于:

- 美国国家法律
- 美国州法律以及地方法律
- 消费者保护机构
- 行业标准,如 PCI-DSS、NERC、NIST 和 ISO 发布的行业标准

6.1.2 角色和职责

有效的信息安全管理计划至少需要几个关键的角色和职责,角色和职责由个人或团体承担。这些角色和职责应该在组织的信息安全策略中正式定义,也可以在描述组织信息安全计划的使命、宗旨、角色和职责的章程文件中定义。无论如何,所有员工都必须随时了解这些信息。

安全相关的角色和职责包括:

- **董事会** 负责指导执行管理层为数据和资产的保护提供充足的资源。
- **审计委员会** 董事会下属的一个专门委员会,负责审查内部和外部审计报告,并负责要求执行管理层对任何不符合项作出回应。
- **执行管理层** 负责批准和支持信息安全策略,并全面负责资产保护。
- **安全指导委员会** 由组织内各部门的高级官员组成,职能是批准安全策略、讨论与风险相关的事项及分配资源实施资产保护。
- **首席信息官** 负责所有信息系统实施、运营和管理的高级职员。

- **首席信息安全官或首席信息风险官** 负责风险管理计划的运营、安全策略的制定和执行以及信息资产的保护的高级职员。
- **首席隐私官(CPO)** 负责妥善处理属于员工和客户的个人敏感信息并保护隐私权利的高级职员。
- **内部审计** 负责审计组织的财务流程和其他流程并向董事会审计委员会报告审计结果。
- **安全审计师** 负责持续监测和测试安全控制措施,并就控制措施的有效性提交书面意见。
- **安全管理员** 负责操作或持续监测特定安全控制措施,如用户访问控制、防火墙或入侵检测系统。
- **安全分析师** 负责通过设计、改进和/或持续监测安全流程和安全控制措施来实施和/或强化安全策略。
- **系统分析师** 负责通过设计应用软件和/或强化安全策略,使软件包含适当的控制措施以保护应用程序及所管理和存储的信息。
- **软件研发团队** 负责编写应用程序软件的代码;应用程序软件包含的控制措施应防止应用程序误用或绕过控制措施,从而保护信息的完整性和机密性。
- **经理** 对所管理的员工的行为负责。
- **资产所有方** 负责资产的保护和数据完整性,并批准对资产的访问请求。
- **员工** 负责恰当地使用信息系统和处理信息资产,并向管理层报告事故和其他安全事项,以支持安全策略的实施。

注意:
上述角色和职责是常见的管理实务。在许多组织中,角色与职责的定义根据场景会有细微差异。

6.1.3 业务一致性

有效的安全管理计划需要与组织的使命、战略和宗旨保持一致,这种安全管理包含但不限于如下特征:

- **董事会参与** 组织的董事会积极参与安全管理计划,包含提出正确的问题、提出要求或者指明关键指标。
- **执行高管参与** 业务执行层(包括安全指导委员会在内)参与对安全的全面管理。
- **治理** 实施对包含所有业务相关方面的安全管理计划的执行控制。
- **支持关键措施** 信息安全人员参与制定新的信息安全关键措施。
- **风险承受能力** 组织的风险偏好和风险承受能力与组织的使命和宗旨一致。
- **协调和集成组织风险管理(Enterprise Risk Management,ERM)** 信息安全风险管理流程与组织的 ERM 计划保持一致或与之保持高度集成。

- IT 和安全策略与业务使命、宗旨和治理一致。
- 员工知晓安全和业务宗旨之间的关系，并了解 IT 安全如何支持业务宗旨。
- 员工知晓在整个业务使命、宗旨、战略和治理方面，安全管理所扮演的角色。

6.1.4 资产清单和分类

信息资产分为两大类：信息和信息系统。信息(Information)包括软件、工具和各种类型的数据。信息系统(Information System)这一术语包罗万象，包括服务器、工作站、移动终端、网络设备、网关、设备以及所有其他类别的 IT 硬件。

信息和信息系统都需要盘点资产并建立清单，帮助管理层持续识别组织资产的状态，使资产能够得到适当管理和保护。敏感数据清单能支持组织的隐私计划(Privacy Program)。信息和信息系统也需要分类，并确保根据关键性、敏感度、重要性和其他标准适当处理。通常依据风险评估报告、HIPAA、GDPR 和 PCI-DSS 等法规和标准来制定分类方案。

1. 硬件资产清单

负责信息和信息系统管理的 IT 组织必须具备盘点所有资产的方法，还需要获取和跟踪每个硬件资产的特征，包括：

- **标识** 包括品牌(Make)、型号、序列号、资产标签、逻辑名称以及其他任何识别资产的方式。
- **价值** 首先考虑购买价值，但 IT 资产管理程序如果与组织的财务管理程序关联，组织也应该获取资产的折旧价值。
- **物理位置** 需要指定资产的物理位置，以便在定期盘点时验证资产是否存在。
- **资产状况** 需要描述资产当前的状况，如资产处于运行环境、维护状态还是待机升级状态。
- **安全分类** 安全管理计划包括对信息或信息系统的敏感度分类。安全水平通常包含：保密信息、受限信息、机密信息和公开信息。
- **资产组** IT 资产通常划分为层次化管理。例如，数据中心中支持大型应用程序的服务器设备通常归为"某应用程序的服务器组"这一资产组。
- **配置** 必须根据既定的标准以及适用的法规和行业标准来管理和设置每项资产。
- **所有方** 通常是负责资产运营的人员或组。
- **托管方(Custodian)** 有时，资产的所有方和托管方是两个主体；所有方拥有 IT 资产，而托管方负责运营或维护资产。

由于硬件资产需要安装、迁移并最终报废，因此通过物理验证资产的存在，定期验证资产清单中的信息是很重要的。盘点周期取决于系统和数据的价值和敏感性，这种盘点"整顿"可以每月执行一次，也可每年执行一次。实际库存中的差异必须调查，以核实资产没有擅自转移或失窃。

2. 信息资产

信息不能因为是无形而忽视,存储在信息系统中的信息应视作资产。软件和数据库等信息都存在实际价值,应该包含在信息安全的资产列表中。

操作系统及数据库管理系统或虚拟机中部署的应用程序等子系统都应视为资产。与实物资产一样,无形资产存在实际价值,应定期盘点。

近些年,包括 GDPR 和《加州消费者隐私法(California Consumer Privacy Act,CCPA)》等在内的新兴隐私法规迫使组织提高对信息资产(尤其是那些包含个人敏感信息的数据资产)的认知和控制。

1) 数据分类概述 在大多数组织中,不同类型和集合的信息具有不同程度的敏感性。敏感程度意味着组织应对不同敏感级别的信息需要做出不同程度的处理。例如,最敏感信息无论何时存储或传输都应加密,并且只有那些具有正当理由需要使用最敏感信息的人员才能访问。

以处理组织中最敏感信息的方式处理所有信息是否更容易呢?虽然人们更容易记住如何处理和处置所有信息,但这可能是一项繁重的任务,当所有信息都按照组织最敏感或最关键信息所需级别处理时更是如此。加密所有数据和粉碎所有数据是对资源的浪费。组织有责任建立一套简单的、易于理解和遵循的数据分类方案。划分太多级别是一种负担,用户很难理解和遵循。

2) 数据分类详述 很多组织的数据分类方案可以用十几页纸详细定义,而其中实用的部分几乎只需要一页篇幅。对于许多组织,简单的四级分类方案是一个很好的起点,这四级是:秘密(Secret)、受限(Restricted)、机密(Confidential)和公开(Public)。组织中的任何信息都可归为这四者。

表 6-1 列出各级数据的处置程序示例。

表 6-1 中给出的分类和处置准则(Handling Guideline)是为说明不同分类的不同形式的数据处置的差异而列举的一个示例。但表 6-1 的内容也可作为实际数据分类和处置程序的起点。

表 6-1 信息处置准则示例

	秘密	受限	机密	公开
信息类型示例	口令、并购规划和条款	信用卡号码、银行账户、社保号码、详细财务记录、详细系统配置、漏洞扫描报告	系统文档、最终用户文档、内部备忘录、网络图册、新闻稿	手册、新闻稿
服务器存储	必须加密,仅存储在标记为敏感的服务器上	必须加密	需要访问控制	更新需要访问控制
移动设备存储	不得存储在移动设备上	必须加密	需要访问控制	没有限制

(续表)

	秘密	受限	机密	公开
云端存储	不得存储在云上	必须加密	需要访问控制	更新需要访问控制
电子邮件	不得使用电子邮件	必须加密	仅限授权收件人	没有限制
网站	不得存储在任何网站服务器	必须加密	需要访问控制	没有限制
传真	仅限加密和手工传真	仅限手工传真,不得使用基于邮件的传真	仅限手工传真	没有限制
快递和发运	需要双层包装、签名和安全存储	需要签名和安全存储	需要签名	没有限制
硬拷贝存储	仅限在授权地点双重上锁	双重上锁	上锁	没有限制
硬拷贝分发	必须所有方同意,必须登记	必须所有方同意,仅限授权方	仅限授权方	没有限制
硬拷贝销毁	横切碎纸,做好销毁记录	横切碎纸	横切碎纸或安全垃圾桶	没有限制
软拷贝销毁	使用 DoD 5220.22-M 规格工具擦除	使用 DoD 5220.22-M 规格工具擦除	删除并清空回收站	没有限制

6.1.5 访问控制

访问控制是控制信息资源访问的技术手段,必须由通过受过适当培训的授权人员主动管理。

访问控制的工作原理将在本章"逻辑访问控制措施"一节讨论。访问控制也存在于物理世界中,本章"物理安全控制措施"一节也会讨论。

1. 访问控制管理

访问控制管理通过建立一系列的流程和业务规范实施有效的访问控制。流程和规范规定哪些人员或系统允许访问组织中的哪些数据和相应的功能,还规定了管理访问控制的申请、批准、开通和审查的规则。

访问控制管理流程包括如下内容:

- **访问权限申请** 任何新的访问请求都必须遵循流程正式提出,并获得访问主体的负责人以及被访问资源所有方的批准。
- **访问控制审查** 组织应定期审查所有用户的系统访问权限,验证访问权限的有效性,并验证离职员工的访问权限是否已移除。

- **访问历史审查** 组织应定期审查用户的访问记录,确定谁访问了系统。一项实际的结果是删除一段时间不访问系统的用户的访问权限。
- **职责分离审查** 组织应定期审查每个用户在所有系统中的权限,确保每个授权账户不违反职责分离原则。
- **员工调岗** 员工职位调动时,组织应确保删除原有职位的访问权限并为新职位建立相应的访问权限。
- **合同终止** 员工合同终止时,组织应立即删除相应权限。

组织对以上所有流程都需要建立健全的记录保存计划,确保申请、审查、转岗、终止得以妥善记录。此外,所有记录必须受控并确保只有授权人员才可以查看。组织需要防止篡改记录。

这些活动不仅限于全职员工,也包含临时工、承包商、顾问、服务提供方以及能够访问组织系统的所有人员。

此外,组织还需要审计和持续监测工具来验证流程地正确运行,稍后将讨论对访问控制的审计。

2. 访问控制日志

上一节讨论了访问控制的业务流程和记录。除了记录,获得授权的信息系统还应包含自身的自动记录。系统必须记录所有人员的登录和访问企图(成功和失败)。与业务流程管理的记录一样,这些记录同样需要保护以防篡改。稍后的"逻辑访问控制措施"一节将予以详述。

6.1.6 隐私

隐私(Privacy)是保护个人信息免受未经授权的披露、使用和分发。个人信息(Personal information)是指关于公民个人的各种信息元素,其中一些可能不为人所知,包括姓名和下列条目的组合:

- 出生日期和地点
- 居住地
- 固定或者移动电话号码
- 社保号码(例如,社会保险号)
- 驾驶证号码
- 护照号码
- 财务账户(如信用卡、银行账户和退休账户)号码

注意:
一些隐私法规包括额外的项目,如定位信息和 IP 地址均归为隐私信息。

以往,组织对隐私的担忧源于组织收集、汇总、分发包含公民个人信息的数据库,然后将隐私数据库用于定向营销和其他目的。

现在，由于隐私信息的激增和缺乏充分的保护，人们对身份信息盗用的担忧日益增加。网络罪犯更容易发现和窃取这类信息，开展更大范围的身份信息盗用和欺诈。对隐私的另一个担忧是组织和政府对个人信息的不当和不道德的使用。

如果组织要代表客户或其他授权方收集上述信息，需要制定策略来定义组织打算如何处理这些信息。组织需要了解适用的隐私法律法规并确保监管合规，还需要制定相应的内部管理策略来定义如何处理收集的个人隐私数据。对每一项潜在的敏感信息，组织应该能够说明：

- 具体要收集什么信息。
- 为什么收集该信息。
- 如何使用该信息。
- 收集允许使用这些信息的同意书。
- 组织将保留信息多久。
- 数据所有方如何修改自己的信息。
- 隐私信息将分发给哪些其他组织，原因是什么。
- 谁负责保护信息。
- 所有方如何选择退出(导致停止信息存储)。

所有相关的使用和行为都应该存在业务流程、程序和记录，并在需要时由第三方监测和审计。

6.1.7 第三方管理

几乎每个组织都会依赖第三方组织来研发、支持或运营内部业务流程。通常组织会采取信息系统外包或相关服务的形式。数字化转型导致很多组织外包一些支持关键业务流程的IT服务。IT领域有太多的专业和子专业，即使是最大的组织也需要利用第三方组织来构建、支持和管理IT环境。

1. 第三方及风险

采用任何第三方服务的组织都不应允许服务导致组织整体风险增加，在没有带来与之匹配的价值的情况下组织更是不可接受。在考虑将服务外包给第三方时，应执行风险评估，识别和描述相关的风险。

第三方服务组织提供的主要服务类型包括：

- 连接互联网。
- 互联网托管和代管。
- 云服务，例如，软件即服务 (Software-as-a-Service，SaaS)，基础架构即服务 (Infrastructure-as-a-Service，IaaS)，或平台即服务 (Platform-as-a-Service，PaaS)。
- 应用程序服务，例如，电子邮件(E-Mail)、客户关系管理系统(Customer Relationship Management，CRM)、组织资源规划(Enterprise Resource Planning，ERP)、物料资源规划(Materials Resource Planning，MRP)、工资系统和费用报销系统。

- 安全服务托管。
- IT 支持。
- 软件研发和测试服务。
- 呼叫中心。
- 数据收集服务。
- 管理和业务咨询。
- 审计和安全评估。
- 支持软硬件解决方案的供应商。
- 保洁和清洁服务。
- 发运和接收服务。
- 建筑和设备维护。
- 临时工服务。

第三方服务提供方的主要风险是服务提供方有权访问组织的某些敏感信息或处理敏感信息的系统或网络。无论服务方是否访问组织的应用程序和数据，或是组织是否将数据发送给服务方，组织都需要将整体风险分解到每一个组件并予以分析。

组织识别出的每一项风险都需要制定补救措施，通常可以将风险降到与组织独自执行服务相同的水平。

2. 第三方访问的类型

根据提供的服务类型，服务方通常会采取不同的方式访问组织的信息，包括：

- 对硬拷贝业务记录的物理访问。
- 对信息系统的物理访问。
- 对硬盘驱动器、固态硬盘、备份磁带和光盘驱动器等存储介质的物理访问。
- 对信息系统、敏感信息或源代码的逻辑访问。

注意：
第三方服务提供商不一定需要访问敏感业务记录，从而带来风险。熟悉组织的业务实务的服务提供商可能会干扰业务运营或向外部人员(例如，客户、竞争对手和其他机构)披露业务实务，从而对组织造成损害。这种干涉或披露可以因内部或外部恶意行为方的行为或意外错误而发生。

3. 第三方访问相关风险

组织了解第三方服务商对组织信息的访问类型，可以识别风险的类型。风险类型包括：

- 窃取业务记录
- 披露业务记录给非授权方
- 修改业务记录
- 对信息系统硬件、软件或信息造成损坏(蓄意或意外)

- 未能及时地提供服务
- 未能准确地提供服务
- 未能专业地提供服务

4. 第三方访问应对措施

如前所述，与第三方服务提供商相关的风险与组织自行执行服务相关的风险没有区别。即使在工作移交给服务提供方时引入了新的风险，组织也应采取对策和补偿性控制措施，使风险水平保持在可接受的较低水平。

可用于缓解风险的应对措施包括：

- 具有视频记录的视频监视系统。
- 记录第三方组织中具体人员的所有数据访问和关联访问。
- 采取严格访问控制，防止第三方访问与其提供的服务无关的业务数据。
- 限制第三方只访问与其提供的服务相关的数据字段。
- 部署漏洞管理工具和流程。
- 安全意识宣贯培训。
- 部署阻止恶意软件及行为的系统。
- 部署对安全事件予以侦测和响应的安全持续监测。
- 记录语音和数据通信会话。
- 定期审计服务方活动。

通常，如果第三方服务商需要对组织系统具有逻辑访问权限或存储组织的任何数据，组织可以要求使用与组织相同(或更高)水平的控制措施来保护这些数据，以免组织的记录被盗取、暴露或泄露。例如，一旦组织要求在系统中处理特定信息时必须加密，则也应要求任何服务提供商在处理相同信息时加密，或者采用其他方式实现相同级别和类型的保护。

注意：
在任何情况下，如果处理与第三方服务商相关的特定风险会导致不可避免的残余风险，组织高级管理层需要知晓残余风险，并确定是否愿意接受该风险。

当组织决定采用第三方服务提供商时，应该要求服务提供商回答有关其运营安全性和其他方面的详细问卷。组织还应询问提供商是否对其服务开展了外部审计；如果已开展审计活动，组织应要求查看外审审计报告。

为验证问卷和其他材料中提供的信息，组织应考虑要求第三方提供关键证据，或许还应实地访问服务提供商的办公室和处理中心。

5. 在法律协议中处理第三方安全

第三方服务提供商提供的服务应在法律协议中简明扼要地描述，通常包括对执行的服务的描述、服务数量和质量的衡量、服务水平、质量或数量未达标的补救或处罚、费率和付款，以及双方的角色和责任。

与服务提供方的合同应包含安全条款，包括：
- 对本组织业务所有信息和知识的保密声明
- 安全与隐私责任、角色和职责
- 保护组织信息所需的安全控制措施
- 组织信息的可接受用途
- 授权访问组织信息的人员列表
- 对每位授权访问组织信息的人员的背景调查、保密协议和可接受用途协议
- 对授权访问组织信息的人员开展安全意识宣贯培训
- 具备记录和响应安全相关事件的能力
- 发生安全漏洞或疑似违规事件时应采取的步骤
- 为降低自然或人为因素造成数据丢失的可能性而采取的步骤
- 确定第三方组织中负责安全和隐私的人员
- 在短时间内检查和审计第三方组织的场所和业务
- 符合适用法律法规的证明
- 在协议终止时或根据需要销毁所有信息副本

根据所提供服务的性质以及服务提供商访问和使用的信息的敏感性和价值，组织可能需要与安全相关的附加条款和条件。对组织收集、处理和使用相关信息实施的法规也可能导致附加条款和条件。

6. 安全策略中处理第三方安全问题

许多组织提供基于云的商业应用程序，这些应用程序的设置非常简单，只需要填写登记表、使用信用卡支付以及从员工工作站上传敏感数据。组织通常会运营 SaaS、PaaS、IaaS 或其他云服务模式。

通常，组织中的人员对此类服务商采用的安全控制措施知之甚少。因此，组织可以制定安全和业务策略，要求服务提供商开展风险评估，否则禁止使用任何在线服务提供商(SaaS、PaaS、IaaS 和云等)。没有这样的策略，几乎没有什么能阻止人们与各种在线服务提供商签约，并可能将组织的敏感数据置于风险之中。

 注意：
组织应制定适当的策略和流程，以便正确评估、衡量和监测与任何第三方服务提供商相关的风险。

7. 第三方风险管理生命周期

第三方风险管理(Third-Party Risk Management，TPRM)流程是一个典型的生命周期流程。TPRM 流程首先选择一个或多个服务商，甚至在选择服务商之前组织要对潜在的服务提供方商发送安全评估问卷了解对方的安全风险状况。一旦确定服务商，问卷中收集的信息将作为法律协议的参考内容以制定相应控制措施。例如，第三方没有安全意识宣贯培训计划，

法律协议需要规定第三方要在一段特定的时间内实施培训计划。组织每年都需要向第三方发送安全评估问卷，重新评估其安全状态，确保第三方的安全计划持续保持可接受的有效性。

每个第三方对于组织都意味着不同级别的风险和重要性。出于这个原因，组织可以制定风险等级或"层级"并分配给每个第三方。例如，组织制定了对应于低、中、高风险的三个级别，并将第三方指定为其中某个级别。组织对最高风险等级的服务提供商开展更严格和更高频率的评估，而对最低风险等级的服务提供商可能只在进场时开展评估工作，之后很少执行周期性评估实务。每个组织需要确定每个风险等级的标准和程序，以及每个风险等级上的评估级别和类型。

许多安全主管都会搭建一个第三方风险仪表盘，描述与整个第三方项目组合相关的风险的变化和趋势。这个仪表板可以显示风险"热点"和需要更多聚焦和关注的领域。第三方风险计划中的信息应与组织的风险管理生命周期相结合，甚至与组织风险管理计划相结合。

在组织第三方风险管理生命周期中应考虑数据治理。例如，HIPAA 实际上要求第三方服务提供商接受一定程度的审查，并且必须在合同中包括特定安全或隐私控制措施。

6.1.8 人力资源安全

大多数组织业务运营的核心并非计算机、设备或建筑设施，而是人员(员工)。组织的人员设计和运营业务流程、IT 系统，支持流程和系统，并帮助实现持续改进。人员直接或间接地与供应商、合作伙伴、服务方和客户互动。员工是组织最大的资产，但同样可能成为重大风险的源头。

虽然员工受托访问敏感信息并参与设计和创建信息系统来正确管理敏感信息，但受到信任的员工可能会背叛这种信任，出于无知、恶意或是草率而对组织的运营和长期声誉造成重大损害。

信任是关键所在。组织相信员工尊重这种信任并会正确对待，从而允许员工访问敏感信息。同样，信任是对等的，员工也相信雇主会尊重员工、给予公平的薪酬、认可员工的成绩，并提供晋升机会和激励。组织需要采取一些举措降低人力资源相关的风险。本章剩余部分将描述相关的举措。

注意：
本节中的每一个案例介绍的组织管理行为同样适用于临时工、合同员工以及其他可能接触到敏感信息的人员。

1. 筛选和背景调查

组织在雇用每一名员工前，都应该确认候选人简历描述的真实性。通常对描述和其他重要事实的确认称为背景调查，包含但不限于如下内容：

- 确认候选人身份
- 调查候选人在雇主所在地工作的合法权利
- 确认候选人以往的工作经历

- 确认教育背景
- 确认专业执照和证书
- 调查候选人的犯罪记录
- 调查候选人的财务信息
- 药检
- 调查候选人是否与恐怖分子或仇恨社会的团体有关联

这些领域存在的任何违规都可能是向雇主发出的信号。如果雇主仍有意雇用候选人，则需要进一步调查。组织一旦发现候选人背景有违规行为，也可以撤销待发放的录用通知或者决定不再录用。

除了背景调查，雇主通常还会向推荐人征询。雇主会联系一个或多个行业中的同事，查询了解候选人的更多信息。此外，雇主也可以通过专家网络，从推荐人以外的人士处收集有关候选人的情况。例如，安全经理在雇用一名安全分析师，并从当地组织获取候选人的简历。安全经理可以联系当地组织中其他知情人士，确定是否有人员熟悉候选人的信息。组织向其他专家查询可以是有价值的信息来源，因为有时候选人的推荐人可能会在指导下说一些话或回避一些话题。

警告：

雇主会通过 Linkedin、Twitter、Instagram 以及 Facebook 等职业和社交平台收集潜在候选人的相关信息。与简历、求职申请或推荐信相比，有时，网站和社交平台更能揭示候选人的性格特征。

此外，组织的另一种趋势是对任职期内的员工反复执行背景调查。背景调查帮助雇主发现与近期刑事定罪或重大财务事件(例如，判决、催收或破产)有关的事实，决定具体的行动。由于背景调查会发生相关的成本，组织通常只对竞争高风险职位的人士执行重复调查，例如，负责处理和管理财务资源的人士。

注意：

组织需要确保对临时工、承包商和顾问开展背景调查。有些组织自己执行背景调查，有些则利用第三方招聘机构或咨询组织筛选候选人。

2. 职位描述

职位描述是雇主对雇员的正式职位声明，说明"这是对员工履行这项工作的期望和要求"。雇主应该对组织中的每个职位都有正式的职位描述，以正式记录组织对每个员工的期望。期望包含如下内容：

- **职位名称** 即职务(如高级安全审计师或数据库管理员)
- **要求** 包括必要的教育、技能和工作经验
- **职责** 包括员工应执行的任务、项目和其他活动

职责部分应该包含一份声明,说明员工要求履行组织的所有策略(包括安全和隐私策略以及道德规范),职位描述可以列出主要策略的名称。

3. 雇佣协议

在允许的情况下,组织应与每位员工签订书面雇佣协议。雇佣协议应列明雇佣条款和条件,包括:

- **职责** 雇佣协议中应明确雇员的职位职责,该条款类似于职位描述的内容。
- **角色和责任** 雇佣协议应明确规定雇员的角色和责任,以及雇主的责任,类似于职位描述的内容。
- **保密义务** 员工应同意保守组织所有机密,合同终止后也是如此。
- **合规** 员工必须同意遵守所有适用的法律法规以及所有组织策略,雇佣协议应说明未遵守法律、法规和策略的后果。
- **终止** 一些组织要求某些职位的员工签署同业竞争禁止协议,以此保护知识产权和客户/供应商关系。

4. 雇佣期间

组织需要在雇佣期间为每位员工制定若干保障措施,确保每位员工的行为都是适当的,并且员工只能做需要做的事情。保障措施包括:

- **定期续签雇佣协议** 组织应定期续签协议,续签的协议包含员工在入职时签署的保密协议、雇佣协议、安全策略、行为准则和其他相关协议。组织每年都需要做同样的工作。
- **重复背景调查** 有时,重复的背景调查有助于确保每个员工的背景(特别是犯罪历史)仍然可以接受。有些组织只针对高风险职位执行重复背景调查。
- **转岗的访问权限变更** 员工岗位调动时,应删除原岗位相关的访问权限。删除既有访问权限可以防止特权随时间而积累。
- **意识教育培训** 员工应定期接受包括安全意识宣贯培训在内的重要内容的培训,以便持续了解安全计划和要求。

策略与纪律 员工、承包商、临时工和其他工作人员在任职期间应严格遵守组织的安全策略和其他策略。组织的安全管理计划需要包括持续监测和内部审计,确保策略得到落实。若发生任何违规行为,人力资源部门将根据情况采取纪律处分措施。

与违反安全策略相关的纪律处分不应与其他纪律处分区别对待。IT 安全部门可能会应要求提供有关违规事项的事实,但不应涉及其他方面。纪律处分通常是员工经理和员工之间的问题。只有当问题严重到需要在员工的雇佣档案中记录、停职、降级或终止聘用时,人力资源部门才会介入。当员工的行为违反任何法律或法律协议时,组织的法务部门将参与,并保护组织对违规员工的处理。

设备 组织应保留授予员工使用的任何设备、软件、许可证或其他资产的记录,尤其是资产将在组织办公场所之外使用时更应记录,例如,在出差期间或在员工家中使用。组织每次向雇员发放资产时，应填写一份简单的领用文件，说明资产、员工姓名、发放日期，以及应雇主要求将资产返还雇主的协议。组织应要求员工在文件上签字，并应在雇佣档案中保留一份副本。

如果员工调到另一个岗位或部门或离开组织，人力资源部应检查所有的设备领用表，确保员工归还所有资产。

5. 转岗和终止聘用

当员工从一个岗位或部门调到另一个岗位或部门时，如果原有岗位不再保留，需要归还原岗位资产。同样，在调任后，也应审核员工访问权限，并应删除新岗位不需要的旧岗位访问权限。

当雇佣关系终止时，组织应立即取消该员工对信息系统和业务场所的访问权。员工保管的所有设备、文件、软件和其他资产都应归还并清点。门禁卡和其他识别物也应归还。

如果员工因故解雇，组织可以选择"审查"电子记录，确定该员工最近的任何活动是否对组织构成风险。例如，一名怀疑即将离职的软件研发人员可能已经复制了大量的源代码，用于今后的工作岗位。

6.1.9 计算机犯罪

计算机与许多犯罪行为和组织有关。本节讨论在犯罪活动中的计算机使用问题。

1. 计算机在犯罪中的作用

计算机作为一种灵活、多用途的工具，以多种不同的方式用于犯罪和支持犯罪。由于计算机包含有价值的信息，自身也会成为犯罪的目标。计算机涉及犯罪有三种主要方式：作为目标、作为工具和提供支持。

1) **作为犯罪的目标**　计算机或其内容是犯罪的目标。犯罪类型包括：
- **设备盗窃**　计算机本身(或相关设备或介质)失窃。
- **故意损坏设备**　计算机设备损坏或毁坏。
- **数据盗取**　存储在主机或相关介质上的数据失窃。数据盗取是一种更难发现的犯罪，窃贼通常会窃取数据的副本，而原始数据却完好无损。
- **故意损坏数据**　故意篡改存储在计算机上的数据，有时是以一段时间内不被发现的方式更改。
- **非法入侵(Trespass)**　人员未经许可或授权访问计算机系统或数据中心。

2) **作为犯罪的工具**　计算机用作执行犯罪的武器或工具，常见犯罪类型包括：
- **非法入侵**　攻击方非法或未经授权侵入他人计算机或网络。
- **数据窃取和故意破坏**　攻击方侵入计算机或网络，窃取或破坏数据和应用程序。
- **破坏活动**　攻击方破坏计算机硬件、软件或数据。
- **儿童色情**　个人或团体非法存储或分发儿童色情内容。
- **诽谤和谣言(Libel and Slander)**　个人或团体发布不良和不实信息造成负面影响。

- **间谍**　个人或团体非法获取军事、政治或工业机密等重要信息。
- **窃听**　个人或团体使用计算机等设备监听网络中的电子信息，例如，Email、即时消息甚至 IP 语音信息(Voice over IP，VoIP)。
- **钓鱼和垃圾邮件**　个人或团体使用装有制作钓鱼和垃圾邮件应用的计算机，每天生成并发送数百万条垃圾和钓鱼邮件。

3) 提供支持　计算机可用于支持网络犯罪活动，包括：
- **存储和传输被窃取的情报**　计算机可用来保存和传输窃取的信息。
- **记录**　计算机用于记录犯罪活动。例如，一个非法闯入的窃贼用电子表格追踪窃取的物品。
- **支持和教唆**　计算机用于为其他犯罪提供支持，例如，犯罪分子通过计算机向同伙提供信息和资金。
- **犯罪谋划**　计算机用于记录犯罪规划。罪犯利用文字处理工具完善犯罪计划。

不难想象计算机在犯罪中扮演着多种角色；不仅可以用作武器，也可用作存储和记录系统。

2. 计算机犯罪的类型

网络犯罪有很多类型，主要是因为出于很多目的犯罪分子会将计算机当作目标。计算机中存储的信息具有一定的价值，基于信息的性质和价值会吸引各类犯罪分子。计算机犯罪类似于现实世界中的犯罪。劫匪为了拿到钱而抢劫银行；寻衅滋事者在公共场所污损雕像，羞辱政府并表明政治观点；恐怖分子在恐怖行为中攻击公共交通系统；还有窃贼偷盗钱包以获得现金，顺手拿走还有一张带照片的身份证和几张可用的信用卡。

计算机犯罪可做如下分类：
- **军事和情报**　攻击方试图获取军事或情报秘密或扰乱军事或情报行动。攻击可能发生在任何时候：战时、敌对时期或者在政府之间没有明显紧张关系的时候。政府以及非政府的平民团体实施这类攻击。
- **政治**　政治攻击由一个国家向另一个国家发起。在典型情况下，攻击方是国家支持的个人或独立的组织。
- **恐怖分子**　攻击方试图通过破坏或中断由计算机控制或监测的关键基础设施，包括公用事业、政府服务、交通、金融服务、医疗健康、教育和其他组织，在民众中引发恐慌。
- **金融**　犯罪分子执行攻击，企图窃取资金、信用卡号、银行账户或实施欺诈。目标包括金融机构和存储或处理金融数据的其他所有组织。
- **商业**　存在多重目的，包括商业间谍活动、勒索、盗窃、蓄意破坏、拒绝服务，以及任何旨在削弱或使商业组织蒙羞的攻击。
- **怨恨**　通常由个人或团体想要强加给个人、团体或组织的报复情绪驱使。
- **消遣**　主要是为了好玩。然而，攻击可能是致命的，并可能造成重大损害或难堪。

许多攻击是前述两个或两个以上计算机犯罪类型的混合体。CISA 考生需要了解所有类型以帮助组织更好地掌控如何为应对可能的网络攻击做好准备。

3. 网络犯罪对组织的威胁

组织使用计算机存储有价值的信息(无论是否具有有形价值)或执行高价值活动，需要采取措施保护信息及其所在的系统。信息的性质确实对特定组织最普遍的威胁类型有影响。一般而言，威胁包括：

1) **财务** 存储与财务相关信息的组织，特别是拥有大量信用卡信息、银行账户信息、个人可识别身份信息、患者健康信息的机构往往是网络犯罪的目标。犯罪分子试图窃取信息并变现。组织也可能成为一种或多种财务欺诈的目标，包括：

- **资金转移** 用于发送和接收资金的网站是攻击方的目标。攻击方试图欺骗应用程序或其用户将资金转移到攻击方的账户。
- **窃取服务** 入侵方试图欺骗网站提供免费服务。例如，站点的支付验收程序存在缺陷，可能允许用户在不付费的情况下使用服务。
- **勒索软件** 这是一项非常成功和有利可图的技术，往往给那些利用恶意软件加密敏感信息并予以勒索的犯罪分子带来丰厚的报酬。犯罪分子有时在受害方组织支付赎金后提供解密密钥。
- **账户劫持** 攻击方可以通过恶意软件从现有客户那里嗅探用户 ID 和密码，或者通过网络钓鱼方案诱使客户点击链接，将用户带到看似金融机构网站的假冒网站。
- **点击欺诈** 许多在线广告商对在线广告的点击付费。攻击方往往通过创建恶意软件，在受害方电脑产生点击获取收益。
- **社交工程攻击(Social Engineering Attacking，SEA)** 攻击方试图诱骗人们回复声称是发票或退款请求的电子邮件，将宝贵的登录凭据提供给虚假网站。

2) **加密和披露敏感信息** 如果组织拥有敏感信息，入侵方将试图加密、窃取或破坏组织的敏感信息。敏感信息几乎可以是任何有价值的信息，包括银行账户、信用卡号码、知识产权、个人身份信息、患者健康信息以及军事和政府机密。犯罪分子可能试图窃取或损毁敏感信息，或者只是将发现的窃取技术泄露给其他组织。

3) **勒索** 如果黑客或有组织犯罪组织成功闯入组织的计算机或网络，可能加密或删除敏感信息，然后要求组织支付费用才能恢复信息。勒索软件是一种常见且非常成功的勒索手段。

4) **蓄意破坏** 攻击方可能会闯入计算机或网络，破坏其执行能力。这类攻击的范围从破坏操作系统、应用软件或信息不等，无论如何，目的就是破坏或摧毁系统。许多类型恶意软件和攻击工具的设计目的不仅是永久性地破坏信息，而且是永久性地破坏信息系统。这种大规模的攻击已经使大型组织陷入瘫痪，这些组织需要彻底重建部分或全部 IT 基础设施。

5) **声誉** 入侵方仅仅为了有机会让组织难堪并损害其声誉，就可能会以某种明显的方式闯入组织的计算机或网络。

6) **法务** 安全漏洞可能招致客户、业务合作伙伴和股东的诉讼。

4. 网络犯罪方

如果有足够的动机,许多不同类型的个人和团体都会实施网络犯罪。组织的性质及存储在计算机上的数据将影响哪些组织和个人更有可能攻击该组织的系统。网络犯罪的犯罪分子包括:

- **网络犯罪团伙和有组织犯罪**　根据美国财政部报告,在巨额利润的诱惑下,有组织犯罪已进入网络犯罪领域,在全球获取的利润超过了贩毒所得。网络犯罪组织严密,包括投资方和资本、研发预算、供应链、付薪员工和利润分享。网络犯罪组织的所有方和员工相互联系,制定标准,并参加会议以提高知识和技能。
- **竞争对手组织**　同行业的竞争对手可能有意从事商业间谍活动,以获取商业秘密或扰乱竞争对手的经营活动。
- **军队组织**　某些国家已经组建了网络战部队,执行入侵和攻击,获取军事和商业秘密,并扰乱关键基础设施和工业活动。
- **间谍和情报机构**　情报机构的人员可能会侵入目标政府或行业的计算机或网络,收集情报信息。这些机构通常会雇用黑客收集信息。
- **黑客**　通常,拥有闯入计算机系统和网络所需技能和工具的独行侠可能出于各种目的,窃取或破坏组织计算机中的信息,或在计算机中植入软件。
- **活动分子**　有政治或意识形态主张的组织可能采取针对性的攻击和侵入活动。
- **执法机构**　一些执法机构执行非法监视,包括入侵组织和公民的计算机和移动设备。
- **恐怖分子**　由国家支持的、私人赞助的、纯粹的流氓团体的恐怖分子对民众实施网络犯罪,引发恐惧,并最终促成国家外交政策的改变。基于恐怖主义的网络犯罪并不多见,但这种恐怖主义的出现可能只是时间问题。
- **脚本小子**　没有经验的电脑黑客从别人那里获得黑客工具。"脚本小子"一词通常指青少年(Kiddies)或是没有经验的潜在黑客,获得黑客工具(脚本)闯入电脑仅仅为了好玩或消磨时间。
- **社交工程专家**　这些聪明人使用各种方法获取组织内部运作的信息,然后利用这些信息攻击组织。社交工程专家经常伪装成其他人,诱使员工和普通公民泄密或帮助侵入系统。
- **雇员**　组织的员工有方法(并且总是有机会)窃取组织的设备和信息。通常雇员需要的只是实施此类行为的动机,而雇主苛刻的策略和工作条件往往会将此类动机拱手送给员工。
- **前雇员**　曾经在组织中工作过的人知道组织的秘密、漏洞和内部运作方式。解雇和下岗的员工有足够的动机对前雇主实施盗窃,或令其难堪,以此作为对失去工作的一种报复方式。

- **知情的外部人员** 这些人员对组织的内部系统、架构或漏洞有一定的了解,可以通过间谍活动、社交工程、窃听或者从现任(或前任)员工那里获得知识。关键是这些人员比大多数局外人知道得更多。
- **服务提供商的雇员** 受雇于服务提供商的人员是另一类有这类知识的局外人,通过与组织的业务关系,掌握组织人员、流程和技术相关的信息,可以利用这些信息通过非法手段危害组织。

网络犯罪可能由不同类型的人员实施。为了准备防御,"像网络罪犯一样思考"是一个相当大的挑战。虽然这样的方法有所帮助,但负责保护组织宝贵资产的安全分析师和工程师需要展开广泛的思考。

6.1.10 安全事故管理

安全事故(Security Incident)指任何违反组织安全策略的事件。例如,组织的安全策略声明不允许员工使用其他员工的计算机账户,那么因为违反此规定导致信息泄露的情况就是安全事故。安全事故有几种类型:

- **计算机账户滥用** 包括故意滥用账户,例如,与他人共享自己的账户凭据或窃取他人的登录凭据。
- **计算机或网络入侵** 未经授权的人员访问计算机网络。入侵的方法包括安装恶意软件、使用窃取的凭据、绕过访问凭据或获取物理访问直接连接到计算机网络。
- **信息拦截** 入侵方设计一种窃听通信的方法,可以拦截电子邮件消息、客户端和服务器之间的通信、文件传输、登录凭据和网络诊断信息。窃听方法包括安装恶意软件、在攻陷的计算机上安装嗅探程序或直接连接到计算机或网络。
- **恶意软件(Malware)** 组织的网络中可能会暴发蠕虫或病毒。暴发可能仅仅是通过恶意软件的传播扰乱正常的商业运营,或者可能以其他方式破坏受感染的系统,破坏或更改信息。恶意软件也可以用于窃听通信,并将截获的敏感信息(如登录凭据、信用卡号码、银行账户和其他敏感信息。)发回。恶意软件可以用于在受害者的电脑上挖掘比特币,从而使利用受害方电脑的网络犯罪分子以低成本(甚至免费)致富。
- **勒索软件(Ransomware)** 这种专门的恶意软件会加密本地计算机和网络共享上的敏感信息。随后,勒索软件显示一条消息,指示受害方将资金转移给犯罪分子以换取解密和恢复信息的能力。执法机构通常不鼓励支付赎金,因为很多情况下,即使组织支付了赎金也无法恢复信息。此外,支付赎金会招致后续的攻击。
- **破坏软件(Destructware)** 与勒索软件类似,破坏软件旨在使用加密和其他方式销毁信息。各种破坏软件都是设计用于破坏计算机和设备的。Stuxnet 是一个典型的恶意软件示例,旨在摧毁敌对国家的核燃料浓缩离心机。
- **拒绝服务攻击(Denial of Service,DoS)** 攻击方向目标计算机或网络注入大量流量,使目标不堪重负,从而无法执行正常功能。例如,攻击方可以用大量流量淹没网上银行网站，导致储户无法使用银行服务。发送导致目标出现故障或停止工作的通信流量是 DoS 攻击的另一种形式。

- **分布式拒绝服务(Distributed Denial of Service，DDoS)** 与 DoS 类似，DDoS 攻击同时从成百上千台计算机发起。DDoS 攻击因为流量极大而很难抵御。
- **设备偷窃** 盗取计算机或网络设备。除非失窃设备中包含的信息经过加密，否则这些信息可能很容易获取到。
- **敏感信息披露** 任何敏感信息都可能被泄露给未授权方。

以上示例应该会让读者初步了解安全事故的性质。在某些组织中，其他类型的事故也可能被视为安全事故。

注意：
组织中发现的漏洞不属于安全事故，但是漏洞的严重性可能引发与实际事故的情形类似的响应。组织应尽快修复漏洞，以防将来发生事故。

1. 制定事故响应方案

任何组织都不能免受安全事故和信息泄露的影响，因此，组织必须制定正式的事故响应方案，为不可避免的情况做好准备。制定事故响应方案的步骤包括：

- **策略** 是正式的声明，明确执行持续监测的必要性，并为各种事故做好准备。
- **角色和职责** 定义组织中负责监测和响应事件的责任方。不仅是实际的事件响应人员，还包括法务、企业沟通和业务单元领导。
- **制定事件程序** 确定任何事故中都要遵循的高级别程序,通常此类程序会定义事故严重程度。
- **制定攻略** 为特定类型的事故创建要遵循的详细程序。例如，笔记本电脑丢失或失窃时要遵循的步骤。
- **培训** 培训事故响应人员，以便在实际事故过程中更熟悉这些程序。
- **事故响应演练** 采取演习和模拟，帮助组织更好地了解如何在实际事故中做出反应。

2. 事故响应阶段

有效的事故响应是有组织、有文档、有预演的。下面介绍正式的事故响应方案的各个阶段。

1) **制定规划和方案** 组织制定在事故发生时应遵循的书面响应程序，如前所述。

2) **检测** 检测发生在组织第一次意识到正在或已经发生安全事故时。由于安全事故有众多特征，组织可以通过多种方式了解事故，包含：

- 应用程序或网络故障
- 应用程序或网络迟缓
- 入侵检测系统报警
- 日志文件报警

- 安全信息和事件管理系统(Security Information and Event Management System，SIEM)报警
- 媒体披露
- 来自员工、业务伙伴、供应商或客户的通知
- 执法部门的通知
- 匿名提示

3) **初始阶段**　事故响应机制从本阶段开始，通常包括通知响应团队成员并触发响应机制。

4) **评价阶段**　响应团队成员在本阶段分析已有的数据以了解事故的起因、范围和影响，通常包含法证并确定事件的确切性质。

5) **控制阶段**　组织采取行动确保事故不会持续。

6) **根除阶段(Eradication)**　响应人员采取措施消除事故源头，包含删除恶意软件、阻止传入的攻击消息，或剔除入侵方。

7) **恢复阶段**　事故评估和根除后，需要将系统或组件恢复到事故发生前的状态，包括恢复数据或配置，或更换损坏或失窃的设备。

8) **整改阶段(Remediation)**　包括为减少或消除未来发生类似事故的可能性而采取的所有必要的变更，通常以流程和技术变更的形式执行。

9) **收尾阶段(Closure)**　事故根除、恢复、整改完成后进入收尾阶段，至此事故响应正式结束。

10) **事故后审查(Post-Incident Review)**　事故结束后，事故响应人员和其他人员开会讨论事故的原因和影响，以及组织的应对措施。讨论的范围从经验教训到为提高防御和反应能力可能的技术和流程改进。

3. 测试事故响应

事故响应方案不仅应该记录和审查，还需要定期测试。事故响应测试有助于改善方案的质量，帮助组织在发生事故时更有效地做出响应。

与灾难恢复和业务持续测试相似，事故响应测试包含如下类型：

- **文档审查**　单独的主题专家(Subject Matter Expert，SME)仔细阅读事故响应文档，了解程序并确定任何需要改进的机会。
- **穿行测试(Walkthrough)**　类似于文档审查，不同之处在于是由一群主题专家讨论响应方案。专家对每一步的讨论都有助于激发新的想法，导致对方案的改进。
- **模拟(Simulation)**　也称为桌面演练(Tabletop Exercise)，主持人描述一个现实的安全事故场景，参与方讨论如何应对。模拟通常需要半天或更长时间。建议使用场景的"编写脚本"中引入的新信息和更新穿行测试。模拟可以局限于安全事故的技术方面，也可以涉及组织沟通、公共关系、法务和组织的其他对外部门，这些部门可能在公众所知的安全事故中发挥作用。

- **并行或全开模式(Parallel or Full-On)** 虽然通常与 BCDR 测试相关,但有一些实用程序可用于在环境中执行测试。例如,生产环境的 DoS 攻击可能导致系统无法工作或不可用。在 DoS 攻击测试中,"受害方"系统可以脱机,从而触发自动或手动响应,以纠正目标系统的状况或将工作负载转移到另一个系统。这样的测试将有助于组织更好地理解自身在实际发生此类事件时的应对能力。

事故响应测试应每年执行一次或多次。在穿行测试和模拟测试中,组织应指定记录员记录任何改进,以便更新方案。

如果事故响应方案包含响应人员的姓名和联系信息,则组织应更频繁地审查,确保所有联系信息都是最新的。

4. 事故预防

有了适当的流程和控制措施,许多事故可以从一开始就避免,而那些发生的事故可能影响更小。事故预防主要通过了解漏洞和采取措施消除实现。随着漏洞的减少,一些威胁可以减少或完全消除。

预防安全事故的要素包括:

- **漏洞管理** 利用工具和技术检测网络设备、服务器和终端中的漏洞,并运用工具在操作系统、数据库管理系统、应用程序和网络设备中安装安全补丁。许多威胁都是通过发布的漏洞实现的。有时,入侵方能在发布后数小时内设计出利用漏洞攻击的工具。因此,组织必须做好准备,在已知特定漏洞被肆意利用时,通过部署安全补丁或采用其他解决方法快速缓解。在"逻辑访问控制措施"一节中会对漏洞和补丁管理进行更详细的讨论。
- **漏洞和威胁监测机制** 包括密切关注和持续监测由供应商和独立于供应商的服务(如 US-CERT、Secunia、InfraGard、Full Disclosure 和 Bugtraq)发布的安全建议。这些建议是关于新发现的计算机硬件和软件缺陷的公告,也是关于新威胁的公告。
- **态势感知** 态势感知是实时监控网络、系统和终端,以检测危害指标的结果。态势感知使用的工具包括入侵检测系统(Intrusion Detection System,IDS)、入侵防御系统(Intrusion Prevention System,IPS)和安全事件和事件管理(Security Incident and Event Management,SIEM)系统等软件程序和硬件设备。
- **威胁猎杀** 组织对入侵、入侵方和破坏迹象(Indicators of Compromise,IOC)的主动搜索。
- **高级反恶意软件** 由于杀毒软件不再认为是对抗高级威胁的有效软件,组织需要考虑在网络边界以及服务器、终端和移动设备中使用高级反恶意软件解决方案。
- **系统加固** 系统加固是一种配置系统的技术,通过只让重要的服务和功能处于活动状态而将其他所有功能停用,将系统的"受攻击面"减小到仅限于其关键组件。组织在一个加固的系统上,只需要配置必要的组件来抵抗攻击;所有其他组件都将禁用和删除,这就减少了工作量和漏洞。"逻辑访问控制措施"一节将详细讨论系统加固。
- **入侵检测** 入侵检测系统(IDS)可以对基于网络或主机的攻击发出早期预警。入侵防御系统(IPS)则更进一步,主动阻止构成攻击的活动。

注意：
根据目前的事故管理思想，认为所有的事故都是可以预防的是不明智的想法。因此，组织需要投资于事故响应流程和工具，以便在事故发生时做出快速有效的响应。

6.1.11 法证调查

安全事故发生时，需要调查法证、收集证据来确定事实。因为在法证中收集到的信息可能会在以后的法律诉讼中使用，电子法证调查员在收集、研究和保存信息时必须遵循严格的流程。

1. 证据保管链

法证调查有效和成功的关键在于建立健全的证据保管链(Chain of Custody)。法证调查有效的主要考虑因素有：

- **鉴定报告** 对获取的证据以及为获取该证据所用的工具和技术的描述。证据可能包括从计算机、网络设备和移动设备获取的数字信息，以及对涉事人员的面谈。
- **证据保留** 对用于获取和保存证据的工具和技术的描述，包括建立证据保管链的所有详细记录。这些记录可能在法律诉讼中提交和测试。
- **分析** 对收集到的证据审查的说明，其中可能包括对作为调查主题事件的重现。
- **调查陈述** 描述整个调查、收集的证据、使用的工具和调查结果的一份正式文件，表达审查员对已发生(或未发生)事件的意见。

整个保管链必须精确记录，在调查的每一步保护证据不受篡改。信息获取和分析过程中的任何"漏洞"都可能导致法律诉讼中的失败，导致组织无法说服司法当局相信事件的发生与所述一致。

2. 法证技术和考量

计算机和网络法证需要几项专门的技术以确保整个法证调查的完整性和证据链的可靠性，这些技术包含：

- **数据获取** 这是获取数据以便法证分析的流程。主体数据可能位于计算机硬盘、移动设备内存或应用程序审计日志中。数据采集法证有几种工具，包括作为获取计算机硬盘驱动器副本工具的介质拷贝器、USB 记忆棒、外部硬盘驱动器或 CD/DVD-ROM 等可移动介质。
- **数据提取** 如果数据是从正在运行的系统或第三方处获取的，法证分析员必须使用安全的方法获取数据，并能证明获取数据过程的完整性——即必须能够证明数据来源并表明数据在提取过程中未受篡改。
- **数据保护** 法证调查员一旦获得数据，必须采取一切措施确保数据完整性。用于法证分析的计算机必须物理锁定，防止未授权人员访问，并且不能连接到任何网络。计算机一旦连接网络将允许引入恶意软件或其他因素，可能修改获取的数据并影响调查结果。
- **分析和转换** 通常法证调查员需要使用工具来分析获取的数据并搜索特定的线索。此外，数据必须经常从原始状态转换为人员或工具可读的状态。很多时候，计算机以二进制格式存储信息，不容易由人工读取和解释。例如 Windows 中使用的 NTUSER.DAT 文件是系统注册表 HKEY_LOCAL_USER 分支的二进制表示，无法直接读取，需要使用工具转换为人类可读的形式。

6.2 逻辑访问控制措施

逻辑访问控制措施用于控制主体(Subject，通常是人，但也可以是运行的程序和计算机)是否能够以及如何访问对象(Object，通常是系统和/或数据)。逻辑访问控制措施有多种形式：

- **主体访问** 逻辑访问控制措施使用一些方法确定请求访问的主体身份。一旦获知主体的身份，访问控制执行功能，确定是否允许主体访问对象。如果系统允许访问，则允许主体继续，否则就不允许主体继续。这种类型访问控制的一个例子是，在允许访问之前，系统首先要求通过用户 ID 和密码来验证用户。
- **服务访问** 逻辑访问控制措施用于控制允许通过控制点的消息类型。逻辑访问控制措施的设计用于允许或拒绝特定类型的消息(并且可能允许或拒绝基于来源和目的地的消息)通过。这种类型的访问控制示例有防火墙、屏蔽路由器或入侵保护系统，它们根据流量类型、源和目的地址做出通过/阻止决策。

这两种类型的访问控制类似带停车场的音乐厅。停车场("服务访问")允许汽车、卡车和摩托车进入，但不允许大型车辆进入。楼上是音乐会检票处(以下简称"主体访问")，观众如果能提供带照片的身份证件，并通过了与已付费出席方名单的对比，就可以入场。特定人员持有所需证件，并且没有携带枪支等危险物品，则允许进入"后台"。

6.2.1 访问控制概念

讨论访问控制时，安全专家经常使用其他信息系统学科中未使用的一些术语。

- **主体与客体(Subject，Object)** 访问控制场景下，主体通常指代人，但也可以是正在运行的程序、设备或计算机，在典型的安全环境中，主体是想要访问某个内容的人或物。客体可以是计算机、应用程序、数据库、文件、记录或其他资源，是主体想要访问的对象。
- **故障开启和故障关闭(Fail Open，Fail Closed)** 指自动访问控制系统在遇到故障时的行为。例如，使用门禁卡的大楼门禁系统断电，所有的门都会上锁还是打开？故障关闭(Fail Closed)指当门禁系统发生故障时拒绝所有访问，故障开启(Failed Open)指一旦发生故障将允许所有的访问。一般来说，安全专家喜欢故障关闭的访问控制系统，不允许任何人进入比允许所有人进入安全。但会有例外，这时故障开启可能更好。例如，某些情况下，建筑物门禁系统可能需要故障开启，方便人员紧急疏散或允许紧急服务人员进入。

- **最小特权** 单个用户执行所需任务应该拥有尽可能小的特权。
- **职责分离(Segregation of Duties)** 指一个人不应拥有独立处理高价值业务的特权组合。典型的例子是组织会计部门的创建收款人、请求付款、审批付款或付款功能，需要两个或多个人分别完成，从而防止任何人在未通知的情况下盗用组织资金。在信息技术环境中，申请用户账户和开通用户账户等功能应该由两个不同的人负责，从而没有一个人能单独为自己创建用户账户。
- **分割监管(Split Custody)** 即在两个人之间分隔关于特定对象或任务的知识。一个例子是在两方之间分割关键加密密钥的密码，一个人拥有其中一半，另一个人拥有另一半。类似地，银行金库的组合可分为两部分，每个人分别拥有组合的一半。

6.2.2 访问控制模型

20 世纪 70 年代以来，业界已经研发了几种访问控制模型(Access Control Model)。这些模型是用于理解和构建访问控制系统的简单机制。早期的模型包括 Biba、Bell-La Padula、Clark-Wilson、Lattice、Brewer-Nash、Take-Grant 和 Non-interference。信息系统审计师感兴趣的模型包括：

- **强制访问控制(Mandatory Access Control，MAC)** 此访问模型用于控制主体对客体(文件、目录、数据库、系统、网络等)的访问。当主体尝试访问客体时，操作系统会检查主体和客体的访问属性，确定是否应允许访问。然后，操作系统允许或拒绝请求的访问。访问是集中管理的，用户无法覆盖。
- **自主访问控制(Discretionary Access Control，DAC)** 这种访问模型中，客体的所有方能够确定客体的访问方式以及谁可以访问客体。所有方自主决定允许哪些主体访问。

注意：
MAC 和 DAC 模型各有优缺点。虽然 DAC 通过允许所有方设置访问权限提供了灵活性，但滥用或错误可能导致敏感信息泄露。MAC 的集中管理和不灵活也是优势，用户无法覆盖 MAC 设置，避免了向他人泄露敏感信息的潜在可能。

6.2.3 访问控制的威胁

由于访问控制通常是受保护资产和用户之间的唯一保护手段，因此访问控制经常受到攻击。事实上，大多数针对包含有价值资产的计算机和网络的攻击都是针对访问控制，试图欺骗、击败或绕过访问控制。威胁代表损害资产的意图和能力。

访问控制的威胁包括：

- **恶意软件** 恶意软件包括病毒、蠕虫、木马、rootkit 和间谍软件。恶意软件是用于在目标系统上执行未授权操作的恶意代码(Malicious Code)。恶意软件通常因为可以利用已知的漏洞而获得成功。在访问控制环境中,恶意软件呈现出两种威胁:记录用户输入的登录凭据的能力和利用访问控制系统中的漏洞发起攻击的能力,从而攻击方可以绕过访问控制。漏洞将在下一节更详细地讨论。
- **窃听(Eavesdropping)** 攻击方安装基于网络或系统的嗅探工具监听网络通信,截获用于访问敏感或有价值信息的用户 ID 和密码等。通常,攻击方需要使用恶意软件或社交工程等手段在目标系统上安装嗅探工具。然而,在某些情况下,攻击方可以访问物理网络,并将嗅探工具直接连接到网络电缆。
- **逻辑炸弹和后门** 由程序员或其他人在系统研发过程中植入的计算机指令可能导致应用程序包含未授权的代码。逻辑炸弹(Logic Bomb)是一组设计的指令,用于在特定事件发生时执行一些破坏动作。一个流行的示例是在将来的指定日期更改或销毁数据的定时炸弹(Time Bomb)。

一些研发人员在管理的代码中植入定时炸弹,并定期提前设置定时炸弹中的日期。如果研发方遭到解雇,那么定时炸弹会在解雇后激活,研发方将报复前雇主。*后门(Back Door)*是允许用户绕过访问控制措施访问数据或功能的一段代码。后门通常在研发期间植入程序中,但在研发完成之前就移除。然而,有时研发人员(或其他人)故意设置后门,以便可以访问数据和功能。

- **扫描攻击** 攻击方执行主动或被动扫描,试图发现薄弱的访问控制。例如,攻击方可以使用端口扫描工具(Port Scanning Tool)发现目标系统上的开放端口和可能存在漏洞的端口。攻击方可以通过战争拨号(War Dialing)搜索未受保护的调制解调器,或者可以监听 Wi-Fi 网络流量,在战争驾驶(War Driving)中寻找易受攻击的无线接入点。
- **竞态条件** 也称为检查时间/使用时间(Time of Check,TOC/Time of Use,TOU)攻击。攻击方试图利用有时存在的请求资源和资源可用之间的微小时间窗口。

注意:
系统受到威胁的强度和频率直接与系统包含或保护的资产的感知价值(Perceived Value)成正比。

6.2.4 访问控制漏洞

漏洞(Vulnerability)是指系统中可能存在的弱点,使威胁更容易实现或产生更大的影响。漏洞本身并不会带来实际的危害,而威胁和脆弱性共同作用就会造成危害。大多数情况下,威胁会利用漏洞,因为在系统最薄弱的地方攻击更容易。常见的漏洞包括:

- **未修补的系统** 安全补丁设计用于消除特定漏洞。未修补的系统仍然存在漏洞,其中一些漏洞很容易为人利用。攻击方可以轻松进入和接管缺少重要安全补丁的系统。

- **系统默认设置** 默认设置通常包括不必要的服务,增加了攻击方找到入侵系统的方法的机会。系统加固(System Hardening)实践用于删除所有不必要的服务,并更改系统安全配置,使系统尽可能安全。
- **默认口令** 某些系统附带默认管理口令,便于新客户配置系统。这种安排的一个问题是,许多组织并不重置这些口令。黑客可以获取几乎每一种适用于连接到网络的计算机和设备的默认口令列表。
- **权限设置不正确** 如果组织为文件、目录、数据库、应用程序服务器或软件程序设置的权限不正确,则可能会允许不应具有访问权限的人员访问,甚至被修改或损坏。
- **实用程序和应用程序漏洞** 不属于基本操作系统的系统实用程序、工具和应用程序可能存在可利用的漏洞,攻击方因此能够成功地危及系统。
- **应用程序逻辑** 应用程序软件,尤其是通过 Internet 访问的应用程序,如果包含不充分的会话管理、资源管理和输入检测控制措施,可能会潜在地允许入侵方接管系统并窃取或损坏信息。

熟悉技术是有效信息系统审计的关键

要高度熟悉信息技术才能发挥作用。如果没有对安全威胁、漏洞、控制措施和对策的深入了解,信息系统审计师很难在技术环境中检测出诸多不安全行为。此外如果没有深入理解,信息系统审计师将无法在演练中提出探索性问题,或者正确解释证据。

必须全面了解信息技术,同时也要深入了解审计对象特定环境中的技术架构。在一个看似高度安全的系统中,单个设备的配置错误很可能会像叛徒一样背离安全,并给整个组织带来相当大的危害。只有对信息技术有透彻了解,信息系统审计师才有机会检测出这种弱点并正确解释。

6.2.5 接入点和进入方式

计算机和网络资源必须能够访问才能支持业务流程,从而提供服务和价值。基于信息的资源大多数通过 TCP/IP 协议访问,有些通过其他方式,如直接硬连线连接访问(如在一些大型机上)和非 TCP/IP 网络访问。还有一些桌面计算机有时本身就包含信息和资源。

现代局域网环境通过防火墙和其他手段免受外部威胁。许多大型组织还使用内部防火墙划分网络,从而在组织内创建单独的信任区域。但一般来说,局域网非常类似于个别国家的高速公路系统,游客一旦出示护照或其他证件通过边境检查站,就可以在该国境内自由漫游。

1. 接入点

许多组织的主要接入点是内部组织局域网。可以连接到组织局域网的用户能在逻辑上访问组织中的计算资源,仅受与每个资源关联的访问控制的约束。通过控制对局域网的访问保护组织资源这一概念成为一个重要话题。然而,由于从内部资源向基于云的资源的大规模迁移，组织拥有的内部资源越来越少。在这些组织中，内部局域网只不过是连接打印机和扫描仪等少数资源的一种手段，或者主要是一种访问因特网和组织基于 SaaS 的主要业务应用程序的手段。

连接到组织局域网的简便性凸显了许多重要的安全问题。最大的问题可能是非组织所有的计算机连接到网络并访问基于网络的资源的能力。组织允许非组织所有的系统连接到网络，实际上放弃了对网络的控制。组织允许任何计算机或设备连接到网络会产生风险，包括：

- **感染恶意软件**　任何未使用集中反恶意软件主动管理的计算机都可能携带试图在组织网络内传播的恶意软件。事实上，像 Nimda 和 Code Red 这样的蠕虫就能以这种方式传播。作为员工个人财产的笔记本电脑会在家庭网络上感染，然后以"伤寒玛丽(Typhoid Mary)"的方式在组织局域网内传播。已经知道许多在供应商拥有的计算机上导入恶意软件的实例(用于"演示"目的)。
- **窃听(Eavesdropping)**　虽然 IT 部门可以通过禁止(甚至阻止)安装网络嗅探程序对桌面和服务器计算施加一定程度的控制，但不容易控制组织以外的设备是否安装了网络嗅探程序(或做同样事情的恶意软件)。
- **开放的访问**　组织允许任何设备连接到局域网，同样允许将无线接入点连接到网络，允许任何 Wi-Fi 客户端连接到网络。

利用现有技术可以控制允许连接到组织局域网的系统。组织通过 802.1X 等网络访问协议和网络访问控制(Network Access Control，NAC)来控制是否允许系统连接到组织的网络资源。NAC 和 802.1X 使用身份验证机制确定是否允许新设备接入。如果设备缺少必要的控制措施，则无法连接。

该设备是否能够物理连接是另一回事。网络交换机在 NAC 和 802.1X 中起作用，如果设备不允许进入网络，工作组交换机不会从拒绝的工作站将数据包路由到 LAN。工作站逻辑上保持断开。

注意:
一些组织为许多(甚至全部)应用程序使用基于云的环境。因此，组织局域网环境通常很少有(或根本没有)本地资源。因此，组织可能需要改变资产保护策略。

2. 远程访问

远程访问(Remote Access)定义为通过数据链路向组织局域网提供远程连接的方法。许多组织都提供远程访问，方便临时或长期非现场的员工从远程位置访问基于 LAN 的资源。

远程访问最初使用包含身份验证的拨号调制解调器提供。虽然组织在某些情况下仍然提供远程拨号，但大多数远程访问通过互联网提供，并且通常使用加密隧道或虚拟专用网(Virtual Private Network，VPN)保护传输免于窃听。VPN 在远程访问技术中如此普遍，以至于 VPN 和远程访问已经成为同义词。远程访问架构如图 6-1 所示。

远程访问中两种安全控制措施至关重要：

- **身份验证** 组织需要知道谁在请求访问组织局域网。为实施身份验证，可能要求人员在现场使用相同的用户 ID 和密码组合，也可能需要多因素身份验证。
- **加密** 许多现场网络应用程序不加密敏感流量，因为运行在物理和逻辑上都受到保护的组织局域网内。但是，由于远程访问提供与组织局域网上相同的功能，而且应用程序通常本身不提供加密，所以远程访问服务通常提供加密。加密可以使用 SSL、IPsec、L2TP 或 PPTP。

之所以需要这些控制措施，是因为这些措施是物理访问控制措施(或补偿性控制措施)的替代，物理访问控制措施常用于控制哪些人员可以进入大楼使用组织局域网。当人员在现场时，可通过门禁卡或其他物理访问控制措施确认身份。当人员在异地使用远程访问时，由于组织无法"看到"在远端连接的人员，使用身份验证是次佳的选择。

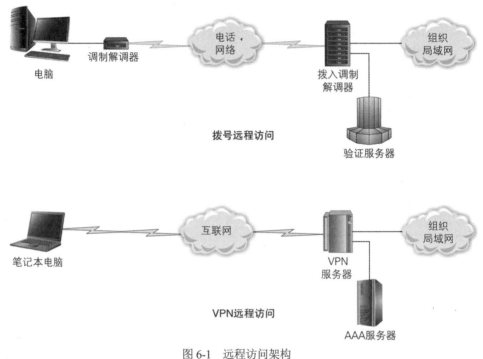

图 6-1　远程访问架构

组织资源从内部网络迁移到基于云的网络正在改变远程访问概念。因此，组织正在结合多因素身份验证访问基于云的资源，不管用户是在组织局域网工作、在家中工作、在外地工作还是在旅行途中。

新的远程访问模式

企业将业务应用程序迁移到托管中心和 XaaS 提供商处，并在把最后的内部资源移到云端后，远程访问的意义何在？远程访问什么？

如果从 VPN 和加密提供的保护角度考虑这一点，VPN 仍然具有商业意义，可以保护网络流量免受潜在的窃听(无论是人还是恶意软件)。因此,最好用 VPN 而不是"远程访问"。

组织根据云迁移考虑 VPN 架构时,仍然需要解决几个子主题,例如拆分隧道、互联网回送,以及在远离内部公司网络的工作站上是否应该总是自动激活 VPN。

6.2.6 身份识别、身份验证和授权

为了控制对计算资源的访问,必须有机制确保只有授权的主体才允许访问受保护的信息。一般来说,这些机制首先识别谁想要访问资源,然后确定主体是否允许访问资源,并允许或拒绝访问。

术语"身份识别(Identification)""身份验证(Authentication)"和"授权(Authorization)"用于描述各种活动,下面是相应的解释。

1. 身份识别

身份识别是在没有提供任何证据的情况下声明身份的行为,就像一个人走到另一个人跟前说:"你好,我的名字是……"身份识别不需要证据,通常不会单独用于保护高价值的资产或功能。

网站经常使用身份识别记住某人的个人资料或偏好。例如,一家全国性银行的 Web 应用程序可能使用 Cookie 存储客户所在城市的名称。当客户返回网站时,应用程序显示一些与客户所在地相关的照片或新闻。但当客户准备办理网上银行业务时,这种简单的身份识别不足以证明客户的真实身份。

身份识别只是进入系统或应用程序的第一步。接下来的步骤是身份验证和授权,下面讨论这些步骤。

2. 身份验证

身份验证与身份识别类似,需要主体声明身份。在身份识别场景中,主体不提供身份证明,但身份验证时需要主体提供某种形式的身份证明。这种证明通常以秘密口令,或某种更高级和安全的方式提供,如令牌、生物识别、智能卡或数字证书。稍后将讨论这些问题。当用户提供用户 ID 及第二个因素(密码、令牌、生物特征等),系统将确定批准还是拒绝登录请求。不管结果如何,系统都会在事件日志中记录这一登录事件。

3. 授权

认证主体后,接下来就是授权,是系统确定是否允许主体以请求的方式访问资源的过程。为确定是否允许主体访问资源,系统将以某种类型查找或确认业务规则。例如,与请求的资源相关的访问控制表可能包含一个允许访问用户列表。系统通读此表,确定用户主体的身份识别是否在列表中。如果在,即请求的访问类型与表中允许的类型匹配,系统将允许主体访问资源。如果不在,则拒绝访问。无论登录是否成功,都会在事件日志中记录访问尝试和处置情况。

前面的例子很简单,但通常可用于确定用户是否已授权访问某些东西。尽管有些环境允

许资源所有方管理用户访问,但通常权限由操作系统集中存储并由系统管理员管理。请参见本章前面的"访问控制模型"一节。

注意:
没有意识到彼此区别的 IT 专家经常误用身份识别、身份验证和授权这三个术语。安全专家和信息系统审计师需要了解概念之间的区别。

4. 用户 ID 和口令

无论资源是网络、服务器还是应用程序,用户 ID 和口令都是用户身份验证的最常用方法。

用户 ID 在大多数环境中,用户 ID 不是秘密。实际上,用户 ID 可能是用户名称或标识号的派生。一些定义用户 ID 的常见形式如下。

- **名字的首字母和姓** 例如,John Toman 可能定义为 Jtoman。有些系统可能对用户 ID 的允许长度有限制,如 8 个字符。如果两个用户的用户 id 相同(例如 johnbrown 和 jamesbrown),IT 部门可以分配 jobrown 和 jabrown,或者 jbrown 和 jbrown2。
- **名字和中间名的首字母和姓氏** 与名的首字母和姓氏类似,但"冲突"(两个人拥有相同的用户 ID)的概率较小。用户 James Dean Cunningham 的用户 ID 是 jdcunningham。
- **名字和姓氏一起** 系统允许使用特殊字符(如句点和较长的用户 ID),如可以采用常见的"名.姓"形式。用户 Mark Adams 的用户 ID 是 mark.adams。
- **员工 ID** 组织为员工分配唯一的识别号。如果这些号码是不保密的,就可以使用 ID 号作为用户 ID。使用 ID 号的优点之一是用户名成为用户 ID 的一个特性,而不是用户 ID 本身。在许多文化中,女性结婚后会改名,但在使用 ID 号的组织中,用户 ID 不需要更改或反映她不再使用的名字。

警告:
社会保险号(美国的社会保险)或驾驶执照号等机密信息不应该用作用户 ID,因为这些识别号码通常需要加以保密。

口令(Password) 虽然用户 ID 不一定需要保密,但是口令始终需要保密。口令,也称为口令短语,是字母、数字和其他符号的秘密组合,只有使用的用户才知道。终端用户通常会得到以下有关口令的建议。

- **口令选择** 用户应该选择一个易记住但其他人难猜测的口令。口令不应包含常用词或家庭成员或宠物的名字,也不应包含代表生日或结婚纪念日的数字组合。许多环境限制口令的最小长度(通常为 8 个字符),并且要求口令包含小写字母、大写字母、数字和符号的组合。口令保险库工具通常有方法生成强随机口令,减轻了用户必须自己创建好口令的负担,而且口令保险库还可安全地存储口令。许多环境还要求定期更改口令(通常每 90 天更改一次)，并禁止使用最近用过的口令，降低其他人使用旧口令的风险。
- **口令共享** 组织必须告知用户，不应该以任何理由与任何人共享任何口令！用户账户只能由对应人员使用，用户在任何情况下都不得给其他人使用。在许多组织中，共享口令会导致包括解雇在内的纪律处分。
- **口令传输** 组织不可以通过电子邮件或即时消息发送口令。窃听方或任何截获消息的人都可能截获口令并可能使用，破坏用户账户的完整性，可能还会破坏一些敏感的商业信息。
- **记录口令** 在具有许多应用程序的环境中，用户需要记住很多口令，因此一些人想把口令写下来或保存在电脑的电子表格或文本文件中。这样的操作是可以接受的，只需要把这些记录下来的密码锁在保险之处或一直随身携带。口令保险库消除了写下口令的必要性。
- **电子口令保险库** 由于需要记录大量的复杂口令，因此用户可将口令存储在电子口令保险库中。有很多好的口令保险库，包括 Password Safe、KeePass 和 MacPass。

警告：
用户不能将密码存储在任何在线密码托管服务或浏览器中。

- **在多个环境中管理口令** 组织应建议用户不要对每个应用程序使用相同的口令。如果有人在一个环境中发现或了解用户的口令，可以在其他应用程序中尝试相同的口令，并可能登录。虽然很困难，但用户应该为每个环境使用唯一的口令。口令保险库简化了口令的使用，因为当用户向系统提供凭据后就可以随时使用。

用户账户开通 当组织向用户分发新的计算机或网络用户账户时，用户需要知道口令才能访问资源。组织生成初始口令并发送给用户可能会很棘手，因为永远不应该使用电子邮件发送口令。初始用户账户开通的一个合理做法是使用一个限时的、一次性的、安全地提供给用户的一次性口令。在第一次使用时，系统会要求用户将口令更改为其他人不知道的值。

有几个因素会影响密码的初始确定方式，包括：
- **用户位置** 如果用户位于提供用户账户的管理员附近，则管理员可以亲自将新口令传递给用户。如果管理员和用户不在一起，管理员可以通过电话将口令告知用户。在任何情况下都不应通过电子邮件或即时消息发送口令。
- **系统限制** 某些环境不支持使初始口令在短时间内过期。
- **数据敏感度** 由访问控制措施(包括用户账户及其初始密码)所保护的数据的价值应该是决定如何配置用户账户的因素之一。如果受保护的数据或资产具有高价值，则可能需要更详细的方法。但如果价值较低，那么开通初始账户的规则可能更宽松。

注意：
理想情况下，一旦用户有了新的用户账户，就需要更改密码；但是，有些系统甚至不允许这样做。正在审查环境中用户账户开通流程的安全分析师或信息系统审计师应了解环境的能力以及受保护资产的风险和价值。任何建议都应反映系统能力和资产价值。

用户账户和口令风险　基于口令的身份验证是信息系统中最古老方式之一。虽然口令验证仍然相当普遍，但使用口令验证会带来许多风险，这些风险都与他人以不同方式发现和重用口令有关。其中一些风险是：

- **窃听**　由于系统的限制，一些用户账户口令在网络上"透明"地传输，窃听方可能拦截和重新使用口令。
- **按键记录**　许多类型的恶意软件专门设计用于获取用户在键盘上键入的登录凭据。恶意软件以这种方式捕获到凭据后，将发回恶意软件的所有方/操作方供恶意使用。
- **网络钓鱼**　假如入侵方创建一个网络钓鱼消息并发送给多个用户，则可能会诱骗一个或多个用户在入侵方拥有的系统上输入有效凭据，入侵方可以使用这些捕获的凭据访问系统。
- **找到记录下来的密码**　如果用户忽视了对包含写有口令纸张的保护，则同事或其他人可能会发现口令。发现方可能会使用这些口令或传给他人恶意使用。
- **查找存储的密码**　如果入侵方(甚至是可信的同事)检查用户工作站的硬盘驱动器，可能会发现一个存储着用户 ID 和口令的文件。
- **利用浏览器的密码存储**　入侵方可能利用浏览器的漏洞，欺骗用户的浏览器提供登录凭据。因此，建议不要使用浏览器记录口令。

所有这些风险都遵循同一个模式：用户 ID 和口令是静态的，一旦发现就可以被其他人使用。出于这个原因，业界研发出来其他更安全的验证方法。这些技术包括生物特征识别、令牌、智能卡和证书，所有这些技术统称为多因素身份验证(Multifactor Authentication)。

5. 多因素身份验证

称为多因素身份验证(Multiple Factor Authentication，MFA)是因为不仅依赖于"你知道的东西"(即用户 ID 和密码)，而且依赖于"你拥有的东西"(如密钥卡或智能卡)和/或"你是什么"(如指纹)。多因素身份验证不仅需要用户 ID 和口令，还要求用户拥有某些东西或使用生物特征作为身份验证的一部分。多因素身份验证使用了多种技术，包括：

- **令牌**　这种小型电子设备有两种形式。一种形式的设备有一个窗体和一个小屏幕，显示一串字符串。显示的字符供登录时输入。如果字符正确，用户就可以登录到系统或网络。令牌的优点是显示的值会频繁变化，使得"重放攻击"几乎不可能执行。另一种令牌身份验证使用小型 USB 密钥，该密钥包含与身份验证相关的信息，可以是数字证书或其他值。

- **软令牌** 这些应用程序运行在智能手机等移动设备上,功能类似于硬件令牌。
- **短信令牌** 令牌信息传输到智能手机等移动设备。登录到应用程序或系统的用户首先提供用户 ID 和口令。然后,系统通过运营商的文字消息向用户注册的移动设备发送字符串。用户在登录屏幕中输入字符完成身份验证。
- **智能卡** 一种小型、信用卡大小的设备,包含电子存储器,可以通过智能卡读卡器访问。许多笔记本电脑配备智能卡读卡器。智能卡可能包含数字证书或其他难以(或不可能)复制的身份识别信息。
- **数字证书** 电子文档使用数字签名将公共加密密钥与用户身份绑定。系统包含可以加固的数字证书,使文档无法导出、克隆或移动到其他计算机。通常,数字证书驻留在工作站的硬件或特殊的计算机芯片中,也可以存储在 USB 令牌中。
- **生物识别** 是测量用户身体特征的任何一种技术。下一节将详细讨论。

多因素身份验证系统的用户需要接受培训。例如,组织需要告知用户不要将令牌或智能卡和电脑放在一起。除非智能手机或移动设备正在使用中,否则需要锁定。

6. 生物识别

所有生物特征验证技术都使用某种方法测量待验证方的独特身体特征。一些正在使用的技术有:

- **指纹** 是最常见的生物识别技术之一,主要是因为指纹识别器体积小,易于制造,指纹不会随时间变化太多,而且被检测方通常都不怕扫描手指。许多笔记本电脑内置指纹扫描仪,有些电脑鼠标也是如此。USB 指纹读取器如图 6-2 所示。

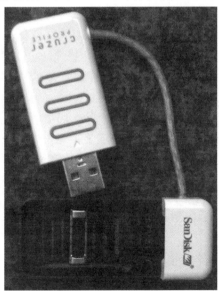

图 6-2　USB 指纹仪

- **掌纹**　掌纹扫描仪用于测量人手的几何尺寸。由于掌纹仪比指纹仪大得多，掌纹扫描仪通常仅限于物理访问设置，用户需要输入 PIN 码并扫描手掌才能进入控制区域。掌纹扫描仪如图 6-3 所示。

图 6-3　生物识别手部扫描仪

- **手掌静脉**　手掌静脉类似于手掌扫描，手掌上的静脉图纹可作为可靠的生物特征。手掌静脉仪类似于电脑鼠标；用户将手放在设备上方几英寸的地方，设备就可以读取手掌静脉图纹。
- **语音识别**　语音识别用于识别语音中的特定模式。语音识别的优点之一是通常不需要额外的计算机硬件，因为大多数工作站都内置有麦克风。语音识别的缺点包括用户的头部和胸部因感冒导致声音变化，或者用户生气、悲伤或紧张时声音变化。
- **虹膜扫描**　人的虹膜与人的指纹相似，每个人的都是独一无二的。生物识别虹膜扫描仪可以对人的虹膜高分辨率成像，类似于视网膜扫描。虹膜扫描不太受欢迎，因为主体需要将眼睛非常接近视网膜扫描设备，可能会靠近到令人不舒服的位置。
- **面部识别**　面部扫描精确测量人脸的角度尺寸,意味着计算机成像软件将测量人脸关键特征之间的相对距离。面部扫描和语音识别一样，可以利用内置的计算机硬件(在本例中是摄像头)，只需要额外的软件。一些型号的笔记本电脑利用面部识别验证用户。
- **笔迹**　有两种主要的笔迹识别形式，都需要使用主体的签名。一种技术测量签名时在签名表面书写的动态，另一项技术是在受试方签名时测量笔或触笔的加速度。

生物识别技术有许多共同的操作难点和特点，这里讨论这些问题。

生物特征登记　每种生物特征都需要某种初始登记。有些生物识别系统允许用户在工作站上自助登记，而有些则需要有人值守或协助登记。登记通常需要生物识别系统初始测量几次，这样就可以为测试对象生成一个"平均"读数。

生物特征检测误差 生物特征测量并不精确。从一次身份验证到下一次身份验证，测量的生物特征会有微小差异，其中一些差异是因人体随时间逐渐变化导致的。生物识别系统需要将这些新的测量结果整合到用户的基线中，以便系统能够继续地、正确地验证用户。

生物识别系统中的几个关键测量值通常是可调整的：

- **错误拒绝率(False Reject Rate，FRR)** 是有效主体被拒绝的比率。生物识别系统的误差范围太小时，会发生这种情况。
- **错误接受率(False Accept Rate，FAR)** 这是无效主体视为有效的比率。当生物识别系统的误差范围过大时，会发生这种情况。
- **交叉错误率(Crossover Error Rate)** 当错误拒绝率(FRR)等于错误接受率(FAR)时称为交叉错误率。这是一个优化的生物识别系统的理想点。

生物特征可用性问题 组织中一些员工不愿意使用生物识别系统，会提出一些问题：

- **公共卫生** 以门禁系统为例，一天之内许多人都会接触生物识别系统。一些员工会以健康理由反对使用生物识别技术，因为这种用法会传播细菌。
- **隐私** 一些员工认为扫描指纹或虹膜是对隐私的侵犯。这些员工需要知道的是，指纹扫描仪不会记录用户的实际指纹，而是记录指纹中线条交叉点的"哈希"。尽管很少，但的确有生物识别系统存储实际的指纹。

注意：
由于生物特征识别涉及测量主体的身体特征，因此许多员工必然会反对使用这种方法。

7. 减少登录

减少登录(Reduced Sign-on)指的是环境中几个应用程序使用 LDAP、RADIUS、Diameter 或 Microsoft Active Directory 之类的集中式目录服务验证身份。该术语源于将每个应用程序的身份验证从独立身份验证改为集中式身份验证，从而减少了每个用户需要记住的"用户 ID-口令"对的数量。

考试提示：
术语"减少登录"和"单点登录"经常互换使用。很多时候，减少的登录环境标记为单点登录。然而，二者并不完全相同。

8. 单点登录

单点登录(Single Sign-On)指在一个相互连接的环境中，应用程序在逻辑上连接到一个能够知道每个用户的登录/注销状态的集中式身份验证服务器。工作日开始时，用户登录到应用程序时，程序将提示用户输入登录凭据。当用户登录到另一个应用程序时，该应用程序将咨询中央身份验证服务器，确定用户是否已登录。如果是，第二个应用程序就不需要该用户的凭据。这个术语指的是即使在多应用程序环境中用户也只需要登录一次。

单点登录比减少登录更复杂。在单点登录环境中，每个包含在单点登录系统中的应用程序都必须与集中式身份验证系统通信，并要求新用户登录或不登录。

9. 访问控制列表

访问控制列表(Access Control List，ACL)是访问管理常用方法。许多操作系统和路由器等设备都把 ACL 作为控制访问服务器或网络等资源的简单方法。

在许多设备和系统上，数据包过滤规则列表(给路由器提供防火墙的许多特征)称为 ACL。在 UNIX 操作系统中，ACL 可以控制允许哪些用户访问文件、目录以及运行工具和程序。这样的环境中，ACL 通常是简单的文本文件，可以使用文本编辑器编辑。

6.2.7 保护存储的信息

信息系统主要以数据库和平面文件的形式存储信息。默认情况下，操作系统和数据库管理系统通常对数据库和文件提供最低限度的保护，组织需要根据信息的价值和敏感性确定正确的保护水平。本节将讨论可能需要制定的控制措施。

1. 访问控制

访问控制是用于防止未经授权的用户访问存储信息的主要方式。操作系统访问控制设置(通常以 ACL 的形式)，根据最小特权原则(Least Privilege)确定允许哪些用户 ID 访问平面文件(以及包含这些文件的目录)。所有包含敏感信息的平面文件的权限应仅限于必须访问这些信息的用户和进程。任何不需要访问特定文件的用户或进程都不能访问。

2. 访问日志

组织应配置操作系统和数据库管理系统，记录对文件和目录的所有访问尝试。这种做法提高了可问责性，并在将来需要法证调查时提供证据线索。

访问日志应得到最高级别的保护。理想状态下，访问日志应该存储在不同的存储系统中，而不是保存在记录访问数据的系统的存储中。访问日志不可更改，即使数据库管理员和系统管理员也不能。如果有人决定篡改敏感信息，然后试图隐藏证据，那么没有人能够"抹去踪迹"。

通常日志记录只有在检查的时候才发挥作用，由于这可能是一项耗时的活动，很多组织都会使用 SIEM 等安全信息和事件管理工具；一旦特定的日志事件(未经授权的访问)发生，SIEM 系统会向关键事件管理人员发送警报信息，从而触发对异常事件的处理行动。

3. 系统备份和存储介质

存储在信息系统中的数据可能损坏或丢失，发生的情况可能包括：
- **硬件故障**　存储系统中很多组件都会发生物理故障，硬盘更是如此。虽然故障的发生很少见，但一旦发生，数据就无法恢复。

- **管理员失误** 系统或数据库管理员可能会不小心删除和更改信息,而且操作难以撤销。
- **软件错误** 应用软件中的错误代码段可能会在无意中擦除数据库或平面文件中的数据。这可能发生在组织自己研发的软件中,也可能发生在第三方软件供应商提供的程序中。
- **恶意软件** 恶勒索件等恶意软件会直接导致数据损毁。

上述任意一种情况都应该是 IT 运营中备份所有关键数据的充分理由。备份数据意味着为防止原始介质(或存储数据的系统)出现故障,操作人员将数据复制到其他介质上。然后,操作人员在原始系统修复后,可以从备份介质复制数据并恢复处理。

备份工具 组织使用备份工具让备份工作更高效。某些备份工具会自动管理备份介质卷,并使数据恢复比手动恢复更容易。

备份介质保护 由于备份介质经常从一个地方运送到另一个地方,因此在运送过程中可能会出现介质误放或者丢失的情况。因此,组织应该加密备份介质上的数据,避免任何非授权的第三方或其他人员获取备份介质卷后能从中提取到任何数据。当备份介质加密后,丢失磁带只意味着丢失一项廉价资产,而不是对敏感信息的潜在危害。

场外备份介质存储 为保护数据免遭灾难,备份介质应存储在远离原始数据的地点。例如,将服务器中的数据备份到磁带上,并将备份磁带存储在服务器附近,则在发生火灾或洪水等事件时,服务器和备份介质都可能遭到破坏。但是,如果备份介质存储在其他地点,火灾或洪水等事件将只会破坏原始服务器,组织可使用其他地点备份介质上的数据恢复系统。

组织选择场外介质存储设施需要权衡几个因素,包括与原始数据的距离(太近意味着可能在地区性灾难中损坏,太远意味着在需要时可能需要太长时间获取)、存储设施的安全性、在原始地点和场外存储设施之间来回运送介质的安全性以及可用的记录(以便在任何给定时间都可以容易地确定哪些介质卷位于场外的设施)。场外存储设施应至少与原始位置具有同样的安全性。

电子保管(E-Vaulting) 许多组织正从磁带备份向电子保管迁移。虽然电子保管的一个缺点是通过 Internet 复制大型数据集所需的潜在时间,但电子保管可以减少或消除管理和保护备份介质的负担。组织使用电子保管时,数据可以直接通过 Internet 恢复,不必将备份介质运送到需要的地点。

恢复测试 组织应不定时测试备份介质和数据恢复软件,确保数据确实备份到备份介质上,并且可以提取。有的组织自认为每天都在备份数据库,直到需要恢复数据库时才发现备份介质中从未写入任何内容。显然,组织没有测试备份系统。组织应安排恢复测试并记录结果。

介质清点(Media Inventory)组织 应定期清点所有备份介质(无论是备份磁带形式的物理介质还是电子保管存储卷形式的虚拟介质),包括场外位置的介质。清点确保组织正确处理了所有介质,并且没有丢失或放错位置。组织应记录每一次清点的结果,并纠正异常情况。

注意:
除非介质加密,否则清点期间发现丢失一个或多个备份介质卷应视作安全事故。

4. 补丁管理

补丁管理(Patch Management)在信息系统上获取、测试和安装安全和功能补丁程序。补丁管理的目的是保持系统运行在当前供应商支持的软件上,并确保修复了所有已知的安全漏洞和软件缺陷。

补丁管理通常通过工具管理,这些工具能快速评估许多服务器的"补丁级别",然后批量安装补丁。

关于补丁管理也存在不同观点。组织需要安装所有补丁还是部分补丁? 各有利弊。如果安装所有补丁,组织的确可以修复所有已知的系统漏洞。然而,有些需要补丁的组件并没有在使用中,因此根本不需要安装补丁。如果组织选择仅安装最关键的补丁,则每次发布安全补丁程序时,安全分析员都需要执行风险分析,以便正式确定是否需要这一补丁。而且,即使组织确实安装了所有可用的安全补丁,风险分析也可以帮助确定每个补丁需要以多快的速度安装。反对安装补丁的理由是,每个补丁都会增加系统的不稳定性。尽管基础操作系统经过了详尽测试,但在安全补丁发布时,对补丁的测试要少得多。偶尔会出现安全补丁破坏其他功能的情况。这种情况虽然并不常见,但确有发生。这是组织在将补丁安装到生产系统之前应首先在测试环境中测试补丁(安全性和其他)的另一个原因。否则,新的补丁仍有微小的可能导致意外问题,难以隔离。补丁管理是漏洞管理过程中不可或缺的一部分,下面将予以讨论。

5. 漏洞管理

漏洞管理的目的是识别和管理 IT 应用程序和基础设施中的漏洞。漏洞可能是由于配置错误、整体架构缺陷或安全研究人员新发现的弱点造成的。

漏洞管理需要许多截然不同但相互关联的活动。

订阅安全警告 大多数计算机硬件和软件制造商都提供事件报警服务,客户可以知道新的漏洞、弱点、威胁以及相应的补救措施。通常,对漏洞、弱点和威胁的修复方法是安全补丁或建议更改配置的公告。此外,市场还有一些与供应商无关的高质量安全警告来源,包括 Secunia、Bugtraq、InfraGard、Full Discovery 和 US-CERT。组织应订阅任何可用的供应商来源以及一个或多个非供应商的来源,全面了解新漏洞和如何缓解漏洞的指导。

系统和设备加固 确定系统和设备配置标准、提高安全性和降低危害风险。加固将在稍后更详细地讨论。

漏洞扫描和渗透测试 使用工具扫描或检查计算机、网络设备或应用程序以发现漏洞。组织只要拥有可通过 Internet(包括简单网站)访问的计算机或应用程序,就应考虑执行定期扫描,确保这些计算机和应用程序没有任何高风险或中风险漏洞。如果没有补救漏洞,计算机或应用程序将面临受到攻击和破坏的真正威胁,可能导致敏感信息丢失。许多商业和开源工具可用于检查计算机和应用程序的漏洞；更好的工具还根据风险水平对发现的结果排序，并包含如何修复漏洞的说明。组织还需要记住，扫描一次系统并消除所有漏洞并不意味着将来永远不会有新的漏洞，这是因为安全研究人员经常在程序和系统中发现新的漏洞。今天安全的系统，明天就可能不那么安全。

补丁管理 是通过在目标系统和设备上安装安全补丁应对已知漏洞的流程。上一节中详细描述了这个流程。组织应主动安装补丁，并使用漏洞扫描确认系统上已安装所有必要的补丁程序。

纠正行动流程 将漏洞记录到事故跟踪流程中，以便可以将漏洞补救措施分配给个人或团队并正式追踪。本章开头讨论了纠正和预防行动流程。

6. 威胁管理

威胁管理的目的是获取有关组织中可能发生的可信威胁的情报。当发现威胁时，组织将采取措施抵御并彻底阻止，或者至少减少威胁的影响。在环境中主动寻找活跃的威胁的活动称为威胁捕捉(Threat Hunting)。分析潜在威胁的活动称为威胁建模(Threat Modeling)。

执行威胁管理的组织通常会从两类来源获取信息：

- **内部** 安全工具和系统，如 IPS、防火墙、数据防泄露(DLP)系统、恶意软件预防系统和网络过滤系统，将检测到可能是危害指示(Indicators Of Compromise，IOC)的事件。
- **外部** 组织可订阅一个或多个威胁情报推送源，情报包含了其他地方所发生威胁的信息。

要有效地从事威胁管理，组织需要能够过滤威胁信息，以便只看到相关和有可操作性的威胁。此外，组织需要知道当看到可信的威胁时应该采取什么行动。

7. 系统加固

系统加固更改系统(可以是服务器、子系统、应用程序、工具或网络设备)的配置，以便更好地抵御故障和攻击。系统加固背后的原则包含了本节讨论的概念。

将系统从多功能更改为单功能 执行多种功能的单个服务器可能需要同时运行多个服务、软件模块或应用程序。整合可能会减少服务器数量并简化环境，但也会增加风险。多功能服务器上的漏洞会使服务器上的所有服务面临风险。

在每台服务器执行单一功能的环境中，功能中的漏洞只会使该功能面临风险。服务器虚拟化和容器化便于将功能分离到单独的安全域(在虚拟化中称为客户机，在容器化中称为容器)，同时允许这些功能继续运行在一个物理系统上。

删除不必要的服务 组织仅安装和运行实现系统功能必需的服务和软件特性，禁用其他所有服务和功能；如有可能，完全删除那些服务和功能。删除不必要的服务可以将系统上的"攻击面"减少到只针对那些必要的服务。

例如，在不需要发送或接受电子邮件的 UNIX 系统上，组织应禁用或删除 Sendmail 程序。Sendmail 是一个大型复杂的应用程序，是安全研究持续关注的对象，该服务的新漏洞层出不穷。

限制必要服务的功能和特权 从服务器中删除所有不必要的服务后，组织将只保留服务器功能所需的服务。允许任何必要服务执行的功能应该减少到只允许执行必要的功能。实现这一点可能有所不同，但限制功能应遵循的原则是，如果配置允许，系统应禁用任何不需要的功能。例如，特定软件程序永远不需要从数据库管理系统中删除表，则该软件程序用来登录数据库管理系统的用户 ID 不应该具有删除表的权限。

每个必要的服务或程序都应配置为以尽可能低的权限运行。在过去，所有通用服务(甚至许多应用程序)运行在根用户、超级用户或管理员级别很常见。上述做法通常是不必要的，并且在可以配置权限级别的系统上，每个服务都应该在可能的情况下在较低的服务上运行。这样做的好处是，如果特定服务因漏洞而受损，攻击方破坏整个系统的能力可能仅限于分配给该服务的权限级别所提供的范围。

更改默认口令 入侵方攻击系统最简单的方法之一是通过已知的默认口令(暴力破解)。通常，系统和软件制造商使用记录在案的默认口令，便于新用户或客户开始使用系统。通常情况下，这些默认凭据永远不会更新，导致系统容易遭受攻击。

在连接到网络之前，组织应更改每个系统的口令，确保所有设备上所有账户都使用非默认口令。

使用不可预测的口令 入侵方能够危害系统，就可能尝试检索系统的加密用户账户口令并破解，以发现系统上其他用户账户口令。如果入侵方能够破解某个系统的口令，就可能会尝试使用相同的用户 ID 和口令登录到相邻系统(同一组织中的系统)。如果许多或所有系统都使用相同的口令，特别是管理员账户使用相同的口令，入侵方可能会轻易危害环境中的其他所有系统。同样，如果入侵方能够检测到口令的使用模式，许多系统也可能会遭到破坏。

删除不必要的账户 黑客入侵目标系统最简单的技术之一总是利用访问权限。通常，攻击不重要的用户 ID(如 Guest 账户)可能会危及系统。组织应禁用或删除每个没有特定用途的账户。某些类型的系统即便交互式登录未要求，也要设置特殊账户。系统工程师应该寻找一种方法，在不损害使用这些账户的服务的情况下，阻止这些类型的账户采取交互式登录。一些操作系统支持服务账户的概念，服务账户可由系统和应用程序使用，但不允许交互式登录。

注意：
组织应使用双因素验证或生物特征识别等更先进的身份验证技术，这种做法可能使入侵方更难猜测用户 ID 和密码，从而避免成功地攻击目标系统。

减少用户权限 每个用户的权限应该减少到满足用户执行任务所需的最低权限。与降低系统服务和应用程序的权限级别这一原则类似，组织应该降低用户权限，这样用户就不能执行超出要求的任何功能，这与本章前面讨论的最小特权原则(Least Privilege)类似。

注意：
许多组织继续允许最终用户在工作站上担任本地管理员。这种做法应该停止。组织应该在例外的基础上授予用户本地管理员权限，并予以记录和审计。

减少或消除服务器间信任 某些操作系统(如UNIX和Linux)可以配置为信任其他系统上的用户。其中一些信任部署(如rlogin)因为假定其他系统是可靠的而易受攻击。因此,组织应谨慎使用服务器间的信任。

单点登录(Single Sign-on,SSO)在正确配置时可认为是可靠的,不需要基于减少服务器间信任这一原则排除。然而,即使是现代的SSO和其他身份验证服务,也必须安全地设计和实现,以避免误用和攻击。

在过去三十年间,系统和设备加固一直都是讨论和创新的话题,因此,市场上有许多不错的加固标准、指南和说明的来源,包括 US-CERT(美国计算机应急响应中心)、NIST(美国国家标准与技术研究所)、SANS(System Administration,Networking,and Security Institute)和互联网安全中心(Center for Internet Security)等。

实施虚拟键盘 在服务器和工作站上的某些高风险情况下,组织可能会特别关注各种按键记录器的威胁和影响。使用虚拟键盘可以降低这种风险。虚拟键盘(Virtual Keyboard)是模拟键盘的软件程序,用户通过点击屏幕上的字符而不是硬件来操作键盘。

8. 保护虚拟化环境

很多组织采用虚拟化技术更有效地使用硬件资源。虚拟化(Virtualization)允许两个或两个以上的操作系统同时运行在一个硬件系统上,每个操作系统都有自己的资源份额,并且每个操作系统就像在自己的物理服务器上运行一样。从架构上讲,虚拟化在系统硬件和操作系统之间插入了另一层软件,管理正在运行的操作系统的多个副本。容器化(Containerization)允许两个或多个工具或应用程序在操作系统中各自独立的容器(Container)中同时运行。与所有其他类型的系统一样,虚拟化和容器环境必须加固,以降低攻击的可能性和影响。加固虚拟化环境的原则包括如下内容:

- 限制和监测对硬件资源的物理访问。
- 限制并定期审查管理访问。
- 删除不必要的功能和服务。
- 维护软件当前版本。
- 启用日志记录,并审查活动日志。
- 监测关键系统的可用性和性能。
- 连接生成警告和集中警告环境。
- 备份所有虚拟机和容器,包括原始文件。
- 仅使用加密的远程管理,如安全外壳协议(SSH)和多因素验证。
- 限制或排除文件共享。
- 安装反恶意软件。
- 给客户机操作系统和虚拟机终端管理系统定期安装补丁。
- 实施文件完整性监测,并连接到集中警告环境。
- 实施时间同步。
- 断开或移除未使用的设备和外围设备。

读者应当十分熟悉这些原则。这些原则与用来加固计算机操作系统的原则相似。然而，虚拟化和容器环境实际上是一种特殊的操作系统,只不过在其中运行的应用程序是操作系统。第 5 章详细讨论了虚拟化技术。

6.2.8 管理用户访问

管理最终用户的登录凭据(以及自动化流程)需要使用高度一致性的、组织化的原则管理用户账户。由于登录凭据通常是入侵方和敏感(或有价值)信息之间的唯一屏障,因此,糟糕的安全访问管理可能给组织带来毁灭性后果。随着业务应用程序大规模向云端迁移,访问管理成为新的边界。

与用户访问相关的流程有用户访问开通、用户离职和员工转岗,下面将一一详述。

1. 用户访问开通

用户访问开通是为新员工或其他信息系统的使用方建立访问账户的流程。该活动应使用正式的书面访问请求和审批流程,流程指定谁有权申请用户账户、谁有权批准访问请求、如何记录活动以及记录哪些活动。

用户申请访问特权应该需要额外的审批,原因在于管理和特权账户具有更高的风险(破坏的潜能与权限级别成正比)。

当新员工入职,或一个或一组成员需要额外访问应用程序或访问新的应用程序时,会进行用户访问开通。组织审查每个账户的流程应涉及以下事项:

- 该人员是否仍被雇用且情况良好？
- 该人员所申请的权限是否与其职责相关？
- 业务所有方是否审批了申请？

组织在这个流程需要非常小心。对于组织来说,出错的风险可能很大；最糟糕的情况是未经授权的内部人员或外部人员可以访问高度敏感或有价值的信息。用户访问管理中的错误的实际影响可能与黑客事故一样严重。在黑客事件中,攻击方能够访问系统,窃取或更改敏感信息。

2. 员工离职

当员工的雇佣关系或合同结束时,所有的逻辑和物理访问权限都必须迅速删除。许多情况下,组织 24 小时内删除权限就足够了,但有些情况下需要立即删除。例如,组织解雇员工,应立即安排中止员工的访问权限,这样员工就不会有*任何*机会给予雇主情绪性报复。此外,如果员工有权访问高价值信息,组织应立即取消访问权限,以防信息滥用。

美国人事管理办公室(OPM)事故

2015 年,美国人事管理办公室(Office of Personnel Management, OPM)遭遇重大安全漏洞,1800 万~2100 万名美国政府在职员工和前员工的私人信息(包括背景调查的细节,以及500 多万套指纹)失窃。发生这种情况的原因是设计用于检测和防止入侵和数据外泄的控制措施失效或完全缺失。

> OPM 只是过去几年在公共和私人组织中发生的一系列违规事故中的一个(其他更近的违规行为,如 Equifax、万豪酒店事件的规模和影响与之相当)。这起泄密事件尤其令人震惊的是所泄露的个人身份信息(Personally Identifiable Information,PII)的广度和深度。
>
> 对于那些保护敏感或有价值信息的组织,OPM 事件应该是一个重要的教训:对审查新的访问请求的流程不能掉以轻心,错误的后果可能是毁灭性的。

锁定一个用户账户时,组织应该采取措施避免其他员工使用该账户。例如,管理员将要锁定账户的密码更改为 LOCKED(或不那么明显的密码),其他知道此方法的员工可以登录到被解雇员工的账户,实施的犯罪行为可能归咎于被解雇员工(实际上,被解雇员工也可以这么做)。与之相反,组织应该使用足够复杂或有效的方法锁定用户账户,以防任何人出于任何目的使用。在某些环境中,组织能够以管理方式锁定用户账户;在其他环境中,则必须通过更改密码有效地锁定,以防他人登录。

与用户访问开通一样,组织必须记录与终止用户相关的详情。记录包括的信息有谁发起终止通知流程,以及使用管理员账户的管理员姓名以及终止用户访问的日期和时间。

此外组织可能需要的额外保障措施包括:

- **通知员工/其他方员工解雇信息** 为防止刚离职的员工对同事和其他方从事社交工程,一旦员工离职,组织应立即通知所有相关方。
- **审查离职员工离职前的行为** 雇主应假定离职的雇员可能对被解雇有某种怀疑。该员工可能窃取了敏感或有价值的信息,或破坏了系统、设备或应用程序源代码。组织应彻底审查离职雇员工在解雇前几天、几周或更长时间内的活动,检查离职员工是否从事了任何不当的活动。
- **检查离职员工离职后的行为** 组织应检查访问日志确保离职员工在离职后没有与之前的账户关联。此类活动可能表明离职员工仍有获取信息的可能,或者其他员工试图执行可能归咎与他人的未经授权的活动。即使在被解雇员工的账户被锁定的情况下,组织也应该这样做。什么事都可能发生。
- **定期审查访问权限组** 应该在所有应用程序和系统环境中定期审查访问权限,确保所有有访问权限的用户仍然需要访问。审查应检查并确保所有离职员工账户都已正确、及时地终止。

 警告:
终止员工访问应使用深度防御方法。例如,在进入建筑物的情况下,雇主应没收雇员的门禁卡,并在逻辑上禁止以防使用。

3. 员工转岗

在许多组织中,员工会从一个职位调到另一个职位。这些转岗可能会定期发生,也可能不会发生,取决于组织的规模和类型以及人员流动性。

从历史看，组织在新员工用户访问开通和为员工提供所需的新访问权限方面很有经验。在处理员工离职时，组织也相当有效。然而，转岗要复杂得多，因为在理想情况下，员工的旧访问权限应该在提供新访问权限的同时取消。然而，这种情况通常不会发生，原因有很多。首先，员工从一份工作调到另一份工作时，往往在原来的岗位上还负有责任，立即取消权限具有破坏性。除非用户访问管理部门具有有效的流程并保存记录，否则很可能会在以后忘记撤销那些旧的访问权限。

组织没有管理与员工转岗相关的访问权限更改，结果是越来越多的员工拥有越来越多的访问权限。这一现象称为特权累积或者特权蔓延。

4．口令管理

口令管理是用户账户管理功能的职责之一。用户账户管理包括几项活动，以某种方式管理或处理口令。这些活动描述如下。

新用户账户开通　当组织向用户发放新的笔记本电脑或网络账户时，需要确定向用户传输口令的方法。口令不应该通过电子邮件发送，因为任何窃听(或稍后阅读邮件)的人都可以拦截并在以后重复使用这些口令。

账户锁定　如果用户多次尝试登录某个账户，该账户可能会自动锁定。账户会持续锁定，直到以下事情发生：

- 用户拨打服务台电话确认身份并重置密码
- 在设定的时间(通常是 15~60 分钟)后解锁

口令遗忘　当用户忘记密码时，需要以某种方式重置，这样才能继续使用访问账户。有几种方法可用于重置口令：

- **通过秘密问题自助恢复**　用户自行进入"忘记口令"界面，看到注册时自行选择的秘密问题。用户成功回答问题后，会看到新的页面并提示重置口令。
- **通过发送的口令或 URL 自助恢复**　用户进入"忘记口令"页面，在那里系统将一个新的口令或一次性的 URL 发送到用户的电子邮件。如果通过电子邮件发送的是口令，应用程序应该要求用户在首次登录时选择新口令。如果通过电子邮件发送的是 URL，则 URL 将把用户带到一个要求用户选择新口令的页面。如果用户忘记了电子邮件口令，此方法将不起作用。
- **辅助口令重置**　用户呼叫服务台，服务台使用可靠的方式识别用户，通常是通过询问其他员工或人员不知道的信息确认。用户身份验证成功后，服务台会提供一个新口令，并通过电话告知用户。

系统和应用程序通常包含多个与口令的选择和使用相关的自动口令控制措施。目前自动口令控制措施的实践包括：

- **账户锁定**　用户账户在多次登录尝试失败后自动锁定。这一措施用于防止针对用户账户的自动口令攻击。锁定阈值通常为 4~10 次不成功尝试。如果用户成功登录或经过了特定时间段，该计数器通常会重置。

- **口令长度** 组织要求用户账户口令至少包含 7 或 8 个字符,但在高度敏感的环境中有时会使用更长的口令。许多组织已经从使用单词的 Password 过渡到使用 Passphrase,用户选择口令时考虑采取一组单词,而不是一个单词。组织鼓励用户选择更长、入侵方更难猜到的口令。
- **口令复杂度** 口令通常要求包含多种类型的字符,包括大小写字母、数字和特殊字符。许多系统要求口令包括三种甚至全部四种字符。
- **口令过期** 系统通常要求用户定期更换口令,频率通常为 30 天一次或至少一年一次。
- **口令重用** 系统要求用户选择的新口令不能与前一个口令相同,甚至不能与前 N 个口令相同,从而可以防止用户切换回相同的熟悉口令。
- **口令重新更改** 为了防止用户快速返回熟悉的旧口令,系统可以要求用户在重新更改口令前至少等待一段时间(如 7 天)。例如,系统禁止使用最近的 10 个口令,并且两次修改口令间隔应该至少 7 天,那么想继续使用熟悉的旧口令需要 70 天。这些设置会阻止用户重新使用熟悉的口令这一做法。

注意:
选择口令控制措施应基于其他控件措施的设置、系统的限制、服务台流程和受保护信息的价值或敏感性。

口令:过期或不过期

用户都已经习惯了口令定期过期,通常是每 90 天或 30 天一次。在入侵者获得用户登录凭据的情况下,口令过期是一种好的做法和防御措施。

2019 年,专家们开始了一场新的对话,认为口令过期不是降低风险,实际上可能会增加风险。更多的人开始倾听,但 PCI-DSS 或 NIST 还没有制定官方标准。我认为,在网络安全部门正式改变主意之前,对话还需要花费更多时间。

反对口令过期的理由是:要求频繁更改口令的人将选择较弱的口令,并使用可预测的方法创建新口令(例如,Summer$2019、Fall$2019、Winter$2019 和 Spring$2020 等)。这些口令通过了标准的复杂度要求,但很容易猜到。

5. 管理令牌、证书和生物特性

包括令牌、证书和生物识别在内的多因素身份验证控制措施需要相应的支持和管理流程,这些流程将为用户提供所需的知识和设备,以及在遇到困难时予以帮助。支持流程需要额外步骤,包括:

开通(Provisioning) 在使用多因素身份验证时,开通用户账户需要更多努力。虽然包含 ID 和口令的用户账户通常可以远程提供,但多因素身份验证有时需要亲临现场。例如,组织需要向用户提供硬件令牌(尽管可以将一个硬件令牌发给用户),需要在用户的计算机上安装数字证书(尽管可以通过远程网络连接实现),或者需要用户登记生物特征;用户不在现场可能就不可行。

培训 关于多因素身份验证的使用培训将教会用户如何正确使用。如果没有充分有效的培训，用户将更频繁地呼叫服务台，提高了支持成本(实施多因素身份验证的成本是普通用户 ID 和口令身份验证的数倍)。

在使用硬件令牌(或 USB 令牌或智能卡)的情况下，用户需要接受培训，将携带硬件设备与使用的计算机分开。用户需要明白，如果计算机和硬件认证设备放在一起并遭到盗窃，入侵方可能更容易侵入组织的系统。

身份验证的麻烦 多因素身份验证更复杂，可能会让一些最终用户陷入困境。虽然数字证书相对容易(除了忘记密码)，但令牌和生物识别技术也存在支持问题。生物特征识别配置的容错度太低可能将合法用户锁在门外(如果配置的容错度太高，可能允许外来方进入)，可能需要用户重新登记或检查系统。

组织不能认为令牌和智能卡认证方法使用的微型电子设备绝对没有问题。虽然这些设备高度可靠，但在一些地方可能会出现故障，需要更换。

当用户无法使用多因素身份验证方法登录时，IT 服务台需要制定解决办法。例如，在许多情况下，组织让用户等待直到可以重新登记生物特征将是不可接受的。

更换设备 就像钥匙卡和其他小物件一样，遗失令牌和智能卡在大型组织中司空见惯。用户会丢失、损坏(洒上咖啡等)令牌和智能卡，或者把令牌和智能卡忘在酒店房间或其他西装夹克里(出门时留在家里的那件)。

对于用户等待更换设备的情况，IT 服务台需要制定紧急身份验证程序。许多情况下，组织让用户等待更换(即使连夜发运)也是不可接受的。相反，信息系统可能需要允许个别用户在遇到紧急情况时使用用户 ID 和口令身份验证。

6.2.9 保护移动设备

2005 年，笔记本电脑销量第一次超过台式电脑。这一发展帮助 IT 安全专家认识到，大多数新的最终用户计算机将不再像以前那样容易保护。笔记本电脑越来越多，包含了敏感数据，远离组织大楼和防火墙的保护，越来越难以在夜间自动更新。

组织努力调整对个人电脑的管理和支持，以及管理笔记本电脑使用的策略。组织已实施的标准保护措施包括：能通过慢速分散通信链路与笔记本电脑通信的终端管理软件，内置防火墙和防病毒程序，全磁盘加密，电缆锁，要求员工始终将笔记本电脑安全锁起来或随身保管，以及规定笔记本电脑仅供业务使用和仅供员工使用。

自从笔记本电脑的销量超过台式电脑以来，保护笔记本电脑的管理能力在过去五年里开始逐渐成熟。随后，更具颠覆性的技术出现了：智能手机、移动设备和平板电脑。

在笔记本电脑的销量超过台式电脑后的五年，智能手机和平板电脑的销量超过了笔记本电脑和台式电脑的总和，而且这种趋势还在继续。智能手机和移动设备与笔记本电脑相比，破坏性大得多。大多数情况下，智能手机和移动设备由消费者而不是组织购买，保护智能手机和平板电脑的企业级管理能力有待成熟。

1. 笔记本电脑控制措施

组织通常会制定一系列广泛的有关笔记本电脑使用的策略和控制措施。最常见的有：
- 全盘加密。
- 防火墙。
- 主机入侵防御系统。
- 基于云的网页内容过滤系统。
- 高级反恶意软件(防病毒软件不够)。
- 限制特权，包括限制更改配置和安装应用程序。
- 限制移动存储设备的使用(限制或禁用移动存储设备或光存储介质)。
- 多因素身份验证，如使用智能卡或生物识别技术。
- 策略要求员工除非在上锁的房间里，否则在任何时候都随身携带笔记本电脑，在酒店房间等场所则要求使用电缆锁。
- 只允许指派的员工使用组织发放的笔记本电脑(不允许给家属或朋友使用)。

2. 智能手机和移动设备控制措施

智能手机、平板电脑和其他移动设备的使用极大地提高了生产率。然而，这些设备的使用意味着组织的敏感信息存储在个人移动设备中，而组织无法控制。员工购买的智能手机和移动设备正用于连接组织的电子邮件和其他系统，组织正在应对由此带来的冲击。组织正努力控制这些设备的使用以保护敏感信息。这一颠覆性现象被称为 BYOD(Bring Your Own Device，自带设备办公)。

组织正在为智能手机和移动设备实施的控制措施包括：
- **身份验证策略**　许多组织要求员工在智能手机和移动设备上设置自动锁定功能，并创建更长或更复杂的密码，从而有助于避免窃取设备的人访问设备。
- **加密**　组织正在制定控制措施，在可能的情况下，加密任何本地存储的数据。
- **远程擦除**　组织正在制定控制措施，能够在任何智能手机或移动设备报告丢失或失窃时远程擦除。某些情况下，可以只擦除设备上的组织数据，但有时唯一的补救方法是擦除整台设备。出于这个原因，员工通常因为担心所有个人内容都可能销毁而不愿报告设备丢失。
- **下载限制**　组织正在制定控制措施，限制用户可以在智能手机或移动设备上下载的应用程序。

组织正在接受有关移动设备的管理、控制和策略问题。员工自己购买设备，通常希望能够访问组织电子邮件和其他功能。控制笔记本电脑相对而言更简单，因为组织通常拥有笔记本电脑，而且可以更容易地控制笔记本电脑是否可以连接到组织网络。

但从积极的一面看，市场上有几种称为移动设备管理(Mobile Device Management，MDM)的组织管理工具，可以更有效地控制移动设备。

注意：
为了降低数据泄露风险，移动设备的安全控制措施不是额外(Additional)的控制措施，而是补偿性(Compensating)控制措施，因为移动设备通常缺乏其他物理和逻辑保护，如加锁的门和防火墙等。

6.3 网络安全控制措施

组织网络，以及支持系统和应用程序的基于网络的服务，为了可靠和安全而需要加以保护和控制。网络承载着几乎所有应用程序和计算服务的信息。网络安全受到威胁可能会严重威胁组织中的所有应用程序、计算服务和信息。

6.3.1 网络安全

用户通过网络访问敏感信息。虽然包含数据的数据库和操作系统具有保护信息的控制措施，但在网络级别需要许多控制措施来保护系统和其他基于网络的资源免受威胁。组织可以使用一些应对措施来预防或检测许多威胁。

1．基于网络的威胁

威胁是造成损害的意图和能力。在网络环境中，威胁可能是中断网络通信或拦截通信以获取敏感信息的能力。

最普遍的基于网络的威胁包括：

- **未经授权的访问**　由于某些基于网络的资源本身不包括身份验证，因此至关重要的是组织在接入点限制网络访问。这意味着用户(和基于系统的资源)允许在网络上通信之前必须经过身份验证。没有这种验证，用户就不能在网络上发送任何消息，也不能接受任何网络流量。
- **欺骗(Spoofing)**　这是一种改变设备或系统配置的行为，试图伪装成不同的、已知的和受信任的系统。这么做有几个原因。主要是为了吸引接入连接，以便窃取身份，日后可以非法使用。例如，入侵方可能会成功伪装成内部 Web 服务器，并提供一个身份验证页面。用户在假冒页面中输入用户 ID 和口令。入侵方可以保存这些凭据，并在以后使用这些凭据访问受保护的资源，窃取或更改敏感或有价值的信息。另一种方法是伪装成已知的合法用户或设备，绕过身份验证并以其他用户或设备的身份访问网络资源。
- **窃听(Eavesdropping)**　这里窃听指有人安装硬件或软件监听其他网络传输，试图拦截任何可用的敏感信息。或者，如果是一次针对性攻击，入侵者将监听特定的信息，捕获以备后用。入侵者可能正在寻找应用程序中的登录凭据、电子邮件消息、传输的文件或服务器之间的通信。

- **恶意软件**　虽然病毒、蠕虫、特洛伊木马等不直接攻击网络，但确实利用网络从一个系统传播到另一个系统。特别是，致命的恶意软件可能会产生如此多的流量，以至于所有合法的网络通信都可能停止。这样，即使只存在少量受感染的系统，恶意软件也会试图找到新的受害者主机，以便发起攻击和传染。
- **拒绝服务攻击**　指攻击者向目标发送大量通信流量，导致目标无法正常工作。攻击可能导致目标系统出现故障或崩溃，或者通过大量的通信流量削弱目标对合法消息的响应能力。
- **访问旁路**　个人可以将未经授权的访问设备(如 Wi-Fi 接入点或拨入调制解调器)连接到网络，从而允许自己(或他人)在绕过安全控制措施的情况下访问网络。
- **DNS 攻击(DNS Attack)**　用于更改常规的内部域查询结果，将新连接定向到攻击者的系统而不是用户和系统要连接的系统。
- **中间人攻击(Man-in-the-middle，MITM)**　此攻击用于接管或中断双方之间正在执行的通信。这里，攻击者截获从一方发送到另一方的通信，并插入新的、经过修改的通信。攻击者必须能够在通信中冒充每一方，使得每一方都相信是在与另一方直接交谈。
- **浏览器中间人(Man-in-the-Browser，MITB)攻击**　指在受害者的浏览器上安装恶意的"浏览器辅助对象"(Browser Helper Object，BHO)的攻击。恶意 BHO 在受害者不知情的情况下改变了浏览器和互联网之间的通信。

没有一种单一的检测性或预防性控制措施能够有效地对付所有这些威胁。相反，组织需要几种控制措施保护网络免受这样那样的威胁。

2. 易受攻击的基于网络的服务

很多常见的基于网络的服务易受操纵，并可用于攻击其他系统，其中一些服务有：
- **恶意网站**　如果保护不当，网站可能会受到攻击，并加载恶意软件。恶意软件安装在网站访问者的计算机上，通常称作"驾驶攻击(Drive-By Attack)"。网站在受害者访问该网站时在其计算机上安装恶意软件。
- **电子邮件**　电子邮件是世界各地攻击者的宠儿。电子邮件可用于传播垃圾邮件、发动网络钓鱼攻击、欺骗攻击和发送恶意软件。
- **DNS**　当受到攻击时，本应将域名(如 www.espn.com)转换为 IP 地址(如 141.204.13.76)的 DNS 服务，可将用户和系统连接到试图窃取登录凭据(或用恶意软件感染用户系统)的冒名顶替系统。
- **即时消息**　即时通信网络可以传播蠕虫，可用于在未受保护的受害者计算机上安装恶意软件、发送垃圾邮件(在即时消息环境中称为 SPIM)和网络钓鱼(在即时消息和文本消息中称为 Smishing)。

- **留言板** 在互联网上搜索问题解决方案的人经常在留言板上找到关于问题的讨论。由于许多留言板是由志愿者运营的，往往缺乏安全控制措施，也不会阻止攻击者在上面安装恶意软件，让受害者在不知情的情况下在电脑上安装恶意软件，或者链接到恶意网站。
- **社交网络** 一些流行的社交网站允许下载"应用程序"供订阅者使用。其中一些社交网站不会检查这些应用程序，确定是不是有害的或恶意的。
- **点对点网络** 这是恶意软件生产者最喜欢的攻击载体。由于恶意软件生产者缺乏具有强大反恶意软件控制措施的集中式服务器，点对点网络是分发恶意软件的好方法。

3. 网络安全对策

组织为了确保网络的完整性和安全性，在保护有价值或敏感信息的过程中，作为防御的一个层级，需要采取多种控制措施。

- **分段(Segmentation)** 此技术用于将组织网络划分为两个或多个受防火墙保护的安全区域。DMZ 是分段的一个好例子。组织扩展分段减少恶意软件的横向传播是明智的举措。
- **微分段(Micro Segmentation)** 是一种特殊的分段技术。这种技术中，单个主机(无论是服务器还是终端)使用网络防火墙或单个主机上的防火墙彼此隔离。
- **用户身份验证控制措施** 可以要求用户在访问任何基于网络的资源之前向网络发起身份验证。即使网络上的服务器和其他资源具有自己独立的验证要求，这种做法也可能是有用的。
- **机器身份验证控制措施** 连接到网络的每个节点本身都应该经过身份验证。这种做法可以防止非组织拥有的资产(例如个人拥有的计算机、未经授权的接入点、嗅探器或供应商演示设备)访问网络，有助于确保只有具有恶意软件控制措施的由组织管理的设备(包括反恶意软件)才能连接到网络，从而降低恶意软件引入环境的可能性。实施机器身份验证的主要技术是 IEEE 802.1X 标准，该标准可以在节点上执行包括补丁级别以及防病毒软件是否正在运行和是否处于最新状态等在内的详细检查。
- **反恶意软件** 许多组织选择使用基于网络的反恶意软件功能作为对基于工作站的反恶意软件的补充。集中式、基于网络的反恶意软件可用于过滤接收的电子邮件中的恶意软件和垃圾邮件，也可以充当网络流量的静默或主动代理，阻止植入网站上的恶意软件。这两种措施都可以极大地提高组织防范恶意软件攻击的能力。
- **加密** 可以加密敏感通信，减少窃听的威胁。根据网络架构和需要保护的特定流量，组织可以使用多种加密方法。例如，可以使用 IPsec 或 SSH 在操作系统级别建立服务器间的隧道。网络之间的隧道可以使用路由器间的 IPsec 建立。这两种情况下，基于网络的应用和服务完全不知道在较低层的 IP 栈发生的加密，不需要修改。

- **交换网络** 共享介质网络(例如使用集线器、中继器和网桥的以太网)的使用吸引了可以拦截部分或全部网络传输的窃听者。通过切换到交换网络，节点只能看到明确发送到该节点或从该节点传出的数据包，以及一些广播流量。这是降低窃听风险的可行办法，因为加密所有通信并不现实。
- **入侵检测系统** 这些系统用于检测网络上的异常活动,在异常发生时向适当的人员发送警报。与反恶意软件一样，IDS 必须不时更新才能保持有效。一些入侵检测系统可以"学习"正常的网络流量行为，并在检测到异常流量时发出警告。入侵检测系统还可以对经过已知恶意网站的流量发出警告。IDS 有两种形式：基于网络的 IDS(Network-based IDS，NIDS)通常采用网络设备的形式，基于主机的 IDS(Host-based IDS，HIDS)由安装在每台主机上的软件代理组成，通常使用单独的管理控制台监测和管理。
- **入侵防御系统** 与入侵检测系统一样，这些系统也会检测网络上的异常情况。但是，IPS 能够拦截恶意流量，还可以阻止内部和外部威胁，无论威胁是试图闯入系统的入侵者，还是能够渗透组织所拥有的设备防御的恶意软件。IPS 的缺点之一是误报可能导致合法流量受阻。
- **网页内容过滤系统** 旨在阻止用户访问各类网站。实施网页内容过滤通常有两个目的。第一，用于限制员工对没有业务价值的网站的访问，从而防止浪费时间。其次，有些网站已植入了恶意软件,因此网页内容过滤有助于减少恶意软件对组织系统的攻击。一些网页内容过滤系统还能够根据内容拦截恶意流量。
- **数据防泄露系统(Data Loss Prevention，DLP)** 旨在检测服务器和终端上潜在敏感信息的存储和/或潜在敏感信息进出组织网络。DLP 系统可配置为生成警告并将信息发送到安全事故管理平台，一些系统甚至能够完全阻止流量传输。这些警告可以基于一般类型的敏感数据(如信用卡号码或社会保险号码),也可以基于组织特定的数据(如内部项目名称)。
- **应用程序白名单** 系统包括在服务器和工作站上安装的代理,用于检查启动的每个可执行文件。如果可执行文件与工具白名单中的条目匹配则允许运行，否则将阻止。
- **网络流量分析** 系统设计成提取所有网络流量的元数据，即每个数据包的源地址、目的地址以及传输协议。网络流量分析系统通常用于排除网络故障(因为可以展示网络上传输的每个数据包)，但又能灵活地用于安全目的。网络流量分析系统可以显示异常的网络流量，如入侵、恶意软件或数据泄露的迹象。

组织应该视这些和其他网络安全对策为关键控制措施，每个措施都应该有完整的流程和文档记录，并且要定期审计。

6.3.2 物联网安全

一些行业的组织发现，连接到网络的非人类交互设备的数量显著增加。这些设备包括医院监测和护理病人的设备、制造工厂 IP 连接的机器、生物医学研究机构的实验室设备，以及公用事业网络中的远程控制和状态监测设备。其他行业的组织也看到物联网设备(如智能冰箱和咖啡机)的适度增长。许多组织在升级视频监视和门禁系统时，正在转向连接到内部组织网络的 IP 连接系统。

许多物联网设备在制造时没有提供更新安全配置的能力，意味着物联网设备在设计上易遭受攻击。例如，对物联网设备的提权攻击可能允许入侵者横向移动到其他环境。但是，由于这些设备通常对持续的业务流程至关重要，因此组织需要其他方法保护，避免遭受易受攻击的物联网设备的影响。组织主要的方法是分段(Segmentation)，在极端情况下甚至是微分段(Micro-Segmentation)，帮助将物联网设备与组织的其他部分以及其他物联网设备隔离开来。组织应监测分段控制点，检测潜在的攻击。

6.3.3 保护客户端/服务器应用程序

尽管客户端/服务器应用程序不再是大多数新应用程序的首选平台，但许多已有的应用程序仍在使用并需要继续使用，甚至需要改进和维护，以应对不断升级的威胁。

客户端/服务器受到与普通服务器和工作站相同的威胁，并具有大部分(或全部)相同的漏洞。特定于客户端/服务器环境的威胁和对策包括：

- **访问控制**　大多数客户端/服务器应用程序都是在拟人客户端系统前景遥不可及的时代研发的。然而，今天设计的客户端/服务器应用肯定会包括客户端软件和服务器软件之间的多因素身份验证(使用 802.1X 的工作站身份验证和对网络的最终用户身份验证除外)。现代客户端/服务器环境可能利用云中的服务器，可能是由服务提供商运营的服务器，意味着客户端系统需要访问互联网。较旧的客户端/服务器环境可能缺少一个或多个此类身份验证组件。虽然更改现有的客户端/服务器组件本身可能是不可行的，但其他补偿性控制措施可能可行，如基于工作站的完整性管理软件、反恶意软件、防火墙和工作站加固。
- **客户端/服务器通讯中的信息劫持**　窃听和拦截客户端与服务器之间的通信可能危及敏感或有价值的信息。此外，中间人(MTM)攻击可能导致截获和更改通信，从而导致敏感信息泄露和欺诈。最有效的流量拦截对策是在服务器和客户端工作站之间加密。这些威胁更有可能发生在基于互联网的应用程序服务器上。
- **网络攻击**　请参见前面的"网络安全对策"一节。
- **变更管理**　在考虑应用程序代码变更时，从事变更的项目团队需要建立全面的测试和实施方案，确保在环境中功能变更是正确的。由于需要将代码变更分发到组织中的所有客户端工作站，这一点变得更复杂。如果其中一些工作站是笔记本计算机，安装客户端软件更新在逻辑上将具有挑战性，因为当 IT 部门打算更新时，并不是所有的笔记本计算机都可用。

- **客户端软件更新中断** 如果客户端无法接收和安装软件更新，则可能无法正常运行。在客户端/服务器架构中，客户端软件必须与服务器软件保持紧密或精确同步，因为应用程序业务逻辑的一部分是基于服务器的，另一部分是基于客户端的。在任何不能安装更新的工作站上，需要变更服务器和所有客户机的应用程序更新可能会失败。对客户端软件分发机制或客户端工作站本身的攻击可能会破坏组织中的整个应用程序。除了系统加固，对策还包括加密、指示客户端更新成功率的报告，以及用于解决客户端更新问题的工具。
- **窃取数据** 如果客户端工作站包含完整的操作系统并可访问外部存储设备，客户端/服务器应用程序的用户将能窃取信息(也是对基于 Web 的应用程序的潜在威胁)。在环境中查看和管理的信息高度敏感或有价值时，可能需要采取额外的对策，如阻止使用外部存储设备(CD/DVD-ROM 和基于 USB 的存储)。

客户端/服务器应用程序和数据保护法律

许多客户端/服务器环境中的另一个严重问题是需要更新环境满足新的安全法规要求。新的和更新的数据保护法律和标准(如 PCI-DSS、GDPR 和 CCPA)要求在较旧的客户端/服务器框架未包括的应用程序环境中采取保护措施。其中一些措施包括加密传输的数据、加密存储的数据、多因素身份验证、访问和交易日志，以及对每个单独用户使用唯一的用户账户。许多客户端/服务器环境根本无法实现较新的应用程序环境中存在的一个或多个这样的控制措施。这并不是说对策不可能。与之相反，每个组织都必须权衡实施和支持每个必需对策的成本，评估每个客户端/服务器环境的长期生存能力。

6.3.4 保护无线网络

无线通信的创新为许多员工带来了生产力的突破，员工不再需要局限在办公室的办公桌前。无线网络技术使员工能够不受工作地点限制连接到组织网络。然而，一些无线通信技术存在严重漏洞，而且大多数都受到严重威胁。

早期的无线局域网(WLAN 或 Wi-Fi)技术根本没有加密流量，使得其他用户(以及 WLAN 覆盖范围内的任何外部用户)都可以使用相对简单的工具拦截、记录甚至劫持无线网络会话，而这些工具并不能阻止他人加入 WLAN 并访问互联网。当时，由于包括登录会话在内的许多内部通信都没有加密，因此从安全位置嗅探无线网络可以得到与直接连接到网络的嗅探器一样丰富的信息，而且降低了将嗅探器带入办公楼的风险。

无线网络对入侵者很有吸引力。入侵者获得了轻松穿透网络的机会，却不必承担闯入物理建筑的风险。

1. **无线网络威胁和脆弱性**

早期的无线网络在设计和实现上存在严重的漏洞，引起了入侵者的注意。入侵者的关注导致了对更多漏洞的研究和发现，进一步导致了为利用这些漏洞而设计的工具的泛滥。这里讨论与无线网络相关的威胁和脆弱性。

窃听(Eavesdropping) 这是无线局域网中最常见的威胁。入侵者使用相当简单的工具就能很容易地监听无线通信，即使通信是通过其他方式加密和保护的也可以。由于无线网络使用射频(Radio Frequency，RF)技术，窃听的威胁永远不会完全消失。

战争驾驶和战争粉笔标记 在战争驾驶和战争粉笔标记中，入侵者在人口稠密的市区游荡，寻找没有保护的 Wi-Fi 接入点。"战争驾驶(War Driving)"一词源于人们驾驶车辆或徒步搜索的做法。

战争粉笔标记(War Chalking)是用粉笔在建筑物上做标记，标明存在 Wi-Fi 接入点，以及关于接入点的基本事实。这种做法在 21 世纪初很普遍，但现在已经不常使用了。图 6-4 展示了使用的标准符号。这种做法认为是源自大萧条时期的一种做法。当时无家可归的人会在建筑上打上记号，标记哪些建筑中的人们是友好的、哪些建筑中的人们是不友好的，或是执法部门所在地。

图 6-4 常见的标示 Wi-Fi 接入点位置的战争粉笔标记

弱加密 最早的无线局域网根本不使用加密。不是因为加密不可用，而是因为需要额外的努力才能实现。由于无线接入点可以配置为"完全开放"(无加密)，因此许多组织都止步于此，从未实施过加密。此外，许多家用的 Wi-Fi 接入点在默认情况下没有启用加密。大多数消费者不知道加密很重要，也没有费心实施加密。

WEP(Wired Equivalent Privacy，有线等效隐私)加密算法是为了保护 Wi-Fi 网络免受窃听研发的。WEP 之所以得名，是因为设计者打算让 WEP 提供与传统有线局域网一样有效的机密性。不幸的是，很快黑客就破解了 WEP。拥有现成工具的入侵者可以在几分钟内完全攻破由 WEP 保护的 Wi-Fi 网络。这些工具可以导出 WEP 加密密钥，使入侵者轻松解密受 WEP 保护的 Wi-Fi 网络上的所有通信。

WPA(Wi-Fi Protected Access，Wi-Fi 保护访问)协议作为一种更强的无线网络加密方法而采用。然而，WPA 也显示出一些遭到破解的迹象。WPA2 仍在一定程度上适用于大多数商业环境。但是，组织处理更敏感数据则应该考虑增加额外的身份验证和 VPN 加密等防御层。2018 年末发布的 WPA3 改进了 WPA2 中发现的弱点。

欺骗 入侵者可以冒充 Wi-Fi 接入点和 Wi-Fi 网络欺骗客户端。入侵者可以相对容易地建立与合法接入点同名或类似的恶意接入点。入侵者可将恶意接入点用作双向转发合法通信流量的网关，同时监测和拦截可能经过的任何敏感信息。入侵者也可以使用恶意接入点从尝试连接到真实接入点的用户处窃取登录凭证。

入侵者也可以伪装成合法的 Wi-Fi 客户端来尝试接入 Wi-Fi 网络。某些 Wi-Fi 网络使用 MAC 地址 ACL,意味着只允许由 MAC 地址标识的已知计算机连接到 Wi-Fi 网络。窃听 Wi-Fi 流量的入侵者可以很容易地察觉,并将自身的计算机的 MAC 地址更改为一台允许连接的计算机的 MAC 地址。

会话劫持 许多 Internet 网站(包括用于社交网络、博客和电子邮件的网站)在用户通信中不强制加密。当用户的会话未加密时,会话 Cookie 将以不加密的方式传输。在公共 Wi-Fi 热点上,用户的会话容易受到会话劫持攻击,同一 Wi-Fi 网络上的入侵者可以截获用户的会话 Cookie 并接管会话。

Firesheep 工具使会话劫持成为讨论和争议的话题。想要捕获和劫持用户会话的入侵者可能还有许多其他类似的工具可用。

2. 无线网络安全对策

可以采取以下保护措施减少因使用无线网络而带来的风险:

- **使用模糊的 SSID** 组织应该修改 SSID 默认值,不应该明显地标识运营组织,否则就是邀请入侵者和好奇的人尝试入侵已知网络。然而,在酒店、餐馆和咖啡店等"公共热点",SSID 往往显而易见,很容易就能识别出该机构。
- **禁用 SSID 广播** 除公共热点外,组织应禁用接入点 SSID 广播。诚然,这是一个较弱的对策,因为立场坚定的入侵者会使用先进的工具,不需要看到网络的 SSID 就知道无线网的存在。无论接入点是否正在广播其 SSID,入侵者使用的工具都可以直接从空中链路嗅探数据包。然而,这项措施确实对那些技能较低的人士起到了温和的威慑作用。
- **降低传输功率** Wi-Fi 射频发射强度应降到仍能可靠使用的最低水平,防止任何远程窃听者轻松检测到网络。
- **使用 MAC 地址访问过滤** 组织通常可以配置 Wi-Fi 接入点,从而只允许 MAC 地址出现在允许地址列表的计算机连接中。
- **使用 WPA2/3 加密** 由于 WEP 和 WPA 已破解,组织应使用 WPA2 或 WPA3 加密。
- **强制要求 VPN** 担心 WPA 协议也被破解的组织可以配置 Wi-Fi 架构,为用户建立通过 VPN 连接才能连接到的局域网。
- **修改默认口令** 在设备第一次投入使用时,组织应修改默认管理员账户和口令。
- **补丁和升级** 在新的 Wi-Fi 接入点投入使用之前,网络管理员应确保接入点包含最新的固件或软件。如果旧版本中发现漏洞,这一点尤其重要。
- **使用个人 Wi-Fi 热点** 经常连接到公共 Wi-Fi 热点的旅行者可能需要更谨慎一些,自己携带并使用连接到蜂窝网络的个人 Wi-Fi 热点。个人 Wi-Fi 热点如图 6-5 所示。
- **使用 VPN 软件** 经常连接到公共 Wi-Fi 热点的旅行者应该考虑使用 VPN 软件封装和加密网络流量。这样,窃听 Wi-Fi 网络的入侵者就无法了解旅行者通信的性质。

图 6-5　个人 Wi-Fi 热点

警告：
与系统加固一样，加固 Wi-Fi 接入点和配套基础设施也非一劳永逸的事情。相反，组织要让系统安全，需要保持警惕，随时了解最新的威胁和漏洞，并根据需要采取行动。

3. 5G 网络安全

截至本书撰稿之时，5G 网络已在一些市场推出。5G 代表着 LTE(Long-Term Evolutio，长期演进)网络的带宽从 100Mb/s 增加到 500Mb/s。5G 的带宽增加本身并不是一个安全问题。相反，新一代物联网设备的激增，以及现有设备中的新功能，才是令人担忧的问题，意味着易受攻击设备的全球攻击面大幅增加。

5G 让 LTE 的一切变得更快，从可以提高工作效率的个人和组织，到给网络罪犯提供更快"逃逸之车"的各种威胁，包括空中安全扫描、基于 LTE 的 DDoS 攻击和通过 5G 的数据泄露等活动，所有这些活动通过 5G 执行都将比通过 4G 等较旧的 LTE 技术执行快得多。

6.3.5　保护互联网通信

几十年来，对需要在不同地点之间或不同组织之间建立数据通信连接的商业组织，标准做法是使用从电信运营商那里租用的专用通信链路。在互联网出现之前，使用专用通信链路是建立远程数据通信唯一可行的方法。

互联网的建立使组织之间的连接成为可能，只需要连接到 Internet 主干网并让路由器完成其余工作即可。大多数组织对这一想法嗤之以鼻，因为互联网以不可靠的性能而闻名，而且缺乏安全性。然而，互联网的性能在世界上许多地方逐渐得到改善，安全标准得到了发展，利用互联网作为组织间和组织内的通信媒介已成为现实。

本部分介绍保护基于互联网的业务通信所面对的威胁、漏洞和对策。

1. 互联网通信威胁和脆弱性

互联网不是一个安全的地方。实际上，所有针对组织有价值和敏感信息的威胁都来自互联网或使用了互联网。互联网是几乎所有类型数据通信的支柱。就像市中心有一口井，所有的公民都从那里取水。这口井既是生命之源，也是疾病之源。

以下各节讨论与互联网相关的威胁和脆弱性。

窃听 任何通过互联网从一个地方发送到另一个地方的数据都可以遭到拦截。虽然实际中拦截并不频繁，但确有可能，而且拦截确实不时发生。这与邮寄明信片类似。大多数情况下，明信片在运输过程中不会为人所读，然而明信片的机密性不能得到保证。

网络分析 与窃听类似，有权访问组织数据通信的人士可以执行网络分析。网络分析活动将是一些更大努力的开始阶段。随着时间的推移，一个能够接触到机构网络流量的窃听者能够通过观察往来的数据了解该机构的内部网络。即使通信量中的所有敏感数据都已加密，情况也是如此，因为协议报头(包含有用信息，如主机名、IP 地址等)通常无法加密。

定向攻击 以特定组织的系统为目标的攻击者可能使用互联网将攻击传输到目标。聪明的攻击者会通过一系列沦陷的系统接力攻击，隐藏攻击者的真实位置，让执法部门很难了解攻击者的真实身份和位置。

恶意软件 互联网是几乎所有恶意软件传播的渠道。无论是通过垃圾邮件传播、隐藏在可下载的软件程序中还是嵌入网站中，恶意软件的设计者都知道，互联网是快速而廉价的传播方式。僵尸网络使用互联网协议控制僵尸大军，传播垃圾邮件或攻击目标系统。

伪装(Masquerading) 攻击者可以伪造成貌似源自别处的消息。TCP/IP 本身并不强制任何数据包中的 From IP 地址字段中的值，使得攻击者可以轻易向目标系统发送貌似来自任何地方的消息。

SMTP(简单邮件传输协议，最初在 RFC-822 中定义)未强制在任何电子邮件中添加"发件人"地址，这一事实导致了垃圾邮件和网络钓鱼问题。许多其他协议在设计上也有类似的弱点。

拒绝服务 拒绝服务(Denial of Service，DoS)攻击是对目标系统的攻击，目的是使目标系统停止工作。实施 DoS 攻击的主要方式有两种。首先，实施 DoS 攻击可以通过向目标系统发送大量消息淹没其输入缓冲区并耗尽其可用资源。第二种方法是发送专门构建的消息，该消息会导致目标系统上运行的服务或应用程序出现故障或停止运行。这两种类型的攻击都能实现攻击者的目标，即使目标系统不可正常使用。

DoS 攻击的另一种形式是分布式拒绝服务(DDoS)攻击，一种同时来自大量系统的泛洪攻击。

欺诈(Fraud) 在互联网上有许多类型的针对系统和人员的欺诈。在欺诈攻击中，攻击者伪装成商人、银行或政府实体，并试图欺骗目标执行某一动作，如转账或提供私人信息。

注意:
本节未涉及的一个主题是攻击系统背后的各种原因和动机。本章前面详细介绍过这个主题。

在网上伪装

TCP/IP 协议是互联网的基础，是由设计人员在上一代开发的。当时设计人员认为 TCP/IP 总是在可控、可信和封闭的网络上运行。当今互联网上仍在使用的大多数协议和服务的基本设计都假定他方是可信的。出于这个原因，TCP/IP 的设计者没有包括防止一个系统伪装成另一个系统的控制措施。正是这种设计原则使得互联网上大量的垃圾邮件、网络钓鱼、恶意软件和其他恶意行为滋生。

2. 互联网通信安全对策

组织需要采取各种各样的对策保护组织免受各种威胁。如果从头到尾通读本章，则本节描述的对策看起来很熟悉。用于保护基于互联网的威胁的对策与在其他情况下保护类似威胁的对策没有太大不同。当任何网络、系统或应用程序向互联网开放时，本书其他地方讨论的与网络和计算机相关的安全对策通常也适用。

对于任何系统或应用程序，互联网都是最糟糕的安全场景，因为互联网将这些应用程序暴露在最大的威胁之下。

防火墙 防火墙是控制网络间消息流的设备。防火墙位于互联网和组织内部网络之间的边界，通过执行安全策略禁止所有入站和出站流量，只允许少数几种特定类型的流量进入选定的几个系统。例如，防火墙将:

- 只允许将传入的电子邮件发送到组织的电子邮件服务器。
- 只允许将传入的 HTTPS 请求发送到组织面向互联网的 Web 服务器。
- 只允许将传入的文件传输请求发送到组织的文件传输网关。
- 允许出站的电子邮件仅来自组织的电子邮件服务器。

该列表的最后一项指出，防火墙不仅控制着*进入*组织网络的内容，还控制着离开组织网络的内容。仅从电子邮件服务器发送出站邮件可防止恶意软件通过"命令和控制流量"通信或泄露失窃信息，从而减缓某些类型恶意软件的传播和影响。

防火墙的两种主要类型是:

- **屏蔽路由器** 这些简单的防火墙检查每个数据包，并与访问控制列表(Access Control List，ACL)比较，根据其源和目的 IP 地址和端口确定是否应允许流量通过防火墙。
- **状态检查防火墙** 这种类型的防火墙记录传入的数据包，并跟踪内外部主机之间的 TCP/IP 会话。在 TCP 中，传入的数据包由传出的数据包应答。状态检测防火墙检查传出的数据包，并根据是否相信传出的数据包是活跃会话的一部分做出通过/不通过的决定。状态检测防火墙更复杂，能够更有效地保护组织的网络。

防火墙可作为硬件设备，也可作为在虚拟化和基于云的环境中使用的虚拟机。

警告:
组织应该定期检查防火墙规则集,确保每个规则都经过正式批准和并证明是合理的。

应用程序防火墙 应用程序防火墙是保护基于 Web 的应用程序免受应用层攻击的设备。应用程序防火墙识别和阻止的攻击类型包括:

- SQL 注入
- 脚本注入
- 跨站脚本
- 缓冲区溢出
- 参数和会话篡改
- 拒绝服务

研发应用程序防火墙是因为传统的网络防火墙只检查源和目的 IP 地址以及源和目的端口号。网络防火墙不会检查传入数据包的内容,但如果数据包是对应用程序服务器攻击的一部分,则可能是有害的。

应用程序防火墙可以作为独立设备(称为基于网络的应用程序防火墙)使用,也可以是安装在应用程序服务器中的软件应用程序(称为基于主机的应用程序防火墙),还可在云环境中作为虚拟机使用。

应用程序防火墙不能替代网络防火墙。应用程序防火墙旨在阻止应用层攻击,但不一定充当通用防火墙。

非军事区(DMZ) 向互联网用户提供一个或多个系统服务的组织可以部署 DMZ 网络架构。DMZ 是一个单独的网络,面向互联网的系统通过一个或多个防火墙连接并隔离。防火墙中的规则允许来自互联网的特定服务到达非军事区服务器,但不允许从互联网访问内部网络。

典型的 DMZ 架构如图 6-6 所示。拥有大量面向互联网的服务器的组织可能使用更复杂的架构和 DMZ 网络层。

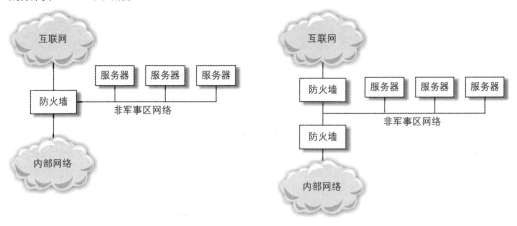

图 6-6 典型的隔离网络

入侵检测系统和入侵防御系统　入侵检测系统旨在侦听网络流量，并在发现任何与攻击特征码数据库匹配的消息以及与已知恶意 IP 网络和域名匹配的消息时发出警告。入侵防御系统是一种预防性控制措施，侦听网络流量，并阻止与攻击签名数据库、已知恶意 IP 网络和域名匹配的消息。本章早些时候在"网络安全"一节中详细讨论了 IDS 和 IPS。

蜜罐和蜜网　蜜罐(Honeypot)是一个陷阱程序，是针对入侵者特意设计的伪造的系统漏洞，旨在检测对信息系统资源未经授权的使用。蜜罐看上去是一个未受保护和监测的系统，包含有价值的信息。当攻击者攻击并接管蜜罐时，提供的信息将帮助组织了解到如何保护实际生产环境。

蜜罐帮助组织更好地了解下列重要事实：
- 哪些攻击者会对组织的信息有足够兴趣并可以发起攻击
- 哪些可用的目标会吸引攻击者
- 攻击者使用了哪些工具和技术

组织中的安全团队可以分析这些信息，并用于改进对实际包含了敏感或有价值信息的系统的防御。

警告：
建立蜜罐的组织需要确保蜜罐不会用作成功攻击真实生产系统或对其他组织系统发起攻击的跳板。

蜜网(Honeynet)如这个术语所表达的：一个由充当蜜罐的计算机组成的网络，模拟由几台计算机组成的复杂生产环境。

蜜罐和蜜网有两种主要类型：
- **高交互**　这些系统部分或全部未打补丁，从而吸引了攻击者。
- **低交互**　这些服务器设计为类似于网络中的其他生产服务器。这些通常没有人使用的系统一旦有人访问，入侵检测系统就会触发告警，发出入侵者可能正在检查的信号。

变更管理和配置管理　保护敏感和有价值的信息，特别是暴露在互联网上的信息，取决于整个环境的完整性。环境的完整性只能在一定程度上得到保证，意味着对环境所做的所有大小变更都必须通过正式的变更管理和配置管理流程管理。

这些流程在第 5 章中已详细描述。

漏洞管理　组织环境的安全取决于所有访问互联网且可以从互联网访问的设备的安全。有效的漏洞管理流程对于确保所有设备和系统运行最新软件、没有可利用的漏洞以及根据加固标准配置至关重要。

这些流程在第 5 章中已详细描述。

事故管理　事故管理包括主动和响应两部分流程，有助于降低发生安全事故的可能性和影响。事故管理的主动方面有助于从根本上防止事故的发生，而响应方面则帮助快速遏制事故并做出变更，降低未来发生事故的可能性和影响。

本章开头的"信息安全管理"一节详细讨论了事故管理。

事故也可能是由人为或自然灾害造成的。事故响应的这一方面可以通过灾难恢复方案和业务持续性方案(在第 5 章中讨论)解决。

威胁管理 威胁管理是获取相关的、可操作的威胁信息的过程,是一种攻击检测和预防措施,用于预测和防御当前和未来的攻击。

本章前面详细描述了威胁管理。

安全意识宣贯培训 安全意识宣贯培训帮助组织中的人员更熟悉自己的任务和职责将如何帮助保护组织的资产。熟悉安全概念和职责有助于每位员工做出更好的决策,从而帮助降低风险。

本章开头的"信息安全管理"一节详细讨论了这部分内容。

6.3.6 加密

加密是将信息隐藏在显眼的地方的行为。加密的工作原理是使用只有发送方和接收方知道的方法扰乱消息中的字符,使消息对拦截消息的任何一方毫无用处。

加密在保护敏感和有价值的信息方面起着至关重要的作用。某些情况下,阻止第三方逻辑访问数据是不现实或不可行的,如在通过公共网络传输数据时。

此技术还可用于验证从一方发送到另一方的信息,意味着接收方可以验证特定的一方确实发出了消息,并且消息是可信的。接收者因而知道消息是真实的,并且消息在传输过程中没有被任何第三方伪造或篡改。最佳的加密实践要求系统设计人员使用众所周知的、健壮的加密算法。因此,当第三方截获加密数据时,第三方可以知道正在使用哪种算法,但仍然无法读取数据。第三方不知道的是用于加密和解密数据的密钥(Key)。本节将进一步解释这一功能的工作原理。

注意:
加密可以被认为是另一层访问保护。就像用户 ID 和口令控制数据访问权限仅限于拥有登录凭据的人,加密将访问明文数据的权限限制为拥有加密密钥的人。

1. 密码学中使用的术语和概念

密码学中使用的一些术语和概念只在该领域内使用。安全专家和信息系统审计师必须熟悉这些术语,才能有效地理解、管理和审计使用加密技术的 IT 系统。密码学中使用的术语包括:

- **明文** 任何有权访问的人都可以读取的原始消息、文件或数据流。
- **密文** 加密算法转换后无法读取的信息、文件或数据流。
- **加密** 明文转换成密文的过程。如图 6-7 所示。

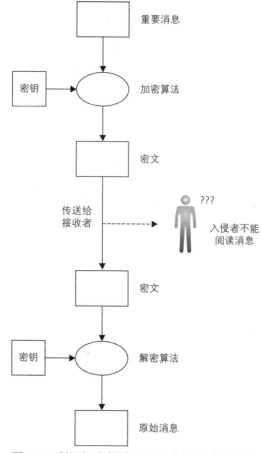

图 6-7 利用加密算法和加密密钥加密和解密

- **哈希函数** 对数据块执行加密操作,返回固定长度的字符串,用于验证消息的完整性。
- **信息摘要** 加密哈希函数的输出。
- **数字签名** 用发送方的私人加密密钥加密消息哈希的结果,用于证明消息的真实性和完整性,如图 6-8 所示。
- **算法** 用于执行加密、解密、消息摘要和数字签名的特定数学公式。
- **解密** 将密文转换成明文以便接收者可以阅读的过程。
- **密码分析** 对密码系统的攻击,攻击者试图确定用于加密消息的加密密钥。
- **加密密钥** 与加密算法结合使用的一组字符,用于加密或解密数据流或数据块。加密密钥也用于创建和验证数字签名。

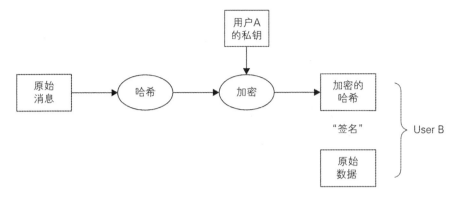

用户A对消息签名

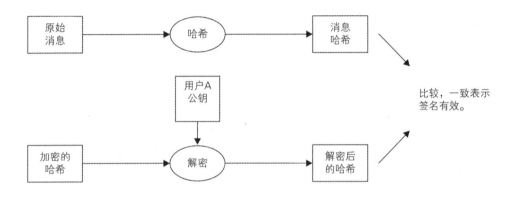

用户B确认消息

图 6-8 数字签名常用于验证数据的完整性

- **密钥加密密钥** 用于加密另一个加密密钥的加密密钥。
- **密钥长度** 一个加密密钥的大小(以比特为单位)。较长的加密密钥可能需要付出相当大的努力才能成功攻击密码系统。
- **块加密** 对数据块执行操作的加密算法。
- **流加密** 一种对连续数据流(如视频或音频)执行加密的算法。
- **初始向量** 某些加密算法开始加密过程所需的随机数。
- **对称加密** 一种加密和解密的方法,其中双方都必须拥有一个共同的加密密钥。
- **非对称加密或公钥加密** 一种加密、解密和数字签名的方法,使用由一个公钥(Public Key)和一个私钥(Private Key)组成的一对加密密钥。
- **密钥交换** 在双方完全没有安全通道时交换对称加密密钥的技术。
- **不可否认性** 采用数字签名或者加密技术后,发送方除非承认对加密密钥失去控制,否则对已发送的带有数字签名的信息无法否认。

2. 私钥密码系统

私钥密码系统基于对称密码算法。私钥密码系统的基本特征是双方都需要用于加密和解密消息的公共加密密钥。

私钥密码学面临的两个主要挑战是：

- **密钥交换** 在传输任何加密消息之前，双方需要一种用于交换加密密钥的"带外"方法。密钥交换必须在安全通道上执行。如果加密密钥是在主通信通道上传输的，任何截获加密密钥的人只要知道所用的加密算法就能读取截获的消息。例如，双方想通过加密的电子邮件交流，需要首先确认电话和传真传输没有人截获，再通过电话或传真交换加密密钥。
- **可伸缩性** 私钥密码系统要求每对发送方-接收方交换加密密钥。4 人一组需要交换 6 个加密密钥，10 人一组则需要交换 45 个密钥。一个有 1000 人的大型社区则需要交换成千上万的密钥。

业界使用的一些著名的私钥算法包括 AES(Rijndael)、Blowfish、DES、3DES、RC4、Serpent、Skipjack 和 Twofish。

3. 安全密钥交换

安全密钥交换是指双方使用某种方法安全地建立对称加密密钥，而不必通过通道实际传输密钥。双方之前互不认识，在没有可用的带外通道情况下建立加密通信时，需要执行安全密钥交换。

如果第三方截获了双方的整个对话，则双方仍可以使用安全密钥交换，因为用于安全密钥交换的算法利用了双方都知道但不在双方之间传输的信息。

最流行的算法是 Diffie-Hellman 密钥交换协议，另一种有限使用的算法是量子密钥分发(Quantum Key Distribution，QKD)。

4. 公钥密码系统

公钥密码系统基于非对称(Asymmetric)或公钥(Public Key)密码算法。这些算法使用两部分加密密钥，处理方式与对称密钥加密系统对加密密钥的处理不同。

交换初始加密密钥

想一想私钥密码系统。在已建立的密码系统中，两个用户交换消息，并使用加密密钥执行加/解密。在可以开始交换加密消息之前，一个用户必须首先获得另一个用户的密钥副本。用户必须在密码系统建立之前获取密钥副本，所以不能使用密码系统传输。

Diffie-Hellman 等安全密钥交换用于将密钥从一方安全地传输给另一方。一旦双方都有了密钥，就可以开始向对方发送加密消息。

如果没有安全的密钥交换，双方将不得不使用其他安全的带外手段将加密密钥传递给另一个用户。

密钥对　公钥密码学中使用的加密密钥是公钥(Public Key)和私钥(Private Key)。公钥密码系统的每个用户都拥有这两个密钥。公钥和私钥一起称为密钥对(Key Pair)。如本节所述，这两个密钥需要不同的处理方式，一起使用但用途不同。

当用户生成密钥对时，密钥对实际上作为两个单独的文件存在。用户可以自由地公开发布或分发公钥，甚至可以把公钥发布在公共网站上。私钥则不同，用户必须妥善保护，并且永远不能发布或发送给任何其他方。私钥类似于私钥密码系统中的密钥。大多数公钥密码系统利用口令机制进一步保护私钥。没有口令，就不可访问也不能使用私钥。

消息安全性(Message Security)　公钥密码学是保护消息(尤其是电子邮件)安全的理想应用。原因在于用户无需通过安全通道建立和传送对称加密密钥。从未联系过的用户使用公钥加密技术，可以立即向对方发送安全的消息。公钥密码学如图 6-9 所示。

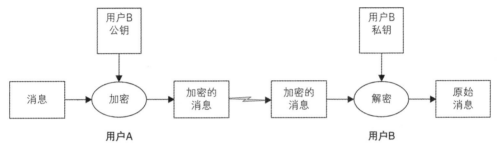

图 6-9　传递机密消息的公钥加密流程

每个用户都可以自由地发布公钥，方便检索。互联网上有一些服务器可用于发布公钥，并提供给世界上的任何人。公钥密码学的设计使得公开披露用户的公钥不会危及相应私钥的机密性，用户的私钥不能从公钥导出。

当用户 A 想向用户 B 发送加密消息时，过程如下：
(1) 用户 B 在一个方便的地点向互联网发布公钥。
(2) 用户 A 检索用户 B 的公钥。
(3) 用户 A 创建一条消息，使用用户 B 的公钥加密，并将加密后的消息发送给用户 B。
(4) 用户 B 用私钥解密，读取消息。

注意，在这个例子中只使用了用户 B 的加密密钥。此方法仅用于保护消息免遭窃听，不用于验证消息的真实性。

公钥加密还可用于验证消息的真实性和完整性，用于验证某个特定方是否确实创建了消息。程序如下：
(1) 用户 A 在一个方便的地方将公钥发布到互联网。
(2) 用户 B 检索用户 A 的公钥，并保存以备以后使用。
(3) 用户 A 创建一条消息并用私钥执行数字签名，然后将签名后的消息发送给用户 B。
(4) 用户 B 使用用户 A 的公钥验证数字签名。如果消息验证正确，用户 B 知道该消息来自用户 A，并且在传输过程中没有更改。

在本例中，只有消息的真实性和完整性得到保证，但消息没有加密。这意味着任何截获的消息都可以读取。

公钥密码学既可用于加密消息，也可用于数字签名，保证消息的机密性和真实性，过程如下：

(1) 用户 A 和用户 B 将公钥发布到合适的地方。
(2) 用户 A 检索用户 B 的公钥，用户 B 检索用户 A 的公钥。
(3) 用户 A 创建一条消息，用自己的私钥签名后再使用用户 B 的公钥加密，将加密后的消息发送给用户 B。
(4) 用户 B 用自己的私钥解密，并使用用户 A 的公钥验证数字签名。

公钥密码学还支持使用多个用户的公钥加密消息，允许用户向几个接收方发送单独加密的消息，分别使用接收方的公钥加密。该方法不损害任何用户私钥的机密性，因为用户的私钥不能从公钥中推导出来。

椭圆曲线密码学

椭圆曲线密码学(Elliptic Curve Cryptography，ECC)在公钥密码学中的应用引起了人们的兴趣。与其他加密算法相比，ECC 需要更少的计算能力和带宽，而且更安全。ECC 的功耗要求低，在移动设备中得到了广泛应用。

验证公钥 欺诈方有可能声称是另一个人，甚至发布声称该人身份的公钥。验证用户的公钥是否真实有四种方法：

- **证书认证机构** 从受信任的、信誉良好的证书颁发机构获得的公钥可认为是真实的。
- **电子邮件地址** 用于电子邮件的公钥包括用户的电子邮件地址。如果电子邮件地址是组织或政府域名(例如 adobe.com 或 seattle.gov)的一部分，与该电子邮件地址成功交换邮件可以有一定程度的可信度。但是，由于电子邮件地址是可以篡改的，所以该方法充其量应该是一种弱方法。
- **目录基础架构** 目录服务基础架构(如 Microsoft Active Directory、LDAP 或商业产品)可用于验证用户的公钥。
- **密钥指纹** 许多公钥密码系统使用一种称为密钥指纹的方法验证密钥身份。如果用户想要验证公钥，则重新检索公钥并计算密钥的指纹。然后，用户联系声称拥有公钥的人，后者根据私钥运行一个函数，返回一串数字。用户对所有方的公钥运行一个函数，也返回一串数字。如果两个数字匹配，则公钥是真实的。

注意：
在发布公钥时，必须认证新公钥的请求方，如通过查看政府发布的 ID 或通过使用公开列出的电话号码联系所有方。

5. 哈希和消息摘要

哈希(Hashing)是对信息块应用加密算法，产生简洁的、固定长度的"摘要"的过程。哈希的目的是为消息或文件提供唯一的"指纹"，即使文件非常大也可以生成。消息摘要可用于验证大文件的完整性，从而确保文件未遭更改。

消息摘要的一些属性非常适合用于验证完整性，包括：
- 对文件所做的任何更改(即使是一个比特或字符)都将导致哈希值的显著更改。
- 在不更改文件哈希值的情况下更改文件在计算上是不可行的。
- 在计算上不可能创建将生成给定哈希值的消息或文件。
- 任何两条消息都不可能具有相同的哈希值。

一种常见的消息摘要用法是在软件下载站点上，提供计算出的可下载程序的哈希值，以便用户验证软件程序未经更改(假设提供的哈希值未遭破坏)。

6. 数字签名

数字签名(Digital Signature)是一种加密操作，发送方使用身份识别"封印"消息或文件。数字签名的目的是验证消息并保证完整性。然而，因为执行的操作不包含加密，数字签名不能保护消息的机密性。

数字签名的工作原理是加密消息的哈希。收件人解密哈希并将其与原始消息比较，以验证消息的完整性和真实性。具体而言，数字签名的工作原理如下：

(1) 发送方将公钥发布到互联网上接收方很容易访问的位置。
(2) 收件人检索发送方的公钥并保存以备以后使用。
(3) 发送方创建一个消息(或文件)并计算消息的消息摘要(哈希)，然后用私钥加密哈希
(4) 发送方将原始文件和加密哈希发送给接收方。
(5) 收件人接收原始文件和加密哈希。接收方计算原始文件的消息摘要(哈希)，并将结果放在一边。然后用发送方的公钥解密哈希。收件人比较原始文件的哈希值和解密后的哈希值。
(6) 如果两个哈希值相同，则接收方知道①拥有的消息与发送方发送的消息相同，②发送方是发送方，③消息没有更改。本章前面图6-6描述了数字签名的使用。

7. 数字信封

对称私钥和非对称公钥密码学的一个尚未讨论的方面是这两种类型的密码系统的计算要求和性能含义。一般来说，公钥密码学需要比私钥密码学更多的计算能力，事实上，大数据集的公钥加密可能是高度计算密集型的，并且在某些情况下不可行。

对此解决方案之一是使用数字信封(Digital Envelope)，利用公钥密码学便利性和私钥密码学的较低开销。这种做法被称为混合密码学(Hybrid Cryptography)。使用数字信封的过程如下所示：

(1) 发送方和接收方同意发送方将向接收方发送一条大消息。
(2) 发送方选择或创建一个称为会话密钥(Session Key)的对称加密密钥，并用接收方的公钥加密会话密钥。

(3) 发送方用会话密钥加密消息。

(4) 发送方将加密的消息(用会话密钥加密)和加密的会话密钥(用接收方的公钥加密)发送给接收方。

(5) 接收方用自己的私钥解密会话密钥。

(6) 收件人用会话密钥解密消息。

现已废弃的 SET(Secure Electronic Transaction，安全电子交易，SSL/TLS 的前身)协议使用数字信封。数字信封比 Diffie-Hellman 密钥交换需要更少的计算开销，在某些情况下可能是首选方法。

8. 公钥基础架构

与公钥密码学相关的问题之一是公钥的安全存储。虽然个人可以自由地在网上发布公钥，但要以安全和受控的方式做到这一点需要一些集中的组织和控制措施。公钥基础架构(Public Key Infrastructure，PKI)就是为实现这一功能和其他功能设计的。

PKI 是用于存储和发布公钥等信息的集中功能。PKI 提供的服务包括：

- **数字证书**　数字凭证由公钥和标识证书所有方的信息块组成。数字证书的标识部分遵循标准的结构化格式，并包括所有方名称、组织名称和其他标识信息(如电子邮件地址)等数据。公钥和标识信息驻留在文档中，文档本身由称为证书认证机构的可信方执行数字签名。

- **认证机构**　CA 是颁发数字证书并在 PKI 中发布的商业实体。CA 担保 PKI 中每个数字证书的身份。CA 通过一定的保障措施，确保每个数字证书都是真实的，并且确实属于合法所有方。

- **注册机构**　RA 在 CA 内部或与 CA 并行，接受对新数字证书的申请。RA 审查申请、仔细检查，并采取步骤验证提出请求的人士的真实性。这种核实可能包括查看政府发放的身份证或护照，或根据需要采取其他步骤，确保申请是真正的人士提出的。当 RA 确认请求方是提出申请的人时，认证机构便会颁发数字证书。

- **证书撤销列表**　某些情况下，认证机构可能需要撤销或注销用户的数字证书。这些情况包括终止聘用(如果某人的证书是专门为与聘用有关的目的颁发的)、用户私钥丢失或泄露。CRL 是在到期日期之前已撤销的数字证书的电子列表。要使数字证书有效，任何数字证书的用户都需要查询 CRL，确保证书仍然有效。

- **认证实施声明**　这份发布的声明描述了认证机构颁发和管理数字证书的实践，有助于确定 CA 颁发的数字证书的相对强度和有效性。

9. 密钥管理

术语"密钥管理(Key Management)"指组织在其生命周期内生成、保护、使用和处置加密密钥的各种流程和程序。本节介绍了几种常见做法。

密钥生成　加密密钥生命周期的起点是密钥生成。乍一看，该流程似乎不需要太多审查，但进一步的研究表明，密钥生成是一个需要保护的关键流程。

负责密钥生成的系统必须受到高度保护。如果密钥是在已破坏或完整性存在问题的系统上生成的，则组织很难确定旁观方是否可以通过电子方式观察到密钥生成。例如，按键记录器或其他进程监测工具在密钥生成时在系统中处于活动状态，可能会观察到密钥生成并捕获密钥的详细信息。这意味着，如果局外人知道用户的身份，就已经破解新生成的密钥了。

许多情况下，用于密钥生成的系统受到高度保护、隔离并由尽可能少的人使用是合理的要求。组织需要定期执行完整性检查，确保系统仍然没有问题。

此外，密钥生成流程需要包含一些随机性(熵)，以便密钥生成流程不会轻易在其他地方复制。如果密钥生成不是随机事件，则可以复制与特定密钥相关的条件，然后重新生成具有完全相同值的密钥，从而立刻损害原始密钥的完整性和唯一性。

密钥保护 公钥密码系统中使用的私钥和对称密码系统中使用的密钥必须连续有力地保护。在任何时候，密钥都必须只允许被授权使用的各方访问。如果私钥的保护措施遭到破坏(或怀疑遭到破坏)，就可能发生密钥泄露，攻击方就能查看使用这些密钥加密的消息。

在商业环境中，密钥通常在硬件安全模块(Hardware Security Module，HSM)中保护，如图 6-10 所示。

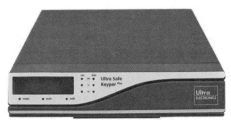

图 6-10　硬件安全模块(图片由 Rstubbs2 提供)

当私钥泄露给任何未经授权的第三方时，就发生密钥泄露(Key Compromise)。当发生密钥泄露时，组织需要使用新的加密密钥重新加密由泄露的密钥加密的所有材料。

　警告：
在许多应用程序中，加密密钥受口令保护。保护加密密钥的口令的长度、复杂性、分布和有效期必须设计得很好，以便密码系统的强度(基于密钥长度和算法)不会因保护密钥的弱口令方案而遭受损害。

密钥加密密钥 使用加密的应用程序必须以某种方式获取加密密钥。许多情况下，入侵方可能能够检查应用程序，试图发现加密密钥，以便解密应用程序的通信。一种常见的补救方法是使用加密保护加密密钥。这种额外的加密需要单独的密钥，称为密钥加密密钥(Key Encrypting Key)。当然，这个密钥也必须驻留在某个地方。通常，底层操作系统的功能可用于保护加密密钥和密钥加密密钥。

密钥保管 密钥保管指与密钥管理有关的策略、流程和程序。密钥保管与密钥保护密切相关，但重点在于谁管理密钥以及把密钥保存在哪里。

密钥轮换 密钥轮换是发布新的加密密钥并重新加密数据的流程。当发生以下任一情况时，组织可能需要执行密钥轮换：

- **密钥泄露** 密钥泄露时，必须立刻生成和使用新的密钥。
- **密钥过期** 某些情况下，加密密钥会按方案轮换。
- **人员轮换** 在很多组织中，如果与创建或管理加密密钥有关的人员调到另一个职位或离开本组织，密钥必须轮换。

密钥废弃 密钥废弃指停用加密密钥的流程。在销毁用特定加密密钥加密的数据集后，可以进行密钥废弃处理，销毁加密密钥可以与销毁加密数据本身一样有效(并且容易得多)。

然而，密钥处理可能会带来一些挑战。例如，加密密钥备份到磁带上，则处理密钥需要同时销毁备份磁带。因此，只有在确定加密密钥不再需要之后才予以销毁，这一点至关重要。

注意：
一种新的数据处理方法是销毁加密密钥。

10. 加密应用程序

一些应用程序使用加密算法，其中很多算法众所周知，一直都在使用。

安全套接字层/传输层安全协议(SSL/TLS) SSL 和 TLS 是使用 HTTPS 请求加密网页的加密协议，由 Netscape Communications 推出并在其浏览器中使用，SSL 及其后继方 TLS 已成为网页加密的事实标准。

SSL 和 TLS 提供多种加密功能，包括公钥加密、私钥加密和哈希函数，用于服务器和客户端身份验证(尽管实际上很少使用客户端身份验证)和会话加密。SSL 和 TLS 支持多种加密算法，包括 AES、RC4、IDEA、DES 和 3DES，支持的密钥长度从 40 位到 256 位不等。

在所有版本的 SSL 以及第一个版本的 TLS 中都发现了漏洞。因此，组织不应使用任何版本的 SSL 和 TLS 1.0。

注意：
现在，SSL 的所有版本和早期版本的 TLS 都不推荐使用，不应该再使用。

安全超文本传输协议(SHTTP) 不要与 HTTPS 混淆，S-HTTP 还提供 Web 服务器和 Web 浏览器之间的网页加密。因为 Netscape 和 Microsoft 都喜欢 HTTPS，所以 S-HTTP 从来没有流行起来，也没有得到广泛支持。

HTTPS 和 S-HTTP 的主要区别在于 HTTPS 保护整个通道(不管通过 HTTPS 传输的数据是什么)，而 S-HTTP 只保护单个数据或消息。

安全多用途 Internet 邮件扩展(S/MIME) S/MIME 是一种电子邮件安全协议，提供发件人和收件人身份验证以及对邮件内容和附件的加密。S/MIME 最常用于加密电子邮件。

SSH(Secure shell) SSH 是一种多用途协议，用于在两个系统之间创建安全通道。SSH 最常见的用途是取代 Telnet 和 R 系列协议(RSH、rlogin 等)，但也支持隧道协议，如 X-Windows 和文件传输协议(FTP)等。

Internet 安全协议(IPsec) IPsec 是一种用于在两个系统之间创建安全且经过身份验证的通道的协议。IPSec 在 TCP/IP 协议簇的 Internet 层运行，因此受 IPsec 保护的两个系统之间的所有 IP 流量都会自动加密。

IPSec 以 ESP 和 AH 这两种模式之一运行。如果使用 ESP 模式，则所有封装的流量都会加密。如果使用 AH 模式，则流量仅使用 IPsec 的身份验证功能。

安全电子交易协议(Secure Electronic Transaction, SET) SET 是一种现已弃用的协议，旨在保护基于互联网的金融交易。SET 因为需要安装单独的客户端程序，从未流行起来。HTTPS 成为加密网页的标准，然后成为加密的优选方法。

SET 通过用令牌代替实际的信用卡号码，为信用卡交易提供更强的保护。但 SET 从未流行，也不再使用。

区块链 *区块链*是一种分布式账本，用于记录点对点网络中加密链接的交易。区块链中的交易一旦记录就不能更改或删除。区块链在设计上是去中心化的。区块链的实现包括比特币加密货币，以及在金融服务和供应链管理中的新兴用途。

6.3.7 IP 语音

IP 语音(Voice over IP，VoIP)包括几种允许在 IP 网络上传输电话的技术。与 VoIP 相关的术语包括互联网电话(Internet Telephony)和 IP 电话(IP Telephony)。这些术语都描述了通过 IP 网络(包括 Internet)传输语音、视频和传真的服务。实施 VoIP 的组织将使用以下一项或多项：

- **中继** 组织用容量更大、成本更低的 SIP(Session Initiation Protocol，会话发起协议)中继取代旧的语音中继。中继可以将组织的交换机(PBX)连接到提供 VoIP 中继的电信提供商。此外，组织还可以在 IP 广域网上使用 MPLS(Multiprotocol Label Switching，多协议标签交换)将位于不同位置的数字 PBX 连接在一起。
- **数字交换机** 组织用支持 VoIP 和 SIP 中继的新型 PBX 替换旧的 PBX 系统。
- **VoIP 话机** 组织用 IP 话机代替数字和模拟电话机，通过以太网或 Wi-Fi 上的 TCP/IP 与 PBX 连接。
- **VoIP 客户端** 组织用工作站上的软件程序代替电话机，这些程序通过 TCP/IP 与 PBX 通信。这些软件电话(Softphone)通常不需要单独的电话机。

1. VoIP 威胁和脆弱性

VoIP 系统面临的主要威胁是组织的电话网络连接到 TCP/IP 网络，因此容易受到困扰工作站和服务器的所有类型的攻击。此外，许多 VoIP 组件运行在使用 UNIX 等传统操作系统的设备和系统上，意味着大多数 VoIP 组件都容易受到与服务器和工作站相同类型的威胁。这些威胁包括：

- **窃听** 攻击方可能试图监听语音、视频和传真传输。
- **欺骗** 攻击方可以向 VoIP 设备、系统和 PBX 发送数据包，假冒成其他设备和系统。可能的原因包括窃取信息、更改信息、拒绝服务、电话费欺诈等。
- **恶意软件** 包括病毒、蠕虫、特洛伊木马和 rootkit 等。

- **拒绝服务** 该攻击旨在通过向目标系统或网络发送大量通信流量或精心构建的通信流量导致目标系统或网络故障,从而瘫痪目标系统或网络。
- **收费欺诈** 该攻击指攻击方出于个人目的,窃取另一个组织的电话网络长途服务。

这些和其他威胁并不是 VoIP 独有的,困扰着所有类型的 IP 和互联网连接的网络和系统。有关威胁和脆弱性的完整讨论,请参见本章前面的"逻辑访问控制措施"一节。

警告:
使用 VoIP 的组织现在必须更加小心地保护网络。对于这样的组织,对网络的攻击不仅会威胁到计算机网络,还会威胁到语音通信。

2. 保护 VoIP

由于 VoIP 系统通过 TCP/IP 通信,并且许多系统基于传统的操作系统,因此保护 VoIP 主要采取与保护其他 IT 系统相同的措施。最有效的保护措施包括:
- 网络分段
- 系统和设备加固
- 严格的访问控制和访问管理
- 反恶意软件
- 安全事件监控
- 防火墙和会话边界控制器(Session Border Controllers,SBC)
- 入侵检测系统

本章前面"逻辑访问控制措施"一节详细讨论了这些和其他对策。

6.3.8 专用分组交换机

PBX(Private Branch Exchange,专用分组交换机)是组织用来管理内部电话呼叫以及公共电话网络中各方发起的电话呼叫的专用电话交换机。组织中的员工通常可以使用短号(如四位分机号)相互呼叫,并使用前缀(如 8 或 9)呼叫"外线"号码。PBX 通过一个或多个中继线(Trunk)连接到公共交换电话网(Public-Switched Telephone Network,PSTN),这些中继线是设计为同时承载多个电话通话的电信电路。组织在 T-1 或 E-1 等电话线路上实现的中继线是租用电信运营商的。

1. PBX 威胁和脆弱性

各种安全问题都会影响 PBX。IT 经理和安全专家要保护 PBX,就需要意识到这些威胁和脆弱性,包括:
- **管理员控制台的默认口令** 任何对 PBX 具有物理访问权限的人都可以更改 PBX 配置或从中提取数据(包括电话记录和访问控制)。许多 PBX 上的口令保留为出厂默认设置,这是一种沿用至今的旧做法。

- **拨入调制解调器** 许多 PBX 使用拨入调制解调器执行远程管理职责。通常，拨入访问要么使用默认密码，要么根本不使用身份验证。
- **收费欺诈** PBX 上最诱人的机会之一是拨打长途电话实施收费欺诈的能力。这是通过登录 PBX(当口令较弱或不存在时)并更改配置实现的。收费欺诈允许攻击方拨打长途电话，费用由 PBX 所有方承担。
- **间谍活动** PBX 也是窃听电话通话和检索电话记录的目标。

许多 PBX 采用 IP 连接，以便远程管理访问。具有 IP 连接的 PBX 受到与 IP 相关的更大范围的威胁和脆弱性的影响，本章前面的"逻辑访问控制措施"一节详细讨论了这些威胁和脆弱性。

2．PBX 安全对策

没有 IP 连接的 PBX 相对容易保护。一些最有效的对策包括：

- **行政性访问控制措施** 控制台和调制解调器访问应该配置最强的合理控制措施，包括强大复杂的密码、多因素身份验证、管理访问日志和回拨调制解调器。
- **物理访问控制措施** 只有被授权人员才能物理访问 PBX。PBX 应使用门禁卡和/或视频监控保护，以便组织能够明确识别访问人员的身份。
- **定期日志审查** 管理人员应定期审查访问日志,确认只有授权人员才能访问管理控制台和功能。此外，组织应经常审查通话费记录，确保没有发生收费欺诈事件。
- **呼叫限制** 管理人员应配置 PBX，阻止向无须呼叫的国家/地区呼叫。如果入侵方获取出站呼叫中继访问权，呼叫限制有助于打击收费欺诈。

具有 IP 连接的 PBX 需要额外的以 IP 为中心的对策，与服务器和其他网络连接设备所需的措施类似。

6.3.9 恶意软件

恶意软件包罗万象，指许多类型的恶意代码，包括病毒、蠕虫、特洛伊木马和 rootkit 等。恶意软件越来越隐蔽、越来越强大。迹象表明，过去 20 年恶意软件永远比遏制恶意软件的措施领先一步。

拦截恶意软件很少是讨论的问题，就像很少讨论大门门锁一样。恶意软件的威胁真实存在，后果可能是毁灭性的。

恶意软件有许多攻击载体，意味着有许多方法进入组织，组织需要同时运行多种防御措施。在终端用户工作站上仅运行防病毒软件已不够。与之相反，组织需要使用多种手段检测、拦截和响应恶意软件。

1．恶意软件威胁和脆弱性

恶意软件能够给组织带来各种各样的危害，也会给组织带来严重的麻烦。最早的病毒相对良性，现代的恶意软件能够产生广泛的经济损失。

恶意软件分为几类：
- **病毒** 这些代码片段会附加到 Microsoft 操作系统中的 exe 文件(可执行程序)，并在所附加的程序运行时激活。
- **蠕虫** 这些独立程序能够在人工辅助下传播和自动传播。
- **勒索软件** 勒索软件作为一种非常成功的攻击方法，会加密用户工作站上的数据，也可以加密网络共享上的数据，然后向受害方发出指令，要求受害方汇出赎金以恢复数据。
- **破坏软件** 这种恶意软件旨在不可逆转地破坏信息，在某些情况下还会使信息系统无法引导。
- **特洛伊木马** 顾名思义，这些程序声称执行一个功能，但实际上执行其他(或额外的)不需要的功能。例如，广告宣传的游戏可能实际会擦除文件(或两者兼而有之)。
- **间谍软件** 这类软件在计算机上执行一个或多个监视操作，并向间谍软件所有方报告。最隐蔽的间谍软件是按键记录器(Key Logger)，这是一种软件程序(也是可植入的硬件设备)，记录用户的击键并将传回到一个集中位置。
- **rootkit** 这些恶意软件程序设计用于隐藏在操作系统中，并躲避杀毒软件的检测。一些 rootkit 还能在比操作系统更低的层面运行，因此工具检测不到。
- **僵尸网络(Bot)** 这是由其他形式的恶意软件植入的代理。程序要求这些恶意软件服从远程发出的指令。僵尸的集合被称为僵尸大军(Bot Army)。这些程序旨在创建垃圾邮件、传播恶意软件、攻击目标系统和网络，并托管网络钓鱼网站。

警告：
安全经理和架构师需要彻底了解不同类型的恶意软件是如何制作、如何传播、如何攻击系统的。但安全专家不能只见树木不见森林。必须建立一套深度防御控制措施，阻止所有已知和未知类型的恶意软件，并在恶意软件攻击发生时有效响应。

恶意软件可能造成的损害类型包括：
- 计算机运行缓慢和崩溃
- 更改、加密或销毁数据
- 窃听通信
- 窃取敏感数据
- 损坏系统硬件
- 攻击或损坏其他系统

恶意软件通过各种机会渗透到组织中。恶意软件能够利用的漏洞包括：
- **缺少补丁** 许多恶意软件程序在攻击时，会利用许多未安装安全补丁的计算机上的已知漏洞。
- **软件缺陷** 恶意软件设计方使用各种工具发现和利用应用程序、操作系统、工具和其他程序中的缺陷，其中一些漏洞可能是已知并有可用的补丁，但其他漏洞可能相对未知。

- **不安全的配置** 旧有的、过时的或错误的配置会使计算机易受攻击。
- **有缺陷的架构** 网络架构中的缺陷(如防火墙位置不正确导致太多系统暴露)或实施中的错误可能使系统易受攻击。
- **错误的判断** 错误和基于不完整知识的决策可能导致配置或架构错误,从而引入漏洞。
- **轻信** 通常,恶意软件的目标是终端用户的轻信和好奇心。用户倾向于点击钓鱼信息中的链接,打开附件,访问未知网站。所有这些动作都是向这些用户的计算机注入恶意软件的主要手段。

恶意软件对组织最常见的威胁向量包括:

- **网络钓鱼** 钓鱼信息冒充真实的政府和私人机构向客户和其他人传达紧急消息,要求收件人迅速采取行动。一种常见的策略是银行发来一封电子邮件,告诉客户除非通过登录假冒网站回应,否则银行账户将会锁定。落入骗局的人无意中向窃贼提供了登录凭据,窃贼利用这些凭据从受害方账户中转移资金。还有许多类似的方案试图从受害方那里窃取钱财或其他昂贵物品。
- **垃圾邮件** 垃圾电子邮件通常要么包含恶意软件,要么诱使用户连接到包含恶意软件的网站。垃圾邮件还包括宣传正规商品和服务以及假货的电子邮件。处方药就是一个很好的例子,许多人为了省钱或炫耀而购买假货。
- **鱼叉式网络钓鱼** 这是专门针对单一目标组织或受众定制的网络钓鱼。因为电子邮件消息类似于源自组织内部的真实消息,鱼叉式网络钓鱼更难被最终用户识别。
- **捕鲸** 是一种专门针对组织中高管的鱼叉式网络钓鱼。
- **拒绝服务** 一些恶意软件故意导致计算机出现故障。此外,旨在通过网络在计算机之间快速播的恶意软件将产生大量网络流量,使网络和计算机无法使用。
- **屏幕抓取** 一些恶意软件设计为截取用户电脑屏幕上显示的数据。
- **按键记录** 一些恶意软件设计为截取击键和显示的信息,并将数据传回一个集中位置。最令人感兴趣的信息是信用卡号码、银行账户以及高价值网站(如网上银行)的用户 ID 和口令组合。

2. 反恶意软件行政性控制措施

组织的反恶意软件控制措施需要包括一些行政性控制措施,阻止恶意软件的引入和传播。这些控制措施包括以下策略:

- **垃圾邮件策略** 安全策略和意识宣贯教育需要包括指导员工"不要打开奇怪或不寻常的电子邮件,即使邮件来自你认识的人也不行"。即使在拥有有效垃圾邮件过滤器的环境中,一些垃圾邮件也会通过过滤,因此用户在打开这些邮件之前三思。
- **只允许业务相关的互联网访问** 由于一些恶意软件通过植入网站的恶意代码(以及其他原因,如工作效率下降)而传播,组织可能会禁止员工访问与业务目的没有直接关系的网站。

- **禁用移动介质**　恶意软件可通过可移动介质引入。事实上，最早的病毒是通过软盘传播的。如今，许多组织禁止(甚至积极封堵)USB 驱动器和记忆棒等可移动介质。
- **禁止下载**　由于许多可下载软件中植入了恶意软件，许多组织制定了禁止下载软件的策略。用户如果需要软件或工具，就向 IT 服务台提出请求。
- **限制特权**　流行操作系统的早期版本在默认情况下配置的最终用户账户与系统管理员拥有相同的权限级别。这样做的有害结果是由最终用户引入的恶意软件将以管理员权限在计算机上执行，并造成重大破坏。新的规范是将终端用户工作站的权限限制在最低访问级别，从而降低恶意软件的威力。
- **禁用私人电脑**　许多组织曾经可以使用个人拥有的计算机远程访问组织网络。由于组织无法控制恶意软件在组织不拥有或不能控制的计算机上的传播，因此划清界限的正确做法是制定一项策略，要求组织所有计算机以外的其他所有计算机都禁止本地或远程连接到网络。
- **限制智能手机接入**　那些没有采取"个人所有的电脑和智能手机都不能连接网络"的强硬做法的组织可能会采取较温和的做法，允许用户使用智能手机有限地访问，比如只允许访问电子邮件。

3. 高级持续威胁

攻击方通过使用侦察、社交工程攻击和恶意软件攻击，对组织发起难以检测的持续攻击的技术，称为高级持续威胁(Advanced Persistent Threat，APT)。APT 特别难以防御，因为攻击方专注于攻击某个组织，即使该组织的人员正在做出反应，攻击方仍能领先一步。

4. 反恶意软件管理性控制措施

为了确保系统不受恶意软件的影响，需要如下程序性控制措施：

- 员工意识宣贯教育中需要包含反恶意软件程序。
- 仅从原始只读介质构建服务器。
- 所有邮件抵达用户前扫描恶意软件。
- 全面评估用户可能点击的邮件中所包含的 URL，评估 URL 是否存在恶意。
- 新的软件使用前，在非生产环境中扫描软件是否包含恶意代码(无论软件来源如何)。
- 无论在工作场所还是在工作场所以外都禁止将个人电子设备用于业务目的。
- 使用传入的文件之前，先扫描文件中的恶意软件。
- 在使用之前，确认所有网络设备软件版本均为正版且没有恶意软件。

恶意软件行业

恶意软件的面貌正在迅速改变。恶意软件曾经是黑客爱好者和脚本小子的专属领域，现在则是大型有组织犯罪集团和网络犯罪组织的领地。这些犯罪组织都是有投资者、有研发、有利润分享和利益的企业。与合法企业根本的不同之处在于，有组织犯罪的业务是从事非法经营，如金融欺诈。

> 美国财政部 2006 年发布的一份报告称,在全球范围内,有组织犯罪从基于互联网的欺诈中获得的利润超过了毒品走私。14 年后,有组织犯罪在这方面获利越来越多。

恶意软件:避免历史重演

> 在很大程度上,组织对于在网络边界阻止恶意软件是认真的。组织还记得过去 20 年发生过的恶意软件攻击,一次这样的攻击就让企业网络完全瘫痪好几天。名为 Code Red、Blaster、SQL Slammer、DuQu、Mirai 和 Conficker 的恶意软件会令人想起为维持企业网络运行而发生过的战斗。
>
> 这些痛苦的事件导致了业务中断,有时严重到足以影响财务业绩。高级管理人员经常不了解新型网络战的规则,提出的尖锐问题分散了 IT 经理人的注意力,使 IT 经理人从"让恶意软件远离网络"这一主要目标上分心。

5. 反恶意软件技术性控制措施

由于恶意软件非常强大,而且某些类型的恶意软件能够在没有任何人工交互或帮助的情况下传播,因此大多数组织都需要采取深度防御策略,确保恶意软件几乎没有机会进入网络:

- **高级反恶意软件** 防病毒软件不再足以检测和阻止恶意软件。组织需要在终端系统上安装其他软件程序和代理,检测和拦截当前的恶意软件。

- **所有服务器和工作站安装反恶意软件** 每台工作站都应安装最新的、运行正常且处于最新状态的反恶意软件。组织应配置为执行实时恶意软件检测,及定期扫描(在高风险环境中为每天,在其他环境中为每周)。即使用户是工作站的本地管理员,也不能删除或修改反恶意软件程序。但是,如果用户感觉到系统可能被感染,应该能够按需扫描。

- **Email 服务器安装反恶意软件** 电子邮件服务器应安装反恶意软件程序,拦截传入和传出电子邮件中的恶意软件。安装的软件不能是普通的反恶意软件程序,而应该是设计为在电子邮件服务器上运行并与电子邮件服务器程序交互的反恶意软件程序。

- **Web 代理服务器/过滤器上的反恶意软件** 组织应配备主动式或被动式 Web 代理服务器,并在服务器上安装反恶意软件程序,防止恶意软件从用户正在访问的网站进入组织。

- **集中式反恶意软件控制中心** 组织应考虑使用提供集中监测和配置控制台的组织版反恶意软件,使该组织能够立即看到反恶意软件控制措施的"整体情况"。例如,控制台将显示哪些工作站的反恶意软件程序正在运行或在获取新的更新时出现问题,以及感染发生在哪里。集中式控制台还可用于强制让选定的系统立即执行恶意软件签名更新,并在管理人员认为恶意软件即将或正在暴发时执行扫描。

- **数据防泄露系统** 组织应考虑使用 DLP 系统,检测并阻止未经授权的敏感数据的传输和泄露。虽然 DLP 可能是防止敏感数据泄露的最后一道防线,但仍然可以防止有价值的敏感信息丢失。

- **降低终端用户特权** 因为恶意软件通常以触发它的最终用户的权限级别运行,组织可以限制最终用户在工作站上拥有的权限级别,从而有助于减弱恶意软件的影响。这一措施还降低了终端用户篡改和"改进"工作站的能力,有助于降低支持成本。
- **入侵防御系统** 组织可以采用代理或无代理的 IPS,自动检测典型的恶意软件活动。IPS 能够立即断开受影响的系统与网络的连接,这样恶意软件就不会感染其他系统或中断网络流量。基于终端的 IPS 可以有效地阻止已知的命令和控制流量,从而减少或消除恶意软件的影响。
- **垃圾邮件过滤** 许多恶意软件(更不用说网络钓鱼和欺诈)通过电子邮件进入组织。集中式垃圾邮件过滤器甚至可以在垃圾邮件到达电子邮件服务器之前拦截和阻止垃圾邮件。许多垃圾邮件过滤器上还安装了杀毒程序,即使传入的包含病毒的邮件来自合法的、已知的人,邮件包含的病毒也可以清除。
- **禁用可移动介质** 虽然 U 盘和外置硬盘等外部存储介质很受欢迎,但确实代表了包括恶意软件在内的威胁。封堵可移动介质也是防止信息泄露的有效措施之一。
- **阻止服务器上的出站网络服务** 除了作为分布式应用程序一部分的特定业务连接之外,服务器需要通过互联网通信的情况很少见。组织应该阻止其他所有访问,这样可以有效地阻止任何恶意软件试图将信息回传。
- **从受保护的镜像引导服务器** 虚拟环境中,组织可从集中存储系统上存储的只读镜像引导服务器。这种做法阻止恶意软件永久安装在服务器上,因为从干净的镜像重新启动将有效删除恶意软件。
- **锁定只读对象** 除非在罕见且控制良好的情况下,否则软件不应该能够写入硬盘驱动器的引导扇区或系统的 CMOS。引导扇区或 CMOS (可能还有系统的其他部分)应该受到保护,这样恶意软件就无法更改或破坏了。

警告:
拦截恶意软件不是购买和配置工具的一次性工作,而应视为一场战争,会无休止地持续,组织需要时刻保持警惕。

6.3.10 信息泄露

信息泄露指敏感信息通过各种方式从组织系统中泄露的趋势。阻断信息泄露的机会是当今 IT 发展的一个领域。

信息泄露基本上有两种形式:意外的和蓄意的。员工发送包含敏感信息的电子邮件时选择了错误的收件人,将敏感信息错误地发送给错误的外部方,导致潜在的安全漏洞时,就会发生意外泄露。

当员工选择获取敏感数据并意图带出组织时,就发生蓄意的信息泄露。蓄意泄露的原因和动机有两个:

- **牟利(Profit)** 信用卡和银行账户等敏感信息很容易在黑市上出售。

- **报复(Revenge)** 员工意识到组织中已经或即将发生不公正的情况时,可能规划某种形式的报复行为。例如,员工复制敏感信息的副本以备日后使用,不管是为了勒索、曝光还是牟利。

泄密也会发生在恶意软件拦截登录凭据时,导致黑客能够登录并窃取敏感信息。泄露是多方面的,并延伸到其他领域,包括社交工程、恶意软件和某些人力资源招聘程序等。

例如,当用户在包含敏感数据的应用程序中执行查询并将结果保存在本地硬盘驱动器、文件服务器或基于互联网的文件存储服务(如 Box 或 Dropbox)上时,也可能发生泄露。通常认为这些操作是因为缺乏良好的判断力,是意外和蓄意之间的灰色地带。

由于用户有许多方法可以蓄意从组织中带走数据,因此组织应采取一些措施限制这些企图,包括:

- **出站电子邮件过滤** 用于检查信息泄露的出站电子邮件过滤器可用于检查甚至阻止将要离开组织的敏感信息。
- **控制可移动介质** 通过集中的自动策略,组织可以防止可能导致信息泄露的 USB 介质、光盘等。
- **阻止互联网访问** 组织应防止使用最敏感功能的用户(可访问最敏感信息的用户)访问组织外部的任何计算机或网络。这不仅降低了恶意软件感染敏感系统的可能性,还减少了泄露的机会。防止最终用户使用个人电子邮件是许多组织采取的一种保护措施。
- **更严格的访问控制** 组织应定期检查对最敏感信息的访问控制,寻找更多方法降低人们出于业务目的以外的原因访问这些数据的能力。能够访问的人越少,泄露机会越低。
- **访问日志** 组织应改进访问日志记录,以便记录对信息的所有访问(而不仅仅是更新)。访问日志可能是一种有效的检测控制措施,会告诉组织谁在访问哪些数据记录。如果组织向员工披露了日志记录,也将成为一种威慑性控制措施,与视频监控无异。
- **轮岗** 员工应该定期调到其他岗位,这样秘密获取信息的机会就会减少。当组织在短时间内和不定期安排员工调动时,迫于法律威慑,员工将不太可能参与信息窃取方案。
- **定期背景调查** 组织应考虑定期对接触敏感信息的员工执行背景调查。员工当前背景的变化可能会为员工从事未经授权或非法的行为提供额外的激励。例如,员工的信用背景从良好变差,就可能会想办法增加收入,如盗用公款或在黑市上出售信息。而且,没有犯罪记录的清白雇员,随着时间的推移也可能会堕落,从事犯罪。员工可能在去年的两周假期中进过监狱。
- **实施数据防泄露系统(Implement a DLP System)** 组织可以实施 DLP 系统,检查所有出入站的网络流量,并在敏感信息可能离开或进入时发出警告。一些 DLP 系统还可以阻止传输,从而阻止非法窃取信息的企图,并迫使合法活动使用加密等更谨慎的手段。

注意：
雇主应该明白，尽管组织有许多控制措施发现或防止员工从组织带走信息，但一个员工如果下定决心并保持耐心，仍有可能达成目的。安全专家应该对包含最敏感信息的系统执行详细的风险分析，以便准确了解如何在组织中控制数据泄露。

6.4 环境控制措施

计算机和网络运行在物理世界中。网络由路由器、交换机和防火墙等设备以及建筑物内部和建筑物之间的电缆组成。计算机系统和网络设备设计成在较小的温湿度和清洁度范围内运行，在范围内运行时可能提供多年的服务，但即使环境条件短暂地超出范围也会显著缩短组件的寿命。

组织使用计算机和网络来支持重要业务流程，需要为计算机和网络提供合适的环境。否则，因为环境条件导致的更频繁的非计划停机，可能导致更高的运营成本和业务中断。本节讨论维护适当计算机和网络环境所需的环境系统和控制措施。

6.4.1 环境威胁和脆弱性

计算机系统需要可靠的电力、环境控制措施和物理安全等特殊设施。就本质而言，支持和保护计算机系统的控制措施是复杂的，需要定期维护才能提供可靠的服务。不能容忍停机的组织通常需要冗余的控制措施或系统。

本节讨论电力、冷却和湿度控制措施、火灾探测和扑灭以及物理安全。

1. 电力的脆弱性

计算机系统需要稳定的清洁电力供应。几乎每家公用事业组织所提供电力的质量和输送都远不能满足 IT 系统的要求。与电源有关的事件威胁着计算机设备的运行，包括：

- **尖峰或浪涌** 电压急剧上升，持续时间仅为零点几秒。
- **涌流** 流入设备的电流突然增加，通常与大型电机启动有关，可能导致持续数秒的电压下降。
- **噪声** 输入电源内存在其他电磁信号。
- **掉电** 持续时间从几毫秒到几秒的短暂断电。
- **电压起伏** 电压持续下降，持续数秒至数小时。
- **停电** 超过几秒的完全断电。

所有这些现象都可能损害计算机和网络设备，损坏内部组件，导致计算机和网络设备彻底失效，或遭到潜在损坏，从而缩短电源等电子组件的使用寿命。

2. 物理环境脆弱性

计算机和网络设备对环境条件的变化很敏感。这里需要讨论的条件有：

- **温度** 计算机和网络设备可能会产生大量的余热,这些余热必须不断排走。即使是环境系统的短暂中断也可能导致温度急剧上升,从而损坏设备。过低的温度会导致电气设备上的冷凝,从而引起腐蚀,甚至导致短路。
- **湿度** 计算机和网络设备必须在一个很窄的湿度范围内运行,通常是 40%~55%。湿度低于 40%时,可能会产生静电积聚,损坏敏感的电子设备。过高的湿度会导致冷凝,引起腐蚀和短路,导致计算机和网络设备故障。
- **灰尘和污垢** 计算机和网络设备设计为在干净的环境中使用,而且环境中应该没有灰尘和污垢。灰尘和污垢会加速机械部件的磨损,堵塞空气过滤器,导致热量积聚。
- **烟雾和火灾** 数据中心内或附近的火灾可能会产生烟雾,从而损坏计算机和网络设备。水等灭火剂也会损坏敏感设备。消防部门经常在发生火灾时切断建筑物的电力供应,因此即使没有受到火灾威胁的设备也会受到停电的影响。
- **突发的意外移动** 地震和山体滑坡可能导致设备剧烈摇晃,脱离固定装置。搬运设备的人员可能会意外撞击其他设备,或者卡住、损坏松动的电缆。

6.4.2 环境控制措施与对策

为抵御本节讨论的威胁和脆弱性,需要一些环境控制措施体系。如果设计操作正确,控制措施将有助于提高对环境条件敏感的 IT 设备的可靠性并帮助设备保持良好的服务记录。

1. 电力

由于商业公用事业电力的质量通常不足以满足敏感和关键的计算设备的需求,因此组织可能需要实施控制措施来提高可用电力的质量和/或数量。这些控制措施如图 6-11 所示,在下面几节中描述。

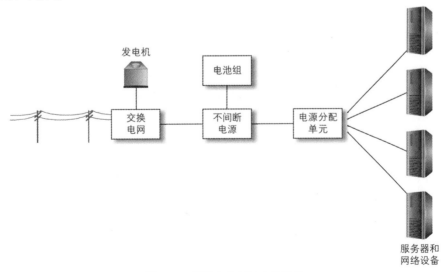

图 6-11 设施电力系统中的组件

不间断电源(UPS) 是一种从尖峰和其他噪声中过滤输入电力,并通过一组电池提供短期电力的系统。UPS 足以应对从几分钟到几小时的断电(前提是电池容量充足)。UPS 提供持续的电力供应。当出现电压起伏或停电时,UPS 向计算机系统输送的电力不受影响。

发电机 由汽油、柴油或天然气驱动的内燃机组成的系统,可驱动发电机。发电机可以提供长达数天的电力,供电取决于燃料存量以及燃料是否可以得到补充。

发电机需要几秒钟到几分钟的时间才能启动并提供应急电力,因此发电机与 UPS 系统需要结合使用。在电源故障的情况下,UPS 电池提供电力,输出不间断的电流,直到发电机启动并开始发电。此外,在持续停电的情况下,许多发电机必须关闭以补充燃料(以或从事必要的维护),才能再次持续供电。

较大的设施使用多台发电机,提供更大的工作负荷和更高的整体可靠性。

双路供电 依赖可靠电力的组织可以考虑使用两路独立的供电,理想情况下这两路供电应该来自独立的公用变电站。这一保障措施有助于确保稳定的电力供应,即使公用配电线路中断也是如此。

切换开关 如果使用 UPS、一台或多台发电机以及一路或多路公用馈电设施,会采用一种称为切换开关(Transfer Switch)的电气开关设备系统。切换开关通过一个或多个 UPS,在一个或多个发电机之间自动向设施路由电力。

电源分配单元(PDU) 是将电力分配到机房或数据中心的设备。PDU 可以大到提供几十路独立的电源电路,也可以小到像配电盘一样。有些 PDU 还具有降低电压的功能,可将较高的输入电压转换为计算机设备使用的电压。

多路供电 对可靠性有较高要求的组织可能会构建由双电源馈电、双开关设备、发电机、UPS 和 PDU 组成的完全冗余的电源系统,为每台计算机和网络设备提供完全冗余的电源。使用冗余电源系统的组织常将电源系统称为"A 侧(A-side)"和"B 侧(B-side)"。使用双电源的计算机和网络设备可将电源分别连接到 A 侧和 B 侧。使用冗余电源系统使得系统即使在设施的电力系统中任一组件完全失效的情况下也能继续运行。所有这些受保护的设备将不间断地持续运行。

电力规划 了解当前和未来的电力需求对于适当调整设施的配电组件规模至关重要。数据中心通常通过计算提供给每平方英尺数据中心空间或每个机柜的最小功率来确定电力系统的容量。20 世纪 90 年代和 21 世纪初,数据中心的配置通常为每平方英尺 40~100W,或每个机柜约 3.125kW。然而,随着服务器技术的快速发展,这些数字已经变得不够。现代数据中心需要最大限度地利用 IT 设备,规划每平方英尺 150~200W,或每个机柜 6.250kW。

数据中心使用不同方法计算电力需求。电力计算通常包括整个房间或机柜,也包括热通道和冷通道。

规划过高的功率密度几乎肯定会导致电力过剩,是浪费资金的做法。然而,相应地,每平方英尺或每个机柜的数字太小将导致数据中心在耗尽空间之前先耗尽电力。

许多电力不足的数据中心正在探索扩容的方法。一种解决方案是使用环境空气冷却而不是更昂贵的空调。下一节将谈及这一方法。

2. 温湿度控制措施

由于计算机和网络设备会释放大量热量，因此组织需要高度可靠且尺寸适当的 HVAC(Heating，Ventilation，And Air Conditioning，供暖、通风和空调)系统。

安装计算机和网络设备的房间，温度应为 20℃~24℃ 之间，湿度应为 40%~55%。拥有大量计算机系统的设施需要高度可靠和高容量的 HVAC 系统。

建议设施采用"N+1"设计，意味着至少应该比持续冷却设施所需的 HVAC 系统再增加一套。例如，设施需要四套 HVAC 系统冷却，那至少应该使用五套 HVAC 系统。当其中一套系统发生故障或正在维护的情况下，HVAC 系统可以继续提供足够的冷却能力。

计算机设施应采用持续的温度和湿度监测，定期记录读数，并在读数超过安全水平时提醒工作人员。敏感设备还应具备内部温度持续监测功能，当读数超出容差时可以提醒支持人员。对温度变化敏感的系统应具有自动关机功能，以防支持人员无法及时响应。

许多计算机房和数据中心采用由可拆卸地板组成的架空地板系统。地板下面的空间充当空调系统的正压送风系统，有意放置有洞的地板，将冷空气引导到需要的区域。地板通常高于地面 80~100 厘米。

数据中心通常采用制冷或冷水循环等技术控制温度。许多较新的数据中心采用环境空气冷却。外部环境的空气只需要过滤灰尘，因此成本较低。许多数据中心都采用了环境空气冷却方法，试图使用更少的电力冷却空气并提高每平方英尺的功率或每个机柜的功率，从而为 IT 设备提供更多电力。

3. 预防、探测和灭火控制措施

实际上，每个地方政府机构都要求采取火灾预防、探测和灭火控制措施。然而，对于包含昂贵计算机和网络设备的设施，最低限度的控制措施可能不够。例如，要求喷水灭火系统的规定肯定会扑灭数据中心的火灾，但也会对设备造成相当大的损害。为此组织需要使用不同类型的探测和灭火系统，确保贵重设备免受火灾和灭火剂的损坏。

防火 有助于第一时间防止火灾的控制措施有助于创造一个更安全的环境。控制措施包括：

- **可燃物** 包装盒和手册之类的材料应存放在远离计算机设备的地方。可燃材料的减少降低了起火或蔓延的可能性。
- **清洁** 灰尘有时会触发高灵敏度的烟雾探测器，是在数据中心采取适当清洁措施的另一个原因。
- **设备维护** 焊接等维护活动不应在计算机设备附近进行。焊接产生的烟雾会触发烟雾探测器，并导致灭火剂的排放。

火灾探测 基础设施应具备超过烟雾探测最低要求的能力。高灵敏度的烟雾和热量探测系统可以提供早期预警，给工作人员额外的机会来确定火灾的原因，并用有限的影响手段(如灭火器)或简单地切断故障设备的电源等方式扑灭火灾。这些措施有助于避免更大火灾，而更大的火灾需要采取更大规模的灭火措施。

商业建筑也使用了许多手动操作的"拉式火警箱(Pull Station)"。人们看到火灾时可以拉动操纵杆手动触发警报器。大多数情况下，火警会响起，但不会触发灭火行动。

灭火 大多数商业设施都要求有自动或半自动灭火系统。虽然最低要求通常是水基喷淋灭火系统和作为补充的手动灭火器，但组织往往会投资对计算设备影响较小的更复杂的灭火系统。但在一些地方，即使允许使用先进的灭火系统，组织仍然需要使用水基系统作为后备。

集中式灭火系统的类型包括：

- **湿管** 在湿管系统中，所有喷水灭火管道都注满了水。每个喷淋头都配有一个热敏玻璃灯泡保险丝。保险丝在达到预设温度时破裂，水就会从位于火灾附近的喷淋头排放出来。当水开始流动时，自动传感器触发火警。湿管是最常见的喷水灭火系统类型。
- **干管** 这种类型的系统用于环境温度经常降至冰点以下的地方。在干管系统中，管道中充满压缩空气。当足够的热量导致一个喷淋保险丝破裂时，控制阀将水释放到管道中。当水从控制阀流向喷淋头时，会出现约一分钟的延迟。
- **预作用系统** 这种类型的系统用于数据中心等具有高价值内容的区域。预作用系统本质上是一个干管系统，在发生烟雾探测器警告之类的"先导"事件时才采取行动。此时，系统注满水并成为湿管系统。然后，如果任一喷淋头所处环境温度足够高，则保险丝破裂，系统放水扑灭大火。预作用系统比湿管或干管系统更昂贵、更复杂。
- **雨淋式消防系统** 这种类型的系统有干燥的管道，所有喷头都是打开的。当系统运行时(如警告触发时)，水流入管道并从所有喷头流出。
- **惰性气体** 这种类型的系统往往是计算机中心使用的首选，对计算设备的影响很小，而且灭火效率很高。惰性气体系统的工作原理是通过取代房间里的氧气将氧气浓度从通常的 21%降到较低的数字，减缓火灾的蔓延。整个 20 世纪 80 年代，Halon 1301 一直是惰性气体系统的首选物质，在 1987 年业界宣布 Halon 1301 为温室气体后，已用 FM-200 等其他物质取代。

除了集中式灭火系统外，许多商业建筑还要求配备手动灭火器。手动灭火器的大小不一，从 1~30 磅不等，并且使用几种类型的阻燃剂：

- **A 类** 适用于木材、纸张等普通固体可燃物
- **B 类** 适用于易燃液体和气体
- **C 类** 适用于带电设备
- **D 类** 适用于可燃金属
- **K 类** 适用于烹饪用油和脂肪

注意：
此处列出的是美国标准。其他国家使用不同的分类。

一些设施使用有 50 磅以上阻燃剂的更大灭火器。这些较大的灭火器安装在可以拉到起火地点的大轮推车上。

注意：
适用于火灾探测和灭火系统的法规因城市而异。组织在规划数据中心基础设施时，准确了解特定地点的具体要求至关重要。

数据中心可靠性分类

电信行业协会(Telecommunications Industry Association，TIA)于 2005 年发布了 TIA-942 数据中心电信基础架构标准，并于 2014 年更新为 TIA-942-A。TIA-942-A 标准于 2017 年进一步更新为 TIA-942-B。TIA-942-B 标准描述了数据中心设计包括可靠性在内的各个方面和四个可靠性等级：

- **等级 1/第 1 级——基本站点基础架构** 电力和冷却分配在一条电路上。可能有也可能没有架空地板、UPS 或发电机。所有维护都需要停机。
- **等级 2/第 2 级——冗余容量组件站点基础架构** 供电位于一条电路上，可能存在用于冷却的冗余组件。包括架空地板、UPS 和发电机。大多数维护都需要停机。
- **等级 3/第 3 级——并行维护站点基础架构** 包括多条供电和冷却电路，但只有一条电路处于活动状态。一条电路有足够的容量承载电力和冷却负载，同时可在另一条电路上维护。包括架空地板、UPS 和发电机。
- **等级 4/第 4 级——容错站点基础架构** 包括多条活动的供电和冷却分配电路，包括涵盖 UPS 和发电机的冗余组件。包括架空地板。

4. 清洁

包含计算机和网络设备的设施需要保持清洁，将污垢、灰尘和碎片控制在最低限度。虽然计算机房不需要像"洁净室"(制造磁盘驱动器、计算机芯片和轨道卫星的设施)那样保持清洁，但确实需要定期清洁，以防灰尘、污垢和其他颗粒积聚。颗粒会堵塞过滤器，进入计算机和网络设备内部，缩短设备的使用寿命。

5. 照明

私人和商业数据中心通常设计为"无人值守"的基础设施。然而，数据中心也提供照明，是为了满足偶尔需要维修 IT 设备的人员的需求。照明有时(通过运动检测)自动控制或通过开关手动控制，激活工作区域的照明。

6.5 物理安全控制措施

物理安全控制措施主要涉及保护有价值或敏感的设施(包括带有计算机和网络设备的设施)免受未经授权的人员的入侵。控制措施用于检测或防止不希望的人员进入设施。本节介绍与物理安全相关的典型威胁和脆弱性，以及可用于保护设施的控制措施和对策。

6.5.1 物理访问威胁和脆弱性

物理安全领域的威胁和脆弱性都与业务场所中的闲杂人员有关。没有适当安全控制措施的站点可能会面临一个或多个威胁，包括：

- **盗窃**　能够进入建筑物的人员可能能够窃取设备、记录或其他贵重物品。
- **蓄意破坏**　进入建筑物或工作场所的人员可能破坏贵重设备或记录。
- **间谍活动**　人员可能从事间谍活动，获取组织的信息。
- **秘密侦听设备**　通常也称为窃听器(Bug)，可以放在大楼里偷听对话，并将对话传输到位于远端的接收器。有时入侵方会植入窃听器，窃听器可能隐藏在送到建筑物的物品(如花束或礼品篮)中。
- **尾随(Tailgating)**　入侵方试图进入大楼时，会跟随员工进入而不用出示门禁卡等安全凭证。这种做法也称作骑肩跟入法(Piggybacking)。
- **随机射手(Active Shooter)**　许多组织正在认真对待这一新颖的威胁。武装的犯罪方可能以特定的工作场所为目标，试图射杀多个可能是(也可能不是)特定目标的人员。

注意：

虽然随机射手威胁与信息安全没有直接关系，但安全主管和审计师应该意识到，工作场所安全比保护业务设备和IT设备更重要。此外，许多保护人员的控制措施也保护设备。大多数工作场所物理安全计划都是基于这两个目标制定的。

下列脆弱性也会增加风险的水平，包括：

- **打开的门**　有时，安装了安全控制措施的前门、后门或侧门会因为各种原因而打开，如炎热的天气(允许凉风进入建筑物降温)、频繁进出的车辆，或者出去吸烟的人员不想绕道从另一扇门返回。
- **配有钥匙的门**　有些基础设施仍然使用金属钥匙门锁，而不是门禁卡，或同时使用门禁卡和金属钥匙，而且还没有完全转换到只使用门禁卡。金属钥匙门锁可能导致组织不知道谁正在进入特定的建筑物或房间。
- **管理不善的门禁卡控制措施**　缺乏对门禁卡的有效管理可能导致门禁卡遗失或者向已解雇人员发放门禁卡，导致离职人员仍然可以访问组织的基础设施。
- **显示工作场所的门禁卡**　一些组织在门禁卡上显示姓名。如果门禁卡丢失或遭盗，可以很容易确定卡片可在哪里使用，从而招致入侵。这一脆弱性可通过口令键盘或生物识别控制措施缓解。
- **低可见度**　基础设施可能具有允许未授权的人员潜伏而不为人注意的外部特征。如果攻击方在注意到之前发现弱点，就可能进入基础设施。
- **视频监视覆盖不足**　缺乏足够视频监视的基础设施可能有一个或多个无人监视的出入道路或走廊，可能导致能识别这些脆弱性的肇事方入侵。

- **保护不善的诺克斯箱** 消防部门在紧急进入组织时携带的小型金属保险箱某些情况下没有得到很好的保护。攻击方可以将保险箱移走或强行打开,获取金属钥匙或门禁卡(通常是可以打开任何门的万能钥匙),这样就可以在没有强行进入迹象的情况下进入大楼。

6.5.2 物理访问控制措施和对策

以下控制措施可以提高工作场所的物理安全性,减少入侵方的威胁以及由此产生的盗窃或损坏。控制措施有:

- **门禁卡系统** 获得授权的人士会获得激活的电子身份卡片,可用于开启通常锁着的门。这些系统记录人们进入每扇门的日期和时间。一些门禁卡系统还配备了密码键盘,要求在开门前输入数字 PIN 码,有助于防止得到门禁卡的非授权人员进入设施。门禁卡系统还可以利用生物识别技术,如手掌扫描、指纹扫描或虹膜扫描。请注意,较旧的门禁卡系统技术容易受到克隆门禁卡的攻击。克隆门禁卡是攻击方的一种伪造门禁卡副本的技术。如果门禁卡临时放在攻击方可能携带和隐藏着的门禁卡克隆设备附近,就可能发生这种情况。
- **密码锁** 这些电子或机械门都配有密码锁。只有知道密码的人才能开门。有些密码锁可以为每个人配备不同的密码组合,还可以记录每次进入。
- **栅栏、围墙和铁丝网** 设置屏障用于防止未经授权人员接近建筑物,让攻击方与建筑物保持安全距离。
- **防护柱和防撞门** 设置障碍物阻止车辆进入保护区。有些防护柱可以缩回或移走。防撞门是一种坚硬的栅栏,可以升起以防未经授权车辆进入(或离开),并可以下降以允许授权车辆进入(或离开)。
- **视频监视** 摄像机、监视器和记录系统可以记录敏感区域内或附近人员的移动。
- **警示牌** 指示该场所受到监视和保护的标志和标语牌。
- **反监听探测** 因为大多数隐蔽的监听设备都会发射射频辐射,所以可使用反监听设备检测监听器。
- **保安人员** 保安人员在入口处控制通道,或在大楼内巡视,发现无人陪伴的访客等安全问题。
- **护卫犬** 协助保安人员,追捕和控制入侵方。

注意:
组织应执行详细的风险分析,包括研究物理基础设施和访问控制措施,确定哪些基础设施的控制措施适用于工作场所安全以及保护业务和 IT 设备。

6.6 审计资产保护

审计资产保护需要具备关于 IT、威胁、脆弱性、对策和常见资产保护实践的大量知识。缺乏这方面知识的信息系统审计师可能会忽视知识渊博的审计师能轻易发现的威胁或漏洞。

6.6.1 审计安全管理

审计安全管理活动需要注意几个关键活动，包括：

- **策略、流程、程序和标准**　审计师应检查信息安全策略，确定需要的流程。审计师随后应检查安全策略中涉及的关键流程和程序文档。信息系统审计师应审查整个信息安全策略，确定是否充分覆盖所有主题。审计师与其凭空检查组织的安全策略，不如将组织的安全策略与行业标准(如 ISO/IEC 27001 或 NIST 800-53 的当前版本)比较，确保组织没有遗漏任何应包含在安全策略中的主题。
- **记录**　对于通常留存相关记录的安全管理流程，审计师应检查业务记录，查看流程是否处于活动状态。
- **安全意识宣贯培训(Security Awareness Training，SAT)**　审计师应检查培训材料、程序和记录，确定组织安全意识宣贯培训计划的有效性。对于有关安全意识宣贯和其他主题的演练，信息系统审计师应询问与安全意识宣贯培训相关的问题，如"你是否接受过安全意识宣贯培训？""你的组织是否有安全策略？"一个更好的问题是"笔记本电脑需要什么样的安全计划？"确定员工能否证实安全意识计划的有效性。
- **数据所有权和管理**　信息系统审计师应询问用于确定业务数据所有权和管理的方法。数据所有权和管理的关键在于可问责性。当有人负责管理给定的数据集时，需要确保只有授权方才能访问数据集，并采取措施确保数据的持续完整性。审计师应确定是否有组织范围的数据管理策略和程序，又或者数据管理只是一项无组织、无文档的活动。
- **数据保管(Data Custodian)**　通常，信息和系统的组织业务所有方委托 IT 部门管理，IT 部门代表所有方管理访问。如果组织以这种方式管理数据，信息系统审计师应该确定数据保管员是有效地达成了数据所有方的意愿，还是像他们是所有方一样主观行事。
- **备份和介质存储**　信息系统审计师应检查策略，了解需要哪些备份措施以及如何保护介质。接下来，信息系统审计师应检查备份和还原请求记录，并测试确定备份历史的可行性。信息系统审计师应检查记录的库存，并验证所选介质卷是否存在以及位置是否正确。
- **安全管理员**　通常，IT 部门将负责管理对业务数据的访问和数据的完整性。信息系统审计师应确定 IT 人员是否了解所有职责并有资格履行这些职责。
- **新入职员工和现有员工**　数据管理是每名员工的责任。受托正确访问和使用组织数据的个人，有义务妥善处理数据，对数据保密，并对任何滥用数据的情况保持警惕。信息系统审计师应确定是否存在关于该主题的任何策略,以及安全意识培训是否涵盖数据管理主题。

6.6.2 审计逻辑访问控制措施

审计逻辑访问控制措施需要注意几个关键领域,包括:
- 网络访问路径
- 用户访问控制措施
- 用户访问日志
- 调查程序
- 互联网接入点

本节将深入讨论这些主题。

1. 审计网络访问路径

信息系统审计师应独立审查 IT 基础设施,绘制组织的逻辑访问路径。审计将需要付出相当大的努力,可能需要配备调查和技术工具以及信息技术网络架构方面的专家。原因在于,IT 网络可能有故意对大多数人员隐藏的未记录访问路径,或者网络可能具有由于单一设备配置不当而导致的意外访问路径。例如,信息系统审计师或安全专家可能发现办公室或数据中心网络中隐藏的、未经授权的 Wi-Fi 接入点,或者审计师可能会因为防火墙漏洞而发现网络后门。大型组织具有高度复杂的网络基础设施,在网络内外部有许多连接,存在故意或意外的后门是一个特别的问题。这些连接中的任何一个都可能是一扇敞开的后门。证明没有这样一条路径类似于证明现在所在的房间里没有蜘蛛一样困难。

信息系统审计师应要求组织提供网络架构和访问文档,以便将独立发现的内容与现有文档比较。审计师将需要确定差异存在的原因。

审计师应该对每个应用程序采取类似的调查,确定所有有记录和无记录的功能和数据访问路径。第 4 章曾探讨这一主题。

2. 审计访问管理

用户访问控制措施往往是未授权的各方与敏感或有价值的信息之间的唯一障碍,因而对用户访问控制措施的审计显得尤为重要。审计用户访问控制措施需要密切关注以下四个方面的几个关键因素和活动:
- **用户访问控制措施** 确定控制措施是否按设计工作。
- **用户访问开通** 确定开通过程是否有效。
- **口令管理** 确定口令是否有效管理。
- **员工转岗和离职** 确定访问是否有效管理。

注意:
信息系统审计师不应过于执着于用户访问控制措施的细节,以至于忽视全局。信息系统审计师的职责之一是继续从"全局"角度观察用户访问控制措施，确定整个控制集是否协同工作，有效管理这一重要流程。

1) **审计用户访问控制措施**　审计用户访问控制措施需要注意如下几个因素：

- **身份验证**　审计师应检查网络和系统资源，确定是否需要身份验证，或者是否可以在不先执行身份验证的情况下访问任何资源。
- **绕过身份验证**　审计师应检查网络和系统资源，确定是否存在绕过用户身份验证的方法。审计师可能需要使用包括渗透测试工具和应用程序扫描工具在内的专门工具或技术，确定是否存在可被利用绕过身份验证的漏洞。对于可通过互联网访问的高价值(或包含敏感数据)的应用程序，黑客肯定会尝试使用这些技术访问和窃取信息。组织的安全人员应定期尝试确定是否存在此类漏洞。
- **访问违规**　审计师应确定系统、网络和身份验证机制是否能够记录访问违规。违规通常在系统日志中显示为无效登录尝试的形式，表示入侵方试图登录员工的账户。
- **用户账户锁定**　审计师应确定系统和网络是否能够自动锁定作为攻击目标的用户账户。典型的系统配置会允许锁定短时间内五次登录均不成功的用户账户。账户锁定的控制措施有助于阻止自动密码猜测攻击。如果没有这样的检测和预防性控制措施，入侵方可以编写脚本猜测每个可能的密码，直到猜到正确密码，从而能够登录到用户账户。系统使用不同的方法解锁这类锁定的账户：有些系统会在"冷静期"(通常为 30 分钟)后自动解锁，或者要求用户联系 IT 服务台，并在服务台正确识别身份后手动解锁账户。信息系统审计师应获得该活动的策略、程序和记录。
- **入侵检测和防御**　审计师应确定是否有 IDS 或 IPS 能检测到绕过身份验证的尝试。审计师应检查这些系统，确定是否具有最新的配置和签名、是否生成了警告，以及接收警告的人员是否采取了行动。
- **休眠账户**　信息系统审计师应确定是否存在自动或手动流程识别和关闭休眠账户。休眠账户是存在但未使用的用户(或系统)账户，代表了入侵方与有价值或敏感数据之间的另一条路径，对环境构成了风险。休眠账户也可能是一个后门，故意植入以备将来使用。但大多数休眠账户很可能是分配给最终不需要访问环境的人员的用户账户，或者是从未删除的已解雇员工的账户。
- **共享账户**　信息系统审计师应确定是否存在任何共享用户账户。共享用户账户通常由多个人使用，主要风险是无法阻止对使用该账户所执行的操作问责。在 20 世纪 90 年代，信息系统通常都是按使用共享用户账户的形式设计的，许多系统继续使用共享账户。组织应尽量将共享用户账户标识为审计例外，并替换为单独的用户账户。
- **系统账户**　信息系统审计师应确定网络、系统和应用程序上的所有系统级账户，确定每个系统账户的用途，并确定是否仍然需要(有些账户可能是初始实施、升级或迁移的产物)。信息系统审计师应确定谁拥有每个系统账户的口令，是否记录对系统账户的访问，以及谁监测这些日志。

- **堡垒机** 信息系统审计师应确定要保护关键系统和关键数据免受危害，是否存在堡垒机或其他逻辑空隙。信息系统审计师应该确定谁有权访问堡垒机，是否可以绕过堡垒机，以及是否可以用于窃取数据。

2) **审计口令管理** 信息系统审计师需要检查信息系统的口令配置设置，确定如何控制口令。审计师需要检查的内容有：

- **最小长度** 口令必须有多少个字符，是否有最大长度。
- **复杂度** 口令是否必须包含各种类型的字符(小写字母、大写字母、数字、符号)，是否允许字典单词，是否允许对用户 ID 的置换。
- **密码过期** 口令必须更改的频率。
- **历史记录** 以前用过的口令是否可以再次使用。
- **最短密码修改间隔** 是否允许用户频繁更改口令(如改回用过的熟悉口令)。
- **显示** 在登录或创建密码时是否显示口令。
- **传输** 口令在网络中传输时是密文还是明文。
- **存储(Storage)** 口令是加密的、哈希的，还是明文存储的。如果口令是加密的或明文存储的，信息系统审计师需要确定谁有权访问。

此外，审计师审计口令管理需要注意以下几项关键技术和活动：

- **账户锁定** 信息系统审计师应确定在一系列登录尝试失败后系统是否自动锁定用户账户。审计师应确定锁定用户账户的解锁方式(自动还是手动)，以及是否记录。
- **访问加密口令** 信息系统审计师应确定最终用户是否能够访问加密/哈希口令，从而能够使用密码破解工具发现其他用户的口令和管理口令。
- **密码保管** 信息系统审计师应确定是否鼓励或要求用户使用口令保管工具来安全地存储口令或管理口令。

3) **审计用户访问开通** 审计师审计用户访问开通流程需要注意几个关键活动，包括：

- **访问申请流程** 信息系统审计师应识别所有用户访问申请流程,并确定这些流程是否在整个组织中一致使用。审计师应确定是有一个集中的用户访问申请流程，还是每个环境有单独的流程。审计师应确定用户访问申请中需要哪些数据元素。例如，申请指定了用户需要访问的原因和持续的时间。审计师应检查业务记录，确定访问申请如何记录。
- **访问审批** 在研究用户访问流程时,信息系统审计师需要确定如何批准请求以及由哪个机构批准。审计师应确定系统或数据所有方是否批准了访问申请，或者是否有拒绝的访问申请(如果没有拒绝访问申请，信息系统审计师应查看所有申请是否都只是"橡皮图章"，没有执行任何真正的审查)。审计师应检查业务记录，寻找批准访问的证据。
- **新员工开通** 信息系统审计师应该检查新员工的开通流程，了解新员工的用户账户最初是如何设置的。审计师应该确定新员工的初始角色是如何确定的：新用户是否具有已建立的访问"模板"，或者请求是否简单地声明"使 John 的访问权限与 Susan 的访问权限一样"？审计师应该确定新员工的经理是否知道授予员工的访问请求，以及权限是否过多。此外，审计师应该确定访问应用程序是否需要初步培训，组织是否只是放手让用户确定应用程序应该如何使用。审计师还需要确定如何将初始用户凭据传递给新员工，以及传递的方法是否安全合理。

- **职责分离(Segregation of Duties，SOD)** 信息系统审计师应确定组织是否努力识别和减轻职责分工问题，可以包括是否存在任何 SOD 矩阵，以及 SOD 矩阵是否有效用于做出用户访问申请决策。此外，信息系统审计师应确定组织是否执行了 SOD 审查，确定在应用程序内或应用程序之间具有访问权限的人员是否会构成违反 SOD 的行为。当发现违规行为时，审计师应确定组织是如何管理的。
- **访问审查** 信息系统审计师应确定组织是否有任何定期的访问审查，审查了用户账户的哪些方面。审查可能包括离职审查、转岗审查、SOD 审查和休眠账户审查。

4) **审计员工离职** 审计员工离职时，需要注意几个关键因素，包括：

- **离职流程** 信息系统审计师应检查员工离职流程，并确定其有效性。检查应包括了解如何执行终止，以及如何通知用户账户管理人员终止。审计师应确定特定的安全策略，确定用户账户应以多快的速度终止。审计师应检查 HR 记录，查看所有员工离职记录是否都与用户账户管理终止记录对应。
- **及时性** 信息系统审计师应检查员工离职记录和个人信息系统上的记录，确定用户账户是否及时锁定或删除。通常，用户账户应在一个工作日内锁定或删除，但在存在特别有价值或敏感信息的环境中，组织应在几分钟或几小时内处理员工离职，确保离职员工不能在离职后立即访问系统(那时员工情绪很激动)。
- **访问审查** 信息系统审计师应确定是否执行了任何终止账户的内部审查，审查表明对这一重要活动有效性的关注模式。如果组织执行了审查，审计师应确定是否存在应当终止但未终止的账户，组织是否执行了流程改进。
- **承包商访问和终止** 在许多组织中，承包商的任期不是由 HR 管理的，因此信息系统审计师需要确定如何管理承包商的访问和终止，以及这种管理是否有效。承包商的典型问题是，有时很难准确地确定承包商何时不再需要访问系统或网络。这种不确定性的原因在于合同工作的性质。有时承包商偶尔或应要求提供服务，有时这些事件间隔数月甚至数年。此外，内部经理经常雇用和解雇承包商，并且不通知人力资源部，也不由人力资源部跟踪承包商。考虑到这些方面，组织很难确定与承包商相关的访问管理的有效性。

3. 审计访问日志

审计师审计访问日志需要注意几个关键点，包括：

- **访问日志内容** 信息系统审计师需要确定访问日志中记录了哪些事件，事件可以包括每个用户的登录和粒度信息，如每个程序运行和访问的文件；日志也可以只包括无效的登录尝试(甚至不包括)。信息系统审计师需要了解所审计系统的功能，并确定日志是否记录了正确的事件，或者是否抑制了对应该记录的事件的记录。

- **集中式访问日志** 信息系统审计师应确定组织的访问日志是集中管理的还是存储在各个系统上。
- **访问日志保护** 信息系统审计师需要了解访问日志保护机制。首先，审计师需要确定是否可以更改、销毁或攻击访问日志，从而导致系统停止记录事件。对于高价值和高敏感度的环境，审计员需要确定是否应将日志写入不可更改的数字介质，如 WORM 介质。
- **访问日志审查** 信息系统审计师需要确定组织是否有关于访问日志审查的策略、流程或程序。审计师应确定组织是否执行了访问日志审查、由谁执行审查以及在必要时采取什么措施。
- **访问日志留存** 信息系统审计师应确定组织保留访问日志的时间以及是否执行了备份。
- **访问警告** 信息系统审计师应确定组织是否存在提醒相关人员注意与访问日志相关的安全警告的自动化机制。警告包括但不限于与用户多次尝试登录特权账户失败相关的警告。审计师应确定组织是否存在应对这类事件的书面程序，以及事件发生和响应的记录。

4. 审计调查和事故响应程序

审计事故管理和调查程序需要注意几个关键活动，包括：

- **调查策略和流程** 信息系统审计师应确定组织是否有策略或程序建议执行安全调查。这些策略和程序包括谁负责调查、调查信息存储在哪里，以及向谁报告调查结果。
- **计算机犯罪调查** 信息系统审计师应确定组织是否有关于计算机犯罪调查的策略、流程、程序和记录。审计师应了解内部调查如何过渡到执法部门。
- **安全事故响应** 信息系统审计师应检查安全事故响应策略、流程和方案，确定这些资料是不是最新的。审计师应采访事故响应人员并评估响应人员对事故响应程序的熟悉程度，从而了解培训和桌面演练的有效性。审计师应检查实际安全事故记录，确定响应是否有效、组织是否执行了事故后审查，识别流程改进机会。
- **计算机法证** 信息系统审计师应确定组织是否有计算机法证程序。审计师还应确定组织可用于获取和保管法证数据的工具和技术，确定组织中是否有员工接受过计算机法证培训，并有资格执行法证调查。由于一些组织聘请外部组织提供法证协助，审计师还应该检查已有的合同。

5. 审计互联网存在点

对组织的系统和网络系统执行全面审计的信息系统审计师需要执行"存在点"审计，发现组织有哪些可用的技术信息。情报收集包括下列一些方面：

- **搜索引擎** 审计师使用谷歌、雅虎、DuckDuckGo、Bing 等搜索引擎可查看到组织的信息。搜索的内容可包括组织高管和其他管理人员和关键技术人员的姓名,还可以包括项目名称等仅供内部使用的术语。
- **社交站点** 审计师浏览 LinkedIn、Facebook、Instagram、Glassdoor 和 Twitter 等社交平台,看看员工、前员工和其他相关人员都在分享哪些关于组织的信息。审计师也可以搜索任何授权或未授权的"粉丝页面"。
- **在线销售站点** 审计师搜索 Craigslist 和 eBay 这样的电商平台,确认是不是在销售与组织相关的东西。
- **域名** 信息系统审计师应核实已知域名以及相关域名的联系方式。例如,对于 mycompany.com 组织,审计师应该搜索 mycompany.net、mycompany.info 和 mycompany.biz 等域名,查看这些域名是否已注册以及有哪些内容可用。

在线存在的合理性 信息系统审计师应检查业务记录,确定组织为什么要建立在线功能,如电子邮件、面向互联网的网站、互联网电子商务、员工互联网接入等。这些服务增加了业务风险并消耗了资源。审计师应确定组织存在支持这些服务的可行业务案例,还是这些服务仅作为员工的"福利"存在。

6.6.3 审计网络安全控制措施

信息系统审计师审计网络安全控制措施时,需要对网络技术、网络安全技术和受审计组织的网络架构有透彻的了解。任何认识上的差距都可能导致审计师对网络的审查不充分,从而无法发现严重的缺陷。

1. 执行架构审查

信息系统审计师需要对组织的网络架构执行细致审查,检查架构图和文档,与关键系统和网络的员工一起浏览审查,并检查系统和网络设备配置文件。

注意:
信息系统审计师除了需要检查文档外,还需要独立调查可用的网络路径,发现任何未记录的或计划外的路径。本节前面详细解释过该流程。

审计师对架构执行审计需要注意以下关键细节:
- **架构图** 信息系统审计师应获取并熟悉显示关键网络和系统功能之间逻辑关系的高层级架构图和详细架构图。
- **架构文档** 架构视图通常伴随着描述各种架构特性的书面文档。信息系统审计师应使用架构文档补充视图,获得更完整的网络架构视图。
- **支持业务宗旨** 信息系统审计师应确定网络架构是否支持关键业务目标。

- **安全和隐私策略合规**　信息系统审计师应确定网络架构是否符合组织的安全和隐私策略。审计可能包括检查业务职能的逻辑分离、关键资产的保护以及各部门之间的职责分离。
- **文档与实际情况的对比**　信息系统审计师应检查记录的网络架构中的几个关键点,确定网络的配置是否确实反映了文档设计。审计师应设法了解并发现不符之处。
- **变更和审查流程**　信息系统审计师应确定组织是否有用于识别、审查和批准网络架构变更、图表和文档更新的流程。下一节将详细介绍这一点。

2. 审计网络访问控制措施

审计师审计网络访问控制措施需要注意几个关键因素和活动,包括:

用户身份验证　在运用以网络为中心的用户身份验证(如 Microsoft Active Direct 或 LDAP)的环境中,信息系统审计师需要实施全面的用户访问控制措施审计。

防火墙　信息系统审计师应检查网络架构,并了解防火墙在网络中的作用。之后,审计师应仔细检查网络安全策略、防火墙访问控制列表和配置,确定防火墙是否支持安全策略。审计师还应检查变更控制记录和防火墙变更记录,确定所有的防火墙变更是否都已获得批准并正确应用。

分段和微分段　信息系统审计师应检查安全策略和网络架构,确定组织中所需的网络分段和微分段。检查应该包括了解分段的业务驱动因素,以及用于确定分段有效性的技术。

入侵检测和入侵防御系统　信息系统审计师应检查网络安全策略以及 IDS/IPS 设置和日志,查看设备是否检测到入侵、恶意软件、僵尸网络和其他违反安全策略的行为。审计师应该检查 IDS/IPS 系统是否执行恶意软件检测和信誉过滤。审计师应验证是否将来自 IDS/IPS 的告警发送到 SIEM,以及 SIEM 是否生成警告。

Web 内容过滤　信息系统审计师应检查网络安全策略和 Web 内容过滤功能,确定该功能是否禁止访问高风险网站。审计师应该检查 Web 过滤系统是否执行恶意软件检测和信誉过滤。

云访问安全代理(CASB)　信息系统审计师应确定 CASB 系统是否到位,监测和控制对基于云的资源的访问。审计师应检查程序和记录,查看在检测到违反策略的行为时组织是否采取了适当的措施。

数据防泄露系统　信息系统审计师应检查 DLP 系统,查看配置是否正确,是否可以检测敏感数据的存储和/或移动,以及是否有表明确实对警告做出响应的程序和记录。

远程访问　信息系统审计师应检查远程访问策略,确定可接受的远程访问场景。然后,审计师应检查远程访问服务器和工作站,确定远程访问基础设施是否支持并执行策略。审计远程访问需要考虑的问题包括:

- 通过远程访问执行用户身份验证(如多因素身份验证)是否比在物理网络上更困难
- 远程访问客户端是否允许分割隧道(Split Tunneling)
- 远程访问是否允许非组织计算机远程访问网络资源
- 是否允许缺少安全补丁的工作站通过远程访问连接

- 是否允许安装了失效或过期的反恶意软件的工作站连接
- 是否允许安全配置设置不符合要求的工作站连接
- 是否存在远程访问后门，例如使用 GoToMyPC 等工具通过远程访问

堡垒机 信息系统审计师应确定组织是否存在堡垒机或其他逻辑空隙，保护关键系统和关键数据不受危害。信息系统审计师应确定是否可以绕过堡垒机。如果绕过是否会泄露数据。

拨号调制解调器 信息系统审计师应确定基础架构中是否允许拨号调制解调器。审计师应使用工具独立验证基础架构中是否存在拨号调制解调器。如果有，审计师则应验证是否可以访问网络。审计师应检查访问控制，确定允许哪些主体使用拨号调制解调器，以及上次使用这些调制解调器的时间。

WiFi 接入点 信息系统师应确定是否使用 Wi-Fi 接入点。如果使用，审计师则应确定如何控制这些接入点。审计师应确定是否有任何流氓(未经批准)接入点，以及组织是否定期扫描并采取措施。审计师还应确定组织是否允许访客访问。如果允许，组织应如何保护内部资源(包括网络带宽)以防用户以访客身份连接。

3. 审计网络变更管理

审计师审计网络变更管理需要注意以下几个关键因素和活动：

- **变更控制策略** 信息系统审计师应检查组织变更控制策略，了解如何控制和管理变更。
- **变更日志** 信息系统审计师应确定信息系统是否包含涵盖系统的所有变更的自动日志。如果包含，IT 人员是否会重新查看这些日志，确保只对系统执行批准的变更。审计师应检查程序和记录，确定组织发现未经批准的变更时应采取什么措施。
- **变更控制程序** 信息系统审计师需要检查变更控制程序和记录，确定程序是否有效以及是否遵守。
- **紧急变更** 信息系统审计师应检查变更控制策略、程序和记录，了解组织如何处理紧急变更以及如何批准实施。
- **回滚变更** 信息系统审计师应检查变更控制记录，查看组织由于问题需要回滚哪些更改。审计师应确定这些情况是如何处理的。
- **文档** 信息系统审计师应确定变更控制程序和记录是否包括对文档(包括网络操作程序、架构图和灾难恢复方案)的更新。
- **与系统研发生命周期(SDLC)关联** 信息系统审计师应了解组织的 SDLC 如何与变更管理流程结合，从而确保只有已完成并经过适当批准的软件变更才能在生产环境中实施。

注意：
信息系统审计师应检查变更管理所有方面，了解组织是否可以真正控制其环境。

4. 审计漏洞管理

审计师审计漏洞管理需要注意以下几个关键因素和活动：

- **系统加固**　信息系统审计师应确定任何适当的系统加固标准,包括查看组织是否定期审查和更新标准,标准是如何实施的,以及如何验证标准的遵从性。
- **虚拟化**　信息系统审计师应检查组织的虚拟化和容器化架构和标准,再检查选定的虚拟化和容器化环境,确定这些系统的管理和保护情况。
- **警报管理**　信息系统审计师应确定组织是否主动搜索或订阅安全警告公告。审计师应检查程序和记录,查看组织是否有警告公告导致的响应行动,如应用安全补丁或更改配置。
- **基础架构渗透测试**　信息系统审计师应确定组织是否对网络和系统基础架构执行任何渗透测试。审计师应检查程序和记录,确定组织的渗透测试方案是否有效,还应查看漏洞是否得到缓解和确认。
- **应用程序渗透测试**　信息系统审计师应确定组织是否对软件应用程序执行应用程序渗透测试以识别漏洞。审计师应检查程序和记录,确定组织的应用渗透测试流程是否有效。
- **补丁管理**　信息系统审计师应检查程序和记录,确定组织是否执行补丁管理活动。补丁管理活动可能包括组织是否定期检查可用的安全和功能补丁程序,是否将补丁程序应用于生产系统,以及是否建立并遵循了补丁程序的 SLA。审计师应确定组织是否在非生产环境系统上测试补丁并了解其影响。
- **补充渗透测试**　信息系统审计师应考虑在网络安全审计期间使用安全扫描或渗透测试,有助于确认组织对基础架构和应用程序的渗透测试是否完整和有效。

6.6.4　审计环境控制措施

审计环境控制措施需要了解建筑机械和电气系统以及消防法规。信息系统审计师需要能够确定控制措施是否有效以及是否具有成本效益。审计环境控制措施需要注意如下因素和活动：

- **电源调节系统**　信息系统审计师应确定是否使用电源调节设备(如 UPS、线路调节器、电涌保护器或电动发电机)来清除噪声、浪涌、电压降低等电气异常。审计师应检查程序和记录,查看设备的检查和维护频率,以及检查和维护是否由合格人员执行。
- **备用电源**　信息系统审计师应确定备用电源是否通过发电机或 UPS 提供,多久测试一次。审计师应该检查维护记录,查看这些部件的维护频率,以及维护是否由合格人员完成。
- **供暖、通风和空调系统(HVAC)**　信息系统审计师应确定 HVAC 系统是否提供足够的温度和湿度水平,以及组织是否监测。此外,审计师应确定 HVAC 系统是否得到适当维护,以及维护是否由合格人员完成。

- **漏水检测** 信息系统审计师应确定在使用计算机的房间中是否使用了漏水探测器。如果有的话，审计师应该确定测试的频率，以及组织是否监测。
- **火灾探测和灭火系统** 信息系统审计师应确定火灾探测设备是否足够，工作人员是否了解探测设备的功能，以及设备是否经过测试。审计师应确定检查和测试灭火系统的频率，以及组织是否有紧急疏散方案和消防演习。审计师应检查灭火设备(包括喷淋头和灭火器)上的标签，确定检查是不是最新的。审计师应该检查数据中心的墙壁，确保墙壁一直延伸到真正的地板和天花板，而不仅仅是向下延伸到架空地板或吊顶。
- **清洁** 信息系统审计师应检查数据中心是否整洁。IT设备、空气过滤器和IT组件内部是否有灰尘和污垢。

注意：
信息系统审计师可能需要咨询电气和机械工程师，确定电源调节、备用电源、HVAC系统以及火灾探测和灭火设备是否处于良好的工作状态，并且尺寸是否满足组织的需要。

6.6.5 审计物理安全控制措施

审计师审计物理安全控制措施需要了解自然的和人为的危险、物理安全控制措施和访问控制系统。

1. 审计选址和标记

审计师审计建筑物的选址和标记需要注意如下几个关键因素和特点。

- **与危险的距离** 信息系统审计师应估计建筑物与自然和人为危害的距离，危害有：
  - 水坝
  - 江、湖和运河
  - 天然气和石油管道
  - 水管主干和管道
  - 地震断层
  - 易发生山体滑坡地区
  - 火山地带
  - 飓风、旋风和龙卷风等恶劣天气地区
  - 洪涝地区
  - 军事基地
  - 机场
  - 铁路
  - 高速公路

信息系统审计师应确定组织是否执行了对危害的风险评估，是否实施了建议的补偿性控制措施。

- **标记** 信息系统审计师应检查建筑物及周围区域。标志可以在建筑物本身看到，也可以在车辆的指示牌或停车贴纸上看到。

2. 审计物理访问控制措施

审计师审计物理访问控制措施需要考虑本节讨论的几个关键因素。

物理障碍物 这类物理防范措施包含围栏、墙壁、铁丝网、防护柱、太平门和防撞门等。信息系统审计师需要了解这些设施的功能以及如何实现访问控制，并能确认其有效性。

视频监视(Surveillance) 信息系统审计师需要了解组织如何使用视频和人工监视的方法控制和监测访问，需要了解如何(以及是否)录制和审查视频，以及视频监视在预防或检测事故方面是否有效。

保安和护卫犬 信息系统审计师需要了解保安和护卫犬的使用和有效性，应检查流程、策略、程序和记录，了解所需的活动及执行方式。

门禁卡系统 信息系统审计师需要了解组织如何使用门禁卡系统控制对基础设施的访问，需要考虑的因素包括：

- **控制措施** 关键位置是否使用密码键盘或生物识别等额外的控制措施。
- **工作分区** 基础设施是否分为不同的安全区，允许人员进入不同区域。
- **记录** 门禁系统是否记录人员移动。
- **配置管理** 组织向员工发放门禁卡需要哪些流程和程序(详情参见前面"审计逻辑访问控制措施"一节)。
- **持续监测** 哪些流程和记录监测门禁系统的访问违规。
- **访问审查** 组织是否审查访问日志和用户访问列表。
- **访客管理** 组织在进入建筑物方面如何管理访客。
- **事故管理** 组织应对访问事故有哪些程序。

6.7 小结

信息安全管理涉及识别和保护有价值和敏感的资产。安全管理始于高管对组织信息安全计划的支持，包括对制定和实施组织范围内的信息安全策略的支持。支持安全管理的流程包括安全持续监测、审计、安全意识宣贯培训、事故响应程序、数据分类、漏洞管理、服务提供商管理以及纠正和预防措施流程。

安全角色和职责需要明确制定并予以沟通。管理方和员工需要通过适当的决策和行动证明对自身角色和责任的了解。

访问管理是安全管理计划中的重要活动。访问控制通常是有价值或敏感的信息与想要访问这些信息的各方之间唯一的屏障。访问管理由用户访问管理、网络访问管理和访问日志审查等几个独立但相关的流程组成。

计算机既可以是犯罪的工具，又可以用于支持犯罪活动，还可以是犯罪的对象。无论犯罪活动是间谍活动、数据窃取、欺诈还是破坏，都是对组织的威胁。

市场存在几种用于保护敏感和有价值信息的技术，使信息不会泄露给未经授权的各方。这些技术包括用户访问控制措施、网络访问控制措施、反恶意软件、入侵检测/防御系统、数据防泄露系统、云访问安全代理、系统和网络加固以及加密。组织存在许多威胁，需要采取各种对策。

需要采取物理和环境控制措施，来保护计算和网络设备的物理安全和可靠性。这些控制措施包括电力系统改进、供暖、冷却、湿度控制、消防系统和物理访问控制措施(如门禁卡系统、围栏、墙壁和视频监视)。

6.8 本章要点

- 信息安全策略是有效的信息安全计划的基础，策略包括高管支持和明确定义的角色和责任。
- 安全意识宣贯培训计划用于向组织的员工传达安全策略、流程和其他与安全相关的信息。安全培训应在员工受雇时举行，并在受雇后定期举办。
- 组织必须持续监测并定期审计流程和系统，确保安全控制措施有效地保护信息系统和资产。
- 数据分类方案定义了每个分类级别的敏感度和处理流程。
- 访问控制措施用于控制对程序和数据的访问。访问控制方法包括身份验证、授权、访问控制列表和加密技术，以及物理访问控制措施。访问控制措施通常在物理层、操作系统层、数据库层和应用层等技术层面实现。组织在风险较高的场景中使用多因素身份验证。由于访问控制措施会受到各种威胁，因此应该定期测试，确保控制措施保持有效。
- 设施访问控制措施的设计应满足组织对工作场所安全以及保护敏感信息、业务设备和 IT 设备的要求。
- 组织应要求存储、传输或处理组织信息的第三方服务组织实施控制措施，第三方的风险水平与组织自行管理信息的风险水平相同或更低。组织需要定期确定第三方的控制措施是否继续有效。
- 组织应实施控制措施，确保员工在受雇前无不良记录，并在受雇期间监测和控制员工的行为。
- 组织需要实施控制措施来预防计算机犯罪和安全事故，并制定应对流程。组织应定期测试流程。组织人员应该接受法证调查技术方面的培训，或者聘用外部法证服务机构。
- 保护存储的信息需要多种控制措施，包括访问控制和日志记录、完善的用户访问管理流程、补丁管理、漏洞管理、网络过滤、入侵检测和防御系统、云访问安全代理、反恶意软件、系统加固和备份。

- 组织需要实施有效的网络安全控制措施，包括防火墙和其他访问控制措施、保护移动设备、加密敏感通信、保护无线网络和防止信息泄露。所有控制措施都是为了控制访问并防止或检测安全事故。
- 组织需要实施有效控制措施，确保计算机系统和网络环境的高度完整性。适用的控制措施包括电源调节和备用电源系统、温度和湿度控制以及火灾探测和灭火系统。

6.9 习题

1. 自动喷水灭火系统的管道中通常注有大量的水，当环境温度达到 220 华氏度时系统会触发喷水，这种系统是什么类型？

    A. 雨淋式消防系统

    B. 事后控制措施

    C. 湿管

    D. 事前控制措施

2. 组织正在经常停电的地区建造一个数据中心，组织不能容忍停电带来的影响，应该选择哪些电源系统控制措施？

    A. 不间断电源和发电机

    B. 不间断电源和电池

    C. 发电机

    D. 发电机和线路调节器

3. 审计师发现用户账户管理中的错误：许多离职员工的计算机账户仍然有效。根据这一情况，最好的行动方案是什么？

    A. 改进员工离职流程。

    B. 将员工离职流程的责任转移到别的团队。

    C. 增加定期审查的频率。

    D. 改进员工离职流程，同时增加审查频率。

4. 审计师发现应用程序中的几名管理员共享一个管理账户。审计师应该如何建议整改方案？

    A. 将管理账户的活动记录到日志中

    B. 使用多个不能共享的管理员账户

    C. 部署基于主机的入侵检测系统

    D. 要求每个管理员签署保密协议和使用协议

5. 一家组织发现长途电话费用突然上涨，要求审计师执行调查。审计师可能怀疑是什么行为导致的？

    A. 员工增加了拨打长途电话的量

    B. 收费欺诈

    C. PBX 故障

D. PBX 感染恶意软件

6. 审计师正在检查一个关键管理流程，发现 IT 部门没有遵循分割监管程序，很有可能带来什么结果？

   A. 一人或多人拥有加密密钥

   B. 一人或多人拥有加密文件

   C. 备份未能存储在远程基础设施中

   D. 一人或多人共享管理员账户

7. 研发人员正在更新以明文形式保存口令的应用程序，安全存储口令的最佳方式是什么？

   A. 用每个用户的公钥加密

   B. 用公钥加密

   C. 用私钥加密

   D. 哈希

8. 尽管组织客户端已经安装反恶意软件工具，但仍然经常感染通过邮件传输的恶意软件。那么，减少恶意软件感染的最佳实践是什么？

   A. 在 Web 代理服务器上加装反恶意软件工具

   B. 部署防火墙

   C. 在邮件服务器端安装反恶意软件工具

   D. 入侵防御系统

9. 审计师审查员工的访问权限，发现服务期较长的员工拥有过多的特权账户，审计师会得出什么结论？

   A. 员工转岗时原账户权限没有及时移除。

   B. 长期雇员能够成功猜出其他用户密码，并增加自己的特权账户。

   C. 长期雇员的口令应设置为更频繁地过期。

   D. 组织的终止流程无效。

10. 组织希望减少需要员工记住的用户 ID 和口令的数量，针对这一问题，最佳解决方案是什么？

    A. 用密码保险库存储用户 ID 和口令

    B. 令牌验证方式

    C. 单点登录

    D. 减少登录

11. 信息系统审计师发现一名员工在自己的工位安装了 Wi-Fi 接入点设备，审计师应该采取什么行动？

    A. 审计师应该在审计报告中包含这一点。

    B. 审计师应立即将此类事件报告为高风险。

    C. 审计师应要求员工在未使用 Wi-Fi 接入点时关闭。

    D. 审计师应测试 Wi-Fi 接入点，查看设备是否正确地验证用户身份。

12. 审计师正在检查组织的数据防泄露系统(DLP)，DLP 系统记录显示有敏感信息在离开组织，但未记录采取的行动，审计师应该如何建议？

  A. 建议管理层指定一方；当 DLP 检测到敏感信息流出组织时，该方负责采取行动。

  B. 建议管理层指定应急响应流程，在 DLP 告警时响应。

  C. 因为没有人采取行动，建议管理层取消 DLP 系统。

  D. 重新配置 DLP 系统，停止发出告警。

13. 组织远程访问需要用户 ID 和一次性口令令牌，这个机制有什么风险？

  A. 拿到令牌的人员可以猜测口令并使用用户身份登录

  B. 拿到令牌的人员可以猜测用户 ID 并使用用户身份登录

  C. 知道用户 ID 的人可以推导出口令

  D. 窃听身份验证的人员可以使用重放攻击登录

14. 组织已将应用程序配置为使用 LDAP 服务器执行身份验证，这说明组织已经设置了哪些内容：

  A. 自动登录

  B. LDAP 登录

  C. 单点登录

  D. 减少登录

15. 组织的数百个远程地点包含有价值的设备，需要制定安全的访问控制体系。有些地方没有电力供应。访问控制的最佳实践应该是什么？

  A. 门禁系统

  B. 机械锁方式

  C. 密码锁方式

  D. 视频持续监测

6.10 答案

1. C. 湿管消防系统充满水，熔丝达到预设温度时，水从喷头中排出。

2. A. 最好的解决方案是发电机和不间断电源(UPS)。UPS 通过不间断地供电应对停电。发电机提供长时间的备用电源。

3. D. 最好的做法是改进雇员离职程序，减少例外情况的数量。在一段时间内，应该更频繁地审查流程，确保改进有效。

4. B. 应使用几个单独的管理员账户，强化每个管理员行为的责任。

5. B. 审计师最有可能怀疑入侵方已经发现了组织 PBX 中的漏洞，并正在实施收费欺诈。

6. A. 有人可能拥有全部加密密钥的口令，例如，分割保管要求将口令分成两个或多个部分，每个部分由一个人唯一拥有，防止任何个人拥有完整口令。

7. D. 口令应该存储为哈希，使得任何人几乎不可能检索到口令，避免账户泄露。

8. C. 在电子邮件服务器上安装反恶意软件可以有效地执行深度防御，有助于减少恶意软件对最终用户工作站的攻击次数。

9. A. 当用户承担新的工作时，不会删除旧的权限，导致拥有过多还处于激活状态的特权账户。

10. D. 解决用户凭据过多问题最直接的方案是减少登录。组织提供单个身份验证服务(如 LDAP 或 Active Directory)供许多应用程序使用，执行集中的用户身份验证。

11. B. 发现未经授权的接入点是一种高风险情况，审计师应立即向管理层报告。

12. A. 使用 DLP 系统的组织应根据 DLP 系统生成的警告采取行动，制止员工和系统行为。

13. B. 有人可能找到一次性口令令牌，然后尝试登录系统并发现站点未要求口令，可能会猜测用户 ID，并登录到系统。

14. D. "减少登录"一词用于描述环境中有许多不同系统，组织使用集中式身份验证服务器(如 LDAP)执行身份验证。

15. C. 如果组织有许多远程地点的访问控制系统，最好的选择是密码锁。密码锁不需要电源或远程连接，但可以为每个用户配置不同的组合，有些还会记录哪些人使用过。